Schriftenreihe des Bundesinstituts für
ostwissenschaftliche und internationale
Studien, Köln

Band 33

Dieter Bingen

# Die Polenpolitik der Bonner Republik von Adenauer bis Kohl 1949 – 1991

Nomos Verlagsgesellschaft
Baden-Baden

Die Meinungen, die in den vom Bundesinstitut für ostwissenschaftliche und internationale Studien herausgegebenen Veröffentlichungen geäußert werden, geben ausschließlich die Auffassungen der Autoren wieder.

Umschlagfotos: Bundesbildstelle Bonn

Die Deutsche Bibliothek – CIP-Einheitsaufnahme

**Bingen, Dieter:**
Die Polenpolitik der Bonner Republik von Adenauer bis Kohl 1949 – 1991 / Dieter Bingen. – 1. Aufl. – Baden-Baden : Nomos Verl.-Ges., 1998
  (Schriftenreihe des Bundesinstituts für ostwissenschaftliche und internationale Studien, Köln; Bd. 33)
ISBN 3-7890-5156-X

1. Auflage 1998
© Nomos Verlagsgesellschaft, Baden-Baden 1998. Printed in Germany. Alle Rechte, auch die des Nachdrucks von Auszügen, der photomechanischen Wiedergabe und der Übersetzung, vorbehalten. Gedruckt auf alterungsbeständigem Papier.

Die polnische Ausgabe erschien 1997 im KWADRAT-Verlag, Kraków, unter dem Titel: Dieter Bingen, Polityka Republiki Bońskiej wobec Polski. Od Adenauera do Kohla 1949-1991.

# Vorwort

Wer im Jahre 1997 einen Kenner der deutsch-polnischen Verhältnisse, sei er nun Deutscher oder Pole, Wissenschaftler, Politiker oder Journalist, danach befragt, welches nach seiner Auffassung die schwerwiegenden Probleme seien, die zwischen Deutschland und Polen noch einer Regelung bedürfen, der wird in der Regel um eine kurze Bedenkzeit gebeten und dann etwa folgende Stichworte erhalten: die Grenzabfertigung an Oder und Neiße, die Arbeitserlaubnis für polnische Arbeitnehmer in Deutschland, die ausgelagerten Bestände aus preußischem Kulturbesitz in Krakau oder der muttersprachliche Schulunterricht im Oppelner Schlesien. Deutsche Massenmedien und Entertainer sind besonders dankbar für Themen wie die Verschiebung von Autos gen Osten oder das organisierte Verbrechen, das keine Grenzen und Nationalitäten kennt. Allerdings gibt es auch Fragen, an die sich die Angesprochenen in Deutschland mit mehr Vorbehalt heranwagen, wie zum Beispiel an die - scheinbar - unlösbare Problematik einer menschenwürdigen Entschädigung von polnischen Zwangsarbeitern oder an die Frage nach der Wahrnehmung der in Deutschland lebenden Polen - der Polonia - durch ihre deutschen Mitbürger. Und wem im Hinblick auf ungelöste deutsch-polnische Probleme sonst nichts einfällt, der kann ja noch das weite Feld der ach so schlimmen Asymmetrie beklagen, die das deutsch-polnische Verhältnis strukturell und noch auf unabsehbare Dauer belaste. - Nun, das alles ist nicht wenig. Aber ist es viel mehr als das, was uns in unserem Verhältnis mit unserem niederländischen Nachbarn plagt oder die Niederländer in ihren Beziehungen zu den Deutschen?

Dankbarkeit ist keine politische Kategorie, und deshalb scheint es vermessen zu sein, sie angesichts der zahllosen Fragen und Probleme einzufordern, die Deutsche und Polen voraussichtlich noch in das 21. Jahrhundert mitnehmen werden. Aber was sind das für Petitessen im Vergleich zu den Problemen, ja Abgründen, die sich zwischen Deutschen und Polen vor 10, 30, 50 oder 60 Jahren auftaten oder mit denen sie das 20. Jahrhundert begonnen haben?

Wo aber ist auf der deutschen Seite der Ausgangspunkt für den historischen Wandel im deutsch-polnischen Verhältnis in der letzten Dekade des ausgehenden Jahrhunderts zu suchen? War es die neue Ostpolitik der siebziger Jahre? Oder war es die Charta der Heimatvertriebenen? Oder die Rezeption der polnischen Freiheitsbewegung unter der Fahne der Solidarność? Oder war es ein ganzes Bündel von *prima facie* unverbundenen Vorgängen, die die heutige »deutsch-polnische Interessengemeinschaft in Europa« (Krzysztof Skubiszewski) vorbereiten halfen?

v

Es werden bald fünfzig Jahre Bonner Außenpolitik geschrieben sein, und es bedurfte des freundschaftlichen und hartnäckigen Nachfragens meines Krakauer Kollegen Janusz-Józef Węc, damit ich mir selbst diese Fragen stellte. Er hat meine Arbeit mit vorwärtsweisenden Kommentaren begleitet. Vor allem aber hat er die polnische Ausgabe betreut und das Manuskript ins Polnische übersetzt – wahrlich keine leichte Stilübung. Mein aufrichtiger Dank dafür geht zu ihm nach Krakau. Mag das Erscheinen dieses Buches in Polen als einer der vielen Belege für die große Wende im kleinen dienen. Ohne Hans-Adolf Jacobsen als spiritus rector und ohne die finanzielle Förderung der polnischen Ausgabe durch die Stiftung für deutsch-polnische Zusammenarbeit wäre das gemeinsame Projekt nicht zustande gekommen, in dessen Rahmen Janusz-Józef Węc demnächst sein Werk über die Deutschlandpolitik Polens seit 1945 vorstellen wird.

Mein besonderer Dank gilt Eberhard Schulz, einem der wissenschaftlichen Gründerväter des neuen Geistes in der deutsch-polnischen Politikanalyse, und Renata Fritsch-Bournazel für die wissenschaftliche Kritik an dem Manuskript aus Perspektiven, die der Endfassung des Buchs guttaten. Mein ganz herzlicher Dank gilt *last not least* Olga Löwen für ihre unermüdliche und sorgfältige Sichtung des Manuskripts. Sie hat mehr als ich an die Leser gedacht, denen ich das Buch anvertraue.

Köln, im Oktober 1997                                             *Dieter Bingen*

# Inhaltsverzeichnis

Vorwort                                                                  v

Abkürzungen                                                             ix

1. Einführung                                                            1

   1.1 Zum Thema der Studie                                              1
   1.2 Rahmenbedingungen                                                 7
       1.2.1 Internationaler Bezugsrahmen und Staatsräson                7
       1.2.2 Historischer, territorialpolitischer und sozialpsychologischer Bezugsrahmen   9
       1.2.3 Institutioneller Bezugsrahmen                              14
   1.3 Eingangsüberlegungen über Kontinuität und Wechsel der Paradigmen der Bonner Polenpolitik   16

2. Am Anfang war Adenauer (1949-1955)                                   19

   2.1 Instrumente und Akteure der auswärtigen Politik Adenauers        19
   2.2 Das Polen- und Osteuropabild des Kanzlers                        22
   2.3 Die Haltung der Regierung Adenauer zu Polen                      26

3. In den Fängen von Doktrinen (1955-1961)                              41

   3.1 Der Kanzler und sein erster Außenminister                        42
   3.1 Und noch einmal der deutsch-polnische Sonderkonflikt             43
   3.3 Das Umbruchjahr 1956: Ungenutzte Chancen                         47
   3.4 Die polenpolitische Bedeutung des Bruchs mit Jugoslawien 1957    56
   3.5 »Man kann nicht über den eigenen Schatten springen«: Deutsch-polnische Beziehungen am Ende der fünfziger Jahre   57
   3.6 Halbherzige Initiativen am Ende einer Ära                        71

4. »Politik der Bewegung« (1961-1966) 79

4.1 Wandel durch Handel? 79
4.2 »Polenpolitik« von unten 87
4.3 Erhards Grenzen des Entgegenkommens – die Friedensnote 89
4.4 Bewegung in der Opposition 95

5. Noch mehr Bewegung und Halbheiten (1966-1969) 99

5.1 Mit halber Kraft voraus 99
5.2 Neue Formeln bei den mitregierenden Sozialdemokraten 103
5.3 ... und den oppositionellen Liberalen 106
5.4 Die Wende kündigt sich an 108

6. Politik der vorläufigen Normalisierung (1970-1972) 113

6.1 Das moralische Dilemma 113
6.2 Von Ankündigungen zu Verhandlungen 115
6.3 Dezember 1970: Ein deutscher Kanzler in Warschau und ein Vertrag 134
6.4 Die humanitären Fragen 141
    6.4.1 Familienzusammenführung 141
    6.4.2 Die Wiedergutmachung 145
6.5 Deutsche Ratifizierungsdebatte 1971/72 148

7. Normalisierung ohne Normalität (1972-1980) 155

7.1 Das Ende der Ära Brandt: Erschöpfung und Querelen (1972-1974) 155
    7.1.1 Normalisierung wohin? 155
    7.1.2 Menschenrechte und Geschäfte 156
7.2 Entspannungspolitik in der Ära Schmidt (1974-1980) 165
    7.2.1 Entgegenkommen 165
    7.2.2 Das deutsche Angebot von Helsinki 170
    7.2.3 Deutsche Ratifizierungsdebatte 1975/76 – Spiegel polenpolitischer Optionen 174
    7.2.4 Stagnation auf höherem Niveau 183

8. Stabilisierungspolitik in »unnormalen« Zeiten (1980-1982)    199

    8.1  Polenpolitik in den 16 Monaten der Solidarność    199
    8.2  Polenpolitik nach Verhängung des Kriegsrechts    208

9. Status-quo-Politik in der Aporie: Einsichten und Inkonsequenzen (1982-1989)    221

    9.1  Grenzen der Normalisierungspolitik unter veränderten Rahmenbedingungen (1982-1985)    221
    9.2  Wandel vor der Wende (1985-1989)    232

10. Deutsche Einheit und endgültige deutsch-polnische Grenzregelung (1989/90)    261

    10.1 Vom Mauerfall zur Nachbarschaft an Oder und Neiße    261
    10.2 Die »Konfrontation« mit den Vertriebenenvertretern    275
    10.3 Die politische Bedeutung des Grenzvertrags für Deutschland    280

11. Bonner Polenpolitik als Europapolitik (1991)    285

    11.1 Erbe der Vergangenheit – europäische Zukunft: die deutsche Minderheit in Polen    285
    11.2 Der Vertrag vom 17. Juni 1991    288

12. Schlußbetrachtung    307

    . . . zum Leitmotiv Bonner Polenpolitik    307
    . . . zur Kontinuität des Rangs der Polenpolitik und zum Wandel von Einstellungen    311
    . . . zur Bedeutung der Entscheidungsträger in polenpolitischen Fragen    313
    . . . zur Kontinuität des Friedensvertragsvorbehalts und zum Wandel des Verhältnisses zwischen rechtlichem Dogma und politischer Wirklichkeit    316

... zum Verhältnis zwischen Innen- und Außenpolitik in der
»Polenfrage« 319
... zum Primat der Politik im Verhältnis zu Polen 322
... zur DDR als ständigem Mitspieler und Spielverderber 323
... zum Verhältnis zwischen Politik und Moral in der
Polenpolitik 324
... zum Machtgefälle in den deutsch-polnischen Beziehungen 328
... zur großen Wende in Europa und zum Ende von Normalisierungspolitik 329
... zur Relativierung von Asymmetrie und Machtgefälle nach
der großen Wende durch Interessenausgleich in einer
europäischen Integrationspolitik 330

Anhang 335

Literaturverzeichnis 353

Periodika 353

Ungedruckte Quellen 354

Gedruckte Quellen und Literatur 354

Personenregister 373

# Abkürzungen

| | |
|---|---|
| AA | Auswärtiges Amt |
| AAPD | Akten zur Auswärtigen Politik der Bundesrepublik Deutschland |
| ACDP | Archiv für Christlich-Demokratische Politik |
| ADAP | Akten zur deutschen Außenpolitik |
| AdG | Archiv der Gegenwart |
| AMSZ | Archiwum Ministerstwa Spraw Zagranicznych |
| APuZ | Aus Politik und Zeitgeschichte |
| BdV | Bund der Vertriebenen |
| BHE | Bund der Heimatlosen und Entrechteten |
| BIOst | Bundesinstitut für ostwissenschaftliche und internationale Studien |
| BND | Bundesnachrichtendienst |
| BPA | Bundespresseamt |
| CBOS | Centrum Badania Opinii Społecznej |
| CDU | Christlich-Demokratische Union |
| CSU | Christlich-Soziale Union |
| DA | Deutschland-Archiv |
| DAAD | Deutscher Akademischer Austauschdienst |
| DBJR | Deutscher Bundesjugendring |
| DDR | Deutsche Demokratische Republik |
| DFK | Deutscher Freundeskreis |
| DP | Deutsche Partei |
| DRK | Deutsches Rotes Kreuz |
| EA | Europa-Archiv |
| EG | Europäische Gemeinschaften |
| EGKS | Europäische Gemeinschaft für Kohle und Stahl |
| EKD | Evangelische Kirche Deutschlands |
| EU | Europäische Union |
| EVG | Europäische Verteidigungsgemeinschaft |
| EWG | Europäische Wirtschaftsgemeinschaft |
| FAZ | Frankfurter Allgemeine Zeitung |
| FDP | Freie Demokratische Partei |
| FR | Frankfurter Rundschau |

| | |
|---|---|
| FS | Fernschreiben |
| FSZMP | Federacja Socjalistycznych Związków Młodzieży Polskiej |
| GB | Gesamtdeutscher Block |
| GG | Grundgesetz |
| IBPR | Internationaler Pakt über bürgerliche und politische Rechte |
| IZ | Instytut Zachodni |
| JEIA | Joint Export and Import Agency |
| KIK | Klub Inteligencji Katolickiej |
| KNA | Katholische Nachrichtenagentur |
| KPD | Kommunistische Partei Deutschlands |
| KVAE | Konferenz über vertrauens- und sicherheitsbildende Maßnahmen und Abrüstung in Europa |
| KSZE | Konferenz über Sicherheit und Zusammenarbeit in Europa |
| KZ | Konzentrationslager |
| MBFR | Mutual and Balanced Force Reduction Talks |
| MSZ | Ministerstwo Spraw Zagranicznych |
| NATO | North Atlantic Treaty Organization |
| NIK | Najwyższa Izba Kontroli |
| NL | Nachlaß |
| NSDAP | Nationalsozialistische Deutsche Arbeiterpartei |
| NZZ | Neue Zürcher Zeitung |
| OEEC | Organization for European Economic Cooperation |
| OKP | Obywatelski Klub Parlamentarny |
| PA | Politisches Archiv |
| PAN | Polska Akademia Nauk |
| PISM | Polski Instytut Spraw Międzynarodowych |
| PPN | Polskie Porozumienie Niepodległościowe |
| PVAP | Polnische Vereinigte Arbeiterpartei |
| PWA | Polish Western Affairs |
| PZ | Przegląd Zachodni |
| PZPR | Polska Zjednoczona Partia Robotnicza |
| RIAS | Rundfunk im amerikanischen Sektor |
| SA | Sturmabteilung |
| SBZ | Sowjetische Besatzungszone |
| SdRP | Socjaldemokracja Rzeczypospolitej Polskiej |
| SD | Stronnnictwo Demokratyczne |
| SED | Sozialistische Einheitspartei Deutschlands |

| | |
|---|---|
| SPD | Sozialdemokratische Partei Deutschlands |
| SS | Schutzstaffel |
| SZ | Süddeutsche Zeitung |
| TL | Trybuna Ludu |
| UdSSR | Union der Sozialistischen Sowjetrepubliken |
| UN(O) | United Nations (Organization) |
| USA | United States of America |
| VfZ | Vierteljahrshefte für Zeitgeschichte |
| VOL | Vereinigte Ostdeutsche Landsmannschaften |
| ZdK | Zentralkomitee der deutschen Katholiken |
| ZK | Zentralkomitee |
| ZvD | Zentralverband vertriebener Deutscher |

# 1. Einführung

Der Begriff »deutsche Polenpolitik« ist historisch negativ belastet und läßt sich angesichts des Ballasts der Vergangenheit kaum ohne die Konnotation einer Subjekt-Objekt-Beziehung verstehen. Spätestens seit der Zeit der polnischen Teilungen war der Adressat preußischer und seit 1871 deutscher Politik im benachbarten Osten zum Objekt unterschiedlicher Formen der Nichtanerkennung geworden – von der Verweigerung der staatlichen Unabhängigkeit bis zur Verweigerung des Lebensrechts seiner Einwohner.

Mit dem Ende des Zweiten Weltkriegs hatte sich die Ausgangslage für die Akteure im europäischen Mächtespiel grundlegend geändert, insbesondere für Deutschland und für Polen. Die Flügelmächte Europas – die transatlantischen USA und die eurasische Sowjetunion – übernahmen die Führung und definierten die Regeln des Zusammenlebens und Gegeneinanderwirkens in Europa. Deutsche Polenpolitik mußte neue Formen annehmen. Die Voraussetzungen für eine »positive Polenpolitik« wurden durch die historisch neuartige Westbindung des westlichen Teils Deutschlands, der Bundesrepublik Deutschland, und seine kulturelle Verwestlichung geschaffen. Die Polenpolitik des zweiten deutschen Staates, der Deutschen Demokratischen Republik, entwickelte sich unter den Bedingungen von innerer Sowjetisierung und äußerer Abhängigkeit in einem Zwangsbündnis, dem Polen mit angehörte. In einem war die Ausgangslage jedoch für beide deutsche Staaten gleich: Eine grundsätzlich antipolnische Politik, die den polnischen Staat in Frage stellte, war – abgesehen von neuen Einsichten – schon wegen der jeweiligen Abhängigkeit der Bundesrepublik und der DDR undenkbar geworden.

Über 50 Jahre nach dem Ende des Zweiten Weltkriegs und fast ein halbes Jahrhundert nach der Wiederherstellung – nunmehr doppelter – deutscher Staatlichkeit erscheint die Frage nach einem Leitmotiv der Polenpolitik der deutschen Nachkriegsdemokratie berechtigt, ja sie drängt nach einer Antwort. Die Geschichte dieser Politik ist noch nicht geschrieben worden.

*1.1 Zum Thema der Studie*

Im Vordergrund dieser Studie steht die Politik der Bundesrepublik Deutschland gegenüber Polen vom Zeitpunkt ihrer Gründung im Jahre 1949 bis zur Vollendung der deutschen Einheit und zum Ende der »Bonner Republik« im Jahre 1991. Drei Tage nach der Unterzeichnung des deutschpolnischen Nachbarschaftsvertrags entschied der Deutsche Bundestag in

Bonn über die Verlegung des Regierungs- und Parlamentssitzes nach Berlin, und mit der Ratifikation des Grenzvertrags und des Partnerschaftsvertrags mit Polen im Oktober desselben Jahres tat das deutsche Parlament entscheidende und endgültige Schritte zur Verabschiedung der deutschen Nachkriegszeit.

Bei einem Überblick über 42 Jahre Bonner Polenpolitik erscheint es reizvoll, der Frage nachzugehen, wo in der bundesrepublikanischen Perzeption und Handlungsweise gegenüber dem Nachbarn im Osten nach der aufgezwungenen und von neuen, demokratischen bzw. alten, demokratisierten Eliten postulierten Distanzierung von der preußischen Polenpolitik seit dem 18. Jahrhundert, von der Hitlerschen Vernichtungspolitik ganz zu schweigen, neue Kontinuitätslinien und wo Brüche konstatiert werden können.

Aus forschungspraktischen Erwägungen muß der anonymisierende Begriff der »Bonner Republik« als Handlungsträger gegenüber Polen konkretisiert bzw. aufgelöst werden. Im Bereich der Außenpolitikforschung der Bundesrepublik, nicht zuletzt bei der Analyse der deutsch-polnischen Beziehungen, bleibt es aber ungeachtet des zeitlichen Abstands zu den Ereignissen schwierig, eine klare Abgrenzung der Akteure vorzunehmen, die in den zurückliegenden Jahrzehnten zur Formulierung der bundesdeutschen Außenpolitik im allgemeinen und der Polenpolitik im besonderen beigetragen haben. Eine Eingrenzung der Akteure wird freilich vorgenommen, wenn im Mittelpunkt dieser Untersuchung die Politik im engeren Sinne stehen soll, also das *Regierungshandeln* mit Blick auf Polen.

Wenn man die westdeutsche Außenpolitik seit 1949 beschreiben will, sieht man rasch den jeweiligen Kanzler im Mittelpunkt außenpolitischer Entscheidungen. Seine ganz persönliche Interpretation der außenpolitischen Gegebenheiten und Notwendigkeiten, also seine Konzeption ebenso wie seine Fähigkeit, sich ein eigenes Macht- und Entscheidungszentrum zu verschaffen, um die eigenkonzipierte Außenpolitik im innenpolitischen Kräftefeld durchzusetzen, sind der Ausgangs-, ja Angelpunkt jedes Verständnisses der Bundesrepublik Deutschland – so behauptet der kritisch-empathische Beobachter der Außenpolitik der CDU-Kanzler, Christian Hacke.[1] Eine solche personalisierte, auf die Bundeskanzler zugeschnittene Interpretation der Osteuropapolitik der Bundesrepublik seit 1949 mag bisweilen zu analytischen Verengungen und Ausblendungen führen. Der Blick auf die Einzelphasen der bundesdeutschen Polenpolitik seit Gründung des westdeutschen Staats rechtfertigt aber eine Fragestellung, die auf die Bedeutung der einzelnen Kanzler für die konkrete Ausgestaltung der Deutschland-, Außen-, Ost- und Polenpolitik abhebt. Das Fehlen einer aus-

---

1 Christian Hacke, Von Adenauer zu Kohl: Zur Ost- und Deutschlandpolitik der Bundesrepublik 1949-1985, in: Aus Politik und Zeitgeschichte (APuZ), B51-52/85, 21.12.1985, S. 3-22, hier S. 3.

geprägten Handschrift wirkte sich in den Jahrzehnten seit 1949 – unter der Kanzlerschaft Adenauers seit 1957 und unter den Kanzlern Erhard (1963-1966) und Kiesinger (1966-1969) – direkt als ost- und polenpolitische Stagnation oder Lähmung aus. Gerade in diesen Phasen geringen Profils der Kanzler hatten die jeweiligen Außenminister besondere Chancen, außenpolitische Akzente zu setzen, ohne jedoch durch eigene Initiativen auf Dauer den vom Kanzler symbolisierten Regierungskonsens auf dem kleinsten gemeinsamen Nenner aufkündigen zu können. Diese Erfahrungen mußten von Brentano (1955-1961), Schröder (1963-1966) und Brandt (1966-1969) machen, wobei bei Brentano das Erwägen alternativer Positionen im Falle Polens nicht zu jeder Zeit nach vorne weisen mußte.

Die Fokussierung auf die Kanzler der Bundesrepublik mag demnach eine Identifizierung der einzelnen Epochen der Bonner Polenpolitik erleichtern. Diese Betrachtungsweise, die den Primat der Innenpolitik in dem untersuchten Segment der Bonner Außenpolitik zu bestätigen scheint, kann aber keinen Monopolanspruch für sich erheben. Schließlich haben abgesehen von den Konsequenzen der prinzipiellen außen- und bündnispolitischen Grundprämissen der Bonner Politik, d.h. des Zwangs zur weitgehenden Harmonisierung mit dem gemeinsamen Nenner der amerikanischen und der westeuropäischen Osteuropapolitik, immer wieder äußere Faktoren, wie zum Beispiel der polnische Oktober 1956, die Entstehung der Solidarność 1980 und insbesondere der Systemwechsel in Polen sowie der Zusammenbruch des kommunistischen Weltsystems, neue Etappen der bundesrepublikanischen Polenpolitik und der Osteuropapolitik der westlichen Verbündeten eingeleitet.

Hilfreich für das grundsätzliche Verständnis der Bonner Außenpolitik erscheint eine genauere Analyse des außenpolitischen Entscheidungssystems und des Entscheidungsprozesses an Einzelbeispielen der Polenpolitik. Die die Anfänge der Polenpolitik prägende »Ära« Brentano (1955-1961) und die entscheidende Phase der Bonner Ostpolitik 1969/70 eignen sich hierfür besonders, zumal sie sich durch die Fallstudien von Daniel Kosthorst und von Günther Schmid geradezu anbieten.[2]

Die Oppositionsparteien dürfen bei einer Betrachtung der außenpolitischen Entscheidungen nicht ausgeblendet werden, da sie jederzeit Regierungsparteien werden konnten und in außenpolitischen Schicksalsfragen in den Entscheidungsprozeß einbezogen werden mußten, wenn ein Grundkonsens unter den großen Parteien über Grundfragen der Außenpolitik erreicht werden sollte. Das gilt insbesondere für die SPD als größte parlamentarische Oppositionspartei (1949-1966), als Juniorpartner in der »Großen

---

2 Daniel Kosthorst, Brentano und die deutsche Einheit. Die Deutschland- und Ostpolitik des Außenministers im Kabinett Adenauer 1955-1961, Düsseldorf 1993; Günther Schmid, Entscheidung in Bonn. Die Entstehung der Ost- und Deutschlandpolitik 1969/1970, 2. Aufl., Köln 1980.

Koalition« (1966-1969) und dann wieder in der Opposition seit 1982 sowie für die Liberalen in den Jahren 1957-1961 und 1966-1969.

Die Akteure im gesellschaftlichen und vorpolitischen Raum, das wird bei einer Analyse bundesdeutscher Polenpolitik in jeder Phase deutlich, sind ebenfalls entscheidungsrelevant und müssen mitberücksichtigt werden. Sie haben Regierungspolitik direkt und indirekt beeinflußt, Entscheidungssituationen vorbereitet und mit verhindert. Es ist sogar nachzufragen, ob nicht das Verhältnis zu Polen wie kein anderes der Bonner Republik über die Jahrzehnte hinweg Gegenstand innenpolitischer und innergesellschaftlicher Kontroversen, ergo innenpolitischer Instrumentalisierung gewesen ist. Die Hauptakteure der Polenpolitik waren Vertriebenenverbände, Kirchen, Medien, Wissenschaftler und Intellektuelle.

*Schwerpunkt* der Untersuchung bleibt aber das *Regierungshandeln*. Autoritativ und legitim Politik im Namen des Volkes zu gestalten ist in einem parlamentarisch-demokratischen Staat nun einmal das Privileg der Regierung, wobei hier die Legitimität des Mandats betont wird. Dies geschieht ganz bewußt als Abgrenzung zu einer »deutschen« Polenpolitik der DDR und der polnischen Deutschlandpolitik zu Zeiten der kommunistischen Herrschaft.

Mit der Anerkennung des Primats der Politik wird das Eigengewicht ökonomischer Interessen bei der Bestimmung außenpolitischer Prioritäten nicht negiert. Die hochgradige Politisierung und Ideologisierung von Beziehungen zwischen Staaten in Zeiten der Systemkonkurrenz und des Kalten Kriegs hat aber insbesondere im Fall der Bundesrepublik mit deren mehrfach exponierten Grenzlage der Verselbständigung des »Kapitalverwertungsinteresses« relativ enge Grenzen gesetzt. In den mehr als 40 Jahren Bonner Polenpolitik war der Handel dem Wandel zwar öfters ein Stück voraus, aber letzten Endes waren auch für dieses Phänomen politische Interessen (z.B. an ebendieser scheinbaren Entkoppelung der Wirtschaft von der Politik) oder die politische Großwetterlage (z.B. in der zweiten Hälfte der sechziger Jahre) ausschlaggebend. So kam der Anstoß zu einer Veränderung in den westdeutsch-polnischen Beziehungen in allen Phasen seit 1949 – das sei hier die These – aus der Sphäre der Politik.

Auf die Grenzen nationalstaatlicher Außenpolitik in der zweiten Hälfte des 20. Jahrhunderts hinzuweisen heißt, einen Gemeinplatz zu beschwören. Im Fall der Bundesrepublik Deutschland gewinnt der Einwand aber an zusätzlicher Bedeutung angesichts der Entstehungsgeschichte der Bonner Republik als Kind des Kalten Kriegs. In den ersten Jahren ging es in den Außenbeziehungen zuallererst um die Regelung des Verhältnisses zu den Drei Mächten und die Gewinnung eines bescheidenen außenpolitischen Handlungsspielraums.

Paradigmatisch wird die äußere Bedingtheit der Bonner Außenpolitik durch die deutsche Teilung und die Existenz eines zweiten deutschen

Staats. Die DDR hat 40 Jahre lang konkurrierende Außen- und Polenpolitik betrieben, die von ihrer Funktion als westlichster Vorposten des »sozialistischen Weltsystems« und – als eifriger Juniorpartner der Sowjetunion – Mitkontrolleur der Politik im verbündeten Polen diktiert wurde.[3] In der Bonner Polenpolitik war die DDR immer präsent, beginnend mit der Grenzfrage (Görlitz) und dem Bonner Alleinvertretungsanspruch für Deutschland als Ganzes und endend mit der Bonner Patronage über Ost-Berlins Polenpolitik im »Zwei-plus-Vier«-Prozeß 1990.

Der Ab- und Ausgrenzung der Handelnden in einem Beziehungsgeflecht haftet immer etwas Willkürliches an, und das gilt auch für diese Studie. Selbstverständlich kann die Polenpolitik der Bundesrepublik Deutschland nicht verstanden werden, ohne die bundesdeutsche Sowjetunionpolitik und die westliche Osteuropapolitik zu berücksichtigen, vor allem aber nicht ohne Aufmerksamkeit für die Warschauer Deutschlandpolitik mit ihrer DDR-Komponente[4] und für die Ost-Berliner Polenpolitik als Variable der DDR-Deutschlandpolitik. Allerdings wird in dieser Studie das Hauptaugenmerk auf die westdeutsche Polenpolitik gelegt, deren Grundprägung durch die neue Staatsräson der Bonner Republik vorgegeben war. Diese war in ihrer praktischen Anwendung Wandlungen – sogar beträchtlichen – (z.B. »neue Ostpolitik«) unterworfen, die durch äußere Faktoren (Entspannungsprozeß) verursacht waren. Viel mehr als die konkrete Deutschlandpolitik Warschaus oder die Polen- und Deutschlandpolitik Ost-Berlins bestimmten jedoch die Entstehungsgeschichte des westdeutschen Staats und ein sich Anfang der fünfziger Jahre herauskristallisierendes bundesrepublikanisches Selbstverständnis die Polenpolitik der Bonner Republik bis zur deutschen Einheit (1990) und zum Abschluß des Partnerschaftsvertrags (1991). Aus diesem Grunde wird idealtypisch ein Akteur »Bundesrepublik« in den Vordergrund der Untersuchung gestellt, ohne das wirkliche Geflecht der Bedingtheiten und Abhängigkeiten zu zerschneiden. Da die Darstellung der »Polenpolitik der Bonner Republik« sich nicht als herkömmliche Beziehungsgeschichte oder als kommentierte Chronologie der Ereignisse in Politik, Wirtschaft, Gesellschaft und Kultur versteht, sondern den Fokus auf Intentionalität und Handeln »der Regierenden« in Bonn richtet, findet sie ihre Daten- und Bezugsbasis *überwiegend* in *deutschen Quellen und Darstellungen*.

---

3 Siehe dazu die immer noch lesenswerte Studie von Frank Bontschek, Die Volksrepublik Polen und die DDR. Ihre Beziehungen und ihre Probleme, Köln 1975 (Berichte des BIOst, 10/1975).
4 Siehe auch die Beiträge in: Rocznik Polsko-Niemiecki 1994 [Polnisch-Deutsches Jahrbuch], Warszawa 1995, das ganz den Beziehungen zwischen Polen und der DDR gewidmet ist; Franz Sikora, Sozialistische Solidarität und nationale Interessen. Polen, Tschechoslowakei, DDR, Köln 1977.

Es ist schon angedeutet worden, daß eine umfassende Darstellung der bundesrepublikanischen Polenpolitik für die gesamte Nachkriegsepoche von der Ära Adenauer bis zur Ära Kohl nicht vorliegt. Über kürzere oder längere Zeitabschnitte der Nachkriegsgeschichte westdeutsch-polnischer Beziehungen und über bestimmte Aspekte des bilateralen Verhältnisses gibt es umfangreiche Literatur. In der Regel aber wagten sich die Autoren nicht über Aufsätze, Beiträge zu Sammelwerken oder deren Herausgabe hinaus. Monographien befaßten sich mit kürzeren Zeitabschnitten des westdeutsch-polnischen Verhältnisses.[5]

Auf eines sei noch hingewiesen. Es gab, blickt man auf die Geschichte der Deutschen im 20. Jahrhundert zurück, verständlicherweise einen ungeschriebenen »altbundesrepublikanischen« Konsens, der darin bestand, das erkenntnisleitende Interesse im deutsch-polnischen Verhältnis *grosso modo* über den Begriff »Beziehungen« zu definieren. Die »historische Tabuisierung machtpolitischen Denkens«,[6] die Scheu, sich mit dem Wesen des Politischen zu befassen, was verlangt hätte, »Interesse« und »Durchsetzungsfähigkeit« in bilateralen Beziehungen zu problematisieren, war gerade in dem belasteten Verhältnis zu Polen allgegenwärtig. Und doch hatte die Kategorie des Interesses ihr eigenes Gewicht in der Bonner Außenpolitik schon zu einem Zeitpunkt, als es diese für eine Bundesrepublik unter Besatzungsstatut formal noch gar nicht gab. Die im Politischen Archiv des Auswärtigen Amts zugänglichen Akten zur auswärtigen Politik für den Zeitraum bis Mitte der sechziger Jahre und die ersten Quelleneditionen weisen darauf hin, daß dieses kritische, letzten Endes aber vorwärtsweisende Spannungsverhältnis von Interessenpolitik und »moralischer« Politik im Hinblick auf die Vergangenheit im westdeutsch-polnischen Verhältnis von Anfang an bestand.

Die bisher in bezug auf die Polenpolitik noch kaum ausgewerteten Akten des Auswärtigen Amts für die fünfziger und den Anfang der sechziger Jahre bilden neben anderen Dokumenten und Quellen, Monographien, Sammelwerken, Memoiren, Aufsätzen und Zeitungsartikeln die Materialbasis für diese Studie.

Der Untersuchung einzelner Epochen der Polenpolitik der Bonner Republik wird ein kurzer Abriß der am Ende der vierziger Jahre gesetzten Rahmenbedingungen für diese Politik vorangestellt. Erste Vorüberlegungen über Kontinuität und Wandel der Polenpolitik in den darauffolgenden Jahr-

---

5 So zuletzt Krzysztof Miszczak, Deklarationen und Realitäten. Die Beziehungen zwischen der Bundesrepublik Deutschland und der (Volks-)Republik Polen von der Unterzeichnung des Warschauer Vertrages bis zum Abkommen über gute Nachbarschaft und freundschaftliche Zusammenarbeit (1970-91), München 1993; auch Dieter Korger, Die Polenpolitik der deutschen Bundesregierung von 1982-1991, Bonn 1993.
6 So Werner Link in einem Vortrag vor dem Ost-West-Kolleg, Brühl, am 8.1.1997.

zehnten sollen zum Vorausdenken anregen. Sie profitieren von dem Wissen *post factum*.

## 1.2 Rahmenbedingungen

### 1.2.1 Internationaler Bezugsrahmen und Staatsräson

Die Übergangsperiode der Jahre 1945 bis 1949 hat der Bundesrepublik Deutschland ihren Stempel aufgedrückt. Damals sind tragende Strukturen und Bewußtseinsorientierungen geformt worden, die den Weg des westdeutschen Staats bis zu seinem Aufgehen in der erst entstehenden »Berliner Republik« bestimmen sollten.[7] Das betraf die Rahmenbedingungen des internationalen Systems ebenso wie die vorherrschenden außenpolitischen Orientierungen in der Bundesrepublik selbst.[8]

Im Jahre 1948 hatte sich das europäische Staatensystem herausgebildet, an dem sich die Politik Westdeutschlands orientieren mußte. Die Teilung Europas in zwei antagonistische soziopolitische Ordnungssysteme nahm damals Gestalt an. In jener Zeit erfolgte die Einbeziehung des Kontinents in ein sowjetisches und ein amerikanisches Hegemonialsystem. Es wurden damals die Grundmuster der Nachkriegsordnung (bis 1990) herausgebildet.[9]

Im Gegensatz zu der Ambivalenz und Unübersichtlichkeit des Systems von 1945 wies das von 1948 deutlichere Konturen auf. Die 1945 noch unklaren Machtverhältnisse wurden durch die anerkannte Führungsrolle der Vereinigten Staaten in deren Einflußsphäre und die auf politischem Terror begründete Vormachtstellung der Sowjetunion in ihrem Hegemonialraum abgelöst. Beide Weltmächte agierten – mit freilich nicht vergleichbaren Instrumenten – als unangefochtene Führer eines Blocks abhängiger europäischer Staaten, die sich jeweils diplomatisch, militärisch, propagandistisch und wirtschaftspolitisch gegen die Einwirkungen des Gegners abschirmten. Das System des Kalten Kriegs hatte sich etabliert.[10]

---

7 Vgl. Karl-Heinz Füssl, Restauration und Neubeginn. Gesellschaftliche, kulturelle und reformpädagogische Ziele der amerikanischen »Reeducation«-Politik nach 1945, in: APuZ, B6/97, 31.1.1997, S. 3-14.
8 Siehe Waldemar Besson, Die Außenpolitik der Bundesrepublik. Erfahrungen und Maßstäbe, München 1970, S. 22ff.
9 Siehe Hans-Peter Schwarz, Die außenpolitischen Grundlagen des westdeutschen Staates, in: Richard Löwenthal/Hans-Peter Schwarz (Hrsg.), Die zweite Republik. 25 Jahre Bundesrepublik Deutschland – eine Bilanz, 2. Aufl., Stuttgart 1974, S. 27-63, hier S. 29f.
10 Ebenda, S. 36.

Allerdings ließ sich Ende der vierziger Jahre noch nicht mit Sicherheit absehen, daß sich die Strukturen eines über Jahrzehnte hinweg stabilen Systems herauskristallisierten. Insbesondere die deutsche Frage enthielt beträchtlichen Sprengstoff, und es war noch nicht klar, ob es der Sowjetunion tatsächlich gelingen würde, ihr Imperium zusammenzuhalten, was den USA an der Südostflanke ihres Hegemonialbereichs unmittelbar nach 1945 gelungen war, als kommunistische Provokationen in Griechenland zu einem Bürgerkrieg geführt hatten.[11]

Die Einflußsphären der Weltmächte waren, wie gesagt, sehr unterschiedlich strukturiert. Im westeuropäisch-atlantischen Bereich bildete sich unter amerikanischer Führung ein »genossenschaftlich organisiertes Hegemonialsystem« (H.-P. Schwarz) heraus, das nicht auf Unterwerfung, sondern primär auf dem Schutz- und Unterstützungsverlangen der schwachen westeuropäischen Demokratien beruhte. Die Eingliederung in das amerikanische Sicherheits- und Weltwirtschaftssystem kam freiwillig zustande und entsprach dem Mehrheitswillen der jeweiligen Bevölkerung.

Die Westzonen, aus denen die Bundesrepublik Deutschland entstand, bildeten die Nahtstelle und Trennlinie des amerikanischen Hegemonialsystems mit dem sowjetischen, das eine autokratisch-totalitäre Herrschaftsordnung darstellte, in der Freiheit und Autonomie keinen Platz fanden. Der sowjetischen Besatzungszone Deutschlands kam in der Sowjetordnung die spiegelbildliche Funktion der westlichen Besatzungszonen zu.[12]

Die endgültige Erosion der Kooperationsstrukturen vollzog sich 1948 parallel zur Herausbildung zweier heterogener und antagonistischer Blöcke. Der Rat der Außenminister war im Frühjahr und nochmals im Dezember 1947 bei seinen Versuchen, die deutsche Frage zu lösen, in eine Sackgasse geraten und wurde auf unbestimmte Zeit vertagt. Im März 1948 zerbrach der Alliierte Kontrollrat, im Juni die einheitliche deutsche Währung und die Vier-Mächte-Verwaltung von Berlin.

Gleichzeitig wurden im Westen als Kooperationsorganisationen die OEEC (Organization for European Economic Cooperation) und der Pakt von Dünkirchen, wenig später die NATO gegründet. Damit korrespondierte die Entwicklung in Westdeutschland, wo auf der Grundlage der Institutionen des Vereinigten Wirtschaftsgebiets die Initiative zur Gründung eines westdeutschen Staats ergriffen wurde. Ein weiteres tragendes Element des neuen Systems, in das der westdeutsche Staat hineinwachsen sollte, war die Bewegung für den Zusammenschluß Westeuropas.

> Die Vorgänge in Deutschland werden nur verständlich, wenn sie als Teilvorgang bei der Herausbildung eines neuen europäischen Staatensystems verstanden werden ... Die wirtschaftliche Wiederbelebung der Westzonen erschien offenbar als einzige

---

11 Ebenda.
12 Vgl. Michael Lemke, Die Sowjetisierung der SBZ/DDR im ost-westlichen Spannungsfeld, in: APuZ, B6/97, 31.1.1997, S. 41-53.

Chance zur Überwindung des völligen Chaos in Deutschland. Daneben spielte aber die Erkenntnis eine Rolle, daß ein wirtschaftlicher Wiederaufschwung in Westeuropa ohne die westdeutsche Industrie und die westdeutsche Kohle schwer möglich sein würde. Aus der Sicht der Besatzungsverwaltung stellte der Marshall-Plan das geeignete Mittel dar, um die Frage des westdeutschen Wiederaufbaus in einer für die anderen Westeuropäer annehmbaren Weise zu lösen.[13]

Westdeutschland war in seiner Außenpolitik nach 1949 durch diese systemaren Grundgegebenheiten als »die erste und wichtigste Unterabteilung des kalten Krieges«[14] dazu ausersehen, auch unabhängig von der Einsicht der maßgebenden politischen Kräfte, die sich in den Westzonen von den Sozialdemokraten über die Christdemokraten bis hin zu den Liberalen formierten,[15] das lebenswertere politische und gesellschaftliche System zu erhalten. Auf den ersten Blick fielen die Bestrebungen der Westmächte und der Westdeutschen also zusammen. Beide wollten die Ausweitung der sowjetischen Machtsphäre verhindern.

Aber die deutschen Begründer der Bundesrepublik erstrebten darüber hinaus die Wiedergewinnung der politischen und rechtlichen Freiheit auch für die Deutschen der sowjetischen Besatzungszone in einem gemeinsamen Staat und eine mindestens teilweise Rückgewinnung der von den Sowjets bei Kriegsende an Polen übergebenen Gebiete ... Der Gegensatz der Systeme in Ost und West war die Grundlage eines *gemeinsamen* Konflikts der Westmächte und der Deutschen in der Bundesrepublik mit den Sowjets ... Die Forderung nach Wiedervereinigung der Deutschen in Freiheit und Grenzrevision im Osten waren die Grundlage eines *Sonder*konflikts der Bundesrepublik mit der Sowjetunion und mit dem Sowjetblock, in dem sie nur bedingt – und in mit der Zeit abnehmendem Maße – auf die Unterstützung der Westmächte rechnen konnte.[16]

Die Geschichte der Bonner Ostpolitik im allgemeinen und der Polenpolitik im besonderen ist die Geschichte der zunehmenden Erkenntnis dieses Unterschieds und der notwendigen Entschärfung dieses Sonderkonflikts, der erst mit dem Zusammenbruch des »sozialistischen Weltsystems« am Ende der achtziger Jahre aufgehoben wurde.

*1.2.2 Historischer, territorialpolitischer und sozialpsychologischer Bezugsrahmen*

Die Bonner Politik gegenüber Osteuropa, insbesondere gegenüber der Sowjetunion und Polen, bleibt unverständlich, wenn man nicht die tiefe

---

13 Schwarz, Die außenpolitischen Grundlagen, S. 38; siehe auch John Gimbel, Amerikanische Besatzungspolitik in Deutschland 1945-1949, Frankfurt/M. 1971.
14 Besson, S. 24.
15 Siehe Schwarz, Die außenpolitischen Grundlagen, S. 43ff.
16 Richard Löwenthal, Vom kalten Krieg zur Ostpolitik, in: Löwenthal/Schwarz (Hrsg.), S. 604-699, hier S. 604.

Wirkung berücksichtigt, die eine breite antikommunistische und antisowjetische Grundströmung in ihren ersten Jahren ausgeübt hatte. Dabei waren die Erfahrungen und emotionalen Erschütterungen der Kriegs- und Nachkriegszeit weit wichtiger als die Spätfolgen der antibolschewistischen Propaganda des Nationalsozialismus. Das begann mit dem Schockerlebnis der deutschen Soldaten nach dem Einmarsch in das überfallene Rußland, als die elenden Lebensverhältnisse der bäuerlichen Bevölkerung unter dem Stalin-Regime als Bestätigung der vorher oft skeptisch aufgenommenen antibolschewistischen Propaganda wirkten. Das setzte sich mit der wachsenden Angst vor furchtbarer Vergeltung angesichts deutscher Brutalitäten und Verbrechen gegen die Bevölkerung fort. Dann kamen die Grausamkeiten gegenüber der Zivilbevölkerung beim Einmarsch der sowjetischen Truppen, die als Bestätigung all dieser Ängste wirkten. Die Züge der Heimatvertriebenen, der Zonenflüchtlinge und der spät und ausgemergelt heimkehrenden Kriegsgefangenen festigten das Bild eines unmenschlichen Regimes, eines nicht funktionierenden Wirtschaftssystems und einer feindlichen Gesinnung der Menschen »im Osten« immer mehr. Es kam das Erlebnis der schrittweisen kommunistischen Gleichschaltung in der SBZ und die Angst vor der Ausdehnung der sowjetischen Macht, die mit der Berlin-Blockade eine aktuelle Begründung auf deutschem Boden erfuhr.[17]

Die ideologische und emotionale Fixierung auf ein starres und unveränderliches Feindbild, die primitive, nationalistische Tendenz zur Gleichsetzung des gefürchteten Systems mit »den Russen« und »den Polen« sowie »die selbstgerechte Neigung vor allem vieler Sprecher der Vertriebenen, über dem bitteren, frisch erlittenen Unrecht jenes furchtbare Unrecht zu vergessen, das vorher Deutsche im Namen Deutschlands den Nachbarvölkern angetan hatten«,[18] luden der Bonner Politik gegenüber Polen nach 1949 eine riesige Hypothek auf, die jene Last potenzierte, die das deutsche Polenbild und die preußische, dann deutsche Polenpolitik der letzten zweihundert Jahre jeder deutschen Polenpolitik nach 1945 aufbürden mußten.[19]

Deutsch-polnische Beziehungen und deutsche Polenpolitik nach der doppelten deutschen Staatsgründung im Jahre 1949 würden ohne den ständigen Bezug auf deutsche Polenpolitik vor 1945 unbegreiflich bleiben.[20] Dabei

---

17 Siehe ebenda, S. 609f.
18 Ebenda, S. 610f.
19 Siehe u. v. a. Hans-Adolf Jacobsen, Polen und Deutsche. Kontinuität und Wandel gegenseitiger Bilder im 20. Jahrhundert, in: Hans Süssmuth (Hrsg.), Deutschlandbilder in Polen und Rußland, in der Tschechoslowakei und Ungarn, Baden-Baden 1993, S. 151-163; Hendrik Feindt (Hrsg.), Studien zur Kulturgeschichte des deutschen Polenbildes 1848-1939, Wiesbaden 1995 (Veröffentlichungen des Deutschen Polen-Instituts Darmstadt, Bd. 9).
20 Vgl. dazu aus der Vielzahl der »Klassiker« zur deutschen Polenpolitik in der Geschichte u. v. a.: Martin Broszat, Zweihundert Jahre deutsche Polenpolitik, Frankfurt/M. 1971; Martin Broszat, Nationalsozialistische Polenpolitik, Stuttgart 1961;

stellt der Versuch prägnanter Generalisierung oder einer allgemeinen Beurteilung der schwer belasteten Beziehungen mit Polen trotz verbesserter Standards der jeweiligen nationalen Forschung nach wie vor »ein extrem schwieriges und riskantes Unterfangen« dar: »Die komplexe, unterschiedlich getrübte Geschichte ... spiegelt sich in einer komplexen, unterschiedlich getrübten Historiographie. Parteiische Interpretationen, Polemiken, Apologien, doppelte Maßstäbe und Rechtfertigungen hat es im Überfluß gegeben, selbst in vorgeblich wissenschaftlichen Arbeiten, die Jahrzehnte nach den Ereignissen geschrieben wurden.«[21]

Zweifellos prägten die Massenvertreibung bzw. Zwangsaussiedlung aus den polnisch verwalteten deutschen Ostprovinzen und der Territorialverlust, der nach dem Potsdamer Protokoll zugunsten Polens erfolgt war, die westdeutsche Haltung und Politik gegenüber Polen am stärksten. Zwar wurden die meisten Deutschen nach dem totalen Zusammenbruch 1945 von so vielen Existenzsorgen geplagt, daß für sie die Politik zunächst in den Hintergrund trat. Darüber hinaus war es den lizensierten Parteien und Zeitungen verboten, eine Besatzungsmacht zu kritisieren. Schon deshalb konnten die Deutschen ihre Meinung nicht frei bilden und äußern. Trotzdem läßt sich unschwer ergründen, welche Haltung sie zur Oder-Neiße-Linie einnahmen. Es bedarf keiner Begründung, warum die Vertriebenen und Flüchtlinge sie *a priori* nicht billigten. Doch steht außer Zweifel, daß diesen Standpunkt auch die nicht vertriebene deutsche Bevölkerung in den vier Besatzungszonen teilte. Nach dem Potsdamer Abkommen ließ sich keine repräsentative deutsche Gruppe ermitteln, die die Oder-Neiße-Gebiete völlig verloren glaubte. Alle deutschen Parteien von rechts bis links einschließlich der KPD und in der sowjetischen Besatzungszone der SED waren der Meinung, daß die endgültige Entscheidung über die Ostgrenze erst auf der Friedenskonferenz fallen werde.[22] Selbst Władysław Gomułka, seinerzeit Minister für die wiedergewonnenen Gebiete, vertraute 1969 Mieczysław Rakowski an: »Öffentlich sage ich, daß in Potsdam unsere Westgrenze endgültig bestätigt wurde, aber das stimmt nicht. In Potsdam hat sich Stalin die Endgültigkeit der sowjetischen Grenze bestätigen lassen ... Aber unsere Grenze wird in Frage gestellt. In Potsdam ließ Stalin in der

---

Volkmar Kellermann, Schwarzer Adler – Weißer Adler. Die Polenpolitik der Weimarer Republik, Köln 1970; Christoph Kleßmann, Die Selbstbehauptung einer Nation. Nationalsozialistische Kulturpolitik und polnische Widerstandsbewegung im Generalgouvernement 1939-1945, Düsseldorf 1971; Czesław Madajczyk (Hrsg.), Vom Generalplan Ost zum Generalsiedlungsplan, München u.a. 1994.

21 Timothy Garton Ash, Im Namen Europas. Deutschland und der geteilte Kontinent, München – Wien 1993, S. 321f.
22 Siehe Hans Georg Lehmann, Der Oder-Neiße-Konflikt, München 1979, S. 66.

Frage unserer Grenze ein Türchen offen, so eine Leine, an der man die Polen führen kann.«[23]

Neben Flucht und Vertreibung aus Ostdeutschland und deutschen Siedlungsgebieten in Ostmittel- und Südosteuropa, die – abgesehen von der NS-Umsiedlungs- und Vertreibungspolitik und der sich über Jahrzehnte hinziehenden stalinistischen innersowjetischen Umsiedlungstragödie – als größtes europäisches Vertreibungsgeschehen des 20. Jahrhunderts ein eigenes Drama und riesiges Konfliktpotential darstellten,[24] gehörten zur Negativbilanz der Oder-Neiße-Gebiete in bezug auf Deutschland als Ganzes folgende Faktoren: 1) Die Oder-Neiße-Gebiete zuzüglich des sowjetisch verwalteten nördlichen Ostpreußens umfaßten 114.342 qkm oder 24,3% des Reichsterritoriums nach dem Stand von 1937.»Es versteht sich von selbst, daß sich jede Nation gegen eine solch gravierende Amputation ihres Staatsgebiets wehrt und auch nach einem verlorenen Krieg nicht ohne Vorbehalte hinzunehmen bereit ist.«[25] 2) Die Oder-Neiße-Territorien gehörten zu den agrarischen Überschußgebieten des Reiches, deren Abtrennung sich um so

23 Zit. n. Mieczysław F. Rakowski, Journalist und politischer Emissär zwischen Warschau und Bonn, in: Friedbert Pflüger/Winfried Lipscher (Hrsg.), Feinde werden Freunde. Von den Schwierigkeiten der deutsch-polnischen Nachbarschaft, Bonn 1993, S. 145-159, hier S. 150.

24 Seit den fünfziger Jahren umfassend dokumentiert, beginnend mit der Dokumentation der Vertreibung der Deutschen aus Ost-Mitteleuropa, hrsg. vom Bundesministerium für Vertriebene, Flüchtlinge und Kriegsgeschädigte, bearb. von Theodor Schieder in Verbindung mit Adolf Diestelkamp u.a., 5 Bde., Bonn 1953-1961. Unveränderter Nachdruck von Bd. 1 unter dem Titel: Die Vertreibung der deutschen Bevölkerung aus den Gebieten östlich der Oder-Neiße, Bde. 1-3, München 1984; vgl. auch Gotthold Rhode, Evakuierung, Flucht, Verschleppung, Diskriminierung, Zwangsaussiedlung und Ausweisung der Deutschen aus Polen und den ostdeutschen Provinzen 1944-47, in: Die Beziehungen zwischen der Bundesrepublik Deutschland und der Volksrepublik Polen bis zur Konferenz über Sicherheit und Zusammenarbeit in Europa (Helsinki 1975). XIX. deutsch-polnische Schulbuchkonferenz der Historiker vom 20. bis 25. Mai 1986 in Saarbrücken, Redaktion: Wolfgang Jacobmeyer, Braunschweig 1987, S. 109-134; auch Alfred Theisen, Die Vertreibung der Deutschen – Ein unbewältigtes Kapitel europäischer Zeitgeschichte, in: APuZ, B7-8/95, 10.2.1995, S. 20-33; vgl. auch die Diskussion über die Berechnung von »Vertreibungsverlusten« bei Rüdiger Overmans, Personelle Verluste der deutschen Bevölkerung durch Flucht und Vertreibung, in: Dzieje Najnowsze, 2, 1994, S. 51-63; und Piotr Madajczyk, Straty ludności niemieckiej podczas transferu z Polski i w wyniku represji [Deutsche Bevölkerungsverluste während des Transfers aus Deutschland und als Folge der Repression], ebenda, S. 67-70. Den aktuellen Forschungsstand zu Flucht und Vertreibung dokumentieren zwei Literaturberichte: Josef Henke, Flucht und Vertreibung der Deutschen aus dem Osten. Zur Quellenlage und Historiographie, in: Deutsche Studien, 32 (Juni/September 1995) 126/127, S. 137-149; und Hellmuth Auerbach, Literatur zum Thema. Ein kritischer Überblick, in: Wolfgang Benz (Hrsg.), Vertreibung der Deutschen aus dem Osten. Ursachen, Ereignisse, Folgen, aktual. Neuaufl., Frankfurt am Main 1995, S. 277-294.

25 Lehmann, S. 67.

nachteiliger auswirkte, je mehr sich die Ernährungslage in den übervölkerten Besatzungszonen verschlechterte. 3) Flucht und Vertreibung von 15 Millionen - nicht nur aus den Oder-Neiße-Gebieten - ließen den Siedlungsraum der deutschen Bevölkerung auf West- und Mitteldeutschland zusammenschrumpfen.[26]

Der Territorialverlust im Osten brachte den Deutschen *später* auch indirekt und ungewollt »Vorteile«, wie das Ende des ostelbischen Großgrundbesitzes und Adels als Träger großagrarisch-feudaler Ordnung, Flüchtlinge und Vertriebene als *Sauerteig* in der west- und mitteldeutschen Bevölkerung und als wichtiger Faktor beim Wiederaufbau der deutschen Wirtschaft, die freilich alle in keinem Verhältnis zu den Nachteilen standen.

In dieser Lage war es selbstverständlich, daß in den deutschen Parteien - bis in das Jahr 1947 hinein auch in der im April 1946 aus der Zwangsvereinigung von Ost-SPD und Ost-KPD entstandenen SED[27] - die Forderung nach Grenzrevision einmütig war.[28] Der gegen Polen gerichtete Revisionismus verfestigte somit die schon lange bestehenden Heterostereotypen der Polen über die Deutschen und umgekehrt. Unter diesen Umständen drohten beide Völker in einen neuen Teufelskreis negativer Lernprozesse zu geraten.[29]

Die Bedeutung der nationalen Historiographien und Stereotypen für die Entstehung und Verfestigung eines statischen und negativen Bilds vom Nachbarn soll hier nicht weiter thematisiert werden.[30] Dies ist in den letzten Jahren durch deutsche und polnische Historiker geschehen.[31] Dabei ist der wissenschaftliche Konsens in den letzten 20 Jahren - gegen das historisch überkommene Verdikt - weit gediehen. Fortbestehende Kontroversen kön-

---

26 Siehe ebenda.
27 Georg W. Strobel, Deutschland - Polen. Wunsch und Wirklichkeit, Bonn u.a. 1969, S. 15; siehe auch Sikora, S. 103ff. Zum Sonderfall Stettin, einschließlich Tätigkeit einer deutschen kommunistischen Lokalverwaltung: Stettin/Szczecin 1945-1946. Dokumente - Erinnerungen. Dokumenty - wspomnienia. Hrsg. von der Ostsee-Akademie Lübeck-Travemünde und dem Institut für Zeitgeschichte der Universität Stettin, Rostock 1994.
28 Siehe auch Volkmar Kellermann, Brücken nach Polen. Die deutsch-polnischen Beziehungen und die Weltmächte 1939-1973, Stuttgart 1973, S. 58ff.
29 Vgl. Lehmann, S. 88f.
30 Siehe auch den Konferenzbericht: Geschichte Deutschlands, Polens und der deutsch-polnischen Beziehungen - Stand und Aufgaben der Forschung. Versuch einer Bilanz. Eine Konferenz in Posen am 10. und 11. Oktober 1994, in: Nordost-Archiv, NF, IV (1995) 1, S. 292-296.
31 Exemplarisch seien hier Klaus Zernack, Preußen - Deutschland - Polen. Aufsätze zur Geschichte der deutsch-polnischen Beziehungen, hrsg. von Wolfram Fischer und Michael G. Müller, Berlin 1991, erwähnt und der ungemein erfrischende Aufsatz mit Literaturbericht von Jan M. Piskorski, »Deutsche Ostforschung« und »polnische Westforschung«, in: Berliner Jahrbuch für osteuropäische Geschichte, Bd. 1996/1, S. 379-389.

nen zunehmend vernünftig als nachvollziehbare, interessengebundene Interpretationen von »Nationalgeschichte« ausgetragen werden.[32] Wenn die Kategorie des Hasses irgendwo für zwei europäische Völker zutreffend war, dann für das deutsch-polnische Verhältnis in seiner (selbst)zerstörerischsten Zeit. Dies muß mitbedacht werden bei der Einschätzung des in der historischen und zeitgeschichtlich-politikwissenschaftlichen Forschung Erreichten. Der objektive und subjektive Ballast der Geschichte und der traditionellen Geschichtsschreibung muß auch reflektiert werden mit Blick auf die Realgeschichte nach dem Zweiten Weltkrieg und auf das Geschehen, das Gegenstand dieses Buchs sein wird.

## 1.2.3 Institutioneller Bezugsrahmen

Im Bereich der Außenbeziehungen wird im Grundgesetz (GG) die Stellung des Bundeskanzlers durch die Artikel 62-69 klar hervorgehoben. Er verantwortet die Politik seiner Regierung – also auch die Außenpolitik – gegenüber Parlament und Öffentlichkeit. Die Regierungspraxis von bisher sechs Bundeskanzlern zeigt freilich, daß nicht jeder von ihnen seine außenpolitischen Zuständigkeiten in gleicher Weise und mit demselben Nachdruck wahrgenommen hat und wahrnehmen konnte. Die Machtverhältnisse in und zwischen den Koalitionsparteien, persönlicher Führungsstil und Geschick des Bundeskanzlers erweitern seinen Spielraum oder engen ihn ein. In den Anfängen der Regierung Adenauer, in denen der Bundeskanzler auch sein eigener Außenminister (1951-1955) war, aber auch während der Amtszeit des Außenministers von Brentano (1955-1961) bestimmte der Bundeskanzler deutlich die Außenpolitik.[33]

Der in den ersten Regierungsperioden begründete außenpolitische Führungsanspruch des Bundeskanzlers ließ sich während der sechziger Jahre nicht mehr vollständig aufrechterhalten, ohne daß die außenpolitische Richtlinienkompetenz des Regierungschefs letztlich ernsthaft in Frage gestellt werden konnte. Die eher prozedurale Einschränkung des Handlungsspielraums des Bundeskanzlers ließ sich nicht vermeiden, teils aus Koalitionsrücksichten (letztes Kabinett Adenauer 1961-1963, Kabinett Kiesinger 1966-1969), teils weil der Kanzler in der eigenen Fraktion und im Wählerpotential der CDU/CSU mit divergierenden Strömungen zu rechnen hatte (Adenauer 1961-1963, Erhard 1963-1966). Bundeskanzler Brandt

---

32 Vgl. auch die in der Schriftenreihe des Georg-Eckert-Instituts für internationale Schulbuchforschung im Rahmen oder im Umkreis der Arbeit der deutsch-polnischen Schulbuchkommission erschienenen Veröffentlichungen und Abhandlungen.
33 Hans-Peter Schwarz, Die Bundesregierung und die auswärtigen Beziehungen, in: Hans-Peter Schwarz (Hrsg.), Handbuch der deutschen Außenpolitik, 2. Aufl., München - Zürich 1976, S. 43-112, hier S. 60.

(1969-1974) gelang es zu Beginn seiner Kanzlerschaft, gestützt auf den Staatssekretär im Bundeskanzleramt, Egon Bahr, Grundlinien und Ausführung der Ostpolitik entscheidend zu bestimmen. Später und in der zweiten Regierung Brandt (1972-1974) wurde die außenpolitische Prärogative des Bundeskanzlers wiederum stark durch die Rücksicht auf den Koalitionspartner eingeschränkt, da Bundesaußenminister Scheel zugleich Parteivorsitzender der FDP war, wodurch sich das ohnehin schon beträchtliche Gewicht des Auswärtigen Amts mit dem des unentbehrlichen Koalitionspartners verband. Daran hat sich auch unter den nachfolgenden Koalitionsregierungen, sowohl der sozialliberalen Regierung unter Kanzler Schmidt und Außenminister Genscher (1974-1982) als auch der christlich-liberalen Regierung unter Kanzler Kohl und Außenminister Genscher (1982-1992), wenig geändert.[34]

Der Chef des Auswärtigen Amts nimmt unter den Ministern nach wie vor eine Sonderstellung ein. Das Amt ging im Jahr 1951 aus der dem Bundeskanzleramt unterstellten »Dienststelle für auswärtige Angelegenheiten« hervor und führt seinen Namen auf das am 4. Januar 1870 unter Bismarck ins Leben gerufene Auswärtige Amt des Norddeutschen Bundes zurück. Die Bundesregierung nimmt durch das Auswärtige Amt (AA) die auswärtigen Beziehungen des Bundes wahr, die nach Artikel 73 GG ausschließlich diesem zustehen und beispielsweise nicht den Bundesländern. Der Regelfall ist, daß die auswärtigen Angelegenheiten der Bundesregierung vom AA erledigt werden. Auch dort, wo dies nicht der Fall ist, weil die entsprechenden Fragen vom Bundeskanzleramt oder von anderen Ressorts behandelt werden, nimmt das AA starken Einfluß. Die bisherigen Außenminister – Heinrich von Brentano (1955-1961), Gerhard Schröder (1961-1966), Willy Brandt (1966-1969), Walter Scheel (1969-1974) und Hans-Dietrich Genscher (1974-1992) – haben sich alle bemüht, die Zuständigkeiten des AA sowohl den anderen Ressorts als auch dem Bundeskanzleramt gegenüber nach Möglichkeit zu erhalten. Dabei waren sie allerdings unterschiedlich erfolgreich.[35]

Verschiedene Bundeskanzler haben, nicht zuletzt mit Blick auf die Eigenwilligkeit außenpolitisch relevanter Ministerien (Wirtschaft, Finanzen, Verteidigung) und aus Gründen der politischen Machtverteilung im Kabinett oder mit dem Ziel vorrangiger Beschäftigung mit bestimmten Zusammenhängen gelegentlich Sonderminister bzw. Minister für besondere Aufgaben eingesetzt. Hier sind besonders Heinrich Krone und Egon Bahr zu nennen. Unter Bundeskanzler Kohl nahm Horst Teltschik, obwohl als Abteilungsleiter im Bundeskanzleramt ohne formale Sonderstellung, eine vergleichbare Funktion ein.

---

34 Siehe ebenda, S. 61.
35 Ebenda, S. 74.

*1.3 Eingangsüberlegungen über Kontinuität und Wechsel der Paradigmen der Bonner Polenpolitik*

1. Die Frage nach der Kontinuität der Polenpolitik der Bundesrepublik Deutschland vom Zeitpunkt ihrer Gründung bis zum Abschluß des Grenzvertrags und des Freundschaftsvertrags des vereinigten Deutschland mit der Republik Polen liegt nahe. Über die einzelnen Epochen bundesdeutscher Beziehungen zu Polen hinweg war Ostpolitik eine abgeleitete Funktion der Deutschlandpolitik und der Westpolitik nachgeordnet. Im Rahmen der Westbündnispolitik vollzog sich der Wiederaufstieg Westdeutschlands. Die außenpolitischen Prioritäten wurden bis zum Vollzug der deutschen Einheit im Oktober 1990 nicht umgestoßen. Für die Analyse und Bewertung der Beziehungen zu Polen droht somit in jeder Phase die Gefahr, in eine Falle zu tappen und die instrumentale Funktion gegen den Wert des Verhältnisses zu Polen »an sich« abwägen zu wollen bzw. einem Idealismus anheimzufallen, der die Zweckmäßigkeit *jeder* außenpolitischen Beziehung leugnet.
2. Gerade die historisch-moralische Dimension des Verhältnisses zu Polen hatte in jeder Ära bundesdeutscher Polenpolitik eine interessengeleitete Funktion. Diesen Faktor nicht zu würdigen hieße, den Bezugspunkt der Wertbezogenheit außenpolitischen Handelns verlieren. Das kritische Verhältnis zwischen Politik und Moral zu zitieren heißt, in den immer nur konkret bestimmbaren Grenzbereich zwischen Gesinnungsethik und Verantwortungsethik einzutreten. Für das Verhältnis zu Polen war diese kritische Beziehung zwischen Interessenpolitik und Moral über vier Jahrzehnte hinweg mehr als für jede andere Außenbeziehung eine ständig diskutierte Konstante, wenn man von dem Verhältnis zum Judentum und zum Staat Israel absieht.
3. Seit der Vollendung der staatlichen Einheit (3.10.1990) gibt es die bundesdeutsche Ostpolitik nicht mehr. Ost- und Polenpolitik hatte ihren Bezugspunkt bis 1989/90 in der Deutschlandpolitik. Mit dem Ende der Deutschlandpolitik hatte also auch die traditionelle Bonner Ostpolitik ihren End- und Zielpunkt erreicht. Seit 1990 kann Polenpolitik nur Teil einer neuen Europapolitik sein, wie die Beziehungen zu allen Staaten des »Ostens« Europapolitik geworden sind. Was bleibt, sind über den Systemwechsel und die Einheit hinaus die strukturellen Merkmale der Asymmetrie, die als historischer Ballast der deutsch-polnischen Beziehungen weit über die Zeit von 1933 bis 1945 hinaus in die Vergangenheit zurückreichen: Industrialisierung, Einheit (1871) und Modernisierung in Deutschland einerseits und erneute Staatsgründung aus drei Teilgebieten mit verspäteten Modernisierungsprozessen in Polen andererseits. Hinzu kommt die Erbschaft des »Realsozialismus« als Herausforderung in den Transformationsstaaten Deutschland und Polen.

4. Wenn Garton Ash mit Recht behauptet, daß die gesamte Ostpolitik Bonns in gewissem Sinne Deutschlandpolitik gewesen sei – negativ bis in die sechziger Jahre, positiv seitdem –, dann galt dies für die Polenpolitik insbesondere unter den dogmatischen Gesichtspunkten der Aufrechterhaltung von Rechtsstandpunkten und Vorbehalten mit Blick auf die deutsche Ostgrenze.[36] Das war bei der »neuen Ostpolitik« genauso wie bei der »alten Ostpolitik« der fünfziger Jahre der Fall.[37] Diese Interdependenz wurde von den Bonner Deutschland- und Ostpolitikern jedoch erst in der zweiten Hälfte der sechziger Jahre als Chance erkannt und in den siebziger Jahren umgesetzt, als es darum ging, die Möglichkeit einer Öffnung der deutsch-deutschen Grenze mittels der Anerkennung der deutsch-polnischen Grenze zu erhöhen.[38]

5. Der Beobachtungszeitraum (1949-1991) umfaßt eine Periode grundlegender Veränderung: a) der *internationalen Rahmenbedingungen* bilateraler Beziehungen und b) der *Identität* der Akteure »Bundesrepublik Deutschland« und »Polen«. Die beiden Akteure Bundesrepublik Deutschland und Polen waren von 1949 bis 1990 in ihrem politischen Verhältnis zueinander zudem durch die Existenz des zweiten deutschen Staats, der Deutschen Demokratischen Republik, bedingt. Erst unter Berücksichtigung des Dreiecks Bonn – Ost-Berlin – Warschau und der deutsch-deutschen Dynamik 1989/90 läßt sich dann auch ausführen, daß c) die beiden Akteure Bundesrepublik Deutschland und Polen zugleich *Auslöser* und *Betroffene* des grundlegenden *Wandels* internationaler Rahmenbedingungen in Europa wurden. Ausgehend von diesen Tatbeständen ließe sich fragen, zu welchem Zeitpunkt die bisherigen, jahrzehntelang gültigen Grundannahmen von Systemstabilität und »Normalisierung« bzw. »Normalität« in den bilateralen Beziehungen von den Akteuren in der Bundesrepublik Deutschland und in Polen in Frage gestellt wurden. Wann wurde die bis Ende der achtziger Jahre vertretene Vorstellung, »an das bis Mitte 1970 (korrekt: Mitte der siebziger Jahre – D.B.) Erreichte wieder anzuknüpfen«,[39] obsolet?

6. Da wir uns mit Blick auf die Jahre 1949 bis 1991 in einem Zeitraum bewegen, der noch nicht lange zurückliegt, Akteure, Beobachter und Ana-

---

36 Garton Ash, Im Namen Europas, S. 189.
37 Siehe auch Werner Link, Die Außen- und Deutschlandpolitik in der Ära Brandt 1969-1974, in: Karl Dietrich Bracher/Wolfgang Jäger/Werner Link (Hrsg.), Republik im Wandel 1969-1974. Die Ära Brandt, Stuttgart 1986 (Geschichte der Bundesrepublik Deutschland, Bd. 5, I), S. 163-282, hier S. 214.
38 Siehe Garton Ash, Im Namen Europas, S. 331.
39 Hans-Adolf Jacobsen, Die Beziehungen zwischen der Bundesrepublik Deutschland und der Volksrepublik Polen 1949-1975: Aspekte aus deutscher Sicht, in: Die Beziehungen zwischen der Bundesrepublik Deutschland und der Volksrepublik Polen bis zur Konferenz über Sicherheit und Zusammenarbeit in Europa (Helsinki 1975), S. 39-54, hier S. 54.

lytiker jener Jahre am politischen und wissenschaftlichen Diskurs weiter teilnehmen, ist die Forderung nach einer »objektiven« Betrachtung, *sine ira et studio*, besonders eindringlich zu stellen und besonders schwer zu erfüllen. Denn die Beteiligten und Beobachter des Paradigmenwechsels in der europäischen Nachkriegsgeschichte (Stichwort: Völkerfrühling 1989) sehen sich vor mindestens zwei Aporien gestellt:
- Der eine Irrweg besteht darin, aus einem emanzipatorischen Erkenntnisinteresse heraus mit dem Wissen *nach* dem Geschehen unhistorisch politische und moralische Bewertungskriterien an politisches Denken und an Entscheidungen heranzutragen und rasch zu apodiktischen Urteilen zu gelangen.
- Ebenso falsch wäre es, den erkennbaren Opportunismus, Gefälligkeit und Bequemlichkeit des Denkens und Handelns, den Mangel an Klarheit im Urteil nicht wahrzunehmen und nicht beim Namen zu nennen, sich allzu gerne und allzu rasch auf einen unauflöslichen Gegensatz zwischen Verantwortungsethik und Gesinnungsethik festlegen zu lassen und sich mit einem deterministischen Denken in neuem Gewande zu beruhigen. Garton Ash hat in bezug auf Henri Bergson die spezifischen Schwierigkeiten mit dem historischen Bruch von 1989 als die »Illusionen des retrospektiven Determinismus« beschrieben: »Die Geschichte der Ostpolitik könnte schlicht teleologisch geschrieben – oder besser: umgearbeitet – werden, als hätte sie gradlinig, unvermeidbar und majestätisch zum dualen Crescendo von Revolution und Vereinigung geführt.«[40] Dies hieße hier: Eine »ausbalancierte« Bonner Politik gegenüber den Polen habe die demokratischen Kräfte in den achtziger Jahren herbeigewünscht und gestärkt, den Systemwechsel gefördert, der wiederum die Liberalisierung und den Zusammenbruch der DDR hervorgebracht habe, die ganze Langzeitstrategie schließlich gekrönt durch multilaterale Verknüpfung von deutscher Einheit, Grenzvertrag und Freundschaftsvertrag mit Polen. Darum muß die Frage nach der inneren Logik der Entspannungspolitik und der Stabilitätspolitik der achtziger Jahre gestellt werden.[41]

---

40 Garton Ash, Im Namen Europas, S. 70.
41 Siehe auch Timothy Garton Ash, Rückblick auf die Entspannung, in: APuZ, B14/94, 8.4.1994, S. 3-10; und Peter Bender, Der goldene Angelhaken: Entspannungspolitik und Systemwandel, ebenda, S. 11-15.

## 2. Am Anfang war Adenauer (1949-1955)

Wer über die Bonner »Polenpolitik« in den Anfangsjahren der Republik räsoniert, muß zuerst die rechtlichen und institutionellen Ausgangsbedingungen für auswärtige Politik der noch nicht souveränen Bonner Republik nach 1949 darstellen. Er muß das entscheidende politische Gewicht des ersten Kanzlers, Konrad Adenauer, sowohl in der deutschen Innenpolitik als auch bei der Gestaltung der Außenbeziehungen würdigen. Schließlich hat er zu fragen, welches Bild sich Adenauer von Polen, vom »Osten« überhaupt machte, wenn er die Haltung und die konkrete Politik gegenüber dem östlichen Nachbarn nach 1949 zu entschlüsseln sucht.

### 2.1 Instrumente und Akteure der auswärtigen Politik Adenauers

Erst im Mai 1950 wurden verschiedene Dienststellen, die mit der auswärtigen Politik zu tun hatten, in einer »Dienststelle für Auswärtige Angelegenheiten« zusammengefaßt, die dem Bundeskanzleramt zugeordnet war.[1] Der »eigentliche Vordenker Adenauers« (Hans-Peter Schwarz), Herbert Blankenhorn, ein Diplomat aus der alten Wilhelmstraße, wurde zum Ministerialdirektor befördert und mit der Koordination beauftragt. Blankenhorn leitete seit September 1949 die zentrale Verbindungsstelle zur Hohen Kommission der drei Besatzungsmächte. In den Beziehungen zu den USA, Großbritannien und Frankreich erschöpfte sich in den ersten Monaten der Bundesrepublik die »Außenpolitik«, die noch unter Besatzungsstatut stand. Die Bundesrepublik war 1949/50, wie es Hans-Peter Schwarz drastisch ausdrückte, »immer noch faktisch ein Protektorat der Westalliierten«.[2] Dazu mußte der Bundeskanzler mitansehen, daß die Sowjetunion in ihrem Protektorat, der Deutschen Demokratischen Republik, bereits seit deren Gründung im Oktober 1949 einen Außenminister amtieren ließ, der nicht einmal Mitglied der SED war, den einstigen Generalsekretär der Ost-CDU, Georg Dertinger. Das war zwar bloßer Schein, aber nicht ohne Bedeutung für die Gefühle Adenauers gegenüber »seinen« Alliierten.[3]

Ansehen und Vertrauen bei den drei Westmächten zu gewinnen, die Abhängigkeit gegenüber ihnen zu verringern und den außenpolitischen

---

1 Siehe eingehender: Udo Wengst, Staatsaufbau und Regierungspraxis 1948-1953. Zur Geschichte der Verfassungsorgane der Bundesrepublik Deutschland, Düsseldorf 1984, S. 186.
2 Hans-Peter Schwarz, Adenauer. Der Aufstieg: 1876-1952, Stuttgart 1986, S. 671.
3 Siehe ebenda, S. 679.

Handlungsspielraum im Westen zu vergrößern, das waren die außenpolitischen Prioritäten in den ersten Jahren der Bundesrepublik. Sie hatte in den ersten zwei Jahren kein Mandat, offizielle Beziehungen mit anderen Staaten aufzubauen. Und in den drei darauffolgenden Jahren bis zur Erlangung der Souveränität am 5. Mai 1955 ging es um den Aufbau von normalen Beziehungen zu der westeuropäischen Staatenwelt, deren Mitglied die Bundesrepublik geworden war. Um beispielsweise einen Einspruch gegenüber der polnischen Regierung zu erwirken, mußte die Bundesregierung die Alliierte Hohe Kommission um Intervention in Warschau ersuchen.[4]

Zum Staatssekretär und Leiter der Dienststelle ernannte Adenauer absichtlich einen Mann ohne die »Kameraderie im Auswärtigen Amt« (Hans-Peter Schwarz), den parteilosen Professor für Privat- und Gesellschaftsrecht, Walter Hallstein. In den meisten Grundfragen blieb jedoch Blankenhorn die rechte Hand Adenauers. Nach der kleinen Revision des Besatzungsstatuts wurde der Bundesregierung gestattet, einen regulären Auswärtigen Dienst einzurichten. Daraufhin übernahm Bundeskanzler Adenauer am 15. März 1951 auch das Amt des Außenministers. Da er sich als Regierungschef den Aufbauproblemen des Auswärtigen Amts aber nicht wie ein klassischer Ressortchef widmen konnte, entwickelte sich Hallstein zum zweiten Ressortchef, ohne aber parlamentarisch verantwortlich zu sein. »Ähnlich wie seinerzeit im kaiserlichen Deutschland wird das Auswärtige Amt zum Leidwesen vieler Abgeordneter vier Jahre lang von einem Beamten geleitet.«[5]

Über die außenpolitischen Handlungsspielräume und Prioritäten der jungen Bundesrepublik gibt auch der Zeitpunkt und die Richtung der ersten offiziellen Auslandsreise des Bundeskanzlers Auskunft. Zwei Jahre nach der Gründung der Bundesrepublik war der »Weg für einen Wiedereintritt ins diplomatische Konzert« frei. Adenauers erste Reise führte ihn nach Paris.

Immer wieder ist das deutsch-polnische Verhältnis mit dem deutsch-französischen verglichen worden. Die Verständigung mit Polen wurde von der bundesdeutschen Politik in einem Atemzug mit der weitgehend erfolgreichen Geschichte der politischen Versöhnung zwischen Westdeutschland und Frankreich nach dem Zweiten Weltkrieg genannt. Und wenn man heute, 50 Jahre nach 1945, das deutsch-französische Verhältnis als psychologisch relativ unbelastet und historisch »bewältigt« darstellt – verglichen mit dem viel später eingeschlagenen und komplizierteren Weg zur Normalität im deutsch-polnischen Verhältnis –, dann übersieht man leicht, welcher psychologische Ballast Anfang der fünfziger Jahre noch auf den

---

4 Politisches Archiv des Auswärtigen Amtes (PA/AA), Abt. 3, Bd. 762, Schnellbrief, 2.5.1951; vgl. PA/AA, Abt. 2, Bd. 1758 (betr. Alliierte Intervention wegen Nichteinhaltung polnischer Lieferverpflichtungen).
5 Schwarz, Adenauer. Der Aufstieg, S. 666.

deutsch-französischen Beziehungen lag. Nach dem Scheitern der Europäischen Verteidigungsgemeinschaft (EVG) an der Ablehnung durch die Pariser Nationalversammlung (1954) galt es, eine neue schwere Krise zu meistern. Bisherige Paris-Besuche deutscher Kanzler waren stets eine fatale Angelegenheit gewesen: Otto von Bismarck im März 1871 bei der Parade der preußischen und bayerischen Regimenter am Bois de Boulogne; erst 60 Jahre später der nächste Kanzler, Heinrich Brüning, mit der Bitte um eine Anleihe; und schließlich Adolf Hitler am 23. Juni 1940, einen Tag nach der Unterzeichnung des Waffenstillstands.[6] Wenn man Jahrzehnte später erste Polen-Besuche deutscher Bundeskanzler und Bundespräsidenten in einen historischen Kontext zu stellen versuchte (der erste Besuch seit ...), um dabei die Exzeptionalität der deutsch-polnischer Beziehungen zu unterstreichen, dann hätte es vielleicht die Zuversicht etwas bestärkt, wenn man auf die Belastungen der westdeutsch-französischen Nachkriegsbeziehungen und die historischen Assoziationen beim westlichen »Erbfeind« hingewiesen hätte.[7]

Und noch eine Bemerkung zum Vergleich: Bereits in den ersten Jahren der Bundesrepublik war im Verhältnis zu Polen die Frage einer Rückgabe der seit 1945 faktisch verlorenen Ostgebiete ein von Tag zu Tag abstrakter werdendes Problem, kein Feld operativer Politik, während mit Frankreich ein Territorialproblem, Friedensvertragsvorbehalt eingeschlossen, zu lösen war: die Saar-Frage. Die konzeptionellen und praktischen Fragen von Europäisierung versus nationale Lösung von Territorialfragen wurden im Fall des Saargebiets – gegen die zumindest vordergründigen Absichten Adenauers – ebenso rasch in Richtung nationalstaatlicher Einbindung (im Sinne von Eingliederung in die Bundesrepublik) geklärt, wie es bei der Eingliederung der deutschen Ostprovinzen (im Sinne von Separation von Deutschland nach »ethnischer Säuberung«) in den polnischen Staatsverband geschah. Wenn auch die Größe der fraglichen Räume (Saargebiet/deutsche Ostprovinzen unter polnischer Verwaltung) und die Umstände der jeweiligen nationalstaatlichen Lösung (Volksabstimmung/Zession aufgrund eines Protokolls) nicht verglichen werden können, so bleibt doch festzuhalten, daß sich die nationalstaatliche Lösung für die mit Deutschland verknüpften Territorialfragen innerhalb weniger Jahre nach dem Ende des Zweiten Weltkriegs entgegen allen Überlegungen von Internationali-

---

6 Siehe ebenda, S. 858f.
7 Siehe auch die Literaturhinweise bei Beate Gödde-Baumanns, Die Deutsche Frage in der französischen Historiographie des 19. und 20. Jahrhunderts, in: Heiner Timmermann (Hrsg.), Geschichtsschreibung zwischen Wissenschaft und Politik. Deutschland – Frankreich – Polen im 19. und 20. Jahrhundert, Saarbrücken-Scheidt 1987, S. 61-93; sowie die Beiträge von Louis Dupeux, Heiner Timmermann, Jean-Pierre Mousson-Lestang und Wilfried Loth, in: Heiner Timmermann (Hrsg.), Deutschland – Frankreich – Polen. Ihre Beziehungen zueinander nach 1945, Saarbrücken-Scheidt 1986.

sierung oder Europäisierung durchgesetzt hatte. Währenddessen wurde in der Bundesrepublik noch bis Ende der fünfziger Jahre von offizieller Seite über internationale Hilfskonstruktionen für die Oder-Neiße-Gebiete (UNO-Mandat, Kondominium) diskutiert.

## 2.2 Das Polen- und Osteuropabild des Kanzlers

Die erste polnische Teilung lag schon über hundert Jahre und die Gründung des Deutschen Reichs erst sechs Jahre zurück, als Konrad Adenauer geboren wurde. »Dieser rheinländische Katholik, für den schon das protestantische Preußen in fremder Ferne lag, empfand für das noch entferntere katholische Polen zwar Sympathie, doch sie berührte kaum sein politisches Denken und Handeln.«[8] So urteilte Hansjakob Stehle. Adenauer war 1906 der katholischen Zentrumspartei beigetreten, die sich im Widerstand gegen den Kulturkampf Bismarcks auch für die bedrängten polnischen Katholiken in Preußen eingesetzt hatte. Der Vorwurf nationaler Unzuverlässigkeit wirkte dann bis zur Selbstauflösung der Zentrumspartei im Frühjahr 1933 als Angstkomplex nach. Für ihre maßgebenden Politiker – wie für die meisten anderen der Weimarer Republik – war nicht zuletzt deshalb das nach dem Ersten Weltkrieg wiedervereinigte Polen zum Ärgernis geworden. Der vor allem vom linken Flügel der Zentrumspartei vertretenen Ostpolitik (Rapallo-Vertrag 1922) folgte der Kölner Oberbürgermeister und Präsident des Preußischen Staatsrats Adenauer jedoch nicht. Die sowjetrußlandfreundliche Orientierung mißfiel ihm nicht aus Vorliebe für Polen, »sondern aus fast gleich großer Abneigung gegen russischen Kommunismus wie gegen deutschen Nationalismus, den er in preußischen Junkern, zumal ostelbischen, verkörpert sah. Noch 1948 erzählte er – als nicht nur anekdotische Erinnerung –, daß er in den zwanziger und dreißiger Jahren bei Berlin-Reisen nach Überquerung der Elbe die Vorhänge in seinem Eisenbahnabteil stets zugezogen habe, um die ›asiatische Steppe‹ nicht sehen zu müssen.«[9]

Noch fremder und ferner muß Adenauer der östliche Nachbar Preußens gewesen sein – und das noch mehr, als dieser nach 1945 kommunistisch geworden war. In Adenauers Memoiren finden sich denn auch nur wenige Bemerkungen, die dem Thema Polen gewidmet sind. Politische Beziehungen mit Polen waren keine Aufgabe, die ihn tiefer beschäftigte. Die Geschichte Polens diente Adenauer als Vorlage für das deutsche Schicksal nach 1945 – immerhin mit dem Ausdruck von Respekt für das polnische Volk notierte er: »Immer wieder hatte ich das Beispiel der Geschichte

---

8 Hansjakob Stehle, Adenauer, Polen und die Deutsche Frage, in: Josef Foschepoth (Hrsg.), Adenauer und die Deutsche Frage. Zwölf Beiträge, Göttingen 1988, S. 80-98, hier S. 80.
9 Ebenda, S. 80f.

Polens vor Augen, die Zähigkeit und Ausdauer des polnischen Volkes bei der Verfolgung des Zieles, seine Einheit wiederzuerlangen.«[10]

Die Berufung auf den angeblichen Dreiklang Adenauerscher Außen- und Verständigungspolitik: Versöhnung mit Frankreich, Wiedergutmachung am jüdischen Volk und dem Staat Israel und Verständigung mit Polen, wird nicht nur von seinem politischen Enkel, sondern auch von deutschen Politikern anderer parteipolitischer Orientierung immer wieder als Vermächtnis beschworen, das es zu erfüllen gelte. Aber in der praktischen Politik setzte Adenauer seine ganze Energie in die Erreichung der ersten beiden Ziele – und das eben nicht nur mangels objektiver Möglichkeiten zur Erreichung des dritten. Man tritt wohl weder Adenauer zu nahe noch tut man seinen Nachfolgern im Amt Unrecht, wenn man konstatiert, daß die Berufung auf eine solche Quasistaatsräson *ab ovo* der Bundesrepublik eine schöne Mär ist, nicht schädlich, eher nützlich, aber jedenfalls nicht durch tief verwurzeltes Gedankengut des ersten Kanzlers zu belegen.[11]

Nach 1945 blieb der Blick des ersten Bonner Kanzlers mehr denn je nach Westen gerichtet.[12] Adenauers oberstes Ziel war die *Souveränität* für die Bundesrepublik Deutschland, und dieses Ziel war

> ... außenpolitisch ohne die feste Einbindung in den Westen, innenpolitisch ohne Beibehaltung der Forderung nach Wiedervereinigung nicht durchzusetzen. Adenauers Politik der Westintegration und die Ideologie der Wiedervereinigung Deutschlands waren funktionale Variablen seiner Souveränitätspolitik. Das Wiederaufrichten des deutschen Selbstbewußtseins, die Überwindung der Niederlage des deutschen Volks, die Wiederherstellung eines nach innen und außen weitgehend frei handelnden Staats, die Rückführung »Deutschlands« in den Kreis der Mächte, die Überwindung des Potsdam-Komplexes, der Furcht vor einer Erneuerung des gegen Deutschland gerichteten Bündnisses der Großmächte, waren Motive seines politischen Handelns.[13]

Diese Westbindung war revolutionär, weil zum ersten Mal in der deutschen Geschichte eine Parallelität von zwei Faktoren wirksam wurde: (West-)Deutschland »verbündete sich mit den klassischen westlichen Demokratien England, Frankreich und den USA und wurde zugleich selbst eine parlamentarische Demokratie liberaler Prägung«.[14]

Kann man im Hinblick auf Adenauers Europapolitik von einem »dynamischen Pragmatismus« sprechen, so zeichnete sich seine Osteuropapolitik

---

10 Konrad Adenauer, Erinnerungen 1955-1959, Stuttgart 1967, S. 381.
11 Dazu Hacke, Von Adenauer zu Kohl, S. 7: »War es Adenauers große Leistung gegenüber Israel gewesen, den moralischen Aspekt in der deutschen Politik in Form von Wiedergutmachung deutlich werden zu lassen, so hatte diese moralische Dimension leider in der Ostpolitik keine Entsprechung finden können.«
12 Siehe Besson, S. 56-61.
13 Josef Foschepoth, Einleitung, in: Foschepoth (Hrsg.), Adenauer und die Deutsche Frage, S. 14.
14 Hacke, Von Adenauer zu Kohl, S. 4.

noch weniger als seine Deutschlandpolitik durch Dynamik oder Konzentration auf das Machbare, allenfalls durch aktivistischen Immobilismus aus. Der freundlich-kritische Analytiker christlich-demokratischer Außenpolitik Christian Hacke kommt zu dem Schluß: »Der aufwendigen, alles prüfenden und erwägenden Westdiplomatie stand eine absolut schroffe und abweisende, ja bisweilen gedankenarme Haltung Adenauers gegenüber, wenn es um die Ost- und Deutschlandpolitik ging.«[15] Dabei muß allerdings festgestellt werden, daß aus dieser Kritik das erste Jahrfünft bundesdeutscher Außenpolitik weitgehend ausgespart werden muß, da vor der Souveränitätserklärung von 1955 eine Außenpolitik im klassischen Sinne von der jungen Bundesrepublik mangels Handlungsspielraums nicht durchgeführt werden konnte, wovon die Osteuropapolitik noch mehr betroffen war als die Westpolitik, zu deren Teil die Bundesrepublik selbst geworden war. Aber auch in den Zukunftsvorstellungen für »den Tag danach« – also nach der Entlassung in die Souveränität am 5. Mai 1955 – war für eine operative Polen- und Osteuropapolitik kein Platz. Jede Politik in Richtung Polen und andere Warschauer-Pakt-Staaten außer der Sowjetunion war vor und nach 1955 in der Theorie und in der Praxis letztlich Variation einer Politik, die auf die Isolierung der DDR, die Aufrechterhaltung des Alleinvertretungsanspruchs und die Nichtanerkennung der Oder-Neiße-Grenze zielte. Daß ein wirklicher Neuansatz, der Illusionen abgebaut und zu einer politischen Verarbeitung der Niederlage von 1945 in der Politik gegenüber dem Osten und insbesondere mit Blick auf Polen geführt hätte, unter Konrad Adenauer nicht erfolgte, ist das nüchterne Resümee von Christoph Kleßmann: »Polen mag bei Adenauer – ähnlich wie Israel – durchaus als moralisches und politisches Problem besondere Beachtung gefunden haben. Praktische Konsequenzen ergaben sich daraus nicht. Seine Ostpolitik blieb ganz auf Moskau fixiert. Dies mag ein wichtiger Grund dafür gewesen sein, daß er gegenüber dem polnischen Reformkommunismus nach 1956 zurückhaltend blieb. Vor allem zementierten die deutschlandpolitisch motivierte »Hallstein-Doktrin« und der Einfluß der Vertriebenen, die als Wählerpotential immerhin ein beträchtliches Gewicht besaßen, diese Zurückhaltung.«[16]

Der Zeithistoriker Josef Foschepoth hat in diesem Kontext Adenauers Haltung zur Oder-Neiße-Grenzfrage und den psychologischen Hintergrund für die Nicht-Politik gegenüber Polen in den fünfziger Jahren stark moralisierend gedeutet: »Hier haben nun jene Bemühungen ihren Platz, die aus dem Friedensvertragsvorbehalt des Potsdamer Abkommens ... einen Rechtsanspruch der Deutschen auf die Wiederherstellung der Grenzen des Deutschen Reichs von 1937 konstruieren. Dieser Vorgang ist unter sozialpsychologischem Aspekt besonders bedeutsam, da das Volk, das wenige

---

15 Ebenda, S. 6.
16 Christoph Kleßmann, Adenauers Deutschland- und Ostpolitik 1955-1963, in: Foschepoth (Hrsg.), S. 61-79, hier S. 76.

Jahre zuvor die Rechte sämtlicher europäischer Völker mit Füßen getreten hatte, nunmehr den Part des um seine Rechtsansprüche geprellten Opfers spielte.«[17] Die Unfähigkeit, sich der Schuldfrage zu stellen, habe der Adenauerschen Politik der Stärke zusätzliche Attraktivität verliehen. Mit ihr sei ein Überlegenheitsgefühl zurückgewonnen worden, mit dem sich das durch Niederlage und Besatzung verletzte Selbstwertgefühl der Deutschen wieder aufpolieren und die Erinnerung an eigene Schuld und eigenes Versagen leicht verdrängen und vergessen machen ließ. Das Volk, das vor wenigen Jahren noch brutalen Völkermord begangen und einen grauenvollen Vernichtungskrieg geführt hatte, habe sich plötzlich in der Rolle des größten Anwalts für Recht, Freiheit und Schutz des Abendlands vor der kommunistischen oder auch asiatischen Gefahr gefallen. Mit Blick nach Osten habe das Gefühl, doch ein in jeder Hinsicht überlegenes Volk mit entsprechend missionarischem Auftrag zu sein, die gewünschte Bestätigung gefunden. Je größer das Gefühl politisch-moralischer, wirtschaftlicher und kultureller Überlegenheit geworden sei, um so größer sei aber auch die Angst vor der Bedrohung aus dem Osten geworden: »Dieser Gefahr war nur zu begegnen, indem der Westen gestärkt und das Werk der Westintegration so schnell wie möglich zum Abschluß gebracht wurde, wie zumindest die Antwort Adenauers lautete.«[18]

Im Verlauf der Untersuchung müßte allerdings nachgefragt werden, ob die »Politik der Stärke« in den ersten Jahren der Bundesrepublik wirklich so prägend für die Politik gegenüber Polen war oder ob es nicht eher eine »Politik der Schwäche« war, die auf der operativen Ebene, die später so berühmten »Sonntagsreden« beiseite gelassen, gar nicht von der moralischen Selbstsicherheit getragen wurde, die ihr Foschepoth unterstellt, sondern eher von Unsicherheit, Verzögerung und Reaktivität, die durch Unnachgiebigkeit kaschiert wurden.

Nicht nur persönliche Erfahrungen und tiefverwurzelte Vorurteile, nicht nur das Fehlen der äußeren Souveränität, nicht nur die objektiven Gegebenheiten der internationalen Umwelt oder die ideologischen Vorgaben des Kalten Kriegs bestimmten das politische Handeln der westdeutschen Akteure in der Gründungsphase der Bundesrepublik Deutschland. Zur Erklärung der Haltung des ersten Bundeskanzlers gegenüber »dem Osten« trägt auch ein Blick auf die Gruppen bei, die Adenauer zwischen 1946 und 1949 an die Spitze der CDU verhalfen und den ersten Bundeskanzler innenpolitisch stützten. Vereinfacht gesehen, waren es vier große Lager, die Adenauer für seine Sache einzusetzen verstand: die Christdemokraten der ersten Stunde, die das Land aus abendländischem Geist erneuern wollten; die Kräfte des marktwirtschaftlichen Aufbaus; die Protagonisten der euro-

---

17 Foschepoth (Hrsg.), S. 19; ähnlich Wilfried Loth, Ost-West-Konflikt und deutsche Frage. Historische Ortsbestimmungen, München 1989, S. 175.
18 Foschepoth (Hrsg.), S. 20.

päischen Einigung; schließlich die Zahlreichen, die von Russenfurcht oder Russenhaß bewegt wurden und ein großes Ziel verfolgten: Zurückdrängung der Sowjetunion und Polens aus der Sowjetzone und aus den geraubten Ostgebieten.[19] Auch diejenigen CDU-Zirkel, die Adenauer ihre Unterstützung nur unter Vorbehalt zusagten, wie die Berliner CDU um Jakob Kaiser oder die anfänglich stark national ausgerichtete FDP, die Deutsche Partei (DP) um Hans-Christoph Seebohm und die Landsmannschaften, trugen schließlich seine Politik mit, obwohl sie daran zweifelten, ob Adenauers Wiedervereinigungspolitik – in den Grenzen von 1937 – wirklich so schneidig war, wie sie es aus der Rhetorik des Kanzlers herauszuhören wünschten:

> Daher sein Liebeswerben um die liberalen und nationalen Gruppierungen in Nordrhein-Westfalen und in Norddeutschland. Daher seine vorbehaltlose Bereitschaft, jederzeit öffentlich und schriftlich die Forderung nach Rückkehr der Vertriebenen in ihre Heimat zu erheben. Das verletzte Rechtsgefühl der Ostdeutschen wird von ihm ohnehin voll geteilt, und man braucht ihn nicht darüber zu belehren, daß Breslau und Königsberg deutsche Städte sind. Erst im Lauf der Zeit ringt auch er sich zur Erkenntnis durch, daß man in der Territorialfrage wohl einen Kompromiß anstreben muß.[20]

In einem der berühmten »Teegespräche« gab Adenauer 1957 zu: »Man kann nicht alles wieder zurückdrehen, das halte ich für ausgeschlossen. Die Russen haben die Polen nach dem Westen gebracht, die Deutschen weiter nach dem Westen. Jetzt kann man nicht die Polen dahin zurückbringen. Daher muß eine Verständigung mit Polen gefunden werden, vielleicht auch auf europäischer Basis ...«[21]

*2.3 Die Haltung der Regierung Adenauer zu Polen*

In der Regierungserklärung vom 20. September 1949 erwähnte Bundeskanzler Adenauer die Abkommen von Jalta und Potsdam, die Oder-Neiße-Linie sowie den Friedensvertragsvorbehalt der Drei Mächte und bekräftigte in diesem Zusammenhang: »Wir können uns daher unter keinen Umständen mit einer von Sowjetrußland und Polen später einseitig vorgenommenen Abtrennung dieser Gebiete abfinden«, und: »Ich weise darauf hin, daß die Austreibung der Vertriebenen in vollem Gegensatz zu den Bestimmungen des Potsdamer Abkommens vorgenommen worden ist ... Wir werden nicht

---

19 Schwarz, Adenauer. Der Aufstieg, S. 646.
20 Ebenda, S. 656.
21 Konrad Adenauer, Teegespräche, Bd. 2: 1955-1958, bearb. von Hanns Jürgen Küsters, Berlin 1986 (Adenauer Rhöndorfer Ausgabe, hrsg. von Rudolf Morsey und Hans-Peter Schwarz), S. 201f.

aufhören, in einem geordneten Rechtsgang unsere Ansprüche auf diese Gebiete weiter zu verfolgen.«[22]

Direkt auf das Verhältnis zu Polen eingehend, versicherte Adenauer dann: »Wir sind durchaus bereit, mit unseren östlichen Nachbarn, insbesondere mit Sowjetrußland und Polen, in Frieden zu leben.« Nicht mehr als diese magere Feststellung des eigentlich Selbstverständlichen hatte der Kanzler der ersten wieder frei gewählten deutschen Regierung gegenüber dem polnischen Nachbarn zu machen – zehn Jahre nach dem deutschen Überfall und nur fünf Jahre nach dem Ende des deutschen Besatzungsregimes in Polen. Es klang so kühl und uninteressiert, daß keinerlei – weder negative noch positive – politische Absichten daraus abzuleiten waren. Nur eine boshafte Bemerkung des aus Ostpreußen stammenden kommunistischen Fraktionsvorsitzenden Max Reimann vermochte bei Adenauer einen Anflug von Emotion auszulösen: »Meine Damen und Herren! Der Herr Abgeordnete Reimann erklärte, wenn die katholische Regierung in Polen noch bestünde, würde ich die Revision der Oder-Neiße-Linie nicht fordern. Ich bitte den Herrn Präsidenten, den Abgeordneten Reimann wegen dieser Beleidigung zur Ordnung zu rufen.«[23]

Bemerkenswert war der Akzent, den für die Opposition der SPD-Vorsitzende Kurt Schumacher im Anschluß an die Ausführungen des Bundeskanzlers setzte, indem er unter anderem den von Adenauer angestrebten Kompromiß mit Frankreich über die Zukunft des Saargebiets als Präzedenzfall mit der Oder-Neiße-Frage verknüpfte:

> Es ist an der Zeit festzustellen, daß die Sozialdemokratische Partei 1945 längere Zeit die einzige gewesen ist, die sich in Deutschland und vor der Weltöffentlichkeit gegen die Oder-Neiße-Linie gewandt hat ... Man sollte nichts akzeptieren, was die Vorwegnahme von Bestimmungen des Friedensvertrags bedeutet ... Jemand, der hier auf dem Gebiet der Kompromisse in die Loslösung des Saargebiets aus dem Gebiet Deutschlands hereinrutscht, verliert den festen Boden des politischen Kampfes gegen die Oder-Neiße-Linie ...[24]

Auf die Unterzeichnung des »Görlitzer Abkommens« zwischen der DDR und Polen über die deutsch-polnische Staatsgrenze vom 6. Juli 1950[25] antworteten Staat und Gesellschaft in Westdeutschland mit einem »Aufschrei der Empörung und des Abscheus. Selten waren sich Regierung, Parteien, Massenmedien und alle Bevölkerungsgruppen in der westdeutschen Nachkriegsgeschichte so einig wie in dem Urteil über den Görlitzer ›Schand-

---

22 Hans-Adolf Jacobsen/Mieczysław Tomala (Hrsg.), Bonn – Warschau 1945-1991. Die deutsch-polnischen Beziehungen. Analyse und Dokumentation, Köln 1993, S. 68f.
23 Verhandlungen des Deutschen Bundestages, Stenographische Berichte (im folgenden: Stenogr. Berichte), Bd. 1, S. 22-30.
24 Zit. n. Kellermann, Brücken nach Polen, S. 68.
25 Jacobsen/Tomala (Hrsg.), S. 72f.

akt«.«[26] Die Regierung Adenauer erklärte am 9. Juni 1950 alle Grenzabsprachen und -vereinbarungen der »Sowjetzone« für »null und nichtig«, und der Bundestag legte am 13. Juni 1950 im Namen sämtlicher Abgeordneter mit Ausnahme der zwei Kommunisten feierlich Rechtsverwahrung gegen die »Politik des Verzichts« ein.[27]

Es ist bemerkenswert, daß die Bundesregierung von Anfang an gegenüber den Exilpolen größte Zurückhaltung übte, obwohl man hier und da aus Äußerungen von polnischen Exilpolitikern ein gewisses Entgegenkommen in der Grenzfrage herauslesen konnte. Nicht nur deren realpolitische Bedeutungslosigkeit, sondern auch die politische Zersplitterung des Exils veranlaßte die Bundesregierung zu dieser Haltung. Das Gespräch mit polnischen Exilpolitikern wurde von wenigen Ausnahmen abgesehen nur von privater deutscher Seite geführt.[28] Die Bundesregierung sah »aus formalen und sachlichen Gründen keinen Anlaß, eine amtliche Fühlungnahme einzuleiten«.[29]

Die vom »Zentralverband vertriebener Deutscher« (ZvD) und den »Vereinigten Ostdeutschen Landsmannschaften« (VOL) vorbereitete und am 5. August 1950 in Stuttgart verabschiedete »Charta der deutschen Heimatvertriebenen«,[30] in der sie feierlich auf Rache und Vergeltung verzichteten, war angesichts des ihnen geschehenen Leids als Willensäußerung eine bemerkenswerte Überwindung des alten Vergeltungsdenkens. Sie blieb aber unter den damaligen Umständen selbstverständlich dem Revisionsdenken ebenso verhaftet wie die gesamte westdeutsche Gesellschaft und Politik. Das Vorwärtsweisende bestand freilich darin, daß die Betroffenen nicht revisionistischer waren als die von der Vertreibung nicht direkt betroffenen deutschen Bevölkerungsteile.

In den Verhandlungen zwischen Adenauer und den drei Westmächten über den Generalvertrag/Deutschlandvertrag war die Oder-Neiße-Grenzfrage umstritten, und zwar im Zusammenhang mit dem Problem der Wiedervereinigung. Mit großer Zähigkeit hatte Adenauer die Westalliierten darauf gedrängt, die Wiedervereinigung als ein Hauptziel des Vertrags zu akzeptieren. Aber welches Deutschland sollte denn wiedervereinigt wer-

---

26 Lehmann, Der Oder-Neiße-Konflikt, S. 171.
27 Ebenda, S. 171f.
28 Die möglicherweise erste deutsch-polnische Arbeitstagung nach 1945 fand vom 29.10. bis 3.11.1951 in Paris zwischen der Jungen Union unter Leitung des Bundestagsabgeordneten Ernst Majonica und den Jungen Christdemokraten Polens im Exil statt. (PA/AA, Abt. 3, Bd. 276)
29 PA/AA, Abt. 2, Bd. 259, 20.12.1950; PA/AA, Abt. 3, Bd. 654, Vermerk vom 26.11.1952 (betr.: Besprechungen zwischen Landsmannschaften und Exilpolen); PA/AA, Abt. 3, Bd. 656, Aufzeichnung vom 23.7.1953 (betr.: Exilpolnische Gruppen und die ostdeutsche Frage); PA/AA, Abt. 3, Bd. 767, Durchschlag als Konzept, 21.11.1953.
30 Jacobsen/Tomala, S. 73f.

den? Adenauer hatte da eine dezidierte Vorstellung. Nach seiner Auffassung sollte sich das »gemeinsame Ziel« der Wiedervereinigung Deutschlands auch auf die Gebiete jenseits von Oder und Neiße erstrecken. Dazu sein Biograph Hans-Peter Schwarz:

> Mit ruhiger Arroganz verlangte der Bundeskanzler, daß auch die Westalliierten bereit sein müßten, die polnische Verwaltung in den deutschen Ostgebieten zu beseitigen. Er argumentierte einerseits legalistisch, andererseits politisch. Weder der Bundestag noch die deutsche Öffentlichkeit seien bereit, eine Unterscheidung zwischen den Ländern diesseits und jenseits der Oder-Neiße-Linie hinzunehmen. Versuche man das, so würden Millionen von Vertriebenen Druck ausüben, die Westverträge abzulehnen. Dann hätte man eine Allianz sozialistischer und neonazistischer Kräfte gegen die Vertragswerke. Die mögliche Folge davon: ein neutralisiertes Deutschland![31]

Nach längerem Hin und Her kam es zu der Formulierung, die sich an den Wortlaut im Potsdamer Protokoll anlehnte. In Artikel VII Absatz 1 des Deutschlandvertrags[32] (Generalvertrags) wurde die endgültige Regelung der Grenzfrage dem Friedensvertrag mit Deutschland vorbehalten. Diese Formel hielt die Oder-Neiße-Frage zwar weiterhin offen, verpflichtete die Westmächte aber nicht dazu, für eine Revision der Oder-Neiße-Grenze einzutreten. Damit war Adenauers ursprüngliches Wiedervereinigungskonzept zwar gescheitert,[33] worauf es ihm aber in der Auseinandersetzung mit den Hohen Kommissaren angesichts des Unwillens der Westmächte, sich für eine Verschiebung der seit 1945 faktisch bestehenden deutsch-polnischen Grenze einzusetzen,[34] ankam, war »die Wahrung der deutschen Handlungsfreiheit auf einer Friedenskonferenz und in der zentralen Frage der Wiederherstellung der deutschen Einheit«.[35]

---

31 Schwarz, Adenauer. Der Aufstieg, S. 891.
32 »«Vertrag über die Beziehungen zwischen der Bundesrepublik Deutschland und den Drei Mächten« vom 26. Mai 1952 (in der gemäß Liste I zu dem am 23. Oktober 1954 in Paris unterzeichneten Protokoll über die Beendigung des Besatzungsregimes in der Bundesrepublik Deutschland geänderten Fassung), in: Bundesgesetzblatt, 1955, II, S. 305-311.
33 Lehmann, Der Oder-Neiße-Konflikt, S. 175.
34 Axel Frohn, Adenauer und die deutschen Ostgebiete in den fünfziger Jahren, in: Vierteljahrshefte für Zeitgeschichte (VfZ), 44 (1996) 4, S. 485-525, hier S. 507. Frohns Aufsatz stellt den neuesten Beitrag zur Korrektur der 1989 von Karl Kaiser vorgetragenen These dar, Adenauer habe sich bereits am 21.11.1951 in einer einseitigen schriftlichen Erklärung gegenüber US-Außenminister Acheson zu einem Verzicht auf die Oder-Neiße-Gebiete bereit erklärt. Siehe Karl Kaiser, Die Bundesregierung stellt keine Ansprüche ... Konrad Adenauer und die Oder-Neiße-Linie: Frühe Einsichten in die Grenzen deutscher Politik, in: Die Zeit, 40, 29.9.1989, S. 49f.
35 Frohn, S. 506. Frohn, S. 501: »Die Auseinandersetzung zwischen Adenauer und den Hohen Kommissaren bzw. den Außenministern der westlichen Alliierten sollte vordergründig um die Oder-Neiße-Grenze geführt werden. Im Kern ging es Adenauer

Wilhelm Grewe, der maßgeblich an der Formulierung des Deutschlandvertrags beteiligt war, hat noch in einem 1993 verfaßten Beitrag betont, die Westmächte seien weder 1952/54 noch früher oder später jemals bereit gewesen, »eine Verpflichtung zur Wiederherstellung eines deutschen Staates in den Grenzen von 1937 zu übernehmen«. Bis zu einer abschließenden Regelung in bezug auf Deutschland »konnten die Grenzen von 1937 als ein verhandlungsrechtliches Ausgangsdatum, nicht aber als ein verbindliches Zieldatum dienen«.[36] Demnach war das vielgescholtene Bundesverfassungsgericht mit seinem entsprechenden Urteil (1973) »weiser und vorausschauender als jene Politiker, Staats- und Völkerrechtler sowie Repräsentanten des Bundes der Vertriebenen, die vor der Wende in der DDR 1989/ 90 gehofft hatten, aufgrund der alliierten Abmachungen aus den Jahren 1944/45 hätten spätere Verhandlungen über einen Friedensvertrag mit Deutschland zumindest von den Grenzen vom 31. Dezember 1937 auszugehen, ohne damit eine verbindliche territoriale Zielvorgabe zu verknüpfen«.[37]

Weshalb Adenauer sich ausgerechnet gegenüber den Westmächten in diesem Punkt so engagierte, bleibt für Schwarz bis heute ungeklärt, kann aber durch Frohns Hinweis auf seine taktischen Gründe weitgehend entschlüsselt werden. Abgesehen davon reaktivierte Adenauer, wenn es um die Sache selbst ging, an und für sich nur Auffassungen, die er seit 1946 vertrat und die damals Gemeingut aller nichtkommunistischen deutschen Parteien waren. Außerdem konnte er den Westalliierten die Schuld zuschieben, wenn er innenpolitisch wegen einer zu weichen Formulierung unter Druck kommen sollte. Für den Biographen Adenauers bot sich auch eine zusätzliche Deutung an, die als weiterer Beleg für die in den ersten 50 Jahren fast ausschließlich instrumentelle und taktische Funktion der Bonner Politik in bezug auf Polen dienen mag:

> Adenauer wußte genau, daß die Frage der Oder-Neiße-Linie weder für die Sowjetunion noch für die DDR derzeit ein Verhandlungsgegenstand war. Lag es also nicht nahe, den Zankapfel Ostgrenze vorsorglich zurechtzulegen? Sollte man Adenauer künftig unter Druck setzen, in Ost-West-Verhandlungen über Deutschland oder in einen innerdeutschen Dialog einzuwilligen, die ihm nicht gelegen kommen, so eignet sich diese Frage hervorragend dazu, alles zu erschweren. Oder glaubt er damals
>
> jedoch um das weitaus grundsätzlichere Problem, bei Verhandlungen über einen Friedensvertrag eine Einigung der Vier Mächte zu Lasten Deutschlands ein für allemal auszuschließen, die Vormundschaft der Westmächte im Hinblick auf eine Friedensregelung abzuschütteln und für die Bundesregierung freie Hand beim Abschluß eines Friedensvertrags zu gewinnen ...«

36 Wilhelm G. Grewe, Deutschlandvertrag, in: Werner Weidenfeld/Karl-Rudolf Korte (Hrsg.), Handbuch zur deutschen Einheit, Bonn 1993, S. 234-241, hier S. 239.
37 Jens Hacker, Integration und Verantwortung. Deutschland als europäischer Sicherheitspartner, Bonn 1995, S. 59.

wirklich an eine Zurückdrängung der Sowjetunion und will schon rechtzeitig den Anspruch auf die geraubten Provinzen anmelden?[38]

Für zusätzliche Irritation bei den westlichen Alliierten sorgte noch während der Verhandlungen über den Generalvertrag eine Rede des Bundeskanzlers am 6. Oktober 1951 in Berlin, als er dort ausrief: »Lassen Sie mich in letzter Klarheit sagen, das Land jenseits der Oder-Neiße-Linie gehört für uns zu Deutschland.«[39] Gegenüber einem Gesprächspartner gab er dann zu verstehen, tatsächlich sei er ja auch der Meinung, »nach Wiederherstellung der Einheit Deutschlands« müsse zu Polen unbedingt ein gutes Verhältnis gefunden werden.[40]

Die außenpolitische Haltung Adenauers in den ersten Jahren seiner Kanzlerschaft war, so friedlich sie sich auch verstand und so sehr sie auch mit 13 Millionen Vertriebenen im Rücken innenpolitisch-taktisch bestimmt war, »von Grund auf revisionistisch. Das gilt erst recht in bezug auf die Ostgebiete.«[41] Aber wie der von Adenauer-Verehrung weit entfernte Politikwissenschaftler Wilfried Loth ausführte: »Aus der revisionistischen Haltung der Bundesrepublik gegenüber dem östlichen Europa entwickelte sich freilich keine revisionistische Politik. Dazu waren die revisionistischen Ziele zum einen für Konrad Adenauer nicht existentiell genug; zum anderen und vor allem fehlten der bundesdeutschen Politik aber auch die Mittel, um gegenüber dem Osten in revisionistischer Absicht aktiv zu werden.«[42]

Zwar hörten westliche Politiker wie Robert Schuman und Dean Acheson von ihm, für wie wichtig er eine friedlich-schiedliche Regelung im Einvernehmen mit Polen, einen territorialen Kompromiß, halte,[43] doch die quellenmäßig belegte Resignation mit Blick auf die Oder-Neiße-Gebiete läßt sich erst um die Jahrzehntmitte dokumentieren. Noch im Memorandum für

---

38 Schwarz, Adenauer. Der Aufstieg, S. 892f.; zuletzt auch Frohn, S. 503.
39 Zit. n. ebenda, S. 893. Schwarz weiter: »Manche Amerikaner und Franzosen vergessen ihm diese Töne jahrelang nicht. Ist dieser anscheinend ganz und gar vernünftige westliche Staatsmann im tiefsten Innern nicht doch auch ein eiskalter Revisionist, der nur auf die Stunde wartet, in der er die Sowjetunion und Polen mit Unterstützung des Westens aus dem Reichsgebiet hinausdrängen kann? Für die Westalliierten sind solche Töne damals ein Grund mehr, die Westdeutschen vorläufig an einer ganz kurzen Leine zu halten. Wenn selbst dieser eindeutig westlich orientierte, durchaus gemäßigte Kanzler den Revisionsanspruch mit solcher Entschiedenheit geltend macht, was müßte man erst von möglichen Nachfolgern erwarten?!«
40 Hans-Peter Schwarz, Adenauer. Der Staatsmann: 1952-1967, Stuttgart 1991, S. 18.
41 Schwarz, Adenauer. Der Aufstieg, S. 945. »Er ist damals, in den Jahren 1951 und 1952, eben zugleich ein ostpolitischer Revisionist, so wie alle Politiker, die damals in der Bundesrepublik etwas zu sagen haben, Revisionisten sind.« (Ebenda, S. 946)
42 Loth, S. 175f.
43 Akten zur Auswärtigen Politik der Bundesrepublik Deutschland (AAPD), Bd. 1, Adenauer und die Hohen Kommissare 1949-1951, hrsg. von Hans-Peter Schwarz in Verbindung mit Reiner Pommerin, bearb. von Frank-Lothar Kroll und Manfred Nebelin, München 1989, S. 527f.

Präsident Eisenhower vom 29. Mai 1953 erklärte der Bundeskanzler kategorisch, keine deutsche Regierung werde je in der Lage sein, die Oder-Neiße-Linie anzuerkennen. Deutschland werde aber bestrebt sein, die damit zusammenhängenden territorialen Fragen in einem neuen Geist internationaler friedlicher Zusammenarbeit zu lösen.[44]

Das hinderte Adenauer aber nicht, schon früh in Denkspielen und Gesprächen die dogmatischen Vorstellungen eines territorialen Status quo ante im Verhältnis mit Polen abzulegen und nach neuen Lösungen zu suchen. So legte er im Juni 1952 dem Pariser Korrespondenten und späteren Herausgeber der »New York Times«, Cyrus L. Sulzberger, seine alte Idee eines Kondominiums dar. Er habe seinerzeit davon gesprochen, »die fraglichen Gebiete entweder einem Kondominium Deutschlands und Polens oder der Verwaltung durch die UNO zu unterstellen, und zwar unter absoluter Gleichstellung der in diesen Gebieten lebenden Bevölkerungsteile«.[45] Dann meinte er abschließend, daß er diesen Gedanken heute (1952!) aber nicht mehr äußern dürfe, weil man ihm dann den Wunsch nach einer Eroberung Polens unterstellen würde.[46]

Daß man diese Gedankenspiele und Skrupel Adenauers allerdings schon zum Zeitpunkt ihrer Äußerung nicht zu ernst nehmen mußte, ergab sich allein aus den zahlreichen Anlässen in den ersten Jahren seiner Amtszeit, bei denen er einen Verzicht auf die deutschen Ostgebiete im Notenverkehr und in Gesprächen mit den Westalliierten, aber auch in der Öffentlichkeit ausschloß. Dieser Revisionismus pur ließ sich doch noch viel eher als Absicht einer Rück-»Eroberung« verstehen, als das bei einem Kondominium der Fall gewesen wäre. Schon Anfang der fünfziger Jahre war diese Kondominiumsidee dem internationalen Umfeld zu wenig, und für die Vertriebenen war sie ein Verrat. Sogar schärfste innenpolitische Kritiker von Adenauers Westvertragspolitik sowie in der Bundesrepublik kursierende alternative Deutschlandpläne, wie die Denkschrift des FDP-Abgeordneten und Diplomaten Karl Georg Pfleiderer vom September 1952, gingen von Deutschland in den Grenzen von 1937 aus.[47]

---

44 Siehe Schwarz, Adenauer. Der Staatsmann, S. 81
45 Zit. n. Schwarz, Adenauer. Der Staatsmann, S. 18.
46 Ebenda.
47 Siehe Sebastian J. Glatzeder, Die Deutschlandpolitik der FDP in der Ära Adenauer. Konzeptionen in Entstehung und Praxis, Baden-Baden 1980, insbesondere S. 63. In seinem letzten »Memorandum«, das wegen Krankheit und Tod unvollendet blieb, bemerkte Pfleiderer allerdings: »Die Grenzen von 1937 sind politisch irreal, die an der Oder-Neiße, ja, auch die an der Elbe sind immer mehr Wirklichkeit geworden.« (Ebenda) Er stellt unmißverständlich fest, daß mit einem Verlust der Gebiete östlich der Oder und Neiße gerechnet werden müsse. Bei der Aufnahme diplomatischer Beziehungen mit Polen hätte die Bundesrepublik einen Vorbehalt in der Grenzfrage auszuhandeln, da diese Frage nur nach der Wiedervereinigung zu lösen wäre. (Ebenda, S. 64)

In einer von allen demokratischen Parteien getragenen Fünf-Punkte-Resolution des Bundestags anläßlich der Diskussion über eine Deutschlandkonferenz der Vier Mächte vom 10. Juni 1953 war allerdings in Punkt vier zu lesen: »Dort (im frei vereinbarten Friedensvertrag mit einer freien Regierung für ganz Deutschland – D.B.) erst Regelung der noch offenen territorialen Fragen.«[48] Diese Formulierung ließ Platz für Interpretationen über die territorialen Vorstellungen der Volksvertreter. Zumindest nahmen sie formal Rücksicht auf die fehlende internationale Unterstützung für die westdeutsche Position in der Grenzfrage mit Polen.

Keine Rücksicht auf die Geschichte und auf die Gefühle der osteuropäischen Völker und der Polen im besonderen nahm der Bundeskanzler bei der Aufstellung des Bundeskabinetts nach den Bundestagswahlen 1953. Woran er dachte – vielleicht denken mußte –, war die Integration der »Braunen« in die parlamentarische Demokratie, wenn sie sich nach 1945 als loyale »Wendehälse« bewiesen hatten.[49] Zwei Minister der Flüchtlings- und Vertriebenenpartei »Bund der Heimatlosen und Entrechteten« (BHE) brachte er im Kabinett unter – Waldemar Kraft und Theodor Oberländer. Kraft (Jg. 1898), Veteran der deutsch-polnischen Volkstumskämpfe der zwanziger und dreißiger Jahre, war von 1920 bis 1939 Hauptgeschäftsführer des »Hauptvereins der deutschen Bauernvereine« in Posen und saß für die deutsche Minderheit im Sejm. 1943 trat er der NSDAP bei und wurde Ehrenhauptsturmführer der SS. Der Osteuropa-Experte Oberländer nahm am 9. November 1923 am »Marsch auf die Feldherrnhalle« teil, war seit 1933 NSDAP-Mitglied, SA-Hauptsturmführer und Gauamtsleiter, nahm am Ostfeldzug der Wehrmacht teil. Man konnte aber auch äußerst verständnisvoll urteilen: »Er kann allerdings für sich geltend machen, daß er die unmenschliche NS-Politik gegenüber den Ostvölkern (sic!) öfters kritisiert und sich damit selbst gefährdet hat. Sein Ideal war ein unter deutscher Hegemonie stehendes Osteuropa, in dem die slawischen Völker geschickt, halbwegs human und mit einem gewissen Respekt für ihre kulturelle Eigenart behandelt werden sollten.«[50] Wie immer man die Berufung der beiden BHE-Politiker bewerten wollte, außenpolitische, osteuropa- und polenpolitische Gesichtspunkte haben hier keine Rolle gespielt. Der Primat der Innenpolitik forderte seinen Preis.

Innenpolitische Rücksichten auf die Heimatvertriebenen waren offensichtlich auch ausschlaggebend dafür, daß die Bundesregierung nicht dem Wunsch des Präsidenten des Zentralkomitees der deutschen Katholiken

---

48 Schwarz, Adenauer. Der Staatsmann, S. 86, 126.
49 Siehe auch Ulrich Herbert, Als die Nazis wieder gesellschaftsfähig wurden. Vom raschen Wiederaufstieg der NS-Eliten und von der Frage: Wie konnte aus der Bundesrepublik dennoch eine stabile Demokratie werden?, in: Die Zeit, 3, 10.1.1997, S. 34.
50 Schwarz, Adenauer. Der Staatsmann, S. 117.

(ZdK), Karl Fürst zu Löwenstein, entsprach, sich den Protest gegen die Amtsenthebung und Freiheitsberaubung des Primas von Polen, Stefan Kardinal Wyszyński, und gegen die Kirchenverfolgung in Polen zu eigen zu machen. Denn Wyszyński hatte »sich ausdrücklich für die Oder-Neiße-Linie als polnische Westgrenze ausgesprochen«.[51] Die Bundesregierung erklärte sich lediglich bereit, den Protest des ZdK über den Ständigen Beobachter der Bundesrepublik bei der UNO der Weltorganisation zur Kenntnis zu geben.[52]

Die Regierungserklärung des zweiten Kabinetts Adenauer vom 20. Oktober 1953 konnte in bezug auf die außenpolitischen Aktivitäten der Bundesregierung nur nochmals die Ausgangsbedingungen und Prioritäten der Gründungsjahre der Bundesrepublik bestätigen: Herstellung der eigenen Unabhängigkeit, Wiedervereinigung Deutschlands, Zusammenschluß des freien Europas und Integration Deutschlands in die europäische Gemeinschaft.[53] Das Thema Polen wurde in der Regierungserklärung nur indirekt im Zusammenhang mit der Grenzfrage gestreift. Adenauer erklärte bloß, daß »das deutsche Volk die sogenannte Oder-Neiße-Grenze niemals anerkennen« werde, und fügte »mit allem Nachdruck« hinzu, daß »die mit der Oder-Neiße-Linie zusammenhängenden Probleme ... nicht mit Gewalt, sondern ausschließlich auf friedlichem Wege gelöst werden« sollten.[54]

Schließlich bestätigte die Bundesrepublik in dem Vertrag mit den USA, Großbritannien und Frankreich vom 26. Mai 1952/23. Oktober 1954 über die Beziehungen zwischen der Bundesrepublik Deutschland und den Drei Mächten förmlich, daß sie ihre Politik im Einklang mit den Prinzipien der Vereinten Nationen halten wird. Mit ihrem Beitritt zur NATO verpflichtete sie sich auch zu Artikel I des NATO-Vertrags vom 4. April 1949, in dem das Verbot der Gewaltandrohung und der Gewaltanwendung ausgesprochen wurde. Darüber hinaus gab die Bundesregierung am 3. Oktober 1954 in völkerrechtlich verbindlicher Form eine Erklärung ab, in der es unter anderem hieß: »Insbesondere verpflichtet sich die Bundesrepublik Deutschland, die Wiedervereinigung Deutschlands oder die Änderung der gegenwärtigen Grenzen der Bundesrepublik Deutschland niemals mit gewaltsamen Mitteln herbeizuführen und alle zwischen der Bundesrepublik

---

51 PA/AA, Abt. 2, Bd. 314, Aufzeichnung, 20.10.1953.
52 PA/AA, Abt. 2, Bd. 314, Entwurf, 20.10.1953.
53 Auszüge aus der Regierungserklärung von Bundeskanzler Konrad Adenauer vor dem Deutschen Bundestag vom 20. Oktober 1953, in: Außenpolitik der Bundesrepublik Deutschland. Dokumente von 1949-1994. Hrsg. aus Anlaß des 125. Jubiläums des Auswärtigen Amtes, Köln 1995, S. 203.
54 Ebenda, S. 204.

Deutschland und anderen Staaten gegebenenfalls entstehenden Streitfragen mit friedlichen Mitteln zu lösen.«[55]

Die Politik der Bundesregierung gegenüber Polen wurde zum einen von dem begrenzten außenpolitischen Handlungsspielraum eines nach Unabhängigkeit strebenden »Protektorats« und von der Haltung zur Oder-Neiße-Problematik vorgegeben. Einen mindestens ebenso hohen Stellenwert wie völkerrechtliche und diplomatische Fragen belegten jedoch im Alltag der jungen Bundesrepublik und in der Haltung der Deutschen zu Polen die Zwangsumsiedlung und Auswanderung der Deutschen aus den polnisch gewordenen deutschen Ostprovinzen sowie das Schicksal von einigen tausend deutschen Gefangenen in polnischen Gefängnissen und Arbeitslagern. Schließlich war die Bundesregierung in der bürokratischen Arbeit ihrer Behörden weniger mit Erklärungen zur deutsch-polnischen Grenzfrage und mehr mit der Integration der aus Polen kommenden Umsiedler sowie mit der Erleichterung der Lebensbedingungen bzw. der Freilassung der Deutschen aus polnischem Gewahrsam beschäftigt. Mangels offizieller Beziehungen mit Polen liefen die Kontakte zu den deutschen Gefangenen über die Rotkreuzgesellschaften Westdeutschlands und Polens.

Anfang 1953 erfaßte das Evangelische Hilfswerk in 92 polnischen Gefängnissen und Arbeitslagern rund 2.068 Gefangene, darunter 260 Frauen.[56] Ein Jahr später wurden bei der Zentralen Rechtsschutzstelle in Bonn 3.051 Rechtsschutzfälle deutscher Gefangener in Polen bearbeitet, darunter von etwa 250 Frauen. Die in den meisten Fällen rechtskräftigen Urteile beruhten in der Regel auf einem Dekret vom 31. August 1944 über die Zugehörigkeit zur NSDAP oder einer ihrer Gliederungen.[57] In die Bemühungen um die deutschen Gefangenen sowohl bei den Westmächten als auch bei den Ostblockstaaten schaltete sich der Bundeskanzler persönlich ein, wenn auch im Auswärtigen Amt aus formalen und außenpolitischen Gründen Vorbehalte gegen den Besuch von Angehörigen deutscher Gefangener bei Adenauer geltend gemacht wurden.[58] Der Bundeskanzler empfing eine Delegation von Frauen, deren Angehörige in der Sowjetunion, in Polen und in der Tschechoslowakei festgehalten wurden, schließlich am 6. September 1955. Auf die Erklärung der Ehefrau eines in Polen festgehalte-

---

55 Zit. n. Dokumentation der Bundesregierung zum Gewaltverzicht vom 12. Juli 1968, in: Texte zur Deutschlandpolitik, Bd. 3, hrsg. vom Bundesministerium für innerdeutsche Beziehungen, o.O. 1970, S. 30f.
56 PA/AA, Abt. 2, Bd. 2179, Lebensbedingungen der deutschen Gefangenen in Polen und ihre Betreuung, 24.3.1953.
57 PA/AA, Abt. 2, Bd. 2180, Aufzeichnung über den Rechtsschutz der deutschen Gefangenen in Polen, 30.1.1954.
58 PA/AA, Abt. 2, Bd. 2090, 22.11.1954. Das Auswärtige Amt störte sich nicht zuletzt an der ursprünglich vorgeschlagenen Zusammensetzung der »Frauendelegation« (u.a. für Italien: Frau Johanna Kappler). (PA/AA, Abt. 2, Bd. 2090, Anlage des Schreibens des Heimkehrerverbands vom 8.2.1955)

nen Ehemannes hin, daß ihrem Mann neuerdings keine Pakete mehr ausgehändigt würden, ordnete Adenauer die Prüfung der Frage an, »ob das Problem des Paketempfangs in Wirtschaftsverhandlungen mit Polen berührt werden kann«.[59] Daraufhin verfügte das Auswärtige Amt, darauf hinzuwirken, daß »diese Frage zu gegebener Zeit bei Wirtschaftsverhandlungen mit Polen zur Sprache gebracht wird«.[60] Mit dieser Intervention gab Adenauer einen bemerkenswerten Hinweis auf die in den westdeutsch-polnischen Beziehungen von Anfang an gegebene Verknüpfung zwischen humanitären Fragen und wirtschaftlich-finanziellen Interessen – eine Traditionslinie außen- und wirtschaftspolitischen Verhaltens, die ursächlich mit dem Systemgegensatz liberale Demokratie – totalitäre/autoritäre Diktatur verbunden war und sich erst mit der Verwirklichung der allgemeinen Menschen- und Bürgerrechte beim Verhandlungspartner Polen (1989/90) systemimmanent auflöste.

Der Vorgang wies zugleich darauf hin, daß westdeutsche Wirtschaftsbeziehungen mit Polen längst geknüpft waren, als bei Erlangung der äußeren Souveränität auf der politisch-diplomatischen Ebene eine Kontaktaufnahme zwischen Bonn und Warschau wegen des Oder-Neiße-Konflikts und des Alleinvertretungsanspruchs der Bundesrepublik als noch außerhalb des wirklich Vorstellbaren galt. Der Handel war der Politik bereits seit dem Ende der vierziger Jahre weit voraus. Schon vor der Gründung der Bundesrepublik hatte die »Joint Export and Import Agency« (JEIA) am 21. Dezember 1948 für die drei westlichen Besatzungszonen Deutschlands ein erstes Warenprotokoll mit Polen abgeschlossen.[61] Das nächste Abkommen zwischen JEIA und Polen wurde am 9. Juni 1949 unterzeichnet und war bis zum 30. Juni 1950 gültig. Mit der Gründung des westdeutschen Staats im September 1949 übernahm die Bundesrepublik Deutschland als Nachfolgerin der JEIA das laufende Abkommen, für das das Bundesministerium für Ernährung, Landwirtschaft und Forsten zuständig war.[62] Die bisherige

---

59 PA/AA, Abt. 2, Bd. 2179, Der Staatssekretär des Bundeskanzleramts, 12.9.1955. Die Vortragende war Elisabeth Bohlen, deren Ehemann im Februar 1948 in Breslau nach dem Dekret vom 31.8.1944 zu acht Jahren Gefängnis verurteilt worden war.
60 PA/AA, Abt. 2, Bd. 2179, 23.11.1955.
61 Siehe Mechthild Lindemann, Anfänge einer neuen Ostpolitik? Handelsvertragsverhandlungen und die Errichtung von Handelsvertretungen in den Ostblock-Staaten, in: Rainer A. Blasius (Hrsg.), Von Adenauer zu Erhard. Studien zur Auswärtigen Politik der Bundesrepublik Deutschland 1963, München 1994, S. 45-96, hier S. 47.
62 Erhard Cziomer, Die Wirtschaftsbeziehungen zwischen der Volksrepublik Polen und der Bundesrepublik Deutschland 1949-1975, in: Die Beziehungen zwischen der Bundesrepublik Deutschland und der Volksrepublik Polen bis zur Konferenz über Sicherheit und Zusammenarbeit in Europa (Helsinki 1975), S. 135-149, hier S. 136.

jährliche Geltungsdauer wurde mit dem Handelsvertrag vom 19. Februar 1952 beendet. Die Laufzeit betrug nunmehr anderthalb Jahre.[63]

Es wäre also falsch zu behaupten, die ersten Jahre bundesdeutscher Außenbeziehungen nach 1949 seien Jahre der totalen Beziehungslosigkeit bzw. des Fehlens offizieller Kontakte und Vereinbarungen mit Polen gewesen, wie landläufig mit Verweis auf die fehlende äußere Handlungsfreiheit Bonns (bis 1955) und die politisch-doktrinäre Selbstbeschränkung (seit 1955) der ersten Kabinette Adenauer (1949-1953, 1953-1956/57) argumentiert wird.

Zu Beginn des Jahres 1955, als sich die Wiedererlangung der Souveränität und damit die Gewinnung größeren außenpolitischen Spielraums abzeichnete, nutzte das Auswärtige Amt die Verhandlungen mit Polen über die Verlängerung des Warenprotokolls, um eine Institutionalisierung der Kontakte in die Wege zu leiten und Warschau »die Errichtung einer deutschen Handelsvertretung offiziellen oder offiziösen Charakters« vorzuschlagen.[64] Polen unterhielt aufgrund des Handels- und Zahlungsabkommens von 1948 seit 1949 eine Handelsmission in Frankfurt/Main.[65] Bereits am 31. Januar 1955 hatte die polnische Regierung die Beendigung des Kriegszustands mit Deutschland angekündigt, die am 18. Februar erfolgte,[66] und eine »Normalisierung« der Beziehungen zur »Deutschen Bundesrepublik«[67] als möglich bezeichnet. Freilich wurden die Erwartungen des

---

63 Georg W. Strobel, Die polnisch-bundesdeutschen Wirtschaftsbeziehungen und deren politische Aspekte, in: Die Beziehungen zwischen der Bundesrepublik Deutschland und der Volksrepublik Polen bis zur Konferenz über Sicherheit und Zusammenarbeit in Europa (Helsinki 1975), S. 151-170, hier S. 154.
64 PA/AA, Ref. IIIA 6, Bd. 173, Aufzeichnung Lupin, 28.2.1955.
65 Vgl. Janusz Skodlarski, Stosunki handlowe Polski z okupacyjnymi strefami Niemiec (1945-1949) [Handelsbeziehungen Polens mit den Besatzungszonen Deutschlands], in: Dzieje Najnowsze, 4, 1993, S. 95-106, hier S. 100ff.
66 Siehe Jacobsen/Tomala, S. 78f.
67 Bis zur Ratifizierung des Warschauer Normalisierungsvertrags zwischen der Bundesrepublik und Polen im Mai 1972, in der Publizistik teilweise auch noch danach, wurde als offizieller Staatsname für die Bundesrepublik Deutschland rein willkürlich die Bezeichnung »Deutsche Bundesrepublik« (Niemiecka Republika Federalna) gewählt, um deutlich zu machen, daß die polnische Führung die durch die Bezeichnung »Bundesrepublik Deutschland« vermutete Alleinvertretungs-»Anmaßung« nicht akzeptierte. Insofern folgte das kommunistische Polen der entsprechenden sowjetischen Sprachregelung. Beispielsweise erschien in der englischsprachigen Ausgabe »Polish Western Affairs« (PWA) der Zeitschrift »Przegląd Zachodni« (PZ) des Instytut Zachodni (West-Institut, Posen) im Titel der regelmäßig erscheinenden Chronik für das zweite Halbjahr 1972 erstmals die korrekte Bezeichnung »Federal Republic of Germany« (PWA, 2, 1972, S. 356-367), während in der polnischsprachigen Version der Chronik weiterhin die Bezeichnung »Niemiecka Republika Federalna« (PZ, 1, 1973, S. 160-181) verwendet wurde. Siehe auch Dieter Bingen, Die Stellung der Bundesrepublik Deutschland in der internationalen Politik aus polnischer Sicht, Königstein/Ts. 1980, S. 324.

Auswärtigen Amts nach einer ersten freundlichen Aufnahme der deutschen Offerte rasch enttäuscht, als sich noch im selben Jahr herausstellte, daß die osteuropäischen Staaten geschlossen die Aufnahme von offiziellen Handelsbeziehungen als Ersatz für diplomatische Beziehungen ablehnten. Diplomatische Beziehungen mit Warschau aufzunehmen erwies sich für die Bundesregierung nicht nur wegen des Alleinvertretungsanspruchs (»Hallstein-Doktrin«), sondern auch wegen des ungelösten Oder-Neiße-Konflikts als unmöglich. Mochte der Handel der Politik weit vorausgeeilt sein, so besaß andererseits das Interesse an wirtschaftlichen Kontakten und Märkten nicht das Eigengewicht, die grundlegenden außenpolitischen Doktrinen umzustoßen. Der Primat der Politik (Wiedervereinigungsgebot, Alleinvertretungsanspruch, Grenzvorbehalt) über die Wirtschaft blieb erhalten.

Das im westdeutsch-polnischen Fall wegen der historisch-politischen und moralischen Belastungen besonders problematische Verhältnis zwischen den zwei Sphären wurde insbesondere im Zusammenhang mit den Verhandlungen und Verträgen zwischen der Bundesrepublik und Polen 1975/76 zum Gegenstand erbitterter innenpolitischer Auseinandersetzungen in der Bundesrepublik. Dabei wird bis heute übersehen, daß Bonn bereits mehr als 20 Jahre zuvor mit wirtschaftlichem und protokollarischem Entgegenkommen (z.B. durch Entsendung einer Delegation nach Warschau!)[68] die polnische Führung zu mehr gutem Willen in humanitären Fragen zu veranlassen suchte. In einem Zusatzprotokoll vom 19. Dezember 1955 zum gültigen Handelsabkommen wurde die Lieferung von Getreide aus der Bundesrepublik nach Polen vereinbart. Zur Erleichterung des Geschäfts hatte die Bundesrepublik Polen einen revolvierenden Kredit über 50 Mio. DM eingeräumt, über den in der Öffentlichkeit nichts bekannt wurde und den Polen offenbar gar nicht voll in Anspruch nahm.[69] Parallel zu diesen Vorgängen genehmigte die polnische Regierung die Wiederaufnahme von Gesprächen über Familienzusammenführung zwischen dem Deut-

---

68 Vgl. PA/AA, Abt. 7, Bd. 605b, Vermerk, 15.10.1954: »So wie der Sowjetblock uns durch alle möglichen Maßnahmen zu einer wenigstens de-facto-Anerkennung der Regierung der ›DDR‹ zwingen will, so versucht er auch darauf hinzuwirken, daß amtliche und halbamtliche Delegationen der Bundesrepublik die Hauptstädte des Ostblocks aufsuchen ... Polen will sich nun das deutsche Interesse an der Rückführungsaktion deutscher Familien zunutze machen, um gleichfalls eine deutsche Delegation zu bewegen, den Weg nach Warschau zu nehmen ... glaubt Abt. 3, die Reise befürworten zu müssen, da die Zusammenführung der Familien ... von so eminent humanitärer Bedeutung ist, daß sie das Opfer der Entsendung einer Delegation nach Warschau wohl rechtfertigen würde, zumal von den Verhandlungen mit Warschau auch wichtige wirtschaftliche Erfolge zu erwarten sein dürften.« Die Verhandlungen fanden tatsächlich vom 31.1. bis 17.2.1955 in Warschau statt.
69 Siehe Eberhard Schulz, Handel zwischen Politik und Profit, in: Hans-Adolf Jacobsen/Carl Christoph Schweitzer/Jerzy Sułek/Lech Trzeciakowski (Hrsg.), Bundesrepublik Deutschland. Volksrepublik Polen. Bilanz der Beziehungen. Probleme und

schen und dem Polnischen Roten Kreuz, die im Dezember 1956 zu einer mündlichen Übereinkunft führten.[70] Da die polnischen Behörden durch die Organisation von Sammeltransporten die Familienzusammenführungen zusätzlich erleichterten, stieg deren Zahl zwischen 1956 und 1958 sprunghaft an.[71]

---

Perspektiven ihrer Normalisierung, Frankfurt am Main 1979, S. 185-207, hier S. 193; siehe auch Strobel, Die polnisch-bundesdeutschen Wirtschaftsbeziehungen und deren politische Aspekte, S. 156.

70 Staatssekretär Sonnemann (Bundesministerium für Ernährung und Landwirtschaft): »Vereinbarungsgemäß solle von dem Handelsvertrag und insbesondere von seinem inneren Zusammenhang mit der Rückführung der Deutschen nicht gesprochen werden.« (Aktennotiz vom 7.12.1955, PA/AA, Abt. 7, Bd. 589a)

71 Lindemann, S. 55; 1952-1955: 737; 1956: 14.992; 1957: 90.317; 1958: 110.753, nach Jan Korbel, Bevölkerungsprobleme in den Beziehungen zwischen der Volksrepublik Polen und der Bundesrepublik Deutschland (1952-1975), in: Die Beziehungen zwischen der Bundesrepublik Deutschland und der Volksrepublik Polen, S. 87-108, hier S. 88.

## 3. In den Fängen von Doktrinen (1955-1961)

Die Prioritäten bundesdeutscher Osteuropapolitik blieben nach dem Inkrafttreten der Pariser Verträge vom 5. Mai 1955 unverändert. Auch mit der neuen internationalen Handlungsfreiheit nach der Souveränitätserklärung der Drei Mächte blieb in Adenauers Vorstellungswelt und Konzeption die Sowjetunion der Dreh- und Angelpunkt der östlichen Welt, die Macht, die schließlich über das weitere Schicksal der Deutschen in der Mitte Europas bestimmen würde, allein deshalb, weil sie die Schlüsselgewalt über die DDR hatte: »Moskau allein zählte.«[1]

Die neugewonnene Souveränität schien Adenauer in seiner Osteuropapolitik im Gegenteil stark zu verunsichern. Denn er spürte, daß von jetzt an die inneren Widersprüche seiner Außenpolitik zutage treten würden. Souveränität hieß, daß Bonn auch seine Beziehungen zur Sowjetunion und zu ihren kleineren europäischen Verbündeten autonomer gestalten durfte, vorausgesetzt die Bündnistreue der Bundesrepublik wurde nicht aufs Spiel gesetzt. Nunmehr würden die aus der inneren Lage der Bundesrepublik resultierenden Hindernisse für den Aufbau normaler Ostbeziehungen, durch alliierte Zuständigkeiten und Vorbehalte nicht mehr so stark überlagert, sichtbar werden.

Dazu kam die bündnisrelevante Tragweite ostpolitischer Aktivität der Bundesrepublik. Der Kalte Krieg war weder in Frankreich und Großbritannien noch in den USA besonders populär. So entstand sogar ein gewisser Entspannungsdruck auf Bonn. Andererseits würde jeder ostpolitische Aktivismus der jungen Bundesrepublik sofort das alte Mißtrauen der Westmächte heraufbeschwören. »Das interne Echo im Westen auf die Aufnahme diplomatischer Beziehungen zur Sowjetunion zeigt ihm (Adenauer – D.B.) deutlich, daß er damit bereits an die äußere Grenze des Tolerablen gegangen ist.«[2] Allerdings hatte das wohlkalkulierte Interesse der Bundesrepublik den Ausschlag bei dieser Entscheidung Adenauers gegeben. Und wenn Adenauer es ebenfalls als im Interesse der Bonner Staatsräson gesehen hätte, die Beziehungen zu Polen allmählich zu ordnen – es wäre ja um einen jahrelangen Prozeß gegangen, nicht um eine spektakuläre, hastig vorbereitete Aktion wie die Moskau-Reise des Bundeskanzlers im September 1955 –, dann hätte ihn kein westlicher Verbündeter mit einer rationalen Begründung daran hindern können und wollen. Denn schließlich zeigten alle west-

---

[1] Hans-Peter Schwarz, Das außenpolitische Konzept Konrad Adenauers, in: Rudolf Morsey/Konrad Repgen (Hrsg.), Adenauer-Studien I, Mainz 1971, S. 71-108, hier S. 92.
[2] Schwarz, Adenauer. Der Staatsmann, S. 179.

lichen Partner Bonns mehr oder weniger offen Verständnis für die polnische Position in der Territorialfrage.

*3.1 Der Kanzler und sein erster Außenminister*

Wenn es bei Adenauer also keine Zeichen für eine »Ostpolitik« gab, die Polen unter den obwaltenden Umständen eine eigenständige Rolle zusprach, sollte sich recht bald herausstellen, ob mit dem Außenminister von Brentano in die westdeutsche Polenpolitik »neues Denken« und neue Akzente eingebracht werden konnten.

Wie sein politischer Biograph Daniel Kosthorst feststellte,[3] lebte im politischen Weltbild von Brentanos die Einheit Europas auf einer ideellen Ebene fort, »gegründet auf die Fundamente einer gemeinsamen Geschichte und Tradition. Aus dieser Überzeugung hielt er an dem Mitteleuropa-Begriff der Vorkriegszeit fest, in dem er außer Deutschland Polen, die Tschechoslowakei und die baltischen Staaten zusammenfaßte. Die ausgeprägte Sympathie des Katholiken galt naheliegenderweise den Polen, denen gegenüber er nach den Verbrechen des nationalsozialistischen Deutschlands zudem eine besondere moralische Verpflichtung empfand.«[4] Die Frage blieb nur, ob das ideelle Europabild bei Brentano angesichts blockpolitischer Realitäten in eine praktische Polenpolitik einmündete, die möglicherweise einen Konflikt mit dem Kanzler nach sich ziehen konnte. War bei Brentano in Ansätzen eine Politik sichtbar, die es erlaubte, ihm eine gewisse Vorreiterrolle in bezug auf die Ostpolitik seines Nachfolgers Schröder zu bescheinigen?

Die ersten Verlautbarungen Brentanos ließen tatsächlich auf einen neuen Akzent in Richtung Warschau schließen. Während Adenauer die Sowjetunionpolitik ausdrücklich sich selbst vorbehielt,[5] hatte er Heinrich von Brentano bei dessen Ernennung zum Außenminister im Juni 1955 gegenüber Ostmitteleuropa, das in der Konzeption des Bundeskanzlers einen unbedeutenden Platz einnahm, »einen gewissen Freiraum« zugestanden.[6]

Unmittelbar nach seiner Ernennung sprach Brentano in zwei Interviews die Möglichkeit einer Aufnahme politischer Beziehungen mit den östlichen Nachbarn an. Er nannte es »ein Anliegen der deutschen Außenpoli-

---

3 Dazu Jost Dülffer, Geborgte Stärke, in: Die Zeit, 11, 11.3.1994: »... die bislang gründlichste Geschichte der Außenpolitik der jungen Bundesrepublik in jenen Jahren, zumal für die Ostbeziehungen.«
4 Kosthorst, S. 167.
5 Vgl. Arnulf Baring, Sehr verehrter Herr Bundeskanzler! Heinrich von Brentano im Briefwechsel mit Konrad Adenauer 1949-1964, Hamburg 1974, S. 151.
6 Siehe Kosthorst, S. 168.

tik«,[7] noch ehe sich auch Adenauer vorsichtig positiv äußerte.[8] Daraus ergaben sich aber keine praktischen Konsequenzen. Während sich die Wirtschaftskontakte in bescheidenem Rahmen weiterentwickelten, wurden die polnischen Avancen zur Normalisierung der politischen Beziehungen nicht ernst genommen. Die Tatsache, daß die Erklärung Polens zur deutschen Frage und die Regierungserklärung von Premier Cyrankiewicz[9] vor entsprechenden Offerten aus Moskau datierten, wurde in Bonn nicht gewürdigt.

Die Fixierung auf die Sonderrolle der Sowjetunion und auf die instrumentelle Bedeutung der Ostbeziehungen für die Deutschlandpolitik überhaupt ließ die Vorstellung, Polen als eigenständigen Faktor zu beachten, abwegig erscheinen. Der Bonner Handlungsspielraum wurde dann im Nachklang der Moskau-Reise noch weiter eingeengt, um die Gefahr eines Dammbruchs in der Konstruktion deutschlandpolitischer Grundsätze abzuwehren. Seit Brentanos extensiver Interpretation des Nichtanerkennungsprinzips (Botschafterkonferenz im Dezember 1955), das für die Beziehungen zur Sowjetunion aus deutschlandpolitischen Erwägungen nicht galt, hingen die Beziehungen prinzipiell von der Einstellung der Warschauer-Pakt-Staaten zur Existenz der DDR ab. Mit der Formulierung der »Hallstein-Doktrin« in der Regierungserklärung vom 28. Juni 1956[10] war die Polenpolitik und die gesamte Osteuropapolitik eine Funktion der Deutschlandpolitik geworden. Bonn befürchtete bei Aufnahme diplomatischer Beziehungen mit Polen, unter anderem angesichts der östlichen Zwei-Staaten-Theorie, den Wiedervereinigungsanspruch aufgeben zu müssen.[11]

## 3.1 Und noch einmal der deutsch-polnische Sonderkonflikt

Die Oder-Neiße-Grenze stand Mitte der fünfziger Jahre als westdeutsch-polnischer Sonderkonflikt einer Normalisierung der Beziehungen zusätzlich entgegen. Zwar waren sich auch konservative, aber die internationale Umwelt realistisch wahrnehmende Politiker wie Adenauer und Brentano seit Anfang der fünfziger Jahre dessen bewußt, daß die Verbündeten über die Grenzen eines wiedervereinigten Deutschlands anders dachten als die offizielle Bonner Politik. Gleichwohl hielten sie an der Nichtanerkennung

---

7 Bulletin des Presse- und Informationsamts der Bundesregierung (weiter: Bulletin), 106, 11.6.1955, S. 879.
8 Siehe Bulletin, 107, 14.6.1955, S. 889.
9 Johannes Maass, Dokumentation der deutsch-polnischen Beziehungen 1945-1959, Bonn u. a. 1960, S. 106ff.
10 Bericht über die außenpolitische Lage vom Bundesminister des Auswärtigen ... am 28. Juni 1956, in: Außenpolitik der Bundesrepublik Deutschland, S. 231f.
11 Vgl. ebenda.

und dem Friedensvertragsvorbehalt fest. Bis weit in die sechziger Jahre hinein hielt jede Bundesregierung in der Grenzfrage mit Polen an der Selbstknebelung außenpolitischer Aktivitäten mit lähmenden bis lächerlichen Begleiterscheinungen ideologischen Denkens und diplomatischer Hilflosigkeit fest. Allerdings wurde angesichts der bundesdeutschen Politik in den fünfziger Jahren, die Westbindung zu erweitern und zu vertiefen, die Selbstlähmung in Richtung Polen der breiteren Öffentlichkeit noch nicht so bewußt.

Die Bundesregierung war auch insofern gebunden und zugleich legitimiert, als die öffentliche Meinung und vor allem die damals noch sehr einflußreichen Vertriebenenverbände mit den erst relativ kurz zurückliegenden Erfahrungen von millionenfacher Vertreibung, Aussiedlung und Schrecken konfrontiert waren. Eine Respektierung der Oder-Neiße-Grenze hätte in der Bundesrepublik kaum Zustimmung bei den Vertriebenen und der alteingesessenen Bevölkerung gefunden. Daher wurden den Vertriebenenverbänden im Vorfeld des Moskau-Besuchs förmliche Zusagen über die Fortgeltung des Friedensvertragsvorbehalts gemacht, die der sowjetischen Führung noch in letzter Stunde vor dem Abflug aus Moskau abgerungen werden konnte.[12] Und der Bundeskanzler hütete sich, die Öffentlichkeit mit seiner Überzeugung zu konfrontieren, daß die Ostgebiete verloren waren.[13]

An eine Rückgewinnung der ehemaligen Ostprovinzen im traditionell-nationalstaatlichen Sinn hatte der Außenminister ebensowenig wie der Kanzler wirklich geglaubt.[14] Das wurde in aller Öffentlichkeit sichtbar, als Brentano am 1. Mai 1956 bei einem Pressefrühstück auf eine Frage nach dem Rang des Grenzproblems innerhalb seiner Deutschlandpolitik antwortete,»daß das deutsche Volk eines Tages vor die Frage gestellt wird, ob es auf diese Gebiete zu verzichten bereit ist, um dadurch die 17 Millionen Deutschen in der Sowjetzone zu befreien, oder ob es dies nicht tun will, nur um einen etwas problematischen Anspruch auf die Ostgebiete aufrechtzuerhalten«.[15] Der Einschätzung der politischen Situation in der Bundesrepu-

---

12 Siehe Schwarz, Adenauer. Der Staatsmann, S. 219.
13 Siehe Hanns Jürgen Küsters, Konrad Adenauer und Willy Brandt in der Berlin-Krise 1958-1963, in: VfZ, 40 (1992) 4, S. 483-542, hier S. 507; Ludwig Elsing, Polenpolitik der SPD 1960 bis 1970, in: Werner Plum (Hrsg.), Ungewöhnliche Normalisierung. Beziehungen der Bundesrepublik Deutschland zu Polen, Bonn 1984, S. 55-65, hier S. 57.
14 Siehe Frohn, S, 523. So soll Adenauer 1953 in einem vertraulichen Gespräch mit SPD-Oppositionsführer Erich Ollenhauer gesagt haben:»Oder-Neiße, Ost-Gebiete usw., die sind weg! Die gibt es nicht mehr. Wer das mal aushandeln muß, na, ich werde es nicht mehr sein müssen.« (Niederschrift Ollenhauer vom 30.8.1953, zit. n. Elsing, Polenpolitik der SPD, S. 57) Frohn belegte jüngst die Fragwürdigkeit dieser Sätze (S. 522), kann aber auf zahlreiche andere Belege bei Adenauer für die entsprechende Einschätzung der tatsächlichen Lage hinweisen. (Frohn, S. 522ff.)
15 Zit. n. Baring, Sehr verehrter Herr Bundeskanzler, S. 192.

blik und der vorherrschenden Einstellung in der Bevölkerung entsprach es, daß diesen in informellem Rahmen gemachten Bekenntnissen das Dementi oder eine nachträglich abschwächende Interpretation folgte. In einer offiziellen Erklärung zwei Tage später stellte Brentano ausdrücklich fest, die Bundesrepublik werde »niemals die Oder-Neiße-Grenze anerkennen oder die deutschen Ostgebiete zu einem Handelsobjekt irgendwelcher Art machen«.[16] Aber die Äußerung war in London gemacht worden. Die Heimatvertriebenenverbände liefen Sturm; der Vorsitzende des BdV, Kather, nutzte den Tag der Karlspreis-Verleihung an den gleichfalls umstrittenen Winston Churchill zu einem Frontalangriff gegen die Regierung Adenauer; der Kanzler schwieg.[17]

Als Brentano sich Anfang Juni 1956 in einem Interview für die »Yorkshire Post« nochmals aus der offiziellen Bonner Sprachregelung ausklinkte und Grenzverhandlungen mit Polen noch vor dem Abschluß eines Friedensvertrags für denkbar hielt sowie den Rückkehranspruch der Vertriebenenorganisationen praktisch in Frage stellte, indem er zum Ausdruck gab, daß wegen der gelungenen Integration eine große Rückwanderung nicht zu erwarten sei,[18] forderte der Gesamtdeutsche Block/Bund der Heimatvertriebenen und Entrechteten (GB/BHE) seinen Rücktritt bzw. seine Abberufung. Was folgte, war ein Kotau des Außenministers vor den Oberschlesiern am 1. Juli 1956. Nicht zum ersten und nicht zum letzten Mal wurden vernünftige Überlegungen, wie das Verhältnis zu Polen normalisiert werden könnte, gegenüber den potentiellen Gesprächspartnern aufgrund innenpolitischen Drucks entwertet, ohne daß der Verdacht der Vertriebenenfunktionäre und ihrer Presse hätte abgebaut werden können, dahinter stehe eine »neue Ostkonzeption«: Befreiungspolitik in Osteuropa gegen Anerkennung des territorialen Status quo.[19] Mit Blick auf Polen sollte dieser »Tausch«, der dann allerdings keiner mehr sein konnte, sondern nur die Anerkennung einer lange bestehenden und längst akzeptierten Realität, 34 Jahre später mit dem deutsch-polnischen Grenzvertrag infolge der »Zwei-plus-Vier«-Vereinbarungen vollzogen werden. 1956 war er unrealistisch, aber mittelfristig erfolgversprechender als die revisionistische Position zur Grenzfrage.

An dieser Stelle bietet es sich an, etwas Grundsätzliches über Aktivitäten und Einfluß der Vertriebenenverbände auf die Bonner Polenpolitik in der

16 Bulletin, 83, 4.5.1956, S. 778.
17 Siehe P. von zur Mühlen/B. Müller/K. Schmitz, Vertriebenenverbände und deutschpolnische Beziehungen nach 1945, in: Carl-Christoph Schweitzer/Hubert Feger (Hrsg.), Das deutsch-polnische Konfliktverhältnis seit dem Zweiten Weltkrieg. Multidisziplinäre Studien über konfliktfördernde und konfliktmindernde Faktoren in den internationalen Beziehungen, Boppard am Rhein 1975, S. 96-161, hier S. 113.
18 Bulletin, 100, 5.6.1956, S. 977; und 103, 8.6.1956, S. 1001.
19 Archiv für Christlich-Demokratische Politik (ACDP) I-377-01/6, NL Kather; »Vertriebenen-Korrespondenz« 7 (1956) 23, 26.6.1956; zit. n. Kosthorst, S. 174.

Ära Adenauer anzumerken.[20] Zunächst haben es die Vertriebenenparlamentarier durchaus vermocht, ihnen nicht genehme Anträge und Gesetzesvorlagen wesentlich zu verzögern. Durch Interventionen bei Ministern konnten die Vertriebenenverbände Gelder und Personalentscheidungen durchsetzen und dazu demonstrative Bekenntnisse von Bundesregierung und Parteien zum provisorischen Charakter der Oder-Neiße-Grenze erwirken. Der direkte Einfluß der Verbände auf Entscheidungen war jedoch gering, wenn man bedenkt, daß eine Kontrolle durch die im Parlament vertretenen Vertriebenenabgeordneten oder gar durch die Verbände selbst allgemein nicht stattfand und auch nicht stattfinden konnte. Die Vertriebenenabgeordneten waren indessen nicht nur Verbands-, sondern auch Partei- und Fraktionsmitglieder. Sie mußten daher zwangsläufig in Rollenkonflikte geraten, wenn die Politik ihrer Partei mit den Interessen ihres Verbands kollidierte. In derartigen Situationen räumten sie meistens der Partei den Vorrang ein. So wurde auch eine eigenständige Politik gegenüber der Regierung, wie sie Linus Kather im Frühjahr und Sommer 1956 versuchte, von der Regierung und den Regierungsparteien letztlich unterbunden, auch wenn die Reaktionen von Adenauer und Brentano auf die Interventionen Kathers zuerst anderes vermuten ließen.[21] Die Unentschlossenheit der Bundesregierung in dieser Phase war weniger eine Folge des Drucks der Vertriebenenverbände als vielmehr Ausdruck eigener Unsicherheit über den richtigen Weg, um die deutsche Frage auf der Tagesordnung der europäischen Politik zu belassen und gleichzeitig die Beziehungen zu den osteuropäischen Nachbarn zu verbessern.

Tatsächlich kalkulierte Brentano mit seinem Versuchsballon noch vor dem Höhepunkt der Entstalinisierungswelle in Polen im Sommer und Herbst 1956 die Sprengkraft einer deutsch-polnischen Annäherung, »denn für Polen sei es von größter Bedeutung, sich aus der Umklammerung zwischen der Sowjetunion und der Sowjetzone zu befreien«.[22] Aus demselben Grunde hoffte Brentano einige Monate später geradezu auf polnisches Interesse an der Wiedervereinigung Deutschlands.[23] Wie modern klingen diese Gedanken, blickt man in die Papiere der demokratischen polnischen Opposition in den achtziger Jahren! Mit seinen Überlegungen befand sich der westdeutsche Außenminister in bester Gesellschaft. Auch für den amerikanischen Außenminister John Foster Dulles bestand ein enger Zusammenhang zwischen der Grenzfrage und der Emanzipation Polens.

20 Vgl. Peter Reichel, Die Vertriebenenverbände als außenpolitische »pressure group«, in: Schwarz (Hrsg.), Handbuch der deutschen Außenpolitik, S. 233-238, mit weiteren Literaturhinweisen; von zur Mühlen/Müller/Schmitz, in: Schweitzer/Feger (Hrsg.), S. 96-161.
21 Ebenda, S. 125f.
22 PA/AA Ministerbüro, Bd. 155, Gesprächsaufzeichnung Brentano/Richie (Botschafter Kanadas), 7.7.1956.
23 Vgl. ebenda, Bd. 156, Gesprächsaufzeichnung Brentano/Richie, 12.1.1957.

## 3.3 Das Umbruchjahr 1956: Ungenutzte Chancen

Noch vor dem Höhepunkt der polnischen Aufstandsbewegung Ende Juni 1956 war der FDP-Vorsitzende und ehemalige Justizminister, der gläubige Katholik Thomas Dehler, als erster westdeutscher Politiker nach Polen gereist, wo er in einem Interview für »Słowo Polskie« am 7. Juni die Wiederaufnahme der politischen, kulturellen und Handelsbeziehungen zwischen der Bundesrepublik und Polen befürwortete.[24] Die Polen-Reise Dehlers hinterließ jedoch keine politischen Spuren in der Bundesrepublik.

Die Entstalinisierung und Liberalisierung in Polen nach dem 28. Juni 1956 ließen in Bonn wie in Washington kurzzeitig zwei Gedanken in die politisch-diplomatischen Szenarios einfließen. Zum einen keimte wirklich die Hoffnung auf innere Demokratisierung und außenpolitische Emanzipierung Polens auf, was zur Folge hätte haben müssen, wie es Brentano erwog, die Grenzfrage in deutsch-polnischen Gesprächen in einem nicht nationalen, sondern europäischen Maßstab einzubringen. Anderseits befürchteten Adenauer wie Brentano, der Sowjetunion durch allzu offene Sympathiebeweise für die Emanzipationsbestrebungen in Polen und öffentliche Spekulationen über angebliche Tauschgeschäfte Vorwände für eine Intervention in Polen zu liefern. Die ungarische Tragödie lag erst wenige Wochen zurück.[25] Angesichts der dramatischen Verschlechterung der Beziehungen zwischen Ost-Berlin und Warschau unmittelbar vor und nach der Rückkehr Gomułkas an die Parteispitze im Oktober 1956[26] wurden die Möglichkeiten nicht ausgelotet, in die westdeutsch-polnischen Beziehungen etwas Bewegung zu bringen und in Warschau atmosphärisch Punkte für die Bundesrepublik zu machen, die sich längerfristig hätten positiv auswirken können.

Keinen Einfluß auf den politischen Entscheidungsprozeß hatten Ideen, die immerhin im Umkreis des Bundeskanzlers gärten und im Zusammenhang mit Abrüstungsproblematik und Wiedervereinigung auch mit Blick auf Polen und die Grenzfrage politische Tabus berührten. So hatte Adenauers Pressesprecher Felix von Eckardt, kurzzeitig deutscher UN-Beobachter in New York, im September 1956 eine siebenseitige Denkschrift verfaßt, deren Grundgedanke der Einklang der bundesrepublikanischen Außenpolitik mit den neuen Tendenzen zur Entspannung im Ost-West-Verhältnis und

---

24 Zit. n. Ludwig Elsing, Sozialdemokratie und Polen. Die Polenpolitik der SPD bis zum Warschauer Vertrag, Bonn 1991, S. 295.
25 Vgl. auch Klaus Gotto, Adenauers Deutschland- und Ostpolitik 1954-1963, in: Rudolf Morsey/Konrad Repgen (Hrsg.), Adenauer-Studien III: Untersuchungen und Dokumente zur Ostpolitik und Biographie, Mainz 1974, S. 3-91, hier S. 20ff.
26 Siehe Sikora, S. 140-150; Sheldon Anderson, The Rupture in East German – Polish Relations in 1956, Vortragsmanuskript, 28th National Convention of the American Association for the Advancement of Slavic Studies, 14-17 November 1996.

deren Ausnutzung zur Lösung der deutschen Frage war. In der ersten Phase des Wiedervereinigungsprozesses sah von Eckardts Phasenplan - wohl inspiriert von Gedanken des Gesandten in Washington, Albrecht von Kessel[27] - die Entsendung von Wirtschaftsmissionen in die osteuropäischen Länder vor, »beginnend mit Polen«, um dort eine Vertrauensbasis zu schaffen. In einer weiteren Phase sollte die Bevölkerung in einem Plebiszit gefragt werden, ob sie die Wiedervereinigung wünscht und bereit ist, »bestimmte Opfer in der östlichen Grenzziehung für eine solche Wiedervereinigung zu bringen«. Nach einem positiven Ausgang des Plebiszits wäre es die Aufgabe eines deutschen »National-Rats« gewesen, mit den östlichen Staaten über die Grenzfragen »nach dem Prinzip des individuellen Heimatrechts« zu verhandeln.[28] Aufgeklärte Ostpolitiker aus dem inneren Kreis wie von Eckardt, Blankenhorn, General Adolf Heusinger machten seit 1952 immer wieder Vorstöße in der Deutschlandfrage, die mit Blick auf die Grenzfrage weit über das hinausgingen, was offizielle Bonner Haltung war.[29]

Wenn auch ausufernde Phantasie und gefesselte Wirklichkeit auseinanderklafften und im Endeffekt Unentschiedenheit und Zweideutigkeit in der westdeutschen Politik gegenüber Polen Ende 1956 und Anfang 1957 bestimmend bleiben sollten, wollte die westdeutsche Außenpolitik aber zumindest *au courant* sein.[30] Da Bonn durch die gewollte Abstinenz in Warschau kaum direkte Informationsquellen besaß, fungierte die deutsche Botschaft beim Heiligen Stuhl als wichtige Informationsquelle. Das widersprüchliche Bild der Entwicklung in Polen ließ Auswärtiges Amt und Minister äußerst vorsichtig bleiben und sich sogar dem Vorwurf der Untätigkeit aussetzen. Dabei hatte schon am 18. Oktober 1956 die Länderabteilung die Lage in den Warschauer-Pakt-Staaten ausführlich analysiert und mögliche Konsequenzen für die deutsche Politik und sogar eine allmähliche Normalisierung der Beziehungen zu Warschau und Prag erwogen. Aber angesichts der Ereignisse in Ungarn glaubten sich Kanzler und Außenminister in ihrer Vorsicht bestätigt.[31]

Das besondere Interesse an einer Verständigung mit Polen äußerte sich folglich wegen der instabilen, von außen kaum zu beeinflussenden Eskalation der innenpolitischen Entwicklung im Sowjetblock, insbesondere aber

---

27 A. von Kessel war in der Wilhelmstraße persönlicher Sekretär des Staatssekretärs Ernst von Weizsäcker.
28 Schwarz, Adenauer. Der Staatsmann, S. 322f.
29 Siehe auch den »Blankenhorn-Plan« von 1953: Schwarz, Adenauer. Der Staatsmann, S. 86.
30 Siehe u. a. Kontakte des Journalisten Klaus C. Heine mit polnischen Stellen in Warschau (PA/AA, Abt. 7, Bd. 589a) und Reiseberichte des Journalisten und Kanzleramtsmitarbeiters Klaus Otto Skibowski (April/Mai 1957) sowie des Verlegers Berend von Nottbeck (Februar 1958); PA/AA, Abt. 7, Bd. 596a.
31 Siehe Kosthorst, S. 179.

auch mangels einer realistischen polenpolitischen Konzeption, in allgemeinen Willensbekundungen ohne konkrete Bonner Angebote in Richtung Warschau. Dazu gehörte auch das Verständigungsangebot Adenauers in einer Bundestagserklärung am 8. November 1956, die von Brentano ausgearbeitet und zuletzt noch durch eine Passage über Polen ergänzt worden war. Es ist bemerkenswert, daß Adenauers Bekundung des Verständigungswillens mit einem »freien Polen«, für das er ausdrücklich keinen Systemwechsel, sondern nur »die volle Verfügungsgewalt eines souveränen Staats über seine inneren und äußeren Angelegenheiten« forderte,[32] als pragmatische Haltung gelobt wurde.

Eine handlungsorientierte, nicht allein verbale Politik verhinderte schließlich die Tabuisierung der Grenzfrage und »Hallstein-Doktrin«, dazu kam offensichtlich die Angst vor Einmischung in innere Angelegenheiten und Hegemonialstrukturen des Sowjetblocks. Auch eine freiheitliche Entwicklung in Polen hätte nur in längeren Zeiträumen dazu beitragen können, die Selbstfesselung der Bonner Ostpolitik zu überwinden. Nur hätten sich die Dilemmas der Bonner Deutschlandpolitik der heimischen und der internationalen Öffentlichkeit viel entblößter dargeboten. So konnte Brentano eine Überprüfung der »Hallstein-Doktrin« und die Aufnahme diplomatischer Beziehungen zu Polen wegen der Lage in Polen im ungefähren belassen, und der Bundeskanzler beschwor wiederholt die aus Polen drohende Kriegsgefahr und verlangte absolute Zurückhaltung, um den Sowjets keinen Vorwand zum Eingreifen zu bieten.[33]

Ohne die Aufgabe deutschlandpolitischer Prinzipien mußte die öffentlich bekundete Bereitschaft zu einer formellen Gewaltverzichtsgarantie für Polen[34] in Warschau auf Ablehnung stoßen.[35] Zwei Aktionen belegen den Wunsch der westdeutschen Diplomatie, den Verständigungswillen mit Polen unter Beweis zu stellen, und sie belegen ebenso den Mangel an Mut, die bisherige Nichtanerkennungspolitik wirklich zu revidieren.

Am 4. Dezember 1956 nahmen im Auftrag des Bundespresseamts und mit Zustimmung des Auswärtigen Amts der Leiter der Berliner Redaktion des Hessischen Rundfunks, Walter Günzel, und der Pressereferent des Bundesbevollmächtigten in Berlin, Wilhelm Wrasmann, Verbindung zur polnischen Militärmission auf. Sie lancierten die Idee, Günzel als »ständigen Beobachter des Bundespresseamts« nach Warschau zu schicken, wo er als »offiziöser Journalist« für die amtliche »Diplomatische Korrespondenz« fungieren sollte. Dabei sollte jede völkerrechtliche Komplikation vermieden und der Frage nach dem diplomatischen Status aus dem Wege gegan-

---

32 Stenogr. Berichte, Bd. 32, S. 9260D.
33 Siehe Gotto, S. 22.
34 Pressekonferenz von Brentano, 30.11.1956; Die Welt, 1.12.1956.
35 Siehe auch den vorsichtig ablehnenden Korrespondentenbericht aus Bonn von Jerzy Kowalewski, in: Trybuna Ludu (TL), 1.12.1956, S. 2.

gen werden. Diese halbherzige Konstruktion unterhalb offizieller Beziehungen wurde von polnischer Seite abgelehnt, so daß Günzel den Außenminister am 16. Dezember 1956 nur über die endgültige polnische Absage informieren konnte. Die polnische Seite lehnte jedwede Ersatzkonstruktion für volle diplomatische Beziehungen ab und verwies zum Zwecke weiterer inoffizieller Sondierungen auf Botschaftskontakte an drittem Ort.[36]

Am 18. Januar 1957 nahm der deutsche Gesandte Albrecht von Kessel in Washington auf Anweisung von Brentano geheim Kontakt zu seinem Kollegen aus der polnischen Botschaft auf.[37] Ort der Begegnung war die Privatwohnung des jugoslawischen Gesandten. Es wurde über die Möglichkeiten der Aufnahme diplomatischer Beziehungen gesprochen, an der Kessels Gesprächspartner besonders interessiert war und über die sich von Kessel vorsichtig optimistisch äußerte. Sie dürften »weder verschleppt noch überstürzt werden, man solle daher weder mit Jahren noch mit Wochen rechnen«.[38] Anfang Juni 1957 wurde der Kontakt auf Weisung Brentanos, vermutlich mit Rücksicht auf die Vertriebenen und amerikanisches »Stirnrunzeln«,[39] vertagt. Weisungsgemäß teilte Kessel seinem Gesprächspartner mit, die Bundesregierung werde nach den Bundestagswahlen die Frage eines Botschafteraustauschs »mit Wohlwollen prüfen«.[40] Offenbar wußten weder Adenauer noch der Leiter der Politischen Abteilung, Grewe, noch der Staatssekretär Hallstein von dieser Initiative, die der Kanzler sicher abgelehnt hätte, da für ihn ein Botschafteraustausch nicht aktuell war.

Ob Brentano den Inhalt der Geheimgespräche in Washington mittrug, muß trotz der von ihm ausgegangenen Anweisung bezweifelt werden, da er zur gleichen Zeit die Aufnahme von offiziellen Handelsbeziehungen als Zwischenstufe ablehnte, die von polnischer Seite vorübergehend im Herbst 1956 lanciert, im Dezember in den Berliner Kontaktgesprächen aber bereits wieder abgelehnt worden waren. Schon im Dezember 1955 hatte Brentano in Handelsmissionen eine Untergrabung des Alleinvertretungsanspruchs allein wegen der kaum vermeidbaren Ausstattung mit konsularischen Befugnissen gesehen. Diesen Standpunkt wiederholte er im November 1956 im Außenpolitischen Arbeitskreis der CDU/CSU-Fraktion. Im Auswärtigen Amt sahen das der Direktor der Politischen Abteilung, Wilhelm Grewe, und Herbert Blankenhorn anders. Sie stellten den Austausch von

---

36 Siehe Kosthorst, S. 182f.
37 Baring, Sehr verehrter Herr Bundeskanzler, S. 193f; von zur Mühlen/Müller/Schmitz, in: Schweitzer/Feger (Hrsg.), S. 117ff.
38 Zit. n. Kosthorst, S. 187.
39 Siehe Paul Frank, Entschlüsselte Botschaft. Ein Diplomat macht Inventur, Stuttgart 1985, S. 315.
40 PA/AA, NL Kessel, Aufzeichnung Kessel, 19.6.1957.

Handelsvertretungen als ungefährlichen ersten Schritt einer Annäherung dar, der auch beim Bundeskanzler positive Resonanz fand.[41] Die FDP-Bundestagsfraktion brachte einen Antrag im Bundestag ein, »unverzüglich« Verhandlungen über die Einrichtung von Handelsmissionen mit konsularischen Rechten mit Polen und anderen Ostblockstaaten aufzunehmen.[42]

Da Brentano die Beziehungen zu Polen unter deutschlandpolitischen Gesichtspunkten betrachtete, beurteilte er Handelsbeziehungen und diplomatische Beziehungen unter dem Aspekt der Folgen für Wiedervereinigungspolitik. Hier verknüpfte sich strategische Flexibilität mit taktischer Unbeweglichkeit. Da Brentano die Zeit für Wiedervereinigungspolitik als noch nicht reif sah, waren offizielle Beziehungen mit Polen nach wie vor nicht aktuell, und er machte da kaum einen Unterschied zwischen Handelsbeziehungen und diplomatischen Beziehungen. Andererseits war der Außenminister bereit, eine Auffassung auf Polen anzuwenden, die später gelegentlich als »Geburtsfehlertheorie«[43] bezeichnet wurde und zu einer Modifizierung der »Hallstein-Doktrin« geführt hätte. Polen habe die diplomatischen Beziehungen zur DDR unter ganz anderen als den gegenwärtigen Umständen aufgenommen, so Brentano im Gespräch mit Redakteuren der »Frankfurter Allgemeinen«.[44] Voraussetzung für eine neue Politik gegenüber Warschau wäre demnach eine selbständige Außenpolitik Polens als Folge einer Auflösung des Ostblocks gewesen, die auf längere Sicht der Wiedervereinigung förderlich hätte sein können.

Gleichzeitig ließ der Direktor der Politischen Abteilung des AA *off the record* sondieren, ob die polnische Seite gegebenenfalls zu Grenzkorrekturen zugunsten Deutschlands bereit wäre. Im Archiv des polnischen Außenministeriums findet sich der Vermerk über ein Gespräch zwischen Grewe und dem polnischen Journalisten und Historiker, Juliusz Stroynowski, vom Frühjahr 1957, in dem Grewe über eine deutsch-polnische Grenze entlang der Oder und der östlicher gelegenen Glatzer Neiße sowie die Gründung einer neuen Hafenstadt für das vereinigte Deutschland in der Nähe von

---

41 Siehe Wilhelm G. Grewe, Rückblenden 1976-1951, Frankfurt/Main u.a. 1979, S. 263ff, S. 751f.
42 Vgl. auch die Stellungnahme der Abteilung 3 des AA, in: PA/AA, Abt. 3, Bd. 594, 30.11.1956.
43 Wilhelm Grewe beschrieb die »Geburtsfehlertheorie«, der eine Reihe von Ostexperten im Länderreferat des AA anhingen, so: »Die osteuropäischen Staaten, so argumentierte man, seien seit ihrer Geburt als kommunistische Staaten mit dem Makel behaftet, Beziehungen zur DDR zu unterhalten. Sie hätten in dieser Frage gar keine Entscheidungsfreiheit gehabt; sie hätten dem Druck der sowjetischen Hegemonialmacht nachgeben müssen. Unser eigenes Interesse an diplomatischen Beziehungen zu diesen Ländern sei so groß, daß man über diesen Makel hinwegsehen müsse.« (Grewe, Rückblenden, S. 252)
44 Frankfurter Allgemeine Zeitung (FAZ), 3.12.1956.

Stettin spekulierte.[45] Politiker von CDU, FDP und SPD, die nicht der Bundesregierung angehörten, warteten ebenfalls mit Vorschlägen zu Grenzkorrekturen (in Pommern und Niederschlesien) oder zur freien Rückkehr der Vertriebenen nach Polen unter der Voraussetzung auf, daß diese die polnische Staatsangehörigkeit annehmen würden.[46]

Im nachhinein erscheinen die Überlegungen zum »Geburtsfehler« der Warschauer-Pakt-Staaten und zur Verrückung der faktisch bestehenden deutsch-polnischen Grenze um einige hundert Kilometer nach Osten naiv, Ende 1956 und 1957 lagen sie im Trend. Freilich kam die Bonner Polenpolitik aus dem Widerspruch zwischen hochfliegenden Kalkulationen und zaghaften diplomatischen Schritten mit einer Art »Kontaktsperre«[47] während der ganzen Amtszeit Brentanos nicht heraus. Immer warnte er vor einer Unterschätzung der Sowjetunion und voreiligen ostpolitischen Initiativen. »Selbst ein Neujahrsgruß an die Polen, um den ihn eine Warschauer Zeitung gebeten hatte, war ihm in dieser Phase zu riskant, weil er als Einmischungsversuch mißdeutbar gewesen wäre.«[48]

Schon im Januar 1957 hatte Adenauer aufgrund einer pessimistischen Einschätzung der Emanzipationschancen der Satellitenstaaten das Ruder herumgeworfen und setzte wieder allein auf die Sowjetunion, während er wünschte, »an der Polenfront unbedingt Ruhe zu haben«.[49] Im Februar 1957 führte Adenauer im Bundesvorstand der CDU aus, das Auswärtige Amt müsse »die ganze Frage der Beziehungen zu den Ostblockstaaten, insbesondere zu Polen«, mit größter Vorsicht behandeln: »Wir dürfen nichts

---

45 Archiwum Ministerstwa Spraw Zagranicznych (AMSZ), Z. 10, W. 1, T. 12, S. 13-14, zit. n. Janusz Józef Węc, in: Dieter Bingen/Janusz Józef Węc, Die Deutschlandpolitik Polens 1945-1991. Von der Status-quo-Orientierung bis zum Paradigmenwechsel, Kraków 1993, S. 68.
46 Ebenda, S. 68f.
47 Beispielsweise der Drahterlaß vom 2.7.1956 betr. amtlichen Verkehr mit diplomatischen Vertretern der Satellitenstaaten PA/AA, Abt. 7, Bd. 594; auch PA/AA, Abt. 7, Bd. 595a (Az. 82 03.-94.20); Ablehnung der Einladung der polnischen Militärmission zum Staatsfeiertag am 22.7.1955 an den Präsidenten des Abgeordnetenhauses Willy Brandt (PA/AA, Abt. 7, Bd. 589a). Grewe wies in einem Schreiben vom 5.8.1957 den deutschen Gesandten in Paris darauf hin, daß »in letzter Zeit« einige Missionschefs autorisiert wurden, »in Fällen, in denen ihre polnischen Kollegen sie zu Empfängen des polnischen Nationalfeiertags eingeladen haben, nicht mehr nur durch Übersendung einer Visitenkarte zu reagieren, sondern in höflicher Form schriftlich abzusagen ... Gegen einen gesellschaftlichen Verkehr mit ihren polnischen Kollegen in drittem Hause bestehen naturgemäß keine Bedenken.« (PA/AA, Abt. 7, Bd. 589) Andererseits berichtete der deutsche Botschafter in Delhi (26.7.1957) über den Bürobesuch des neuen polnischen Botschafters, Dr. Katz-Suchy, und seine Erwiderung des Besuchs. (Ebenda)
48 Kosthorst, S. 186.
49 Siehe Adenauer, Erinnerungen 1955-1959, S. 367; Hans-Peter Schwarz, Die Ära Adenauer. Epochenwechsel 1957-1963, Stuttgart 1983 (Geschichte der Bundesrepublik Deutschland, Bd. 3), S. 32.

tun, was etwa Gomulka nicht für taktisch richtig hielte.«[50] Offensichtlich dachte Adenauer immer daran, daß man die Sowjets im eigenen Machtbereich nicht unnötig reizen sollte.[51] Die polnisch-kommunistische Interessenlage falsch interpretierend, glaubte er – wenn er es denn wirklich glaubte und nicht als Vorwand für Nichtstun nutzte –, die Aufnahme von Beziehungen zu Polen würde nicht den Interessen Moskaus oder Warschaus entsprechen – als hätte ein solcher Schritt nicht die Aufgabe bisheriger Bonner Positionen, sondern polnischer oder sowjetischer Positionen in der Deutschland- und Grenzfrage bedeutet.

Brentano zog bald aufgrund eigener Lagebeurteilung nach. Er sprach sich ebenfalls für größte Zurückhaltung gegenüber Polen aus. Die Sowjetunion sei die alte geblieben. Mit Rücksicht auf das westdeutsche Alleinvertretungsprinzip und das sowjetische Mißtrauen dachte Brentano noch weniger konkret als bisher an den Austausch von Handelsmissionen oder gar Botschaften. Dazu kam eine unerfreuliche öffentliche Auseinandersetzung um die Oder-Neiße-Grenze zwischen Brentano und dem polnischen Ministerpräsidenten Cyrankiewicz bei ihrem zeitgleichen Aufenthalt in Indien. Brentano sah sich genötigt, dem Eindruck eines aggressiven westdeutschen Revisionismus entgegenzutreten.[52] Die Bundestagswahlen standen im Herbst bevor.

Allerdings wurde der Regierungsstandpunkt in der Grenzfrage – also Offenhaltung bis zum Friedensvertrag – auch von der SPD und der seit 1956 in der Opposition befindlichen FDP nachhaltig vertreten. Selbst als Carlo Schmid, »der am stärksten polonophile aller SPD-Politiker« (Hans-Peter Schwarz), gegen den Rat Brentanos eine Reise nach Warschau unternahm, hielt er vor dem Auswärtigen Ausschuß des Sejm an dieser Position fest.[53] Jedoch gab es neue Überlegungen bei den Liberalen, wie den Vorschlag des schleswig-holsteinischen FDP-Vorsitzenden und Justizministers, Bernhard Leverenz, auf dem Hamburger FDP-Wahlkongreß im Juni 1957, »neben der Erwägung der Aufnahme diplomatischer Beziehungen mit Polen, diesem Land auch eine fühlbare Wirtschaftshilfe als positiven Beitrag zur Wiedervereinigung zukommen zu lassen. Durch eine solche Aktion der Überwindung der ideologischen Kluft würde die friedliche Gesinnung Westdeutschlands gezeigt und das internationale Vertrauen wiedergewonnen werden.«[54]

---

50 Zit. n. Schwarz, Adenauer. Der Staatsmann, S. 378; ebenso Adenauer am 17.7.1957, in: Adenauer, Teegespräche 1955-1958, S. 201f.
51 Siehe Gotto, S. 22.
52 Vgl. Herbert Marzian, Zeittafel und Dokumente zur Oder-Neiße-Linie, Teil III, Würzburg 1959, S. 24; Maass, S. 136f.
53 Carlo Schmid, Erinnerungen, Bern u.a. 1979, S. 633f.
54 Glatzeder, S. 85.

Eine öffentliche Debatte über die Oder-Neiße-Grenze scheute die westdeutsche Außenpolitik mit Blick auf innenpolitische Konfrontationen, vor allem aber wegen der befürchteten internationalen Diskreditierung der Wiedervereinigungspolitik durch die unvermeidbaren Revisionsforderungen aus Vertriebenenverbänden und Parteien.[55] Das Gefühl der Peinlichkeit bei der Behandlung der Grenzfrage ist aus der Alltagspraxis des diplomatischen Geschäfts in zahlreichen Aktenvermerken des Auswärtigen Amts spürbar. Schon in den fünfziger Jahren war sich die deutsche Diplomatie im klaren darüber, daß sie bei der Vertretung des deutschen Revisionsanspruchs international auf verlorenem Posten stand.[56] Deshalb war eine äußerst reaktive Haltung im diplomatischen Verkehr feststellbar. Um so peinlicher war die Konfrontation in Indien zu bewerten.

Im Frühjahr 1957 war die westdeutsche Polenpolitik also wieder auf ihren Ausgangspunkt zurückgeworfen. Gegen Handelsbeziehungen sprach für Brentano im Gegensatz zu Wilhelm Grewe und anderen hohen Beamten im Auswärtigen Amt dasselbe Argument wie gegen diplomatische Beziehungen. Damit wäre ein Präzedenzfall für die internationale Anerkennung der DDR geschaffen worden, und die »Gretchenfrage« der Oder-Neiße-Grenze wäre nicht zu umgehen gewesen.

Die polnische Führung war eine Zeitlang – die Angaben variieren von 1955 bzw. Herbst 1956 bis Herbst 1957 bzw. Frühjahr 1960 – zur Aufnahme von diplomatischen Beziehungen mit der Bundesrepublik ohne vorherige ausdrückliche Anerkennung der Oder-Neiße-Grenze durch Bonn bereit.[57] »Das wurde damals auf entsprechende Anfragen bei jeder Gelegenheit von polnischen Politikern versichert«, weiß der langjährige Polen-

---

55 Abt. 3 rät von einer Oder-Neiße-Grenzdiskussion mit polnischen Gesprächspartnern im Süddeutschen Rundfunk ab (PA/AA, Abt. 3, Bd. 276, 26.9.1951).
56 Siehe u.a. PA/AA, Abt. 7, Bd. 589a (18.12.1955 von Pressereferat an Botschaften in Washington, Paris, London, Moskau).
57 Stehle gibt als Zeitraum Herbst 1956 bis zumindest Herbst 1958 an (Hansjakob Stehle, Nachbar Polen, erw. Neuausg., Frankfurt/Main 1968, S. 331); Jacobsen, Bundesrepublik Deutschland – Polen. Aspekte ihrer Beziehungen, in: Jacobsen/Tomala (Hrsg.), S. 24-50, hier S. 31, setzt die Phase polnischer Konzessionsbereitschaft bereits 1955 an; ebenso Sułek, Stanowisko rządu NRF wobec granicy na Odrze i Nysie Łużyckiej 1949-1966 [Der Standpunkt der DBR zur Grenze an der Oder und der Lausitzer Neiße], Poznań 1969, S. 157, der sie aber bereits im Herbst 1957 beendet sieht (ebenda, S. 171); während für Węc die Bereitschaft mit Bezug auf Richtlinien des Departement IV des MSZ im Jahre 1960 schwindet (in: Bingen/Węc, S. 64); siehe auch die Aufzeichnungen der Dienststelle Berlin des AA vom 19.10.1955 bzw. 16.12.1955, von denen die letztere vom polnischen Interesse an diplomatischen Beziehungen ohne Anerkennung der Oder-Neiße-Grenze mit konkretem Bezug auf die Entscheidung eines Sonderausschusses im Warschauer Außenministerium (Pressechef MSZ, Menzel) berichtet (PA/AA, Abt. 7, Bd. 589a), auf das zweite Schreiben Adenauers (zur deutschen Frage) an Bulganin entsprechend der sowjetischen Antwort zu reagieren.

Korrespondent, Hansjakob Stehle, zu berichten.[58] Ein polnischer Vizeverteidigungsminister wurde von Warschau sogar zensiert, weil er die Grenzanerkennung als »unerläßliche Bedingung« diplomatischer Beziehungen bezeichnet hatte.[59] Für Brentano war jedoch die Konsequenz der Nichtanerkennungspolitik trotz gedanklicher Spielerei mit der »Geburtsfehlertheorie« nach dem Abbruch der diplomatischen Beziehungen mit Jugoslawien im Oktober 1957 noch bindender als vor der Anerkennung der DDR durch Tito. Damit war der Spielraum für eine eigenständige Polenpolitik noch enger geworden.

Am Beispiel Jugoslawien sollte sich dann zeigen, daß nicht die Grenzanerkennung eines dritten Staats den Casus belli in den westdeutschen Außenbeziehungen darstellte, wenn auch die offene Grenzfrage mit Polen ein Grundbestandteil der westdeutschen Staatsräson war und blieb. Die Haltung des französischen Präsidenten in dieser Angelegenheit war seit Ende der fünfziger Jahre bekannt und führte nicht zu einer dauerhaften Verstimmung in den Beziehungen zwischen Bonn und Paris. Der Bonner Alleinvertretungsanspruch wog viel schwerer als die Oder-Neiße-Grenzfrage und belastete über den Umweg Belgrad auch die Kontakte zwischen Bonn und Warschau.

Bisher unbekannte Informationen bzw. erst 1995 wiederaufgefundene Akten über Geheimkontakte Adenauers zur katholischen Kirche in Polen, insbesondere zu Primas Wyszyński und zur Katholischen Universität Lublin, die im Frühjahr 1957 über den Journalisten der Katholischen Nachrichtenagentur (KNA) und Mitarbeiter der Presseabteilung des Bundeskanzleramts, Klaus Otto Skibowski, geknüpft worden waren, werfen zwar ein neues Licht auf das merkwürdig diffus gebliebene Bild des wirklichen Poleninteresses des ersten Bundeskanzlers,[60] rechtfertigen aber keine Revision der Einschätzung der Politik der Bundesregierung gegenüber Polen, die eine wie auch immer geartete Normalisierung des Verhältnisses mit Warschau wegen der deutschen Rechtsvorbehalte und Selbstbeschränkungen verhinderte, ohne das polnische Entgegenkommen ausgelotet zu haben. Immerhin erleichterte Skibowski, der einen guten Draht zu Staatssekretär Globke hatte, durch die von Wyszyński empfohlene Kontaktaufnahme zum katholischen Sejm-Abgeordneten, Stanisław Stomma, im April 1957 die Vorbereitung der ersten Reise eines polnischen Parlamentariers in die Bundesrepublik im darauffolgenden Jahr.

---

58 Stehle, Nachbar Polen, S. 331.
59 Ebenda.
60 Jürgen Wahl, »Sagen Sie Adenauer, er soll nur ja hart bleiben«. Die Geheimkontakte des ersten deutschen Bundeskanzlers nach Polen, in: Rheinischer Merkur – Christ und Welt, 37, 15.9.1995.

## 3.4 Die polenpolitische Bedeutung des Bruchs mit Jugoslawien 1957

Ende August 1957 lösten Informationen über eine Anerkennung der Oder-Neiße-Grenze durch Jugoslawien in Bonn Alarm aus. Tito sollte sie Gomułka für dessen bevorstehenden Staatsbesuch zugesagt haben. Entgegen den von Botschafter Pfleiderer gemachten Einwänden bezeichnete Tito am 10. September bei einem Empfang für die polnische Delegation die Grenze an Oder und Neiße als »die einzige dauernde Lösung«.[61] Bei dem Gespräch zwischen Pfleiderer und Außenminister Rapacki auf dem Empfang bekräftigte der polnische Außenminister als Vorbedingung für eine Normalisierung der Beziehungen eine Anerkennung der Oder-Neiße-Grenze.[62] Ende der fünfziger Jahre unterschied die Warschauer Führung zwischen »Normalisierung« der Beziehungen zu Bonn und Aufnahme diplomatischer Beziehungen. Die Aufnahme offizieller westdeutsch-polnischer Beziehungen wäre für Warschau eine Zeitlang auch ohne die Normalisierung im Sinne der Anerkennung der Oder-Neiße-Grenze akzeptabel gewesen. Zehn Jahre später stellte die Anerkennung der Oder-Neiße-Grenze die Ausgangsbedingung für die Aufnahme diplomatischer Beziehungen dar, ohne daß damit eine Normalisierung der Beziehungen zwischen Bonn und Warschau erreicht worden wäre. Vielsagend sollte der Vertrag von 1970 (Warschauer Vertrag) offiziell »Vertrag über die Grundlagen der Normalisierung«, nicht »über die Normalisierung« genannt werden.

Die Vorentscheidung der Belgrader Führung fiel ausgerechnet in eine Zeit, in der Bonn in der bekannt wolkigen Art über eine »neue Ostpolitik« nachdachte. Zu den wahrlich nicht revolutionären Signalen gehörte, daß anläßlich der Belgrader Unterredung Pfleiderers mit Rapacki das Auswärtige Amt ausdrücklich die grundsätzliche Gesprächsbereitschaft deutscher Diplomaten mit polnischen Kollegen und Politikern erklärte. Bundeskanzler Adenauer bekundete am 22. September unmittelbar nach seinem triumphalen Wahlsieg in einem Fernsehinterview sein Interesse an einer deutsch-polnischen Annäherung »Schritt für Schritt« über die Intensivierung der Handelsbeziehungen. Brentano wurde von Adenauer beauftragt, dem neuen Kabinett eine ostpolitische Konzeption vorzulegen. In der Koalitionsvereinbarung von Oktober 1957 hieß es dann, die Ostpolitik solle ohne Preisgabe der Rechtspositionen »namentlich im Verhältnis zu den osteuropäischen Staaten und hier in erster Linie gegenüber Polen im Blick auf die Wiederherstellung der deutschen staatlichen Einheit in Freiheit belebt werden«.[63] Eines blieb aber unverrückbar: Osteuropapolitik und Polenpolitik waren nach wie vor in erster Linie Wiedervereinigungspolitik.

---

61 Marzian, S. 39.
62 Siehe PA/AA, Abt. 7, Bd. 97, FS Pfleiderer an AA, 12.9.1957.
63 ACDP I-028-055/2, NL Krone; Koalitionsvereinbarung 10.10.1957, Abschnitt 6, zit. n. Kosthorst, S. 194.

Der Querdenker Karl Georg Pfleiderer zog aus der bevorstehenden DDR-Anerkennung Jugoslawiens den Schluß, daß die bisherigen Wiedervereinigungsbemühungen aussichtslos waren und die rechtlichen Instrumente stumpf wurden. In dem Vorentwurf zu einer Denkschrift, dem sogenannten letzten Memorandum mit dem Titel »Neugestaltung der deutschen Ostpolitik«, forderte er als offensive Antwort auf die verfahrene Situation die Aufnahme diplomatischer Beziehungen zu den Satellitenstaaten, insbesondere zu Polen.[64] Während Pfleiderer, der auf einen Botschafterposten in Warschau reflektierte, aus der Ergebnislosigkeit der alten Politik eine »Flucht nach vorn« begründete, war die Bonner Politik für eine derart weitreichende Revision der bisherigen Deutschland- und Osteuropapolitik noch lange nicht präpariert.

Schon im Ansatz der auch von Adenauer gewünschten Belebung in den Beziehungen zu Polen und anderen Staaten des Warschauer Pakts kamen die Inkonsequenzen freilich bereits darin zum Vorschein, daß Brentano Polen, das mit dem »Geburtsfehler« der DDR-Anerkennung behaftet war, positiv von der Entscheidung Titos abhob, während er sich zum selben Zeitpunkt für den endgültigen Abbruch der Kessel-Mission entschied.[65]

## 3.5 »Man kann nicht über den eigenen Schatten springen«: Deutsch-polnische Beziehungen am Ende der fünfziger Jahre

Zwar plädierte der Bundeskanzler in seiner Regierungserklärung am 29. Oktober 1957 für gutnachbarschaftliche Beziehungen mit den »osteuropäischen Völkern« und beschwor Brentano die Hoffnung auf zukünftige Freundschaft mit Polen,[66] aber nach der praktischen Anwendung der »Hallstein-Doktrin« erklärte der Außenminister Ende Oktober, es gebe »keine isolierte deutsche Ostpolitik und keine isolierte deutsche Wiedervereinigungspolitik« und »Moskau ist der Adressat unserer Außenpolitik«.[67] Konzeptionelle Grundlage der Außenpolitik blieb die Wiedervereinigungspolitik, und der Schlüssel dazu lag in Moskau.

Immerhin motivierte die christlich-katholisch geprägte Europakonzeption den Außenminister ungeachtet praktischer Unbeweglichkeit zu weitaus versöhnlicheren Formulierungen in Richtung Polen, als man sie vom praktizierenden Katholiken Adenauer gewohnt war. Der Bundeskanzler entgegnete am 23. Januar 1958 auf das Plädoyer der Oppositionsparteien SPD und FDP für eine deutsch-polnische Annäherung im Bundestag, das einzige

---

64 Siehe Glatzeder, S. 63f.
65 Vgl. Baring, Sehr verehrter Herr Bundeskanzler, S. 194.
66 Vgl. Marzian, S. 43f.
67 ACDP VIII-001-1007/4, S. 19; Fraktion, 29.10.1957; und ACDP I-029, NL Krull; Protokoll, Ellwanger Kreis, 26./27.10.1957; zit. n. Kosthorst, S. 203.

Interesse, das Deutsche und Polen verbinde, sei die »Zurückdrängung des Kommunismus«.[68] Brentano setzte sich daraufhin vermittelnd dafür ein, den SPD-FDP-Antrag zur Aufnahme diplomatischer Beziehungen an den Auswärtigen Ausschuß zu überweisen.[69]

In der Sache blieb Brentano eindeutig ablehnend gegenüber jeder diplomatischen Initiative in Richtung Warschau. Obwohl die Sowjetunion ihr Plazet für offizielle Kontakte mit Polen gegeben hatte und das State Department eine Initiative sogar ausdrücklich begrüßte,[70] hegte der Außenminister – wie die Ostabteilung des Auswärtigen Amts – »ernsthafte Bedenken«, ob angesichts der Reintegration des Ostblocks eine diplomatische Initiative in Ostmitteleuropa für die Lösung der deutschen Frage im Bonner Sinne nicht mehr Nach- als Vorteile mit sich brächte. Für Adenauer blieb die Auswirkung auf das deutsch-sowjetische Verhältnis das entscheidende Kriterium bei der Beurteilung der Osteuropapolitik. Gegenüber dem französischen Staatspräsidenten Charles de Gaulle formulierte er die Prioritäten so: »Mit Polen möchte die Bundesrepublik in ein vernünftiges Verhältnis kommen. Er zögere aber, dies zu forcieren, um Sowjetrußland nicht zu brüskieren. Daher auch sein Zögern, mit Polen diplomatische Beziehungen aufzunehmen.«[71] Trotz der verschiedenen Zustimmungserklärungen der Sowjetunion sah Adenauer weiterhin die Gefahr einer negativen Reaktion. Jetzt war es der Kanzler, der eher Kritik aus Moskau fürchtete als eine Durchlöcherung des Alleinvertretungsprinzips, eine Frage, die ihn nach Übernahme von Brentanos »Geburtsfehlertheorie« nicht sonderlich aufregte. Nun distanzierte sich sein Außenminister von dem Ausweg, den die »Geburtsfehlertheorie« bot, hielt ihn nicht mehr für gangbar, während er mit sowjetischer Kritik nicht mehr rechnete.[72]

Nachdem die Sowjetunion die Berlin-Krise provoziert hatte, waren für die Bundesregierung jegliche Voraussetzungen für eine »Randstaatenpolitik« entfallen, die Brentano freilich nie ernsthaft erwogen hatte. Unmittelbar nach der antistalinistischen Revolte in Polen und der Rückkehr Gomułkas an die Macht im Oktober 1956 mag der Außenminister vorsichtig gehofft haben, eine selbständigere polnische Außenpolitik könne zur Förderung der eigenen Unabhängigkeit ein Interesse an der Wiedervereini-

---

68 Stenogr. Berichte, Bd. 39, S. 365C, Rede Adenauer, 23.1.1958.
69 Siehe FAZ, 1.2.1958. Zu den deutschland- und ostpolitischen Überlegungen der FDP in der Opposition siehe Wolfgang Schollwer, Liberale Opposition gegen Adenauer. Aufzeichnungen 1957-1961, hrsg. von Monika Faßbender, 2. Aufl., München 1991.
70 Vgl. Schwarz, Adenauer. Der Staatsmann, S. 378; und PA/AA Ministerbüro, Bd. 128, Aufzeichnung Dittmann für Scherpenberg, 30.5.1958, über ein Gespräch mit Trimble (US-Gesandter in Bonn).
71 ACDP I-149-006/2, NL Jansen, Gesprächsaufzeichnung Adenauer/de Gaulle, 14.9.1958; zit. n. Kosthorst, S. 207.
72 Siehe Baring, Sehr verehrter Herr Bundeskanzler, S. 250ff.

gung Deutschlands entwickeln. Rein deutschlandpolitische Motive hätten bei Brentano der Grund für eine neue Polenpolitik sein können. Zu diesem Ergebnis kommt Brentanos außenpolitischer Biograph Kosthorst. Der Außenminister ging davon aus, daß die Westverschiebung Polens unumkehrbar war und lediglich auf die Möglichkeit einvernehmlicher Grenzkorrekturen zu hoffen sei. Er fürchtete aber offenbar wie sein Kanzler bei einer mehr oder weniger vollständigen Anerkennung der Oder-Neiße-Grenze einen »neuen deutschen Nationalismus«.[73] In keiner der großen Bundestagsparteien gab es eine nennenswerte Zahl von Befürwortern einer Grenzanerkennung, in den Führungspositionen von CDU/CSU, SPD und FDP überhaupt nicht.

In die Zeit des »Lärms um nichts«, in die Monate vor Chruschtschows Berlin-Ultimatum, fiel auch der erste – private – Empfang eines polnischen Politikers durch das offizielle Bonn. Durch Vermittlung von Klaus Otto Skibowski erhielt der Abgeordnete der katholischen ZNAK-Bewegung[74] und stellvertretende Vorsitzende des Auswärtigen Sejm-Ausschusses, Stanisław Stomma, vom Direktor der KNA, Karl Bringmann, eine Einladung in die Bundesrepublik. Aber für ihn war offensichtlich kein »angemessenes Programm« vorbereitet worden. Stomma sollte an einem viertägigen Kongreß in Bad Godesberg teilnehmen, der sich mit afrikanischen Problemen befaßte, und dann zu einem Stadtjubiläum nach München weiterreisen. »Niemand schien mit ihm sprechen zu wollen.«[75] Erst nach intensiven Bemühungen seines Gastgebers stellten sich erste politische Gesprächspartner ein.

Die etablierten Außenpolitiker in Bonn gaben sich zugeknöpft. An dem stellvertretenden Vorsitzenden des Auswärtigen Ausschusses des Sejm schien kaum jemand interessiert. Bezeichnenderweise war es ein Vertriebenenpolitiker, der sich für ihn interessierte, der nachmalige Bundesvorsitzende (1964-1969) der Landsmannschaft der Oberschlesier und Präsident des Bundes der Vertriebenen (BdV) seit 1970, Herbert Czaja, oder es waren CDU/CSU-Politiker wie Theodor von und zu Guttenberg und der CDU-Abgeordnete Majonica, der bereits Anfang der fünfziger Jahre erste Kontakte mit Exilpolen aufgenommen hatte. Zwar gab es erwartungsgemäß keine Einigung über die Grenzfrage zwischen dem Gast aus Polen und den Gesprächspartnern, aber diese »Revisionisten« interessierten sich wenig-

---

73 Kosthorst, S. 208.
74 Znak (poln.) = Zeichen.
75 Wolfgang Pailer, Stanisław Stomma. Nestor der deutsch-polnischen Verständigung, Bonn 1995, S. 76.

stens für Polen,[76] und die Gespräche verliefen »in durchaus sympathischer Atmosphäre«, wie der Stomma-Biograph Pailer zu berichten weiß.[77]

Schließlich kam es doch noch zu Begegnungen mit hochrangigen Gesprächspartnern.[78] Außenminister von Brentano empfing Stomma in seiner Bonner Villa. Hier kam es zu denkwürdigen Äußerungen des deutschen Außenministers, die der Gast für »geradezu sensationell neu« hielt, die aber einem distanzierten Beobachter auch das ganze Elend deutscher Polenpolitik nach 1956 beleuchteten. Brentano beschloß die Unterhaltung am 29. April 1958 mit dem deprimierenden Fazit: »Man kann nicht über den eigenen Schatten springen.«[79] Stehle weiß in diesem Zusammenhang von dem Eingeständnis Brentanos zu berichten, daß die Ostgebiete »für immer für Deutschland verloren« seien,[80] während Stomma selbst in seinen Erinnerungen den Außenminister vorsichtiger – wenn auch im selben Tenor – sagen läßt: »Sicher wird dieses Problem kein Konfliktgegenstand zwischen Polen und Deutschen sein. Das Leben wird es von selbst lösen. Beatus qui tenet. Polen besitzt diese Gebiete.«[81] Aber eine formale Lösung des Problems verlangte Zeit und Geduld.[82]

»Schwierig und teilweise auch unangenehm«[83] war das Gespräch mit dem Chef des Bundeskanzleramts, Staatssekretär Hans Globke, der diplomatische Beziehungen mit Polen mit der Begründung ablehnte, daß sie die Kirche in Polen und ihre Gläubigen verletzen würden. Darüber hinaus sah Globke die Gefahr, daß sich die Bevölkerung von der Bundesregierung abwenden könnte und extreme Strömungen die Oberhand gewinnen könn-

---

76 Das Warschauer Außenministerium soll irritiert darüber gewesen sein, daß gerade in den Vertriebenenverbänden Gespräche mit Polen gefordert wurden, während »man« am Rhein mit dem Argument, Rücksicht auf die Vertriebenen nehmen zu müssen, Kontakten mit Warschau auswich. (Joachim Steinmayr aus Warschau in der Süddeutschen Zeitung (SZ), 25.6.1957, zit. n. PA/AA, Abt. 7, Bd. 589)
77 Pailer, S. 76.
78 Entgegen der Darstellung von Hans-Peter Schwarz (Adenauer. Der Staatsmann, S. 420-421) ist Stomma nicht mit Adenauer zusammengetroffen. (Persönliche Nachfrage des Autors bei Stomma, 22.9.1995) Weder Stehle (Nachbar Polen) noch Pailer erwähnen ein Gespräch Adenauer – Stomma, während Schwarz zu berichten weiß, daß Adenauer Stomma versicherte, wie sehr ihm an einer Verständigung mit Polen gelegen wäre. Der ausgewiesene Adenauer-Biograph wiederholte seine Darstellung jüngst in einem Aufsatz mit Datumsangabe des angeblichen Gesprächs Adenauer – Stomma (28.4.1958): H.-P. Schwarz, Vortasten nach Warschau, in: Die politische Meinung, 326, Januar 1997, S. 87-95, hier S. 88.
79 Pailer, S. 80.
80 Zit. n. Stehle, Adenauer, Polen und die Deutsche Frage, S. 89; vgl. auch Stehle, Nachbar Polen, S. 317.
81 Zit. n. Pailer, S. 79.
82 Ebenda, S. 80.
83 Ebenda, S. 81.

ten.[84] Auch in der Publizistik war die Grenzfrage damals noch tabu. Die spätere Befürworterin einer auf offizieller Grenzrespektierung beruhenden Verständigung mit Polen, Marion Gräfin Dönhoff, verwahrte sich noch 1964 leidenschaftlich gegen einen »Verzicht« auf die Ostgebiete.[85]

Die deutschlandpolitischen Grundsatzpositionen der Bundesregierung entschieden auch von vornherein über das Schicksal einer polnischen Initiative, die – von der Welle westlicher (Eden, Gaitskell, Kennan) und sowjetischer Disengagement- und Abrüstungsinitiativen in der zweiten Hälfte der fünfziger Jahre getragen – trotz ihres multilateralen Ansatzes besondere polnische Interessen und deutsche Empfindlichkeiten berührte. In einer Zeit, da es keine offiziellen Beziehungen zu Polen und keine Polenpolitik im engeren Sinne gab, sondern Westpolitik als vermeintliche Wiedervereinigungspolitik und Ostpolitik als Sowjetunionpolitik mit Polen als Anhängsel, konnte die deutsche Diskussion des Rapacki-Plans als Gradmesser einer derartigen Polenpolitik dienen.

Außenminister Rapacki hatte den nach ihm benannten Plan einer atomwaffenfreien Zone auf dem Gebiet Polens, der Tschechoslowakei und der beiden deutschen Staaten erstmals am 2. Oktober 1957 in der Vollversammlung der Vereinten Nationen vorgestellt.[86] Da die polnische Initiative von Moskau als Teil der sowjetischen Abrüstungsoffensive vereinnahmt wurde, fiel es dem Bundeskanzler und dem Außenminister leicht zu behaupten, der polnische Vorschlag verdanke sein Entstehen nicht einem selbständigen und unabhängigen Denken, sondern letztlich sowjetischer Taktik.[87] Dabei wurde von der deutschen Politik die polnische Intention mißverstanden.[88] Es fehlte damals in Bonn das Gespür für die Überlegungen Rapackis, der als Realist natürlich nicht die Loslösung von Moskau betrieb, dem aber eine polnische Brückenfunktion vorschwebte. Das polnische »Gefühl, einen – wenn auch bescheidenen – Spielraum gewonnen zu haben«, ließ sich den Bonner Regierungspolitikern nicht vermitteln. Selbst in Kategorien der Instrumentalisierung gefangen, würdigten sie auch nicht

---

84 Ebenda, S. 81f.
85 Versöhnung: ja – Verzicht: nein. Die Oder-Neiße-Gebiete: ein innen- und außenpolitisches Problem. Hamburg im September 1964, in: Marion Gräfin Dönhoff, Weit ist der Weg nach Osten. Berichte und Betrachtungen aus fünf Jahrzehnten, Stuttgart 1985, S. 125-129.
86 Siehe die knappe Analyse von Bohdan Alexander Osadczuk-Korab, Die ost- und südosteuropäischen Staaten, in: Wilhelm Cornides/Dietrich Mende/Wolfgang Wagner (Hrsg.), Die internationale Politik 1958-1960, München – Wien 1971, S. 702-734, hier S. 712-716.
87 Siehe Baring, Sehr verehrter Herr Bundeskanzler, S. 228; Adenauer, Erinnerungen 1955-1959, S. 361.
88 Vgl. Teresa Łoś-Nowak, Polskie inicjatywy w sprawie broni nuklearnej w Europie Środkowej 1957-1964 [Polnische Initiativen in bezug auf Kernwaffen in Mitteleuropa], Wrocław 1989.

die ständig gebotene Rücksichtnahme Warschaus auf die Interessen des Ost-Berliner Verbündeten, abgesehen von der letztlich nicht wirksamen »Geburtsfehlertheorie«.[89] Im Gegenteil war Adenauer auf Polen ganz besonders schlecht zu sprechen, als er feststellte, wie alle seine innenpolitischen Gegner den Vorschlag Rapackis aufgriffen,[90] in Mitteleuropa eine kernwaffenfreie Zone zu schaffen.[91]

An dieser Stelle ist auch ein Aperçu Adenauerscher »Polenpolitik« einzufügen, das in Polen viel Staub aufwirbelte. Es war des Kanzlers ganz persönliche Antwort auf Gomułkas Coup in Belgrad und auf den Rapacki-Plan: Am 10. März 1958 wurde er in Köln zum Ehrenritter des Deutschherrenordens bzw. Deutschen Ordens investiert.

> Stolz läßt sich der Repräsentant deutscher Westbindung bei dieser Gelegenheit im Schmuck des weißen Mantels mit dem schwarzen Kreuz jenes Ordens ablichten, dessen wichtigste geschichtliche Leistung die Kolonisation des deutschen Ostens gewesen ist ... Schwer zu glauben, daß ein geschichtsbewußter Deutscher wie Adenauer nicht spürt, welches Signal er damit in Richtung Polen setzt ... Auf Polen ist er derzeit ganz schlecht zu sprechen, und das ist seine Art und Weise, dies zum Ausdruck zu bringen.[92]

Wenn auch Brentano wie der Bundeskanzler den Rapacki-Plan ablehnte, so setzte er sich doch mit Rapackis Vorschlägen auseinander. Sein Haupteinwand waren die Auswirkungen auf die in der Bundesrepublik stationierten US-Truppen. Das Gleichgewicht in Europas sah Brentano bei Annahme des Plans zerstört. Die indirekte Anerkennung der DDR war für Bonn nicht akzeptabel.[93]

Die polnische Regierung reagierte bald auf das deutschlandpolitische Argument gegen den Rapacki-Plan. Am 17. Februar 1958 erhielt die Bundesregierung über ihre Stockholmer Botschaft ein Memorandum aus Warschau, das mit Rücksicht auf die westdeutschen Einwände gegen eine Aufwertung der DDR als Vertragsmodus einseitige Deklarationen vorschlug.[94] Das änderte freilich nichts an der negativen Einstellung der Bundesregie-

---

89 Stehle, Nachbar Polen, S. 296f.
90 Zu der wohlwollenden Aufnahme der Überlegungen von Rapacki in der FDP-Führung siehe Glatzeder, S. 86ff.
91 Siehe Schwarz, Adenauer. Der Staatsmann, S. 382.
92 Ebenda, S. 419f. Bundespräsident Theodor Heuss zu Toni Stolper über seine Begegnung am selben Tag: »Es machte ihm einen Heidenspaß, obwohl die Sache christlich war. Als er über die Straße gehen mußte, sei er sich wie im Fasching vorgekommen. Köln sei für derlei recht geeignet. Aber es ergab sich, daß er, in seinen Instinkten antipreußisch, doch einmal in der großartigen Marienburg war, vermutlich bei einem ›Städtetag‹ in Königsberg.« (Zit. n. Schwarz, Adenauer. Der Staatsmann, S. 420) Adenauer war von 1919 bis 1933 Oberbürgermeister von Köln.
93 Siehe Stenogr. Berichte, Bd. 39, S. 302Dff., Regierungserklärung Brentano, 23.1.1958.
94 Siehe Stehle, Nachbar Polen, S. 302ff.; und Stehle, Adenauer, Polen und die Deutsche Frage, S. 87.

rung. Aufschlußreich für die Haltung, die Polen eine eigenständige Rolle absprach, war der Umstand, daß Brentano erst von seinem Staatssekretär bedrängt werden mußte, ehe er überhaupt auch nur eine offizielle Empfangsbestätigung genehmigte. Ein Interview von Parteichef Gomułka, in dem dieser jede Verbindung zwischen Rapacki-Plan und deutscher Wiedervereinigung ausdrücklich ausschloß, verschaffte dem Außenminister jedoch ein neues deutschlandpolitisches Alibi. Dabei schenkte man in Bonn dem Umstand weniger Beachtung, daß Gomułka zugleich »das Recht der deutschen Nation« anerkannte, »in einem vereinigten Staat zu leben«, und den Rapacki-Plan als eine Erleichterung auf dem Weg dahin bezeichnete.[95] In diesem Punkt lag gar nicht der eigentliche Grund der Bonner Ablehnung, sondern in der sicherheitspolitischen Dimension. In dieser Hinsicht sah Brentano »nicht den geringsten Unterschied« zwischen den beiden Fassungen des polnischen Plans.[96]

Bestürzend fand es Brentano daher, daß ausgerechnet sein Kollege im Verteidigungsressort sich an den Spekulationen um den Rapacki-Plan beteiligte. Franz-Josef Strauß war gegenüber Journalisten und in einem Aufsatz der fraktionsnahen »Politisch-sozialen Korrespondenz« für einen Fünf-Punkte-Plan eingetreten, der den polnischen Vorschlag als Ausgangspunkt eines umfassenderen und mit der Wiedervereinigung verknüpften Abrüstungskonzepts aufgriff. Kanzler und Außenminister stimmten in der Zurückweisung dieses Vorstoßes überein,[97] der Strauß übrigens nicht davon abhielt, einige Monate später alle Befürworter des Rapacki-Plans als »potentielle Kriegsverbrecher« zu beschimpfen.[98]

Als bemerkenswert bezeichnet Kosthorst, daß Strauß' Gedanken Brentano rein sachlich kaum fremd sein konnten. Denn eine auf seine Weisung gefertigte Aufzeichnung des Auswärtigen Amts sprach davon, daß die Idee einer Verknüpfung des Rapacki-Plans mit der Wiedervereinigung und einer konventionellen Abrüstung »unter Umständen akzeptabel« und auch bereits »Kernpunkt unserer besonderen Arbeitsgruppe zur Vorbereitung einer Ost/West-Gipfelkonferenz« sei.[99]

Mit den althergebrachten deutschlandpolitischen Prinzipien befrachtete Papiere des Amts hatten allerdings nie die Chance, in operative Politik umgesetzt zu werden, da nicht einmal die engsten Verbündeten die deutschlandpolitischen Verknüpfungen mit aktuellen außen- und sicherheitspolitischen Fragen (Disengagement- und Abrüstungspläne, Berlin-Krise) akzeptierten. Die an den strengen Kanon der Bonner Deutschlandpolitik gebun-

---

95 Stehle, Nachbar Polen, S. 306.
96 Siehe Kosthorst, S. 218.
97 Siehe Gerd Schmückle, Ohne Pauken und Trompeten. Erinnerungen an Krieg und Frieden, Stuttgart 1982, S. 199ff.
98 Zit. n. Stehle, Nachbar Polen, S. 306.
99 PA/AA, Abt. 7, Bd. 589, Aufzeichnung Burchard, 27.2.1958.

denen Vorstellungen mußten deshalb entweder als nebulös oder schon vom Ansatzpunkt her unrealistisch erscheinen.

Angesichts der Bemühungen der Weltmächte USA und Sowjetunion, zur Lösung der Berlin-Krise einen Modus vivendi in Mitteleuropa zu erzielen, und angesichts befürchteter Nachgiebigkeit der USA (noch der Eisenhower-Administration) und insbesondere Großbritanniens in der Disengagementdiskussion wurde zur Aufwertung der deutschen Position erwogen, mit den östlichen Nachbarn formelle Gewaltverzichtsabkommen zu schließen oder wenigstens einseitige Nichtangriffserklärungen abzugeben. Georg Ferdinand Duckwitz entwickelte sogar Vorstellungen, die eingestandenermaßen an den Rapacki-Plan anknüpften. Überlegungen dieser Art waren Gegenstand der sonntäglichen Aussprache, in der Scherpenberg, Blankenhorn, Duckwitz und Dittmann am 11. Januar 1959 ihren Minister für neue Ideen gewinnen konnten. Adenauer würgte freilich gleich am nächsten Tag die Vorschläge des Außenministers und seiner Mannschaft ab.[100]

Im Auswärtigen Ausschuß des Bundestags unternahm Brentano dann trotz der Ablehnung jeglicher Disengagementpläne durch Adenauer einen verbalen Vorstoß und trat, wenn auch unter Vorbehalt, für Fritz Erlers Vorschlag einer Diskussion über die verschiedenen Sicherheitskonzepte einschließlich des Rapacki-Plans ein.[101]

Die Duckwitzschen Überlegungen bestätigten sich dann in den innerwestlichen Konsultationen im Vorfeld der beabsichtigten Gipfelkonferenz im Jahre 1959. In der Instruktion, mit der Duckwitz am 3. Februar die Reise zur ersten Tagung der neuen westlichen Arbeitsgruppe nach Washington antrat, erschien als echte Konzession die Bereitschaft zu Gewaltverzichtserklärungen und Nichtangriffsverträgen mit den östlichen Nachbarn, die auch Verhandlungen zur Aufnahme diplomatischer Beziehungen und – im Fall Polens – bilaterale Grenzgespräche einschloß.[102] Adenauer selbst nannte gleichzeitig in einer ausführlichen Standortbestimmung für das State Department als deutschen Beitrag für ein Geschäft mit Moskau lediglich die Möglichkeit diplomatischer Beziehungen mit Polen und der Tschechoslowakei sowie eine Gewaltverzichtserklärung für die Oder-Neiße-Grenze.[103] Für Adenauer war die Westintegration der Bundesrepublik das Lebenswerk, das unter keinen Umständen gefährdet werden durfte, die

---

100 PA/AA, NL Duckwitz, Bd. 49, Notizen 11.1, 12.1. und 14.1.1959; Hanns Jürgen Küsters, Kanzler in der Krise. Journalistenberichte über Adenauers Hintergrundgespräche zwischen Berlin-Ultimatum und Bundespräsidentenwahl 1959, in: VfZ, 36 (1988) 4, S. 733-768, hier S. 748.
101 PA/AA, Abt. 7, Bd. 230, Aufzeichnung Junges, Auswärtiger Bundestagsausschuß, 23.1.1959.
102 Siehe PA/AA, Abt. 7, Bd. 256, Aufzeichnung Junges, Auswärtiger Bundestagsausschuß, 29.1.1959; und PA/AA, NL Duckwitz, Bd. 49, Notiz 28.1.1959.
103 Vgl. PA/AA, Abt. 7, Bd. 22, FS Duckwitz an die Botschaft Washington, 30./31.1.1959.

Oder-Neiße-Grenze war auch noch tabu. Hier waren von Adenauer jedoch eher Konzessionen zu erwarten, wenn er sich auch gegen seine eigene Überzeugung zuversichtlich über eine Rückkehr der Vertriebenen in ihre Heimat äußerte.[104] Schließlich hätte eine deutsche Gewaltverzichtserklärung gegenüber Polen aller Welt signalisiert, daß auch nach offizieller Bonner Überzeugung an eine Änderung der faktisch bestehenden deutsch-polnischen Grenze nicht zu denken war.[105] Die internationale Unterminierung des deutschen Rechtsstandpunkts binnen kürzester Zeit wäre - durch Bonn selbst initiiert - nicht aufzuhalten gewesen.

Der britische Delegationsleiter sprach in seinem Bericht an das Foreign Office auch schon von deutscher Bereitschaft, die Oder-Neiße-Grenze anzuerkennen: ein Eindruck, den in Washington offenbar sein Kollege Duckwitz, ähnlich wie Blankenhorn im Umkreis des NATO-Rats, erweckt hatte, obwohl doch weder Adenauer noch Brentano an eine so weitreichende Vorleistung dachten.[106] Im Gespräch unter vier Augen stellte der engste Verbündete Adenauers in der Disengagementfrage, der französische Staatspräsident de Gaulle, Adenauer die unangenehme Frage nach deutschen Konzessionen vor allem in der Frage der Ostgrenze. Am 25. März 1959 hatte de Gaulle in einer Pressekonferenz die Wiedervereinigung Deutschlands als eine Normalität bezeichnet, vorausgesetzt, daß dieses Deutschland keine seiner gegenwärtigen Grenzen in Frage stellt.[107] Was de Gaulle offen sagte, wenn auch nur einmal, war für den amerikanischen Präsidenten Eisenhower und den britischen Premier Macmillan im Grunde gar kein Thema mehr. Nicht erst die Kennedy-Administration setzte in dieser

---

104 Siehe Klaus Körner, Die Frage der Ostgebiete, in: Schwarz (Hrsg.), Handbuch der deutschen Außenpolitik, S. 646-657, hier S. 653.
105 Schon im Nachhall der Ungarn-Ereignisse 1956 machte Adenauer in einem Interview (17.7.1957) bemerkenswerte Äußerungen zur Frage der Ostgrenze: »Ich meine, der Widerhall, den der Freiheitskampf der Ungarn in der Welt gefunden hat, in der großen Welt, ist nicht sehr ermutigend für die Polen gewesen. Und bei allem, was wir tun, leitet uns die Rücksichtnahme (zu von Eckardt:) Das wird ja nicht wörtlich gebracht! auf Gomulka, damit Gomulka nicht Moskau verdächtig wird. Ich stehe aber auf dem Standpunkt, daß wir mit Polen zu Verhandlungen kommen. Ich meine auch, daß wir selbst, die Bundesrepublik, die Frage der Oder-Neiße-Linie mal beiseite legen sollten. Das ist eine Frage, die bei dem großen Arrangement gelöst werden muß. Man kann nicht alles wieder zurückdrehen, das halte ich für ausgeschlossen. Die Russen haben die Polen nach dem Westen gebracht, die Deutschen weiter nach dem Westen. Jetzt kann man nicht die Polen dahin zurückbringen. Daher muß eine Verständigung mit Polen gefunden werden, vielleicht auch auf europäischer Basis ...« (Adenauer, Teegespräche 1955-1958, S. 201f.)
106 Vgl. Heiner Timmermann, Die deutsche Grenze zu Polen, in: Das Parlament, 26, 22.6.1990, S. 17.
107 Ernst Weisenfeld, Welches Deutschland soll es sein? Frankreich und die deutsche Einheit seit 1945, München 1986, S. 94.

Frage der Bundesregierung zu.[108] Die dauerhafte Garantie der Oder-Neiße-Grenze durch die Westmächte gehörte schon 1960 zur westlichen Verhandlungsmasse für den Dialog mit der Sowjetunion und eine Berlin-Regelung.[109] Bei einer Audienz bei Papst Johannes XXIII. im Januar 1960 wurde der Bundeskanzler in seiner Befürchtung bestärkt, daß der Vatikan die bisher auf Eis gelegte Frage der östlichen Bistumsgrenzen aufgreifen wollte.[110]

Die »New York Times« berichtete über Bonner Überlegungen, Nichtangriffspakte und diplomatische Beziehungen mit den Warschauer-Pakt-Staaten zu vereinbaren.[111] Die »Frankfurter Allgemeine« brachte die Schlagzeile, Bonn sei sogar konkret »zu Nichtangriffspakten mit Warschau und Prag bereit«:[112] eine Ankündigung, die Brentano prompt dementierte. Erklärungen des Pressechefs von Eckardt und des Leiters des AA-Pressereferats, Karl-Günther von Hase, in Genf während der Außenministerkonferenz der Vier Mächte verdeutlichten das Dilemma der Bundesregierung, deren Position zu Gewaltverzicht und Grenzfrage im Lichte des Völkerrechts als defensiv und expansiv in einem erscheinen mußte und politischen Mißverständnissen Raum bot, was in manchem Fall hilfreich, in einem anderen mißlich sein konnte. Von Eckardt erklärte, die Bundesrepublik erhebe keine territorialen Forderungen gegenüber Polen, sie verzichte auf jede Gewaltanwendung zur Änderung der deutschen Grenzen und verlange, daß in einem Friedensvertrag die endgültige völkerrechtliche Festlegung der Grenzen so geregelt werde, daß vor allem Polen und Deutschland gerecht behandelt würden.[113] Von einem polnischen Journalisten gefragt, welche Grenzen Bonn als völkerrechtlich bestehend ansehe, sagte von Hase: »Die völkerrechtlichen Grenzen sind durch die vier Großmächte ... festgelegt worden. Es sind die Grenzen vom 31. Dezember 1937. Auch die Sowjetunion hat ihre Unterschrift hierzu gegeben.«[114] Bei der Oder-Neiße-Grenze handle es sich um eine reine Verwaltungsgrenze. Völkerrechtlich könne im Zusammenhang damit keinesfalls von territorialen Forderungen gesprochen werden – die hatte der polnische Journalist der Bundesrepublik nämlich unterstellt. Eine Veränderung dieser Verwaltungsgrenze durch Gewalt komme aber nicht in Frage.[115]

---

108 Schwarz, Adenauer. Der Staatsmann, S. 632, 636, 686.
109 Ebenda, S. 551.
110 Ebenda, S. 605; vgl. auch die launige Beschreibung der Abneigung Adenauers gegen die Kirchenpolitik der Öffnung und Bewegung von Johannes XXIII. in den Memoiren des Bonner Diplomaten Paul Frank, S. 107f.
111 New York Times, 22.5.1959.
112 FAZ, 22.5.1959.
113 Felix von Eckardt, Ein unordentliches Leben. Erinnerungen, Düsseldorf – Wien 1967, S. 575.
114 Ebenda.
115 Ebenda.

Da die Haltung der Bonner Delegation in den Abrüstungsfragen wegen der Berlin- und deutschlandpolitischen Junktims im Frühjahr 1959 weiterhin obstruktiv erschien, suchte Außenminister Brentano nach außenpolitisch Entlastendem und nahm jetzt das Projekt der Gewaltsverzichtsabkommen mit Polen und der Tschechoslowakei in Angriff.

Schon vor Wiederbeginn der Genfer Konferenz hatte der Minister dieses Vorhaben dem Bundeskanzler angekündigt und grünes Licht bekommen.[116] Er kehrte guten Mutes am 17. Juli, gemeinsam mit seinem Kollegen Oberländer und dem BdV-Präsidenten Hans Krüger, die zu konsultieren er bei früherer Gelegenheit zugesagt hatte, nach Genf zurück. Hier begann noch am selben Tag die schwierige Überzeugungsarbeit an den beiden Vertriebenenvertretern, deren Bedenken sich rasch auf die Gefahr einer impliziten Anerkennung der Ostgrenzen konzentrierten. Zwar akzeptierten sie die beruhigenden Völkerrechtsargumente des Außenministers, wünschten aber aus »innenpolitischen Gründen« eine eindeutige Vorbehaltsformel.[117] Wilhelm Grewe sah daher in seinem Vertragsentwurf eigens einen Artikel vor, nach dem die differierenden Rechtsauffassungen der Unterzeichner von den Abkommen unberührt bleiben würden. Dieser Passus fand sich auch in der von Duckwitz verfaßten Erklärung, die durch den Außenminister in Genf abgegeben und Warschau und Prag mit einer Begleitnote zur Aufnahme von Regierungsverhandlungen zugestellt werden sollte.[118]

Gerade der Kanzler fiel Brentano als erster in den Rücken. Trotz der sorgsamen Vorbereitung mit Krüger hatte das Präsidium des BdV inzwischen einstimmig gegen einen vertraglichen Gewaltverzicht votiert. Adenauer zeigte sich zweifelnd, verwies zudem auf »einige 100.000 Stimmen« des BHE, der Vertriebenenpartei. Ob das nur »verächtlich« oder eher warnend gemeint war, etwa weil ein neues Anwachsen dieses Potentials drohte: Das Wahlargument war damit vorgebracht und das Projekt Brentanos zum Abschuß freigegeben.[119] Brentano hielt es zwar für »unerträglich«, sich vom Veto »einiger mehr oder weniger radikaler Vertriebenenfunktionäre« bestimmen zu lassen, das Argument der Wählerstimmen gar für »völlig abwegig«.[120] Aber er war mit seinem Vorhaben gescheitert.

In diesem Zusammenhang ist die Instrumentalisierung des polnischen Faktors in der bundesdeutschen Innen- und Außenpolitik jener Jahre auffallend. Polen wurde nicht als Gesprächspartner per se respektiert, sondern als Instrument für Signale an dritte im In- und Ausland. Beispielsweise

---

116 Siehe Baring, Sehr verehrter Herr Bundeskanzler, S. 270.
117 PA/AA Ministerbüro, Bd. 124, Auszüge aus dem Tagebuch zur Genfer Konferenz, 17./18.7.1959.
118 Erklärung der Bundesregierung vom 20.6. 1959 (Auszug), in: Außenpolitik der Bundesrepublik Deutschland, S. 250-252.
119 Siehe Schwarz, Adenauer. Der Staatsmann, S. 686.
120 Baring, Sehr verehrter Herr Bundeskanzler, S. 271.

empfand der Außenminister sehr deutlich die geschichtliche Verantwortung gegenüber Polen und hoffte zudem auf eine gewisse Entwertung der Görlitzer Grenzgarantie der DDR. Er berechnete jedoch vorrangig den Eindruck auf die westliche, vor allem die amerikanische, und auf die deutsche Öffentlichkeit. Mit Blick auf seine Landsleute sah er sogar ein pädagogisches Moment, was immerhin Polen direkt zugute kommen mußte. Da man in der Grenzfrage »in keinem Lande der Welt heute oder morgen mit irgendeiner politischen oder moralischen Unterstützung rechnen« könnte, sei es »ehrlicher und redlicher, wenn wir schon heute unsere Politik darauf einstellen würden«[121].

Wenn sich Adenauer in bezug auf Polen in seiner gesamten Amtszeit ausnahmslos abwartend verhielt, diplomatische Beziehungen nicht in Betracht zog, die Grenzfrage ruhen ließ, so ließ er sich immerhin auf Drängen – nicht zuletzt Brentanos – »sehr schweren Herzens«[122] zu einer Ansprache zum 20. Jahrestag des deutschen Überfalls auf Polen bewegen. Dabei handelte es sich um eine auf Axel Springer zurückgehende Anregung Felix von Eckardts.[123] Der von seinem Pressechef angefertigte Entwurf, für den sich auch der Außenminister stark machte, fand freilich nicht sein Gefallen. Allzu bußfertig sollte er danach unter anderem »ganz offen erklären, daß ich nicht glaube, daß man sich der Lösung des Problems der deutsch-polnischen Beziehungen mit historischen, geographischen oder ethnographischen Argumenten nähern kann«.[124] Der Kanzler verfaßte kurzerhand selbst einen Text und provozierte damit am 31. August 1959 den Unmut Warschaus, indem er die sowjetische Mitwirkung am Untergang Polens erwähnte und betont nur von Freundschaft mit »dem polnischen Volk« sprach.[125] Der Kanzler trug damit innenpolitischen Widerständen Rechnung, aber die Chance einer Geste gegenüber Polen war damit vertan.[126]

An der Ablehnung diplomatischer Beziehungen zu Polen hielt auch der Außenminister fest. Sondierungen von Bundestagsabgeordneten am Rande der Warschauer Tagung der »Interparlamentarischen Union« – es war der erste Besuch einer deutschen Parlamentarierdelegation in Polen nach dem

---

121 Zit. n. Kosthorst, S. 303.
122 ACDP VII-001-008/2, Adenauer im Bundesparteivorstand, 16.9.1959; zit. n. Kosthorst, S. 309.
123 Eckardt, S. 591f.; Baring, Sehr verehrter Herr Bundeskanzler, S. 275.
124 Ebenda.
125 Bulletin 159, 1.9.1959, S. 1593.
126 Adenauer gab sich sehr beleidigt über die polnische Reaktion: »Der polnische Ministerpräsident hat auf meine Ansprache vom 1. September so grob geantwortet, daß ich einstweilen kein Bedürfnis habe, irgendwelche Schritte zu tun ... das war doch saugrob, das vergißt man doch nicht in zwei Monaten, da mindert man sein eigenes Ansehen.« (Konrad Adenauer, Teegespräche, Bd. 3: 1959-1961, bearb. von Hanns Jürgen Küsters, Berlin 1988, S. 130)

Kriege – hatten ein unverändertes polnisches Interesse an einem Botschafteraustausch und sogar gewisse Möglichkeiten für eine Ausklammerung des Grenzproblems ergeben.[127] Auch war das positive Plädoyer der SPD in der neuerlichen Debatte des Auswärtiges Ausschusses von Duckwitz innerhalb des Auswärtigen Amts nachdrücklich unterstützt worden. Doch das entscheidende Hindernis blieb für Brentano die Gefährdung des Alleinvertretungsprinzips.[128] Aufgrund des negativen Votums seiner Fraktionsfreunde konnte er am 5. November 1959 im Bundestag seine Stellungnahme gegen die Aufnahme diplomatischer Beziehungen mit den Ostblockstaaten (Ernst Majonica: »Wir haben *nichts gegen Warschau* in dieser Frage, wir haben *alles gegen Pankow.*«[129]) auch auf den Ausgang der Diskussion im Auswärtigen Ausschuß stützen.[130]

Im Zusammenhang mit Berlin-Krise, Gipfeldiplomatie, westlichen Disengagementvorschlägen und östlichen Abrüstungsinitiativen in den Jahren 1958/59 wurde dem Bundeskanzler immerhin klar, daß es in der Deutschlandpolitik einen dauerhaften Einschnitt gab. Von jetzt an hielt er nur noch Stillhaltevereinbarungen auf der Grundlage der bestehenden Teilung für realistisch. Er sah sich mit den immer drängenderen Vorschlägen der Westmächte konfrontiert, die Anerkennung der Oder-Neiße-Grenze als deutschen Beitrag zur Entspannung im Ost-West-Verhältnis anzubieten. Aber das einzige Angebot, das Adenauer auf den Tisch zu legen bereit war, bestand in einem freiwilligen Gewaltverzicht. Der Globke-Plan von 1959[131] und der drei Jahre später erfolgte Burgfriedensplan Adenauers[132]

---

127 Siehe PA/AA, Abt. 7, Bd. 597, Gesprächsaufzeichnung Duckwitz/Birrenbach, 29.9.1959; vgl. auch ebenda, Bd. 589b, Vermerk Eickhoff, 12.10.1959.
128 PA/AA, Abt. 7, Bd. 589b, Aufzeichnung 6.11.1959, nennt ebenfalls erst als zweiten Grund gegen Aufnahme diplomatischer Beziehungen mit Polen die Frage der deutschen Ostgebiete.
129 Stenogr. Berichte, Bd. 44, S. 4734 (3. Wahlperiode, 87. Sitzung, 5.11.1959). Hervorhebungen im Bericht durch Fettdruck.
130 Ebenda, S. 4691A.
131 Der Globke-Plan zur Wiedervereinigung. Erstfassung 1958/59 und Fassung 1961, in: Morsey/Repgen (Hrsg.), Adenauer-Studien III, S. 202-209.
132 Am 6.6.1962 legte Adenauer, beunruhigt über die Deutschlandpolitik der Kennedy-Administration, die er »als Anbahnung eines neuen Jalta gründlich mißverstanden« (K. Körner) hatte, dem sowjetischen Botschafter Smirnow insgeheim eine neue Version des Globke-Plans vor, die einen zehnjährigen Burgfrieden in der deutschen Frage auf der Grundlage des Status quo vorsah. Am 8. Juli lehnte Smirnow den Vorschlag jedoch ab und bestand unverändert auf einem Friedensvertrag auf der Grundlage der Teilung. Siehe William E. Griffith, Die Ostpolitik der Bundesrepublik Deutschland, Stuttgart 1981, S. 136f.; Klaus Körner, Die Wiedervereinigungspolitik, in: Schwarz (Hrsg.), Handbuch der deutschen Außenpolitik, S. 587-616, hier S. 604; siehe auch: Für eine »Atmosphäre der Beruhigung«. Aufzeichnung über das Gespräch zwischen Bundeskanzler Konrad Adenauer und dem Botschafter der UdSSR, Smirnow, am 6. Juni 1962 (Auszüge), in: Die Außenpolitik der Bundesrepublik Deutschland, S. 271f.

mit dem Angebot, das deutsche Problem unter Respektierung der nun einmal faktisch bestehenden Lage zu lösen, sprachen vom Gewaltverzicht des wiedervereinigten Deutschland.[133] Bemerkenswert war, daß der Globke-Plan einen wesentlichen Punkt nur indirekt bzw. überhaupt nicht behandelte. Die ehemaligen deutschen Ostgebiete jenseits von Oder und Neiße »sind zwar nicht erwähnt, aber praktisch und zunächst durch die Festlegung des wiedervereinigten Deutschlands auf das Gebiet der Bundesrepublik und der DDR als territoriale Bestandteile Deutschlands abgeschrieben und in ihrer De-facto-Zugehörigkeit zu Polen und der Sowjetunion anerkannt. Dies war möglicherweise sowohl als Konzession für die Erreichung des Selbstbestimmungsrechts der Bevölkerung in der DDR wie für die implizit vorweggenommene friedensvertragliche Regelung gedacht.«[134] Der Leiter des »Welt«-Büros in Bonn resümierte: »Mein Gesamteindruck ist, daß Adenauer unter dem Druck der Amerikaner und Engländer weiß, daß seine bisherige Linie nicht einfach so weiter vertreten werden kann ... Eine eigene klare Vorstellung hat er noch nicht, was taktisch und inhaltlich zu geschehen hat.«[135]

Nur wer genau hinhörte, konnte gerade in der zweiten Jahreshälfte 1959 bei verantwortlichen Politikern im Umkreis des Bundeskanzlers sogar öffentliche Äußerungen registrieren, die das Tabu der Oder-Neiße-Grenze aufgriffen. So stellte Botschafter Grewe in einem Vortrag am 9. November 1959 im Council on Foreign Relations in New York »eine Verbindung der Grenzfrage mit einer positiven Regelung der Wiedervereinigungsfrage« her, ohne freilich eine Modus-vivendi-Lösung für das westdeutsch-polnische Verhältnis *vor* einer Vereinigung anbieten zu können. Der Staatssekretär im Bundesministerium für gesamtdeutsche Fragen, Franz Thedieck, erklärte am 21. November 1959 vor der Landsmannschaft der Oberschlesier, daß dem deutschen Rechtsanspruch in Polen eine Wirklichkeit von zwingender Lebensnotwendigkeit entgegenstehe. Und Bundesminister Ernst Lemmer erklärte am 2. Dezember 1959, daß »die primäre Aufgabe der deutschen Politik sein muß, den Lebenszusammenhang des Volkes zu sichern und aus dem quälenden Status quo herauszukommen«.[136] Diese

---

133 Schwarz, Adenauer. Der Staatsmann, S. 478f.; Gotto, S. 70ff.
134 Gotto, S. 53f. Gotto weiter: »Man war also bereit, das territoriale Recht an diesen ehemaligen deutschen Ostgebieten ruhen zu lassen, um das Selbstbestimmungsrecht der Bevölkerung der DDR zu gewinnen. Obwohl Einzelbestimmungen darüber fehlen, darf man aber als ziemlich sicher annehmen, daß insbesondere Adenauer nicht bereit war, für die Vertriebenen auf ihr Heimatrecht zu verzichten – wobei er unter Heimatrecht verstand, daß vertriebene Deutsche in ihre Heimat zurückkehren dürfen, dann aber Angehörige des Staates werden müssen, dem ihre Heimat schließlich eingegliedert ist.« (Ebenda, S. 54)
135 Schwarz, Adenauer. Der Staatsmann, S. 481.
136 Georg Bluhm, Die Oder-Neiße-Linie in der deutschen Außenpolitik, Freiburg im Breisgau 1963, S. 130, 135.

Signale stießen aber weder im In- noch im Ausland auf breiteres Echo, da wegen der psychologisch-emotionalen Belastung der Vertreibungs- und Territorialproblematik »derartige Einsichten mehr in solcher Weise geäußert werden, daß sie nicht zu weites Aufsehen erregen«.[137]

## 3.6 Halbherzige Initiativen am Ende einer Ära

Nach ersten Anzeichen der Entspannung in der Berlin-Krise sah sich Bonn mit Rücksicht auf die Schutzmacht USA schon vor dem Regierungswechsel in Washington genötigt, nach einer längeren Pause wieder vorsichtige Kontaktversuche mit Polen zu wagen. Das hieß, daß nicht eine eigenständige Polen- oder Osteuropapolitik angesagt war, vielmehr Westpolitik auf dem Wege der Ostpolitik. Adenauer erwartete, »daß der Bereich der Ostfragen bald in Bewegung käme, nicht zuletzt von der Regierung Kennedy aus«. Da war es, so Adenauer auf der CDU/CSU-Fraktionssitzung am 10. Januar 1961, gut, »irgendwie mit Polen etwas näher zusammenzukommen«.[138]

Schon anläßlich der Unterzeichnung eines erweiterten Warenprotokolls im April 1960 hatte Außenhandelsminister Trąmpczyński seinem westdeutschen Verhandlungspartner, dem Abteilungsleiter im Landwirtschaftsministerium Otto Stalmann, das Warschauer Interesse an einem langfristigen Handelsabkommen signalisiert.[139] Stalmann wurde zu ersten Sondierungen ermächtigt, in die nach Möglichkeit auch eine Ausreiseregelung für die in Polen lebenden Deutschen einbezogen werden sollte.[140]

Vor diesem Hintergrund fand vom 6. bis 13. Dezember 1960 die vielbeachtete Reise des Krupp-Generalbevollmächtigten, Berthold Beitz, nach Warschau statt. Nach Rücksprache mit dem Bundeskanzler und dem Außenminister hatte er eine persönliche Einladung von Ministerpräsident Cyrankiewicz angenommen.[141] Es war von vornherein klar, daß es bei dem Besuch nicht um die Vorbereitung eines Botschafteraustauschs gehen würde. Damit war das Angebot von Außenminister Rapacki,[142] diplomatische Beziehungen unter Ausklammerung der Grenzfrage aufzunehmen, abgelehnt. Beitz konnte Adenauer aber berichten, daß die polnische Seite jetzt einem diplomatischen Kontakt unterhalb der Botschafsebene, nämlich auf

---

137 Ebenda, S. 135.
138 ACDP VIII-001-1008/3; zit. n. Kosthorst, S. 356.
139 PA/AA, Abt. 7, Bd. 589c, Vermerk Stalmann, 12.4.1960 und 27.5.1960.
140 Ebenda, Vermerk Stalmann, 22.6.1960.
141 Stehle, Nachbar Polen, S. 321ff.; Stehle, Adenauer, Polen und die Deutsche Frage, S. 93ff.; Adenauer, Teegespräche 1959-1961, S. 420.
142 PA/AA, Abt. 7, Bd. 589c, Vermerk Duckwitz für Sts/BM, 3.8.1960.

der Ebene konsularischer Beziehungen, zustimmt und auch anbietet, die Grenzfrage auszuklammern.[143]

Es dauerte immerhin eine Woche, bis der Bundeskanzler den Emissär zur Berichterstattung empfing. Adenauer horchte beim Wort »Konsulate« auf. Der Kanzler zeigte sich gesonnen, einen Mann zu suchen, der das im stillen erledigt. Im Januar wurde innenpolitisch der Boden bereitet. Der sonst so militante Pressedienst der Vertriebenen brachte am 9. Januar ganz ohne Polemik ein Interview mit Beitz. Adenauer sprach am 10. Januar vor der CDU-Fraktion in Bonn zwei denkwürdige Sätze: »Es wäre gut, wenn wir in ein besseres Verhältnis zu Polen kämen, und ich glaube, daß das möglich sein würde. Aber zunächst müssen wir wissen, was wir wollen, und dann, was die Polen wollen.«[144]

Adenauer reagierte sofort positiv, als Beitz kurz darauf eine weitere Einladung aus Polen meldete. Am 18. Januar empfing der Bundeskanzler den Krupp-Generalbevollmächtigten und »stattete ihn mit einem hochpolitischen Sondierungsauftrag aus, der schon einem Berufsdiplomaten äußerstes Geschick abgefordert hätte, für einen noch so gutwilligen Amateur jedoch eine kaum tragbare Bürde bedeutete. Eines der heikelsten Probleme der deutschen Nachkriegspolitik wurde nun, nachdem das Vorspiel schon unglücklich genug verlaufen war, mit munterer Improvisationslust angepackt.«[145] Adenauer bat Beitz, in Warschau die Haltung der polnischen Regierung zu folgenden Vorschlägen zu erkunden: 1) Abschluß eines langfristigen Handelsvertrags und eines Kulturabkommens; 2) Errichtung von Konsulaten oder Handelsmissionen mit konsularischen Befugnissen; 3) Entsendung eines deutschen Sonderbotschafters zu Verhandlungen über diese Themen.[146] Der an einer Lungenentzündung erkrankte Brentano erfuhr von der geplanten zweiten Beitz-Reise im Krankenhaus durch einen Brief von Staatssekretär Carstens. Eine Abstimmung zwischen Kanzler und Außenminister über den Umfang des Bonner Angebots an Warschau, das schließlich den Kanon Bonner Polenpolitik betraf, fand nicht statt.[147]

Einen Tag nach der Unterredung Adenauers mit Beitz versicherte Staatssekretär Carstens im Auswärtigen Ausschuß des Bundestags, die Bundesregierung denke nicht daran, konkrete Schritte zur Anknüpfung diplomatischer Beziehungen zu Polen zu unternehmen und dadurch die »Hallstein-Doktrin« zu gefährden; im übrigen habe auch Herr Beitz angedeutet, daß Polen bloße Handelsmissionen als »diskriminierende Halbheiten« betrach-

---

143 Adenauer, Teegespräche 1959-1961, S. 725, Anm. 42; Schwarz, Adenauer. Der Staatsmann, S. 686.
144 Zit. n. Stehle, Nachbar Polen, S. 339.
145 Ebenda, S. 340.
146 Ebenda.
147 Vgl. Adenauer, Teegespräche 1959-1961, S. 725, Anm. 44; und Schwarz, Adenauer. Der Staatsmann, S. 686.

te. Zwei Tage vor der Abreise von Beitz nach Warschau eilte der Bundeskanzler zur »Pommerschen Landsmannschaft« und beteuerte, die deutschen Ostgebiete würden nicht vergessen, wenn einmal »die historische Stunde« für Deutschland komme.

Als Beitz am 22. Januar 1961 ein zweites Mal nach Warschau flog, fühlte sich die Bundesregierung von der polnischen Seite sofort brüskiert. Denn am selben Tag veröffentlichte die Parteizeitung »Trybuna Ludu« den Rechenschaftsbericht Gomułkas über die Konferenz der Kommunistischen und Arbeiterparteien in Moskau (November 1960), den er soeben vor dem VII. ZK-Plenum (20./21.1.) verlesen hatte. Sich auf die »nebligen Worte« Adenauers auf der CDU/CSU-Fraktionssitzung am 10. Januar beziehend, empfahl er »die offene Anerkennung« der Oder-Neiße-Grenze als Weg zur deutsch-polnischen Annäherung.[148]

Vor dem Hintergrund dieser Irritationen gab Cyrankiewicz in der Unterredung mit Beitz sogleich präzise, offenbar vorbereitete Antworten: Ein Sonderbotschafter sei jederzeit willkommen, Bonn brauche nur zu signalisieren. Auch ein dreijähriger Handelsvertrag wäre zu begrüßen, doch jeglichen Ersatz für volle diplomatische Beziehungen lehnte Cyrankiewicz entschieden ab: Polen wünsche kein jahrelang dauerndes Provisorium, sondern Klarheit – auch in der Grenzfrage. Auf die Frage von Beitz, ob denn bei Aufnahme von Beziehungen nicht ähnlich wie bei der Anknüpfung zwischen Bonn und Moskau im Jahre 1955 Vorbehalte in der Grenzangelegenheit notifiziert werden könnten, entgegnete Cyrankiewicz, die Zeit sei seitdem fortgeschritten. Er nannte zahlreiche westliche Politiker, darunter de Gaulle, die sich seither für die Oder-Neiße-Grenze ausgesprochen hätten. Auch die »Hallstein-Doktrin« sei doch immer mehr zur Fiktion geworden. »Ohne daß dem diplomatisch ungeübten Ohr von Beitz die Nuance auffiel, stellte indessen Cyrankiewicz – wie schon Gomułka zwei Tage vorher[149] – nicht die formale Anerkennung als Bedingung, sondern nannte »ein Wort«

---

148 Siehe TL, 22.1.1961.
149 In seinen Aufzeichnungen notierte Wolfgang Schollwer unter dem 2.2.1961 ein Gespräch mit dem Bonner Korrespondenten der »Trybuna Robotnicza« (Kattowitz), Adam Stanek: »Dieser (Gomułka – D.B.) habe nicht erklärt, daß die Anerkennung der polnischen Westgrenzen Vorbedingung für diplomatische Beziehungen mit der Bundesrepublik sei, sondern vielmehr hervorgehoben, daß eine Besserung der deutsch-polnischen Beziehungen schon lange möglich gewesen wäre, wenn Bonn die Oder-Neiße-Linie anerkannt hätte. Mein polnischer Gesprächspartner räumte allerdings ein, daß die Bereitschaft Warschaus, bei Aufnahme diplomatischer Beziehungen zu Bonn die Grenzfrage auszusparen, heute nicht mehr so groß sei wie noch vor zwei Jahren. Doch dazu könnten sich die Polen erst äußern, wenn von der Bundesregierung konkrete Angebote für verbesserte Beziehungen vorlägen.« Schollwer, Liberale Opposition, S. 142.

des Kanzlers nach dem Beispiel de Gaulles einen Schritt zur Normalisierung.[150]

Dem verhärteten polnischen Kurs waren lange interne Diskussionen vorausgegangen, in denen Gomułka und Cyrankiewicz den Ausschlag gaben, die nun Polens Stellung in jeder Beziehung für so gestärkt hielten, daß es sich nicht mehr mit Halbheiten begnügen müßte. Dabei verkannten sie, daß in dem Angebot von Konsulaten in Wirklichkeit eine Kurskorrektur der Bonner Politik stecken konnte.[151]

Noch während Beitz in Warschau weilte, erklärte der in die Sache nicht eingeweihte Pressesprecher von Eckardt, Beitz habe keinen politischen Auftrag.[152] Dazu schreibt Kosthorst: »Was zur Wahrung der Geheimhaltung gedacht war, wirkte wie ein plötzlicher Rückzieher. Von beiden Seiten mußte sich der Vermittler desavouiert sehen.«[153]

Unmittelbar nach seiner Ankunft in Bonn informierte Beitz am 24. Januar den Bundeskanzler darüber, daß Cyrankiewicz den Gedanken der Handelsmissionen verworfen habe und Polen nur an einem längerfristigen Handelsabkommen interessiert sei, für das eine eigene Bonner Vertretung in Warschau nicht erforderlich sei.[154] Die von Cyrankiewicz bei dem ersten Gespräch mit Beitz angebotenen konsularischen Beziehungen waren nicht mehr aktuell.

Die vom Pressesprecher von Eckardt ungeachtet der Enttäuschung in Bonn angekündigten »Besprechungen zwischen amtlichen Stellen« fanden in Kopenhagen statt. Dort stellte sich bald heraus, daß die Haupthindernisse unverändert in den Fragen der Grenze und des Alleinvertretungsprinzips bestanden. Die polnische Seite gab am 5. Februar eine erste öffentliche Erklärung zu den Beitz-Sondierungen ab. Die Parteizeitung »Trybuna Ludu« druckte ein ungezeichnetes, im Außenministerium entworfenes und vom Politbüro sorgfältig ausgefeiltes Schriftstück unter der lakonischen Überschrift »Polen und die Deutsche Bundesrepublik« ab. Auch jetzt war noch nicht von formaler Grenzanerkennung die Rede, doch die verhärtete polnische Position erschien klarer denn je. »Normalisierung« bedeutete für die Polen jetzt nur volle diplomatische Beziehungen ohne ausdrücklichen Grenzvorbehalt.[155]

Die von Brentano erneut ins Spiel gebrachte und von Adenauer bald darauf öffentlich aufgegriffene Idee eines Gewaltverzichts war für Warschau ebensowenig akzeptabel. Der Bundeskanzler schlug zudem selbst die Tür zu, als er am 10. März vor der Presse erklärte, er glaube nicht, »daß Polen

---

150 Stehle, Nachbar Polen, S. 342.
151 Ebenda.
152 FAZ, 24.1.1961
153 Kosthorst, S. 357.
154 PA/AA, Abt. 7, Bd. 589b.
155 Stehle, Nachbar Polen, S. 344.

auf die Herstellung diplomatischer Beziehungen Wert legt«.[156] Warschau reagierte erwartungsgemäß unfreundlich, eine neue Runde der politischen Gespräche kam nicht mehr zustande.

Es kam lediglich zu Wirtschaftsverhandlungen, auf die die Polen schon Ende Januar am Rande der »Grünen Woche« bei Ministerialdirektor Stalmann gedrängt hatten.[157] Stalmann wurde zu Verhandlungen über ein längerfristiges Handelsabkommen mit Warschau ermächtigt. Nach den erforderlichen Ressortbesprechungen über eine Erhöhung des polnischen Importkontingents wurde Ende Mai eine Kabinettsvorlage vorbereitet.

Die innenpolitischen Rahmenbedingungen für eine Formalisierung der Beziehungen mit Polen galten als besonders günstig: Der Auswärtige Ausschuß legte am 31. Mai den sogenannten Jaksch-Bericht zugunsten einer Normalisierung der Ostbeziehungen vor, der wenig später von allen Fraktionen gebilligt wurde. Daraufhin plädierte Bundestagspräsident Gerstenmaier mit Zustimmung des ganzen Bundestags am 30. Juni, zum Ende der Legislaturperiode, für »ein neues Verhältnis auch zwischen Deutschland und seinen Nachbarn im Osten«.[158]

Es bleibt festzuhalten, daß der Auswärtige Ausschuß in seinem Jaksch-Bericht »die einmütige Überzeugung« hervorhob, daß »auch das Schicksal der in den Vertreibungsgebieten zurückgebliebenen Deutschen in Betracht gezogen werden muß, wenn die Frage der Beziehungen zu den osteuropäischen Ländern objektiv beurteilt werden soll«. Andererseits wurde aber dieser Komplex aus dem Jaksch-Bericht ausgegliedert und der Bundestag am 9. Juni 1961 in einem gesonderten Bericht des Abgeordneten Jaksch über die Lage der Deutschen in den Grenzen Polens von 1945 einschließlich der ehemaligen deutschen Ostprovinzen ebenso wie über das Schicksal der deutschen Bevölkerung in den anderen Ländern Osteuropas und der Sowjetunion informiert.[159] Der Bericht, nach einer im Februar 1961 stattgefundenen Anhörung von Vertretern von 20 Landsmannschaften und des zuständigen Sachbearbeiters des Deutschen Roten Kreuzes entstanden, gab ein bedrückendes Bild der Lage der Deutschen in Polen.

Die am 14. Juni 1961 vom Bundestag auf der Basis der Ausschußberichte vom 31. Mai und 9. Juni 1961 verabschiedeten Entschließungsanträge des Auswärtigen Ausschusses forderten die Bundesregierung auf, »jede sich bietende Möglichkeit« zu ergreifen, um »ohne Preisgabe lebenswichtiger deutscher Interessen zu einer Normalisierung der Beziehungen« zu diesen Staaten zu gelangen, bei der Gestaltung der Beziehungen zu Polen »den

---

156 Stellungnahme von Bundeskanzler Konrad Adenauer auf einer Pressekonferenz in Bonn am 10. März 1961 (Auszug), in: Außenpolitik der Bundesrepublik Deutschland, S. 252.
157 PA/AA, Abt. 7, Bd. 605c, Aufzeichnung Allardt für BM, 13.6.1961.
158 Stenogr. Berichte, Bd. 49, S. 9763A.
159 Wortlaut in: Die Außenpolitik der Bundesrepublik Deutschland, S. 253-258.

besonderen psychologischen Belastungen des deutsch-polnischen Verhältnisses Rechnung (zu) tragen« und »gegenüber solchen Ländern, die deutsche Bevölkerungsteile deportiert oder deutsches Gebiet unter vorläufiger Verwaltung haben, bei der etwaigen Herstellung amtlicher Kontakte die jeweils erforderlichen Vorbehalte geltend (zu) machen« sowie bei der Gestaltung der Beziehungen zu den osteuropäischen Ländern und der Sowjetunion »besondere Aufmerksamkeit und Sorge den erheblichen menschlichen Notständen zuzuwenden, die dort für deutsche Staats- und Volkszugehörige noch immer bestehen«.[160]

Unerwartet wurde aber die vom Korsett deutschlandpolitischer Prinzipien eingeschnürte Polenpolitik der Bundesregierung[161] in der Handelspolitik durch kabinettsinterne Engstirnigkeit zusätzlich behindert. Unter Hinweis auf den Widerstand der deutschen Bauern gegen erhöhte polnische Agrarimporte scheiterte Mitte Juni 1961 das Handelsabkommen im Kabinett am Veto des Landwirtschaftsministers. Der Außenminister mußte nach einer ergebnislosen Intervention bei seinem Kollegen Schwarz drei Tage vor der Schlußsitzung des Parlaments die Verhandlungen mit Polen absagen. Den polnischen Verhandlungspartnern wurde erklärt, es sei »besser, wenn die neue Regierung den Verhandlungsauftrag gebe«.[162]

Tatsächlich war die alte Bundesregierung im Wahljahr, wie von Adenauer befürchtet, von der neuen US-Administration gehörig unter psychologischen Druck gesetzt worden. Noch mitten im amerikanischen Wahlkampf mußte Pressesprecher von Eckardt auf Veranlassung Adenauers während einer Blitzreise zu dem aussichtsreichen Präsidentschaftskandidaten John F. Kennedy »ein delikates Thema anschneiden«.[163] Er bat Kennedy, die Frage der Oder-Neiße-Grenze in seinen Wahlreden in den Bezirken, in denen »das polnische Einwanderer-Element über erheblichen politischen Einfluß verfügt«, nicht anzuschneiden, da eine Bestätigung der Grenze durch den Präsidentschaftskandidaten in der Bundesrepublik »tiefgreifende Wirkungen hervorrufen« würde.[164] Kennedy versprach, die Grenzfrage nicht zu erwähnen, und hielt Wort. Die Replik auf die Bonner Intervention sollte nicht lange auf sich warten lassen. Während der ersten Unterredung Brentanos mit Präsident Kennedy am 17. Februar 1961 nahmen unangenehme Fragen nach den deutsch-polnischen Beziehungen breiten Raum ein. Offenbar erwog der Präsident als Beitrag zur Entspannung der von der Berlin-Krise immer noch überschatteten Beziehungen zu Moskau selbst eine

---

160 Siehe Boris Meissner (Hrsg.), Die deutsche Ostpolitik 1961-1970. Kontinuität und Wandel, Köln 1970, S. 17f.
161 Vgl. auch die Bundestagsrede des Vorsitzenden des Auswärtigen Ausschusses, Dr. Kopf, zur Osteuropapolitik vom 14. Juni 1961, in: Meissner (Hrsg.), S. 259f.
162 PA/AA, Abt. 7, Bd. 605c, Vermerk Brentano, 27.6.1961.
163 Eckardt, S. 625.
164 Ebenda.

Anerkennung der Oder-Neiße-Grenze.[165] John McCloy empfahl der Bundesregierung eine eigene Initiative hinsichtlich der Anerkennung der Oder-Neiße-Grenze.[166]

In einem neunseitigen Memorandum zur Deutschlandpolitik, das am 22. Oktober 1961 Präsident Kennedy übergeben wurde, ging der Bundeskanzler auch auf die Beziehungen zu Polen ein. Er verwarf nochmals die Anerkennung der Oder-Neiße-Linie und ließ sich allein auf eine Formalisierung des Gewaltverzichts ein.[167] Der deutsch-amerikanische Gegensatz in der Osteuropapolitik ließ sich nicht mehr übertünchen. Auf längere Zeit konnte er aber nicht durchgehalten werden, wenn die Bundesregierung nicht ein ernsthaftes Zerwürfnis mit Washington und eine zunehmende entspannungspolitische Isolierung unter den westlichen Verbündeten in Kauf nehmen wollte. Als Symbol der Politik der Realitätsverweigerung galt mehr noch als der 85jährige Bundeskanzler sein Außenminister von Brentano. Von der parlamentarischen Opposition, von dem liberalen Koalitionspartner und von den westlichen Verbündeten wurde er als deutschland- und ostpolitisches »Auslaufmodell«[168] karikiert, das die neuen außenpolitischen Ausgangsbedingungen für die Bundesrepublik nach dem Mauerbau und die westliche Suche nach Verständigung mit dem Osten auf der Basis des Status quo nicht akzeptierte. Die FDP, mit der die CDU/CSU nach dem Verlust der absoluten Mehrheit in den Bundestagswahlen wieder eine Koalition einging, forderte im Koalitionspoker seinen Rücktritt. Kanzler und Fraktion ließen ihn fallen. Auch wenn es überspitzt wäre zu sagen, daß unter den »rigiden Bedingungen von 1949 bis Anfang der sechziger Jahre im engen Sinne gar keine Ost- und Deutschlandpolitik der Bundesrepublik stattfinden konnte«,[169] so bleibt doch als Resümee festzuhalten, daß mit dem Rücktritt Brentanos am 8. November 1961 auch ein Abschnitt defensiver bundesdeutscher Osteuropa- und Polenpolitik zu Ende ging.

Auffälligerweise hatte die FDP zu diesem Zeitpunkt einen deutschland- und ostpolitischen Schwenk vollzogen, der sich schon im FDP-Wahlaufruf vom 25. August 1961 angekündigt hatte. Ausdrücklich verwies man darin auf die Wahrung des Rechtsanspruchs auf Wiederherstellung des Deutschen Reiches in den Grenzen von 1937. »Diese deutliche Aussage in der Grenzfrage hatte man zuletzt im Friedensvertragsgrundriß der FDP noch

---

165 Siehe Grewe, Rückblenden, S. 495; Baring, Sehr verehrter Herr Bundeskanzler, S. 334f.
166 Heinrich Krone, Aufzeichnungen zur Deutschland- und Ostpolitik 1954-1969, bearb. und eingel. von Klaus Gotto, in: Morsey/Repgen (Hrsg.), Adenauer-Studien III, S. 129-201, hier S. 163.
167 Vgl. Grewe, Rückblenden, S. 508f.; Schwarz, Adenauer. Der Staatsmann, S. 694; Gotto, S. 64ff.
168 Siehe Frank Bärenbrinker, Der verkannte Außenminister, in: Deutschland-Archiv (DA), 11, 1994, S. 1211-1214, hier S. 1213.
169 Hacke, Von Adenauer zu Kohl, S. 5.

mit einer Formel vermieden, die die Möglichkeit eines Kompromisses nicht von vornherein ausschloß.«[170] Der Unterschied zur CDU/CSU-Position bestand hauptsächlich darin, daß die Liberalen, die Aushöhlung des Alleinvertretungsanspruchs weniger fürchtend als den Gewinn außenpolitischen Handlungsspielraums erhoffend, die Aufnahme diplomatischer Beziehungen zu Polen und anderen Warschauer-Pakt-Staaten forderten.

Ungeachtet des Fehlens offizieller Beziehungen Bonns zu Warschau und trotz der Stagnation in den westdeutsch-polnischen Beziehungen auf der politischen und diplomatischen Ebene gab es ein zunehmendes Interesse an wissenschaftlichen und kulturellen Beziehungen zu Polen. Die Rezeption der polnischen Kultur nahm in der Bundesrepublik nach 1956 in bemerkenswerter Weise zu.[171] Die Kontakte waren zwar noch sehr spärlich, verglich man sie mit den Verbindungen anderer westeuropäischer Länder zu Polen, aber man konnte auch nicht davon sprechen, daß sich vor der Aufnahme offizieller Beziehungen auf der gesellschaftlich-kulturellen Ebene überhaupt nichts bewegt habe. Die westdeutsch-polnischen Beziehungen fingen in den sechziger Jahren nicht bei Null an, das galt nicht nur für die Wirtschaftsbeziehungen der Bundesrepublik zu Polen.[172]

Darüber hinaus wurde durch Vermittlung der polnischen evangelischen Kirche zwischen dem Ostkirchenausschuß der Evangelischen Kirche Deutschlands (EKD, Sitz West-Berlin) und den deutschen evangelischen Restgemeinden in den ehemaligen deutschen Ostgebieten eine Verbindung hergestellt. Dieser Kontakt war im wesentlichen karitativer Natur. Gleiches galt für die Kontakte der katholischen Caritas und des DRK mit den Deutschen in Polen einschließlich der ehemaligen Ostgebiete. Angesichts der allgemeinen politischen Lage und des Stands der offiziellen westdeutsch-polnischen Nicht-Beziehungen war es nicht weiter verwunderlich, daß das Auswärtige Amt feststellen mußte: »Darüber hinausgehende, eigentliche kulturelle Kontakte der Deutschen in Polen und in den polnisch verwalteten deutschen Ostgebieten mit der Bundesrepublik bestehen nicht. Hingegen gibt es derartige Verbindungen mit dem Regime der Sowjetzone.«[173]

---

170 Glatzeder, S. 98.
171 Siehe Andreas Lawaty, Die kulturellen Beziehungen zwischen der Bundesrepublik Deutschland und der Volksrepublik Polen bis 1975, in: Die Beziehungen zwischen der Bundesrepublik Deutschland und der Volksrepublik Polen bis zur Konferenz über Sicherheit und Zusammenarbeit in Europa (Helsinki 1975), S. 179-189.
172 Siehe auch eine Aufzeichnung vom 29.6.1960 über »Die Beziehungen der Bundesrepublik Deutschland zu den europäischen Satellitenstaaten einschließlich Jugoslawien«, PA/AA, Abt. 7, Bd. 594.
173 PA/AA, Abt. 7, Bd. 594, Aufzeichnung, 29.6.1960.

## 4. »Politik der Bewegung« (1961-1966)

*4.1 Wandel durch Handel?*

Mit der Neubildung der Bundesregierung im Herbst 1961 übernahm Gerhard Schröder das Außenministerium als Nachfolger Heinrich von Brentanos. Dies mochte vordergründig als eine Folge taktischer Manipulationen im Zuge des Eintritts der FDP in die Regierung erscheinen, doch besaß dieses Ereignis auch symptomatische Bedeutung. Für die FDP, aber auch für weite Kreise der CDU galt Brentano als der Exponent einer rein defensiven Außenpolitik. »Überraschen konnte es jedenfalls nicht, daß Schröder nunmehr erste und vorsichtige Neuheiten in der westdeutschen Außenpolitik sichtbar machte, die über die Ära Adenauer hinauswiesen.«[1]

Der kurz zurückliegende Mauerbau und die nach der Kuba-Krise an globaler Entspannung orientierte Politik der USA führten zu einer »Politik der Bewegung«,[2] die nach dem Kanzlerwechsel im Oktober 1963 weitere Spielräume gewann, jedoch keine spektakuläre Wende in der Bonner Osteuropa- und Polenpolitik ankündigte. Die Jahre der Regierung Erhard wurden auch als »Jahre der Orientierungslosigkeit« und »außenpolitischen Phantasielosigkeit« bezeichnet.[3] Bundeskanzler Erhard, der Wirtschaftsminister in allen Adenauer-Kabinetten, hatte seine Achillesferse zweifellos in seiner außenpolitischen Unerfahrenheit.[4] Er rückte die Bundesrepublik in eine unkritische Nähe zu den USA, vernachlässigte die Beziehungen zu Frankreich und hatte nicht das politische Gespür für den allgemeinen Wandel in den Ost-West-Beziehungen, der sich im Verhältnis der Bundesrepublik zu den Warschauer-Pakt-Staaten niederschlug. Ostpolitische Initiative war von Erhard nicht zu erwarten, und wenn sie gezeigt wurde, wie mit der Friedensnote von 1966, verblaßte sie vor den kühneren Neuüberlegungen in Sachen Deutschland- und Ostpolitik bei den Sozialdemokraten, dem liberalen Koalitionspartner und in gesellschaftlichen Gruppen.[5] In der CDU überwogen die beharrenden Tendenzen. Die CSU beobachtete die ostpoli-

---

1 Besson, S. 289.
2 Siehe Gerhard Schröder im Interview am 4.11.1963, in: Meissner (Hrsg.), S. 69ff.
3 Hacke, Von Adenauer zu Kohl, S. 8, 9.
4 Siehe dazu auch den Leiter des Außenpolitischen Büros im Bundeskanzleramt (1960-1969), Horst Osterheld, Außenpolitik unter Bundeskanzler Ludwig Erhard 1963-1966. Ein dokumentarischer Bericht aus dem Kanzlramt, Düsseldorf 1992.
5 In der neuen Erhard-Biographie von Volker Hentschel, Ludwig Erhard. Ein Politikerleben, München u. a. 1996, findet - nicht ganz unerwartet - kein einziger polnischer Politiker Erwähnung.

tischen Ansätze innerhalb der CDU seit Beginn der sechziger Jahre »mit unverhohlenem Mißtrauen«.[6]

Ansätze zur Überprüfung und Korrektur der Deutschlandpolitik, die immer auch polenpolitische Relevanz hatten und z.B. durch den Vertriebenenminister Johann Baptist Gradl angeregt wurden,[7] konnten sich nicht durchsetzen. Außenminister Schröder konnte nicht mit einer demonstrativen Unterstützung seiner 1961 eingeleiteten »Politik der Bewegung« durch den Bundeskanzler rechnen. Ludwig Erhards Regierungserklärung vom 18. Oktober 1963 blieb in der kurzen osteuropapolitischen Passage enttäuschend nichtssagend. Der Begriff »Polen« fiel kein einziges Mal,[8] obwohl doch die Aufnahme offizieller Handelsbeziehungen, die »einen wichtigen Schritt auf dem Weg zu einer Verbesserung unserer Beziehungen mit Polen« darstellten – so Gerhard Schröder in einem Interview am 7. März –,[9] erst ein halbes Jahr zurücklag. Gegen alle Widerstände versuchte Erhards Außenminister freilich, der Bundesrepublik vorsichtig den Weg nach Ostmittel- und Osteuropa zu ebnen.

Schröder konnte sich relativ freie Bahn bei der Intensivierung der wirtschafts- und kulturpolitischen Beziehungen zu den kleineren Warschauer-Pakt-Staaten schaffen,[10] was als neue Einkreisungs- oder Umgehungstaktik gegenüber der DDR und Mißachtung der Führungsrolle der Sowjetunion (»... wieder sinnvoll, die osteuropäischen Staaten als Subjekte der internationalen Politik zu betrachten«[11]) interpretiert werden konnte. Gegen den Vorwurf, eine »Randstaatenpolitik« *gegen* Moskau zu betreiben, wehrte sich Schröder ausdrücklich, da er ein Ausspielen der Warschauer-Pakt-Staaten gegen die Sowjetunion für »vermutlich erfolglos« und »unvernünftig« hielt.[12] Da die Sowjetunion als Protektoratsmacht in Osteuropa vor jeder ostpolitischen Initiative Bonns jedoch zuerst gefragt werden wollte, konnte Schröder Moskaus Mißtrauen nicht ausräumen. Die Sorgen der DDR-Führung vor einer Isolierung schienen da schon berechtigter zu sein,

---

6 Hacke, Von Adenauer zu Kohl, S. 10.
7 Siehe Johann Baptist Gradl, Im Interesse der Einheit. Zeugnisse eines Engagements. Hrsg. und eingel. von Karl Willy Beer, Stuttgart 1971.
8 Wortlaut der außenpolitischen Passage in: Außenpolitik der Bundesrepublik Deutschland, S. 281-283.
9 Wortlaut in: Meissner (Hrsg.), S. 41.
10 AM Schröder vor dem evangelischen Arbeitskreis der CDU/CSU in München am 3. April 1964: »Besonders eng und fruchtbar waren früher einmal die kulturellen Bande zwischen uns und den osteuropäischen Staaten. Wir würden es begrüßen, wenn diese Bande neu geknüpft würden. Nachdem wir Handelsvereinbarungen abgeschlossen haben, ist die Bundesregierung deshalb bereit, mit den Staaten Osteuropas, die es wünschen, auch über einen intensiveren Kulturaustausch zu sprechen.« (Zit. n. Außenpolitik der Bundesrepublik Deutschland, S. 289)
11 Gerhard Schröder, Germany Looks at Eastern Europe, in: Foreign Affairs, Vol. 44, No. 1, October 1965, S. 15-25.
12 Ebenda.

standen doch Schröders Pläne am Anfang offenbar stark unter dem Einfluß von Zbigniew Brzezinskis »Zweizangentheorie« (d. h. Isolierung der DDR von zwei Seiten).[13] Daß Schröder grundsätzlich für mehr Flexibilität eintrat, hatte sich schon in der erbitterten Auseinandersetzung um das Atomteststoppabkommen gezeigt. Schröder plädierte hier für einen pragmatischen Kurs und hielt die Unterschrift der DDR für nicht so relevant, daß man aus diesem Grund das Abkommen ablehnen müßte. Auf dem CDU-Parteitag in Dortmund Anfang Juni 1962 fiel er durch sein Eintreten für eine Verbesserung der Beziehungen zu den osteuropäischen Staaten auf.[14]

Noch in der Endphase der Kanzlerschaft Adenauers wurde im November 1962 auf Schröders Initiative eine Delegation nach Warschau entsandt, um die seit 1961 unterbrochenen Verhandlungen über eine Erneuerung des Handelsabkommens wieder aufzunehmen und zugleich zu versuchen, eine Handelsvertretung der Bundesrepublik in Warschau – als ersten Schritt auf dem Wege zu einer Normalisierung der Verhältnisse – einzurichten. Polen revidierte seine grundsätzliche Ablehnung von Handelsmissionen als »Ersatz« für eine diplomatische Vertretung angesichts der Fortschritte beim Übergang zur zweiten Stufe des gemeinsamen Markts der EWG-Staaten. Besonders nachhaltig wirkten sich die Schritte zur Zollunion auf die Konkurrenzfähigkeit von Drittstaaten auf dem EWG-Markt aus: die allmähliche Angleichung an den gemeinsamen Zolltarif und die Senkung der Binnenzölle auf Erzeugnisse der gewerblichen Wirtschaft und auf Agrargüter sowie die Einführung einer gemeinsamen Agrarmarktordnung,[15] die die Ausfuhr landwirtschaftlicher Produkte aus Polen (Schlachtschweine, Eier usw.) in den EWG-Raum beträchtlich erschwerte.[16] Die polnische Befürchtung, die Exportwirtschaft würde gefährdet, eröffnete der Bonner Politik der kleinen Schritte neue Möglichkeiten.

Für Bonn stand ungeachtet des unverändert geringen Handlungsspielraums wegen der Nichtanerkennungspolitik und der Rechtsvorbehalte ein Handelsabkommen mit Polen ganz oben auf der osteuropapolitischen Prioritätenliste: »Dies lag darin begründet, daß es im Verhältnis zu Polen eine größere Zahl ungeregelter politischer und humanitärer Fragen als mit den

---

13 Zbigniew Brzezinski, Alternative zur Teilung. Neue Möglichkeiten für eine gesamteuropäische Politik, Köln – Berlin 1966, S. 173ff. Vgl. Garton Ash, Im Namen Europas, S. 637, der darauf hinweist, daß Brzezinski 1981 erklärte, daß er seinerzeit in den sechziger Jahren über die weitere Isolierung der DDR die Bundesrepublik dazu bewegen wollte, die Oder-Neiße-Grenze und die neuen Realitäten in Osteuropa anzuerkennen.
14 Besson, S. 330.
15 Siehe Cornides/Mende/Wagner (Hrsg.), S. 256f.; und Wilhelm Cornides, Der Übergang zur zweiten Stufe des Gemeinsamen Marktes, in: Wilhelm Cornides/Dietrich Mende (Hrsg.), Die internationale Politik 1961, München – Wien 1964, S. 228f.
16 Siehe Schulz, Handel zwischen Politik und Profit, in: Jacobsen/Schweitzer/Sułek/Trzeciakowski (Hrsg.), S. 194.

übrigen ›Satellitenstaaten‹« gab. Die Bundesregierung, die »handelspolitisch ... kein Interesse an längerfristigen Abkommen mit Ostblockstaaten«[17] hatte, hoffte insbesondere auf eine Honorierung im politischen Bereich. Die kommenden Verhandlungen sollten genutzt werden, um auch »schwebende Probleme« des deutsch-polnischen Verhältnisses zur Sprache zu bringen. In erster Linie ging es hier neben anderem (Seeverkehr, Kulturaustausch) um die Belange der Deutschen in Polen: die Wiederaufnahme der Familienzusammenführung, bei der schon einmal im Zuge von Wirtschaftsverhandlungen Erfolge erzielt worden waren, und den Transfer von Unterhaltsbeiträgen und Renten.[18] Die polnischerseits in Vorverhandlungen ins Gespräch gebrachten »Wiedergutmachungsleistungen der Bundesrepublik an polnische Opfer des NS-Regimes«[19] blieben wegen der komplizierten Verhandlungsmaterie und der deutscherseits gewünschten Vermeidung eines Präzedenzfalls ausgespart.[20]

Die Verhandlungen, von Botschafter Allardt geführt, zogen sich Monate hin. Schwierigkeiten ergaben sich vor allem aus der Stellung Berlins, hier stand die polnische Regierung unter starkem Druck der DDR-Führung,[21] und der notwendigen Rücksicht auf die Agrarmarktordnung der EWG. Die Formel vom Währungsgebiet der DM, auf die sich der Handelsvertrag bezog, schloß West-Berlin faktisch in das Arrangement ein,[22] ohne an den unterschiedlichen Rechtsstandpunkten irgend etwas zu ändern.[23] Der jetzt von Bonn ernsthaft unternommene Versuch, die beiderseitigen Handelsvertretungen auch mit einigen konsularischen Rechten auszurüsten, wurde von Polen als »Ersatz« beharrlich abgelehnt. »Volle diplomatische Beziehungen mit Anerkennung der Grenze« war nunmehr die polnische Linie. Warschau teilte in diesem Fall die Befürchtungen der DDR, die Zulassung einer Handelsvertretung stärke die Anhänger der »Hallstein-Doktrin« und erschwere die Anerkennung der DDR.[24] Nur die Aussicht auf einen günstigen dreijährigen Handelsvertrag mit vorteilhaften Absatzregelungen, insbesondere für polnische Agrarprodukte, und das Pochen Bonns auf Parität

---

17 Kabinettsvorlage, 2.6.1961, PA/AA, Ref. IIIA 6, Bd. 173.
18 PA/AA, Abt. 7, Bd. 605c, Aufzeichnung, 22.10.1962.
19 Aufzeichnung Stalmann, 6.7.1962, PA/AA, Ref. IIIA 6, Bd. 174.
20 Lindemann, S. 58.
21 Fernschreiben Allardt, 17.1.1963, in: Akten zur Auswärtigen Politik der Bundesrepublik Deutschland, hrsg. im Auftrag des Auswärtigen Amtes vom Institut für Zeitgeschichte, 1963: 3 Bde., bearb. von Mechthild Lindemann und Olse Dorothee Pautsch, München 1994; 1964: 2 Bde., bearb. von Wolfgang Hölscher und Daniel Kosthorst, München 1995 (AAPD); hier AAPD 1963, I, Dok. 29, S. 93.
22 Die Regelung stieß auf Kritik des Bevollmächtigen des Landes Berlin in Bonn, Klaus Schütz (PA/AA, Abt. 7, Bd. 605c, Eingang 10.5.1963), und von Vertretern aller Bundestagsparteien einerseits und von seiten Moskaus, Ost-Berlins und der übrigen Ostblockstaaten andererseits; dazu auch Lindemann, S. 73-79.
23 Besson, S. 331.
24 Fernschreiben Allardt, 22.1.1963, AAPD 1963, I, Dok. 45, S. 152.

mit der polnischen Handelsvertretung in Frankfurt machten die polnische Regierung schließlich geneigt, der Errichtung einer solchen Vertretung der Bundesrepublik in Warschau zuzustimmen – ohne irgendein konsularisches Recht[25] und mit beschränkten Privilegien (freier Zugang zur Handelsvertretung, Chiffrierrecht, Unverletzlichkeit des Telegramm- und Schriftverkehrs, der Räume und Archive, persönliche Sicherheit bei der Amtsausübung).[26] Der Handelsvertrag kam am 7. März 1963 zustande. An einem Mehr an Privilegien, wie z.B. der Gewährung diplomatischer Immunität, hatte die deutsche Seite indes gar kein Interesse, weil sonst das Abkommen ratifizierungsbedürftig gewesen wäre. Da die Bundesregierung trotz »Politik der Bewegung« auf der diplomatisch-politischen Ebene aus doktrinären Gründen (Alleinvertretungsanspruch, »Hallstein-Doktrin«) jedoch weiterhin *low profile* demonstrieren wollte, war sie an so wenig Publizität wie möglich interessiert.[27]

Mit einem Abstand von sieben Jahren schrieb Waldemar Besson zu dem Ergebnis der Verhandlungen mit Polen, daß sich legalistisch denkende Geister damit durchaus zufrieden gezeigt hätten: »Äußerlich hatte sich an der Deutschlandpolitik der Bundesrepublik und der polnischen Haltung dazu nichts geändert. In Wahrheit war freilich ein erster entscheidender Schritt in Richtung auf eine verstärkte politische Präsenz der Bundesrepublik in Osteuropa getan.«[28]

Kurz vor Unterzeichnung des Handelsvertrags wurde Botschafter Allardt am 6. März 1963 von Vizeaußenminister Winiewicz zu einem Gespräch empfangen, das als erster amtlicher politischer Kontakt bezeichnet werden kann. Die Hoffnung der Bundesregierung, daß die Handelsvertretung als »Ersatzlösung« ohne Ausweitung der Kompetenzen allmählich politisch aufgewertet werden könnte, erwies sich jedoch bald als reines Wunschdenken. Die polnische Politik bot keine Hilfestellung zu einer wie auch immer gearteten Rettung der »Hallstein-Doktrin«. Der erste Chef der Handelsvertretung, der bisherige Botschafter in Luxemburg, Dr. Mumm von Schwarzenstein, war von Minister Schröder dreier Eigenschaften wegen (»naziverfolgt, evangelisch, adelig«) als für Warschau besonders geeignet befunden worden. Er trat erst im Herbst 1963 seinen Dienst an. In

---

25 Das Desinteresse der deutschen Seite an konsularischen Rechten konnte auch mit den nachteiligen Auswirkungen einer Handelsmission auf den völkerrechtlichen Status der Oder-Neiße-Gebiete begründet werden, denen nur mit einem Grenzvorbehalt als Bestandteil einer Vereinbarung mit Polen entgegengewirkt werden konnte, was wiederum für die polnische Seite nicht akzeptabel war; vgl. Aufzeichnung des Ministerialdirektors von Haeften, 4.1.1963, AAPD 1963, I, Dok. 6, S. 13-16.
26 Lindemann, S. 66; Stehle, Nachbar Polen, S. 346.
27 Lindemann, S. 65.
28 Besson, S. 331.

den drei Jahren seiner Tätigkeit blieb er politisch völlig isoliert.[29] Es gelang ihm auch nicht, für den Besuch des Hamburger CDU-Abgeordneten Erik Blumenfeld, den ersten eines Bundestagsabgeordneten in Warschau seit Errichtung der Handelsvertretung, Kontakte mit dem Außenministerium und Sejm-Abgeordneten zu vermitteln.[30]

Mumm von Schwarzenstein wurde nur einmal, am 4. Februar 1965, im Warschauer Außenministerium zusammen mit dem CDU-Abgeordneten Blumenfeld bei dessen zweiten Besuch von Vizeminister Winiewicz empfangen. Das war zu einem Zeitpunkt, als die Versuche westdeutscher Wirtschaftskreise, vor allem des Krupp-Bevollmächtigten Beitz, neue Formen der Kooperation in Polen zu finden, einen Höhepunkt erreicht hatten.[31]

Schon die vorsichtigen osteuropa- und polenpolitischen Schritte von Außenminister Schröder gingen prominenten CDU-Politikern zu weit, und es war vor allem Schröders Amtsvorgänger Brentano, der »Weiterungen fürchtete und dem die ganze Richtung nicht paßte« (Besson). Brentano sah schon »eine schleichende Aufnahme diplomatischer Beziehungen und eine folgenschwere Durchlöcherung der Hallstein-Doktrin«.[32] Brentanos Gefolgsmann Graf Huyn meinte, statt westdeutsche Handelsinteressen in Europa zu verfolgen, hätte man lieber darauf drängen sollen, im Rahmen der EWG eine gemeinsame Osthandelspolitik zustande zu bringen.[33] Brentanos Vorbehalt verriet – so Besson – durchaus das richtige Gespür für den Kern von Schröders Absichten:

> Brentano sah ganz richtig, daß es langfristig Konsequenzen für die Zukunft der westeuropäischen Integration haben mußte, wenn Bonn und nicht Brüssel Ostpolitik machte. Für ihn blieb es eine unabdingbare Voraussetzung des Westkurses, keine Konkurrenz einer mitteleuropäischen Orientierung der Bundesrepublik entstehen zu lassen. Außenminister Schröder hat dagegen bewußt die Bundesrepublik als Basis für seine ostpolitischen Pläne gewählt. Das ist ein entscheidendes Faktum in der Weiterentwicklung der westdeutschen Außenpolitik über Adenauer hinaus.[34]

Als der FDP-Vorsitzende Erich Mende nach der Wahl Ludwig Erhards zum Bundeskanzler als Vizekanzler und Minister für gesamtdeutsche Fragen in die Bundesregierung eintrat, ergab sich eine gewichtige Stärkung der außenpolitisch »nationalliberalen« Linie Schröders im Bundeskabinett, was naturgemäß die orthodoxen Europäer vom Schlage Brentanos noch mißtrauischer machte.[35] Mende sprach sich wiederholt für die Aufnahme diplomatischer Beziehungen zu den osteuropäischen Staaten aus und ver-

---

29 Stehle, Nachbar Polen, S. 347.
30 Vermerk des Staatssekretärs Carstens, 4.6.1964, AAPD 1964, I, Dok. 148, S. 599.
31 Stehle, Nachbar Polen, S. 347f.
32 So »Der Spiegel«, 41, 11.10.1962, zit. n. Besson, S. 331.
33 Hans Graf Huyn, Die Sackgasse. Deutschlands Weg in die Isolierung, Stuttgart 1966, S. 345.
34 Besson, S. 331f.
35 Ebenda, S. 332.

wies mit Bezug auf die »Geburtsfehlertheorie« auf die traditionell ablehnende Haltung der FDP zu der starren Anwendung der »Hallstein-Doktrin«, ohne freilich den Alleinvertretungsanspruch der Bundesrepublik aufzugeben.[36] Vor allem fehlte der Position des nationalliberalen FDP-Vorsitzenden ein realistischer Zugang zu der Bedeutung einer Modus-vivendi-Regelung mit Polen über die Oder-Neiße-Grenzfrage. Eine vom außen- und deutschlandpolitischen Sprecher Schollwer vorgeschlagene Stellungnahme zur Ostdenkschrift der EKD vom November 1965 stieß bei dem sich eher taktisch verhaltenden, beileibe nicht nationalliberalen Fraktionsgeschäftsführer, Hans-Dietrich Genscher, auf Widerspruch. Seinem Wunsch entsprechend ging die FDP mit keinem Wort auf die Denkschrift ein.[37] Noch im September 1966 sagte Mende in einer Rundfunkansprache: »Nach dem eindeutigen Willen der Siegermächte des Zeiten Weltkrigs ist die Oder-Neiße-Linie eine Demarkationslinie wie die Zonendemarkationslinie auch.«[38]

Der Politikwissenschaftler Waldemar Besson hat in seinem Standardwerk zur Außenpolitik der Bundesrepublik vor einem Vierteljahrhundert – bis heute gültig – geschrieben, daß es zu den »Eigentümlichkeiten der Schröderschen Politik« gehörte, »daß sie sich selbst programmatisch kaum zu akzentuieren verstand«.[39] Immerhin erklärte Schröder in einem Rundfunkinterview am 21. Mai 1965, die Politik der Bundesrepublik solle dazu führen, daß in dem traditionell so wichtigen osteuropäischen Raum sowohl

---

36 Siehe die Rede auf dem FDP-Parteitag am 22.3.1965 in Frankfurt a.M., in: Meissner (Hrsg.), S. 101.
37 Wolfgang Schollwer, FDP im Wandel, München 1994, S. 295. Schon 1962 hatte Schollwer in seiner 27seitigen, nicht für die Öffentlichkeit und die FDP-Basis bestimmten Denkschrift »Verklammerung und Wiedervereinigung«, abgesehen von der Aufnahme diplomatischer Beziehungen zumindest mit den unmittelbaren Nachbarn Deutschlands – Polen und Tschechoslowakei –, gefordert, »die gegenwärtigen deutschen Ostgrenzen bis zu einer endgültigen vertraglichen Regelung in einem deutschen Friedensvertrag zu respektieren«. (Glatzeder, S. 104) Intern konnte sich Schollwer von Mende unterstützt fühlen, in der Öffentlichkeit vertrat der FDP-Vorsitzende aber bis zuletzt eine unbewegliche Position in der Grenzfrage.
38 Zit. n. Meissner (Hrsg.), S. 145.
39 Besson, S. 333. – In einem Interview des Deutschlandfunks vom 6.10.1963 gab Schröder eine Erklärung des Begriffs »Politik der Bewegung«: »… für uns ist Entspannung nur sinnvoll, wenn sie zu einer positiven Veränderung des Status quo führt … Eine Veränderung des Status quo kann aber nicht durch Stillstand erreicht werden. Wir müssen sehen, ob wir nicht ein Loch in der sowjetischen Position finden, das wir erweitern können … Nur so können wir der Weltöffentlichkeit klarmachen, daß wir den gegenwärtigen Zustand der Teilung Deutschlands unter keinen Umständen hinnehmen … Politik der Bewegung, um einmal diesen Terminus nun zu gebrauchen, heißt natürlich nicht, daß sich der Westen von seinen eigenen Grundpositionen fortbewegen soll. Erst wenn erkennbar wird, daß die Sowjets bereit sind, ihre bisherige starre Position aufzulockern, dann kann der Westen prüfen, welche materielle Beweglichkeit ihm seine Grundpositionen erlauben.« (Meissner, S. 60)

in wirtschaftlicher als auch in kultureller Hinsicht wieder ein engeres Geflecht von Beziehungen entstehe. Die Bundesrepublik könne ungehindert durch irgendeine theoretische Auffassung zu den osteuropäischen Staaten ebenso gut diplomatische Beziehungen aufnehmen wie zur Sowjetunion.[40] Zwar kündigte sich hier rein spekulativ die Infragestellung der »Hallstein-Doktrin« an, aber die praktische Politik des Außenministers und der Bundesregierung blieb weit hinter diesen theoretischen Erwägungen zurück.

Wie langsam sich die »Politik der Bewegung« im Verhältnis zu Polen wirklich nach vorne bewegte, verdeutlichte die Behandlung des gegenüber dem Rapacki-Plan in seinen verschiedenen Varianten bescheideneren Gomułka-Plans vom 29. Februar 1964. Der Bundesrepublik, dem wichtigsten Adressaten, wurde das Memorandum über den Bonner Botschafter in Neu-Delhi, den ehemaligen Leiter der Ostabteilung des Auswärtigen Amts, Duckwitz, überbracht, in dem der polnische Botschafter einen »aufmerksamen Zuhörer« fand. Dieses Mal brauchte sich Polen nicht mehr wie 1958 der guten Dienste Schwedens zu bedienen, um das Memorandum Bonn zukommen zu lassen.[41]

Dieses Mal würdigte die Bundesregierung den polnischen Vorschlag wenigstens einer – wenn auch wiederum negativen – Antwort, die in Neu-Delhi dem polnischen Botschafter übergeben wurde. Bonn bemängelte darin, daß der neue polnische Vorschlag das Gleichgewicht in Europa gefährden würde. Es war jedoch nicht Detailkritik, die Bonn zu einer ablehnenden Antwort bewog, sondern die Verknüpfung jeden Fortschritts in der europäischen Sicherheitsfrage mit Fortschritten in der deutschen Frage.[42] Die »Politik der Bewegung« ging noch nicht so weit, die Selbstblockade gegenüber Polen und den anderen Staaten des Warschauer Pakts durch eine Entflechtung des Problemknäuels in operativen Einzelschritten zu beenden und durch Fortschritte in einem Bereich – beispielsweise in der militärischen Sicherheitspolitik – Fortschritte in einem anderen prioritären Bonner Politikfeld, wie der Deutschland- und Ostpolitik, zu initiieren.[43]

---

40 Besson, S. 333.
41 Stehle, Nachbar Polen, S. 316.
42 Siehe u.a. Aufzeichnung des Ministerialdirektors Krapf, 26.3.1965, AAPD 1965, I, Dok. 152, S. 622-627, hier S. 627; und Aufzeichnung des Ministerialdirektors Krapf, 29.6.1965, AAPD 1965, II, Dok. 262, S. 1091-1093, hier S. 1092.
43 Vgl. dagegen Klaus Hildebrand, der das Lavieren Erhards zwischen Tradition und Wandel in der Deutschland- und Außenpolitik verständnisvoll und die Entspannungspolitik als eine Art unseriöse Modeerscheinung beschrieb: »Die Politik der Entspannung von Fortschritten in der Frage der Wiedervereinigung direkt abhängig machen zu wollen, galt inzwischen als nahezu unmöglich. Freilich schien es auch noch nicht so weit zu sein, den Zwang zur Umkehr der Begriffe und Vorgänge allzu bereitwillig akzeptieren zu müssen.« (Klaus Hildebrand, Von Erhard zur Großen Koalition 1963-1969, Stuttgart 1984, S. 83)

## 4.2 »Polenpolitik« von unten

Schröder kam bei seiner »Politik der Bewegung« zu Hilfe, daß sich seit Beginn der sechziger Jahre in der westdeutschen Öffentlichkeit eine Öffnung gegenüber den östlichen Nachbarn, insbesondere gegenüber Polen, abzeichnete, die von akademischen, publizistischen und kirchlichen Kreisen und Schriftstellern getragen wurde. Die sechziger Jahre waren in der westdeutschen Nachkriegsgeschichte die Jahre der deutschland- und ostpolitischen Modelle, der Überlegungen, Thesen und Memoranden, die in den Parteien und vielen gesellschaftlichen Gruppierungen und Institutionen, vor allem auch in Kirchen und Medien, intensiv erörtert wurden.[44]

Am 24. Februar 1962 hatten acht führende protestantische Laien ein sogenanntes Tübinger Memorandum veröffentlicht und darin behauptet, die Anerkennung der Oder-Neiße-Linie sei die Voraussetzung einer Normalisierung mit Polen und den übrigen osteuropäischen Staaten.[45] Die anschließende Auseinandersetzung wurde mit der im Oktober 1965 veröffentlichten Denkschrift der Kammer für öffentliche Verantwortung der Evangelischen Kirche Deutschlands über »Die Lage der Vertriebenen und das Verhältnis des deutschen Volkes zu seinen östlichen Nachbarn«[46] weitergeführt,[47] zu der die Bundesregierung mit der Bekräftigung des Rechtsstandpunkts beitrug.[48] Die Denkschrift wurde aber in Teilen des Regierungsapparats (Schröder, Carstens) offenbar weitaus positiver bewertet, als dies aus den öffentlichen Verlautbarungen hervorging.[49] Bei der Diskussion wird bis heute weitgehend übersehen, daß es das Verdienst der Ostdenk-

---

44 Siehe Peter Bender, Neue Ostpolitik. Vom Mauerbau bis zum Moskauer Vertrag, München 1986, S. 118-121; Hacke, Von Adenauer zu Kohl, S. 9; Jörg K. Hoensch, Initiativen gesellschaftlicher Gruppierungen in der Bundesrepublik Deutschland bei der Ausgestaltung der deutsch-polnischen Beziehungen, in: Die Beziehungen zwischen der Bundesrepublik Deutschland und der Volksrepublik Polen, S. 55-71.
45 Auszug in: Jacobsen/Tomala (Hrsg.), S. 114f.
46 Veröffentlicht im Verlag des Amtsblattes der Evangelischen Kirche in Deutschland, Hannover 1965.
47 Vgl. Jens Motschmann, Die Denkschrift der Evangelischen Kirche in Deutschland. Literaturbericht und Bibliographie (Stand 15.3.1967), in: Jahresbibliographie. Bibliothek für Zeitgeschichte. Weltkriegsbücherei, Stuttgart, Jg. 38 (1966), S. 485-547.
48 Stellungnahme der Bundesregierung zur öffentlichen Diskussion über die EKD-Denkschrift vom 24.11.1965, in: Meissner (Hrsg.), S. 117.
49 Staatssekretär Carstens zur Ostdenkschrift und zum Briefwechsel der katholischen Bischöfe Polens und Deutschlands im Ministerkomitee des Europarats am 11.12.1965: »Ich wolle aber doch als meine persönliche Ansicht zum Ausdruck bringen, daß diese drei Dokumente eindrucksvolle Zeugnisse für den sowohl in Deutschland wie in Polen vertretenen Wunsch nach Versöhnung und friedlicher Zusammenarbeit zwischen beiden Völkern darstellten.« AAPD 1965, III, Dok. 456, S. 1879-1881, hier S. 1880.

schrift war, daß »zum ersten Mal in ausführlicher Weise auf die zwiespältige Lage der Vertriebenen in der bundesdeutschen Gesellschaft aufmerksam gemacht wurde – und das nach fast zwanzig Jahren Eingliederungsbemühungen«.[50]

Der Briefwechsel zwischen den polnischen (18.11.1965) und deutschen Bischöfen (5.12.1965) ging auf eine polnische Initiative zurück,[51] reflektierte aber die Wohlgesonnenheit der deutschen katholischen Bischöfe gegenüber Polen, die sich freilich nicht in einem mutigen Bekenntnis äußerte, das dem der evangelischen Mitbrüder gleichgekommen wäre.[52] Erst das Memorandum des Bensberger Kreises von prominenten Katholiken[53] aus dem Jahre 1968 ging deutlich über die enttäuschende Antwort der deutschen katholischen Bischöfe zur Grenzfrage hinaus.[54] Die Entwicklung der öffentlichen Meinung wurde gerade durch die kirchlichen Verlautbarungen beeinflußt, klarer als bisher den weltpolitischen Wandel zu sehen und nach neuen Prinzipien für die zukünftige Stellung der Deutschen in Mitteleuropa zu suchen.

Die Botschaft von Kirchen, Publizisten und Schriftstellern lautete, damit aufzuhören, bloße, nicht durchsetzbare Rechtsansprüche zu postulieren. Aber bei aller Nähe bestimmter realpolitischer Grundüberzeugungen bestand kein direkter Zusammenhang zwischen den Auffassungen Schröders und den kirchlichen Verlautbarungen.[55] Der pragmatische Außenminister fürchtete wohl eher »die Gefahr neuer Doktrinen, die diesmal nicht

---

50  So Heinrich Stubbe, Die geteilte Nation schied die Geister, in: Rheinischer Merkur – Christ und Welt, 39, 29.9.1995.

51  Siehe Wolfgang Grycz, Geheime Dokumente geben Aufschluß: Die Versöhnungsbotschaft der polnischen Bischöfe – und die Quittung des Staates, in: Ost-West-Informationsdienst für zeitgeschichtliche Fragen, 187, 1995, S. 58-71; Piotr Madajczyk, Na drodze do pojednania: Wokół orędzia biskupów polskich do biskupów niemieckich z 1965 roku [Auf dem Wege zur Versöhnung: Um das Schreiben der polnischen Bischöfe an die deutschen Bischöfe aus dem Jahre 1965], Warszawa 1994.

52  Hansjakob Stehle, »Versuchen wir zu vergessen«. Warum deutsche Bischöfe nicht gleich in die Hand der Polen einschlugen, in: Pflüger/Lipscher (Hrsg.), S. 74-89; Hansjakob Stehle, Seit 1960: Der mühsame katholische Dialog über die Grenze, in: Plum (Hrsg.), S. 155-178; Edith Heller, Macht Kirche Politik. Der Briefwechsel zwischen den polnischen und deutschen Bischöfen im Jahre 1965, Köln 1992.

53  Karl Otmar Frhr. von Aretin, Ernst-Wolfgang Böckenförde, Ernst-Otto Czempiel, Walter Dirks, Alfons Erb, Norbert Greinacher, Hans Heigert, Eugen Kogon, Eberhard Menzel, Johann Baptist Metz, Peter Nellen, Karl Rahner, Joseph Ratzinger, Alexander Schwan, Gilbert Ziebura u. a. (Ein Memorandum deutscher Katholiken zu den polnisch-deutschen Fragen, Mainz 1968)

54  Vgl. Gottfried Erb, Das Memorandum des Bensberger Kreises zur Polenpolitik, in: Plum (Hrsg.), S. 179-187.

55  Gespräch des Bundesministers Schröder mit dem amerikanischen Botschafter McGhee, 9.12.1965: »Der Minister bemerkte, diese Dinge lägen im Bereich einer Verbesserung der Atmosphäre und seien als gewisse Zeichen guten Willens auf beiden Seiten zu erkennen. Man könne jedoch nicht sagen, daß damit jetzt schon irgendein

juristisch, wohl aber moralisch begründet waren ... Aber Schröder war gewiß damit einverstanden, wenn in der öffentlichen Diskussion jetzt immer stärker die historisch bestimmte deutsche Verantwortlichkeit in Ostmitteleuropa betont wurde,«[56] zumal er ungeachtet aller pragmatischen Nüchternheit die moralische Dimension des deutsch-polnischen Verhältnisses erkannte und bei Gelegenheit von sich aus ansprach: »In manchen Ländern wie in Polen haben wir schwere Hypotheken der Vergangenheit zu tilgen.«[57]

Für eine realistische Einschätzung von Grundbedingungen und Handlungsspielräumen gegenüber den osteuropäischen Staaten – den Begriff »Ostblockstaaten« lehnte er grundsätzlich ab[58] – sprach seine Warnung vor drei Illusionen: Erstens, daß es zu einer starken Ausweitung des deutschen Osthandels kommen könne, zweitens, daß eine disziplinierte Embargopolitik gegenüber dem Osten im Westen durchzusetzen sei, und drittens, daß sie, auch wenn straff durchgeführt, erfolgreich sein würde.[59] Andererseits hat Schröder den Kampf um die Anpassung der außenpolitischen Zielvorstellungen der Bundesrepublik an die veränderte weltpolitische Lage »nie wirklich konsequent geführt. Die Antiquiertheit der außenpolitischen Vorstellungen seiner eigenen Partei sollte sich deshalb in den kommenden Jahren als eine ihrer schwersten Belastungen erweisen.«[60]

## 4.3 Erhards Grenzen des Entgegenkommens – die Friedensnote

Auch die Erklärungen des Bundeskanzlers Erhard zu den unveränderten Schlüsselfragen der Beziehungen zu Polen ließen keine politisch verwertbare Bewegung erkennen. Seit Anfang der sechziger Jahre war klar, daß die Normalisierung der Beziehungen zu Polen eine neue Bonner Formel für die Grenzfrage voraussetzte. Ludwig Erhard fand sie nicht. Auf einem Kongreß der ostdeutschen Landsmannschaften ließ er am 22. März 1964 verlauten: »Wir verzichten nicht ... auf Gebiete, die die angestammte Heimat so vieler unserer Brüder und Schwestern sind ... Die Vertreibung ... hat keine neuen Rechtsrealitäten geschaffen.« Und das Angebot an Polen lautete: »Wir wollen uns vielmehr bemühen, einen Weg der Verständigung mit unseren östlichen Nachbarn auf der Grundlage des Rechts, der friedlichen

---

politischer Wandel gegeben sei. Er habe nichts gegen diese Dinge, doch seien sie noch keine politisch neuen Fakten.« AAPD 1965, III, Dok. 452, S. 1865-1869, hier S. 1868f.
56 Besson, S. 334f.
57 In einem Interview am 8.9.1964, zit. n. Meissner (Hrsg.), S. 93.
58 In einem Interview des NDR am 4.11.1963, ebenda, S. 72.
59 In einem Interview am 8.9.1964, ebenda, S. 95.
60 Besson, Die Außenpolitik, S. 340.

Verhandlung und der gegenseitigen Achtung zu finden ... Wir haben diesen Weg mit Erfolg bei der Lösung der Grenzprobleme im Westen beschritten. Dort herrscht Frieden und Freiheit. Wir sind bereit, die gleiche versöhnliche Haltung auch dem Osten gegenüber zu bezeugen.«[61]

Tatsächlich äußerte sich Bundeskanzler Erhard vor ausländischem Publikum zur Oder-Neiße-Grenze zurückhaltender als für den innenpolitischen Hausgebrauch, wissend, daß er für den deutschen Rechtsanspruch auf die Oder-Neiße-Gebiete kaum mehr Verständnis fand. So sagte er in einer Rede vor dem Council on Foreign Relations in New York am 11. Juni 1964:

> Stalin hat im Jahre 1945 in kühler Berechnung das polnische Herrschaftsgebiet bis tief in deutsches Land vorgetrieben, um damit das deutsche und das polnische Volk für immer feindlich zu entzweien. Etwa 10 Millionen Deutsche wurden aus ihrer Heimat vertrieben. Die Bundesregierung ist der Ansicht, daß die deutsch-polnische Grenze gemäß dem Potsdamer Abkommen endgültig in einem Friedensvertrag festgelegt werden soll, der nur mit einer gesamtdeutschen Regierung geschlossen werden kann. Polen und die Bundesrepublik haben ein gemeinsames Interesse daran, daß diese Voraussetzung geschaffen wird, die ein friedfertiges Zusammenleben zwischen den beiden Völkern ermöglicht.[62]

Man findet hier bei Erhard noch keine Modus-vivendi-Argumentation, auch keinen Bezug auf die Grenze von 1937, dafür aber versöhnliche Rhetorik.

Auch die »Note der Bundesregierung zur Abrüstung und Sicherung des Friedens« vom 25. März 1966, die »Friedensnote« von Bundeskanzler Erhard, die von Außenminister Schröder und seinem Staatssekretär Karl Carstens angeregt worden war und »in der das Zwitterhafte der Ostpolitik zum Prinzip erhoben wurde«,[63] enthielt zwar den zukunftsträchtigen Gedanken, mit den osteuropäischen Staaten, darunter Polen, Gewaltverzichtserklärungen auszutauschen, ließ aber bezüglich der Ausgangsbedingungen für eine Verständigungspolitik mit Polen Realismus vermissen. Mit einer fast surreal anmutenden Naivität liest sich der Polen gewidmete Absatz:

> Obwohl die Bundesregierung sich besondere Mühe gab, das Verhältnis zu Polen zu pflegen, das von allen osteuropäischen Nationen im Zweiten Weltkrieg am meisten gelitten hatte, konnte sie hier nur geringe Fortschritte erzielen. Die polnische Regierung ist zwar offensichtlich an einem regeren deutsch-polnischen Handel interessiert, hat aber bisher nicht erkennen lassen, daß ihr an einer Verständigung zwischen den beiden Völkern gelegen ist. Sie erschwert vielmehr die von uns erstrebten kulturellen Kontakte, tritt dafür ein, daß die Teilung Deutschlands weiterhin auf-

---

61 Zit. n. Stehle, Nachbar Polen, S. 400f.; vgl. auch Erhards Erklärung zum deutschpolnischen Verhältnis am 8.9.1965, in: Meissner (Hrsg.), S. 104f.
62 Abgedruckt ebenda, S. 82f.
63 Hansjakob Stehle, Nachbarn im Osten. Herausforderung zu einer neuen Politik, Frankfurt/M. 1971, S. 222.

rechterhalten wird, und verlangt gleichzeitig von der Bundesregierung die Anerkennung der Oder-Neiße-Linie, obwohl allgemein bekannt ist, daß die Regelung der Grenzfragen nach den alliierten Vereinbarungen des Jahres 1945 bis zum Abschluß eines Friedensvertrags mit ganz Deutschland aufgeschoben ist und daß Deutschland völkerrechtlich in den Grenzen vom 31. Dezember 1937 fortbesteht, solange nicht eine frei gewählte gesamtdeutsche Regierung andere Grenzen anerkennt. Wenn zu gegebener Zeit die Polen und die Deutschen über die Grenze in dem gleichen Geiste sprechen, der den Ausgleich zwischen Deutschland und seinen westlichen Nachbarn herbeigeführt hat, dann werden auch Polen und Deutsche sich einigen. Denn in dieser Frage darf weder die Leidenschaft noch allein die Macht des Siegers entscheiden, hier muß die Vernunft siegen.«[64]

Tatsächlich gab der »Ur-Verfasser« der Friedensnote, der damalige Leiter des Referats »Politische und sozial-ökonomische Strukturfragen des Ostblocks«, Erwin Wickert, später zu: »Wir kamen in der Note den Polen ... wenig entgegen ... Wenn wir den Polen in bestimmterer Sprache gegenübertreten, haben wir – wie ich hoffe – jetzt nur noch die Sudetendeutschen gegen uns.«[65] Dafür gab es einen innenpolitischen Hintergrund: Man wollte »die Vertriebenenverbände einzeln knacken« (E. Wickert). Das hieß, da das Auswärtige Amt »in Prag eine stärkere Neigung zu westlichen Vorstellungen« bemerkt hatte, sollte in der Friedensnote das Entgegenkommen der Bundesrepublik in der Frage des Münchener Abkommens von 1938 sehr weit gehen. Die Proteste der sudetendeutschen Landsmannschaft vorausahnend, wollte man sich nicht auch noch die anderen Vertriebenenverbände zum Feind machen, was der Fall gewesen wäre, wenn die Bundesregierung auch in der Oder-Neiße-Frage eine Sprachregelung gefunden hätte, die auf Bewegung hingewiesen hätte. Auf Anregung von Carstens hatte Wickert in seinen Entwurf unmittelbar hinter dem Polen-Passus angefügt: »Die Regierung der Bundesrepublik Deutschland hat mehrfach erklärt, daß das deutsche Volk bereit wäre, für seine Wiedervereinigung Opfer zu bringen.«[66] Damit nahm Carstens ein Wort des Bundesvertriebenenministers Gradl und einen viel weiter gehenden eigenen Gedanken auf, auf den noch hingewiesen wird. Doch auf Wunsch Krones wurde der Passus aus dem Zusammenhang mit der deutschen Ostgrenze genommen, »da den Vertriebenenfunktionären auch nur die Andeutung von Opfern nicht zuzumuten war« (E. Wickert). Statt dessen wurde der Satz an den Anfang der Note gesetzt. Er stand nun nicht mehr im Zusammenhang mit dem Friedensvertragsvorbehalt bezüglich der Oder-Neiße-Grenze.

Nur aus der Befangenheit der politischen Akteure auf beiden Seiten des Eisernen Vorhangs in alten Denkmustern und aktuellen Fehlperzeptionen läßt sich die Warnung Erhards vor einer Ostpolitik erklären, die darauf

---

64 Wortlaut in: Jacobsen/Tomala (Hrsg.), S. 145-149, hier S. 146.
65 Rainer A. Blasius, Erwin Wickert und die Friedensnote der Bundesregierung vom 25. März 1966, in: VfZ, 43 (1995) 3, S. 539-553, hier S. 547f.
66 Ebenda, S. 547.

gerichtet sein könnte, »sowjetische Befürchtungen vor westlichen Unterwanderungsversuchen zu wecken«,[67] als ob die Osteuropapolitik Bonns unter der Kanzlerschaft Erhards durch ihre Innovation, Phantasie und Offensive die Verbündeten Moskaus, insbesondere Polen, jemals in Loyalitätskonflikte hätte bringen können.

Das wäre womöglich dann der Fall gewesen, wenn das Gewaltverzichtsangebot der Bundesregierung an Polen auf den Überlegungen basiert hätte, die Staatssekretär Carstens im Oktober 1964 in einer Aufzeichnung zusammenfaßte, die Außenminister Schröder Ende Dezember 1964 veranlaßte, den deutschen Botschafter in Ankara, Gebhardt von Walther, zu beauftragen, über den polnischen Botschafter Bolesław Gebert zu erkunden, ob eine Sondierung des deutschen Angebots bei der polnischen Regierung über diesen stattfinden könnte.[68]

In der Aufzeichnung, für die wegen ihrer innen- und außenpolitischen Brisanz strenge Geheimhaltung angeordnet wurde, ist unter anderem zum Inhalt eines Nichtangriffspakts zu lesen: »Wir würden uns bereit erklären, zu einem weiteren wichtigen Teil eines gesamtdeutschen Friedensvertrags, nämlich zur Grenzfrage, schon vor der Bildung einer gesamtdeutschen Regierung Stellung zu nehmen.«[69] Was sich da als weitgehende Modus-vivendi-Regelung zumindest andeutete, ging in Ansätzen bereits über das hinaus, was die Regierung der Großen Koalition (1966-1969) der polnischen Seite im Rahmen eines vertraglichen Gewaltverzichts anbieten sollte.

Der Pferdefuß hätte für Warschau freilich darin bestanden, daß dieses weitreichende deutsche Angebot im Kontext der deutschen Wiedervereinigung stand, d.h. »eine erste Abkehr der polnischen Deutschlandpolitik von ihrer bisherigen Linie bedeuten würde, daß nur die endgültige Teilung als Lösung des Deutschlandproblems in Frage komme«.[70] Denn im Entwurf auf der Basis der Staatssekretäraufzeichnung steht: »Schließlich gehört dazu unsere Vorstellung, daß in dem Maße, in dem Polen seine Einstellung zur Lösung des Deutschlandproblems modifiziert, es leichter sein wird, sich darüber näherzukommen, wo die polnisch-deutsche Grenze liegen soll.«[71]

Das von Schröder unter Wahrung strenger Geheimhaltung erbetene Gespräch zwischen von Walther und Gebert fand am 20. Januar 1965 statt.[72] Gebert las dem deutschen Diplomaten die schriftliche Weisung aus

67 Rede des Bundeskanzlers vor dem National Press Club am 27.9.1966, in: Bulletin, 127, 28.9.1966, S. 1009.
68 Bundesminister Schröder an Botschafter von Walther, Ankara, 23.12.1964, AAPD 1964, II, Dok. 397, S. 1560f.
69 Aufzeichnung Carstens, 4.10.1964, AAPD 1964, II, Dok. 270, S. 1106-1108.
70 Ebenda, S. 1106.
71 Ebenda, S.1108, Fn 7.
72 Aufzeichnung des Botschafters von Walther, 21.1.1965; AAPD 1965, I, Dok. 29, S. 164f.

Warschau vor, die als erste Voraussetzung für Gewaltverzichtsgespräche die Anerkennung der Oder-Neiße-Grenze verlangte. Bei der Sachlage bedeutete Warschaus Antwort eine klare Absage, über die Gebert »offenbar selber außerordentlich betroffen« war.[73] Gomułka ging nicht darauf ein, daß Bonn die Position, daß die Wiedervereinigung Deutschlands einer Regelung der Grenzfragen voranzugehen habe, zugunsten der Ansicht aufgab, daß die Regelung der Grenzfrage mit der Wiederherstellung der staatlichen Einheit Deutschlands einhergehen müsse. Die polnische Führung konnte und wollte nicht die Loyalität gegenüber der Ost-Berliner Führung und Moskau aufkündigen,[74] als von Bonn sehr diskret die Prioritäten der polnischen Staatsräson abgefragt wurden (Garantien der territorialen Integrität versus Loyalität gegenüber der verachteten DDR-Führung[75]). Man muß dazu sagen, daß Carstens selbst die Aussicht, daß Polen das Angebot annehmen würde, als »gering« einschätzte,[76] wohl mit Recht, wenn man die realen Verhältnisse im sowjetischen Hegemonialsystem und die Schlüsselbedeutung der DDR für den Einfluß der Sowjetunion in Mitteleuropa bedachte. Schließlich war der Gomułka (die DDR, die Sowjetunion und das europäische System) von 1964 nicht mehr der Gomułka (die DDR, die Sowjetunion und das europäische System) von 1958, der damals noch im Zusammenhang mit dem Rapacki-Plan »das Recht der deutschen Nation« anerkannt hatte, »in einem vereinigten Staat zu leben«.[77] Mitte der sechziger Jahre hätte die polnische Führung der Bundesrepublik in der Vereinigungsfrage vermutlich nicht mehr entgegenkommen können, auch wenn sie das Bonner Angebot für verführerisch gehalten hätte.[78] Schließlich machte es die Regierung Erhard der polnischen Führung auch recht leicht, da der Hinweis auf die Möglichkeit einer den polnischen Forderungen entspre-

---

73 Ebenda, S. 165.
74 Vgl. auch Mieczysław Tomala, »Przyjaźń« z Niemiecką Republiką Demokratyczną, ale za jaką cenę? [Freundschaft mit der DDR, aber um welchen Preis?], in: Rocznik Polsko-Niemiecki 1994, Warszawa 1995, S. 59-75, hier S. 68f.
75 Vgl. auch die Aufzeichnung eines Gesprächs von Ministerialdirektor Allardt mit Vizeminister Franciszek Modrzewski, 4.4.1963, AAPD 1963, I, Dok. 140, S. 455.
76 Aufzeichnung Carstens, 4.10.1964, AAPD 1964, II, Dok. 270, S. 1107.
77 Stehle, Nachbar Polen, S. 306.
78 Immerhin hatte Gomułka noch aus Anlaß des 20. Jahrestags des Sieges über den Faschismus am 8.5.1965 in Breslau noch einmal das deutsche Recht auf Einheit bestätigt, allerdings unter der Bedingung, daß dieses Deutschland sozialistisch sein würde: »Wir sprechen dem deutschen Volk nicht das Recht ab und haben es nie getan, sein Land zu vereinigen ..., (aber) nur ein solcher vereinigter Staat (wie die DDR – D.B.) kann von den sozialistischen Ländern, kann von Europa akzeptiert werden.« (Władysław Gomułka, O problemie niemieckim [Über die deutsche Frage], Warszawa 1968, S. 37f.) Mit der Unterzeichnung des »Vertrags über Freundschaft, Zusammenarbeit und gegenseitigen Beistand« zwischen der DDR und Polen vom 15.3.1967 war dieses Kapitel kommunistischer polnischer Deutschlandpolitik endgültig abgeschlossen; siehe dazu Sikora, S. 166.

chenden Grenzregelung nicht öffentlich gegeben wurde. Erst 1990 konnte unter völlig veränderten Bedingungen die »Pfandtheorie« zur innenpolitischen Rechtfertigung der endgültigen Grenzregelung mit Polen wiederbelebt werden, die schon 1965 anachronistisch erscheinen mußte, da auf längere Sicht nichts an der DDR vorbei geregelt werden konnte.[79] Schröders Initiative von 1964/65 kam zu spät, auch wenn sie über die weiterhin öffentlich vertretenen Positionen hinauswies.[80]

Die Regierung Erhard verlor innenpolitisch immer mehr an Boden und verpaßte außenpolitisch wegen ihrer Inkonsequenz den Anschluß an die Entspannungstendenzen im West-Ost-Verhältnis, was sich nicht zuletzt im Verhältnis Bonns zu seinen westlichen Partnern, insbesondere zur Johnson-Administration in Washington[81] und zur Osteuropapolitik de Gaulles,[82] störend auswirkte.[83] Es war die oppositionelle SPD, deren Beteiligung an der Macht angesichts des Verschleißes der CDU/CSU nach 17 Jahren des Regierens absehbar war, die ostpolitisches Neuland betrat.

---

79 Vgl. Außenminister Schröder beim Vier-Außenminister-Essen in Paris am 13.12.1965 laut Staatssekretär Carstens: »Im Falle der Wiedervereinigung seien wir bereit, Opfer zu bringen, die folgende Punkte beträfen: – die Grenze im Osten – den militärischen Status eines wiedervereinigten Deutschland (!) – wirtschaftliche und finanzielle Leistungen. Wir müßten aber darauf bestehen, daß wir diese Opfer wohl im Zusammenhang mit der Wiederherstellung der Einheit Deutschlands, nicht jedoch auf der Grundlage einer fortdauernden Teilung Deutschlands bringen könnten.« AAPD 1965, III, Dok. 459, S. 1889-1893, hier S. 1892.
80 Der 1965 auf eigenen Wunsch in den Ruhestand versetzte Georg Ferdinand Duckwitz ging in seinen »Gedanken zur deutschen Außenpolitik«, die er Schröder in Form einer Aufzeichnung (30.12.1965) vorlegte, weiter und schlug bereits den Bogen zu der neuen Ostpolitik Willy Brandts, an der er dann selber mitwirkte. Duckwitz forderte ausdrücklich die Anerkennung der Oder-Neiße-Grenze. (AAPD 1965, III, Dok. 480, S. 1971-1980, hier S. 1977).
81 Vgl. die Rede von US-Präsident Johnson vor der »Nationalen Konferenz amerikanischer Leitartikler« am 7.10.1966, in der er u.a. die »Vision des friedlichen Engagements« verkündete und die »Aussöhnung mit dem Osten« forderte, Respektierung der Grenzen einer Nation inbegriffen; siehe dazu Elsing, Sozialdemokratie und Polen, S. 441f.
82 Siehe u.v.a. Gespräch des Bundesministers Schröder mit dem französischen Außenminister Couve de Murville, 24.5.1965, AAPD 1965, II, Dok. 217, S. 864-878; Gespräch des Bundeskanzlers Erhard mit Staatspräsident de Gaulle, 11.6.1965, AAPD 1965, II, Dok. 242, S. 1002-1008; und 12.6.1965, Dok. 246, S. 1029-1038, hier insbes. 1029-1034.
83 Dagegen Klaus Hildebrand: »... von der so oft an die Wand gemalten Gefahr der Isolierung einer sich möglicherweise dem Entspannungsprozeß entziehenden Bundesrepublik konnte überhaupt keine Rede sein.« (Hildebrand, S. 99).

*4.4 Bewegung in der Opposition*

Die Sozialdemokraten hatten einen langen Weg zurückgelegt. Zu Beginn der sechziger Jahre war die offizielle Polenpolitik der SPD noch ganz in den Rahmen der »Politik der Gemeinsamkeiten« mit der Bundesregierung eingeordnet.[84] Dies kam unter anderem in der Bundestagsentschließung vom 14. Juni 1961 (Jaksch-Initiative) zum Ausdruck. Neue Impulse erhielt die sozialdemokratische Polenpolitik nicht von der Parteispitze, vielmehr aus verschiedenen Landesverbänden der Partei (insbesondere West-Berlin, Schleswig-Holstein, Hessen-Süd) sowie aus der konzeptionellen Weiterentwicklung der Ostpolitik durch die West-Berliner SPD-Spitze um Willy Brandt.[85] Die Berlin-Krisen von 1958 bis 1961/62 hatten den engen Zusammenhang von Berlin-, Deutschland- und Ostpolitik offenbart. Die amerikanische Entspannungspolitik unter Kennedy hatte sich erstmals in der Berlin-Krise 1961 (Mauerbau) ausgewirkt. Vor allem der linke Flügel der Berliner SPD und dann auch immer stärker die Gruppe um Willy Brandt kamen zu der Auffassung, daß eine Verbesserung der Lage für und um Deutschland nur über vorläufige Anerkennung des Status quo in Europa gefunden werden könnte.[86]

Nachdem die Berliner SPD im Frühjahr 1963 das Regierungsbündnis mit der CDU beendet und sich in einer neuen Koalition mit der FDP die nötige Bewegungsfreiheit für eine aktive Berlinpolitik verschafft hatte, machte der SPD-Landesverband unter Brandt mit dem Konzept von »Wandel durch Annäherung« (so Brandts Pressesprecher Egon Bahr am 15.7.1963 in der Evangelischen Akademie Tutzing)[87] einen wichtigen Schritt in der Entwicklung einer neuen Ostpolitik.[88] Brandt mußte aber noch die Bonner SPD-Führung überzeugen, insbesondere Fritz Erler und Herbert Wehner.[89]

In dem am 25. Januar 1965 veröffentlichten Memorandum »Über Beziehungen zu den osteuropäischen Staaten und Völkern«,[90] das Brandt in Absprache mit dem SPD-Fraktionsvorsitzenden und stellvertretenden SPD-Vorsitzenden Erler erstellt hatte, erhob er die Herstellung gutnachbarlicher Beziehungen zu den osteuropäischen Staaten zu einem eigenständi-

---

84  Elsing, Sozialdemokratie und Polen, S. 371ff.
85  Ausführlicher über die Anstöße zu einer »neuen Ostpolitik« bei den Berliner Sozialdemokraten um Willy Brandt, Heinrich Albertz, Egon Bahr u. a.: Bender, Die neue Ostpolitik, S. 123-129.
86  Elsing, Sozialdemokratie und Polen, S. 401ff.
87  Dokumente zur Deutschlandpolitik, hrsg. von Bundesministerium für gesamtdeutsche Fragen, IV. Reihe, Bd. 9, Frankfurt/M. 1964, S. 572ff. Siehe auch Egon Bahrs Darstellung in seinen Erinnerungen: Zu meiner Zeit, München 1996, 2. Aufl., S. 152-161.
88  Elsing, Sozialdemokratie und Polen, S. 418ff.
89  Ebenda, S. 422.
90  SPD-Pressemitteilung, 36, 25.1.1965.

gen Ziel, das nur unter Berücksichtigung der östlichen Bedrohungsvorstellungen und in prinzipieller Abstimmung mit den westlichen Aliierten zu erreichen sei. Gegenüber Polen bedeutete dies die Anerkennung des starken polnischen Bedürfnisses nach Sicherung seines Territoriums. Dementsprechend trat Erler,[91] der jetzt die Weiterentwicklung von Brandts ostpolitischem Konzept unterstützte, am 14. Januar 1965 mit dem Vorschlag deutsch-polnischer Sondierungsgespräche über die Grenzfrage an die Öffentlichkeit.[92] Da diese Vorstellungen auf heftigen Widerstand auch der sozialdemokratischen Vertriebenenpolitiker stießen und die Bundestagswahlen 1965 bevorstanden, traten die Neuerer noch einmal den Rückzug hinter die Linie der Gemeinsamkeitspolitik an. Die Haltung der SPD in der Ost- und Polenpolitik blieb demnach widersprüchlich. Die Entfremdung, insbesondere gegenüber den Vertriebenenpolitikern innerhalb der SPD wie dem Sudetendeutschen Wenzel Jaksch mit seinem Marshall-Plan für Osteuropa, dem BdV-Vorsitzenden Reinhold Rehs und dem Vorsitzenden der Landsmannschaft Schlesien, Herbert Hupka, war aber auf längere Sicht nicht aufzuhalten.

Die von Brandt in Berlin eingeleitete »Politik der kleinen Schritte« und die Ansätze zu einer neuen Deutschland- und Ostpolitik in der Gesamtpartei erfuhren in der Folgezeit Unterstützung durch die öffentliche Diskussion über eine neue Ostpolitik durch Journalisten, Wissenschaftler, Literaten und vor allem die Kirchen. Aufgrund dieser Faktoren und vor dem Hintergrund des offenkundigen Scheiterns von Schröders »Politik der Bewegung« – was sich noch einmal am Schicksal der Erhardschen Friedensnote vom 25. März 1966 zeigte – vollzog sich schließlich die endgültige ostpolitische Wende der SPD. Es folgte die Zustimmung der SPD zur EKD-Denkschrift von 1965. Auf dem Dortmunder Parteitag (1.-5.6.1966) übernahm die SPD die von Brandt und insbesondere auch von Helmut Schmidt in seiner vielbeachteten Parteitagsrede vorgezeichnete Linie. Die Hinweise des SPD-Vorsitzenden auf die »Notwendigkeit von Opfern« bezüglich der Oder-Neiße-Grenze, seine Formel vom »geregelten Nebeneinander« der beiden deutschen Staaten, die Forderungen des Parteitags nach Austausch von Gewaltverzichtserklärungen und Intensivierung der Ostpolitik markierten die Richtung einer neuen Politik auch gegenüber Polen, die die SPD wenige Monate später mit dem Eintritt in die Große Koalition in Angriff nehmen konnte.[93]

Als wenige Tage vor dem Ende der Regierung Erhard der neue Chef der Warschauer Handelsvertretung, Dr. Heinrich Böx, bisher Botschafter in Oslo, am 1. November 1966 seinen Antrittsbesuch bei Außenhandelsmini-

---

91 Zu Erlers Haltung in der Polenfrage siehe auch Elsing, Sozialdemokratie und Polen, S. 290-322.
92 Ebenda, S. 428.
93 Ebenda, S. 437ff.

ster Trąmpczyński machte, konnte man auf einen wachsenden Handel blicken, an dem Polen besonders interessiert war, wie Bundeskanzler Erhard in seiner Friedensnote mit leichtem Unterton bemerkt hatte. Das im Mai 1966 abgezeichnete dreijährige Handelsprotokoll (Laufzeit bis 31.12.1969) gab den Handelsbeziehungen einen noch besseren Rahmen. Die deutsche Handelsbilanz mit Polen war seit 1963 passiv gewesen. 1967 konnte zum ersten Mal wieder ein Aktivsaldo westdeutscher Exporte nach Polen von 52 Mio. DM gebucht werden.[94]

Eine Grunderfahrung seit der Aufnahme von Wirtschaftsbeziehungen zwischen den drei Westzonen mit Polen im Jahre 1948 war, daß Handel und wirtschaftliche Interessen sich von der Politik in einem beachtlichen Maße abkoppeln ließen, diese jedoch nicht ersetzen konnten.

Noch wenige Wochen vor dem Ende der Regierung Erhard deutete Staatssekretär Carstens in einer ausführlichen Lagebeurteilung der Deutschlandpolitik vor dem Bundeskabinett am 14. Oktober 1966 »die Änderung unseres Standpunktes in der Grenzfrage« als einen von mehreren Schritten zur Überwindung unhaltbarer Positionen in der Deutschlandpolitik an.[95] Aber das qualvolle Herantasten an die Realität der Oder-Neiße-Grenze fand keinen Niederschlag mehr in einem Signal nach Warschau. Für diese Regierung war es zu spät. Bundeskanzler Erhards Sturz im November 1966 beendete eine Übergangsphase der Orientierungslosigkeit in der Deutschland-, Osteuropa- und Polenpolitik, die die Neuansätze der Jahre 1962 und 1963 nicht konsequent weiterentwickelte, »die überwiegend unter dem Aspekt der Versäumnisse gesehen werden kann, aber auch Spurenelemente des Neubeginns enthielt«.[96]

---

94 Siehe Stehle, Nachbar Polen, S. 349.
95 Hildebrand, S. 199.
96 Hacke, Von Adenauer zu Kohl, S. 9.

## 5. Noch mehr Bewegung und Halbheiten (1966-1969)

*5.1 Mit halber Kraft voraus*

Der Ministerpräsident von Baden-Württemberg, Kurt Georg Kiesinger, war im dritten Wahlgang von den CDU/CSU-Gremien zum Kanzlerkandidaten der Union für eine Große Koalition mit den Sozialdemokraten erkoren worden, wobei die Unterstützung durch die CSU entscheidend war. Der Einfluß der CSU sollte in der Regierungskoalition später dazu führen, daß dem ostpolitischen Neuansatz, der vor allem von der SPD und ihrem Außenminister Willy Brandt repräsentiert wurde, die politische Sauerstoffzufuhr abgedreht wurde. Die Jahre der Großen Koalition von 1966 bis 1969 sollten als »Jahre des Übergangs« in die Geschichte der Osteuropa- und Polenpolitik der Bundesrepublik eingehen, der noch der »konzeptionelle Guß« fehlte und ein Übermaß an Begriffsakrobatik anhaftete. Die neuen Formeln hörten sich in der Regierungserklärung von Bundeskanzler Kiesinger im Dezember 1966 noch vorwärtsweisend an. Nach zwei Jahren halbherziger Revision der »alten« Ostpolitik klangen sie nur noch hilflos.[1]

Nachdem die Koalitionsverhandlungen zwischen der CDU/CSU und der SPD erfolgreich abgeschlossen waren und die Koalitionäre sich auf die Grundzüge des innen-, wirtschafts- und außenpolitischen Regierungsprogramms sowie auf die Kabinettsliste geeinigt hatten, gab der neue Bundeskanzler Kiesinger am 13. Dezember 1966 seine Regierungserklärung ab, in der er den lebhaften Wunsch »in weiten Schichten des deutschen Volkes« nach Aussöhnung mit Polen betonte, dessen »leidvolle Geschichte wir nicht vergessen haben und dessen Verlangen, endlich in einem Staatsgebiet mit gesicherten Grenzen zu leben, wir im Blick auf das gegenwärtige Schicksal unseres eigenen geteilten Volkes besser als in früheren Zeiten begreifen. Aber die Grenzen eines wiedervereinigten Deutschlands können nur in einer frei vereinbarten Regelung mit einer gesamtdeutschen Regierung festgelegt werden, einer Regelung, die die Voraussetzungen für ein von beiden Völkern gebilligtes, dauerhaftes und friedliches Verhältnis guter Nachbarschaft schaffen soll.«[2]

Der Christdemokrat Kiesinger war trotz der zu erwartenden innenpolitischen Widerstände bei seiner Amtsübernahme bereit, den »Sonderkonflikt« mit Polen abzubauen. Während die Mitgliedstaaten der Nordatlanti-

---

1 Siehe auch Dirk Kroegel, Einen Anfang finden! Kurt Georg Kiesinger in der Außen- und Deutschlandpolitik der Großen Koalition, München 1997.
2 Texte zur Deutschlandpolitik, 13. Dezember 1966 - 29. Spetember 1967, hrsg. von Bundesministerium für gesamtdeutsche Fragen, Bonn - Berlin 1967, S. 20f.

schen Allianz ihr Interesse an einer Verbesserung der Beziehungen zum Osten unter den Stichworten »Abschreckung« und »Entspannung« im Harmel-Bericht der NATO vom 14. Dezember 1967[3] programmatisch zusammenfaßten, sollte die wachsende Isolierung Bonns unter den nach Entspannung strebenden westlichen Verbündeten mit einer operativen Ostpolitik beantwortet werden, die Polen wegen seiner Schlüsselrolle unter den kleineren Warschauer-Pakt-Staaten, wegen der zahlreichen ungelösten bilateralen Probleme, angefangen mit der Grenzfrage, und schließlich wegen der historisch-moralischen Komponente westdeutscher Polenpolitik ein besonderes Gewicht zumessen mußte. Kiesinger suchte einen politischen Ausgleich mit Polen durch eine vorübergehende Vereinbarung auf der Grundlage des territorialen Status quo. Acht Monate nach seiner Regierungserklärung antwortete der Bundeskanzler in der Fernsehsendung »Meet the Press« (16.8.1967) auf die Frage, warum die Bundesregierung die Oder-Neiße-Grenze nicht akzeptiere, daß diese Entscheidung seiner Ansicht nach nur von Regierung und Parlament eines wiedervereinigten Deutschlands gefällt werden könne. Die Bundesrepublik sei aber bereit, in einem Friedensvertrag eine Lösung der Frage zu finden, die wirklich von beiden Nationen akzeptiert werden könne.[4]

In seiner Rede zum Tag der deutschen Einheit am 17. Juni 1967 paraphrasierte Bundeskanzler Kiesinger die Begründung von Ex-Außenminister Schröder für die »Politik der Bewegung«, als er seinerseits erklärte, warum sich die Große Koalition zu »einer neuen, beweglicheren Politik gegenüber dem Osten« entschloß (»... rein defensive Politik ... könnte uns auch das gar nicht bewahren, was sie bewahren will ...«), die nach wie vor auf der Prämisse beruhte, »daß Europa nicht darauf verzichten kann, eine seine politische Spaltung überwindende zukünftige Friedensordnung zu entwerfen, in welcher auch die deutsche Frage ihre gerechte Lösung finden kann«.[5] In dieser zweiten Phase neuer Beweglichkeit – nach Schröders erster Phase – hatte sich auch Bonner Polenpolitik dieser Konzeption von Deutschland- und Ostpolitik anzupassen.

Das Dialogangebot war insofern unrealistisch, als die Entspannung der Beziehungen zum Osten unter Aufrechterhaltung bestimmter Essentials der alten Ostpolitik Bonns gesucht wurde. Dazu zählte die Nichtanerkennung der DDR und eine Umgehung des Problems der Oder-Neiße-Grenze. Die politisch-konzeptionelle Sackgasse, in die die Bundesregierungen seit spätestens Anfang der sechziger Jahre geraten waren, wurde von der CDU/CSU-SPD-Koalitionsregierung zwar realistisch wahrgenommen, aber die

---

3 Der Harmel-Bericht: Die künftigen Aufgaben der Allianz, in: Außenpolitik der Bundesrepublik Deutschland, S. 311-313.
4 Siehe Europa-Archiv (EA), F18/1967, S. D413.
5 Texte zur Deutschlandpolitik, Bd. 1, hrsg. von Bundesministerium für gesamtdeutsche Fragen, Bonn – Berlin 1968, S. 79.

neue Ostpolitik schlug sich immer noch mit politischen Tabus herum, die wegen zu vieler Rücksichten noch nicht endgültig gebrochen wurden. Beides war nicht zu haben: Eine Entspannung des Verhältnisses mit Osteuropa, insbesondere mit Polen, schloß die Beibehaltung einer unverbindlichen Modus-vivendi-Rhetorik in Territorialfragen aus.

Auch die erste programmatische Rede des neuen sozialdemokratischen Außenministers Willy Brandt vor der Beratenden Versammlung des Europarats am 24. Januar 1967 blieb ostpolitisch noch ziemlich unbestimmt, Polen erwähnte er mit keinem Wort.[6] Brandts Parteikollege, der Gradl-Nachfolger im Bundesministerium für gesamtdeutsche Fragen, Herbert Wehner, ging in einem Beitrag über »deutsche und europäische Entspannung« im »Rheinischen Merkur« (21.4.1967) nicht über Kiesingers Regierungserklärung hinaus und wiederholte wörtlich dessen Polen-Passage, wenn er verdeutlichte, »daß es der lebhafte Wunsch der neuen Bundesregierung sei, zu einer Aussöhnung mit Polen zu kommen, dessen leidvolle Geschichte wir nicht vergessen haben und dessen Verlangen, endlich in einem Staatsgebiet mit gesicherten Grenzen zu leben, wir im Hinblick auf das gegenwärtige Schicksal unseres eigenen geteilten Volkes besser als in früheren Zeiten begreifen«. Wehner betonte dann »freimütig und ohne Spitze« den Friedensvertragsvorbehalt für eine Grenzfestlegung und konnte auch nur, nicht anders als der Bundeskanzler, das Bonner Angebot des Austauschs von Gewaltverzichtserklärungen wiederholen. Andererseits setzte er neue rhetorische Akzente, als er sich gegen »eifernde Rechthaberei« bei der Berufung auf »das Recht auf Heimat und auch ein demokratisches modernes Volksgruppenrecht«[7] wandte.[8] In einer fünf Monate später gehaltenen Rede wiederholte Wehner die völkerrechtlichen Vorbehalte der Bundesrepublik gegen eine Grenzanerkennung, fügte aber eine wichtige politische Erklärung hinzu: »Die Grenze, so wie sie jetzt ist, wird von uns nicht angetastet. Wenn beide Völker in einer europäischen Friedensordnung den Rahmen ihres Zusammenlebens gefunden haben, werden beide Seiten aus Überzeugung und Erfahrung auch ihre Grenzverhältnisse nicht mehr als Streitfrage betrachten und behandeln.«[9] In einer »Erklärung der Bundesregierung« mußte sich Außenminister Brandt am 13. Oktober 1967 weiterhin zurückhaltender äußern, als es Wehner und die SPD-Bundestags-

---

6 Texte zur Deutschlandpolitik, Bd. 1, S. 28-36.
7 Zum demokratischen Volksgruppenrecht, »sei es innerhalb, sei es außerhalb der alten Reichsgrenzen«, äußerte sich Bundesminister Wehner auch später als Kabinettsmitglied der Großen Koalition, so am 13.3.1969 in der Heimvolkshochschule Bergneustadt, in: Texte zur Deutschlandpolitik, Bd. 3, o.O. 1970, S. 163.
8 Texte zur Deutschlandpolitik, Bd. 1, S. 55-57. Wehner soll in seiner Zeit als Minister der Großen Koalition auch seinen Parteifreund Peter Nellen dringend gebeten haben, sich im Bensberger Kreis gegen die Forderung nach Anerkennung der Oder-Neiße-Grenze »jetzt schon« auszusprechen. (Erb, S. 180)
9 Texte zur Deutschlandpolitik, Bd. 1, S. 114.

fraktion mit ihrem Vorsitzenden Helmut Schmidt taten, indem er die Worte seines Bundeskanzlers wiederholte: »Unser erklärtes Verständnis für den Wunsch des polnischen Volkes, in gesicherten Grenzen zu leben, ist vom Versöhnungswillen diktiert. Wir haben ebenso offen gesagt, daß nur in einem Friedensvertrag über die Grenzfrage entschieden werden kann.«[10]

Zur gleichen Zeit betonte der Bundesvertriebenenminister, der CDU-Politiker Kai-Uwe von Hassel, »die Durchsetzung unseres Rechtsanspruchs auf Wiedervereinigung des dreifach geteilten Deutschlands«.[11] Die Rechtsgrundlagen waren für die CDU/CSU und SPD dieselben, aber die politischen Konsequenzen für die praktische Politik drifteten offenbar zusehends auseinander.

Die Große Koalition war wegen der konzeptionellen Divergenzen zwischen dem ostpolitisch konservativen Flügel in der CDU/CSU und der SPD außerstande, eine grundlegende Wendung in der Ost- und Polenpolitik vorzunehmen. Außenminister Brandt gab sich von Anfang an skeptisch, in der Koalition mit der CDU/CSU »heilige Kühe schlachten« zu können. Zu dem entsprechenden Vermerk des neuernannten Botschafters zur besonderen Verwendung (zbV), Bahr, notierte er: »Nein: Orientierung – gemeinsamer Nenner«.[12] Schon im Frühjahr 1967 war deshalb zu sehen, daß kein ostpolitischer Durchbruch erreichbar war. Für die Realisierung von Brandts Idee, eine »europäische Friedensordnung« durch Einebnung von Grenzen und neue Formen der Zusammenarbeit zu schaffen, war es offenbar zu früh.[13] Auf das Bonner Angebot, die Beziehungen zu den osteuropäischen Staaten unter Ausklammerung der Grenzfrage und der staatlichen Anerkennung der DDR zu normalisieren, antwortete die Sowjetunion mit Gegendruck, der im Verlauf des Jahres 1967 von Monat zu Monat zunahm. Und gerade in Warschau und Ost-Berlin fand Moskau eilfertige Helfer. Auf der Warschauer Außenministerkonferenz (8.-10.2.1967) versuchte die DDR, ihre Verbündeten auf die »Ulbricht-Doktrin« zu verpflichten: Die osteuropäischen Länder sollten erst dann diplomatische Beziehungen zu Bonn aufnehmen, wenn die Bundesrepublik die DDR anerkannt hatte. Da sich die DDR mit dieser Forderung in Warschau nicht ganz durchsetzen konnte, schloß sie unter anderem mit Polen einen Freundschafts- und Beistandsvertrag (15.3.1967) ab, der Polen praktisch auf den gesamten Katalog der außenpolitischen Forderungen der DDR festlegte und bei der Gestaltung seiner Außenbeziehungen, d.h. vor allem in der Deutschlandpolitik, zu Konsultationen verpflich-

---

10 Texte zur Deutschlandpolitik, Bd. 2, Bonn – Berlin 1968, S. 13.
11 Texte zur Deutschlandpolitik, Bd. 1, S. 118.
12 Bahr, S. 201.
13 Siehe Renata Fritsch-Bournazel, Das Land in der Mitte. Die Deutschen im europäischen Kräftefeld, München 1986, S. 138.

tete.[14] Das »eiserne Dreieck« Ost-Berlin – Warschau – Prag formierte sich, das jede Initiative Bonns in Richtung Warschau ohne Anerkennung der maximalistischen östlichen Normalisierungsbedingungen (Anerkennung der DDR und einer selbständigen politischen Einheit West-Berlins, Ungültigkeitserklärung des Münchner Abkommens von Anfang an, Atomwaffenverzicht), wie sie erstmals auf der Karlsbader Konferenz der kommunistischen Parteien Europas im April 1967 formuliert worden waren, zum Scheitern verurteilte.

Der 21. August 1968 stürzte die Ostpolitik der Großen Koalition in ihre tiefste und schmerzlichste Krise, von der sie sich im Grunde nicht mehr erholte, obwohl der Bundeskanzler unmittelbar nach dem Bekanntwerden der ČSSR-Intervention am 21. August im Zweiten Deutschen Fernsehen bekanntgab: »Wir werden diese Ostpolitik konsequent fortsetzen.«[15] Auch Gewaltverzichtsverhandlungen mit der Sowjetunion über den Botschafter Semjon Zarapkin wurden im Januar 1969 wiederaufgenommen.[16]

Bereits Anfang 1968 waren als geheim eingestufte Gespräche zwischen offiziellen Vertretern der Bundesregierung und der polnischen Regierung aufgenommen worden. Der Leiter der westdeutschen Handelsvertretung in Warschau, Heinrich Böx, führte seit Januar 1968 vertrauliche politische Gespräche mit dem stellvertretenden polnischen Außenminister Winiewicz und dem Außenminister Adam Rapacki über die Möglichkeit, einen Gewaltverzichtsvertrag zwischen beiden Ländern abzuschließen.[17] Nach einer kurzen Unterbrechung wegen der Warschauer-Pakt-Intervention in der ČSSR wurden auch diese Gespräche bis zum Ende der Großen Koalition ergebnislos weitergeführt.

## 5.2 Neue Formeln bei den mitregierenden Sozialdemokraten

Gleichzeitig führten die Sozialdemokraten, die sich im Prokrustesbett der Koalition ostpolitisch eingezwängt sahen, Erkundungsgespräche mit polnischen Politikern. Diese begannen noch vor dem Nürnberger SPD-Parteitag im März 1968. Am spektakulärsten war eine Zusammenkunft am 9. Januar 1968 in Wien. Damals trafen der engste Vertraute Willy Brandts, Egon

---

14 Johannes Kuppe, Phasen, in: Hans-Adolf Jacobsen/Gert Leptin/Ulrich Scheuner/ Eberhard Schulz (Hrsg.), Drei Jahrzehnte Außenpolitik der DDR. Bestimmungsfaktoren, Instrumente, Aktionsfelder, München – Wien 1979, S. 173-200, hier S. 195f.; Siegfried Kupper, Politische Beziehungen zur Bundesrepublik Deutschland 1955-1977, ebenda, S. 403-452, hier S. 431ff.; Sikora, S. 165.
15 Texte zur Deutschlandpolitik, Bd. 3, S. 64.
16 Siehe Griffith, S. 218; Eberhard Schulz, Die sowjetische Deutschlandpolitik, in: Osteuropa-Handbuch Sowjetunion, Bd. 2: Außenpolitik, Köln 1977, S. 229-291, hier S. 279ff.
17 Siehe G. Schmid, S. 376.

Bahr, Botschafter zur besonderen Verwendung und Chef des Planungsstabs im Auswärtigen Amt, und der polnische Botschaftsrat in Wien, Jerzy Raczkowski, zu einem geheim gehaltenen Gespräch in der Wohnung des Osteuropa-Korrespondenten Hansjakob Stehle zusammen.[18] Raczkowski hatte um das Gespräch gebeten. Zu den Begegnungen der SPD mit den Vertretern der polnischen Seite 1968 stellte Brandt im nachhinein lakonisch fest:»In unser Verhältnis zu Polen war einige Momente vor der Prager Krise ein Hauch von Bewegung gekommen.«[19] Kurios an dieser Begegnung war, daß Bahr unter dem Vorwand nach Wien kam, die Internationale Atomenergiebehörde zu besuchen, und davon überzeugt war, daß Raczkowski von Warschau eine offizielle Vollmacht zu den Sondierungsgesprächen mit Bonn bekommen hatte. Das Gegenteil war richtig. Nach Stehles Ansicht handelte Raczkowski auf eigene Faust und »wollte Klischees der polnischen Deutschlandpolitik korrigieren«. Aus der zweistündigen Begegnung mit Bahr entstand ein siebenseitiger Bericht, den Raczkowski ins polnische Außenministerium sandte. Diesem Bericht nach, den der Vizedirektor der Westeuropa-Abteilung im Warschauer Außenministerium, Józef Czyrek, erst im Frühjahr 1969 (!) – von Hansjakob Stehle darauf aufmerksam gemacht – in der Aktenablage seiner Abteilung entdeckte und der manch Brisantes für die polnische Seite beinhaltete, hatte Bahr damit begonnen, den grundsätzlichen Unterschied darzustellen, der in der Außenpolitik der früheren Bundesregierungen und der jetzigen Regierung Kiesinger/Brandt bestehe: »Sie macht die europäische Entspannung nicht von der Regelung der deutschen Frage abhängig, im Gegenteil, sie betrachtet die Entspannung, die Stärkung der Sicherheit und die Entwicklung friedlicher Beziehungen als Hauptaufgaben ihrer und der europäischen Politik; die Vereinigung Deutschlands behandelt sie nicht als Ziel ihrer Politik, im Gegenteil, sie behandelt sie als historischen Prozeß von ferner Perspektive.«[20]

Bahr ging aber nicht direkt auf die polnischen Forderungen ein. Denkbar war für ihn die De-facto-Anerkennung der Westgrenze Polens bis zum Abschluß eines Friedensvertrags, aber eben nur auf Zeit. Bahr sprach von der Vereinigung Deutschlands als einem langen historischen Prozeß, ohne sie aufzugeben. Auf dem Weg dahin bot Bahr einen europäischen Sicherheitsrahmen für die osteuropäischen Staaten, in dem auch polnische Interessen langfristig berücksichtigt werden sollten. Freilich deutete Bahr mit seiner Formel vom Gewaltverzicht als Anerkennung der Grenzen bis zu

---

18 Siehe Hansjakob Stehle, Eine vertrackte Vorgeschichte. Zum Warschauer Vertrag: Wie ein Schlüsseldokument verschwand und wieder auftauchte, in: Die Zeit, 50, 7.12.1990, S. 41f.; Hansjakob Stehle, Zufälle auf dem Weg zur neuen Ostpolitik. Aufzeichnungen über ein geheimes Treffen Egon Bahrs mit einem polnischen Diplomaten 1968, in: VfZ, 43 (1995) 1, S. 159-171.
19 Willy Brandt, Erinnerungen, 4. Aufl., Frankfurt/M. – Berlin 1992, S. 178.
20 Stehle, Eine vertrackte Vorgeschichte, S. 41.

einem Friedensvertrag im Unterschied zum Koalitionspartner CDU/CSU eine größere Flexibilität der SPD an.[21] Bedauernd stellte Brandts Vertrauter fast 30 Jahre später fest, daß die polnische Seite den Ball seinerzeit nicht aufgefangen habe und Raczkowski sechs Wochen später mitteilte, »man halte in Warschau die Situation für noch nicht reif, in einen direkten vertraulichen Kontakt zu treten«.[22] Dabei, so Bahr, konnte man »ohne Übertreibung« sagen, daß Polen als erstes Land im »Lager« das neue sozialdemokratische Konzept erhalten habe.[23]

Die SPD-Überlegungen zur polenpolitischen Komponente sollten zwei Monate später in der sogenannten Nürnberger Formel als »Respektierung der Oder-Neiße-Grenze« öffentlich Ausdruck finden. Bereits in der Aussprache über Kiesingers »Bericht zur Lage der Nation« am 11. März 1968 hatte der SPD-Fraktionsvorsitzende, Helmut Schmidt, im Bundestag gefordert,[24] der westdeutschen Bevölkerung müsse klar gesagt werden, daß die Aussöhnung mit Polen die Respektierung der »jetzigen Demarkationslinien« voraussetze.

Der SPD-Vorsitzende Willy Brandt führte in seinem Beitrag auf dem Parteitag der SPD (17.-21.3.1968) in Nürnberg aus: »... niemand ist doch wohl so vermessen, an neue Vertreibung zu denken. Eine weitere Realität ist es, daß das deutsche Volk die Versöhnung gerade auch mit Polen will und braucht. Es will und es braucht sie, ohne zu wissen, wann es seine staatliche Einheit durch einen Friedensvertrag finden wird. Was ergibt sich daraus? Daraus ergibt sich die Anerkennung bzw. Respektierung der Oder-Neiße-Linie bis zur friedlichen Regelung.«[25]

Der Nürnberger Parteitag der SPD und die Äußerungen Brandts zu der Oder-Neiße-Problematik fanden auf der polnischen Seite zunächst keinen positiven Widerhall. Das Mißtrauen saß noch tief in den polnischen Köpfen, und Warschau reagierte allergisch auf jeglichen Vorbehalt, der die polnische Westgrenze betraf. Dies erschwerte eine schnelle Reaktion auf die neuen, Polen entgegenkommenden Formulierungen der Sozialdemokraten. Die zurückhaltende Reaktion war nicht nur damit verbunden, daß Warschau den politischen Einfluß der SPD auf den außenpolitischen Entscheidungsprozeß in der Großen Koalition eher skeptisch beurteilte. Entscheidender war wohl, daß die Verschärfung der Situation um die Tschechoslowakei als Antwort auf die dortigen politischen Liberalisierungstendenzen (»Prager Frühling«) und der Vorwurf der ideologischen und machtpolitischen Diversion der ČSSR durch die Bundesrepublik Deutschland von seiten Moskaus, Ost-Berlins und Warschaus der Wahrnehmung von Differen-

---

21 Ausführlicher zu der Unterredung mit Raczkowski Bahr, S. 229-234.
22 Zit. n. Bahr, S. 234.
23 Ebenda.
24 Zit. n. Elsing, Sozialdemokratie und Polen, S. 473.
25 Jacobsen/Tomala (Hrsg.), S. 169f.

zierungsprozessen in der Bonner Polenpolitik enge Grenzen setzte. Dazu kam das allgegenwärtige Interesse an der Aufrechterhaltung des Feindbilds des westdeutschen Revisionismus und Revanchismus als innenpolitischer Legitimationsbasis kommunistischer Herrschaft in Polen.

Derweil bestätigte Außenminister Brandt die neue Formel der Sozialdemokraten, die nicht mehr von der gesamten Bundesregierung getragen wurde, in seinem Vortrag vor der Österreichischen Gesellschaft für Außenpolitik in Wien am 10. Juni 1968. Er verglich die Aufgabe der Aussöhnung mit Polen mit der deutsch-französischen Aussöhnung und kam dann auf den Punkt, der für Polen entscheidend war: »Die Bundesrepublik Deutschland hat keine territorialen Forderungen ... Wir haben erklärt, daß wir die gegenwärtigen Grenzen respektieren und sie in den Gewaltverzicht einbeziehen.«[26]

Die neue Definition des Gewaltverzichts, die Regelung der Beziehungen zu dem zweiten deutschen Staat sowie neue Überlegungen zur Oder-Neiße-Grenze wurden zu Eckpunkten einer neuen Ostpolitik, die einer Annäherung zwischen der Regierungspartei SPD und der oppositionellen FDP[27] den Weg ebneten.

## 5.3 ... und den oppositionellen Liberalen

Aufsehen hatte schon ein Jahr zuvor ein Artikel des Bundesschatzmeisters der FDP, Wolfgang Rubin, erregt, der zu dem Schluß kam:

> Die Wahrheit – sie mag so bitter sein, wie sie will –, sie muß nicht von einigen wenigen, sondern von den Verantwortlichen ausgesprochen und von der Mehrheit des Volkes verstanden und akzeptiert werden: Wahr ist, daß Deutschland den Zweiten Weltkrieg verschuldet, ihn total verloren und dann bedingungslos kapituliert hat. Wahr ist, daß Freund und Feind sich darüber einig sind, daß die Wiederherstellung des Deutschen Reiches in den Grenzen von 1937 weder möglich noch wünschenswert ist. Das Recht auf Heimat gilt, wenn überhaupt, nicht nur für Deutsche ... Wer die Wiedervereinigung will, muß die Oder-Neiße-Linie anerkennen und die Existenz des anderen kommunistischen Staats auf deutschem Boden mit allen unvermeidlichen Konsequenzen zur Kenntnis nehmen ...[28]

Die Feststellungen Rubins gingen noch weit über das hinaus, was führende Sozialdemokraten seinerzeit formuliert hatten. Und der CDU-Kanzler kam zur selben Zeit zu einem entgegengesetzten Resümee. Er glaubte, »daß eine Anerkennung der Oder-Neiße-Grenze der Sache der Wiedervereinigung

---

26 Texte zur Deutschlandpolitik, Bd. 2, S. 160.
27 Siehe auch Peter Juling, Für eine realistische Vertragspolitik, in: Hans Wolfgang Rubin (Hrsg.), Freiheit, Recht und Einigkeit. Zur Entspannungs- und Deutschlandpolitik der Liberalen, Baden-Baden 1980, S. 129-146.
28 Hans Wolfgang Rubin, Die Stunde der Wahrheit, in: liberal, 12.3.1967.

schaden würde, weil sich der Status quo dann noch mehr verfestigen würde«.[29]

In seiner eigenen Parteiführung fand Rubin seinerzeit noch nicht den nötigen Rückhalt für seine Position zur Oder-Neiße-Frage.[30] Der FDP-Vorsitzende Mende distanzierte sich auf dem FDP-Parteitag in Hannover von den Ausführungen Rubins. Immerhin formulierte der damalige parlamentarische Geschäftsführer der FDP, Hans-Dietrich Genscher, von seinem Krankenbett aus eine Erklärung, die sogenannte »Konkordienformel«, die in Hannover angenommen wurde: »Der Bundesparteitag der Freien Demokratischen Partei ist der Meinung, daß eine mögliche Zusammenführung der getrennten Teile Deutschlands nicht an territorialen Fragen scheitern darf.«[31] Innerhalb der oppositionellen Liberalen tendierten die innerparteilichen Überlegungen immer deutlicher in Richtung Akzeptierung der gegenwärtigen deutsch-polnischen Grenze. In dem Arbeitspapier »Deutschland- und Außenpolitik« von FDP-Pressesprecher Schollwer für eine Klausurtagung des FDP-Parteivorstands im März 1967 hieß es unter anderem: »Aufgabe des Anspruchs auf die deutschen Ostgebiete und die Akzeptierung der gegenwärtigen deutschen Ostgrenzen«.[32]

Nach dem Wechsel an der FDP-Parteispitze von Erich Mende zu Walter Scheel im Januar 1968 und nach dem Nürnberger Parteitag der SPD zeichnete sich immer mehr die deutschland- und ostpolitische Annäherung zwischen den regierenden Sozialdemokraten und den oppositionellen Liberalen ab,[33] während sich der CDU/CSU-Flügel der Bundesregierung seit den sibyllinischen Äußerungen des Bundeskanzlers Kiesinger in der Regierungserklärung vom Dezember 1966 über das Verständnis für den polnischen Wunsch, in gesicherten Grenzen zu leben, nicht mehr weiter nach vorne bewegte. So führte der Bundeskanzler im April 1967 zur Grenzfrage aus: »Ich habe unseren Heimatvertriebenen schon oft gesagt, daß es so nicht bleiben dürfe, wie es heute ist, aber daß es auch wohl nicht einfach wieder so werden könne, wie es einmal war. Wie es aber werden wird und wie es werden kann, das liegt noch im Geheimnis der Zukunft verborgen.«[34] Und in einer Pressekonferenz vom 3. November 1967 wiederholte Kiesinger den Polen-Passus aus der Regierungserklärung von Dezember 1966 und fügte hinzu: »... Das schlösse zum Beispiel nicht aus, daß man schon vor einem

---

29 Der Spiegel, 13, 20.3.1967, S. 48.
30 Siehe FDP-Bundesvorstand. Die Liberalen unter dem Vorsitz von Erich Mende. Sitzungsprotokolle 1960-1967. Bearb. von Reinhard Schiffers, Düsseldorf 1993, zit. n. Jürgen C. Hess, in: FAZ, 23.6.1994, S. 12.
31 Hans-Dietrich Genscher, Erinnerungen, Berlin 1995, S. 257.
32 Zit. n. Meissner (Hrsg.), S. 192.
33 Siehe Clemens Heitmann, FDP und neue Ostpolitik. Zur Bedeutung der deutschlandpolitischen Vorstellungen der FDP von 1966 bis 1972, Sankt Augustin 1989, S. 51ff. und 86ff.
34 Zit. n. Meissner (Hrsg.), S. 203.

solchen Friedensvertrag gemeinsame Überlegungen über eine solche von beiden Völkern akzeptierbare Lösung anstellen könnte. Aber die polnische Regierung hat sich bisher völlig unnachgiebig gezeigt. Sie wünscht von uns einfach und schlicht die Anerkennung des Status quo ...«[35]

*5.4 Die Wende kündigt sich an*

Verglich man die polenpolitischen Positionen der großen Parteien zu Jahresanfang 1969, und das hieß immer noch in erster Linie die Haltung zur Oder-Neiße-Problematik, dann konnte sich der Vorschlag Gomułkas vom 17. Mai 1969, ein Abkommen mit der Bundesrepublik zu schließen,[36] um die Anerkennung der deutsch-polnischen Grenze völkerrechtlich festzulegen, eigentlich nur an eine (noch) nicht existierende Regierungskoalition aus Sozialdemokraten und Freien Demokraten richten. Gomułkas Angebot, mit dem die »Ulbricht-Doktrin« durch Warschau praktisch aufgekündigt wurde, bezeichnete Außenminister Brandt als »bemerkenswert«, weil in seiner Rede »auf Polemik weitgehend verzichtet wurde«. Zu einer Grenzregelung mit Polen verwies Brandt zwar auf die entsprechende Passage in der Regierungserklärung Kiesingers vom 13. Dezember 1966, hielt es aber für möglich, unter dem Friedensvertragsvorbehalt »eine beide Seiten befriedigende Lösung mit Polen gemeinsam zu erörtern und vorzubereiten«. Weiter konnte sich Brandt ohne Verletzung der Koalitionsdisziplin als Außenminister nicht vorwagen. Als er die Konsequenz einer Gewaltverzichtserklärung interpretierte, ging er freilich schon recht weit, da er die logische Schlußfolgerung in bezug auf die Endgültigkeit der polnischen

---

35 Ebenda, S. 230.
36 Zu Gomułkas Enttäuschung und seinem Mißtrauen gegenüber der DDR-Führung nicht zuletzt wegen des wirtschaftspolitischen Kurses schon zu Zeiten des »eisernen Dreiecks« 1967, die für Gomułkas Kehrtwende in der Westdeutschlandpolitik verantwortlich waren, siehe auch die Belege bei Tomala, »Przyjaźń«, S. 72-75. Demnach befürchtete Gomułka eine verstärkte Wirtschaftskooperation der DDR mit der Bundesrepublik zu Lasten Polens und der RGW-Integration. Er suchte nun seinerseits eine Grenzanerkennung seitens Bonns zu erreichen, zumal Ulbricht plötzlich Einspruch gegen eine Anerkennung der polnischen Westgrenze als »deutscher« Ostgrenze einlegte und diese Anerkennung allein auf die Grenze zwischen der DDR und Polen eingeengt wissen wollte. Somit stellte Ulbricht praktisch die Gültigkeit der Grenzformel des Görlitzer Vertrags von 1950 in Frage; Polish – GDR Relations (Minutes of Meeting of PZPR and SED Delegations, Moscow, December 2, 1969), in: Polish Quarterly of International Affairs, Vol. 3, No. 1, Winter 1994, S. 111-129, hier insbes. S. 122ff.; siehe auch Mieczysław Tomala, Droga do Układu PRL – RFN z 7 grudnia 1970 r. [Der Weg zum Vertrag VRP – BRD vom 7. Dezember 1970], in: Polska. Niemcy. Przyszłość [Polen. Deutschland. Zukunft]. Pod red. Barbary Mikulskiej-Góralskiej i Witolda Góralskiego, Warszawa 1996, S. 23-46, hier S. 29ff.

Westgrenze ausdrücklich formulierte, nämlich »daß es nach Meinung der Bundesrepublik Deutschland keine Änderungen der bestehenden Grenzen in Europa durch Gewalt geben soll, mit anderen Worten, Änderungen nur dann, wenn alle Beteiligten sich darüber verständigen«.[37] Da für Polen eine Änderung der polnisch-deutschen Grenze ausgeschlossen war, wäre damit die polnischerseits so vehement verlangte »Unverletzlichkeit« und »Endgültigkeit« praktisch garantiert gewesen. Außerdem sprach Brandt in seiner Stellungnahme der Aussöhnung mit Polen einen ähnlichen geschichtlichen Rang zu wie der Aussöhnung mit Frankreich (»nicht weniger schwierig und nicht weniger zeitraubend«).

Bereits einen Tag nach Gomułkas Äußerungen begab sich Brandts Emissär, Egon Bahr, in Richtung Berlin, um in einem geheim gehaltenen Treffen den polnischen Missionschef Bolesław Koperski zu sprechen. Das Ziel dieser Reise war, die Ernsthaftigkeit des polnischen Vorschlags auszuloten. Bei dieser Zusammenkunft sollte Bahr seine alte Aussage wiederholen, die er ein Jahr zuvor gegenüber Raczkowski gemacht hatte. Demnach war mit dem Koalitionspartner der Sozialdemokraten, der CDU/CSU, »ein vertraglicher Gewaltverzicht unter Einschluß der Grenzfrage, aber kein Grenzabkommen zu machen«.[38] Bahr wagte sich mit dieser Zusage bereits weit vor, denn er mußte wissen, daß in der CDU/CSU-Fraktion nur eine Minderheit bereit gewesen wäre, eine solche Modus-vivendi-Klausel als Teil eines Gewaltverzichtsabkommens zu akzeptieren, während der überwiegenden Mehrheit der Christdemokraten schon dies zu weit gegangen wäre.

Am 27. Mai 1969 sprach der Bundeskanzler vor der Hauptversammlung des Deutschen Städtetags in Mannheim über das Verhältnis zu Polen: »Wir denken nicht daran, unsere Ziele mit Gewalt oder mit Hinterlist erreichen zu wollen.« Zwar könne die territoriale Frage letztlich nur in einem Friedensvertrag geregelt werden; aber nichts hindere die Bundesrepublik daran, jetzt schon eine Lösung zu suchen, die von beiden Ländern akzeptiert werden könnte. »Ich bin bereit, mit Herrn Gomulka über eine solche Lösung zu sprechen.«[39] In seiner Ansprache auf dem Kongreß der Handelsvertreter und Handelsmakler in Bonn nahm Kiesinger zu Gomułkas Gesprächsangebot am 3. Juni 1969 in einer Weise Stellung, daß weder Polen noch Gralshüter der Nichtanerkennung zufrieden sein konnten:

> Wir streben eine Lösung mit den Mitteln des Friedens an, die von beiden Völkern um des Friedens willen angenommen werden kann. Schon früher habe ich dann hinzugesetzt und wiederhole es jetzt: Auch wenn die Lösung erst in einem Friedensvertrag gefunden werden kann, miteinander reden und eine solche Lösung vorbereiten kann man auch schon vorher. Ich wiederhole mein Angebot: Ich bin bereit, über die-

---

37 Brandt auf der Pressekonferenz vom 19.5.1969, in: EA, F13/1969, S. D321f.
38 Stehle, Eine vertrackte Vorgeschichte, S. 42.
39 FAZ, 29.5.1969.

se Frage mit Herrn Gomulka zu sprechen; aber nicht über eine Lösung, die von vornherein feststeht und an der überhaupt nichts geändert werden kann.[40]

Dies hätte eine formelle Akzeptierung der Westgrenze Polens mit der Option nach sich gezogen, sie in Zukunft »friedlich« zu ändern. Mit einer solchen Überlegung lief die bisher gültige rechtspolitische Philosophie der Bundesrepublik jedoch Gefahr, nachhaltig erschüttert zu werden. Diese Hinnahme des Grenzverlaufs hätte auf lange Sicht zu dessen endgültiger psychologischer Akzeptanz führen können. Gerade dies wurde der Hauptvorwurf der Vertriebenenverbände. Eine Vorwegnahme der Anerkennung der territorialen Integrität Polens, die eine Normalisierung der Beziehungen zwischen beiden Staaten erlauben würde, ließ die Forderung nach Rückgabe der »ehemaligen deutschen Gebiete« unsinnig werden und wurde zugleich als Infragestellung des Heimatrechts der Vertriebenen verstanden.[41]

Um die Bonner Gesprächsbereitschaft zu unterstreichen, übermittelte die Bundesregierung zum Gründungstag des kommunistischen Staats am 22. Juli einen Glückwunsch, in dem zur Respektierung der Grenze freilich nichts gesagt wurde. Bemerkenswert war immerhin die Tatsache, daß dies zum ersten Mal geschah.[42]

Noch vor den Bundestagswahlen am 28. September 1969 verdeutlichte die Rundfunk- und Fernsehansprache des am 5. März 1969 mit den Stimmen von SPD und FDP in der Bundesversammlung gewählten neuen Bundespräsidenten Gustav Heinemann aus Anlaß des 30. Jahrestags des Ausbruchs des Zweiten Weltkriegs, daß im politischen Leben der Bundesrepublik eine Revision der Polen- und Ostpolitik anstand, wenn auch die Bundestagswahlen längst noch nicht entschieden waren und die Ansprache Heinemanns eine historisch-moralische Bedeutung besaß, ohne konkrete Fragen wie die Oder-Neiße-Grenzproblematik anzuschneiden. Heinemann sagte unter anderem:

---

40 Bulletin, 72, 7.6.1969, S. 623; vgl. auch Bundesminister Wehner vor dem IV. Kongreß der Ostdeutschen Landesvertretungen in Bad Godesberg am 31.8.1969: »... miteinander sprechen und, soweit das die Verhältnisse erlauben, miteinander umgehen und verkehren«. Im weiteren geht Wehner am Vortag des Jahrestages des deutschen Einmarsches in Polen emotional aufgewühlt auf die Worte Hitlers in der Kroll-Oper ein: »Polen hat als Staat aufgehört zu existieren! ... Jene sieben Worte ... brennen doch dort in vielen Herzen und die sind ja auch nachgebrannt worden und werden es immer wieder.« Und zum Vergleich mit der Aussöhnung mit Frankreich: »Ich deute daran nicht; das ist zweifellos historisch und vom Gewicht her vergleichbar – nur viel, viel schwieriger.« (Texte zur Deutschlandpolitik, Bd. 3, S. 297f.)
41 Siehe Gotthold Rhode, Die deutsch-polnischen Beziehungen von 1945 bis in die achtziger Jahre, in: APuZ, B11/88, 11.3.1988, S. 17.
42 Kellermann, Brücken nach Polen, S. 137.

Heute vor dreißig Jahren, am 1. September 1939, begann das schauerliche Drama, das wir den Zweiten Weltkrieg nennen ... Polen war das erste Opfer des Überfalls von 1939. Sein Anteil an den Toten des Kriegs macht allein 6 Millionen aus, von denen 0,7 Millionen als Soldaten umkamen, die übrigen mehr als 5 Millionen aber willkürlicher Ausrottung zum Opfer fielen. Was immer die Verantwortlichen in Polen 1939 an Argumenten für Hitlers Handeln beigetragen haben mögen und wie schwer auch das Los unserer Landsleute gewesen ist, die 1945 das Opfer des Verlustes ihrer Heimat jenseits von Oder und Neiße bringen mußten, so kann doch nichts daran vorbeiführen, daß es zwischen Polen und uns nicht so bleiben kann, wie es ist. Auch hier gilt es, die alten Gräben endlich zuzuschütten, so fest, daß niemand mehr einbrechen kann. Dafür müssen die entscheidenden Voraussetzungen geschaffen werden.[43]

In einem Gespräch am 20. Oktober 1969 mit dem ersten polnischen Gast in der Villa Hammerschmidt, dem früheren Sejm-Abgeordneten Stanisław Stomma aus der regimeunabhängigen katholischen ZNAK-Bewegung,[44] gab Heinemann aber zu bedenken, daß die Zustimmung der Öffentlichkeit in der Bundesrepublik zur Anerkennung der polnischen Westgrenze, die er in seiner Ansprache nicht erwähnt hatte, nur schwer zu erreichen sein würde, »wenn die polnische Seite nicht wenigstens zu einer symbolischen Gegenleistung bereit sei, z.B. der Zusicherung kultureller Rechte für noch in Polen lebende Deutsche«.[45] Wenn in der Unterredung aber schon der Katholik und Antikommunist Stomma die Existenz einer deutschen Minderheit abstritt,[46] wie konnte die Bundesregierung bei der polnischen Führung in zukünftigen Verhandlungen Verständnis für ihr Anliegen bezüglich der Deutschen in Polen erwarten? Übrigens äußerte während der damaligen Reise Stommas durch die Bundesrepublik der Ministerpräsident von Rheinland-Pfalz, Helmut Kohl, in einer Unterredung am 15. Oktober diesem gegenüber, »die Anerkennung der Oder-Neiße-Grenze treffe zwar in der CDU auf Widerstände, aber die seien überwindbar«.[47]

---

43 Zit. n. Jacobsen/Tomala (Hrsg.), S. 195.
44 Siehe Jacek Żakowski, Pół wieku pod włos [Ein halbes Jahrhundert gegen den Strich], in: Magazyn Gazety Wyborczej, 21.4.1995.
45 Pailer, S. 114.
46 Ebenda.
47 Ebenda, S. 112.

# 6. Politik der vorläufigen Normalisierung (1970-1972)

## 6.1 Das moralische Dilemma

Die Polenpolitik der Bundesrepublik Deutschland in den siebziger Jahren ist für viele Menschen in Deutschland und in Polen mit dem Bild von Bundeskanzler Willy Brandt verknüpft, der vor dem Mahnmal für die Helden des Warschauer Ghettoaufstands kniet. Das Motiv der Aussöhnung spielte bei den Akteuren der Ostpolitik der siebziger und achtziger Jahre, insbesondere in der Polenpolitik, eine herausragende Rolle.[1] Der einfühlsame Deutschland- und Polen-Kenner, Timothy Garton Ash, formulierte es so:

> Vergangene Schäden wiedergutmachen. Wunden heilen. Bei Willy Brandt war dies eindeutig, archetypisch. Aber genauso eindeutig, in mancher Hinsicht vielleicht sogar noch deutlicher war dies bei jenen, die, wie Helmut Schmidt und Richard von Weizsäcker, an der Ostfront gekämpft hatten. Es war im wahrsten Sinne die Mission einer ganzen Generation. Auch Helmut Kohl – obwohl er »die Gnade der späten Geburt« genoß – formulierte oft seinen Wunsch, mit Polen eine vergleichbare historische Aussöhnung zu erreichen, wie Adenauer mit Frankreich.[2]

Wenn Willy Brandt in seiner Fernsehansprache aus Warschau am 7. Dezember 1970 verkündete: »Wir müssen ... die Moral als politische Kraft erkennen«,[3] dann wurde die stark gefühlsbetonte und aus dem Religiösen entnommene Botschaft an die östlichen Nachbarn in einen Handlungsraum (die Politik) übertragen, der *per definitionem* von der Dimension des Interesses und der Macht beherrscht wird. Und das Mehrdeutige der Moral als Movens der Politik wird in der Äußerung Brandts ja nicht verschwiegen, wenn er ihr »politische Kraft« zuspricht, das heißt die Verwertbarkeit für andere Zwecke.

Diesem Dilemma konnte sich die deutsche Polenpolitik nicht entziehen, ebensowenig wie die Frankreich- und Israelpolitik in den fünfziger und sechziger Jahren. Das Dilemma und das Mißverständliche bestand darin, daß Moral in der Politik sich auszahlen konnte, daß (in diesem Fall deutsche) *Interessen* formuliert wurden. Das entwertete nicht die Motivation, es stellte auch nicht die Richtigkeit des gewählten Weges in Frage. Aber deutsche Polenpolitik war eben auch mit mehr verbunden als mit der Moral.[4]

---

1 Zuletzt noch Genscher, Erinnerungen, S. 255f.
2 Garton Ash, Im Namen Europas, S. 438.
3 Zit. n. ebenda, S. 439.
4 Siehe die Diskussion der siebziger Jahre über die Hauptantriebskräfte der neuen Ostpolitik, in: Egbert Jahn/Volker Rittberger (Hrsg.), Die Ostpolitik der BRD. Triebkräfte, Widerstände, Konsequenzen, Opladen 1974; siehe auch Griffith sowie Löwenthal, in: Löwenthal/Schwarz (Hrsg.), S. 604-699, hier S. 681ff.

Allein der Rückblick auf die innenpolitischen Diskussionen über eine neue Ostpolitik seit den fünfziger Jahren verdeutlicht, wie sehr es den Querdenkern um die langfristige Sicherung der internationalen Handlungsfähigkeit der Bonner Republik in einer sich verändernden Umwelt ging. Dazu kam das Abwägen deutscher Verbrechen gegen das Leid, das Deutschen nach 1945 im Osten, nicht zuletzt in Polen, widerfahren war. Den Architekten der deutschen Polenpolitik der siebziger Jahre sollte es nicht um das Aufrechnen gehen, aber als Repräsentanten ihres eigenen Volkes mußten sie auch die Interessen derer berücksichtigen, die als Vertriebene Opfer geworden waren oder als in Polen verbliebene Deutsche die aufgezwungene Rolle von Geiseln einer über sie hinweggegangenen Geschichte auf sich nahmen.

Dazu kam noch ein anderes, vielleicht noch schwerer wiegendes Problem: Die Bundesregierung hatte es im Falle Polens und der anderen osteuropäischen Nachbarn mit kommunistischen Regierungen als Verhandlungspartnern zu tun. Sie waren nicht die gewählten Vertreter ihres Volkes. Eine regierungsamtliche Verständigungspolitik, ja sogar Aussöhnungspolitik konnte nicht anders, als sich mit den real existierenden Machthabern ins Benehmen zu setzen. Aber sie mußte sich immer der Begrenztheit und des Risikos des Unternehmens bewußt sein, wenn sie nicht böse überrascht werden wollte. Das moralische Dilemma der Bonner Polenpolitik wurde mit fortschreitendem Verfall der realsozialistischen Ordnung in Polen von Jahr zu Jahr offensichtlicher.

Willy Brandt hatte noch keine Alternative. Den Warschauer Vertrag machte er mit Władysław Gomułka, mit ihm suchte er die »Normalisierung«, die »Aussöhnung« aber mit dem polnischen Volk und mit der Geschichte. Gomułka wurde gestürzt, allerdings nur durch eine andere Garnitur derselben Partei. Helmut Schmidt aber wollte Edward Gierek »glatt ins Kabinett aufnehmen«. Und er weigerte sich nach der Verhängung des Kriegsrechts, bei den von den Amerikanern initiierten Sanktionen gegen Polen und die Sowjetunion mitzumachen – wegen seines tiefsitzenden Wunsches nach Aussöhnung. Aber Aussöhnung mit wem? Mit den Regierenden oder mit den Regierten? Das moralische Dilemma war für einen deutschen Regierungspolitiker 1982 weitaus bedrückender als 1970. Seit Sommer 1980 gab es in Polen eine Freiheitsbewegung, die offensichtlich von einer überwältigenden Mehrheit der Bevölkerung begrüßt wurde.

Deutsche Polenpolitik reagierte mit großer Verzögerung auf die Subjektwerdung der Gesellschaft *gegenüber* dem Staat und hielt bis in die zweite Hälfte der achtziger Jahre an der Vorstellung eines Wandels »von oben« fest. Sie war zumindest bis zum Regierungswechsel von 1982 geprägt von der Ratio der ersten Phase der Ostpolitik, die auf Entspannung zur innenpolitischen und außenpolitischen Beruhigung der kommunistischen Machthaber ausgerichtet war, auf Reform statt Revolution. Diese Methode machte tatsächlich die »neue Ostpolitik« zu einem erfolgreichen Unternehmen.

Helsinki wurde möglich, die Dialektik des Helsinki-Prozesses wurde aber eher gefürchtet als herbeigesehnt. Die von Brandt und Bahr nach dem traumatischen Erlebnis des Mauerbaus (13.8.1961) entwickelte Strategie des »Wandels durch Annäherung« war während der Kanzlerschaft Helmut Schmidts an eine Grenze gelangt, die Solidarność ihr paradigmatisch setzte. Wenn Bonn »Annäherung durch Wandel«, und zwar Wandel im Osten zur Selbstbefreiung, in einer gewiß schwierigen *doppelgleisigen* Politik in Betracht gezogen hätte, hätte dies die moralische Dimension deutscher Polenpolitik sicher noch *glaubwürdiger* gemacht.

## 6.2 Von Ankündigungen zu Verhandlungen

Das Ergebnis der Bundestagswahlen vom 28. September 1969 ermöglichte einen Machtwechsel in Bonn und die Bildung einer Regierungskoalition aus Sozialdemokraten und bisher oppositionellen Freien Demokraten. Die Konzeption und Realisierung einer neuen Politik gegenüber dem zweiten deutschen Staat und Osteuropa war eine Hauptantriebskraft für das Zusammengehen der beiden Parteien. Die eine hatte nach der Wahl einer reformorientierten Parteiführung unter Walter Scheel, Wolfgang Mischnick und Hans-Dietrich Genscher[5] auf dem Freiburger Parteitag (29.-31.1.1968) aus der Opposition heraus eine neue Ostpolitik gefordert,[6] die andere war in der Koalition mit der CDU/CSU an die Grenzen einer realistischeren Ost- und Deutschlandpolitik gestoßen.

Eine Woche vor den Bundestagswahlen hatte der AA-Planungsstableiter Bahr für seinen Außenminister ein Arbeitspapier mit dem Titel »Überlegungen zur Außenpolitik einer künftigen Bundesregierung« geschrieben,[7] in dem er außer einem »Rahmenvertrag« mit der DDR einen »europäischen Gewaltverzicht«, die Anerkennung der Oder-Neiße-Linie und die Aufnahme diplomatischer Beziehungen mit den osteuropäischen Ländern vorschlug. Aber Bahr ließ keinen Zweifel daran, daß die Beziehungen zu den kleineren Warschauer-Pakt-Ländern nur bis zu dem Grade entwickelt werden könnten, in dem sie von der Sowjetunion toleriert würden. Die Basis, auf der die neue sozialliberale Koalition Beziehungen mit den östlichen Nachbarn knüpfen wollte, hieß »Moskau zuerst«.[8] Die jüngste Erfahrung mit sowjetischem Gewaltpotential in der Tschechoslowakei und mit der Stigmatisierung der Bundesrepublik als imperialistische Speerspitze dort, wo Bayerischer und Böhmischer Wald aneinandergrenzen, schien diese

---

5 Siehe auch Genscher, Erinnerungen, S. 257.
6 Siehe die ausführliche Studie von Janusz Józef Węc, FDP wobec polityki wschodniej RFN 1969-1982 [Die FDP zur Ostpolitik der BRD 1969-1982], Poznań 1990.
7 Siehe auch Bahr, S. 243ff.
8 Garton Ash, Im Namen Europas, S. 104ff.

Lösung nahezulegen. Politischer Partner Nummer eins im Osten war und blieb die Sowjetunion, das Schlüsselland für die historisch-moralische »Bereinigung« der Beziehungen zum Osten war und blieb Polen.

Der neue Bundeskanzler Willy Brandt machte noch vor Abgabe seiner Regierungserklärung in Interviews deutlich, daß er sobald wie möglich Gespräche mit Warschau aufnehmen wollte. Ziel seien diplomatische Beziehungen zwischen beiden Staaten.[9]

Die künftige Konzeption der Ost- und Deutschlandpolitik war aus der Regierungserklärung vom 28. Oktober 1969 und aus der nachfolgenden Bundestagsdebatte herauszulesen. Ausgangspunkt aller Überlegungen war die Einsicht, daß die Teilung Deutschlands auf vorerst unabsehbare Zeit andauern würde. Die Gewährung des Selbstbestimmungsrechts für das ganze deutsche Volk blieb zwar das langfristige Ziel, das Nahziel aber sollte der Zusammenhalt der beiden nun als selbständige Staaten apostrophierten Teile Deutschlands sein. Um dies zu erreichen, wurde eine Strategie der sich gegenseitig bedingenden Zugeständnisse entworfen, verbunden mit geregelten Beziehungen zur DDR. Eine völkerrechtliche Anerkennung der DDR wurde jedoch nach wie vor aus verfassungsrechtlichen und politischen Gründen abgelehnt. Die neue Bundesregierung wollte aber der Anerkennung der DDR durch Drittländer keine Hindernisse mehr in den Weg legen, wenn die DDR-Führung zur Aufnahme von Beziehungen besonderer Art zu Bonn bereit sein sollte.[10]

Gegenüber der Sowjetunion bedeutete die neue deutschland- und ostpolitische Konzeption, daß nach der Unterzeichnung des Atomsperrvertrags durch die Bundesrepublik Verhandlungen über gegenseitigen Gewaltverzicht aufgenommen werden sollten. Bonn erhoffte sich davon den ausdrücklichen sowjetischen Verzicht auf das in der UN-Charta verbriefte Interventionsrecht gegenüber Deutschland »und außerdem die psychologisch und politisch wichtige offizielle Erklärung Moskaus, daß die Bundesrepublik keine Politik des ›Revisionismus‹ und ›Revanchismus‹ betreibe«.[11] Polen gegenüber war Bonn zu einer »Grenzformel« im Rahmen eines Gewaltverzichtsabkommens bereit, ohne aber die endgültige Regelung eines Friedensvertrags zu präjudizieren.

In der Regierungserklärung ging Brandt nur an einer Stelle explizit auf die Beziehungen zu Polen ein, und zwar bei der Aufzählung von konkreten kurzfristigen politischen Entscheidungen: »Sie (die Bundesregierung – D.B.) wird der Regierung der Volksrepublik Polen einen Vorschlag zur

---

9 »Brandt wünscht Gespräch mit Polen«, in: Frankfurter Rundschau (FR), 27.10.1969.
10 Bulletin, 132, 29.10.1969, S. 1122f.
11 Jacobsen, Die Beziehungen zwischen der Bundesrepublik Deutschland und der Volksrepublik Polen 1949-1975, in: Die Beziehungen zwischen der Bundesrepublik Deutschland und der Volksrepublik Polen bis zur Konferenz über Sicherheit und Zusammenarbeit in Europa (Helsinki 1975), S. 51.

Aufnahme von Gesprächen zugehen lassen, mit dem sie die Ausführungen Wladyslaw Gomulkas vom 17. Mai dieses Jahres beantwortet.«[12]

Folgt man den vorhergehenden Ausführungen Brandts über »die Verständigung mit dem Osten«, dann konnte es auch im Falle Polen eigentlich nur um »gleichmäßig verbindliche Abkommen über den gegenseitigen Verzicht auf Anwendung oder Androhung von Gewalt« gehen, die allerdings »die territoriale Integrität des jeweiligen Partners berücksichtigt«, während er »unsere Gesprächspartner« wissen ließ: »Das Recht auf Selbstbestimmung, wie es in der Charta der Vereinten Nationen niedergelegt ist, gilt auch für das deutsche Volk. Dieses Recht und dieser Wille, es zu behaupten, können kein Verhandlungsgegenstand sein.«[13]

Ausführlicher ging der neue Außenminister Walter Scheel drei Tage später in einem Interview auf das Interesse der neuen Bundesregierung an einem Dialog mit Polen ein: »Auch auf polnischer Seite ist in letzter Zeit die Bereitschaft zu einem politischen Gespräch mit der Bundesregierung spürbar geworden. Wir sind uns dessen bewußt, welche historische Bedeutung der Aussöhnung mit diesem Nachbarland zukommt. Wir werden das Angebot von Parteisekretär Gomulka und Außenminister Jedrychowski aufgreifen. Ich hoffe, daß wir schon bald politische Gespräche aufnehmen können.«[14]

Die Arbeiten an den Entwürfen für die Verhandlungsvorschläge der Bundesregierung begannen im Auswärtigen Amt unmittelbar nach der Regierungserklärung von Bundeskanzler Brandt. Egon Bahr hatte bereits zur Zeit der Großen Koalition vom Planungsstab des Auswärtigen Amts Grundlagen der Vorschläge erarbeiten lassen.[15]

Das Problem der Familienzusammenführung sowie die diesbezüglichen Vorstellungen und Forderungen der Bundesregierung waren nach späteren Aussagen der direkt Beteiligten ursprünglich nicht Teil des vorbereiteten Polen-Konzepts des Auswärtigen Amts. Offenbar waren dort seinerzeit die Meinungen geteilt. Es gab Stimmen, die es schlicht als »für die Polen unzumutbar« ansahen, mit entsprechenden Forderungen aufzuwarten.[16] Auf diese Unterlassung reagierte Außenminister Scheel mit der Versetzung des zuständigen Referenten. Erst der am 1. Juni 1970 zum Staatssekretär ernannte Leiter der Politischen Abteilung I, Ministerialdirektor Dr. Paul Frank, baute diesen Teil in das Bonner Verhandlungspaket ein. Während

---

12 Bulletin, 132, 29.10.1969, S. 1128.
13 Ebenda.
14 Texte zur Deutschlandpolitik, Bd. 4: 28. Oktober 1969 – 23. März 1970, hrsg. von Bundesministerium für innerdeutsche Beziehungen, Bonn 1970, S. 54.
15 G. Schmid, S. 99.
16 Frank, S. 318. Frank weiter: »Von allen osteuropäischen Ländern, das darf man wohl sagen, genoß Polen das größte Maß an Wohlwollen seitens der deutschen Diplomatie. Es war deshalb nicht immer ganz einfach, bei manchen Kollegen den Blick für das unumgänglich Notwendige wachzuhalten.« (Ebenda)

der vierten Gesprächsrunde im Juni 1970 in Bonn wurde dieser Punkt dann erstmals ausführlich erörtert.[17]

Noch während der Großen Koalition war der Inhalt des Notenwechsels vereinbart und vom Auswärtigen Amt vorbereitet worden. Nach der formellen Zustimmung des neuen Kabinetts wurden der polnischen Seite Verhandlungen über alle zwischen beiden Staaten offenen Fragen – auch über die Oder-Neiße-Problematik – vorgeschlagen.[18]

Die Position der CDU/CSU zum bevorstehenden deutsch-polnischen Dialog umriß am 21. November der Vorsitzende der CDU/CSU-Bundestagsfraktion, Rainer Barzel.[19] Er stellte für die Gespräche mit Warschau drei Forderungen auf: Es sollte nichts an den Vertriebenen vorbei versucht werden; die endgültige Festlegung der Grenzen Deutschlands hatte nur in einer friedensvertraglichen Regelung zu erfolgen; die Lage der Deutschen in Polen müßte in den Verhandlungen mit der polnischen Regierung behandelt werden.[20]

Der Leiter der Warschauer Handelsmission, Böx, verlas und überreichte am 21. November im polnischen Außenministerium dem stellvertretenden Außenminister Winiewicz die knapp gehaltene Verbalnote der Bundesregierung. In der Note erklärte sich Bonn bereit, über alle Themen ohne Vorbedingungen Gespräche zu führen. Von Verhandlungen war nicht die Rede.

Ein Interview mit dem Bundeskanzler, das die Tageszeitung »Życie Warszawy« am 23. November 1969 veröffentlichte, hatte das Bundeskanzleramt sorgfältig mit dem Übergabetermin der deutschen Note abgestimmt. Brandt vermied in seinen »sehr vorsichtigen und abgewogenen Antworten«[21] eine eindeutige Stellungnahme zum polnischen Wunsch nach einer endgültigen Anerkennung der Oder-Neiße-Linie: Die Bundesregierung

---

17 Ebenda; dazu P. Frank in seinen Memoiren: »Caspar Hilzinger (= Paul Frank – D.B.) erschrak nicht wenig, als er feststellte, daß über das zukünftige Schicksal der in Polen verbliebenen Volksdeutschen keine Abmachung mit den Polen vorgesehen war. Winiewicz hatte sich mit Erfolg geweigert, diese Frage in den Gesamtzusammenhang der Vertragsverhandlungen einzubeziehen, und auf spätere mögliche Entwicklungen verwiesen. Im übrigen gebe es, so behauptete die polnische Seite zunächst, östlich von Oder und Neiße so gut wie keine Volksdeutschen mehr.« (Ebenda, S. 317) Dagegen berichtet Stehle, daß Staatssekretär Duckwitz bereits in der dritten Gesprächsrunde im April 1970 in einem Papier humanitäre Fragen erwähnt habe und Ausreisemöglichkeiten für Deutsche verlangt habe. (Stehle, Nachbarn im Osten, S. 270)
18 Siehe G. Schmid, S. 100.
19 Zur Haltung der CDU/CSU-Opposition zur Osteuropa- und Deutschlandpolitik der sozialliberalen Koalition mit besonderer Beachtung der innerparteilichen und innenpolitischen Funktion der ostpolitischen Thematik siehe die ausführliche Studie von Christian Hacke, Die Ost- und Deutschlandpolitik der CDU/CSU. Wege und Irrwege der Opposition seit 1969, Köln 1975.
20 Siehe Jacobsen/Tomala (Hrsg.), S. 200-203.
21 G. Schmid, S. 100.

würde den Vorschlag Władysław Gomułkas aufgreifen und der polnischen Regierung in den nächsten Tagen den Beginn politischer Gespräche anbieten. Dabei sollten alle Fragen von gemeinsamem Interesse erörtert werden können. Das deutsche Volk suche den Frieden mit den Völkern des europäischen Ostens und sei zu einer ehrlichen Verständigung bereit, vor allen Dingen mit dem polnischen Volk.

> Wir wissen, welches Leid den Polen im mißbrauchten deutschen Namen zugefügt wurde. Wir kennen und achten auch den Wunsch Polens, in gesicherten Grenzen zu leben. Wladyslaw Gomulka hatte in seiner Rede einen Text zitiert, den ich als Außenminister geschrieben habe. Ich habe das verstanden und gewürdigt. In meiner Regierungserklärung steht der Satz von der territorialen Integrität. Es kommt nun darauf an, in Verhandlungen ein Ergebnis zu erzielen, das den Interessen unserer beiden Länder Rechnung trägt.[22]

Ein Sprecher der Schlesischen Landsmannschaft begrüßte am 25. November in einer Erklärung grundsätzlich ebenfalls die Kontaktaufnahme mit der polnischen Seite. Er schränkte aber ein, daß über die Oder-Neiße-Gebiete und die polnisch verwalteten Gebiete Ostpreußens nicht verhandelt werden könne, da die Bundesregierung sich hier aus verfassungsrechtlichen Gründen nicht festlegen könne. Auch das BdV-Präsidium erklärte wenige Tage später, daß keine Regierung im geteilten Deutschland zu Zusicherungen legitimiert sei, welche die Substanz des deutschen Rechtsstandpunkts in der Oder-Neiße-Frage beeinträchtigen könnten.[23]

Die sozialliberale Bundesregierung erkannte von Anfang an die politische Bedeutung der Vertriebenenverbände und mußte schon mit Blick auf die knappen Mehrheitsverhältnisse im Bundestag den dauernden Gesprächskontakt mit den Vertriebenenrepräsentanten pflegen, zumal in der Anfangsphase der SPD-FDP-Koalition in den Reihen von SPD (Herbert Hupka) und FDP noch prominente Vertriebenenpolitiker vertreten waren, deren Ausscheren der Koalition die parlamentarische Mehrheit gekostet hätte.

So traf Außenminister Scheel am 17. Dezember mit dem Präsidium des Vertriebenenverbands zu einer Unterredung über die bevorstehenden deutsch-polnischen Gespräche zusammen. Bundeskanzler Brandt empfing am 16. Januar 1970 im Kanzleramt das BdV-Präsidium zu einem ausführlichen Informationsgespräch. Neben Brandt nahmen Horst Ehmke, Ulrich Sahm, Conrad Ahlers und die zuständigen Referenten des Kanzleramts an der Unterredung teil, in der beide Seiten ihre unterschiedlichen ostpolitischen Vorstellungen erläuterten.[24]

---

22 EA, F8/1970, S. D183.
23 G. Schmid, S. 100f.
24 Ebenda, S. 101f.

In den letzten Januartagen kündigten Bonn und Warschau die Aufnahme politischer Gespräche zwischen beiden Regierungen am 5. Februar an.[25] Am 29. Januar hatte Walter Scheel den Auswärtigen Bundestagsausschuß über die Verhandlungsaussichten unterrichtet.[26]

In einem Vortrag vor der Deutschen Gesellschaft für Auswärtige Politik beschrieb Außenminister Scheel am 28. Januar 1970, einen Tag vor der Unterrichtung des Auswärtigen Ausschusses, die Position der Bundesregierung für den Meinungsaustausch mit Polen und ging dabei auch auf den Stellenwert der Grenzfrage für beide Seiten ein. Scheel hob insbesondere hervor, daß der ostpolitische Dialog, »wie es den machtpolitischen Größenordnungen entspricht«, zunächst mit Moskau aufgenommen worden sei: »In den so außerordentlich bedeutsamen politischen Gesprächen werden viele Fragen zu behandeln sein, doch keine wird von der zentralen Frage der polnischen Westgrenze loszulösen sein. Wir werden von Anfang an mit den Polen freimütig und mit dem Willen zum Kompromiß darüber reden müssen. Wir sind entschlossen, dabei unseren guten Willen unzweideutig zum Ausdruck zu bringen.«[27] Auch von der anderen Seite erhoffte Scheel den guten Willen, der zum Verständnis der deutschen Schwierigkeiten notwendig sei. Die Verhandlungen würden von langer Dauer sein. Sie könnten eine historische Bresche öffnen für die umfassende Verständigung mit dem Osten und eines Tages die deutsch-polnische Aussöhnung zu dem gleichen geschichtlichen Rang erheben, den die deutsch-französische Aussöhnung einnehme.

Scheels einleitende Bemerkungen rufen in Erinnerung, daß die Frage der Prioritäten bzw. der praktischen Reihenfolge bei der Entwicklung der Beziehungen zu den Staaten des »Ostens« seit den Anfängen der Bonner Osteuropapolitik in den fünfziger Jahren immer wieder Gegenstand konzeptioneller Überlegungen gewesen ist. Offensichtlich gab es angesichts der »neuen Ostpolitik« der Regierung Brandt/Scheel bei den Entscheidungsträgern der SPD-FDP-Koalition anfangs konzeptionelle Meinungsverschiedenheiten über die zeitliche Reihenfolge der einzelnen Gesprächsinitiativen gegenüber den osteuropäischen Staaten, die spätestens zu diesem Zeitpunkt endgültig beigelegt waren. Günther Schmid führt dazu in seiner Fallstudie zum außenpolitischen Entscheidungsprozeß in den ersten Monaten der sozialliberalen Koalition nach Hintergrundgesprächen mit

---

25 Den Versuch der DDR-Führung, den westdeutsch-polnischen Dialog zu verhindern, belegt die Niederschrift eines Treffens der SED- und PVAP-Delegationen unter Leitung von Ulbricht und Gomułka am 2.12.1969 während des Treffens der Ersten Sekretäre der regierenden kommunistischen Parteien in Moskau, um die Politik gegenüber der neuen Bonner Regierung abzustimmen. Nach 4 1/2stündigem Gespräch gingen die beiden Delegationen auseinander, ohne die grundlegenden Meinungsverschiedenheiten beseitigt zu haben. Siehe: Polish - GDR Relations, S. 111-129.
26 G. Schmid, S. 103.
27 Texte zur Deutschlandpolitik, Bd. 4, S. 283.

den damals Beteiligten aus: »Der am 21. Oktober 1969 neu ins Auswärtige Amt berufene Parlamentarische Staatssekretär Prof. Ralf Dahrendorf wollte wahrscheinlich zusammen mit Staatssekretär Duckwitz Polen und nicht der Sowjetunion im Rahmen der ostpolitischen Gesamtkonzeption ›den Vorrang geben‹ und nicht mit Hilfe einer ›großen Lösung‹ die Wiedervereinigung anstreben, sondern ›mit Hilfe einer kleinen Lösung die Normalisierung der Beziehungen zu den Nachbarn und damit zugleich den schwächeren osteuropäischen Staaten‹ suchen.« Dahrendorf habe sich nachdrücklich dagegen gewandt, daß Staatssekretär Bahr mit dem sowjetischen Außenminister Gromyko auch das bilaterale deutsch-polnische Verhältnis erörterte.[28]

Auch Willy Brandt selbst hätte gerne, wie er in seinen Memoiren schreibt, eine deutsch-polnische Übereinkunft vorgezogen:

> Der Gewaltverzicht war schon ein wesentlicher Programmpunkt der Vorverhandlungen Bahrs in Moskau gewesen; die Formel fand im Moskauer Vertrag ihren Niederschlag. Die Polen und wir konnten dieses Kernstück unseres Vertrages nicht mehr originär aushandeln. Wir hatten diesen Ablauf vermutet; er ergab sich in Wirklichkeit aus den Gegebenheiten des Warschauer Paktes. Die Polen hätten es wohl gern gesehen, wenn man den Vertrag mit ihnen zuerst hätte schließen können, doch sie wußten, daß sie der Führungsmacht den inhaltlichen und zeitlichen Vorrang zu lassen hatten. Auch ich hätte es begrüßt, wenn es möglich gewesen wäre, den deutsch-polnischen Vertrag zeitlich vorzuziehen. Davon war in meinem Gespräch mit Gomulka die Rede. Ich habe auch meinen westlichen Kollegen wiederholt dargelegt, daß der Ausgleich mit Polen für mich einen besonderen moralischen Rang habe.[29]

Günther Schmid fand es an Dahrendorfs Ansatz »erstaunlich, daß er die besonders nach der militärischen Intervention in der Tschechoslowakei im Sommer 1968 unmißverständlich zutage tretende Hegemonialposition der Sowjetunion auf ihrem osteuropäischen Glacis nicht berücksichtigte und eine bilaterale Bonner Osteuropapolitik quasi an Moskau vorbei für möglich hielt«. Wie Schmid mitteilte, konnte Dahrendorf diesem Gegenargument »nicht widersprechen«. Da lag zweifellos das Problem eines anderen Ansatzes.[30]

Allerdings ist nach Dahrendorfs Auskunft sein »Alternativkonzept weder von den Spitzenpolitikern der sozialliberalen Koalition noch im Auswärtigen Amt grundsätzlich diskutiert worden. Auch der stellvertretenden Leiterin des Osteuropa-Referats im Auswärtigen Amt, Finke-Osiander,

---

28 G. Schmid, S. 104.
29 Willy Brandt, Begegnungen und Einsichten. Die Jahre 1960-1975, Hamburg 1976, S. 529; ebenso Bahr, S. 292: »Sowohl Brandt wie Scheel haben Polen mit einem Verständnis und einer Neigung gesehen, die sie für die Sowjetunion nicht empfanden, und die leichte Verwässerung, die Warschau gegenüber dem in Moskau formulierten Text durchsetzen konnte, hingenommen.«
30 G. Schmid, S. 104 und S. 378, Anm. 622.

war nicht bekannt, »daß Ende 1969 die Frage, ob zunächst mit Polen oder mit der Sowjetunion Sondierungen beginnen sollten, eine Rolle gespielt hat. Die Verhandlungen mit Polen und mit der Sowjetunion sind damals parallel vorbereitet worden.«[31]

Mit ihrer ostpolitischen Strategie wollten Brandt und Scheel jeden Verdacht zerstreuen, die Entspannungspolitik der Bundesregierung ziele darauf, die Hegemonialrolle der Sowjetunion in Frage zu stellen. Erfahrungen der ostpolitischen Entscheidungsträger in Bonn aus der Zeit der Schröderschen »Politik der Bewegung« und aus der Anfangsphase der Ostpolitik der Großen Koalition spielten hier sicher eine Rolle. Damals hatte die Sowjetunion negativ auf die Aufnahme diplomatischer Beziehungen zwischen der Bundesrepublik und Rumänien im Januar 1967 reagiert. Eine umgekehrte »Hallstein-Doktrin«, die »Ulbricht-Doktrin«, verhinderte dann die Aufnahme diplomatischer Beziehungen mit den übrigen Warschauer-Pakt-Staaten. Wer die Anerkennung der Vormachtrolle Moskaus heute kritisiert, sollte daran erinnert werden, daß seinerzeit keine der Westmächte diese Tatsache in Frage zu stellen versuchte, sich West-Berlin weiterhin in der Situation einer politischen Geisel befand und der östliche Druck sich jederzeit verstärken konnte. Darüber hinaus war die Bundesrepublik Anfang 1970 in einer weitaus schwierigeren Ausgangslage gegenüber Osteuropa als alle westlichen Partner, da die vertragliche Respektierung des territorialen Status quo seitens Bonns noch ausstand.

Am 4. Februar traf der aus dem Ruhestand geholte Staatssekretär Duckwitz, der seine ersten Erfahrungen mit deutsch-polnischen Sondierungen schon 1959 während der Genfer Außenministerkonferenz und 1965 als Botschafter in Neu-Delhi hatte machen können, mit seiner Begleitung in Warschau ein, wo am 5. und 6. Februar die erste Gesprächsrunde – bestehend aus vier Einzelgesprächen – stattfand. Es war vorgesehen, daß Duckwitz die Delegationsleitung auf deutscher Seite auch nach seinem Ausscheiden aus dem Auswärtigen Amt im Frühsommer 1970 behalten sollte. Paul Frank räsonierte darüber: »Für Georg Ferdinand Duckwitz waren diese Verhandlungen ein Höhepunkt in seiner diplomatischen Karriere, denn er hatte zusammen mit Albrecht von Kessel schon seit Jahren für die Regelung unseres Verhältnisses zu Polen plädiert.«[32]

Das Auswärtige Amt hatte für die deutsche Delegation weder einen Vertragsentwurf noch einen konkreten Formulierungsvorschlag für die Regelung der Grenzfrage vorbereitet. Sicher scheint aber, daß die auf Willy Brandt zurückgehende »Nürnberger Formel« von 1968 von den Entscheidungsträgern der Bundesregierung als Kern des Bonner Verhandlungskonzepts fixiert wurde. Offensichtlich zielte die deutsche Seite darauf ab,

---

31 G. Schmid, S. 104, zitiert aus einem Schreiben von Frau Dr. Finke-Osiander an den Autor vom 14.3.1977.
32 Frank, S. 316.

zunächst eine breitangelegte allgemeine Verbesserung der deutsch-polnischen Beziehungen zu erreichen und an der Position festzuhalten, daß eine endgültige Regelung der deutschen Ostgrenzen erst in einem Friedensvertrag getroffen werden könne. Sie erklärte ihre Bereitschaft, dem polnischen Interesse an gesicherten Grenzen im Rahmen eines Gewaltverzichtsabkommens, das auch den Verzicht der Bundesrepublik auf territoriale Ansprüche beinhalten sollte, Rechnung zu tragen. Die deutschen Diplomaten erläuterten ferner die völkerrechtlichen Probleme, denen sich Bonn bei einer Grenzanerkennung angesichts der bestehenden deutsch-alliierten Verträge gegenübersähe.[33]

Am 8. Februar informierte Staatssekretär Duckwitz in Bonn Scheel und Brandt über die Gesprächsresultate. Anschließend unterrichtete die Bundesregierung die Fraktionen, die Opposition und die zuständigen Parlamentsausschüsse über den Verlauf der Gespräche in Warschau. Innenminister Genscher, Kanzleramtsminister Ehmke und Staatssekretär Dahrendorf trafen mit dem Präsidium des BdV zusammen, um den gegenseitigen Meinungsaustausch fortzusetzen. BdV-Präsident Reinhold Rehs wurden am 17. Februar von Staatssekretär Duckwitz zu einem Gespräch über die Polenfrage empfangen.

In seiner bis heute lesenswerten Fallstudie über das Entscheidungssystem in der Entstehungsphase der Ost- und Deutschlandpolitik Brandts und die einzelnen Entscheidungsabläufe analysiert Günther Schmid die für die gesamte Bonner Polenpolitik so wichtige Phase der Sondierungen von Staatssekretär Duckwitz in Warschau von Februar bis Juli 1970, in der das Schlüsseldokument für die westdeutsch-polnischen Beziehungen zwischen 1949 und 1989 in seine Form gegossen wurde. Zugleich gewährt die Darstellung der Abläufe einen Eindruck von den politischen und gesellschaftlichen Einflüssen auf außenpolitische Entscheidungsfindung. Eines wird bei diesem Kalendarium sichtbar: Die Bundesregierung verhandelte nicht nur mit einem internationalen Akteur, der polnischen Regierung, sie hatte auch ihrer Bündniszugehörigkeit, dem Bedürfnis nach weitgehender außenpolitischer Harmonie mit ihren Verbündeten, vor allem mit der US-Administration,[34] und der Absprache mit den drei Westmächten wegen deren Verantwortung für »Deutschland als Ganzes« Rechnung zu tragen. Dazu kam das ständige Gespräch mit den innenpolitischen und innergesellschaftlichen Akteuren, die über Erfolg oder Mißerfolg der Ostpolitik (hier

---

33 Siehe G. Schmid, S. 105.
34 Die »ernsthaften Vorbehalte« der Nixon-Administration, insbesondere des Sicherheitsberaters Henry Kissinger, gegen die »neue Ostpolitik« wegen des Zuwachses an Handlungsspielraum für die Bundesrepublik im Ost-West-Konflikt konnten nur durch geduldige Darstellung der Intentionen der Bundesregierung allmählich abgebaut werden. Anlaß der Vorbehalte war weniger die konkrete Zielstellung und Verhandlungsführung bei der Vorbereitung der Verträge mit Moskau und Warschau als

Polenpolitik) mitentschieden, sei es, daß sie mächtige Interessengruppen darstellten, sei es, daß sie für die Mehrheitsfindung im Parlament benötigt wurden.

Die Sprecher der CDU/CSU-Fraktion führten in der Bundestagsdebatte am 25. Februar heftige Angriffe gegen die angeblich mangelhafte Informationspolitik der Exekutive, insbesondere auch mit Blick auf die Gespräche mit Polen. Offensichtlich bezweckten diese Attacken, die Regierung zur Herausgabe von weiteren vertraulichen Informationen zu veranlassen und dadurch die Unionsparteien stärker am Willensbildungs- und Entscheidungsprozeß der Koalition zu beteiligen. Die CDU/CSU suchte mit Hilfe einer überpointierten und vermutlich bewußt vergröbernd formulierten ostpolitischen Situationsbeschreibung den Eindruck zu vermitteln, daß sie von der Bundesregierung so gut wie überhaupt nicht informiert würde und daher gezwungen sei, ihre Informationen den Zeitungen zu entnehmen. Die Regierung setzte am 26. Februar zum zweiten Mal den Auswärtigen Ausschuß des Bundestags vom Stand der Sondierungen mit Polen ins Bild.[35]

Von den zuständigen Referaten des Auswärtigen Amts wurden die Verhandlungsunterlagen für die zweite Gesprächsrunde, die für die zweite Märzwoche angekündigt war, erstellt. Die Bundesregierung leitete daraufhin einen dort ausgearbeiteten Formulierungsvorschlag, der die Respektierung der Oder-Neiße-Linie im Rahmen eines Gewaltverzichtsabkommens zum Inhalt hatte, der polnischen Seite am 3. März auf diplomatischen Kanälen in Form eines Memorandums zu. Die zweite Sondierungsrunde vom 9. bis 11. März in Warschau brachte in der Frage der Anerkennung der Oder-Neiße-Grenze jedoch noch keine Annäherung. Die umfangreichen deutschen Positionspapiere, die für die Gespräche ausgearbeitet worden waren, enthielten noch keine über ein Gewaltverzichtsarrangement hinausgehenden Grenzformulierungen. Die Regierung Brandt/Scheel war zu diesem Zeitpunkt noch nicht bereit, die deutsche Position substantiell zu modifizieren. Sie wollte zuerst in direkter Fühlungnahme mit den westlichen Verbündeten einen Konsens in dieser Frage herbeiführen, um sich die für einen weitergehenden Schritt notwendige politische und psychologische Rückendeckung zu verschaffen. Duckwitz informierte nach seiner Rückkehr aus Warschau am 12. März Außenminister Scheel über die Gesprächsergebnisse. Der deutsche Unterhändler machte deutlich, daß ein Scheitern

---

vielmehr das »Erwachsenwerden« der Bundesrepublik und die Unsicherheit, ob die Westverankerung der Bonner Republik wirklich unwiderruflich war. Bekannt war das Mißtrauen Kissingers gegenüber Egon Bahr, den er einen »altmodischen Nationalisten« bezeichnete; vgl. Henry Kissinger, Years of Upheaveal, London 1982, S. 147; und Henry Kissinger, Die Vernunft der Nationen. Über das Wesen der Außenpolitik, Berlin 1994, S. 811.

35 Zu dem Verhandlungsverlauf bis Juli 1970 siehe G. Schmid, S. 294-303 und 105-117.

der Gespräche drohte, falls die Bundesregierung nicht über das bisherige Gewaltverzichtsangebot hinausging.

Eine Bonner Expertendelegation unter Leitung von Staatssekretär Arndt und Sonderbotschafter Emmel führte am 15. und 16. März in Warschau Gespräche mit Vertretern des polnischen Außenhandelsministeriums, um die im Oktober 1969 aufgenommenen und immer wieder unterbrochenen deutsch-polnischen Wirtschaftsverhandlungen voranzubringen. Trotz des politischen Stellenwerts wirtschaftlicher Fragen bei der Regelung des deutsch-polnischen Verhältnisses bestand die polnische Seite wiederholt auf einer strikten Trennung von politischen und wirtschaftlichen Problemlösungen.

Den Aufenthalt von Arndt und Emmel in Polen benutzte Bundeskanzler Brandt, um ein von ihm und Außenminister Scheel formuliertes persönliches Schreiben an den polnischen Ministerpräsidenten Cyrankiewicz übergeben zu lassen, mit dem der Bundeskanzler auf einen früheren Brief des polnischen Regierungschefs antwortete und den Abbruch der festgefahrenen Wirtschaftsverhandlungen zu verhindern suchte. Gleichzeitig sollte diese demonstrative Geste des Kanzlers den Willen der Bundesregierung signalisieren, zu politischen Fortschritten mit der anderen Seite zu kommen. »Diese Aktion Brandts zeigt fast exemplarisch auf, wie und mit welchem Instrumentarium der Bundeskanzler einen unmittelbaren Einfluß auch auf außenpolitischem Gebiet zur Geltung bringen und sich direkt in bilaterale zwischenstaatliche Verhandlungen einschalten kann.«[36]

Sowohl Wirtschaftsverbände als auch Gewerkschaften nahmen auf den Fortgang der deutsch-polnischen Wirtschaftsverhandlungen Einfluß, in deren Mittelpunkt der polnische Wunsch nach einer Liberalisierung der polnischen Exporte in die Bundesrepublik stand. Insbesondere die vom Import billiger ausländischer Produkte betroffenen einheimischen Wirtschaftsbranchen wie die Textil-, Schuh- und Lederwarenindustrie wurden über ihre Verbandsrepräsentanten bei der Bundesregierung vorstellig, um gegen einen möglichen Bonner Kompromißvorschlag zu intervenieren. So wies der Vorsitzende der Einzelgewerkschaft Textilbekleidung, Buschmann, in einer Unterredung mit Wirtschaftsminister Schiller auf die nachteiligen Folgen einer allgemeinen Handelsliberalisierung gegenüber osteuropäischen Staaten für die Arbeitsplätze in der Bundesrepublik hin.

Auch die Vertriebenenverbände setzten ihre Versuche fort, auf den Meinungs- und Willensbildungsprozeß der Öffentlichkeit Einfluß zu nehmen. Der ehemalige Vertriebenenminister und stellvertretende Vorsitzende der CDU/CSU-Bundestagsfraktion, Heinrich Windelen, griff am 18. März mit einem Beitrag für die konservative katholische Wochenzeitung »Rheinischer Merkur« in die Diskussion über die deutsch-polnischen Sondierungen ein und wiederholte den Standpunkt der Vertriebenenverbände mit

---

36 G. Schmid, S. 295.

moralischen und juristischen Argumenten. Der Regierung Brandt/Scheel unterstellte er, in ihrer Politik nach Osten nicht verfassungskonform zu handeln und »der deutschen Sache« schweren Schaden zuzufügen. Rainer Barzel argumentierte in seiner Erklärung vor dem Bundestag zum Erfurter Treffen zwischen Bundeskanzler Brandt und DDR-Ministerpräsident Willi Stoph am 19. März ebenfalls vorwiegend moralisierend und juristisch und beschuldigte die Regierung, ohne hinreichende Legitimation Ostpolitik zu betreiben.

Offenbar zielte die Konfrontationsstrategie der Opposition darauf ab, den Verhandlungsgang durch Verdächtigungen und Unterstellungen zu bremsen und die Bundesregierung zu veranlassen, durch einen verstärkten Informationsfluß die Vorbehalte und Zweifel zu entkräften bzw. zu beseitigen. Als Reaktion auf die Vorwürfe der Unionsparteien ordnete Bundeskanzler Brandt an, die führenden Politiker der Opposition wenigstens so gut zu informieren wie die Mitglieder des Bundeskabinetts. Daraufhin unterrichteten Bahr und Duckwitz am 25. März den CDU/CSU-Fraktionsvorsitzenden ausführlich über die Sondierungen in Moskau und Warschau. In diesem Stadium des ostpolitischen Entscheidungsprozesses kam es der Exekutive darauf an, vor der bündnispolitisch wichtigen USA-Reise des Bundeskanzlers und des Außenministers Anfang April einen gewissen Modus vivendi in grundsätzlichen außenpolitischen Fragen mit der parlamentarischen Opposition zu erreichen.[37]

Für den Entscheidungsprozeß war es von größter Bedeutung, eine grundsätzliche Übereinstimmung mit dem wichtigsten westlichen Verbündeten über das weitere Vorgehen der Bundesregierung in den Gesprächen mit Polen herzustellen. Erst diese prinzipielle politische Klärung eröffnete den Weg, das deutsche Verhandlungskonzept im Sinne einer stärkeren Betonung des »Grenzelements« in einer potentiellen Vereinbarung mit der polnischen Regierung zu modifizieren. Nachdem Präsident Nixon in seinen Gesprächen mit Brandt, Scheel, Bahr und Duckwitz am 10. und 11. April den Kanzler grundsätzlich darin bestärkt hatte, die Oder-Neiße-Grenze anzuerkennen, und von den deutschen Gesprächspartnern mit hoher Wahrscheinlichkeit auch über die in Aussicht genommene, der polnischen Seite weiter entgegenkommende Bonner Grenzformel unterrichtet wurde, war der Weg frei für die Erteilung neuer Verhandlungsrichtlinien für die dritte deutsch-polnische Gesprächsrunde in Warschau, die für die zweite Aprilhälfte vorgesehen war.[38]

---

37 Ebenda, S. 296.
38 Siehe ebenso Reinhold Roth, Außenpolitische Innovation und politische Herrschaftssicherung. Eine Analyse von Struktur und Systemfunktion des außenpolitischen Entscheidungsprozesses am Beispiel der sozialliberalen Koalition 1969-1973, Meisenheim am Glan 1976, S. 82.

Dementsprechend legte Duckwitz zu Beginn der dritten Sondierungsrunde in Warschau am 22. April eine über die bisher angebotenen Formulierungen hinausgehende Grenzformel vor. Die Pressespekulation, daß dieser Vorschlag nicht mit den Westmächten abgestimmt worden sei, ließ sich nicht belegen. Auch wenn Brandt den amerikanischen Präsidenten nicht über Einzelheiten der neuen deutschen Grenzformel informiert haben sollte, war die amerikanische Regierung über Details dieses Formulierungsangebots über einen anderen Kanal informiert worden. Der Leiter der Deutschen Handelsmission in Warschau, Böx, pflegte nach eigenen Angaben regelmäßig informelle Kontakte zum amerikanischen Botschafter in Polen, Walter Stoessel, und unterrichtete den US-Diplomaten kontinuierlich über den Stand der deutsch-polnischen Gespräche.

Bundeskanzler Brandt griff – vermutlich auf Initiative von Duckwitz – erneut mit einem Brief in die Polen-Verhandlungen ein. »Dieser Schritt führte in der Folgezeit zu strukturellen und personellen Veränderungen innerhalb des Entscheidungssystems, die auf eine stärkere Kompetenzabgrenzung zwischen Auswärtigem Amt und Kanzleramt hinausliefen und auch den weiteren Entscheidungsprozeß beeinflußten.«[39] Am letzten Verhandlungstag der dritten Runde (24. April) übergab Duckwitz Parteichef Gomułka ein persönliches Schreiben Brandts, das dieser auch in seiner Eigenschaft als Vorsitzender der SPD und ohne Absprache mit Außenminister Scheel am 20. April formuliert hatte. Vermutlich hatte Duckwitz den Bundeskanzler gebeten, er möge ihm für die neuen Gespräche in Warschau ein Empfehlungs- und Einführungsschreiben an den polnischen Parteichef mitgeben, um damit die Ernsthaftigkeit der Bonner Entspannungsbemühungen gegenüber Polen zu demonstrieren. Von der Briefaktion hatten die Mitglieder der deutschen Delegation keine Kenntnis. Lediglich Duckwitz, Brandt und dessen engste Mitarbeiter im Kanzleramt waren in die Sache eingeweiht. Außenminister Scheel nahm die Tatsache, daß er von dem Kanzlerschreiben nicht informiert worden war, persönlich; die FDP empfand den Vorgang als Desavouierung. Der Opposition gab dieser Brief ausreichend Gelegenheit, den Bundeskanzler und seine dominierende Position im außenpolitischen Entscheidungsapparat im Parlament zu attackieren.

Das Vorkommnis nahm der verärgerte Scheel zum Anlaß, um – nicht zuletzt unter dem Druck seiner Parteifreunde – eine stärkere Kompetenzabgrenzung zwischen dem Auswärtigen Amt und dem Kanzleramt zu fordern und durchzusetzen, was sein bis dahin relativ profilloses Erscheinungsbild aufwertete und ihm ein zunehmendes Eigengewicht im außenpolitischen Apparat verlieh.[40] Die »Zwitterstellung« von Duckwitz, der es unterlassen hatte, seinen Minister über die Existenz des Brandt-Briefs zu

---

39 G. Schmid, S. 297.
40 Zu den Anfangsschwierigkeiten des neuen Außenministers mit dem AA-Apparat siehe auch Heitmann, S. 123ff.

informieren, war für Scheel und seine Partei institutionell unhaltbar geworden. Mit dem im Mai und Juni 1970 durchgeführten Revirement im Auswärtigen Amt verstärkte Scheel seinen ostpolitischen Einfluß innerhalb der Regierung erheblich und baute gleichzeitig das Informations- und Entscheidungsmonopol des Bundeskanzlers ab. Im Rückblick qualifizierte Walter Scheel die Briefaktion als rein »technische Panne«, in der Sache habe, auch was den Inhalt des Schreibens an Gomułka angehe, zwischen ihm und Brandt völlige Übereinstimmung in der politischen Konzeption bestanden. Die Presse habe aus diesem »Vorfall« viel mehr gemacht, als in Wirklichkeit dahintergesteckt habe.[41]

Der Außenminister unterrichtete die Abgeordneten in der Sondersitzung des Auswärtigen Parlamentsausschusses am 24. April nur in allgemeiner Form über den Stand der deutsch-polnischen Sondierungen. Die bohrenden Fragen der Opposition in der Fragestunde des Bundestags am 29. April nach der Authentizität der in der Öffentlichkeit bekanntgewordenen Grenzformel lassen den Schluß zu, daß die Ausschußmitglieder in dieser Sitzung nicht über den Inhalt der von Duckwitz vorgelegten Formulierung informiert worden waren.[42]

Die amerikanische Regierung verfolgte ebenfalls aufmerksam die dritte Gesprächsrunde in Warschau. Obwohl sie der Anerkennung der Oder-Neiße-Grenze als Westgrenze Polens durch die Bundesrepublik grundsätzlich zustimmte, signalisierte sie der Bundesregierung, daß aber auch in diesem Falle nicht in die Rechte der Siegermächte eingegriffen werden dürfe und deshalb eine völkerrechtliche Anerkennung nicht in Betracht käme.

Der Bund der Vertriebenen meldete sich mit massiven Warnungen und juristischen Drohungen zu Wort und reagierte auf das Bekanntwerden der »Polen-Formel« mit zwei Erklärungen am 24. und 26. April, in denen die Vertriebenenfunktionäre die Bundesregierung nachdrücklich davor warnten, die polnische Westgrenze festzuschreiben. Das würde gegen den Deutschlandvertrag verstoßen.

Währenddessen stimmte die Bundesregierung auf diplomatischer Ebene ihre einzelnen ostpolitischen Schritte mit den Westmächten ab. Am 8. und 9. Mai traf sich in Bonn die sogenannte »Bonn Group Senior Level«, die sich aus den Leitern der Europa-Abteilungen der vier Außenministerien zusammensetzte, und beriet in einem zehnstündigen Meinungsaustausch den Stand der Ost-, Deutschland- und Berlinpolitik.

Parallel zu ihrer demonstrativen ostpolitischen Konfrontationshaltung strebte die Führung der CDU/CSU-Opposition danach, ihren Informationsstand über Gespräche mit der polnischen Regierung zu verbessern und zu präzisieren und damit den unionsinternen Meinungs- und Willensbildungs-

---

41 Laut Hintergrundgespräch Schmids mit Walter Scheel vom 26.5.1977. (G. Schmid, S. 442, Anm. 776)
42 G. Schmid, S. 298 und S. 114.

prozeß zu versachlichen. Vom 13. bis 22. Mai hielten sich die CDU-Bundestagsabgeordneten Dichgans und Petersen auf polnische Einladung zu einem Informationsbesuch vorwiegend in den Oder-Neiße-Gebieten auf und sprachen sich nach Abschluß ihrer Reise für eine umfassende vertragliche Regelung aller zwischen beiden Staaten offenen Fragen, auch des Oder-Neiße-Problems, aus.[43]

Die beiden Oppositionsvertreter wichen damit erheblich von der bisher verfolgten Linie der Unionsparteien ab und dämpften mit ihrem Einfluß erheblich das fraktionsinterne Konfrontationspotential in der CDU/CSU. Die polnische Seite scheint mit ihrer Einladungs- und Besuchsstrategie nicht ganz erfolglos gewesen zu sein, die darauf abzielte, das Meinungsbild innerhalb der Union und in der westdeutschen Öffentlichkeit zugunsten einer differenzierteren Betrachtungsweise der polnischen Haltung zu beeinflussen.[44]

Anfang Juni bezog die Bundesregierung erneut die Vertriebenen bzw. ihre Sprecher in den ostpolitischen Informationsprozeß ein. Sie war sichtlich darum bemüht, das Verhältnis zu dieser in der Öffentlichkeit und insbesondere in den Medien stark präsenten Interessengruppe durch intensivierte Unterrichtung zu entspannen. Die Exekutive bemühte sich – allerdings wenig erfolgreich – darum, die ablehnende Haltung der Vertriebenenfunktionäre aufzuweichen und ihren Einfluß auf die öffentliche Meinung zu begrenzen.

In den Tagen vor der Drei-Länder-Wahl am 14. Juni drohten sowohl Regierung als auch Opposition aus taktischen Gründen in der Öffentlichkeit wiederholt mit Neuwahlen bzw. einem Mißtrauensvotum, um ihre Zuversicht in die breite Unterstützung ihrer jeweiligen ostpolitischen Auffassungen durch die Bevölkerung unter Beweis zu stellen.

Mit der am 12. Juni – unmittelbar vor den Landtagswahlen in Niedersachsen, Nordrhein-Westfalen und im Saarland – in der »Bild«-Zeitung erfolgten Veröffentlichung der ersten vier Punkte des sogenannten »Bahr-Papiers« erzielte die Springer-Presse auf polnischer Seite zumindest teilweise die gewünschte Wirkung.[45] Die Entscheidungsträger in Warschau reagierten zunächst überrascht, dann betroffen auf die durch eine Indiskretion bekanntgewordenen Festlegungen des deutsch-sowjetischen Arbeitspapiers und ließen auf informellem Wege den Bonner Vertreter Böx wissen, daß mit dieser präjudizierenden Fixierung der Oder-Neiße-Grenze es

---

43 »Dichgans und Petersen berichten über ihre Polen-Reise«, in: FAZ, 26.5.1970.
44 G. Schmid, S. 299.
45 Durch gezielte Indiskretionen von illoyalen Beamten des Bonner Regierungsapparats, die mit der neuen Ostpolitik nicht einverstanden waren, sollten die Vertragsverhandlungen mit Moskau und Warschau torpediert werden. Egon Bahr hatte den damaligen Botschaftsrat in Moskau, Immo Stabreit, im Verdacht, was Rainer Barzel nach Angaben Bahrs 21 Jahre später in einem Gespräch mit diesem bestätigte. (Bahr, S. 324f.)

eigentlich nichts mehr zwischen Warschau und Bonn zu verhandeln gebe. Obwohl die Verhandlungsatmosphäre während der Gesprächsrunde Ende Juli in Warschau durch diese Indiskretion offenbar nicht gestört wurde und dieses politische Störmanöver auch auf die Verhandlungskonzepte beider Seiten keinen Einfluß auszuüben vermochte, äußerten polnische Diplomaten gegenüber Böx ihre Enttäuschung und Verbitterung über die Aufnahme der verabredeten Grenzformel in ein bilaterales deutsch-sowjetisches Dokument, zumal die polnischen Regierungsvertreter immer wieder betont hatten, daß sie den Dialog mit der Bundesrepublik ausschließlich bilateral zu führen beabsichtigten.[46]

Das wenig überzeugende Abschneiden der Regierungsparteien in den Landtagswahlen vom 14. Juni veranlaßte höchstwahrscheinlich die polnische Regierung dazu, den Dialog mit der Bundesregierung auf wirtschaftlichem Gebiet zu beschleunigen, um damit günstige Bedingungen für eine baldige politische Übereinkunft zu schaffen. Bereits am 23. Juni konnte Bundeswirtschaftsminister Schiller in Warschau ein langfristiges Abkommen über den Warenverkehr zwischen beiden Ländern und die Zusammenarbeit auf wirtschaftlichem und wissenschaftlichem Gebiet paraphieren, das rückwirkend zum 1. Januar 1970 in Kraft trat und bis zum 31. Dezember 1974 galt.[47] Damit konnten die seit Oktober 1969 laufenden und immer wieder unterbrochenen Wirtschaftsverhandlungen vorläufig abgeschlossen werden.

Die polnischen Entscheidungsträger nahmen zudem indirekt auf den Meinungs- und Willensbildungsprozeß der Parteien in der Bundesrepublik mit ihrer sorgfältig dosierten Besuchsdiplomatie Einfluß. So äußerte in den letzten Junitagen eine Gruppe von sechs sozialdemokratischen Bundestagsabgeordneten – an ihrer Spitze SPD-Bundesgeschäftsführer Hans-Jürgen Wischnewski – nach Rückkehr von einer Informationsreise nach Polen die Hoffnung, daß die laufenden Gespräche vielleicht schon im Juli abgeschlossen werden könnten. In den folgenden Wochen traten noch die Bundestagsabgeordneten Hermann Höcherl (CSU), Philipp von Bismarck (CDU), Ernst Müller-Hermann (CDU) und Günther Slotta (SPD) Reisen in die Volksrepublik Polen an.

Am 1. Juli veröffentlichten die »Bild«-Zeitung und die Illustrierte »Quick« den vollständigen Wortlaut des »Bahr-Papiers«. Da die polnische Seite bereits aufgrund der am 12. Juni bekanntgewordenen ersten vier

---

46 Werner Link spricht in diesem Zusammenhang von einer Schwächung der deutschen Verhandlungsposition gegenüber Polen: »Diejenige Seite, die am meisten gab, wurde in grotesker Umkehrung zum *demandeur*.« Werner Link, Die Außen- und Deutschlandpolitik in der Ära Brandt 1969-1974, in: Bracher/Jäger/Link (Hrsg.), S. 190.

47 Das Abkommen wurde am 15.10.1970 in Warschau unterzeichnet; Wortlaut in: Jacobsen/Tomala (Hrsg.), S. 203-206.

Punkte des Papiers erfahren hatte, daß die mit den deutschen Unterhändlern im April vereinbarte Oder-Neiße-Grenzformel in das bilaterale deutschsowjetische Papier aufgenommen worden war, konnte die neuerliche »Enthüllungsgeschichte« Verhandlungskonzept und Strategie beider Regierungen nicht mehr revidieren.[48]

Die Bonner Verhandlungsdelegation wurde für die vom 23. bis 25. Juli in Warschau stattfindende fünfte Sondierungsrunde durch vier weitere Experten des Auswärtigen Amts – Jürgen von Alten, Lothar Lahn, Hans Boldt und Erwin Emmel – verstärkt. Die polnische Regierung unterstrich zu Beginn der neuen Gespräche mit einer Höflichkeitsgeste ihren Willen, die redaktionellen Arbeiten an dem bereits erstellten gemeinsamen Vertragsentwurf bald zu einem Abschluß zu bringen: Am 23. Juli wurde der Leiter der deutschen Delegation, Duckwitz, vom polnischen Außenminister Jędrychowski zu einer Unterredung empfangen.

Duckwitz berichtete Außenminister Scheel und Bundeskanzler Brandt am 28. Juli ausführlich über die Ergebnisse dieser Sondierungsrunde. Am 30. Juli erörterte das Bundeskabinett den neuesten Stand der deutsch-polnischen Vertragsvorbereitungen. Nach der Kabinettssitzung konnte der Regierungssprecher mitteilen, daß über die Präambel und vier Vertragsartikel bereits Übereinstimmung zwischen Bonn und Warschau bestehe.

Die Delegationen hatten sich in der fünften Gesprächsrunde erstmals darauf geeinigt, die polnische Formulierung des Grenzartikels als ersten Artikel in den westdeutsch-polnischen Vertrag aufzunehmen. Die in Grundzügen akzeptierte Grenzformel lautete, daß die Oder-Neiße-Grenze die Westgrenze Polens »ist« bzw. »bildet«.[49] Nach den Erinnerungen des polnischen Diplomaten Winiewicz forderte die deutsche Seite in der sechsten Gesprächsrunde, die erst am 5. Oktober anstatt, wie ursprünglich vorgesehen, am 10. September begann, daß die Reihenfolge der Artikel des Vertrags in der Weise geändert wurde, wie sie schon im Moskauer Vertrag ihren festen Platz gefunden hatte. Der Gewaltverzichtsartikel sollte an die erste Stelle rücken, wie es von der Bundesregierung ursprünglich gewünscht worden war. Die deutsche Seite ließ dann diese Forderung nach intensiven Konsultationen des polnischen Delegationsleiters mit Wehner,

---

48 Während seines Italien-Urlaubs hatte der Bundeskanzler am 13. Juli in einer Privataudienz bei Papst Paul VI. den Heiligen Stuhl vergeblich um eine kirchliche Vorleistung in bezug auf die Einrichtung von polnischen Diözesen in den ehemaligen deutschen Ostprovinzen nachgesucht, die der Bundesregierung die Verhandlungen mit Polen zumindest psychologisch erleichtert hätte. Ein Signal aus dem Vatikan hätte die CDU/CSU und die Vertriebenenverbände unter Druck gesetzt; siehe »Ostblock hatte Top-Agenten im Vatikan«, in: Der Tagesspiegel, 21.9.1996; und Martin Gehlen, Alliierte Irritation und das Ringen um polnische Westbistümer, in: Der Tagesspiegel, 22.9.1996.

49 G. Schmid, S. 117.

Bahr und Brandt wieder fallen.[50] Brandt bestätigte in seinen Memoiren, daß er sich den polnischen Vorschlag zu eigen machte, die Feststellung zur Grenze an die erste Stelle zu setzen und den Gewaltverzicht folgen zu lassen.[51]

Die letzte Runde der Vertragsverhandlungen vom 3. bis 13. November 1970 wurde von den Außenministern Scheel und Jędrychowski geleitet. Zwischen den Delegationen kam es zu großen Unstimmigkeiten. Staatssekretär Frank soll im Gespräch mit Winiewicz eingeräumt haben, daß die deutsche Seite in den Verhandlungen mit Polen einige Fehler begangen habe, die nunmehr zu korrigieren seien.[52] Scheel und der Vorsitzende des Arbeitskreis für Außen-, Deutschland- und Sicherheitspolitik (AK I) der FDP-Bundestagsfraktion, Ernst Achenbach, drängten auf die Änderung des Grenzpassus in Artikel 1 des Vertragsentwurfs.[53] Die Formulierung »festgelegte Grenze« (granica ustalona) – in Anlehnung an die entsprechende Formulierung in der Präambel des Görlitzer Grenzvertrags (»festgelegte und bestehende Grenze«)[54] – sollte geändert werden, weil sie im direkten Zusammenhang mit der Erwähnung des Potsdamer Abkommens stand. Wenn die Bundesrepublik diesen Passus akzeptiert hätte, hätte sie zum ersten Mal das Potsdamer Protokoll als für sich verbindlich erklärt. Dabei war das Protokoll für die Bundesrepublik lediglich eine *res inter alios acta*.[55]

Außenminister Scheel sah sich in Warschau – nicht zuletzt aufgrund der andauernd heftigen Kritik an der »schlampigen« Ausarbeitung des Vertragstextes von seiten der CDU/CSU-Opposition[56] und der Vertriebenenverbände[57] – dazu veranlaßt, die deutsche Ausgangsposition in den Schlußverhandlungen mit Polen klar und präzise zu unterstreichen. Die Bundesregierung sei bei ihren Vorschlägen davon ausgegangen, daß sie nur für die Bundesrepublik Verpflichtungen eingehen und einer gesamtdeutschen Vertretung auf einer künftigen Friedenskonferenz nicht vorgreifen könne; ebenso müßten auch die Rechte und Verantwortlichkeiten der Vier Mächte

---

50 Józef Winiewicz, Co pamiętam z długiej drogi życia [Woran ich mich nach einem langen Lebensweg erinnere], Poznań 1985, S. 648.
51 Brandt, Erinnerungen, S. 211. Zum Verhältnis zwischen außenpolitischer Verhandlungsführung und innenpolitischer Absicherung der Polenpolitik gegenüber der CDU/CSU in der letzten Verhandlungsphase siehe auch Roth, S. 109ff.
52 Siehe Winiewicz, S. 650.
53 Siehe Węc, FDP wobec polityki wschodniej RFN, S. 143f.
54 Abkommen über die deutsch-polnische Staatsgrenze zwischen der Deutschen Demokratischen Republik und der Republik Polen, 6. Juli 1950, in: Maass, S. 40.
55 Siehe Claus Arndt, Die Verträge von Moskau und Warschau. Politische, verfassungsrechtliche und völkerrechtliche Aspekte, Bonn 1982, S. 165f.
56 Siehe die Resolution der CDU/CSU-Bundestagsfraktion vom 15.10.1970, in: Fritz Peter Habel/Helmut Kistler, Die Grenze zwischen Deutschen und Polen, Bonn 1972, S. 81-83.
57 Ebenda, S. 83f.

für Berlin und Deutschland als Ganzes berücksichtigt werden, bilaterale Abmachungen zwischen der Bundesrepublik und Polen könnten eine Friedensregelung für Deutschland als Ganzes nicht ersetzen oder vorwegnehmen. Die Grenzregelung könne und dürfe, wie immer man sie ansehen möge, nicht als eine Legitimierung jener Maßnahmen gedeutet werden, durch die Millionen Deutsche aus den hinter dieser Grenze liegenden Gebiete vertrieben worden sind.[58]

Die Vertragspartner einigten sich schließlich in dem Vertragstext des Artikels 1 darauf, daß der Begriff der »Festlegung« in Potsdam sich auf den Verlauf der Grenze beziehen sollte und nicht auf die Grenze selbst, die in dem Grenzartikel als »bestehende Grenze« (granica istniejąca) bezeichnet wurde.[59]

Die polnische Seite mußte sich damit abfinden, daß die Bundesrepublik nicht zu einer Bestätigung der Endgültigkeit der Oder-Neiße-Grenze für ganz Deutschland auf der Grundlage des Potsdamer Protokolls zu bewegen war. Von Bonn konnte nur ein endgültiger Verzicht auf alle Gebietsansprüche im Namen der Bundesrepublik erwartet werden. Warschau akzeptierte die Regelung des Oder-Neiße-Problems auf der Grundlage des Standpunkts der Bundesrepublik, obwohl Polen von der DDR schon 1950 im Görlitzer Vertrag die Anerkennung der Westgrenze Polens als »Staatsgrenze zwischen Deutschland und Polen« (Art. 1) durchgesetzt hatte.[60]

Bei der Konzentration auf die Verhandlungen zwischen Bonn und Warschau über den Abschluß eines Normalisierungsvertrags sollte nicht übersehen werden, daß gleichzeitig die Verhandlungen über ein bundesdeutsch-polnisches Wirtschaftsabkommen erfolgreich beendet wurden. Das im Juni paraphierte langfristige Wirtschaftsabkommen wurde am 15. Oktober 1970 unterschrieben.[61] Der Normalisierungsvertrag vom 7. Dezember 1970 und das Wirtschaftsabkommen gehören zusammen. Sie müssen als eine Einheit in der Sache verstanden werden. Damit wurde Ende 1970 eine neue Dimension auch der bundesdeutsch-polnischen Wirtschaftsbeziehungen markiert. Die Abmachungen über wissenschaftliche Zusammenarbeit zwischen dem Deutschen Akademischen Austauschdienst (DAAD) und der Polnischen Akademie der Wissenschaften (PAN) unterstrichen zusätzlich den hohen Stellenwert der wissenschaftlich-technischen Zusammenarbeit.[62]

---

58 Siehe W. Scheel in Warschau am 3.11.1970, in: Bulletin, Sonderausgabe 171, 8.12.1970, S. 1858.
59 Siehe »Vertrag zwischen der Bundesrepublik Deutschland und der Volksrepublik Polen über die Grundlagen der Normalisierung ihrer Beziehungen« im Anhang.
60 Siehe Abkommen über die deutsch-polnische Staatsgrenze zwischen der Deutschen Demokratischen Republik und der Republik Polen, 6. Juli 1950, in: Maass, S. 40ff.
61 Wortlaut in: Jacobsen/Tomala, (Hrsg.), S. 203-206.
62 Strobel, Die polnisch-bundesdeutschen Wirtschaftsbeziehungen und deren politische Aspekte, S. 161; vgl. Schulz, Handel zwischen Politik und Profit, in: Jacobsen/Schweitzer/Sułek/Trzeciakowski (Hrsg.), S. 185-207.

Die Entwicklungen seit 1970 brachten in ganz erheblichem Maße einen Abbau rechtlicher Benachteiligungen und Diskriminierungen, die in den bundesdeutsch-polnischen Wirtschaftsbeziehungen noch erhalten geblieben waren.[63] Wie Georg Strobel betonte, bedeutete dies ein »bundesdeutsches Entgegenkommen in der Schaffung von Vorbedingungen für eine günstige Gestaltung des polnischen Exports und entsprach den polnischen Interessen und Wünschen. Ferner war die Bundesrepublik das einzige Land, das sich besonders in dieser Zeit, aber auch während des ganzen Bestehens der EG innerhalb der Gemeinschaft einsetzte, Polen liberaler als die anderen Drittländer bei Importen in die EG zu behandeln.« Die Bundesrepublik Deutschland zeigte sich offen für das polnische Interesse an einer Nutzung ihres industriellen und technologischen Potentials für die Modernisierungsstrategie in der Endzeit Gomułkas, insbesondere aber unter dem »Technokraten« Gierek. In diesem Zusammenhang kommt Strobel zu dem Schluß, daß »der Tatbestand bundesdeutschen Einsatzes für polnische Interessen bezeichnend für die Qualität der polnisch-bundesdeutschen Wirtschaftsbeziehungen und den sie deutscherseits regierenden Geist« gewesen ist.[64]

### 6.3 Dezember 1970: Ein deutscher Kanzler in Warschau und ein Vertrag

Der Normalisierungsvertrag zwischen Bonn und Warschau wurde am 18. November 1970 von den Außenministern paraphiert und am 7. Dezember 1970 von Bundeskanzler Brandt und Ministerpräsident Cyrankiewicz unterzeichnet. Für Brandt war der Warschauer Vertrag »weder nur ein Gewaltverzichtsabkommen noch allein ein Grenzvertrag«. Seine eigentliche Bedeutung sah er in der Bezeichnung des Abkommens als ein Vertrag »zwischen der Bundesrepublik Deutschland und der VR Polen über die Grundlagen der Normalisierung ihrer gegenseitigen Beziehungen«.[65]

Mehr noch als der Vertrag selbst symbolisierte eine Geste des deutschen Kanzlers die historisch-moralische Dimension der westdeutschen Polenpolitik nach 1945. Der Kniefall vor dem Denkmal der Aufständischen des Warschauer Ghettos, dessen Bilder um die Welt gingen, in Polen selbst aber von der Zensur schamhaft unterdrückt wurden, da sie nicht ins Konzept polnischer Deutschland- und Innenpolitik paßten, fand zwar in der

---

63 Ausführlich zur Entwicklung der bundesdeutsch-polnischen Wirtschaftsbeziehungen bis Mitte der siebziger Jahre mit Daten und Zahlen Cziomer sowie Strobel, Die polnisch-bundesdeutschen Wirtschaftsbeziehungen und deren politische Aspekte.
64 Strobel, Die polnisch-deutschen Wirtschaftsbeziehungen und deren politische Aspekte, S. 162.
65 Brandt, Begegnungen und Einsichten, S. 529.

Bundesrepublik seinerzeit nur geteilte Zustimmung,⁶⁶ galt aber als die für die Tragweite und Tiefe des deutsch-polnischen Verhältnisses bedeutendste symbolische Geste, bis Ende der achtziger Jahre und Anfang der neunziger Jahre unter neuen weltpolitischen Bedingungen deutsche Politiker wieder Symbole fanden, die einem auch moralisch legitimierten Politikverständnis sinnhaft Ausdruck verliehen.

Brandt schrieb in seinen Erinnerungen über den denkwürdigen Kniefall:

> Immer wieder bin ich gefragt worden, was es mit dieser Geste auf sich gehabt habe. Ob sie etwa geplant gewesen sei? Nein, das war sie nicht ... Ich hatte nichts geplant, aber Schloß Wilanow, wo ich untergebracht war, in dem Gefühl verlassen, die Besonderheit des Gedenkens am Ghetto-Monument zum Ausdruck bringen zu müssen. Am Abgrund der deutschen Geschichte und unter der Last der Millionen Ermordeten tat ich, was Menschen tun, wenn die Sprache versagt.⁶⁷

Der Vertragsabschluß mit Polen, der nach der Unterzeichnung des deutsch-sowjetischen Vertrags am 12. August 1970 die Beziehungen zu ganz Osteuropa entblockierte, folgte einer bestimmten Einschätzung der westdeutschen Interessen. Er war Teil von Realpolitik in Zeiten der Entspannung; einer Realpolitik, die aus der Erfolglosigkeit einer Politik der direkten Überwindung des politischen und territorialen Status quo die Konsequenz zog, über einen geregelten Modus vivendi mit den kommunistischen Staaten die langfristigen Ziele der Deutschlandpolitik nicht endgültig aufzugeben, aber den deutschen Sonderkonflikt, der die Bundesrepublik in eine Außenseiterposition innerhalb des westlichen Bündnisses abzudrängen drohte, so abzumildern, daß sie sich im Hauptstrom westlicher Entspannungspolitik bewegen und zugleich ihren Handlungsspielraum in Osteuropa beträchtlich erweitern konnte. Diese Realpolitik wich, was die Finalität politischen Handelns betraf, in einem entscheidenden Punkt von der bisherigen Deutschland- und Ostpolitik ab: Der endgültige Verzicht auch eines vereinigten Deutschland auf die ehemaligen deutschen Ostprovinzen war in der neuen Ostvertragspolitik politisch intendiert, auch wenn der gesamtdeutsche Souverän nach dem Willen der sozialliberalen Bundesregierung nicht gebunden werden sollte und in Anbetracht der Vier-Mächte-Verantwortung für Deutschland gar nicht gebunden werden konnte.

Diese Realpolitik im Osten fußte auf einem Politikverständnis, das sich diametral von der Perzeption außenpolitischer Interessen zur Zeit der Weimarer Republik⁶⁸ unterschied, von dem ganz anderen internationalen System einmal abgesehen. Im Denken verdienstvoller Verständigungspolitiker wie Gustav Stresemann ließ sich die Politik des Ausgleichs mit dem Westen, insbesondere mit Frankreich, mühelos mit einer Politik der Droh-

---

66 Siehe die reißerische Aufmachung einer Umfrage unter dem Titel: »Durfte Brandt knien?«, in: Der Spiegel, 51, 14.12.1970.
67 Brandt, Erinnerungen, S. 214.
68 Siehe auch Kellermann, Schwarzer Adler – Weißer Adler, S. 93ff.

gebärden gegenüber Polen[69] und der Freundlichkeiten gegenüber Sowjetrußland vereinbaren. Diese Politik verbesserte weder die Lebensverhältnisse der bedrängten Deutschen in den Grenzen des neuen Polen noch brachte sie einen Quadratmeter ehemals deutschen Landes ins Reich zurück. Jahrzehnte später vermochte ein Politiker wie Willy Brandt politische Interessendurchsetzung und ethische Normen außenpolitischen Handelns in einem historischen Augenblick in Einklang zu bringen. (Der Kairós war Brandt allerdings 15 Jahre später in Polen nicht vergönnt. Anläßlich des 15. Jahrestags der Unterzeichnung des Warschauer Vertrags kam es anläßlich des Brandt-Besuchs nicht zu der von Lech Wałęsa gewünschten Begegnung der beiden Träger des Friedensnobelpreises.[70]) Bereits in den fünfziger Jahren von Politikern und Diplomaten wie Carlo Schmid, Karl Georg Pfleiderer, Heinrich von Brentano, Georg Ferdinand Duckwitz oder Albrecht von Kessel angedacht, konnte diese Politik jetzt aufgrund vergrößerter innen- und außenpolitischer Handlungsspielräume erfolgreich verfolgt werden.

Der Warschauer Vertrag umfaßt eine Präambel und fünf Artikel. In seiner Kürze unterscheidet er sich fundamental von den späteren deutsch-polnischen Verträgen. Die politische Brisanz des Dokuments lag in seinem Bezug zu der unbewältigten Erblast des Zweiten Weltkriegs und der Teilung Europas, die die Staatsräson der beiden Vertragspartner so antagoni-

---

69 Aufschlußreich das Schreiben Stresemanns an den Botschafter in London, Friedrich Sthamer, der sogenannte »Geheimerlaß« vom 19.4.1926 (ADAP B2, 1. 363-76), in dem der Außenminister die Hauptlinien der deutschen Polenpolitik ausführlich niederlegt und jede Modus-vivendi-Regelung mit Polen ablehnt (»... 1. Eine friedliche Lösung der polnischen Grenzfrage, die unseren Forderungen wirklich gerecht wird, wird nicht zu erreichen sein, ohne daß die wirtschaftliche und finanzielle Notlage Polens den äußersten Grad erreicht hat und den gesamten polnischen Staatskörper in einen Zustand der Ohnmacht gebracht hat ... 3. Es wird also, in der großen Linie gesehen, unser Ziel sein müssen, eine endgültige und dauerhafte Sanierung Polens so lange hinauszuschieben, bis das Land für eine unseren Wünschen entsprechende Regelung der Grenzfrage reif und bis unsere politische Machtstellung genügend gekräftigt ist ...«). Ebenso aufschlußreich, daß Duckwitz in einer Aufzeichnung vom 8.2.1961 im Zusammenhang mit den regierungsinternen Erörterungen über das polnische Drängen auf ein langfristiges Handelsabkommen den Abdruck von Stresemanns Geheimbrief in Kopie beilegte und dazu bemerkte: »Seine Ausführungen erscheinen im gegenwärtigen Zeitpunkt in höchstem Maße lesenswert. Die Vorgänge um die deutsch-polnischen Beziehungen im Jahre 1925/26 weisen eine erstaunliche Parallelität zu Fragen auf, die sich heute im Hinblick auf die deutsch-polnischen Beziehungen stellen: Erscheint es aus politischen Gründen, insbesondere im Hinblick auf die ungelöste deutsch-polnische Grenzfrage, opportun, dem polnischen Wunsch auf Abschluß eines langfristigen Handelsabkommens entgegenzukommen? Welchen Umfang sollte gegebenenfalls eine derartige deutsch-polnische Vereinbarung haben?« (PA/AA, Abt. 7, Bd. 589c, Aufzeichnung Duckwitz, 8.2.1961) Siehe auch Martin Walsdorff, Westorientierung und Ostpolitik. Stresemanns Rußlandpolitik in der Locarno-Ära, Bremen 1971, S. 171ff.; Broszat, Zweihundert Jahre, S. 213ff.
70 Siehe Brandt, Erinnerungen, S. 473.

stisch gegenüberstehen ließ. Den deutschen Verhandlungsführern war es gelungen, ein direktes deutsches Bekenntnis der Schuld am Ausbruch des Zweiten Weltkriegs und die Erwähnung der deutschen Besatzungspolitik zu verhindern. Andererseits mußten sie in Kauf nehmen, daß der Gebietsverlust von über 100.000 qkm an Polen und die Vertreibung von Millionen Deutschen ebenfalls unerwähnt blieb.[71]

Eine erste politische Interpretation des Vertragswerks deutscherseits hatte der Sprecher der Bundesregierung, Staatssekretär Conrad Ahlers, bereits am 3. Dezember referiert. Vor der Bundespressekonferenz berichtete er von der Sitzung des Bundeskabinetts, in der Kanzler und Außenminister ermächtigt wurden, den deutsch-polnischen Vertrag zu unterzeichnen und in der Brandt und Scheel folgendes hervorgehoben hatten:

1. Daß der Vertrag der Verständigung mit dem polnischen Volk und der Normalisierung und Verbesserung der Beziehungen zwischen der Bundesrepublik Deutschland und Polen dienen soll;

2. Daß er den Weg öffnen wird für die Lösung der humanitären Probleme;

3. Daß er ein wichtiger außenpolitischer Beitrag sei für eine europäische Friedensordnung und für eine spätere Regelung der deutschen Frage;

4. Daß der Vertrag verfassungskonform sei, weil er weder dem Wiedervereinigungsgebot der Präambel des Grundgesetzes widerspreche noch der Willensbildung eines zukünftigen gesamtdeutschen Souveräns vorgreife.[72]

Brandt hatte in der Aussprache erneut betont, »daß jedermann wisse, mit welch schmerzlichen Gefühlen dieser Vertrag von vielen, insbesondere von vielen Heimatvertriebenen, begleitet werde. Es gelte aber nun, den Blick auf die Zukunft zu richten.«[73]

Der Warschauer Vertrag ist in der Folgezeit von deutschen und polnischen Staats- und Völkerrechtlern eingehend und kontrovers diskutiert worden.[74] Die Diskussion der Feinheiten und Klippen völkerrechtlicher Bewertung des Vertragswerks mußte aber immer die herrschende rechtliche Interpretation des Vertrags in Betracht ziehen, die von den politischen Entscheidungsträgern seinerzeit vorgegeben worden war. Der Konnex mit der dynamisch verstandenen bundesdeutschen Deutschland-, Ost- und Polenpolitik blieb bis zur Erfüllung des Warschauer Vertrags im Grenzvertrag von 1990 und im Nachbarschaftsvertrag von 1991 entscheidend gegenüber juristischer Kritik und abweichenden Interpretationen. Ihre Bestätigung fand die regierungsamtliche Deutung des Vertrags vom 7. Dezember 1970 in den

---

71 Vgl. Arndt, S. 157.
72 Bulletin, 171, 8.12.1970, S. 1870.
73 Ebenda.
74 Siehe die Hinweise bei Arndt; Benno Zündorf, Die Verträge von Moskau, Warschau, Prag, das Berlin-Abkommen und die Verträge mit der DDR, München 1979; Eckart Klein, Bundesverfassungsgericht und Ostverträge, Bonn 1985; siehe auch Hinweise bei Miszczak, S. 69ff.

späteren Urteilen des Bundesverfassungsgerichts und des Bundessozialgerichts, die von der damaligen parlamentarischen Opposition eingeschaltet worden waren.

Der offizielle Kommentar der Bundesregierung, abgedruckt im Bulletin vom 8. Dezember 1970, stellte fest, was für die sozialliberalen Regierungen Brandt (1969-1974) und Schmidt (1974-1982) und die christlich-liberale Regierung Kohl ungeachtet wechselnder Akzentsetzungen die verbindliche Auslegung des Initialdokuments der Polenpolitik in den siebziger und achtziger Jahren blieb:[75]

1. Die Bundesrepublik Deutschland als solche bindet sich in der Grenzfrage unbefristet.

Artikel I Abs. 1 des Vertrages bedeutet, daß die Bundesrepublik die Oder-Neiße-Linie als Westgrenze Polens nicht mehr in Frage stellt. Die Bundesrepublik macht ihre eigene Haltung insoweit für die Zukunft auch nicht davon abhängig, ob und wann eine friedensvertragliche Regelung für Deutschland zustande kommt.

2. Die Aussage zur Grenzfrage klammert die unterschiedlichen rechtlichen Standpunkte beider Seiten zum Potsdamer Abkommen aus.

Im Potsdamer Konferenzprotokoll wurde der Verlauf der Oder-Neiße-Linie beschrieben, um die unter polnischer Verwaltung gestellten Gebiete abzugrenzen, während gleichzeitig eine endgültige Festlegung der deutsch-polnischen Grenze ausdrücklich vorbehalten blieb. Die in Artikel I Abs. 1 enthaltene Verweisung auf die Potsdamer Beschlüsse besagt daher, daß diese Linie im Verhältnis zwischen der Bundesrepublik Deutschland und der Volksrepublik Polen in der Zukunft, - d.h. von Inkrafttreten des Vertrages an - als westliche Staatsgrenze Polens gelten soll ...

Im weiteren wird auf den Notenwechsel mit den Drei Mächten verwiesen, in dem gerade auch die Unberührtheit der mit Potsdam zusammenhängenden Rechte und Verantwortlichkeiten der Vier Mächte bestätigt wird. Das betraf insbesondere den sogenannten Friedensvertragsvorbehalt:

3. Ein Friedensvertrag wird durch diesen Vertrag weder vorweggenommen noch ersetzt.

Wie aus dem erläuternden Notenwechsel zum Vertrag hervorgeht, hat die Bundesregierung im Einvernehmen mit den Drei Westmächten während der Verhandlungen klargestellt, daß die Rechte und Verantwortlichkeiten der Vier Mächte, wie sie in den bekannten Verträgen und Vereinbarungen ihren Niederschlag gefunden haben, durch den Vertrag nicht berührt werden. Der Grund für den Fortbestand dieser Rechte und Verantwortlichkeiten ist - wie es in Artikel 2 des Deutschland-Vertrages ausdrücklich heißt - die Tatsache, daß eine friedensvertragliche Regelung für Deutschland nicht zustande gekommen ist ...

4. Die Bundesrepublik Deutschland hat in den Verhandlungen ferner klargestellt, daß sie nur im Namen der Bundesrepublik Deutschland handeln kann ...

Ein wiedervereinigtes Deutschland kann also durch den Vertrag nicht gebunden werden. In diesem Sinne behält Artikel 7 des Deutschland-Ver-

---

75 Bulletin, 171, 8.12.1970, S. 1819.

trages seine Bedeutung, auch wenn die Bundesrepublik die Feststellung trifft, daß im Verhältnis zwischen ihr und Polen mit dem Inkrafttreten des Vertrages die Oder-Neiße-Linie die westliche Staatsgrenze Polens bildet und ein streitiges Grenzproblem zwischen der Bundesrepublik und Polen damit nicht mehr besteht.

Wir messen der formellen Aufrechterhaltung des Friedensvertragsvorbehalts in jedem Fall eine wesentliche, auf die Wahrung der Belange Gesamtdeutschlands gerichtete Bedeutung zu.[76]

Ferner wurde von der Bundesregierung hervorgehoben, daß mit dem Abschluß des Vertrages

- die Vertreibung der deutschen Bevölkerung nicht als rechtmäßig anerkannt wurde;
- niemandem Rechte verlorengingen, die ihm nach geltenden westdeutschen Gesetzen zustanden (z.B. Staatsangehörigkeit);
- der Verzicht Polens auf weitere Reparationsleistungen nochmals ausdrücklich als gültig bestätigt wurde (Erklärungen vom 24.8.1953 und vom 1.1.1954).[77]

Bei Vertragsabschluß 1970 war noch nicht vorhersehbar, welche Aktualität die Bekräftigung des deutschen Standpunkts in der Friedensvertragsproblematik und bezüglich der Vier-Mächte-Verantwortung knapp 20 Jahre später wiedergewinnen würde, als die beteiligten Mächte das staats- und völkerrechtliche Prozedere auf dem Weg zur deutschen Einheit einvernehmlich zu regeln hatten. Nicht nur die drei Westmächte, auch die Sowjetunion sah in der Bestätigung der Vier-Mächte-Verantwortung den natürlichen Ausgangspunkt für die endgültige Regelung der deutschen Frage. Damit hatten sich innerhalb kürzester Zeit, zwischen November 1989 und Februar 1990, alle Versuche polnischer Politik seit den siebziger Jahren im Nichts aufgelöst, die, gestützt auf die sowjetische Argumentation, aus dem KSZE-Prozeß, insbesondere aber aus der Schlußakte von Helsinki, eine endgültige Zementierung des Status quo in der deutschen Frage hatte herauslesen wollen. Auch der formale Friedensvertragsvorbehalt bezüglich der Oder-Neiße-Grenzanerkennung hatte eine Funktion, deren Nutzen die nunmehr demokratisch legitimierten Politiker Polens im Frühjahr 1990 zu würdigen wußten, indem sie ihrerseits über die Vier Mächte, insbesondere über Frankreich und Großbritannien, Einfluß auf die deutsche Entwicklung zu nehmen suchten.

Freilich gab es für die politischen Entscheidungsträger in der Bundesrepublik bei Vertragsabschluß keinen Zweifel, daß der Friedensvertragsvorbehalt sich materiell nicht mehr auf die deutsch-polnische Grenze auswir-

---

76 Ebenda.
77 Ebenda.

ken würde.[78] Mit einer politischen Argumentationskette hatte Außenminister Scheel dazu in einem Beitrag unmittelbar vor Vertragsunterzeichnung Stellung bezogen:

> Wer also die deutsch-polnische Verständigung will, muß sich schon mit der Grenzfrage selbst befassen. Er darf dieser Kernfrage des deutsch-polnischen Verhältnisses nicht ausweichen. Wer ausweicht, nimmt damit in Kauf, daß es zu der Aussöhnung eben nicht kommt, daß dieses weite Feld weiterhin brach liegt – mit allen negativen Konsequenzen, die das für Frieden und Sicherheit in Europa haben mag. Wer dennoch die Grenzfrage weiterhin unter allen Umständen »offenhalten« will, muß sich darüber hinaus fragen lassen, was er damit zu erreichen hofft, wenn Gewalt als Mittel zur Veränderung der Grenzen in jeder Hinsicht ausscheidet. Eine friedliche Veränderung erscheint weder jetzt noch in einer irgendwie absehbaren Zukunft denkbar. Denn die polnische Seite wird sich zu einer freiwilligen Herausgabe von Gebietsteilen nicht bereit finden. Und unter unseren Verbündeten gäbe es niemand, der in dieser Hinsicht auf Polen einzuwirken bereit wäre. Was aber das »Offenhalten« als Pfand, als Mittel zur Verbesserung der eigenen Verhandlungsposition betrifft, so hätte es vielleicht vor Jahren für eine »klare« Anerkennung der Oder-Neiße-Linie einen Preis gegeben, so wie es vor Jahren vielleicht auch möglich gewesen wäre, die Beziehungen zu Polen zu formalisieren, ohne daß die Grenzfrage hätte aufgeworfen werden müssen. Diese Möglichkeit gibt es nicht mehr. Die Zeit hat nicht für uns gearbeitet ... Damit werden aber auch unsere Beziehungen nach Westen in bedenklicher Weise mit Hypotheken belastet, die unsere westeuropäischen Partner, mit denen wir eine immer engere Verflechtung suchen, kaum zu übernehmen bereit sind. Es kann kein Zweifel bestehen, daß unsere »Öffnung« nach Osten die westeuropäische Intergration nicht nur nicht behindert, sondern ihren Fortschritt erst möglich macht.[79]

Scheel warf in dem Beitrag entscheidende Beweggründe für die neue Ost- und Polenpolitik der Bundesrepublik in die Waagschale: Erstens war die Politik der Nichtanerkennung der territorialen Realität im deutsch-polnischen Verhältnis bereits seit Jahren gescheitert, da sie die Bundesrepublik von der Realisierung ihrer langfristigen Ziele eher entfernt als ihr nähergebracht hatte. Das internationale Umfeld, insbesondere die Westmächte und Verbündeten, hatten in der Grenzrevisionspolitik bereits seit den fünfziger

---

78 Andererseits blieb die Grenzklausel des Vertrags wie der gesamte Vertrag ein Modus-vivendi-Abkommen mit Polen. In der gedrechselten Argumentation der politischen Absicherung gegenüber dem polnischen Vertragspartner einerseits und dem innenpolitischen Gegner sowie dem verfassungsrechtlichen Gebot andererseits hieß das bei Scheel in der Beantwortung der Großen Anfrage der CDU/CSU-Bundestagsfraktion vom 11.11.1971: »Die Verträge beschreiben also den bestehenden Zustand; sie gehen von den faktischen Gegebenheiten aus, zu denen der tatsächliche gegenwärtige Grenzverlauf in Europa und die territoriale Integrität der Staaten in Europa gehören. Die Verträge regeln damit einen Modus vivendi, der von den in Europa tatsächlich entstandenen Grenzen ausgeht. Im Warschauer Vertrag hat die Bundesregierung nur die Bundesrepublik Deutschland als solche hinsichtlich der polnischen Westgrenze verpflichtet.« (Texte zur Deutschlandpolitik, Bd. 9: 4. September 1971 – 8. Februar 1972, Bonn 1972, S. 193)
79 Walter Scheel, Der deutsch-polnische Vertrag, in: Bulletin, 171, 8.12.1970, S. 1820.

Jahren ihre Solidarität mit der Bundesrepublik faktisch aufgekündigt. Der westdeutsche Standpunkt in der Grenzfrage war für die Bonner Außenpolitik zu einem in anderen Politikfeldern kontraproduktiven Anachronismus mutiert. Die amerikanische und westeuropäische Osteuropapolitik waren weitergezogen. Die außenpolitische Handlungsfähigkeit Bonns stand auf dem Spiel. Somit war die »neue Ostpolitik« eine – innenpolitisch allerdings mutige – Notbremsung auf einer abschüssigen Bahn in der letzten Minute. Und auf noch eines wies Scheel hin: Der Augenblick für einen geringeren Preis der »Normalisierung«, sprich: Formalisierung der Beziehungen Bonn – Warschau, war Ende der fünfziger Jahre verpaßt worden. Die polenpolitische Unbeweglichkeit der ausgehenden Ära Adenauer und des Erhardschen Zwischenspiels »unter« dem neuen Außenminister Schröder waren mitverantwortlich für die ostpolitische Sackgasse in den sechziger Jahren.

## 6.4 Die humanitären Fragen

### 6.4.1 Familienzusammenführung

In einem Schreiben an Ministerpräsident Cyrankiewicz vom 27. Oktober 1970 trug Bundeskanzler Brandt das deutsche Anliegen mit aller Deutlichkeit vor:

> Die Verantwortung für das künftige Verhältnis zwischen unseren Völkern erfordert, daß ein Vertrag über die Grundlagen der Normalisierung der Beziehungen zwischen unseren Staaten auf beiden Seiten als ausgewogen angesehen wird. Die Verhandlungen müssen also zu einem wirklichen Ausgleich führen. Es muß daher auch ein Weg gefunden werden, der den Hoffnungen und Wünschen vieler in Polen lebender Menschen Rechnung trägt und ihnen die Wahl ihres ständigen Aufenthaltsortes freistellt. Die Bundesregierung bringt dieses humanitäre Anliegen vor in der Überzeugung, daß die polnische Regierung Verständnis für die Bedeutung dieser Fragen haben und im Rahmen der Verhandlungen eine angemessene Lösung finden wird.[80]

Ungeachtet der außenpolitisch zwingenden Grenzanerkennung war es aus normativen und innenpolitischen Gründen geboten, Polen einen »Preis« für den Artikel 1 abzuverlangen, den einzufordern eine deutsche Regierung nicht gezwungen gewesen wäre, wäre Polen seinerzeit eine Demokratie mit einklagbaren Menschen- und Bürgerrechten gewesen. So aber mußte die Bundesrepublik den »humanitären Fragen« in den Verhandlungen mit Polen politisch ein vergleichbares Gewicht einräumen wie Polen der Grenzanerkennung. Dies war allerdings erst nach der Ernennung des Leiters der Politischen Abteilung des Auswärtigen Amts, Paul Frank, zum Staatssekretär am 1. Mai 1970 geschehen, nachdem Staatssekretär Duck-

---

[80] Zit. n. Link, Außen- und Deutschlandpolitik in der Ära Brand 1969-1974, in: Bracher/Jäger/Link (Hrsg.), S. 193.

witz die Frage der Umsiedlung Deutscher aus Polen (»Familienzusammenführung«) für so schwierig gehalten hatte, daß er sie bei den Sondierungen in Warschau zuerst völlig ausgeklammert hatte.[81] Relativ spät, erst in der vierten Verhandlungsrunde im Juni 1970, wurde der Komplex ausführlich erörtert. Wäre dieses Versäumnis nicht rechtzeitig behoben worden, wäre die gesamte neue Bonner Polenpolitik fast unausweichlich am offenen Widerstand der parlamentarischen Opposition bei der Ratifizierung gescheitert. Ein außenpolitisches Desaster mit weitreichenden Konsequenzen für die internationale Reputation der Bundesrepublik wäre die Folge gewesen, schlimmer als eine Fortsetzung der alten Linie des Ausweichens in der Grenzfrage. Die Bundesregierung hätte den moderaten Politikern in der CDU/CSU keine argumentativen Brücken bei der Abwehr der Gegner einer realistischen Polenpolitik und der Vertriebenenverbände bieten können.

Die regierungsamtliche Interpretation des deutschen Interesses formulierte auch hier wieder Außenminister Scheel in dem Grundsatzbeitrag, der in der »Stuttgarter Zeitung« am 3. Dezember 1970 veröffentlicht wurde:

> Wir wären nicht in der Lage gewesen, diesen Vertrag zu schließen, wenn wir nicht hinreichende Beweise dafür hätten, daß die polnische Seite bereit ist, uns in dem für uns entscheidenden Bereich menschlicher Erleichterungen entgegenzukommen. Diese Problematik ist von Anfang an ein Hauptthema der Verhandlungen in Warschau gewesen.[82] In ihrer erfolgreichen Bewältigung sehen wir nicht nur den Prüfstein für die Normalisierung, sondern die wesentliche Ergänzung des Vertragswerkes. Auch wenn dies im Vertrag selber keinen formellen Niederschlag gefunden hat, so handelt es sich doch um einen essentiellen Bestandteil des Werkes der deutsch-polnischen Verhandlungen. Nicht nur für uns, auch für die polnische Seite ging es hier um sehr schwierige und heikle Fragen ... Die Bundesregierung konnte ... nicht erwarten, daß die polnische Seite aufgrund ihrer historischen Erfahrungen bereit sein würde, den in Polen lebenden Deutschen einen Minderheitenstatus zu verleihen. Auch vom Standpunkt der Bundesregierung war zu bedenken, daß die besonderen Volksgruppenrechte, die Deutsche in anderen Ländern des Warschauer Paktes genießen, nicht auf solchen Verträgen beruhen und wohl auch nicht möglich wären, wenn sie sich insoweit zum »Schirmherrn« der Volksdeutschen machen wollte ... Aber wir wissen, daß die Familienzusammenführung nur eine Seite des Problems darstellt und daß die Lage der verbleibenden Deutschen ebenso gewichtige Fragen stellt. Beide Komplexe sind letzlich eine Frage der Normalisierung.[83]

Während Scheel die Frage der »Familienzusammführung« wenigstens in der »Information« der polnischen Regierung berücksichtigt sah, mußte die Bundesregierung die Verwirklichung von Minderheitenrechten der in Polen verbleibenden Deutschen einem unspezifizierten »Normalisierungs-

---

81 Siehe Arnulf Baring, Machtwechsel. Die Ära Brandt – Scheel, München 1984, S. 482.
82 Dieser Behauptung widersprach bekanntlich – indirekt – Scheels »eigener« Staatssekretär Frank.
83 Scheel, Der deutsch-polnische Vertrag, S. 1821f.

prozeß« überlassen. Die Interpretationshilfe des Auswärtigen Amts konnte hier nur eine Hoffnung formulieren: »Wir hoffen ferner – obwohl diese Frage in der ›Information‹ nicht angesprochen wird –, daß im Laufe des Normalisierungsprozesses auch sprachliche und kulturelle Erleichterungen für Personen deutscher Muttersprache in Polen möglich werden.«[84] Das war natürlich eine völlig unbefriedigende Situation, die eine deutsche Regierung angesichts der prinzipiellen Haltung der damaligen polnischen Führung in der deutschen Minderheitsproblematik kaum ändern konnte. Die politische Kultur des Systems, diktiert von der pseudonational legitimierten kommunistischen Arbeiterpartei und stark beeinflußt von der nationalpolnisch-katholischen Kirche, verbot eine Anerkennung der deutschen Minderheit.[85] Wer die mentalen, psychologischen und realpolitischen Probleme in der innerpolnischen Diskussion noch Ende der achtziger Jahre verfolgt, die die Wahrnehmung einer deutschen Minderheit mit sich brachte, muß die theoretische Möglichkeit einer Öffnung der polnischen Seite für die deutsche Argumentation zu Beginn der siebziger Jahre bei Null ansiedeln.[86]

Eine konsequente und »harte« deutsche Verhandlungsführung war schon deshalb nicht möglich, weil die Modus-vivendi-Argumentation in der Grenzfrage, der Verweis auf Artikel 116 Absatz 1 GG einer Definition der Deutschen in den polnischen Westgebieten als einer deutschen *Minderheit in Polen* im Wege stand. Auch in bezug auf die deutsche Volksgruppe war somit eine Vorläufigkeit gegeben, solange rein rechtlich der Friedensvertragsvorbehalt geltend gemacht wurde.

Andererseits konnte Bonn indirekt Druck auf Warschau ausüben. Ein völlig unbeweglicher Standpunkt Polens hätte im Hinblick auf die innenpolitische Konstellation in der Bundesrepublik die Ratifizierung des Warschauer Vertrags im Deutschen Bundestag gefährdet.[87] Die Bonner Verhandlungsführer veranlaßten die polnischen Gesprächspartner somit zu dem blamablen Eingeständnis, daß es in Polen eine Menschengruppe –

---

84 Zum Vertrag mit der Volksrepublik Polen, in: Bulletin, 171, 8.12.1970, S. 1818f.
85 Siehe u.v.a. Jan Barcz (Hrsg.), Prawno-polityczne aspekty tezy o rzekomej niemieckiej mniejszości narodowej w Polsce [Rechtspolitische Aspekte der These von der angeblichen deutschen nationalen Minderheit in Polen], Warszawa 1986.
86 Belege für die beginnende Deutschland-Diskussion innerhalb der demokratischen Opposition bei Helga Hirsch, Das Deutschlandbild in der unabhängigen Presse Polens, in: Osteuropa, 9, 1987, S. A475-491; ebenso Jan Józef Lipski, Dwie ojczyzny – dwa patriotyzmy (uwagi o megalomanii narodowej i ksenofobii Polaków), in: Kultura (Paris), 10, 1981, deutsch: Zwei Vaterländer – zwei Patriotismen (Bemerkungen über nationale Megalomanie und Xenophobie der Polen), in: Kontinent, 22, 1982; auch Waldemar Kuwaczka, Entspannung von unten. Möglichkeiten und Grenzen des deutsch-polnischen Dialogs, Stuttgart – Bonn 1988.
87 Siehe Rainer Barzel, Im Streit und umstritten. Anmerkungen zu Konrad Adenauer, Ludwig Erhard und den Ostverträgen, Frankfurt/M. – Berlin 1986, S. 145ff.

immerhin »einige Zehntausende Personen«[88] - gab, die es offiziell gar nicht mehr geben sollte. Es ist demzufolge nicht verwunderlich, daß die polnischen Behörden die »Information« im Lande lange Zeit nicht veröffentlichen ließen.

Die polnische Seite hatte in Ziffer 2 der »Information« eingestanden, daß »in Polen bis heute aus verschiedenen Gründen ... eine gewisse Zahl von Personen mit unbestreitbarer deutscher Volkszugehörigkeit (osób należających bezspornie do narodu niemieckiego) und von Personen aus gemischten Familien zurückgeblieben« waren.[89] Da die »unbestreitbare« deutsche Volkszugehörigkeit in der polnischen Mitteilung nicht näher definiert wurde, blieb der Begriff der willkürlichen Auslegung polnischer Behörden überlassen. Die Kriterien, auf die sich beide Seiten geeinigt hatten, erwiesen sich dann in der Praxis nur zum Teil als brauchbar. Diese Kriterien waren: die Sprache, die man in der Familie spricht, die Nationalität der Eltern von Ausreisewilligen und deren Schulbesuch vor 1945.[90]

Die Unzulänglichkeit der praktischen Durchführung führte zu massivem politischem Druck aus Bonn und zu einer greifbaren Konkretisierung und substantiellen Erweiterung der Leitlinie aus Warschau. Die polnische Regierung war nunmehr bereit, zusätzliche »vertrauliche Erläuterungen« zu der »Information« zu liefern. Darin wurden drei wichtige Zusagen gemacht. Erstens sollten die einzelnen Fälle von ausreisewilligen Deutschen aus Polen von zuständigen westdeutschen und polnischen Stellen zusammen bearbeitet werden. Zweitens nannten die polnischen Unterhändler präzise den Zeitraum, innerhalb dessen die Umsiedlung der deutschstämmigen Bevölkerung aus Polen beendet werden sollte. Drittens »verzichtete Polen auf diese zeitliche Begrenzung in allen Fällen von Familienzusammenführungen«, d.h., sie sollten auch in Zukunft kontinuierlich fortgesetzt werden.[91]

Ungeachtet dieser definitorischen Präzisierungen blieb die Zahl der ausreisewilligen Deutschen nach wie vor eine strittige Größe. Weil Warschau bei der Zahl offenkundig an weniger als 100.000, vielleicht bloß 40-50.000 Personen dachte,[92] wurde in den Verhandlungen auf Drängen Brandts und Scheels die von polnischer Seite angebotene Nennung einer Zahl unterlassen. Denn Bonn wollte sich nicht auf eine konkrete Zahl festlegen, die der deutschen Seite eindeutig als zu niedrig geschätzt galt. Die große Diskre-

---

88 Information der Regierung der Volksrepublik Polen, in: Bulletin, 171, 8.12.1970, S. 1817.
89 Ebenda.
90 Siehe Heinz Geyr, Auf dem Wege zur Aussöhnung. Bonn, Warschau und die humanitären Fragen, Stuttgart 1978, S. 59.
91 Baring, Machtwechsel, S. 484.
92 Ebenda, S. 485; siehe auch Zündorf, S. 73.

panz trat offen zutage, nachdem das Deutsche Rote Kreuz die Quote von 280.000 genannt hatte.[93]

Die Bundesregierung konnte nicht verhindern, daß die polnische Seite in der »Information« und den dazugehörenden »vertraulichen Erläuterungen« ausschließlich eine einseitige Geste Polens sah, die keine völkerrechtliche Verpflichtung beinhaltete. Die Bundesregierung beurteilte die »Information« und die »Mitteilungen« als einen einseitig verpflichtenden Akt mit völkerrechtlicher Bindungswirkung und nicht als eine Art von Absichtserklärung. Nach den so gegensätzlichen Vorstellungen konnte die Familienzusammenführung und die Aussiedlung von Deutschen aus Polen die Erwartungen der deutschen Seite nicht erfüllen.[94]

### 6.4.2 Die Wiedergutmachung

Aus prinzipiellen Erwägungen heraus gab sich Bonn seinerseits anfangs hartherzig in einer humanitären Frage, die der polnischen Seite aus Gründen innenpolitischer Legitimation außerordentlich wichtig war. Es handelte sich dabei um das Problem der individuellen Entschädigungen für Opfer aus Konzentrationslagern und von Zwangsarbeit. Zwar hatte Warschau seinen Reparationsverzicht gegenüber Deutschland in den Verhandlungen mit Bonn und Gomułka im Gespräch mit Brandt bestätigt,[95] aber die polnische Seite machte einen Unterschied zwischen Reparationen und individueller Wiedergutmachung, wodurch z.B. Forderungen nach Entschädigung für Zwangsarbeit polnischer Staatsangehöriger und für KZ-Haft nicht als Reparations-, sondern als Wiedergutmachungsansprüche zu gelten hatten.[96] Die Bundesrepublik ihrerseits folgte dem Rechtsstandpunkt, daß diese Ansprüche unter Reparationsansprüche fielen.[97] Daß sich die polnischen Vertreter – von allen moralischen Argumenten abgesehen – der sehr schwachen rechtlichen Grundlage ihrer Interpretation bewußt gewesen sein mußten (falls sie diese überhaupt interessiert hatte), wurde Jahre später im

---

93 Siehe auch ausführlich Miszczak, S. 82f.
94 Hintergründe bei Carl-Christoph Schweitzer, Konflikt und Kooperation zwischen der Bundesrepublik Deutschland und der Volksrepublik Polen seit dem Warschauer Vertrag von 1970, in: Jacobsen/Schweitzer/Sułek/Trzeciakowski (Hrsg.), S. 103-130, hier S. 117ff.
95 Brandt, Begegnungen und Einsichten, S. 538.
96 Siehe Jan Barcz, Roszczenia cywilno-prawne obywateli polskich z tytułu zbrodniczej polityki III Rzeszy podczas Drugiej Wojny Światowej [Zivilrechtliche Ansprüche polnischer Bürger aufgrund der verbrecherischen Politik des Dritten Reiches während des Zweiten Weltkriegs], in: Zeszyty Niemcoznawcze, 3, 1988, S. 18ff.
97 Helmut Rumpf, Die deutsche Frage und die Reparationen, in: Zeitschrift für ausländisches öffentliches Recht und Völkerrecht, Bd. 33, 1973, S. 344-371, hier S. 351.

Zusammenhang mit dem deutschen Einigungsprozeß zugegeben.[98] Jedenfalls war für die Bundesregierung das Problem der Wiedergutmachung 1970 *ad acta* gelegt.[99]

Dennoch waren 1972 vom Deutschen Roten Kreuz über das Internationale Komitee vom Roten Kreuz Entschädigungen an polnische Opfer von pseudomedizinischen Versuchen in Konzentrationslagern geleistet worden. Die polnische Seite erhielt 100 Mio. DM sowie weitere 3 Mio. DM als Bearbeitungskosten für die Anträge. Die ganze Angelegenheit bekam aber eine peinliche Note, da die Übereinkunft in Polen nie veröffentlicht wurde. Somit konnten viele Betroffene in Polen von den Vereinbarungen und der Bereitschaft der Bundesrepublik, Wiedergutmachung zu leisten, kaum erfahren. 60 Mio. DM wurden den Opfern in polnischer Währung ausbezahlt, d.h. weit unter dem Wert der deutschen Leistungen. 40 Mio. DM eigneten sich das Finanz- und Gesundheitsministerium mit Hilfe interner Direktiven des Ministerrats an, um diagnostische Geräte anzukaufen und Sanatorien für die Versuchsopfer zu bauen. Die ganze Auszahlungsoperation sollte, so die deutsche Auflage, in einem Jahr abgeschlossen sein. Sie dauerte 14 Jahre – bis 1986.[100]

Die großzügig bemessenen Verwaltungskosten von 3 Mio. DM zahlte Bonn ohne Auflagen und Kontrollmöglichkeiten und hakte auch nicht nach, als nach einer Untersuchung der Obersten Kontrollkammer (NIK) 1981 ein Betrugsskandal in den obersten Parteibehörden von der polnischen Presse aufgerollt wurde. Der seinerzeitige Pressereferent an der Warschauer Botschaft, Klaus Reiff, schrieb dazu später in seinen Erinnerungen: »Wo Empörung angesagt war, herrschte peinliches Schweigen.«[101]

Die deutsche Haltung zu den Fragen der Wiedergutmachung wurde Anfang der siebziger Jahre nicht allein von prinzipiellen rechtlichen Erwägungen bestimmt. Man fürchtete in Bonner Amtsstuben eine Präzedenzsituation, die unabsehbare Forderungen von Bürgern anderer Staaten nach sich ziehen konnte, die ebenfalls in die Kategorie »individuelle Wiedergutmachung« fielen. Auch die Beliebigkeit finanzieller Vorstellungen der polnischen Gesprächspartner und die Instrumentalisierung moralischer Fragen für politische und wirtschaftliche Zwecke des polnischen Staats ließen die

---

98 Siehe Władysław Czapliński, Regulacja pokojowa z Niemcami po II wojnie światowej [Die Friedensregelung mit Deutschland nach dem 2. Weltkrieg], in: Państwo i Prawo, 2, 1991, S. 35-46, hier S. 45.
99 Siehe Baring, Machtwechsel, S. 487; Brandt, Erinnerungen, S. 218. Zu den bis dahin an polnische Opfer geleisteten Zahlungen von seiten der Bundesrepublik siehe auch: Schweitzer, Konflikt und Kooperation, S. 118.
100 Siehe Miszczak, S. 90.
101 Klaus Reiff, Als deutscher Diplomat an der Weichsel, Bonn 1990, S. 200; weiter: »Erschütternd ist für mich, wie die polnischen Behörden hier mit ihren eigenen leidgeprüften Bürgern umgegangen sind. Deprimierend stimmt auch die Interesselosigkeit, die man in Bonn in dieser Angelegenheit zeigte.« (Ebenda, S. 204)

deutschen Gesprächspartner zusätzlich zurückhaltend agieren. (So bezeichnete später der ZK-Sekretär Franciszek Szlachcic die Behandlung der Entschädigungsangelegenheit durch die Parteiführung unter dem Gomułka-Nachfolger Gierek als eine »schändliche Sache«, da sich Gierek 1975 in Helsinki ungeachtet einer früheren, nicht aufgehobenen Politbüro-Entscheidung von 8-10 Mrd. DM auf 1 Mrd. DM habe herunterhandeln lassen.[102])

Gomułka hatte schon in einem Gespräch mit Brandt am 7. Dezember 1970 Wiedergutmachungsleistungen der Bundesrepublik direkt mit einer wirtschaftlichen Hilfe an Polen verknüpft. Dem Parteisekretär schwebte vor, das Entschädigungsproblem für erledigt zu erklären - er nannte 180 Mrd. DM als Ausgangssumme westdeutscher Wiedergutmachung -, wenn die Bundesrepublik sich bereit fände, Polen einen größeren Zehnjahreskredit zu gewähren (zinslos oder mit höchstens zwei Prozent Zinsen, aber bei jährlicher Tilgung). Polen würde auf diese Weise seine wirtschaftliche Entwicklung vorantreiben können. Gleichzeitig würde, so Gomułka, ein vielfältiger Austausch von Fachleuten möglich sein. Außerdem sah er hierin eine prophylaktische Maßnahme: Ihm läge an Absprachen über wirtschaftliche Zusammenarbeit auf längere Sicht, bevor die Integration in der EWG ein neues Stadium erreicht habe. Falls sein Vorschlag, von dem er nochmals sagte, daß er ihn nur zu erwägen gäbe, nicht akzeptabel sei, sollte Brandt ihn als nicht unterbreitet betrachten; die Frage müsse dann eben vorerst offenbleiben.[103]

Nach Aussage des ehemaligen Gomułka-Vertrauten, Szlachcic, vor der sogenannten Grabski-Kommission im Jahre 1981 antwortete Brandt auf die Ausführungen Gomułkas zur Wiedergutmachungsfrage, Wiedergutmachung sei unmöglich und fragte dann nach einer Weile: »Und wieviel?«, worauf Gomułka antwortete: »8 Mrd. DM als Entschädigung.« In welcher Form, sei ihm gleichgültig, es sollte aber auf jeden Fall Entschädigung sein.[104] Bundeskanzler Brandt war im Gespräch mit Gomułka nach eigener Aussage »nicht grundsätzlich« gegen eine »indirekte« Lösung, die der wirtschaftlichen Entwicklung zugute käme.[105]

Nach den Erinnerungen der Zeitzeugen bewegte sich das Gespräch um Wiedergutmachung/Entschädigung von Beginn der Diskussion im Dezember 1970 an in Bereichen, die strenggenommen nichts miteinander zu tun hatten: Kredite, Wiedergutmachung und Ausreise von Deutschen. Dies

---

102 Protokoły tzw. komisji Grabskiego. Tajne dokumenty PZPR. Do druku przygotowała i wstępem opatrzyła Grażyna Pomian [Protokolle der sog. Grabski-Kommission. Geheimdokumente der PVAP. Zum Druck vorbereitet und mit einer Einleitung versehen von G.P.], Paryż 1986, S. 179-181.
103 Brandt, Begegnungen und Einsichten, S. 538.
104 Szlachcic in: Protokoły tzw. komisji Grabskiego, S. 179.
105 Brandt, Erinnerungen, S. 218.

machte es so schwierig, eine Regelung zu finden, die moralisch einwandfrei, politisch durchsetzbar und wirtschaftlich vertretbar blieb. Von der Regierung Brandt wurde das Thema nicht mehr aufgegriffen.
Brandts Nachfolger Schmidt unternahm dann den letztlich mißglückten Versuch, endgültig den Schlußstrich unter die Wiedergutmachungsproblematik zu ziehen, als er in seiner Regierungserklärung am 17. Mai 1974 die Auszahlung von Wiedergutmachungsleistungen für beendet erklärte.[106]

## 6.5 Deutsche Ratifizierungsdebatte 1971/72

Die Dezemberunruhen 1970 in Polen und der Machtwechsel an der Partei- und Regierungsspitze in Warschau führten in Bonn zu Unsicherheit, ob der eingeschlagene Weg der sogenannten Normalisierung fortgeführt werden konnte und ob die polnische Seite insbesondere zu den Verpflichtungen stehen würde, die die Verhandlungspartner in bezug auf die »Information« (Ausreise Deutscher aus Polen, Familienzusammenführung) schriftlich und mündlich eingegangen waren.

Eine der ersten außenpolitischen Handlungen des neuen PVAP-Sekretärs, Edward Gierek, und des Premiers Piotr Jaroszewicz bestand darin, die Kontinuität polnischer Bundesrepublikpolitik gerade auch in dieser Hinsicht zu versichern, was der Bundesregierung in ihrer schwierigen innenpolitischen Situation die Rechtfertigung des Entgegenkommens gegenüber Polen im Warschauer Vertrag erleichterte. Der Warschauer Führung mußte daran gelegen sein, den Ratifizierungsprozeß der Ostverträge in Westdeutschland nicht zusätzlich zu erschweren. Es sollte sich jedoch herausstellen, daß die »humanitären Fragen« in der innenpolitischen Auseinandersetzung der Bundesrepublik um die richtige Polenpolitik nur eine untergeordnete Rolle spielten. Es ging um grundsätzliche Probleme von Moral- und Realpolitik und um Außenpolitik als Instrument politischer Machterhaltung und politischen Machterwerbs. Polenpolitik – angedacht als Politik *sui generis*, vergleichbar mit Frankreich- und Israelpolitik – degenerierte so auf weiten Strecken zu einem innenpolitischen Spielball. Hinter der Regierungsbank saß ein Beobachter, der den Abgeordneten der Opposition in den ersten Reihen direkt ins Gesicht sehen konnte: »Niemals wird er die vom Haß verunstalteten Züge einiger Abgeordneter vergessen, die es nicht verwinden konnten, 1969 als stärkste Fraktion auf die Oppositionsbänke verwiesen worden zu sein. Haß gegen diejenigen, die nach ihrer Einschätzung den Ausverkauf Deutschlands betreiben.«[107]

Schon bei Unterzeichnung des Warschauer Vertrags ließ sich absehen, daß die Absicht der Bundesregierung, das Ratifizierungsverfahren der

---

106 Bulletin, 60, 18.5.1974, S. 602.
107 Frank, S. 321.

Moskauer und Warschauer Verträge in der ersten Jahreshälfte 1971 abzuschließen, illusorisch war. Fast eineinhalb Jahre dauerten die innenpolitischen Auseinandersetzungen über die Ostverträge an,[108] bis die Ratifikationsurkunden vom Bundespräsidenten – und vom polnischen Staatsratsvorsitzenden – unterzeichnet werden konnten. Die trotz der innenpolitischen Kontroverse spürbare Aufbruchstimmung des Jahres 1970 – auch in Teilen der CDU – wich der Erschöpfung und Enttäuschung über eine zähe Polen-Debatte.[109]

Der CDU-Bundesausschuß lehnte in einer einstimmigen Entschließung am 24. Januar 1972 die Ratifizierung der Ostverträge kategorisch ab. Aber ebensowenig wie in der Verhandlungsphase hatte die parlamentarische Opposition in der Ratifizierungsdebatte eine konstruktive und konkrete Alternative zu der Polenpolitik der Bundesregierung.[110] Die außenpolitischen Folgen eines Scheiterns der Ostverträge im Bundestag schien die Opposition kaum zu bedenken. Den häufig zu den westlichen Verbündeten reisenden Spitzenpolitikern der Opposition wurde die Gefahr außenpolitischer Isolierung der Bundesrepublik deutlich vor Augen geführt.[111] Wenn auch die Westalliierten während der Verhandlungsphase nicht frei von anfänglichem Mißtrauen waren, galt nunmehr, nach Unterzeichnung der Verträge mit Warschau und Moskau und im Zusammenhang mit den Vier-Mächte-Gesprächen über Berlin, die Nichtratifizierung der Ostverträge bei Bonns Verbündeten als Desaster für die außenpolitische Position der Bundesrepublik und für die gesamte westliche Entspannungspolitik.[112] Die Opposition hatte keine wirkliche Alternative anzubieten: Ihre Forderungen, die je nach Opportunität abgewandelt wurden, wiesen keine innere Konsistenz auf. Bis zur Ratifizierung herrschte in der deutschen Öffentlichkeit der Eindruck vor, die Opposition habe sich als potentielle Regierungspartei auf ein Leben mit den Verträgen eingerichtet und führe deshalb den Kampf gegen sie vorwiegend aus innenpolitischen Motiven.[113] Ein weiterer wichtiger Faktor, den die Opposition zu übersehen schien, war, daß sich der

---

108 Hans-Georg Lehmann, Öffnung nach Osten. Die Ostreisen Helmut Schmidts und die Entstehung der Ost- und Entspannungspolitik, Bonn 1984, S. 181f.
109 Zur Eigengesetzlichkeit der Ratifizierungsdebatte als Mittel von Herrschaftssicherung (der Regierungskoalition) und Machterwerb (der Opposition) siehe ausführlicher Roth, S. 174-218.
110 Siehe Josef Joffe, Westverträge, Ostverträge und die Kontinuität der deutschen Außenpolitik, in: EA, F4/1973, S. 111-124, hier S. 113.
111 Siehe auch Franz-Josef Strauß, Die Erinnerungen, Berlin 1989, S. 443.
112 Siehe Baring, Machtwechsel, S. 431.
113 Paul Noack, Deutsche Außenpolitik seit 1945, Stuttgart u. a. 1972, S. 136.

Anteil der Befürworter der sozialliberalen Ostpolitik in der bundesdeutschen Bevölkerung stabilisierte.[114]

In seiner Erklärung zu der CDU-Entschließung vom Januar 1972 machte der CDU-Vorsitzende Barzel geltend, die Bundesregierung habe Verträge unterzeichnet, die von den Vertragspartnern gegen deutsche Interessen interpretiert und verwendet würden. Ein Friedensvertragsvorbehalt sei im Warschauer Vertrag bestenfalls formal, nicht aber materiell aufrechterhalten worden, daher entfalle auf einer Friedenskonferenz das »Faustpfand« für die Akzeptanz der deutschen Wiedervereinigung. Eine wirkliche Aussöhnung sei durch einen einseitigen Verzicht nicht denkbar.[115]

Die CDU/CSU-Bundestagsfraktion hatte schon am 25. November 1970 ihre Bedenken gegen den Warschauer Vertrag in einem »Polen-Papier« ausgearbeitet. Darin wurde auf die freie Selbstbestimmung des deutschen Volkes hingewiesen und eine endgültige friedensvertragliche Regelung für ganz Deutschland gefordert. In Leitlinie IV wurde sogar der Entwurf eines derartigen Vertrags vorgelegt, der folgende Punkte umfassen sollte: a) völkerrechtlich verbindliche Verpflichtung zur Regelung aller Streitfragen mit ausschließlich friedlichen Mitteln; insbesondere ein Verzicht heute und künftig auf jegliche Anwendung von Gewalt zur Änderung des gegenwärtigen territorialen Besitzstands Polens; b) konkrete Regelungen mit dem Ziel der formellen und materiellen Sicherung der Menschen- und Gruppenrechte in beiden Staaten; c) die Aufnahme voller diplomatischer Beziehungen, in deren Rahmen die Bundesrepublik Deutschland auch West-Berlin vertritt; d) freie Begegnung der Menschen aus allen Volksschichten, Schaffung eines deutsch-polnischen Jugendwerks; e) verstärkter Austausch auf den Gebieten Kultur, Kunst und Wissenschaft; Erweiterung des Handels und des wirtschaftlichen Austauschs der beiden Völker und Vertiefung der technologischen und wirtschaftlichen Kooperation.[116]

Von Anfang an verfolgte Oppositionsführer Barzel die Strategie, »durch kompetitive, als politischer Wettbewerb angelegte Zusammenarbeit mit der Regierung möglichst viele Vorstellungen der CDU/CSU-Fraktion in die deutsche Außenpolitik einzubringen, um die deutsche Frage offen und seine auseinanderstrebende Fraktion geschlossen und damit regierungsfähig zu halten«.[117] Dabei gerieten Barzel und die Fraktion in die Gefahr, daß der Verständigungswille der Christdemokraten von der massiven General- und

---

114 Vg. auch die ausführlichen sozialpsychologisch-soziologischen Untersuchungen zu Einstellungen und Orientierungen zur Polenpolitik, in: Schweitzer/Feger (Hrsg.), S. 187-488.
115 Link, Außen- und Deutschlandpolitik der Ära Brandt 1969-1974, in: Bracher/Jäger/Link (Hrsg.), S. 208.
116 Siehe Miszczak, S. 97; Christian Hacke, Weltmacht wider Willen. Die Außenpolitik der Bundesrepublik Deutschland, Stuttgart 1988, S. 194.
117 Link, Außen- und Deutschlandpolitik der Ära Brandt 1969-1974, in: Bracher/Jäger/Link (Hrsg.), S. 207.

Detailkritik an dem unterzeichneten deutsch-polnischen Vertrag völlig überdeckt wurde. Insbesondere die Kritik an den Bestimmungen über die deutsch-polnische Grenze konnte, auch bei den ansonsten nur laue Zustimmung zur Ostvertragspolitik signalisierenden westlichen Verbündeten, kaum als glaubwürdiges Bekenntnis gewertet werden, das Verhältnis mit Polen zu bereinigen. Zwar glaubten einige Abgeordnete (Richard von Weizsäcker u. a.), Sprecher einer »minimalen Minderheit«, sogar, daß der Warschauer Vertrag trotz aller Unzulänglichkeiten die Chance für eine positive Entwicklung eröffnen würde. Aber bei der überwältigenden Mehrheit der Fraktion stand das »Faustpfand«-Argument hinsichtlich der Grenzanerkennung höher im Kurs.

Am 25. Januar 1972 kündigte die CDU offiziell an, sie werde gegen die Verträge stimmen. Am 9. Februar 1972 begann die parlamentarische Beratung der Ostverträge im Bundesrat. Schon in der ersten Lesung der Verträge im Bundestag vom 23. bis 25. Februar modifizierte Oppositionsführer Barzel dieses Nein in ein »So nicht.«[118] Schon vor dieser vorsichtigen Annäherung an die Position der Bundesregierung hatte jedoch die CSU – ohne Abstimmung mit der CDU – ihre eigenen »Alternativen zur Ostpolitik« herausgebracht.[119] Sie waren Anlaß zur Verärgerung der Schwesterpartei. Gerhard Schröders Vorstellung, ein Scheitern der Verträge würde »weder ein Desaster« bedeuten »noch die Bundesrepublik in die komplette Isolierung führen«,[120] fand ihren Niederschlag in Barzels Forderung, die Verträge »liegenzulassen«, um Zeit für befriedigende innerdeutsche Regelungen zu schaffen.

Die Einbettung der Ostverträge in die internationale Politik zeigte sich nach der ersten Lesung im Bundestag noch deutlicher. Die Diskussion verlagerte sich nun fast ausschließlich darauf, die möglichen Folgen einer Nichtratifizierung zu erörtern. Gleichzeitig drohte von Woche zu Woche mehr der Verlust der parlamentarischen Mehrheit der Regierungsparteien durch Parteiaustritte am rechten Rand von SPD und FDP. Es kam die Stunde der Opposition. Am 28. April trat schließlich das parlamentarische Patt zwischen Regierung und Opposition ein. Nun wurde für jedermann sichtbar, daß ohne Mitwirkung der Opposition die Verträge scheitern würden.

Rainer Barzel hatte in der ersten Lesung am 23. Februar erklärt, daß die CDU/CSU-Fraktion dem Vertragswerk zustimmen könnte, wenn die Vorläufigkeit der Regelungen im Moskauer und Warschauer Vertrag (Modus vivendi) deutlich würde. Barzel schwankte zwischen Kooperation und Konfrontation, wobei das konfrontative Element in der Phase, in der sich das konstruktive Mißtrauensvotum gegen Bundeskanzler Brandt abzeich-

---

118 Archiv der Gegenwart (AdG), 1972, S. 16902-16920.
119 »Der CSU-Entwurf für einen Gewaltverzichtsvertrag«, in: Neue Zürcher Zeitung (NZZ), 3.2.1972.
120 Zit. n. Noack, S. 137.

nete, stärker akzentuiert wurde. Allerdings setzte er sich, als er feststellen mußte, daß das »Liegenlassen« keine realistische Variante für die Behandlung der Ostverträge war, leidenschaftlich dafür ein, ein Scheitern der Verträge abzuwenden und eine möglichst breite Zustimmung in der eigenen Fraktion vorzubereiten.[121] Nach dem Scheitern des Mißtrauensvotums am 27. April waren sowohl Barzel als auch Brandt zum Kompromiß gezwungen und ernsthaft daran interessiert, in einer Strategie der Gemeinsamkeit die Ostverträge über die parlamentarische Hürde zu bringen.

> Der Kanzler wollte sein Lebenswerk retten und verhindern, daß sich die Bundesrepublik Deutschland in eine »Vereinsamung« begab, »in der es eiskalt werden könnte«. Der Oppositionsführer wollte seine Partei, auch im Blick auf die künftige Regierungsfähigkeit, vor einer solchen Schuldzuweisung bewahren; er wollte durch eine eindeutige Interpretation des Vertragswerks die künftige Politik im Sinne eines Modus vivendi festlegen und durch die Verabschiedung der also verbesserten Verträge die Fesseln beseitigen helfen, die die FDP an die SPD banden.[122]

In drei interfraktionellen Kommissionen wurde eine Gemeinsame Entschließung des Bundestags vorbereitet und schließlich von einem Redaktionskomitee, dem Horst Ehmke (SPD), Hans-Dietrich Genscher (FDP), Werner Marx (CDU) und Franz-Josef Strauß (CSU) angehörten, am 9. Mai 1972 fertiggestellt. Das Dokument mit dem Datum vom 10. Mai interpretierte die Ostverträge als »wichtige Elemente des Modus vivendi, den die Bundesrepublik Deutschland mit ihren östlichen Nachbarn herstellen will«, und schrieb alle kritischen Punkte im Sinne der bundesdeutschen Verfassungsdoktrin fest.[123] Nach hektischen Verhandlungen in den ersten beiden Maiwochen erklärte sich die Sowjetunion sogar damit einverstanden, daß die Gemeinsame Entschließung (»Brief zur deutschen Einheit«) zu einem offiziellen Dokument der Bundesrepublik Deutschland deklariert, von der Bundesregierung als zusätzliches Mittel der Vertragsauslegung nach Artikel 31 Ziffer 2 Buchstabe b der Wiener Vertragsrechtskonvention[124] überreicht, von dem sowjetischen Botschafter weitergeleitet und dem Präsidium des Obersten Sowjet noch vor Abschluß der Ratifikation vorgelegt würde. »Das war mehr, als man realistischerweise hatte erwarten können.«[125]

---

121 Ausführlich zu der Auseinandersetzung Barzels mit den Vertragsgegnern in der Fraktion und zu den dramatischen Hintergrundverhandlungen über den Text einer gemeinsamen Resolution unter Hinzuziehung des sowjetischen Botschafters, Valentin Falin, in: Baring, Machtwechsel, S. 427ff.
122 Link, Die Außen- und Deutschlandpolitik der Ära Brandt 1969-1974, in: Bracher/ Jäger/Link (Hrsg.), S. 210.
123 Wortlaut in: Außenpolitik der Bundesrepublik Deutschland, S. 368f.
124 Zündorf, S. 59; Das »Wiener Übereinkommen vom 23.5.1969 über das Recht der Verträge« war seinerzeit noch nicht in Kraft, kodifizierte aber weithin bereits geltendes Völkergewohnheitsrecht. (Ebenda, Anm. 155)
125 Link, Die Außen- und Deutschlandpolitik der Ära Brandt 1969-1974, in: Bracher/ Jäger/Link (Hrsg.), S. 211.

Außenminister Scheel blockte in letzter Minute noch einen Versuch Barzels ab, die Entschließung zu einem Vertrag über die Verträge zu machen. Sie änderte die Verträge nicht, auch nicht deren Sinn. Sie gab nur erläuternd wieder, was ohnehin Vertragsinhalt war bzw. nicht war.

Es bleibt festzuhalten, daß das dramatische Ringen um die Ratifizierung der Ostverträge und die interpretierende Entschließung als Adressaten und schließlich auch als Diskussionspartner die Sowjetunion (in Gestalt des sowjetischen Botschafters, Valentin Falin) hatte. Wie schon bei der Aushandlung der Verträge wurde die von Moskau diktierte Reihenfolge eingehalten. Der erste Partner bzw. Kontrahent im Osten war die Sowjetunion. Polen hatte dies zu respektieren. Die polnischen Kommunisten hatten sich 1944 bewußt in dieses Bündnis begeben. Ihre Nachfolger hatten die Suprematie und Schutzfunktion der Sowjetunion anerkannt, sie gegenüber der eigenen Bevölkerung offensiv und gegenüber der Bundesrepublik bisweilen drohend gerechtfertigt. So war es eigentlich verwunderlich, zumindest inkonsequent, daß die Warschauer Führung im Sommer 1970 über das »Bahr-Papier« indigniert tat. Daß über das Selbstbestimmungsrecht und die deutsche Frage in erster Linie mit der Sowjetunion als einer für »Deutschland als Ganzes« zuständigen Macht zu verhandeln war und nicht mit Warschau, wurde an dem Ringen um die Gemeinsame Entschließung von neuem unterstrichen. Trotzdem blieb ein fader Nachgeschmack.

Dazu kam, was einen Kenner der Verhältnisse in der Unionsfraktion nicht überraschen durfte, daß nämlich ein Ja der CDU/CSU zur Gemeinsamen Entschließung keinesfalls eine Zustimmung zum Moskauer und Warschauer Vertrag nach sich ziehen mußte. Nachdem die illusorische Hoffnung, das Vertragswerk für die CDU/CSU-Fraktion mit dem Dokument akzeptabel zu machen, zerstoben war, sah sich der Fraktionsvorsitzende gezwungen, um die Geschlossenheit der Fraktion zu wahren, für Stimmenthaltung plädieren. Aber auch dieses Ziel wurde nicht erreicht. 10 Abgeordnete stimmten gegen den Moskauer Vertrag und noch mehr, 17 Abgeordnete, gegen den Warschauer Vertrag. Beim Warschauer Vertrag stimmten von 496 Abgeordneten 248 Parlamentarier mit Ja bei 231 Enthaltungen. Das Ergebnis der Abstimmung entwertete den politischen Rang des Vertrags erheblich. Kühl-melancholisch stellte der Historiker Golo Mann unmittelbar nach der Ratifizierung des Moskauer und des Warschauer Vertrags fest: »Das Schwebende, das nur moralisch Wirksame, das den Verträgen eigen sein muß, wurde so zur Erde heruntergezogen ... Leicht werden die Gewinne zerredet, bis nichts mehr übrig bleibt als ein beschriebenes Papier, als Katerstimmung und Asche.«[126]

Für die Bundesrepublik Deutschland hatte der Abschluß des »Normalisierungsvertrags« mit Warschau insofern Schlüsselbedeutung, als er dem Zweck dienen sollte, den deutsch-polnischen »Sonderkonflikt« in Europa

---

126 Zit. n. Noack, S. 140.

zu beenden. Ohne dessen Bereinigung wäre eine Entblockierung der Ostpolitik nicht erreichbar gewesen und die Bundesrepublik im Westen zunehmend isoliert worden. Bonn hatte dabei so viel wie nötig und so wenig wie möglich gegeben, indem ein politischer Modus vivendi mit Polen herbeigeführt wurde, der mit der Bonner Vorstellung vom Selbstbestimmungsrecht aller Deutschen und schließlich mit dem Wiedervereinigungsgebot des Grundgesetzes rechtlich in Einklang gebracht werden konnte. Andererseits wurde der Friedensvertragsvorbehalt durch die Verträge von Moskau und Warschau zu einem rein rechtstechnischen Begriff für ein kompliziertes Netz von Verpflichtungen und Rechten der Vier Mächte, aus denen die Bundesregierung weder die Westmächte noch die Sowjetunion entlassen wollte. Materiell wurde sowohl im Moskauer als auch im Warschauer Vertrag der deutsch-polnischen Grenze Endgültigkeit zugesprochen,»indem in beiden kein Provisorium bis zu einem Friedensvertrag in Aussicht genommen noch die Möglichkeit eines Friedensvertrages erwähnt, dagegen aber der gegenseitige Verzicht auf Gebietsforderung in der Zukunft ohne Einschränkung oder Bedingungen vereinbart wurde«.[127]

Unmittelbar nach der Ratifizierung des Warschauer Vertrags, d.h. nach der völkerrechtlichen Bestätigung der Oder-Neiße-Grenze durch die Bundesrepublik Deutschland, erklärte sich der Vatikan zur endgültigen Regelung der ehemaligen ostdeutschen Bistümer und der vollständigen Integration in die polnische Kirchenjurisdiktion bereit. Dies geschah durch Bulle von Papst Paul VI. am 28. Juni 1972. Bis dahin hatte der Heilige Stuhl mit Rücksicht auf die völkerrechtlichen Vorbehalte der Bundesregierung und ungeachtet des polnischen Drängens seit 1945 nur vorläufige Regelungen für die ehemaligen deutschen Bistümer (bzw. deren seit 1945 auf polnischem Territorium liegenden Teile) Ermland, Breslau, Berlin, die freie Prälatur Schneidemühl (Piła) und Danzig getroffen.[128]

Anläßlich des Bonn-Besuchs des polnischen Außenministers Stefan Olszowski wurde am 13. September 1972 die Aufnahme der diplomatischen Beziehungen zwischen Warschau und Bonn am 14. September beschlossen. Die erste Phase des Normalisierungsprozesses der gegenseitigen Beziehungen war abgeschlossen.

---

127 Lothar Ruehl, Die Ostverträge – Ein Beitrag zur Konfliktbewältigung in Mitteleuropa, in: Dieter Blumenwitz [u. a.] (Hrsg.), Partnerschaft mit dem Osten, München 1976, S. 107-153, hier S. 109.
128 Siehe Hansjakob Stehle, Die Ostpolitik des Vatikans, Bergisch-Gladbach 1983, S. 397f.; Hansjakob Stehle, Geheimdiplomatie im Vatikan. Die Päpste und die Kommunisten, Zürich 1993, S. 321ff.

# 7. Normalisierung ohne Normalität (1972-1980)

## 7.1 Das Ende der Ära Brandt: Erschöpfung und Querelen (1972-1974)

### 7.1.1 Normalisierung wohin?

Während der Warschauer Vertrag für die Bundesrepublik bereits die Normalisierung mit sich bringen sollte, die Bonn mit dem schwerwiegenden Grenzrevisionsverzicht gegenüber Polen in die Wege geleitet hatte, sah die polnische Seite in dem Vertrag erst den Beginn eines langwierigen Normalisierungsprozesses, in dem die Bundesrepublik noch eine Bringschuld zu erfüllen hatte.

Der Warschauer Vertrag selbst half bei der Diskussion darüber, was nun nach der Aufnahme diplomatischer Beziehungen als weitere Normalisierung zu verstehen sei, kaum weiter. Dafür war der Artikel 3 des Vertrags über »weitere Schritte zur vollen Normalisierung und umfassenden Entwicklung ihrer gegenseitigen Beziehungen« zu wenig aussagekräftig. Was sollten deutsche Demokraten und polnische Kommunisten am Anfang der siebziger Jahre, mit der historisch-moralischen Last, die ideologisch-politische Spaltung Europas im Hinterkopf, unter Normalität in den deutsch-polnischen Beziehungen verstehen? Wann waren deutsch-polnische Beziehungen im 20. Jahrhundert jemals normal gewesen? Wo sollten deutsche und polnische Entscheidungsträger den Gradmesser suchen? Wie »normal« konnten bundesdeutsch-polnische Beziehungen sein, solange es zwei deutsche Staaten gab, von denen der kommunistische seit 20 Jahren offiziell mit dem kommunistischen Polen befreundet war? Sollte der Gradmesser für deutsch-polnische Normalität irgendwo auf der Linie Ost-Berlin – Warschau gesucht werden? Die polnischen Regierenden jener Jahre würden darauf sicher nicht mit einem eindeutigen Ja geantwortet haben. Auch das machte es für die westdeutsche Politik gegenüber Warschau nicht leichter.

Der deutschen Seite ging es vor allem um die Fortführung und Erleichterung von Familienzusammenführungen und die Aussiedlung von Personen deutscher Volkszugehörigkeit aus Polen. Alles deutete darauf hin, daß die polnischen Entscheidungsträger vom Ausmaß der auf den polnischen Staat zukommenden Umsiedlungsproblematik überrascht wurden. Hinzu kam der zunehmende Widerstand aus der PVAP, die in der Emigration der Deutschen das Abwerben von wertvollen Arbeitskräften sah. Warschau bekräftigte, von Bonn zu einer Änderung der seit 1972 wieder restriktiv gehandhabten Familienzusammenführungspraxis gedrängt, eigene »Normalisierungsbedingungen«. Dazu gehörte das Bestreben, in bilateralen

Konsularvereinbarungen die Zuständigkeit der bundesdeutschen Stellen auf Deutsche aus der Bundesrepublik zu beschränken und die Handels- und Wirtschaftsbeziehungen mit der Bundesrepublik durch deutsche Importliberalisierungen und großzügige Kredite auszubauen.

Die Bundesrepublik war jedoch nach dem Inkrafttreten des Warschauer Vertrags mit Polen nicht bereit, sich in die Modernisierungsstrategie der PVAP unter ihrem Ersten Sekretär Gierek quasi automatisch einbinden zu lassen, um somit indirekt die Legitimation der regierenden Partei in Polen zu erhöhen. Selbstverständlich ging es Bonn auch nicht um eine Untergrabung der technokratisch-bürokratischen Modernisierungsvorstellungen der Gierek-Equipe. Dies ließ sich gerade in der Regierungszeit von Bundeskanzler Schmidt kaum behaupten. Aber eines wurde womöglich von der polnischen Parteiführung übersehen: Für die Bundesrepublik Deutschland war der Warschauer Vertrag Bestandteil einer multilateral konzipierten Entspannungspolitik mit dem gesamten Osten Europas, die zugleich Bonns politischen und wirtschaftlichen Gestaltungsspielraum vergrößern sollte. Polen spielte in diesem Konzept unter den Staaten Ostmittel- und Osteuropas eine politisch-moralische Schlüsselrolle. Aufgrund der machtpolitischen Gegebenheiten blieb aber die Sowjetunion der Hauptansprechpartner für die westdeutsche Osteuropapolitik.

### 7.1.2 Menschenrechte und Geschäfte

Bereits der Olszowski-Besuch in Bonn am 13./14. September 1972 machte deutlich, wo für die deutsche Seite die größten aktuellen Probleme im bilateralen Verhältnis lagen. Die Bundesregierung, die von der Opposition ihrer Ostpolitik wegen ohnehin stark kritisiert wurde, forderte von der polnischen Delegation, die rückläufigen Aussiedlerzahlen zu erhöhen sowie die Schikanen gegenüber Ausreisewilligen bei den lokalen Behörden zu beenden. Jedoch wurden in der Frage der Aussiedlerzahlen von polnischer Seite keinerlei Zugeständnisse gemacht. Diese humanitäre Angelegenheit sollte weiter »im Geiste der Zusagen fortgeführt werden, die in der »Information« im Zusammenhang mit dem deutsch-polnischen Vertrag« gemacht worden seien. Einvernehmen erzielten Scheel und Olszowski über die konsularische Betreuung von West-Berlinern, die auf der Basis des Vier-Mächte-Abkommens von der Bonner Botschaft in Warschau vertreten werden sollten.[1]

Die Interessenlage und die Prioritäten westdeutscher Polenpolitik der siebziger Jahre lassen sich an der Verknüpfung von wirtschaftlichen und finanziellen Optionen mit humanitären Fragen nachprüfen. Obwohl west-

---

1 »Die Bundesrepublik und Polen haben diplomatische Beziehungen aufgenommen«, in: FAZ, 15.9.1972.

deutsche Politiker aus dem Regierungs- und dem Oppositionslager die moralische Verwerflichkeit der Verquickung der Problemkomplexe anprangerten, konnte niemand in Bonn, der verantwortlich handelte, die Vernetzung der unterschiedlichen Komplexe leugnen.[2] In diesem Kontext war angesichts der hinter der Sowjetunion- und DDR-Politik rangierenden Position Polens der Seufzer eines ZK-Mitglieds der PVAP beim Besuch des SPD-Abgeordneten Hans-Jürgen Wischnewski Ende August 1973 in Polen verständlich: »Viel Interesse an Polen hat man am Rhein nicht. Wo ist eine Garantie für Polen, daß die Bundesrepublik ihnen einen entsprechenden Platz in ihren auswärtigen Beziehungen einräumt, wenn die leidigen humanitären Probleme erst einmal geregelt sind?«[3]

Der Tiefpunkt in den Beziehungen beider Staaten wurde im Jahr 1973 erreicht. Nachdem der Leiter des Planungsstabs des Auswärtigen Amts, Ministerialdirektor Bernd von Staden, von seinen Konsultationen (7.-9.2.1973) mit Vizeaußenminister Czyrek aus Warschau zurückgekehrt war, wurden die Gesprächsergebnisse in Bonn mit »Null, wenn nicht gar mit darunterliegenden Werten« eingestuft.[4]

Während die Bundesregierung in den folgenden Monaten die polnische Forderung nach Entschädigungen für die Opfer der NS-Zeit abwehrte, versuchte sie gerade die Behandlung der ins Stocken geratenen Familienzusammenführung zu forcieren. Wenn es um eine Einschätzung der gegenseitigen Forderungen geht, so muß bedacht werden, daß Bonn sich auf die Einhaltung eingegangener polnischer Verpflichtungen berief, während die polnische Seite einen neuen Tagesordnungspunkt in die Diskussion warf, der nicht einvernehmlich von beiden Seiten als solcher anerkannt worden war.

Die moralische Redlichkeit des polnischen Anliegens und das Interesse, wirklich etwas für die betroffenen Staatsbürger tun zu wollen, konnte ein deutscher Regierungspolitiker auch dann in Frage stellen, wenn ihm die Hintergründe, wie das Thema »Wiedergutmachung« in die polnische Verhandlungspolitik eingebracht worden war, verborgen bleiben mußten.[5]

Der für außenpolitische Kontakte zuständige ZK-Sekretär Szlachcic wurde beauftragt, Kontakt mit deutschen Regierungsstellen aufzunehmen. Das Treffen mit dem Sonderbeauftragten der Bundesregierung, Egon Bahr, in West-Berlin verlief stürmisch. Der polnische Funktionär begann die Gesprächsrunde mit der Bemerkung: »Keine Regierung der Volksrepublik Polen wird je auf westdeutsche Wiedergutmachung verzichten.« Bahr erwiderte mit der Frage, um wieviel es sich dabei handele. Szlachcic nannte die

---

2 Siehe auch ausführlicher zu der Vernetzung der politischen, rechtlichen, moralischen und (sozial)psychologischen Komponenten unterschiedlicher Erwartungshaltungen in Bonn und Warschau: Schweitzer, Konflikt und Kooperation, S. 115ff.
3 Siehe Stuttgarter Zeitung, 24.8.1973.
4 Vgl. AdG, 1973, S. 17657; »Keine Fortschritte in Warschau«, in: FAZ, 12.2.1973.
5 Siehe Protokoły tzw. komisji Grabskiego, S. 179f.

Summe von 10 Mrd. DM. Daraufhin verlor Bahr die Beherrschung. Nach einer Weile fragte er, ob »die polnische Seite dazu bereit ist, den Deutschen, die Polen verlassen wollen, die Ausreise zu gewähren«, und sprach dabei von 70.000 bis 80.000 Ausreisefällen. Dies würde Polen in »Erwägung ziehen«, antwortete Szlachcic. Angesichts der inneren Entwicklung Polens schlug Bahr in der zweiten Gesprächsrunde vor, daß »die Bundesregierung eine Milliarde Mark in Form einer Entschädigung Polen gewähren kann«; dies jedoch nur im Zusammenhang mit der Ausreise von 80.000 Deutschstämmigen aus Polen. Der polnische Unterhändler lehnte Bahrs Vorschlag ab und bestand weiterhin auf der gesamten Summe, wobei die erste Milliarde nur als »Anfang« verstanden werden sollte. Bei der letzten Begegnung konzentrierte sich Bonns Beauftragter nach Szlachcics Erinnerung ausschließlich auf die Ausreise von Deutschen aus Polen und ließ die finanzielle Höhe der Wiedergutmachung offen. Gleichzeitig sei im »Spiegel« eine Notiz veröffentlicht worden, daß die deutsche Regierung mit der polnischen in Verhandlungen über einen Milliardenkredit in Höhe von 10 Mrd. DM stehe. Diese Information sei der Redaktion des Nachrichtenmagazins offenbar gezielt zugespielt worden, um die deutsche Öffentlichkeit auf die eventuellen polnischen Forderungen vorzubereiten.[6] Die vertraulichen Kontakte Bahrs mit dem polnischen Vertreter lösten Verstimmung im Bundeskabinett aus, vor allem bei Außenminister Scheel und Wirtschaftsminister Friedrichs, die sich übergangen fühlten.[7]

Bis Ende 1973 konnte die Bundesregierung eine gewisse Bereitschaft der polnischen Führung erkennen, ihr in der nach der Vertragsratifizierung bis zur Vereinbarung in Helsinki (1975) prioritären Frage der Familienzusammenführung und Aussiedlung Deutscher entgegenzukommen, allerdings nicht in der erwarteten Größenordnung. Und vor allem in wirtschafts- und finanzpolitischen Fragen erwartete man in Warschau – auch unter dem Stichwort »Wiedergutmachung« – größere deutsche Zugeständnisse.

Andererseits war für die Bundesregierung die tagespolitische Instrumentalisierung von Wiedergutmachungs- bzw. Entschädigungsfragen inakzeptabel. Zudem ließ sich nicht zuletzt unter dem Gesichtspunkt der innenpolitischen Akzeptanz der Bonner Polenpolitik die Bonner Argumentation nicht leicht zurückweisen, daß Polen mit der Grenzanerkennungsklausel des Warschauer Vertrags zu Genüge entschädigt worden sei.[8]

---

6 Siehe Zbigniew Błażyński, Towarzysze zeznają. Z tajnych archiwów Komitetu Centralnego: Dekada Gierka 1970-1980 w tzw. Komisji Grabskiego [Die Genossen bekennen. Aus den Geheimarchiven des Zentralkomitees: Die Gierek-Dekade 1970-1980 in der sog. Grabski-Kommission], Londyn 1987, S. 67.
7 Siehe FAZ, 6.12.1973.
8 Siehe Karl Hartmann, Vier Jahre deutsch-polnischer Vertrag, in: Osteuropa, 4, 1975, S. 246-256, hier S. 250 und 252f.

Während des Besuchs von Außenminister Scheel in Warschau vom 18. bis 20. Oktober 1973 gingen die polnischen Gesprächspartner zwar auf die deutschen Petita bezüglich der Umsiedlung von Personen deutscher Volkszugehörigkeit ein, als sie sich dazu verpflichteten, die Ausreisepraxis auf der Grundlage der »Information« von 1970 weiterzuführen. Die Einlösung dieses Versprechens sollte »im Einklang mit der ›Information‹ in umfassender Weise während der nächsten drei bis fünf Jahre« geschehen.[9]

Nachdem jedoch von deutscher Seite die Zahl von 283.000 Personen genannt worden war, deren Ausreiseanträge beim DRK vorlagen und noch nicht erledigt waren, fühlte sich die polnische Seite unter Druck gesetzt und bezog eine härtere Position. Bei internen Besprechungen mit den Deutschen gaben die polnischen Unterhändler zu verstehen, daß sie bei der Zahl von ausreisewilligen Deutschstämmigen aus Polen von höchstens 150.000 Personen ausgegangen seien. Die Ausreise so vieler Personen könnte jedoch nur in Frage kommen, wenn Bonn eine entsprechende Wirtschaftshilfe an den polnischen Staat leisten würde. Von einem Betrag in Höhe von 4 Mrd. DM war die Rede, der einen langfristigen Kredit zu günstigen Zinsen einschließen sollte. Die Mitglieder der deutschen Delegation lehnten einen solchen Betrag als zu hoch ab. Daraufhin schlug der polnische Außenminister am Nachmittag des zweiten Verhandlungstages vor, nur noch 50.000 bis 100.000 Personen die Ausreise zu gestatten, wofür die Bundesrepublik 1 Mrd. DM in Form einer ungebundenen Kredithilfe an Polen bewilligen sollte. Es kam zum Eklat. Die deutsche Delegation wollte dem »Menschenhandel« nicht zustimmen und die Verhandlungen abbrechen. Ein Gespräch Scheels mit Gierek entspannte zwar die Verhandlungssituation, brachte aber keine Annäherung der Standpunkte.[10] Bonn war nicht bereit, über Wiedergutmachung und Entschädigungsforderungen zu verhandeln.

Bei der Fortführung der Gespräche am 6. und 7. Dezember 1973 in Bonn bot Außenminister Olszowski der Bundesrepublik Zusicherungen in der Aussiedlerfrage an. Von Bonn gedrängt, sicherte er im Gespräch die Ausreise von 50.000 Personen für das kommende Jahr zu.[11]

Die polnische Zusage erweiterte den innenpolitischen Handlungsspielraum der Bundesregierung, von der die polnische Seite seit längerem ein größeres Entgegenkommen in der Kreditpolitik erwartete. Sie konnte davon ausgehen, daß das Finanzministerium unter Helmut Schmidt grundsätzlich gewillt war, Polen zinsverbilligte Kredite zu gewähren. Allerdings

---

9 Bulletin, 135, 23.10.1973, S. 1330.
10 Miszczak, S. 123f.
11 Siehe Dokumentation zur Deutschlandfrage in Verbindung mit der Ostpolitik. Hauptband X: September 1973 bis März 1976, zusammengest. von Heinrich von Siegler, Bonn u.a. 1977, S. 38.

159

bewegten sich die polnischen Vorstellungen damals in unrealistischen Höhen von bis zu 7 Mrd. DM.[12]

Bonn war also in den Verhandlungen mit Polen auf das von Warschau aus taktischen Gründen aufgestellte Junktim zwischen humanitären und finanzpolitischen Fragen eingegangen. Damit wurde wiederum die polnische Führung unter Zugzwang gesetzt, der von ihr zwischenstaatlich verbindliche Zusagen in einem Bereich abverlangen würde, der seit Jahrzehnten der Willkür von Politik und Behörden ausgesetzt war. Dementsprechend groß mußte der Widerstand der Apparate sein.

In den Dezembergesprächen hatte die polnische Delegation außer den bekannten Themenbereichen der wirtschaftlich-finanziellen Zusamenarbeit und der Familienzusammenführung zum ersten Mal ein drittes Thema zur Sprache gebracht, und zwar die Frage nach der Behandlung von Sozialleistungsansprüchen in Polen. Die Leitlinie 5 der vertraulichen Erläuterungen zur »Information« der polnischen Regierung vom Dezember 1970 hatte diese Fälle schon allgemein umrissen.

Nach der Unterzeichnung des Vertrags hatte die Bundesregierung die Meinung vertreten, es gehe hierbei überwiegend um polnische Staatsbürger von unbestreitbar deutscher Volkszugehörigkeit, also um einen Personenkreis, der nach und nach in die Bundesrepublik umgesiedelt werden sollte, aber auch um Deutsche, die in Polen bleiben wollten. Da eine solche Eingrenzung des Personenkreises in den Erläuterungen nicht enthalten war, konnten sich die beiden Seiten nicht auf eine Definition einigen. Die Bundesrepublik beabsichtigte zu Punkt 5, den in den ehemaligen deutschen Ostgebieten lebenden Deutschen, die nach Artikel 116 Absatz 1 und 2 GG rechtlich einen Anspruch hatten, eine entsprechende Rente zukommen zu lassen.

Dagegen beinhaltete für die polnische Seite die allgemeine Formulierung »Sozialleistungen« eine neue Kategorie von Ansprüchen, die sich ebenso auf polnische Zwangsarbeiter des Dritten Reichs erstreckte, die automatisch Beiträge in die deutsche Sozial-, Renten- und Unfallversicherung eingezahlt hatten.

Nach dem Krieg hatte Polen die Arbeitsjahre in Deutschland bei der polnischen Rente angerechnet, so als ob diese Personengruppe die ganze Zeit über in Polen gearbeitet hätte. Demgegenüber wurden die Beitragsjahre der 456.051 Umsiedler, die seit 1950 bis Ende Dezember 1973 in die Bundesrepublik gekommen waren, auf die deutschen Versicherungszeiten angerechnet.

Eine neugebildete Arbeitsgruppe zu Renten- und Sozialversicherungsfragen sollte nunmehr die Standpunkte der beiden Seiten klären und auch »die Frage der Überweisung von Sozialleistungen für in Polen lebende Per-

---

12 Siehe Nachrichten für Außenhandel, 10.12.1973, S. 5.

sonen, die nach den Gesetzen der Bundesrepublik einen Anspruch haben«, behandeln.[13]

Bis Anfang der siebziger Jahre hatten die deutschen Versicherungsträger jährlich 70 Mio. DM an Sonderleistungen nach Polen gezahlt, darunter auch Kriegsopferteilrenten. Eine weitere Klärung von Ansprüchen konnte unabhängig von zukünftigen Vereinbarungen mit Polen herbeigeführt werden, nachdem das Landessozialgericht von Nordrhein-Westfalen am 28. April 1974 festgestellt hatte, daß die Bundesrepublik verpflichtet ist, Renten an Deutsche zu zahlen, die in den ehemaligen deutschen Ostgebieten jenseits von Oder und Neiße leben und einen Rentenanspruch erworben haben. Diese Zahlungen mußten rückwirkend vom 3. Juni 1972 an geleistet werden, dem Zeitpunkt des Inkrafttretens des Warschauer Vertrags vom 7. Dezember 1970.[14]

Nachdem eine Annäherung der Standpunkte bei Schlüsselproblemen des bundesdeutsch-polnischen Verhältnisses während des Dezemberbesuchs des polnischen Außenministers in Bonn zu verzeichnen gewesen war, mußte die Bonner Politik Anfang 1974 plötzlich eine Verhärtung des polnischen Standpunkts registrieren, die auf Auseinandersetzungen im Politbüro der PVAP am 26. Februar 1974 zurückzuführen war.[15] Es fiel das Stichwort von einem »Kuhhandel«, das auch in der innenpolitischen Auseinandersetzung in der Bundesrepublik um das Verhandlungspaket noch eine Rolle spielen sollte. Ungeachtet der ideologischen und systemischen Unterschiede im Vergleich Bundesrepublik Deutschland und Volksrepublik Polen war also eine gewisse Ähnlichkeit von Denk- und Argumentationsstrukturen bei den Gegnern einer Politik des Kompromisses und der »Paketlösungen« sowohl in Polen als auch in der Bundesrepublik feststellbar.

Im Spätwinter 1974 sah sich die Bundesregierung mit einer polnischen Verweigerungshaltung konfrontiert, die sich in den parteigelenkten Massenmedien bereits angekündigt hatte. Die Verhärtung der polnischen Haltung war aber nicht allein mit Widerständen im Parteiapparat der PVAP zu erklären. Aus unterschiedlichen Motiven richteten sich Moskau und Ost-Berlin gegen eine ausgeprägte polnische Deutschland- und Westeuropapolitik. Es war die sowjetische Parteiführung, die von den polnischen Verbündeten unmißverständlich verlangte, die nationalen Interessen der sozialistischen Solidarität unterzuordnen.[16] Und das hieß in diesem Falle ganz einfach, daß Moskau bei einer für Polen günstigen Aufschnürung des deutsch-polnischen Verhandlungspakets eine positive Singularisierung des Verhält-

---

13 Siehe Dokumentation zur Deutschlandfrage, S. 38f.
14 Siehe SZ, 30.4./1.5.1974.
15 Vgl. auch Józef Tejchma, Kulisy dymisji. Z dziennika ministra kultury 1974-1977 [Kulissen einer Demission. Aus dem Tagebuch eines Kulturministers], Kraków 1991, S. 17f.
16 Vgl. Błażyński, S. 86.

nisses Bonn – Warschau befürchtete. Das zu erwartende finanzielle westdeutsche Engagement in Polen ließ Moskau von einer unbefriedigenden Berücksichtigung seiner Finanzinteressen ausgehen. Und daß Ost-Berlins Mißtrauen gegenüber einer bundesdeutschen Sonderbeziehung zu dem kommunistischen polnischen Verbündeten allgegenwärtig war, muß kaum noch besonders erwähnt werden.

Bundesdeutsche Entwicklungen im Grenzbereich zwischen Recht und Politik hatten in Polen zusätzlich zu einer Verhärtung beigetragen. Sie wurden vom politischen Establishment und von der Publizistik bis zu peniblen juristischen Abhandlungen als Teil einer politischen Gesamtstrategie Bonns gegenüber Polen aufgefaßt, wobei die Grenze zwischen realer Bedrohungsvorstellung und politischer Propaganda und Auffrischung eines Feindbilds kaum exakt zu ziehen war. Die sogenannte revisionistische Gesetzgebung und Rechtsprechung war Warschau seit Jahrzehnten ein Dorn im Auge. Nach der Ratifizierung der Ostverträge hatte man sich offenbar eine kurze Zeit lang der Hoffnung hingegeben – zumindest wurde diese Erwartung formuliert –, daß nunmehr in der Bundesrepublik eine Generalbereinigung von Verfassung, Gesetzen und Rechtsprechung einsetzen würde, die jede Erinnerung an die Vier-Mächte-Verantwortung für Deutschland als Ganzes, an die offene deutsche Frage und den Friedensvertragsvorbehalt löschen würde. Um so größer war die Enttäuschung, als dies nicht geschah.

Eine besondere Rolle spielte dabei das in der polnischen Fachliteratur vorzugsweise hervorgehobene und scharf kritisierte Urteil des Bundesverfassungsgerichts vom 31. Juli 1973 zum Grundlagenvertrag mit der DDR vom 21. Dezember 1972.[17] Das Verfassungsgericht stellte damals fest, daß das Deutsche Reich fortexistiere und nach wie vor Rechtsfähigkeit besitze. Allerdings sei es als Gesamtstaat mangels Organisation, insbesondere mangels institutionalisierter Organe, selbst nicht handlungsfähig. Das Urteil bestätigte die bisherige Bonner Haltung, die Bundesrepublik Deutschland sei nicht »Rechtsnachfolger des Deutschen Reiches«, sondern in bezug auf seine räumliche Ausdehnung mit ihm »teilidentisch«. Karlsruhe bekräftigte die Rechtsposition, die mit dem Grundgesetzartikel 116 Absatz 1 hervorgehoben wurde. Deutschland in den Grenzen vom 31. Dezember 1937 blieb völkerrechtlicher Ausgangspunkt für jede zwischenstaatliche Vereinbarung, bis mit einer friedensvertraglichen Regelung die Vier Mächte aus ihrer Verantwortung für dieses Deutschland als Ganzes entlassen würden.

Andererseits hatte es das Bundesverfassungsgericht immer vermieden, sich präzise über die territoriale Reichweite des Wiedervereinigungsgebots des Grundgesetzes zu äußern oder gar mit der Formel »Gesamtdeutschland« das Land in seinen Grenzen vom 31. Dezember 1937 zu umschreiben.

---

17 Siehe Texte zur Deutschlandpolitik, Reihe II, Bd. 1: 22. Juni 1973 – 18. Februar 1974, Bonn 1975, S. 81-110.

Von diesen Grenzen sprach das höchste deutsche Gericht nur dort, wo es »Grenzen verschiedener rechtlicher Qualität« kennzeichnete.[18]

Die Darlegungen im Urteil zum Grundvertrag vom 31. Juli 1973 verdeutlichen, wie sehr sich das Karlsruher Gericht dieser Problematik bewußt war. Das Gericht hütete sich, das »rechtliche Offensein« für den Beitritt anderer Teile Deutschlands zum Grundgesetz territorial zu bestimmen. In seiner Entscheidung sprach es weder vom »Fortbestand des Deutschen Reiches in seinen Grenzen vom 31. Dezember 1937«, noch definierte es »das Deutsche Reich in den Grenzen vom 31. Dezember 1937«.[19]

Die Kompliziertheit der für die Deutschlandpolitik verbindlichen Rechtsprinzipien, die in Artikel 4 des Warschauer Vertrags bestätigt worden waren, ist schon in der Bundesrepublik schwer vermittelbar gewesen, da rechtliche Bindungen und politischer Gestaltungswille unterschiedliche Wege gingen. Noch viel weniger Verständnis konnten die komplizierten Rechtskonstruktionen im Ausland und insbesondere in Polen finden. Freilich kann heute festgestellt werden, daß unmittelbar vor der Systemwende in Polen[20] und insbesondere seit der multilateralen Absicherung des deutschen Vereinigungsprozesses im Frühjahr 1990 das polnische Verständnis für den deutschen Rechtsstandpunkt wuchs und die Bundesrepublik durch den Lauf der Dinge, insbesondere durch die Wiederbelebung der Vier-Mächte-Verantwortung, in ihrer Haltung bestätigt wurde.

Wenn auch die »juristische Aggression« der Bundesrepublik als besonderer Vorwand für die Verhärtung des polnischen Standpunkts herhalten mußte, so waren es tatsächlich innenpolitische und blockinterne Gründe, die zu dem abrupten Klimawechsel in den bundesdeutsch-polnischen Beziehungen führten. Warschau zog seine interne Zusage über versprochene Ausreisekontingente im Frühjahr 1974 zurück.[21] Die Beratungen der drei gemischten Kommissionen, die die Ausreise Deutschstämmiger, die polnischen Kreditwünsche und die Rentenfrage klären sollten, gerieten ins Stocken. Nicht nur in der Ausreisefrage gab es einen Rückschritt, auch das Angebot der Bundesregierung, der polnischen Seite einen Kredit von 1 Mrd. DM zu einem für Dritte-Welt-Länder üblichen Zinssatz von etwa 3,5 Prozent und zusätzlich Rentenzahlungen von 500 Mio. DM zu gewähren, wurde von Warschau ausgeschlagen. Die Vergabe des Finanzkredits wurde von Bonn an die Auflage gebunden, daß Polen auf alle Ansprüche im Zusammenhang mit Krieg und Besatzungszeit für immer verzichtete und die unbegrenzte Familienzusammenführung zusicherte. Warschau wies darauf hin, daß die Rentenzahlungen als Finanzbeitrag nicht angerechnet

---

18 Entscheidungen des Bundesverfassungsgerichts, Bd. 36, Tübingen 1974, S. 26.
19 Siehe Hacker, Integration und Verantwortung, S. 58.
20 Siehe Ryszard Wojna, Niech przeważy przyszłość [Die Zukunft soll überwiegen], in: Rzeczpospolita, 14./15.1.1989.
21 Siehe Geyr, S. 99.

werden könnten, da es sich hierbei um Zahlungen handele, die ohnehin an die Empfänger weitergegeben werden müßten. Überdies führten die polnischen Unterhändler immer wieder das Argument an, daß Bonn Jugoslawien schon einen Milliardenkredit gewährt habe, das Leid der Polen unter den Nationalsozialisten jedoch viel größer gewesen sei.[22]

In der Bundesrepublik mehrten sich im Zusammenhang mit dem politischen Wettersturz die Stimmen, die der polnischen Partei- und Staatsführung die Kraft absprachen, ein eigenes west- und deutschlandpolitisches Konzept durchzusetzen.

Am 21. März 1974 nahm die CDU/CSU-Opposition eine aktuelle Fragestunde des Deutschen Bundestags zum Anlaß, zum aktuellen Stand der deutsch-polnischen Beziehungen Stellung zu nehmen. Einzelne Abgeordnete der Fraktion (Philipp von Bismarck, Herbert Czaja, Herbert Hupka, Heinrich Windelen u.a.) griffen die restriktive polnische Ausreise- und Familienzusammenführungspolitik scharf an. Angesichts der Haltung der polnischen Führung wurde die Zweckmäßigkeit der Gespräche der Bundesregierung mit Polen in Frage gestellt. Wenn auch die Kritik an der polnischen Haltung zu Kernfragen des Normalisierungsprozesses sachlich berechtigt war, so wurde andererseits ihre Wirksamkeit durch die Verknüpfung mit den Rechtsstandpunkten von seiten einiger Vertriebenenpolitiker erheblich gemindert.

Das politische Klima zwischen Bonn und Warschau verschärfte sich weiter. Die bundesdeutsche Presse wies im Frühjahr 1974 darauf hin, daß Polen die Entschädigung für ehemalige KZ-Opfer und Zwangsarbeiter als das entscheidende humanitäre Problem zwischen Bonn und Warschau darstellte und das Problem der Familienzusammenführung als generell gelöst betrachtete. Immer lauter wurde der Verdacht geäußert, daß es der Warschauer Führung eigentlich um eine deutsche Geldspritze für den polnischen Staatshaushalt und die ambitiöse, aber im Scheitern begriffene Wirtschaftsstrategie Edward Giereks ging.

Die letzten Wochen der Ära Brandt wurden dann noch von einem Brief überschattet, den der ZK-Sekretär Ryszard Frelek Bundeskanzler Brandt am 11. April 1974 überreichte und der als ein sogenanntes Non-Paper eingestuft wurde. Willy Brandt äußerte sich dazu später ausführlicher.[23]

---

22 Vgl. Erik-Michael Bader, Mit zweieinhalb Milliarden wäre Warschau zufrieden, in: FAZ, 30.7.1974; »Ein Volkswagen muß mindestens drin sein. SPIEGEL-Report über das gestörte deutsch-polnische Verhältnis«, in: Der Spiegel, 40, 30.9.1974, S. 116-124.
23 Willy Brandt, Über den Tag hinaus, Hamburg 1974, S. 162.

## 7.2 Entspannungspolitik in der Ära Schmidt (1974-1980)

### 7.2.1 Entgegenkommen

Der zweite sozialdemokratische Kanzler der Bundesrepublik, Helmut Schmidt, spürte ebenso wie sein Vorgänger die besondere historisch-moralische Dimension des deutsch-polnischen Verhältnisses. Den herausgehobenen Stellenwert Polens in der deutschen Nachkriegspolitik und in seiner persönlichen Vorstellung über die richtigen Prioritäten der Bonner Außenbeziehungen beschreibt er in seinen politischen Memoiren.[24] Ein früherer Mitarbeiter hat das besondere Polen-Interesse Helmut Schmidts auf seinen ersten Besuch in Polen im Jahre 1966[25] zurückgeführt und ihn ausdrücklicher als landläufig üblich als einen der Hauptarchitekten der neuen Bonner Ostpolitik gezeichnet.[26] Jedenfalls ist es bemerkenswert, daß Schmidt wie andere herausragende Politiker, die in den siebziger und achtziger Jahren die bundesdeutsche Politik bestimmten (Willy Brandt, Walter Scheel, Hans-Dietrich Genscher, Richard von Weizsäcker, Helmut Kohl), als Mitglieder der »Erlebnisgeneration« des Zweiten Weltkriegs die Verständigung mit Polen in einem Atemzug mit Frankreich nannten. Man kann hier von einem weitreichenden Konsens der »politischen Klasse« von den Sozialdemokraten bis zu den Konservativen in bezug auf die Priorität der Beziehungen zu Polen im Rahmen der Osteuropapolitik sprechen. Das Aber als Hinweis auf die machtpolitische Priorität Moskaus war seit den fünfziger Jahren der besonders bittere Wermutstropfen in dieser Beziehung. Dazu kam das Dilemma des Legitimitätsdefizits der polnischen Machthaber, mit denen die Verständigungspolitik zu betreiben war, wenn auf Politik nicht verzichtet werden sollte. Mit diesem Problem war Schmidt am Ende seiner Regierungszeit mehr als seine Vorgänger und sein Nachfolger konfrontiert.[27]

In der Regierungserklärung, die Bundeskanzler Schmidt am 17. Mai 1974 unter den Leitworten »Kontinuität und Konzentration« abgab, betonte er, daß sich die Außen- und Sicherheitspolitik der Bundesrepublik nicht ändern werde. Die »realistische Entspannungspolitik« der SPD-FDP-Bundesregierung mit dem neuen liberalen Außenminister Hans-Dietrich Gen-

---

24 Helmut Schmidt, Die Deutschen und ihre Nachbarn. Menschen und Mächte II, Berlin 1990, S. 479-514.
25 Siehe Helmut Schmidt, Schwieriger Besuch in Warschau 1966, in: Pflüger/Lipscher (Hrsg.), S. 40-50.
26 So Lehmann, Öffnung nach Osten.
27 Die bemerkenswerte Loyalität Schmidts gegenüber der Gierek-Administration läßt sich vielleicht aus den Schlüsselerlebnissen während seines Polen-Besuchs 1966 erklären, die ihn zu einer ganz eigenen Konsequenz veranlaßten: »Tiefe Zuneigung und Interesse an diesem gequälten Volk und Land haben mich in der Folge jeden polnischen Vorschlag ernst nehmen lassen.«(Schmidt, Schwieriger Besuch, S. 48)

scher, der rasch außenpolitisches Profil gewann, konfrontierte die polnische Partei- und Staatsführung mit den westdeutschen Vorstellungen von Wirtschafts- und Finanzpolitik, die unter Schmidt mehr als jemals zuvor in der Nachkriegszeit zum Katalysator eines bemerkenswerten deutschen Engagements in Mittel- und Osteuropa wurde.[28]

Das in der Détente-Phase praktizierte Osteuropakonzept der Regierung Schmidt/Genscher war umfassend. Der Ausbau ökonomischer und kultureller Verbindungen und Bemühungen um Rüstungskontrolle gehörten zusammen. Man wollte langfristige Interessenverflechtungen schaffen und so die politische Zusammenarbeit absichern.[29] Es ging um die Stärkung der osteuropäischen Volkswirtschaften als Fundament für größere politische Selbständigkeit und innere Liberalisierung. Paradoxerweise und gegen die Intention der Protagonisten sollte aber gerade das deutsche wirtschaftliche und finanzpolitische Engagement in Polen in der zweiten Hälfte der Gierek-Ära wesentlich dazu beitragen, die Dysfunktionalität der zentralen Verwaltungswirtschaft unter Beweis zu stellen und den Nährboden für die systemsprengende Solidarność-Bewegung zu schaffen.

Helmut Schmidt machte sich – so auch das Leitmotiv seiner programmatischen Rede vor dem Polnischen Institut für Internationale Angelegenheiten (PISM) in Warschau am 22. November 1977 – »in einer Art Geschäftsführung ohne Auftrag zum Sachwalter, wenn man so will: Sprecher der mittleren und kleinen Staaten«.[30]

Den deutschen Auftrag zur »tätigen Solidarität« bezog er aus der Geschichte und aus der Geographie. Für Schmidt waren Osteuropapolitik und Westeuropapolitik aufeinander bezogen, vermittelt als langfristiges Ziel einer gesamteuropäischen Friedensordnung. Die KSZE bot den quasi-institutionellen Rahmen zur Einübung von Kooperation zwischen Systemen, die durch das Netz ökonomischer und kultureller Verbindungen bilateral verdichtet wurde. Am Ende des Jahrzehnts sollte sich aber gerade an dem von Schmidt ausgewählten Musterbeispiel Polen erweisen, daß das Konzept an einem grundsätzlichen Konstruktionsfehler krankte, der bewußt den kritischen Punkt vernachlässigte, an dem Quantität der Liberalisierung und der europäischen Gemeinsamkeiten in die Qualität der Systemdestruktion umschlagen sollte. Das Dilemma der herkömmlichen, der status-quo-orientierten Osteuropa- und insbesondere Polenpolitik mußte an der Wende zu den achtziger Jahren mit dem Auftreten der Oppositionsbewegungen zwangsläufig thematisiert werden. Ein Überdenken tat not.

---

28 Siehe Werner Link, Außen- und Deutschlandpolitik in der Ära Schmidt 1974-1982, in: Wolfgang Jäger/Werner Link (Hrsg.), Republik im Wandel 1974-1982. Die Ära Schmidt, Stuttgart – Mannheim 1987 (Geschichte der Bundesrepublik Deutschland, Bd. 5, 2), S. 275-432, hier S. 306.
29 Siehe ebenda, S. 308.
30 Zit. n. ebenda, S. 309.

Nach der Regierungsübernahme befaßte sich Schmidt als erstes mit dem unbeantworteten Brief des polnischen Parteichefs an Willy Brandt und versicherte in seinem Schreiben an Gierek vom 26. Juli, daß die deutsche Seite daran interessiert sei, die festgefahrenen Verhandlungen zwischen der Bundesrepublik und Polen wieder zu beleben.[31]

Der offizielle Antwortbrief Edward Giereks vom 1. Oktober war zwar in »ungewöhnlich konziliantem Ton« verfaßt,[32] enthielt aber weitreichende Forderungen nach einem zinsgünstigen Finanzkredit erheblich über 1 Mrd. DM, einer Rentenregelung für polnische Staatsbürger in Höhe von fast 1 Mrd. DM und einer Entschädigung für polnische KZ-Häftlinge und andere Naziopfer, ohne zur Problematik der Ausreise Deutschstämmiger Stellung zu nehmen. Auf das Schreiben reagierte Schmidt nach eigenen Angaben mit Entrüstung. In seinen Memoiren schreibt er dazu: »Als mir im Herbst 1974 der polnische Botschafter dieses Konzept in Form eines Briefes von Edward Gierek nebst Entwürfen für ein Abkommen vortrug, reagierte ich hart: Wenn es heute eine deutsche Verantwortung gibt für das, was während des Dritten Reiches geschehen ist, so trifft eine Verantwortung die 17 Millionen Deutschen in der DDR genauso wie die 60 Millionen Deutschen in der Bundesrepublik. Dies ist meine sittlich begründete Auffassung, die keiner überwinden kann. Dies sei eine schwerwiegende Feststellung, meinte der Botschafter. Ich fuhr fort: Ich werde, selbst wenn wir uns in den Sachfragen einigen sollten, was ich nicht für leicht halte, nichts unterschreiben, was allein der Bundesrepublik Deutschland eine moralische Verantwortung für die Verbrechen der Nazis auferlegt. Die Formulierungen in dem Papier, daß Sie mir übergeben haben, sind für mich nicht akzeptabel.«[33] Es bleibt offen, ob der Bundeskanzler hier die geforderten Entschädigungszahlungen mit Reparationen verwechselte oder taktisch handelte und deshalb so demonstrativ emotional reagierte.

Nach diesem Gespräch mit dem polnischen Botschafter konnte der schon unter Brandt geplante Besuch Giereks nicht zustande kommen. Der polnische Parteichef wollte eine »Gesamtlösung« aller Fragen, die sich aus der Vergangenheit ergaben, herbeiführen. Zwar beabsichtigte auch Schmidt eine »Paketlösung« der kontroversen Fragen im westdeutsch-polnischen Verhältnis, die von der polnischen Seite seit 1973 unelegant ins Gespräch gebracht worden waren und durch die künstliche Verringerung der Aussiedlerzahlen für die Bundesrepublik innenpolitisch relevant blieben. Rechtlich gab es jedoch kein Junktim zwischen den Problemkomplexen. Weder aus dem Warschauer Vertrag von 1970 noch aus der »Information«

---

31 FAZ, 30.7.1974.
32 Zit. n. Der Spiegel, 43, 21.10.1974.
33 Schmidt, Die Deutschen und ihre Nachbarn, S. 479f; siehe auch RIAS-Interview mit Schmidt vom 23.3.1975, in: Texte zur Deutschlandpolitik, Reihe II, Bd. 3: 30. Januar 1975 - 19. Dezember 1975, Bonn 1976, S. 109.

der polnischen Regierung über die Aussiedlung »Deutschstämmiger« konnte eine rechtliche Verbindung mit polnischen Finanz- und Entschädigungsforderungen hergeleitet und die Geiselrolle der Deutschen in Polen gerechtfertigt werden. Aber Warschau hatte es in der Hand, den Aussiedlerstrom versiegen zu lassen, ohne daß Bonn eine wirksame Handhabe dagegen hatte. Die Bundesregierung verfügte kaum über sticks, aber über carrots, auf die Polens damals wirtschaftspolitisch bereits angeschlagene Führung ganz erpicht war. Darüber hinaus mußte sich Bonn teilweise zu Recht verfassungsrechtlich korrekte, aber politisch mißdeutbare Positionen in Rechtsprechung und Gesetzgebung nachsagen lassen.

Zudem konnte die Bundesrepublik seinerzeit angesichts der dogmatischen Haltung der polnischen Kommunisten nicht mit Verständnis dafür rechnen, daß eine 1969 vom damaligen Bundesvertriebenenminister Windelen in Auftrag gegebene und inzwischen fertiggestellte Dokumentation bekannt wurde.[34] Sie befaßte sich mit Verbrechen, die während der Flucht und Vertreibung aus Ostdeutschland an Deutschen begangen worden waren. Innen- und außenpolitisch instrumentalisierbar, belastete die auch in der Bundesrepublik in den siebziger Jahren noch tabubesetzte Auseinandersetzung darüber, ob über die Leiden der Deutschen angesichts des zuvor zugefügten Leids geschrieben und gesprochen werden durfte, die ohnehin schon komplizierten Beziehungen zu Polen noch zusätzlich.

Die Bonner und Warschauer Positionen waren demnach im Herbst 1974 noch dermaßen unvereinbar, daß der noch zu Zeiten Brandts avisierte Gierek-Besuch in der Bundesrepublik weiterhin verschoben werden mußte. Erst einmal sollten die laufenden Sondierungsgespräche zu einer Annäherung der Standpunkte führen.

Der Besuch einer Delegation des Deutschen Bundestags in Polen im Herbst 1974 (27.-31.10.1974) führte zu einer atmosphärischen Entspannung der Situation. Unter den Bundestagsabgeordneten befand sich auch Heinrich Windelen, der zuvor von Warschau als ein »Revisionist« zu den personae non gratae gezählt worden war. Zwar hatten die Parlamentarier keinen Verhandlungsauftrag, dennoch führten die Gespräche mit Außenminister Olszowski, Ministerpräsident Jaroszewicz, dem Staatsratsvorsitzenden Jabłoński und dem als Verständigungsgegner geltenden Politbüromitglied Babiuch dazu, die Standpunkte zu klären und die Überlegungen der Gegenseite besser zu verstehen. Erwartungsgemäß legte die deutsche Delegation den Schwerpunkt der Unterredung auf die Ausreiseproblematik, während die polnische Seite Entschädigung und wirtschaftliche Kooperation in den Vordergrund stellte. Weit wichtiger war jedoch, daß die bekannten Positionen auf höchster politischer Ebene ohne die übliche emotionale und polemische Begleitmusik erörtert werden konnten. Warschau drängte

---

34 Vertreibung und Vertreibungsverbrechen 1945-1948. Bericht des Bundesarchivs vom 28. Mai 1974. Archivalien und ausgewählte Erlebnisberichte, Bonn 1989.

offensichtlich auf eine schnelle Aufnahme von offiziellen Verhandlungen mit Bonn und signalisierte damit, daß es sich mit der Regierung Schmidt/Genscher arrangieren wollte.

Am 1. November 1974 unterzeichneten Außenminister Genscher und Außenhandelsminister Olszewski nach 13monatigen Verhandlungen ein Rahmenabkommen über Kooperation im industriellen, technischen und landwirtschaftlichen Bereich. Damit war die Hauptforderung Warschaus nach mehr Kooperation und Ausweitung der wirtschaftlichen Zusammenarbeit mit der Bundesrepublik erfüllt. Die für die Bundesregierung wichtige Berlin-Klausel wurde in Artikel 12 der Vereinbarung festgehalten.[35]

In den folgenden Monaten ging es der deutschen Seite in den Gesprächen über das Verhandlungspaket mit Polen darum, in der für Bonn schwierigsten Frage, der Entschädigung, keinen Präzedenzfall zu schaffen, andererseits aber Entgegenkommen in der Sache zu signalisieren. Denn Polen blieb für die Bundesrepublik aus historisch-moralischen Erwägungen im Rahmen ihrer Ostpolitik weiterhin ein »Sonderfall«. Der Bundeskanzler dachte an ein Entgegenkommen gegenüber Warschau, das finanzielle Leistungen vorsehen könnte, die aber nicht unbedingt als Wiedergutmachung verstanden werden sollten. Außenminister Genscher gab ebenfalls eine flexible Haltung gegenüber Polen zu erkennen. In einem Interview äußerte Genscher zu den deutsch-polnischen Beziehungen: »Ich halte die deutsch-polnische Aussöhnung für eine so wichtige historische Aufgabe der Verantwortlichen auf beiden Seiten, daß man sich ständig um sie bemühen muß.«[36] Allerdings wollte auch Genscher in den Fragen der Entschädigung und Kreditgewährung über die bisher angebotenen Margen nicht hinausgehen.

Bei den Bemühungen der Bundesregierung und der polnischen Regierung, nach dem Tief in den beiderseitigen Beziehungen im Frühjahr 1974 zu einer Regelung der wichtigsten strittigen Fragen zu gelangen, spielte neben der bilateralen Komponente und den innenpolitisch bedingten Verhandlungsstrategien der KSZE-Prozeß eine große Rolle. Der für Sommer 1975 angekündigte Gipfel der Staats- und Regierungschefs der 35 KSZE-Teilnehmerstaaten in Helsinki sollte sich bei der Suche nach Verhandlungslösungen günstig auswirken. Weder Bonn noch Warschau wollten auf dem Höhepunkt der Entspannungspolitik in Europa mit der Last ungeregelter bundesdeutsch-polnischer Beziehungen nach Helsinki fahren.

Im Frühjahr verständigten sich Schmidt und Genscher auf eine gemeinsame Strategie. Der von polnischer Seite massiv hervorgehobene moralische Aspekt der Regelungen mit Bonn wurde von der Bundesrepublik generell akzeptiert, wobei die Umsetzung in finanzielle Regelungen umstritten blieb. Schmidt war der Meinung, daß Warschau mit seinen finanziellen

---

35 AdG, 1974, S. 19090f.
36 Zit. n. Miszczak, S. 146.

Forderungen die wirtschaftliche Leistungsfähigkeit der Bundesrepublik weit überschätzte.[37] Die Diskrepanz zwischen den Vorstellungen beider Seiten über Aussiedlerzahlen sollte wegen der zu erwartenden Widerstände innerhalb des Parteiapparats der PVAP durch eine zeitliche Streckung über acht Jahre verringert werden. Andererseits verfolgte die Bundesregierung das Ziel, dennoch die vollständige Ausreise der Deutschen, die dies wünschten, aus Polen zu erreichen.

In den deutsch-polnischen Verhandlungen war bis Juli 1975 ein solcher Stand erreicht worden, daß mehrere Fassungen einer Paketlösung ausgearbeitet werden konnten. Die endgültige Schnürung des Pakets sollte dem Bundeskanzler und dem PVAP-Chef während des KSZE-Gipfels in Helsinki vorbehalten bleiben.

### 7.2.2 Das deutsche Angebot von Helsinki

Nach einer mehrstündigen Unterredung in der Nacht vom 1. auf den 2. August erzielten Schmidt und Gierek den entscheidenden Durchbruch in den Verhandlungen. Lange Stunden blieben wesentliche Teile der ausgearbeiteten Positionspapiere strittig. Die deutsche Seite wollte die Ausreise für alle Personen deutscher Abstammung, die auf den Listen des DRK standen. Die Polen wollten die Ausreisequoten so weit wie möglich reduzieren, um einen Massenexodus zu vermeiden. Beide Delegationen konnten sich auch lange nicht auf eine Definition des Begriffs »unbestreitbare deutsche Volkszugehörigkeit« einigen.[38]

Nachdem sich Schmidt und Gierek gegenseitig versichert hatten, wie zuwider ihnen das Verhandeln um Geld gegen Menschen war, kamen sie dann schließlich in der Nacht zu einer Einigung, die ebenso das humanitäre Anliegen der Deutschen wie das finanzielle Interesse der Polen befriedigte. Die Hauptlast der Verhandlungen lag in jener Nacht allerdings, wenn man Genscher glauben darf, nicht bei Schmidt und Gierek, sondern bei den Außenministern.[39] Die beiden Delegationen formulierten dann in kurzer Zeit die wichtigsten Details der Vereinbarungen aus, und die Dokumente wurden am 7. August 1975 paraphiert.

Der Verlauf der deutsch-polnischen Verhandlungen wurde unzweifelhaft vom Geist von Helsinki getragen. Der Entspannungsidee konnten sich die Regierenden in Bonn und Warschau kaum verweigern, wenn sie sich nicht von West und Ost als internationale Quertreiber gebrandmarkt sehen wollten. Und doch ist die Frage erlaubt, wer auf mittlere und längere Sicht von den Vereinbarungen von Helsinki mehr profitierte. Die Frage betrifft

---

37 Siehe Texte zur Deutschlandpolitik, Reihe II, Bd. 3, S. 108.
38 Siehe Schmidt, Die Deutschen und ihre Nachbarn, S. 480.
39 Genscher, Erinnerungen, S. 259.

sowohl die bilateralen Vereinbarungen zwischen Bonn und Warschau als auch die Schlußakte von Helsinki, die von der Warschauer Führung und von der politischen Publizistik bereits Monate im voraus als die multilaterale Absegnung des politisch-territorialen Status quo und der status-quo-orientierten Passagen der bundesdeutschen Deutschland- und Ostverträge gefeiert wurde, als ein Super-Potsdam also. Die politikwissenschaftliche Literatur hat sich ausführlich mit der Bedeutung des KSZE-Prozesses für Systemwandel und Transformation am Ende der achtziger Jahre befaßt. Eines läßt sich in diesem Kontext mit Blick auf die bilateralen westdeutsch-polnischen Verträge und Vereinbarungen von 1970 und 1975 eindeutig feststellen: Die den Status quo überschreitende westdeutsche Argumentation – mag sie in den siebziger Jahren auch eher Alibifunktion gehabt haben oder verhalten defensiv-spekulativ ins Diskussionsfeld geführt worden sein – setzte sich gegenüber der status-quo-orientierten und statisch argumentierenden polnischen bzw. kommunistischen Position durch.

Die Ausreise der Deutschstämmigen aus Polen betraf den Dritten Korb der KSZE-Schlußakte, der die humanitäre und kulturelle Zusammenarbeit beinhaltete, sowie das Prinzip VII, das die Menschenrechte und Grundfreiheiten beschrieb. Das offizielle Polen, die Politik wie die Institute und ihre politikwissenschaftlichen und juristischen Mitarbeiter – beispielsweise im Posener Westinstitut (IZ) und im Polnischen Institut für Internationale Angelegenheiten – wollten auch nicht wahrhaben, daß die Vereinbarung über die Unverletzlichkeit der Grenzen auf dem europäischen Kontinent, die durch das Prinzip III festgeschrieben worden war, indirekt durch Prinzip I relativiert wurde. Hiernach akzeptierten die Teilnehmerstaaten die Auffassung, »daß ihre Grenzen in Übereinstimmung mit dem Völkerrecht durch friedliche Mittel und durch Vereinbarung verändert werden können«.[40]

Für die Bundesregierung hatte die KSZE-Schlußakte nicht den Charakter einer Ersatzfriedenskonferenz. Bonn hatte die Unverletzlichkeit der bestehenden Grenzen in Europa im Moskauer und Warschauer Vertrag und dann auch in der KSZE-Schlußakte, die eine Absichtserklärung darstellte und völkerrechtlich nicht verbindlich war, anerkannt und auf jeden Versuch verzichtet, Grenzänderungen durch Androhung oder Anwendung von Gewalt herbeizuführen. Gleichzeitig blieb die Möglichkeit friedlicher, einvernehmlicher Grenzänderungen nicht ausgeschlossen.[41] Damit sollte politisch nicht mehr die Oder-Neiße-Grenze zur Disposition gestellt werden, vielmehr langfristig die Vereinigung der beiden deutschen Staaten und der

---

40 Hermann Volle/Wolfgang Wagner (Hrsg.), KSZE – Konferenz für Sicherheit und Zusammenarbeit in Europa in Beiträgen und Dokumenten aus dem Europa-Archiv, Bonn 1976, S. 267-283.
41 Siehe auch die Erklärung des Bundeskanzlers auf der KSZE-Schlußkonferenz am 30.7.1975, in: Texte zur Deutschlandpolitik, Reihe II, Bd. 3, S. 408-412, hier S. 410.

westeuropäische Einigungsprozeß offengehalten werden.[42] In einem Interview hatte Außenminister Genscher einige Wochen vor der Helsinki-Konferenz zu der friedlichen Grenzänderung in Europa Stellung genommen: »Die Bundesregierung bekennt sich zu dem ... Prinzip der Unverletzlichkeit der Grenzen, das die Änderung von Grenzen mit Gewalt oder unter Androhung von Gewalt ausschließt. Wir haben es aber auch immer für notwendig gehalten, daß daneben auch die unveränderte Zulässigkeit friedlicher und einvernehmlicher Grenzänderung mit aller Klarheit zum Ausdruck kommt. Die Gründe für diese Haltung, die sich konsequent aus unserer nationalen Lage ergeben, liegen auf der Hand.«[43] Es lag im vitalen Interesse der Bundesrepublik, die bestehenden Grenzen durchlässiger zu machen. Eine Verstärkung der Besuchs- und Reisemöglichkeiten sowie eine Intensivierung von familiären Kontakten und die Familienzusammenführung sollten den Deutschen, die außerhalb der Bundesrepublik wohnten, ihre eigene Identität bewahren helfen und die Auseinanderentwicklung der deutschen Nation in Ost und West langfristig verhindern.

Die deutsch-polnischen Vereinbarungen, die in Helsinki vorbereitet worden waren, umfaßten:[44]

- ein Abkommen über Renten- und Unfallversicherung,
- eine Vereinbarung über die pauschale Abgeltung von Rentenansprüchen,
- ein Abkommen über die Gewährung eines Finanzkredits und
- ein Ausreiseprotokoll.

Am 9. Oktober 1975 unterzeichneten in Warschau die Außenminister Genscher und Olszowski die inzwischen vervollständigten Abkommen. Das erste befaßte sich mit der Renten- und Unfallversicherung und basierte auf dem sogenannten Angliederungs- oder Territorialprinzip (Art. 4 und Art. 5). Nach dieser Vereinbarung kommt jeder Staat für die Personen in seinem eigenen Land auf, auch wenn der Anspruch auf Rentenleistungen in dem anderen Staat erworben wurde. Da viel mehr Personen in Polen Anspruch gegenüber deutschen Versicherungsträgern erheben konnten, vereinbarten Warschau und Bonn eine pauschale Abgeltung in Höhe von 1,3 Mrd. DM, die die Bundesrepublik dem polnischen Staat zahlen sollte und die wiederum von den Rentenempfängern in Polen in Anspruch genommen werden sollten. Das zweite Abkommen befaßte sich mit der Gewährung eines Finanzkredits an Polen. Die Bundesrepublik verpflichtete sich zu einem

---

42 Helga Haftendorn, Sicherheit und Entspannung. Zur Außenpolitik der Bundesrepublik Deutschland 1955-1982, Baden-Baden 1983, S. 463.
43 FR, 1.4.1975.
44 Siehe AdG, 1975, S. 19758-19761; und Dokumentation zur Deutschlandfrage, S. 427.

Kredit in drei Raten (1975, 1976, 1977) in Höhe von 1 Mrd. DM mit einem Zinssatz von 2,5 Prozent.[45]

Das Ausreiseprotokoll regelte das für Bonn bis dahin größte aktuelle Problem in den bilateralen Beziehungen. Darin stellte die polnische Seite im Zusammenhang mit der »Information« der Regierung der VR Polen aus dem Jahre 1970 fest, daß sie »aufgrund der Untersuchungen der zuständigen polnischen Behörden in der Lage ist zu erklären, daß etwa 120.000 bis 125.000 Personen im Laufe der nächsten vier Jahre die Genehmigung ihres Ausreiseersuchens erhalten werden«. Auf ausdrücklichen Wunsch der Bundesregierung wurde in dieser Vereinbarung eine »Offenhalteklausel« verankert, die besagte, daß keine zeitliche Einschränkung für die Personen vorgesehen ist, die die in der »Information« genannten Kriterien erfüllen. Genscher erklärte seinerseits dazu, daß nach den geltenden Gesetzen der Bundesrepublik Deutschland grundsätzlich jedermann ausreisen könne, der dies wünsche. Dies gelte auch für jeden, der aufgrund eines von den polnischen Behörden genehmigten Ausreiseantrags in die Bundesrepublik gelangt sei und später wieder in die VR Polen zurückzukehren wünsche.[46]

Zusätzlich zu den oben erwähnten Abkommen wurde noch ein »Langfristiges Programm für die Entwicklung der wirtschaftlichen, industriellen und technischen Zusammenarbeit« vereinbart. Im »Kompromiß von Helsinki« konnte Polen seine wichtigste Forderung nicht durchsetzen. Die Wiedergutmachung und Entschädigung für polnische Zwangsarbeiter und KZ-Häftlinge wurde nicht gesondert vereinbart und in keinem Passus der Verträge erwähnt. Die finanziellen Leistungen Bonns sollten nach bundesdeutscher Auffassung die Rolle einer »indirekten Wiedergutmachung« übernehmen.[47]

---

45 Dazu Genscher (Erinnerungen, S. 260f.): »Die Vereinbarunge über die Gewährung eines Finanzkredits sollte die wirtschaftliche Zusammenarbeit und hier namentlich die industrielle Kooperation fördern. Frankreich, Italien, Belgien, Kanada und die USA hatten Polen zur Erleichterung des Exports bereits in noch erheblich höherem Umfang Kredite gewährt. Unser Finanzkredit ... unterschied sich von den aufgeführten Krediten anderer Länder durch seine Zinsverbilligung und seine lange Laufzeit. Doch diese Länder mußten mit ihren Krediten auch keine politischen und humanitären Forderungen verbinden: Wir wollten Ausreisegenehmigungen in großem Umfang erreichen. Die Geschichte holte uns auch hier ein.«
46 Verträge, Abkommen und Vereinbarungen mit den osteuropäischen Staaten, hrsg. von Presse- und Informationsamt der Bundesregierung, Bonn 1983, S. 41.
47 Siehe Geyr, S. 123.

### 7.2.3 Deutsche Ratifizierungsdebatte 1975/76 – Spiegel polenpolitischer Optionen

Das noch ausstehende Ratifizierungsverfahren der Verträge mit Warschau wurde von der Opposition dazu genutzt, einige Nachbesserungen des ausgehandelten Vertragswerks zu fordern. Zugleich wurde bundesdeutsche Polenpolitik zum Profilierungsinstrument der Opposition vor den 1976 anstehenden Bundestagswahlen.

Die Helsinki-Vereinbarungen unterlagen unterschiedlichen Ratifizierungs- und Zustimmungsmodalitäten im Bundestag und Bundesrat. Das Rentenabkommen mußte sowohl vom Bundestag als auch vom Bundesrat ratifiziert werden. Demgegenüber erforderten die Abmachungen über die Zahlung einer Rentenpauschale und über die Gewährung eines Finanzkredits an Polen nur die Zustimmung des Bundestags. Das Ausreiseprotokoll sowie das Programm über die wirtschaftliche und wissenschaftlich-technische Kooperation waren ihrem rechtlichen Charakter nach Verwaltungsabkommen, die weder einer Zustimmung des Bundestags noch des Bundesrats bedurften. Da die sozialliberale Koalition über eine deutliche Mehrheit im Bundestag verfügte, war die Ratifizierung dort garantiert. Anders sah die Situation im Bundesrat aus, wo die unionsregierten Länder die Mehrheit einer Stimme (21:20) besaßen, die sich im Februar 1976 nach der Regierungsübernahme der CDU in Niedersachsen mit Ernst Albrecht an der Spitze noch vergrößerte.[48]

Bereits am Tage der Unterzeichnung der Polenverträge wurde in der CDU/CSU-Fraktion heftige Kritik laut. Im Laufe der Diskussion ließen sich jedoch beträchtliche Differenzen sowohl innerhalb der CDU als auch zwischen den Schwesterparteien ausmachen. Namhafte CDU-Politiker befürworteten öffentlich die Ratifizierung der Verträge. Rainer Barzel, Norbert Blüm, Hans Katzer, Walter Leisler Kiep, Paul Mikat und Gerhard Schröder waren mit Vorbehalt dazu bereit, für eine Annahme der Verträge zu stimmen. Ihnen stand die ablehnende Mehrheit in der Partei gegenüber. Zu den Gegnern der Verträge gehörten der Fraktionsvorsitzende Karl Carstens und vor allem der CSU-Vorsitzende Franz-Josef Strauß. Erwartungsgemäß waren die Landsmannschaften und ihre Protagonisten in der Unionsfraktion, Herbert Hupka und Herbert Czaja, strikt gegen die Verträge. Zwischen dem noch unentschlossenen und politisch lavierenden Kanzlerkandidaten der Union für die Bundestagswahlen 1976, dem Ministerpräsidenten von Rheinland-Pfalz Helmut Kohl, und Franz-Josef Strauß kam es über die Ratifikationsdebatte zu einem größeren Dissens. Die CDU/CSU-Oppositi-

---

48 Siehe Joachim Krause, Außenpolitische Opposition im und über den Bundesrat. Eine Fallstudie am Beispiel der Auseinandersetzungen um die Ratifizierung der deutsch-polnischen Vereinbarungen vom Oktober 1975, in: Zeitschrift für Parlamentsfragen, 3, 1980, S. 423-440.

on befand sich in mehreren Dilemmas, von denen die Wahl zwischen staatspolitischer Verantwortung und parteipolitischer Profilierung sicher das größte war.

Die bayerische Staatsregierung hatte klar zu verstehen gegeben, daß sie im Bundesrat auf jeden Fall mit Nein stimmen würde.[49] In einem spektakulären Brief forderte der CSU-Vorsitzende die Ministerpräsidenten der CDU/CSU-geführten Länder und alle Bundestagsabgeordneten der Opposition auf, die Verträge mit Polen geschlossen abzulehnen.[50] Die hauptsächlich innenpolitische und wahlkampforientierte Motivation wurde durch den ausdrücklichen Verweis auf die bevorstehenden Bundestagswahlen deutlich; diese erforderten eine geschlossene Haltung der Union zu den deutsch-polnischen Abmachungen. Die Haltung von Strauß in der Debatte darf keineswegs als Ausdruck einer grundsätzlich gegen einen Ausgleich mit Polen gerichteten Einstellung gesehen werden. Es handelte sich um eine innenpolitische Polarisierungsstrategie. Daß der CSU-Vorsitzende prinzipiell flexibel und tendenziell polenfreundlich orientiert war, belegen sowohl vertrauliche Bekenntnisse aus dem Jahre 1973 zu einem Kredit an Polen und zu Rentenvereinbarungen als auch seine Versicherung, wenn es um Polen ginge, habe er immer ein offenes Ohr und würde sich nicht querlegen. Dabei verwies er auf die legendäre Äußerung Adenauers, daß Deutschland gegenüber drei Nationen eine besondere Verpflichtung sah: gegenüber Israel bzw. dem jüdischen Volk, Frankreich und Polen.[51] Bedauerlicherweise konkurrierte gerade in der Polenpolitik der Außenpolitiker Strauß des öfteren mit dem Innenpolitiker, und der Außenpolitiker blieb auf der Strecke. Seine außerordentliche Flexibilität gegenüber Polen stellte der Außenpolitiker Strauß acht Jahre später ausgerechnet gegenüber General Jaruzelski unmittelbar nach Aufhebung des Kriegsrechts in Polen unter Beweis.

Der CSU-Vorsitzende verfolgte in der Polen-Debatte 1975/76 die Argumentationslinie, daß mit Unionszustimmung derart umfangreiche Sonderregelungen mit Polen zu einem Präzedenzfall werden könnten, auf den sich auch andere Regierungen, die ähnliche Forderungen an die Bundesrepublik stellen, berufen würden. Das Ja oder Nein zu diesen Vereinbarungen würde dementsprechend eine außenpolitische, innenpolitische und vor allem finanzielle Tragweite bekommen, die weit über die bilateralen Vereinbarungen hinausginge.[52] Der Strauß-Brief an die Unionskollegen verfehlte seine Wirkung. Statt die Oppositionsreihen zu konsolidieren, vertiefte er zusätzlich die Uneinigkeit im christlich-demokratischen Lager.

---

49 Strauß, S. 458.
50 Wortlaut in: SZ, 28.10.1975.
51 Siehe Quellenhinweise bei Miszczak, S. 161.
52 Siehe den Strauß-Brief in: SZ, 28.10.1975.

Um die Führungsinitiative nicht an Strauß zu übergeben, sah sich Kohl veranlaßt, auf den Brief aus München zu reagieren. In einer persönlichen Erklärung sprach sich der CDU-Chef zwar für eine Ablehnung der Vereinbarungen mit Polen aus, betonte aber, daß er die Haltung der Unionsabgeordneten respektiere, die den Abmachungen aus humanitären Gründen zustimmen wollten. Kohl begründete seine ablehnende Haltung damit, daß die deutsch-polnischen Vereinbarungen schlecht ausgehandelt und die deutschen Interessen nicht im erforderlichen Maße berücksichtigt worden seien. Während die polnischen Wünsche vertraglich eindeutig geregelt seien, habe das Protokoll über die Ausreisemöglichkeiten von Deutschen aus Polen und den ehemaligen deutschen Ostgebieten (!) keinen vergleichbaren Rang. Er verkenne nicht den humanitären Aspekt, daß möglicherweise 120.000 bis 125.000 Deutschen die Ausreise bewilligt werden solle. Über das Schicksal der 160.000 Deutschen, die ebenfalls ausreisen wollten, sage das Protokoll jedoch nichts aus. Die Bundesregierung habe mit der polnischen Seite überhaupt keine Vereinbarungen über die Wahrung der Menschenrechte der deutschen Minderheit in Polen und in den ehemaligen deutschen Ostgebieten getroffen, obwohl sie wegen ihrer Obhutspflicht für diese Menschen dazu besonders verpflichtet gewesen wäre.[53]

Für die Haltung Kohls bedarf es des Hinweises, daß seine Empfehlung sich an die Bundestagsabgeordneten der CDU/CSU richtete, die mit einem Nein die Vereinbarungen wegen der klaren Koalitionsmehrheit nicht zum Scheitern bringen konnten, also gewissermaßen risikolos votierten, und die Handlungsfähigkeit einer geschlossenen Union ohne eine Gefährdung der regierungsamtlichen Polenpolitik demonstrieren konnten. Die Union hätte also Einigkeit demonstrieren können, ohne etwas zu verhindern und langfristig als »polenfeindlich« diskreditiert zu werden. Über das gewünschte Votum der CDU- und CSU-regierten Länder im Bundesrat, nicht zuletzt seines eigenen Landes Rheinland-Pfalz, war mit der Erklärung noch nichts gesagt. Nur das Abstimmungsverhalten der unionsregierten Länder in der zweiten Kammer war jedoch entscheidend. Angesichts der innerparteilichen Auseinandersetzung lavierte Kohl.

In diesen Monaten machte es die Warschauer Führung ihrerseits den Vereinbarungsgegnern nicht leicht. Sie versuchte im Gegenteil, die Stimmung innerhalb der Union zugunsten der Vereinbarungen zu lenken. Unmittelbar vor der ersten Lesung des Gesetzes zum Rentenabkommen und vor der ersten Debatte über die Zahlung einer Rentenpauschale im Bundesrat erhöhte die polnische Regierung als »Geste des guten Willens« die Zahl der Ausreisegenehmigungen im Oktober 1975 erheblich.[54]

Am 7. November begann im Bundesrat die erste Lesung des Ratifizierungsgesetzes über das Rentenabkommen mit Polen. Die Länderkammer

---

53 AdG, 1975, S. 19795f.
54 Siehe SZ, 6.11.1975.

behielt sich die endgültige Entscheidung für das kommende Jahr vor. Die Mehrheit der CDU/CSU-regierten Länder verabschiedete eine Elf-Punkte-Resolution, die eine Zusammenfassung der kritischen Stimmen aus den Unionsparteien zu dem gesamten Vertragspaket mit Polen darstellte. Den Willen zu einer aufrichtigen und dauerhaften Versöhnung zwischen dem deutschen und dem polnischen Volk bekräftigend, gab die Mehrheit der CDU/CSU-regierten Länder zu bedenken, daß die von der Bundesrepublik Deutschland zu erbringenden Leistungen in förmlichen völkerrechtlichen Verträgen festgelegt worden seien, während das Ausreiseprotokoll »nicht hinreichend verbindlich« sei. Für die Opposition war nicht klar genug erkennbar, nach welchen Kriterien die Ausreisegenehmigungen erteilt werden sollten. Die Vereinbarung mit Polen erfasse lediglich 120.000 bis 125.000 Personen. Es sei nicht geregelt, wie über die Anträge der restlichen Antragsteller, d. h. ca. 160.000 Personen, künftig entschieden würde. Schließlich enthielten die Vereinbarungen mit Polen Vorleistungen der Bundesrepublik. Die Zahlungen an Polen seien innerhalb eines Zeitraumes von zwei Jahren zu erbringen. Demgegenüber sollte sich die Ausreise von 120.000 bis 125.000 Personen auf den Zeitraum von vier Jahren erstrecken.[55]

Auch die Opposition beschränkte die Problematik der Deutschen in Polen seinerzeit hauptsächlich auf die Diskussion über die Ausreise aus Polen und Familienzusammenführung in Deutschland. Zugegebenermaßen reagierte sie damals auf das, was ihr von der Polenpolitik der Regierung bzw. von der grundsätzlichen Haltung der polnischen Führung vorgegeben wurde, und das waren seit 1970 einseitige Zusagen bzw. neuerdings bilaterale Vereinbarungen über die Ausreise »Deutschstämmiger«. Fragen nach den Rechten von Deutschen, die in Polen blieben, waren von der polnischen Seite mit Tabu belegt. Das wurde von Bonner Regierungsseite nahezu stillschweigend akzeptiert. Und auch die Unionsparteien in ihrer Gesamtheit – abgesehen von den Vertriebenenpolitikern – rangen sich diesbezüglich beispielsweise in der Elf-Punkte-Erklärung des Bundesrats nur zu der milden Feststellung durch, daß einer Verbesserung der bundesdeutsch-polnischen Beziehungen »eine vertragliche Vereinbarung zur tatsächlichen Verbesserung der Lage aller verbleibenden Deutschen dienlich« wäre.[56] Nicht mehr und nicht weniger.

Für die Bundesregierung beantwortete Außenminister Genscher am 16. Februar 1976 offiziell die Stellungnahme der CDU/CSU-regierten Länder. Seine Zurückweisung der Vorwürfe gegen die Bundesregierung wurde tags darauf von Kohl als ungenügend bezeichnet. Die Christdemokraten verlangten von der Regierung, »daß vor der im Bundesrat anstehenden Schlußabstimmung in völkerrechtlich wirksamer Weise sichergestellt wird, daß

---

55 AdG, 1975, S. 19843.
56 Ebenda.

alle Deutschen in Polen effektiv in einem Zeitraum von vier bis sechs Jahren in die Bundesrepublik ausreisen können, sofern sie dies wünschen, und zu diesem Zweck ein objektives deutsch-polnisches Verfahren vereinbart wird«.[57] Es sollte eine einwandfreie Klarstellung erfolgen, daß die finanziellen Vereinbarungen mit Polen keinen Präzedenzfall für andere Staaten darstellten und das Londoner Schuldenabkommen davon unberührt bliebe.

Außenminister Genscher hatte in seiner Rede vor dem Bundesrat am 7. November 1975 bestätigt, daß in der Ausreisefrage nicht das Optimum, aber das Optimum des Erreichbaren vereinbart worden war: »Ich verschweige nicht, daß die Bundesregierung es lieber gesehen hätte, wenn sie mit dem Ausreiseprotokoll eine endgültige Erledigung aller Ausreisewünsche in einem festgesetzten Zeitraum hätte vereinbaren können ... Die Bundesregierung hat sich dafür entschieden, das heute Erreichbare nicht durch eine Haltung des Alles oder Nichts zu verspielen.«[58] An der völkerrechtlichen Verbindlichkeit der gegebenen Zusagen ändere sich dadurch nichts.[59]

Immerhin mußten die Unionsparteien zur Kenntnis nehmen, daß fast die Hälfte der auf den DRK-Listen registrierten Deutschstämmigen in absehbarer Zeit in die Bundesrepublik umsiedeln würden, d.h. wesentlich mehr Personen als in den Jahren nach der Unterzeichnung des Warschauer Vertrags. Inzwischen hatte sich auch herausgestellt, daß die bis dahin als sicher angenommene Zahl von insgesamt 285.000 Ausreisewilligen aus Polen nicht stimmte. In einer vertraulichen Sitzung des Auswärtigen Ausschusses gab ein Vertreter des DRK zu verstehen, daß diese Zahl bei 150.000 bis 180.000 liege und damit ungefähr so hoch sei wie die von Bonn und Warschau ausgehandelte vorläufige Obergrenze.[60]

Die Bundesregierung legte ihrerseits großen Wert darauf, daß der innere Zusammenhang aller mit Polen getroffenen Vereinbarungen seitens der polnischen Regierung bestätigt wurde. In diesem Sinne hatte Außenminister Genscher kurz vor der Unterzeichnung der deutsch-polnischen Verträge seinem polnischen Kollegen Olszowski ein Schreiben übermittelt, in dem er auf diesen Zusammenhang hinwies.[61] Der Brief wurde von polnischer Seite entgegengenommen und dadurch rechtskräftig. Die polnische Seite bestätigte ihrerseits diese völkerrechtliche Gleichwertigkeit.

Vom Bundestag wurden die deutsch-polnischen Vereinbarungen am 18. Februar 1976 mit 276 Stimmen (ohne Berliner Abgeordnete) gegen 191 erwartungsgemäß angenommen. Auch 15 CDU-Abgeordnete (darunter so

---

57 AdG, 1976, S. 20076f.
58 AdG, 1975, S. 19844.
59 Ebenda, S. 19843.
60 Vgl. »Äußerungen Piatkowskis finden in Bonn starke Beachtung«, in: FAZ, 28.2.1976.
61 Siehe AdG, 1976, S. 19973; auch Klaus Terfloth, Bonn – Warschau: ein Schritt zur Aussöhnung, in: Außenpolitik, 2, 1976, S. 123-132, hier S. 128f.

prominente Politiker wie Barzel, Blüm, Katzer, Kiep, von Weizsäcker) stimmten, ungeachtet der »beschwörenden Bitte« von Strauß, für die Abkommen.[62] Nun kam es auf den Bundesrat an. Von ihm hing nicht nur das Schicksal der deutsch-polnischen Vereinbarung ab, sondern die Zukunft der bundesdeutsch-polnischen Beziehungen überhaupt. Ein Nein hätte nicht nur die deutsche Polenpolitik für Jahre blockiert, sondern auch die Deutschland- und Westpolitik der polnischen Partei- und Staatsführung. Deren Rolle im östlichen Bündnis wäre geschwächt worden, ihre innen- und wirtschaftspolitische Kompetenz noch rascher als ohnehin geschehen verlorengegangen, wobei Ost-Berlin und Moskau die lachenden Dritten gewesen wären.

An diesem schwarzen Szenario waren aber weder die Bonner Opposition noch die Gierek-Führung interessiert. Die Verwundbarkeit der Regierung Schmidt/Genscher im Bundesrat wurde zugleich zur Stärke für die bundesdeutsche Interessensicherung gegenüber Polen, da sie die polnische Führung zu ungewöhnlicher Flexibilität trieb, die vom Interesse an der Deutschen Mark angestachelt wurde. So notifizierte Außenminister Olszowski im Schreiben vom 8. März 1976 an Außenminister Genscher den Wortlaut eines Interviews, das er der Polnischen Presseagentur zum Stand der deutsch-polnischen Beziehungen und zur Ratifikationsdiskussion in der Bundesrepublik gegeben hatte.[63] Das am 9. März 1976 vom Parteiorgan »Trybuna Ludu« veröffentlichte Interview umfaßte acht Punkte, von denen drei explizit auf die Einwände der Union eingingen. Auf die von der CDU/CSU geforderte hinreichende Verbindlichkeit des deutsch-polnischen Ausreiseprotokolls wurde polnischerseits in den Punkten 4 und 6 Bezug genommen. Zum einen betonte Warschau, daß die in Helsinki zwischen Bonn und Warschau getroffenen Vereinbarungen komplex behandelt würden und Warschau alle sich daraus ergebenden Verpflichtungen gleichermaßen als verbindlich betrachte, unabhängig von Bezeichnung, Art und Ratifizierungsverfahren. In Punkt 6 ging Olszowski direkt auf die Ausreiseproblematik der Deutschstämmigen aus Polen ein. Er teilte mit, die polnische Seite habe im Ausreiseprotokoll erklärt, daß im Laufe von vier Jahren die Ausreiseanträge von etwa 120.000 bis 125.000 Personen aufgrund der »Information« und gemäß den darin enthaltenen Kriterien und Verfahren genehmigt würden. Darüber hinaus sei keine zeitliche Begrenzung für die Einreichung und möglichst zügige Bearbeitung der Anträge von Personen vorgesehen, welche die in der »Information« aufgeführten Kriterien erfüllen.[64]

---

62 Link, Außen- und Deutschlandpolitik in der Ära Schmidt 1974-1982, in: Jäger/Link (Hrsg.), S. 307.
63 Dokumentation zur Entspannungspolitik der Bundesregierung, hrsg. von Presse- und Informationsamt der Bundesregierung, 6. Aufl., Bonn 1978, S. 67-71.
64 Ebenda.

Genscher beantwortete die von ihm als »bedeutsam« eingestufte Erklärung Olszowskis umgehend am 9. März. In der Antwort bekräftigte der deutsche Außenminister nochmals die Zusagen, die Olszowski zum Ausreiseprotokoll gemacht hatte.[65] Der Vorstoß Warschaus, die deutsch-polnischen Verträge im letzten Moment noch zu retten, bedeutete für die Unionsführung in den vier maßgeblichen Punkten (Ausreise für alle Deutschen, die dies wollen; ein objektives Ausreiseverfahren; die Frage des Präzedenzfalls der finanziellen Leistungen an Polen; Minderheitenschutz) zwar ein Zurückbleiben hinter den eigenen Forderungen, aber der CDU-Vorsitzende und Kanzlerkandidat sah das Pokern nunmehr als beendet an. In einem Telefonat mit Strauß sagte Kohl dem CSU-Vorsitzenden, der Durchbruch sei gelungen, die Hindernisse, die einem Ja der Unionsparteien zu den Polenverträgen im Wege gestanden hätten, seien beseitigt. Der polnische Außenminister sei bereit, einen Brief des Inhalts zu schreiben, daß Ausreiseanträge über die 120.000 vereinbarten Fälle hinaus behandelt werden können.[66]

Der CSU-Chef war grundsätzlich nicht abgeneigt, die deutsch-polnischen Verträge im Bundesrat passieren zu lassen. Strauß wollte nicht die Abmachungen mit Warschau insgesamt zu Fall bringen, sondern sie, wie er selbst in seinen Memoiren berichtet, unter günstigeren Bedingungen für die deutsche Seite in Kraft treten lassen. »Die Tatsache, daß Polen mit dem Rücken zur Wand stand, sollte von uns politisch genutzt werden.«[67] Strauß glaubte, gute Karten in der Hand zu haben. Er hatte eine Meldung des Bundesnachrichtendienstes erhalten, die auf Informationen eines hochrangigen polnischen Beamten zurückging. Nach Strauß teilte dieser mit, daß die Polen auf dieses Abkommen dringend angewiesen seien, daß sie vor politischem und wirtschaftlichem Ruin stünden, daß sie schnellstens eine wirksame Entlastung bräuchten und daß Helmut Schmidt ihnen diese versprochen habe. Bliebe sie aus, käme es zu unübersehbaren Folgen, Unruhe, Streiks und Chaos. Wenn die Ratifizierung des Vertrags insgesamt auf dem Spiel stehe, sei Polen bereit, weitere Konzessionen zu machen, die über den im Herbst paraphierten und unterschriebenen Vertragstext hinausgingen. Die polnische Seite würde zwar versuchen, solche Veränderungen zu verhindern, aber in letzter Not müßte Warschau sicherstellen, daß das Vertragswerk in Bonn passiert. Wenn die Opposition eine größere Gegenleistung von Polen verlange, sei die Regierung in Warschau gegebenenfalls bereit, in zwei Punkten eine erhebliche Änderung anzubieten. Zum einen werde man die Zahl der zugestandenen Ausreisen wesentlich erhöhen, zum anderen werde man auch auf einen beträchtlichen Teil der in Aussicht

---

65 Siehe Dokumentation zur Deutschlandfrage, S. 576f.
66 Strauß, S. 460.
67 Ebenda, S. 462.

gestellten Zinssubvention verzichten. Man sei bereit, für den Kredit auch eine Verzinsung von 4 bis 4,5 Prozent hinzunehmen.[68]
Der CSU-Vorsitzende wollte die Debatte um die Polen-Vereinbarungen dazu benutzen, generell mit der Osteuropapolitik der sozialliberalen Bundesregierung abzurechnen. Die Unterordnung gesamtstaatlicher außenpolitischer Interessen unter parteipolitische Interessen im innenpolitischen Machtkampf wird von Strauß in seinen Memoiren gar nicht camoufliert. Der von der CDU/CSU ersehnte Machtwechsel in Bonn sollte auf diese Weise herbeigeführt werden. Was den Unionsparteien bei der Bundestagswahl von 1972 nicht gelang, sollte jetzt verwirklicht werden. Auf der Grundlage von BND-Informationen kam Strauß zu folgenden Schlußfolgerungen:

> Wenn wir jetzt ablehnen bzw. die Verhandlungen aussetzen und die Bundesregierung beauftragen, neue Verhandlungen mit dem Ziel zu führen, gewisse Bedingungen des Vertrags zu modifizieren, werden die Polen nachgeben. Dies wäre ein triumphaler Erfolg über die SPD-FDP-Bundesregierung, weil Helmut Schmidt das Abkommen als einen Geniestreich, als eine politische Meisterleistung, betrachtet, an dem kein Jota mehr verändert oder wegverhandelt werden könne und dürfe. Dann hätten wir, so meine Überlegung, Helmut Schmidt so in die Enge getrieben, daß er die Bundestagswahlen im Herbst 1976 verlieren würde. Wir hätten einen starken Trumpf in der Hand und könnten die Verhandlungsführung der Bundesregierung als stümperhaft und unzulänglich erklären.[69]

Welche außenpolitischen Folgen eine solche Politik der Demütigung haben würde, bedachte Strauß in seinem machiavellistischen Spiel nicht. Eine positive Resonanz auf eine solche gegen die kommunistische Führung gerichtete Verhandlungsstrategie wäre damals von der Mehrheit der polnischen Bevölkerung nicht zu erwarten gewesen. Ungeachtet des großen innenpolitischen Prestigeverlusts, den die Gierek-Equipe bis Mitte der siebziger Jahre bereits zu erleiden hatte, wäre es angesichts eines solchen Auftrumpfens eines deutschen Kanzlers zu einer von den gleichgeschalteten polnischen Medien höchstwahrscheinlich erfolgreich unterstützten Solidarisierung der Bevölkerung mit der außenpolitisch bedrängten Parteiführung gekommen. Das Feindbild Deutschland hätte wieder gestimmt. Auch bei den westlichen Verbündeten wäre ein solches politisches Pokern kaum auf Verständnis gestoßen. Die Bonner Position auf der internationalen Bühne wäre sicherlich dauerhaft beschädigt worden; denn Polen hätte auf jeden Fall mit einem internationalen Mitleideffekt rechnen können – auffällig oder unauffällig unterstützt von dem bundesdeutschen Verbündeten Frankreich.
Zwei Tage vor der Schlußabstimmung im Bundesrat verweigerten die christlich-demokratisch regierten Länder mit Ausnahme des Saarlands die

---

68 Ebenda, S. 461.
69 Ebenda, S. 461f.

Zustimmung zum Vertragswerk mit Polen. Kohl hatte sich gegenüber Strauß nicht durchsetzen können. Die CDU/CSU-regierten Länder lehnten die polnische Stellungnahme zu den Verträgen sowie die Formulierungen aus dem Schreiben Genschers an Warschau vom 9. März bezüglich der Ausreisepraxis (»daß ... Ausreisegenehmigungen ... erteilt werden können«)[70] als zu vage ab. Unter dem Druck der Opposition sah sich Genscher veranlaßt, eine neue endgültige Fassung des Schreibens vom 9. März, jetzt datiert vom 11. März, an den polnischen Außenminister zu formulieren. In dieser Fassung wurde das Wort »können« gestrichen. Jetzt hieß es »Ausreisegenehmigungen ... erteilt werden«.[71] Nach schwierigen Verhandlungen – zuletzt zwischen Genscher und Vizeaußenminister Józef Czyrek über eine Standleitung zwischen Bonn und Warschau – akzeptierte die polnische Seite diese Korrektur des ursprünglichen Textes. Strauß und der CSU-Vorstand verweigerten ihre Zustimmung weiterhin wegen mangelnder Klarheit der Formulierungen, aber jetzt hatte die CSU-Führung den Bogen eindeutig überspannt. Vor allem der Ministerpräsident des Saarlands, Franz-Josef Röder, und der Niedersachsens, Ernst Albrecht, hatten sich in den dramatischen Tagen für die Ratifizierung des Rentenabkommens stark gemacht. Der Stellenwert der Verständigungspolitik mit Polen bei den regierenden Politikern in der Bundesrepublik ließ sich nicht zuletzt daran messen, daß sowohl Genscher als auch Albrecht ihr politisches Schicksal von der Ratifizierung der Vereinbarungen abhängig gemacht hatten. Genscher kündigte Czyrek seinen Rücktritt im Falle des Scheiterns an, und Albrecht tat das gleiche gegenüber Genscher.[72] Der Weg zur Ratifizierung war nunmehr frei. Am 12. März 1976 ratifizierte der Bundesrat die zustimmungsbedürftigen Teile der Polen-Vereinbarungen von Helsinki einstimmig, d.h. mit den Stimmen des Freistaats Bayern. Darauf ratifizierte auch der polnische Staatsrat am 15. März das Ausreiseprotokoll.

Der Warschauer Vertrag von 1970 hatte über die Aufnahme diplomatischer Beziehungen mit Polen und die Entblockierung der Bonner Osteuropapolitik hinaus die hochgesteckten deutschen Erwartungen nicht erfüllt. Ohne eine weitere Verhandlungsrunde mit zähem diplomatischem Poker und Kompromißbereitschaft war mit Polen keine dauerhafte Verbesserung der Beziehungen zu erreichen. Dabei hatte sich die kommunistische Führung Polens insbesondere in der letzten dramatischen Phase vor der Ratifizierung der Polen-Vereinbarungen im Bundesrat erpreßbar gemacht, weil sie allgemein menschen- und bürgerrechtliche Prinzipien, die sie zuletzt im KSZE-Dokument von Helsinki unterschrieben hatte, zum Spielball innen-, außen- und wirtschaftspolitischer Interessen degradiert hatte.

---

70 Siehe Zündorf, S. 89.
71 Dokumentation zur Entspannungspolitik der Bundesregierung, S. 61.
72 Genscher, Erinnerungen, S. 265.

Die »politische Klasse« der Bundesrepublik Deutschland hatte ihrerseits durch die monatelange Debatte um die Polen-Vereinbarungen, die teilweise für alle Diskussionsteilnehmer entwürdigende Instrumentalisierung des polnischen Themas für rein innenpolitische Scharaden und durch Mangel an Sensibilität einen großen Teil des politisch-psychologischen Kredits verspielt, der mit der Einigung in Helsinki aufgebaut worden war. Andererseits waren führende Außenpolitiker der Union, wie der ehemalige Außenminister Gerhard Schröder, trotz aller Kritik an der Politik der Bundesregierung ebenfalls der Meinung, daß »Ausgleich und Kooperation« mit Polen das »Herzstück« deutscher Osteuropapolitik sei.[73] Die Frage nach dem Stellenwert Polens in der bundesrepublikanischen Außenpolitik stellte sich ungeachtet großer Gesten und Symbole immer wieder neu.

Mit der Einbeziehung der parlamentarischen Opposition im Bundestag und des CDU/CSU-dominierten Bundesrats in Details der deutsch-polnischen Vereinbarungen, insbesondere die Diskussion über den Wortlaut des Ausreiseprotokolls, war die CDU/CSU, die bisher die konkrete Ausgestaltung der sozialliberalen Osteuropa- und Polenpolitik scharf kritisiert hatte, praktisch zu einem Verhandlungspartner auf Regierungsebene geworden. Damit war sie, die bisherige prinzipielle Kritikerin, stärker als jemals seit 1969 wieder in die konkrete Formulierung der Polenpolitik einbezogen. Einerseits hatte die Polen-Diskussion 1975/76 die alleinige Kompetenz der Regierung bei der konkreten Ausgestaltung der Außenbeziehungen zu Polen untergraben, andererseits wurde die Opposition mehr als jemals zuvor in die Konzeption der seit 1969 geltenden Prämissen der Entspannungs- und Polenpolitik integriert, besser gesagt: ließ sie sich in dieses Konzept integrieren, ohne ihre grundsätzliche Skepsis gegenüber der Philosophie der Entspannungspolitik und der Politik des »Wandels durch Annäherung« bzw. durch Anerkennung bereits überwunden zu haben. Jedenfalls war ein wichtiger Schritt zur Versachlichung der Polenpolitik in der Bundesrepublik getan, als die größte Oppositionspartei den Argumenten einer Fundamentalopposition den Boden entzog. Die CDU/CSU hatte sich konkret einbinden lassen. Sie beschritt den für sie schmerzlichen Weg der Anerkennung der Grundlagen der neuen Ostpolitik, einen Weg, den sie erst Mitte der achtziger Jahre als Regierungspartei zu Ende gehen sollte.

## 7.2.4 Stagnation auf höherem Niveau

Nach dem Inkrafttreten der deutsch-polnischen Vereinbarungen öffnete sich der Weg für den seit langem geplanten Besuch von Parteichef Gierek in der Bundesrepublik Deutschland. Im Vordergrund des deutschen Inter-

---

73 Link, Außen- und Deutschlandpolitik in der Ära Schmidt 1974-1982, in: Jäger/Link (Hrsg.), S. 308.

esses stand in diesem Zusammenhang die Ausweitung der kulturellen Beziehungen mit Polen und der Abschluß eines Kulturabkommens. Hierbei mußte die Bonner Seite ins Kalkül zu ziehen, daß die Warschauer Führung abgesehen von ideologischen Vorbehalten gegen einen freien Kulturaustausch gerade in Fragen der Präsenz deutscher Kultur in Polen auf den Ost-Berliner Verbündeten Rücksicht nehmen würde.

Zu den ungelösten Fragen im Verhältnis mit Warschau gehörten die Schreibweise von Ortsnamen in den ehemaligen deutschen Ostgebieten im Schriftverkehr zwischen den Behörden beider Seiten und das Problem der deutschen Staatsangehörigkeit von polnischen Staatsbürgern nach Artikel 116 GG. Die Frage der Einbeziehung West-Berlins in bundesdeutsch-polnische Abkommen war für Bonn immer noch nicht befriedigend gelöst, da Warschau sich in dieser Angelegenheit loyal gegenüber Ost-Berlin und Moskau verhielt. Ein Konsularabkommen war deswegen bisher gescheitert.

Andererseits konnte die Bundesregierung von einem geradezu überlebenswichtigen Interesse der Gierek-Equipe am Ausbau der Wirtschaftsbeziehungen mit der Bundesrepublik und an der finanziellen Unterstützung für die politbürokratischen Projekte der industriellen Modernisierung Polens ausgehen, die bereits Mitte der siebziger Jahre im Strudel der Verschuldung Polens zu scheitern drohten.

Das wirtschaftlich begründete Interesse an einem Ausbau der Beziehungen zur Bundesrepublik schien auch die Realisierungschancen für ein Kulturabkommen unter Einbeziehung von Berlin (West) zu vergrößern. Hierbei bereitete allerdings der polnischen Seite die bundesdeutsche Haltung zu den Empfehlungen der deutsch-polnischen Schulbuchkommission Schwierigkeiten. Die Bundesregierung mußte darauf hinweisen, daß die Umsetzung der Braunschweiger Empfehlungen der deutsch-polnischen Historikerkommission in den Lehrbüchern wegen der Kulturhoheit der Länder in deren Händen lag. Die Bundesregierung konnte beispielsweise nicht verhindern, daß sich Bayern und Baden-Württemberg weigerten, die Empfehlungen in die Praxis umzusetzen. Ein weiterer strittiger Punkt war die Bezeichnung der deutsch-polnischen Grenze in den Schulatlanten der Bundesrepublik. Im Einklang mit der völkerrechtlichen Lage wurde die polnische Westgrenze entlang der Oder-Neiße-Linie eingezeichnet, aber die Grenze des Deutschen Reiches im Osten wurde durch die berühmte »Perlenkette«[74] sichtbar gemacht.[75]

Am Rande des Besuchs von Außenminister Olszowski in der Bundesrepublik unmittelbar nach der Ratifizierung der Polen-Vereinbarungen (6.-9.4.1976) wurden sechs Arbeitsgruppen gebildet, die sich den Einzelpro-

---

74 Mit der »Perlenkette« oder »Perlenschnur« wurde die Kennzeichnung der deutschen Ostgrenzen nach dem Stand vom 31.12.1937 in Kartenwerken, u.a. physischen Karten in Lehrmaterialien zum Politik-, Geschichts- und Geografieunterricht, umschrieben, die nach 1970 erschienen waren. In diesen Werken wurden in der Regel

blemen widmeten und sie unterschriftsreif ausarbeiten sollten. Die erste Gruppe befaßte sich mit bilateralen Fragen, mit der politischen Situation nach der Ratifizierung der Verträge, dem Briefwechsel der beiden Außenminister, der Behandlung von Schlichtungsfällen sowie der Rolle der Rotkreuz-Gesellschaften. Die zweite Gruppe konzentrierte sich auf KSZE-Fragen, die Folgen der Helsinki-Konferenz und die Implementierung der Schlußakte. Kultur- und Jugendaustausch wurden in der dritten Arbeitsgruppe behandelt. In der vierten Gruppe bereiteten die Protokollchefs den Gierek-Besuch vor. In der fünften befaßten sich die Wirtschaftssachverständigen mit der weiteren Entwicklung der Zusammenarbeit und dem im Juni bevorstehenden Treffen der deutsch-polnischen Regierungskommission, und in der sechsten Arbeitsgruppe kam es zu einer Begegnung des stellvertretenden polnischen Außenhandelsministers Pruchniewicz mit deutschen Industrievertretern.[76]

Der Besuch von Parteichef Gierek in der Bundesrepublik (8.-12.6.1976) bot den großen deutschen Parteien Gelegenheit, ihren Standpunkt zum Verhältnis zwischen der Bundesrepublik und Polen aktuell zu definieren. Die SPD-Spitze sprach in einer Erklärung von der »geschichtlichen Tragweite« des Besuchs und von einer »wichtigen Station im Verhältnis zwischen beiden Staaten«. Für die FDP war der Besuch ein entscheidender Meilenstein auf dem Wege zur vollen Normalisierung. Die Stellungnahme der CDU/CSU-Fraktion war reserviert, aber wohlwollend. Zugleich forderte sie die Bundesregierung auf, die Menschen- und Gruppenrechte der Deutschen in Polen in den Gesprächen mit der polnischen Delegation anzusprechen, und erinnerte an ihren Vorschlag vom Dezember 1970 über einen deutsch-polnischen Jugendaustausch.[77] Heftige Angriffe richtete der Präsident des BdV und CDU-Abgeordnete Czaja an die Adresse der polnischen Führung. Er sprach in einem Zeitungsbeitrag ein wirkliches Problem an und zog zugleich die falschen Schlußfolgerungen. Czaja wies auf die mangelnde

---

die Oder-Neiße-Grenze und die polnisch-sowjetische Grenze in Ostpreußen als Staatsgrenzen ausgewiesen. Was die polnische Seite freilich aufbrachte, war die Tatsache, daß das polnische Staatsgebiet durch die »Perlenschnur« in seiner völkerrechtlichen Beständigkeit unterschiedlich interpretiert wurde. Die polnischen Vertreter forderten seit 1971 bei jeder sich bietenden Gelegenheit, die 1953 herausgegebenen Richtlinien zur »Ostkunde« im Unterricht wie auch die Bezeichnungs- und Kartenrichtlinie des Ministers für gesamtdeutsche Fragen, Erich Mende, aus dem Jahre 1965 durch Richtlinien zu ersetzen, die der polnischen Interpretation des Warschauer Vertrags von 1970 entsprachen als dem Vertrag, der die deutsch-polnische Grenzfrage endgültig und vorbehaltlos geregelt habe. Siehe u. v. a. Lech Janicki, Zu einigen rechtlichen Aspekten des Normalisierungsprozesses, in: Jacobsen/Schweitzer/Sułek/Trzeciakowski (Hrsg.), S. 161-184, hier S. 179ff.

75 Siehe auch Ingo von Münch, Abnormitäten der Normalisierung. Gedanken zum deutsch-polnischen Verhältnis, in: liberal, 7-8, 1978, S. 590-593.
76 »Gierek will in Bonn weitere Abkommen unterzeichnen«, in: FAZ, 8.4.1976.
77 »Gierek in Hamburg mit militärischen Ehren empfangen«, in: FAZ, 9.6.1976.

demokratische Legitimation der PVAP-Führung und die mangelnde nationale Souveränität Polens hin. Soeben war die neue polnische Verfassung verabschiedet worden, die sowohl die Herrschaft der Kommunisten als auch den Internationalismus noch tiefer verankerte als die erste volksdemokratische Verfassung von 1952. Czaja zog daraus den Schluß, daß die Bundesregierung Verständigung mit einer Führung suche, die nicht das polnische Volk und seinen Freiheitswillen repräsentiere.[78]

Czaja rührte hier an ein Problem, vor dem die westlichen Demokratien in ihrem Verhältnis zu den sozialistischen Staaten grundsätzlich standen und das sie nicht lösen konnten. Erst mit dem Aufkommen der Demokratiebewegungen in den achtziger Jahren in Ostmitteleuropa und insbesondere in Polen wurde es zu einem Dilemma der operativen Politik, das insbesondere die Ostpolitik der Bundesrepublik betraf. Bis Ende der siebziger Jahre war das Fehlen einer konkreten Alternative der Trumpf der Realisten und die Schwäche der Argumentation, wie sie hier von Czaja angebracht wurde. Vor allem ging er fehl in der Annahme, mit authentischen Vertretern des polnischen Volkes gebe es noch etwas über die Oder-Neiße-Grenze zu verhandeln. Gerade in der Grenzfrage konnten die polnischen Kommunisten seit Beginn ihrer Herrschaft mit der Solidarität der Bevölkerung rechnen.

Allerdings ergab sich im Zusammenhang mit dem Gierek-Besuch in Bonn zum dritten Mal in der Geschichte der bundesdeutsch-polnischen Beziehungen seit 1949 eine relativ günstige Verhandlungsposition Bonns gegenüber Polen. Sie war allerdings auch mit einem Risiko verbunden, das die Herrschaftssicherung der jeweiligen kommunistischen Führung in Warschau barg. Die Gunst der Stunde bestand in der Schwäche des herrschenden Parteiequipe (Gomułka 1969/70, Gierek 1975/76) bzw. in einem besonderen Legitimationsbedürfnis (Gomułka 1957/58). In diesen Phasen konnte die jeweilige Bundesregierung mit einem polnischen Entgegenkommen rechnen, das in Perioden der Stärke des Regimes weniger ausgeprägt war. Einmal hatte die Bundesregierung die Chance nicht genutzt. Das war in den ersten zwei Jahren nach der Rückkehr Gomułkas an die Macht. In der Agonie der Ära Gomułka gab der Wunsch der polnischen Führung nach außen- und deutschlandpolitischer Entlastung und westdeutscher Wirtschaftshilfe der Bundesregierung die Gelegenheit, die Beziehungen mit Warschau zu »normalisieren«, ohne die Essentials der bundesdeutschen Deutschlandpolitik aufzugeben. Gleichzeitig ging Bonn aber das Risiko ein, die Herrschaft des Gomułka-Regimes mit einer auch von Gomułka als außenpolitischer Erfolg deklarierten Westdeutschlandpolitik zu verlängern. Da für Bonner

---

78 Siehe Herbert Czaja in: Erklärungen zur Deutschlandpolitik. Eine Dokumentation von Stellungnahmen, Reden und Entschließungen des Bundes der Vertriebenen, Vereinigte Landsmannschaften und Landesverbände. Teil II: 1973-1978, Bonn 1986, S. 203-207.

Polenpolitik freilich deutsche Interessen Priorität besaßen und nicht mögliche Auswirkungen auf innerparteiliche Machtkämpfe in Polen, konnte eine solche Eventualität nicht verhandlungsbestimmend sein. Gomułkas politisches Schicksal entschied sich jedoch nicht an der Außenpolitik, sondern am Primat der Innenpolitik. Und jetzt, im Frühjahr 1976, versuchte Gierek, die dramatische Zuspitzung der Wirtschaftslage und eine drastische Korrektur der Preispolitik durch einen außenpolitischen Erfolg zu überspielen und innenpolitisch Punkte zu machen. Die innerpolnischen Folgen der jeweiligen Polenpolitik bestimmten das Handeln der Bonner Akteure jedoch kaum. Ihre Aufgabe sahen sie selbstverständlich darin, bestimmte deutsche Interessen gegenüber der polnischen Führung erfolgreich geltend zu machen.

Während des Gierek-Besuchs in der Bundesrepublik wurde eine Reihe von Abkommen und Erklärungen unterzeichnet. Es handelte sich um die Gemeinsame deutsch-polnische Erklärung vom 11. Juni 1976, ein Abkommen über kulturelle Zusammenarbeit, ein Abkommen über die weitere Entwicklung der Zusammenarbeit auf wirtschaftlichem Gebiet[79] und 14 Kooperationsabkommen, darunter ein Abkommen auf dem Gebiet der Steinkohlevergasung, dessen Finanzierungsumfang auf 2,65 Mrd. DM veranschlagt wurde.[80]

Die deutsch-polnische Erklärung faßte die guten Absichten beider Seiten zusammen, wobei die polnische Seite insbesondere der Komplex der wirtschaftlichen Zusammenarbeit interessierte. Von Bonn wurde der Ausbau der kulturellen Beziehungen höher eingestuft. Sie nahmen im Abschnitt VI der Erklärung einen breiten Raum ein. Auf Drängen Bonns wurde darauf hingewiesen, daß auch die »Lösung humanitärer Probleme«, d. h. Ausreisen und Familienzusammenführung, zur Verwirklichung der Gemeinsamen Erklärung beitragen sollen.[81] Die Schulbücher in beiden Staaten sollten inhaltlich so gestaltet werden, daß sie »eine umfassendere Kenntnis und ein besseres gegenseitiges Verständnis« förderten.[82] Erstmals wurden hier in einem deutsch-polnischen Dokument die von Bonn gewünschte Einrichtung einer deutsch-polnischen Jugendbegegnungsstätte in Polen und die Förderung des Jugendaustauschs erwähnt.[83] Darüber hinaus wurde vereinbart, »ein Forum für regelmäßige Treffen von Politikern, Wirtschaftlern, Wissenschaftlern und Publizisten beider Länder zu schaffen, um im beiderseitigen Interesse liegende Fragen gemeinsam zu diskutieren sowie Anregungen für den Ausbau der Beziehungen zu geben«.[84] Die Hoffnungen der

---

79 Wortlaut der Erklärung und der Abkommen in: EA F15/1976, S. D385-388.
80 Vgl. Schweitzer, Konflikt und Kooperation, S. 128f.
81 EA F15/1976, S. D387.
82 Ebenda, S. D388.
83 Ebenda.
84 Ebenda.

deutschen Seite, daß das Forum den beiderseitigen Beziehungen wirklich neue Anstöße geben, über das hinauszugehen könnte, was die offizielle Politik vorgab, außerdem autonom und innovativ wirken könnte, konnten sich bis zum Systemwechsel 1989 jedoch nicht erfüllen. Dieses Forum erwies sich wegen seiner direkten politischen Instrumentalisierung seitens der polnischen Parteiführung nicht als Korrektiv oder Motor, sondern als Barometer des aktuellen Stands der bilateralen Beziehungen.[85]

Die Unterzeichnung des Kulturabkommens kam dem deutschen Wunsch nach einer qualitativen Ausweitung der deutsch-polnischen Beziehungen auf der menschlichen Ebene entgegen. Die Errichtung eines Kulturinstituts in Warschau konnte die Bundesregierung jedoch wegen einer Intervention der DDR-Führung nicht durchsetzen. Die DDR hatte ihren kulturellen Alleinvertretungsanspruch erfolgreich verteidigt.[86]

Als politisches Zugeständnis der polnischen Seite wurde die Verpflichtung gewertet, die sogenannte Frank-Falin-Formel (»Entsprechend dem Vier-Mächte-Abkommen vom 3.9.1971 wird dieses Abkommen in Übereinstimmung mit dem festgelegten Verfahren auf Berlin (West) ausgedehnt.«) zu akzeptieren, nach der die Kulturvereinbarungen ausdrücklich auf Berlin (West) ausgeweitet wurden. Für das Abkommen über die wirtschaftliche Zusammenarbeit wurde die gleiche Formulierung verwendet.

Die während des Gierek-Besuchs unterzeichneten Erklärungen und Abkommen spiegelten eine Atmosphäre politischen Harmoniebedürfnisses beider Seiten wider, begründeten aber keinen unmittelbaren Handlungszwang, da sie vorwiegend appellativen Charakter besaßen. Wenn der von beiden Seiten zum Ausdruck gebrachte gute Willen oder notwendige Ausgangsbedingungen für gemeinsame Projekte in Zukunft fehlen sollten, dann wäre die polnische Seite der schwächere Partner gewesen. Es ist bei zwei Verhandlungspartnern immer problematisch, das politische Gewicht von kulturpolitischen oder humanitären Gesichtspunkten gegen wirtschaftliche oder finanzpolitische Interessen abzuwägen und zu behaupten, daß das wirtschaftliche Interesse des Akteurs A höher zu veranschlagen sei als das Interesse an der humanitären Dimension bei Akteur B. Blickt man jedoch auf das Gewicht der Partner, die Interessenlage sowie die innenpolitische Stärke der Akteure im westdeutsch-polnischen Dialog im Frühjahr 1976, dann war Polen unzweifelhaft der Vertragspartner, dem bei Nichterfüllung der wirtschafts- und finanzpolitischen Erwartungen beider Seiten mehr Schaden entstanden wäre als der Bundesrepublik bei einer restriktiven Handhabung

---

85 Siehe Dieter Bingen, Zehn Jahre Vertrag mit Polen. Möglichkeiten und Hindernisse auf dem Wege der Verständigung, in: Osteuropa, 3, 1981, S. 187-199; Dieter Bingen, Bonn – Warschau 1949-1988: Von der kontroversen Grenzfrage zur gemeinsamen europäischen Perspektive? Köln 1988 (Berichte des BIOst, 13/1988), S. 35ff.
86 Vgl. auch Peter Bender, Ende der Nachkriegszeit. Zum Besuch Edward Giereks in der Bundesrepublik, in: DA, 7, 1976, S. 707-711, hier S. 709.

von kulturellen oder humanitären Belangen (Kulturaustausch, Umsiedlung/ Familienzusammenführung). Die Bundesrepublik konnte sich in der konkreten Situation in der zweiten Hälfte der siebziger Jahre immerhin auf die von Polen mitunterschriebene Helsinki-Schlußakte und menschen- und bürgerrechtliche Mindeststandards berufen, während die desolate wirtschafts- und finanzpolitische Situation Polens gute Gründe für wirtschaftliche und finanzielle Zurückhaltung seitens der Bundesrepublik und der westdeutschen Wirtschaft lieferte.

Allerdings erhielt Warschau die Kredite, die es von Bonn erwartet hatte. Im November 1976 wurden in Warschau Abkommen über polnische Kupferlieferungen und einen Kredit von 300 Mio. DM unterzeichnet.[87] Im Dezember 1976 erfolgte die Unterzeichnung eines Rahmenvertrags über einen Kredit in Höhe von 500 Mio. DM als Teil des Finanzierungspakets von 2,5 Mrd. DM für das Kohlevergasungsprojekt.[88] Die Krisenerscheinungen der polnischen Wirtschaft und die begründete Skepsis und Zurückhaltung der deutschen Unternehmen im »Polengeschäft« führten aber in der Tat bereits seit Anfang 1977 zu einer Stagnation in den bilateralen Wirtschaftsbeziehungen.[89]

Die innenpolitische Entwicklung in Polen hatte keinen direkten Einfluß auf die Polenpolitik der sozialliberalen Bundesregierung. Weder die abnehmende Zuverlässigkeit des polnischen Partners, insbesondere im Bereich von Wirtschaft und Finanzen, noch die allmähliche, aber deutliche Erosion der innenpolitischen Machtbasis und Legitimation der PVAP-Führung in den letzten Jahren der Gierek-Ära zogen größere politische Zurückhaltung der Bundesregierung und insbesondere des Bundeskanzlers nach sich. Die persönliche Sympathie von Helmut Schmidt für seinen Gesprächspartner Edward Gierek gehörte zu den besonderen subjektiven Faktoren, die die Polenpolitik der SPD-FDP-Bundesregierung bis zum Regierungswechsel 1982 bestimmten.

Ein dauerhaftes Erstarken der demokratischen Oppositionsbewegung nach 1976 wurde weder von der Bundesregierung noch von der parlamentarischen Opposition ins Kalkül gezogen und somit die Legitimierung der Adressaten westdeutscher Polenpolitik nicht sichtbar reflektiert. Noch viel weniger wurden in Bonn neue Sichtweisen des deutsch-polnischen Verhältnisses innerhalb der polnischen Oppositionsbewegung wahrgenommen. Weder die Politik noch die Medien in der Bundesrepublik würdigten – von wenigen Ausnahmen abgesehen[90] – die Deutschland-Dokumente der »Pol-

---

87 AdG, 1976, S. 20566.
88 AdG, 1976, S. 20635.
89 Siehe Statistisches Jahrbuch für die Bundesrepublik Deutschland, Jahrgänge 1975-1980, Statistisches Bundesamt Wiesbaden 1976-1981.
90 Siehe »Polen: ›Keine Feinde kultivieren‹«, in: Die Zeit, 29, 14.7.1978.

nischen Verständigung für Unabhängigkeit« (PPN).[91] Es handelte sich um einen kleinen Oppositionszirkel, dem prominente Persönlichkeiten angehörten, wie Gustaw Herling-Grudziński, Leszek Kołakowski, Zdzisław Najder, Jan Olszewski und Jan Józef Szczepański.[92] Die alternativen Vorstellungen über polnisch-deutsche Beziehungen, wie sie von PPN Ende der siebziger Jahre formuliert wurden, waren noch kein Allgemeingut der sich formierenden demokratischen Oppositionsbewegungen. Größere Aufmerksamkeit hätten die Veröffentlichungen schon damals verdient, da jede Stärkung und Verstetigung von Systemopposition in Polen zumindest indirekt Folgen für die Gestaltung der deutsch-polnischen Beziehungen hätte haben müssen.

Die in der Bundesrepublik hauptsächlich von Vertriebenenkreisen und vereinzelten konservativen Politikern wahrgenommene Deutschland-Diskussion in polnischen Oppositionskreisen korrespondierte mit einer in der zweiten Hälfte der siebziger Jahre in der bundesdeutschen Publizistik kurzzeitig aufgekommenen Wiedervereinigungsdiskussion, die aber nicht direkt die Politik der sozialliberalen Bundesregierung gegenüber Polen tangierte. Selbstverständlich mußte jedoch jede Debatte über die deutsche Frage in der Bundesrepublik die Polenpolitik berühren, da nach dem Prinzip der kommunizierenden Röhren eine Veränderung des Status quo im deutsch-deutschen Verhältnis die Grenzfrage auf die Tagesordnung setzen mußte, war doch die endgültige völkerrechtliche Regelung der deutschen Ostgrenze von einer seitens der vier Siegermächte des Zweiten Weltkriegs sanktionierten Friedensregelung mit Deutschland abhängig.[93]

Ende der siebziger Jahre gab es Entwicklungen und Entscheidungen im Rechtssystem der Bundesrepublik, die zwar nicht direkt als Bestandteil einer bestimmten außenpolitischen Konzeption gegenüber Polen betrachtet werden konnten, aber mittelbar oder unmittelbar das Verhältnis zu Polen berührten und von der polnischen Politik als Konsequenz einer bestimmten Polenpolitik interpretiert wurden.

So nahm im Jahr 1977 die Staatsanwaltschaft Hagen in Westfalen Ermittlungen gegen sieben namentlich bekannte Polen auf, die als Wachmannschaft im Lager Lamsdorf (Łambinowice) in Oberschlesien tätig gewesen waren. In diesem Internierungslager waren zwischen Juli 1945 und September 1946 zahlreiche Deutsche, Erwachsene und Kinder, erschlagen worden oder an Folter und Hunger zugrunde gegangen. Es gab im Rechtssystem des demokratischen Rechtsstaats Bundesrepublik keiner-

---

91 Siehe Polen und Deutschland. Gedanken polnischer Oppositioneller zur deutschen Wiedervereinigung, in: Osteuropa, 2, 1979, S. A1101-A1105.
92 Siehe Dariusz Cecuda, Leksykon opozycji politycznej 1976-1989 [Lexikon der politischen Opposition 1976-1989], Warszawa 1989, S. 81f.
93 Siehe auch Dieter Bingen, Warschauer Sorgen – Die Bonner Deutschlandpolitik 1969-1979, in: DA, 2, 1980, S. 180-191, hier S. 187f.

lei Handhabe, aus opportunistischen Gründen Verbrechen an Deutschen nur aus dem Grunde nicht zu ahnden, daß andere Deutsche zuvor massenhaft Verbrechen an Polen begangen hatten.[94] Die polnischen Medien reagierten allerdings, wie zu erwarten, mit dem bekannten Revisionismus- und Antipolentumvorwurf darauf.

Angesichts der weiterhin bestehenden völkerrechtlichen Lage, wie sie auch in Artikel 4 des Warschauer Vertrags von 1970 bestätigt worden war (Nichtberührungsklausel), blieb die bundesdeutsche Rechtsprechung und Gesetzgebung weiterhin an eine komplexe und juristischen Laien kaum vermittelbare Rechtsauffassung gebunden, die von der offiziellen polnischen Seite als revisionistisch und vertragswidrig – gegen den Geist und Buchstaben des Warschauer Vertrags gerichtet – interpretiert wurde. Da der Friedensvertragsvorbehalt und Vier-Mächte-Verantwortung für Deutschland als Ganzes aufrechterhalten werden mußten, war jede Grenzregelung, die die Bundesrepublik einging, mit einem Vorbehalt verbunden, an dem auch die bundesrepublikanische Rechtsprechung und Gesetzgebung nicht vorbeikonnte. Da andererseits eine operative Wiedervereinigungspolitik in den siebziger Jahren als illusionär gelten mußte und die deutsche Einheit – zumindest in der ersten Hälfte der siebziger Jahre – von immer weniger Politikern in der Bundesrepublik als Ziel deklariert wurde, mußte die Diskrepanz zwischen augenscheinlicher Realität und juristischer Konstruktion viel krasser erscheinen, als dies beispielsweise im Jahre 1990 im »Zwei-plus-Vier«-Verhandlungsprozeß der Fall sein sollte, als auf einmal die scheinbar nutzlosen, ja sogar für bundesdeutsche Deutschland- und Außenpolitik vermeintlich hinderlichen Rechtskonstruktionen ihren Sinn bewiesen.

Zu den Urteilen, die das Verhältnis zu Polen direkt tangierten, gehörten die Urteile des Bundesverfassungsgerichts vom 31. Juli 1973 und vom 7. Juli 1975 sowie der Beschluß des Bundessozialgerichts vom 30. September 1976, in denen zum Ausdruck kam, daß das Deutsche Reich in den Grenzen vom 31. Dezember 1937 noch nicht untergegangen war bzw. die ehemaligen deutschen Gebiete östlich von Oder und Lausitzer Neiße durch das Inkrafttreten des Warschauer Vertrags am 3. Juni 1972 nicht zum »Ausland« geworden waren.

---

94 Erst Anfang der neunziger Jahre begann auch die polnische Publizistik, sich mit diesem tragischen Aspekt der polnisch-deutschen Beziehungen in der unmittelbaren Nachkriegszeit zu beschäftigen und den Rechtsgrund für die Haltung der deutschen Justiz zu würdigen; vgl. J. Ruszczewski, Ziemia tragiczna. Obóz w Łambinowicach. [Tragische Erde. Das Lager Lamsdorf] 1945-1947, in: Tygodnik Powszechny, 13.5.1990; Edmund Nowak, Cień Łambinowic. Próba rekonstrukcji dziejów Obozu Pracy w Łambinowicach 1945-1946 [Schatten von Lamsdorf. Versuch einer Rekonstruktion des Arbeitslagers Lamsdorf 1945-1946], Opole 1991; siehe auch Literaturhinweise in der Einleitung, in: Manfred Gebhardt/Joachim Küttner, Deutsche in Polen nach 1945. Gefangene und Fremde, bearb. von Dieter Bingen, München 1997.

Die Benutzung deutscher Ortsnamen für Ortschaften in den ehemaligen deutschen Ostgebieten in den Grenzen von 1937, die nach den deutsch-polnischen Verträgen von 1990/91 kein grundsätzliches Problem mehr ist, da sie pragmatisch gehandhabt wird (in deutschsprachigen Dokumenten deutsche Ortsnamen mit Ausnahme der in der Nazizeit germanisierten, in polnischsprachigen Dokumenten die polnischen Ortsnamen), führte in den siebziger Jahren noch zum permanenten Revisionismusvorwurf. Damit wurden auch das bundesdeutsche Staatsbürgerschaftsgesetz und das Bundesvertriebenengesetz belegt, nach dem die Spätaussiedler aus Polen weiterhin ein Anrecht auf den Vertriebenenausweis hatten.

Die zahlreichen juristischen Einwände der polnischen Seite, insbesondere der Vorwurf an die Bundesrepublik, die innerstaatliche Umsetzung angeblicher Verpflichtungen aus dem Warschauer Vertrag zu boykottieren, hinderten die Bundesregierung nicht daran, weiterhin einen politischen Ausgleich mit der innenpolitisch und wirtschaftlich immer mehr unter Druck geratenden Gierek-Equipe zu suchen. So reiste Bundeskanzler Schmidt vom 21. bis 25. November 1977 zum Gegenbesuch nach Polen.[95] Es war der erste Kanzlerbesuch in Polen seit der Brandt-Reise im Dezember 1970.[96]

Die Bereitschaft Bonns zu atmosphärischer Entspannung änderte aber nichts an der Grundhaltung deutscher Politik und Rechtsprechung in den für die damalige polnische Führung so wichtigen Prestigefragen. Bundeskanzler Schmidt nahm die Gelegenheit wahr, Gierek darauf hinzuweisen, daß auch viele Christdemokraten Verständigung mit Polen suchten. Er nannte ausdrücklich Richard von Weizsäcker, Rainer Barzel, Helmut Kohl, Heinrich Köppler und Klaus von Bismarck.[97] Nach Schmidts Aufzeichnungen legte Gierek Wert darauf, auch den Namen Gerhard Schröders hinzuzufügen, während Schmidt Franz-Josef Strauß gegen die Kritik von Gierek, »wie immer«, verteidigte.

Am letzten Tag des Schmidt-Besuchs wurde ein deutsch-polnisches Memorandum über die Erweiterung der wirtschaftlichen Zusammenarbeit zwischen mittleren und kleineren Unternehmen der beiden Länder unterzeichnet, an dem der polnischen Seite viel lag. Allerdings gab es in Polen seinerzeit kaum mittlere und kleinere Unternehmen, die auf die Entwicklung des Handelsvolumens hätten spürbar einwirken können. In den für Polen wichtigen Fragen, wie der Verbesserung der Zugangskonditionen bzw. Absatzgarantien für polnische Produkte auf dem bundesdeutschen Markt, konnte die Bundesrepublik wegen EG-einheitlicher Normen bzw.

---

95 Siehe Schmidt, Die Deutschen und ihre Nachbarn, S. 491ff.
96 Kommuniqué in: EA, F2/1978, S. D34.
97 Vermutlich handelt es sich hier um ein Versehen, und Schmidt meinte den Bruder des ehemaligen WDR-Intendanten, den CDU-Politiker Philipp von Bismarck. (Schmidt, Die Deutschen und ihre Nachbarn, S. 491)

wegen marktwirtschaftlicher Grundsätze polnischen Wünschen nicht entsprechen.

Ein besonderes deutsches Anliegen, nämlich die Erleichterung des Kulturaustauschs, kam während des Besuchs des Bundeskanzlers in Warschau zum Zuge. Das während des Gierek-Besuchs in Bonn unterzeichnete Kulturabkommen wurde durch einen Notenaustausch in Kraft gesetzt.[98]

Weit mehr Beachtung als die politischen Signale, die in der deutsch-polnischen Erklärung gesetzt wurden, fand bei den Politikern in Warschau jedoch der Vortrag, den Schmidt im Polnischen Institut für Internationale Angelegenheiten hielt.[99] Vor seinen polnischen Zuhörern bekannte sich der deutsche Bundeskanzler zur deutschen Wiedervereinigung im Rahmen des europäischen Entspannungsprozesses. In der Entspannungspolitik sei zähe Ausdauer notwendig. Für die Deutschen sei Entspannung noch in einer besonderen Weise bedeutsam, weil sie in zwei Staaten lebten. Schmidt stellte Gemeinsamkeiten zwischen den polnischen Teilungen und der deutschen Teilung fest – ein Vergleich, der von polnischen Kommunisten und Nationalisten nie anerkannt wurde, weil sie die Teilung des in zwei Staaten existierenden Deutschland mit dem Verlust der Staatlichkeit Polens nicht verglichen wissen wollten. Um den polnischen Ängsten den Wind aus den Segeln zu nehmen, lehnte Schmidt die Wiedervereinigung Deutschlands im Rahmen eines traditionellen Nationalstaats ab, dessen Rolle er angesichts der Atombombe und der internationalen Entspannungspolitik grundsätzlich gemindert sah. Die Polen versuchte er mit der Feststellung zu beruhigen: »Die Frage der staatlichen Einheit Deutschlands ist auf absehbare Zeit nicht lösbar: darüber machen sich in beiden Teilen Deutschlands nur sehr wenige Menschen eine Illusion.«[100]

Die Deutschland-Passagen des Schmidt-Vortrags in Warschau machten deutlich, daß am Ende der siebziger Jahre die Wiedervereinigungsproblematik nicht auf der Tagesordnung der europäischen Politik stand, aber deutsche Politiker im Gegensatz zu den Tendenzen der ersten Hälfte der siebziger Jahre auch gegenüber den empfindlich auf Zwischentöne reagierenden Polen wieder offener über die Status-quo-Fragen in Europa argumentierten.

Ein weiteres Merkmal unterschied den Schmidt-Besuch in Warschau im Herbst 1977 von den bisherigen westdeutsch-polnischen Begegnungen der siebziger Jahre. In der Gemeinsamen Erklärung, die zum Abschluß des Kanzlerbesuchs veröffentlicht wurde,[101] fehlte ein Hinweis auf die Proble-

---

98 Siehe EA, F2/1978, S. D37.
99 Wortlaut ebenda, S. D24-32.
100 Ebenda, S. D28; siehe auch Dettmar Cramer, Nachbar Polen, in: DA, 2, 1978, S. 122-124.
101 Wortlaut in: Deutsch-polnische Verständigung. Bundeskanzler Helmut Schmidt in Polen, Bonn 1978, S. 70-80.

matik der Familienzusammenführung/Umsiedlung. Polen hatte sich nach 1975 darum bemüht, die am Rande der KSZE-Konferenz gegebenen Zusagen zu erfüllen. Zwischen 1976 und 1979 übersiedelten mit jährlicher Steigerungsrate insgesamt 134.595 Personen in die Bundesrepublik. Damit ließ Warschau mehr Personen ausreisen als im Ausreiseprotokoll von 1976 vereinbart worden war.[102] Für die Bundesregierung waren damit in einem prioritären Punkt der bilateralen Beziehungen eindeutige Fortschritte sichtbar geworden.

In anderen Bereichen, die für die bundesdeutsche Seite in den Beziehungen zu Polen einen hohen Stellenwert besaßen, wie die kulturelle Präsenz in Polen[103] und eine allmähliche Gesundung der Wirtschafts- und Finanzbeziehungen, gab es kaum Fortschritte. Im wirtschaftlichen Bereich nahm die Schieflage sogar weiter zu. Polen konnte ausgerechnet im wirtschaftlichen Bereich, der von der Gierek-Führung als Beweis für den Normalisierungswillen auf deutscher Seite hervorgehoben wurde, keine wesentlichen Erfolge verbuchen. Unterschiedliche Wirtschaftssysteme und das Leistungsgefälle mußten sich bei den rasch kumulierenden Problemen der polnischen Volkswirtschaft und Wirtschaftssteuerung zwangsläufig als unüberwindbare Barriere für die von Warschau ersehnte Erweiterung der Wirtschaftsbeziehungen erweisen. Diese gerieten in der zweiten Hälfte der siebziger Jahre immer mehr aus der Balance.

In den Beziehungen der Bundesrepublik zu Polen gab es immerhin unterhalb der Regierungsebene einige Fortschritte, die aber ebenso wie die politische Verständigungspolitik Bonns und das bundesdeutsche Interesse an der Intensivierung der Wirtschaftsbeziehungen durch die Unterschiedlichkeit der Systeme an ihre Grenzen stießen.

Die bundesdeutsche Seite war in den siebziger Jahren insbesondere an der Erweiterung der Jugendkontakte interessiert. Dabei erwies es sich als grundsätzliches Hindernis für eine freie Begegnung der Jugendlichen, daß die pluralistischen Jugendverbände der Bundesrepublik auf die Monostrukturen der sozialistischen Jugendorganisationen in Polen stießen. Echte Partnerschaft und Austausch konnten sich auf dieser Basis kaum entfalten. Die Tatsache, daß das I. Forum des Bundesjugendrings (DBJR) und des Hauptrats der Föderation der Sozialistischen Verbände der Polnischen Jugend (FSZMP) erst 1978 veranstaltet wurde, war der auffälligste Beweis für die Schwierigkeit, unvereinbare politische und organisatorische Struk-

---

102 Siehe Info-Dienst. Deutsche Aussiedler, 22, März 1991, S. 5.
103 Zur Entwicklung der Kulturbeziehungen in der ersten Hälfte der siebziger Jahre: Gerlind Nasarski, Kulturkontakte zwischen der Bundesrepublik Deutschland und der Volksrepublik Polen 1970-1976. Ein Überblick, in: Jacobsen/Schweitzer/Sułek/Trzeciakowski (Hrsg.), S. 307-313; auch Lawaty in: Die Beziehungen zwischen der Bundesrepublik Deutschland und der Volksrepublik Polen. XIX. deutsch-polnische Schulbuchkonferenz, S. 179-189.

turen auf eine Ebene zu zwingen.[104] Die wirkliche Dynamik in den Begegnungen von Jugendlichen aus beiden Ländern entwickelte sich jedoch, als unabhängig von offiziellen Vereinbarungen westdeutsche Jugendliche, insbesondere aus den konfessionellen Jugendverbänden, von Jahr zu Jahr zahlreicher nach Polen reisten.

Eine wichtige kognitive Basis für die Begegnung sollten die von der Gemeinsamen deutsch-polnischen Schulbuchkommission 1976 beschlossenen und veröffentlichten Empfehlungen für Schulbücher der Geschichte und Geographie bilden.[105] Im Jahre 1970 hatte die Präsidenten der UNESCO-Kommission der Bundesrepublik und Polens auf der 16. UNESCO-Generalkonferenz in Paris die Möglichkeit eines Austauschs und einer wechselseitigen Begutachtung und Verbesserung der Geschichts- und Geographielehrbücher besprochen. Die erste Schulbuchkonferenz fand im Februar 1972 in Warschau statt.[106] Als Vorbild für das Vorhaben galten entsprechende deutsch-westeuropäische Schulbuchkommissionen, die nach dem Zweiten Weltkrieg einen Beitrag zur Friedenssicherung und zur Verständigung zwischen ehemals verfeindeten Völkern in Europa leisten sollten. Bei der deutsch-polnischen Initiative ging es nicht um eine gemeinsame Geschichtsschreibung, sondern um den Versuch, durch Hervorhebung von Konsens und Dissens zu verdeutlichen, daß die Interpretation historischer Daten und Prozesse durch die jeweilige Nationalgeschichte und Interessenlage geprägt wird. Das Problembewußtsein und die Aufmerksamkeit für die eigene sowie fremde Identität sollten gestärkt werden.

Die Empfehlungen waren ein Angebot an Friedenspädagogik. Sie galten als ergänzungsbedürftig und konnten kritisch kommentiert werden. Entscheidend blieb, daß sie – wie von vielen Behörden in der Bundesrepublik nahegelegt – im Unterricht sinnvoll, d.h. als Grundlage eines fruchtbaren Lerndialogs, genutzt wurden.[107] Den Protagonisten in der Bundesrepublik Deutschland galten die Tätigkeit der gemischten deutsch-polnischen Schulbuchkommission und die Schulbuchempfehlungen als ein Beleg für die von der Bundesregierung mit Sympathie begleitete Bereitschaft wichtiger Mitt-

---

104 Vgl. das Abschlußkommuniqué über Verlauf und Ergebnisse des I. Forums der Jugend der Volksrepublik Polen und der Bundesrepublik Deutschland, Bonn, 26. Mai 1978, in: Jacobsen/Tomala (Hrsg.), S. 335-337.
105 Empfehlungen für Schulbücher der Geschichte und Geographie in der Bundesrepublik Deutschland und in der Volksrepublik Polen. Sonderdruck aus: Internationales Jahrbuch für Geschichts- und Geographieunterricht, Bd. XVII, Braunschweig 1977.
106 Zur Tätigkeit der deutsch-polnischen Schulbuchkonferenzen in den ersten vier Jahren siehe Udo Arnold, Schulbuchgespräche zwischen der Bundesrepublik Deutschland und der Volksrepublik Polen; und Władysław Markiewicz, Die Tätigkeit der UNESCO-Schulbuchkommission der VR Polen und der Bundesrepublik Deutschland (1972-1976), in: Jacobsen/Schweitzer/Sułek/Trzeciakowski (Hrsg.), S. 328-364 bzw. S. 365-379.
107 Siehe Jacobsen, in: Jacobsen/Tomala (Hrsg.), S. 45f.

ler der historischen und politischen Bildung (Wissenschaftler, Lehrer), die jungen Deutschen mit einem besser reflektierten Geschichts- und Polenbild zu konfrontieren. Die Kritiker der Schulbuchkommission in der Bundesrepublik monierten ein angebliches Nachgeben gegenüber einer politisch instrumentalisierten Geschichtswissenschaft in Polen und erneute Verfälschung der Geschichte aufgrund deutscher Nachgiebigkeit.[108] Eine Kritik vice versa mußten sich die polnischen Kollegen von »Betonköpfen« in Polen nachsagen lassen.

Grundsätzlich war die von Bonn gewünschte Intensivierung der Beziehungen mit Polen und die »Normalität«, wie sie in den Beziehungen mit befreundeten westeuropäischen Staaten in den zurückliegenden Jahrzehnten eingetreten war, wegen der unterschiedlichen politisch-gesellschaftlichen Systeme und der Zugehörigkeit zu antagonistischen Blöcken trotz der von Warschau geduldeten quantitativen Ausweitung von gesellschaftlichen Kontakten nicht erreichbar. Weder der Besuch von Außenminister Genscher in Polen vom 2. bis 4. November 1978 noch der zweite Besuch Schmidts in Polen in entspannter Urlaubsatmosphäre am 17./18. August 1979 brachten mehr Bewegung in das Verhältnis zu Polen. Aber immer noch zeigte sich der Bundeskanzler beeindruckt von der »Westlichkeit« seiner polnischen Gesprächspartner. Die Offenheit der Gespräche mit Gierek, Jaroszewicz, Babiuch, Czyrek und Wrzaszczyk sei erfrischend gewesen. »Acht oder zehn Stunden lang diskutierten wir über Weltpolitik und Weltwirtschaft, über die Interessen der Staaten Europas, über Rüstung und Rüstungskontrolle. Eine derart ausführliche tour d'horizon hatte ich bis dahin nur mit westlichen Kollegen erlebt.«[109]

Für die Bundesregierung blieb das Verhältnis zu Polen auch in den siebziger Jahren ungeachtet der Status-quo-Aspekte der Ostverträge der Staatsräson einer gespaltenen Nation untergeordnet. Der West-Ost-Antagonismus in den europäischen Beziehungen hatte nicht nur den deutsch-deutschen Sonderkonflikt, sondern zusätzlich einen bundesdeutsch-polnischen Sonderkonflikt in Gestalt der Oder-Neiße-Grenzfrage konstituiert. Die Bereitschaft zur Intensivierung der Beziehungen zu Polen bedeutete nicht, daß die Bundesrepublik den völkerrechtlich wirksamen Vorbehalt bezüglich der Oder-Neiße-Grenze aufgab. Für die polnische Seite war diese rechtliche Frage sowohl real-psychologisch als auch unter dem Gesichtspunkt der Instrumentalisierung, nämlich der Aufrechterhaltung eines Feindbilds, weitaus wichtiger als die Versicherung der politischen Eliten

---

108 Entsprechende Hinweise auch in der ausführlichen Darstellung von Arnold in: Jacobsen/Schweitzer/Sułek/Trzeciakowski (Hrsg.), S. 328-364; siehe auch Josef Joachim Menzel/Wolfgang Stribrny/Eberhard Völker, Alternativ-Empfehlungen zur Behandlung der deutsch-polnischen Geschichte in Schulbüchern, o.O. und o.J.
109 Schmidt, Die Deutschen und ihre Nachbarn, S. 497.

bis in die CDU/CSU hinein, daß materiell an der bestehenden deutsch-polnischen Grenze von deutscher Seite nicht mehr gerüttelt würde.[110]

Gerade am Ende der siebziger Jahre reagierte die polnische Politik und Publizistik irritiert auf das nach ihrer Ansicht immer enger werdende Einvernehmen und die Zusammenarbeit zwischen beiden deutschen Staaten und zugleich auf die Wiederbelebung der Wiedervereinigungsdiskussion, die teilweise aus dem westlichen Ausland, insbesondere aus Frankreich, in die Bundesrepublik hineingetragen wurde.[111] Die sowjetische Afghanistan-Invasion (Dezember 1979), die Stationierung der SS-20-Raketen und der NATO-Doppelbeschluß (Dezember 1979) hatten die Krise der Entspannungspolitik verschärft und sowjetische Positionen verhärtet. Damit korrespondierte eine Verhärtung der polnischen Haltung gegenüber Bonn. Der Bundesrepublik kamen an der Jahrzehntwende in Warschau die Partner für eine Fortführung der bilateralen Normalisierungspolitik abhanden.

Den bundesdeutschen politischen und Einflußeliten wurde anläßlich des III. Forums Bundesrepublik Deutschland – Volksrepublik Polen, das im Mai 1980 in Darmstadt stattfand, klar, daß man in Warschau mit einer zunehmend inflexiblen und verschreckten politischen Führung zu tun hatte, die kaum mehr in der Lage war, bundesdeutsche Initiativen konstruktiv zu beantworten.[112] Während seines Polen-Besuchs (6.-11.7.1980) auf Einladung der Demokratischen Partei (SD) wurde der FDP-Fraktionsvorsitzende Wolfgang Mischnick mit polnischen Befürchtungen konfrontiert, daß die deutsche Frage doch noch nicht »endgültig« geregelt sein könnte. Dabei berief man sich nicht zuletzt auf eine Bemerkung des AA-Staatssekretärs Klaus von Dohnanyi in Darmstadt, der das Streben nach Wiedervereinigung als »Hoffnungsanker« für die meisten Deutschen bezeichnet hatte.[113] Als Mischnick und seine Delegation in Polen weilten, hatte die erste Streikwelle mit mehreren zehntausend Beteiligten das Land bereits erfaßt. Die ersten Streiks waren am 1. Juli im Traktorenwerk »Ursus« (Warschau), in der Omnibusfabrik »Autosan« (Sanok) und in der Maschinen- und Werk-

---

110 Vgl. Texte zur Deutschlandpolitik, Reihe II, Bd. 7: 21. Juni 1978 – 12. März 1980, Bonn 1981, S. 395f.
111 Siehe Dettmar Cramer, Polnische Sorgen, in: DA, 5, 1979, S. 459-461; siehe auch Eduard Neumaier, Deutsch-polnisches Verhältnis. Ein altes Trauma lebt wieder auf. Herbert Wehner wurde in Warschau nicht immer verstanden, in: Die Zeit, 16, 13.4.1979;»Herbert Wehners Deutschlandpläne. Die Nachbarn werden unruhig«, in: Der Spiegel, 11, 12.3.1979; »Wehner-Reise. Angst vorm Fliegen«, in: Der Spiegel, 15, 9.4.1979, S. 128ff.; siehe auch Dieter Bingen, Die Bonner Deutschlandpolitik 1969-1979 in der polnischen Publizistik, Frankfurt/M. 1982.
112 Siehe Bingen, Zehn Jahre Vertrag mit Polen, S. 197f.; vgl. Robert Held, In mühsamem Gespräch: Deutsche und Polen. Bemerkungen nach dem III. Forum Bundesrepublik Deutschland – Volksrepublik Polen, in: FAZ, 24.5.1980.
113 »Polen fragt nach der Dauerhaftigkeit der Situation in Mitteleuropa«, in: General-Anzeiger, 8.7.1980; vgl. auch TL, 7.7.1980; FAZ, 8.7.1980; TL, 9.7.1980; FAZ, 12.7.1980.

zeugfabrik »Ponar« (Tarnów) ausgebrochen.[114] Das hinderte Parteichef Gierek aber nicht, inmitten der anbrechenden Streikwelle im Sommer 1980 im deutschen Bundeskanzler einen Nothelfer zu suchen und erhoffte Bonner Hilfszusagen zur innenpolitischen Entlastung im Lande zu mißbrauchen. Der für den 19. August 1980 geplanten Besuch Giereks beim Bundeskanzler in Hamburg wurde auf Wunsch des polnischen Parteichefs »verschoben« und kam dann nicht mehr zustande.[115]

---

114 Jerzy Holzer, »Solidarität«. Die Geschichte einer freien Gewerkschaft in Polen. Hrsg. von Hans Henning Hahn, München 1985, S. 110. (Poln.: »Solidarność« 1980-1981. Geneza i historia, Paryż 1984, S. 89)
115 Jerzy Maćków, Die Entspannungspolitik der Bundesrepublik Deutschland gegenüber der Entwicklung in Polen in den siebziger und achtziger Jahren, in: Zeitschrift für Politik, 4, 1993, S. 372-392, hier S. 378; vgl. Johann Georg Reißmüller, Ein Stück zu regimefreundlich, in: FAZ, 27.8.1980.

# 8. Stabilisierungspolitik in »unnormalen« Zeiten (1980-1982)

*8.1 Polenpolitik in den 16 Monaten der Solidarność*

Der »polnische Sommer« des Jahres 1980 kündigte einen Paradigmenwechsel der europäischen Politik an, der bei Ausbruch der Streikbewegung und Gründung der ersten unabhängigen Gewerkschaft im sozialistischen Lager, der Solidarność, noch nicht abzusehen war. Daß Polen damit auch indirekt einen entscheidenden Beitrag für einen Paradigmenwechsel in den deutsch-polnischen Beziehungen leisten würde, der mit einer Verschiebung von neun Jahren 1989 stattfand, war 1980 ebensowenig abzusehen. Seinerzeit brachte die politische und gesellschaftliche Gärung in Polen die Grundmuster etablierter gesamteuropäischer Politik, die Philosophie der Entspannungspolitik als Stabilitätspolitik, durcheinander. Die bundesdeutsche Osteuropapolitik hatte eingedenk des deutsch-deutschen Sonderkonflikts und der Modus-vivendi-Regelung in der Ostgrenzfrage noch stärker als die westlichen Verbündeten darauf gesetzt, über ein dichtes Netz von Kontakten mit den kommunistischen Staatsführungen und eine neue Qualität von Ost-West-Beziehungen, insbesondere deutsch-deutscher Beziehungen, den seinerzeit unabsehbaren Zeitraum bis zur Etablierung einer neuen europäischen Friedensordnung zu überbrücken. Mit demokratischen Bewegungen von unten in den kommunistisch regierten Ländern hatten weder die westeuropäischen noch die deutschen Entspannungspolitiker gerechnet. Seit den denkwürdigen Entwicklungen in Polen im Sommer 1980 und dem Sprung des Arbeiters Lech Wałęsa über den Zaun der bestreikten Danziger Lenin-Werft rangen »realistische« und »idealistische« Vorstellungen von Politik über sieben Jahren (bis zur Diskussion über einen polnischen »Runden Tisch« im Frühjahr 1988) miteinander, wie es seit Beginn des Kalten Kriegs Ende der vierziger Jahre nicht mehr der Fall gewesen war.

Die Bonner Ost- und Deutschlandpolitik, insbesondere die Politik gegenüber Polen, wurde durch die Geschehnisse in Polen mehr als jede andere westeuropäische Ostpolitik herausgefordert, die Philosophie der gesamten Entspannungspolitik der siebziger Jahre auf die Probe gestellt. Die Protagonisten der klassischen Entspannungspolitik konstruierten seinerzeit einen Antagonismus von Realpolitik und idealistischer Politik. Dabei gab es schon 1980/81 genügend Anlaß, sich zu fragen, ob da nicht falsche Alternativen gegenübergestellt wurden, auch wenn der Erfolg der »Romantiker« im Völkerfrühling 1989 nicht vorhersehbar war.[1]

---
1 Besonders kritisch Maćków, S. 372-392.

Die Reaktion der Bundesregierung auf die Protestbewegung in Polen war »extrem defensiv und blieb weiterhin kritisch«,[2] denn die polnische Freiheitsbewegung übte einen unmittelbar negativen Einfluß auf die deutsch-deutschen Beziehungen aus. Bundeskanzler Schmidt sah sich gezwungen, seinen für August 1980 geplanten DDR-Besuch abzusagen. Die polnische Entwicklung stellte die Theorie der Ostpolitik in Frage und bedrohte konkret deren praktische Umsetzung. Deutsche »Realpolitiker« konnten sich einfach nicht vorstellen, daß das Solidarność-Experiment glücken könnte. Garton Ash brachte den Konflikt auf den Punkt: »Man verglich die ›Realitätsferne‹ der Polen um Lech Wałęsa mit der ›realistischen‹ deutsch-deutschen Politik - wobei der konstitutive Teil der ›Realität‹ die Rote Armee war. Die Verhängung des Kriegsrechts in Polen schien diese nüchterne Beweisführung nur noch zu erhärten ... Was also gebraucht wurde, war keine Revolution von unten, sondern eine Reform von oben.«[3]

Garton Ash bezeichnete das grundsätzliche politische Mißverständnis zwischen Deutschen und Polen am Anfang der achtziger Jahre als die letzte Runde des großen mitteleuropäischen Disputs zwischen »Realismus« und »Idealismus«. Da »standen die Führer von Solidarność in Polen in der romantischen oder idealistischen Tradition, wenn gleich in einer modernen und vorsichtig moderierten Form und mit entschiedener Ablehnung jeglicher Gewalt. In erster Tradition - auch in moderner, umsichtiger Form und prinzipielle Standpunkte, soweit sie den eigenen Staat betrafen, auch verteidigend - standen die Architekten der Ostpolitik. Sie vertraten explizit den ›Realismus‹ - einen ›deutschen Realismus‹, wie Brandt es ... formulierte.[4] Aber wer war, langfristig gesehen, realistischer?«[5] Die Antwort auf die rhetorische Frage fällt *ex post* naturgemäß viel leichter, als sie 1980 oder 1981 hätte gegeben werden können. [6]

Man muß den politischen Akteuren in Bonn nämlich zugute halten, daß sie mit dem Aufkommen der Solidarność und der tödlichen Herausforderung für den Realsozialismus in Gestalt einer »Doppelherrschaft« (kommunistische Hegemonialpartei - parteiunabhängige Gewerkschaft) die komplizierte Struktur von deutscher Deutschland- und Ostpolitik sowie euro-

---

2 Garton Ash, Im Namen Europas, S. 268; vgl. auch kritisch Reißmüller in: FAZ, 27.8.1980.
3 Garton Ash, Im Namen Europas, S. 268.
4 In der Debatte über den Grundlagenvertrag mit der DDR am 11.5.1973. Siehe Texte zur Deutschlandpolitik, Bd. 12: 18. Januar 1973 - 20. Juni 1973, Bonn 1973, S. 523-531, hier S. 526.
5 Garton Ash, Im Namen Europas, S. 271.
6 Bahr gesteht in seinen Erinnerungen den Irrtum mit folgenden Worten ein: »Wir trauten Solidarnosc nicht das Augenmaß zu, die Sehne nicht zu überspannen. Das war ebenso falsch wie die Annahme, daß ein kommunistisch regiertes Land im Block nicht von unten, sondern nur von oben veränderbar sei ... Wir haben Solidarnosc unterschätzt und nicht ernst genug genommen ... Das tut mir leid.« (S. 343f.)

päischer Entspannungspolitik in Gefahr sahen, ohne daß sich eine alternative konfliktsteuernde und -mindernde Politik am Horizont abzeichnete.

Die Ostpolitik der Regierung Schmidt/Genscher beruhte auf der Vorstellung, über eine Intensivierung der kulturellen, wirtschaftlichen und politischen Kontakte die beiden Blöcke in Europa anzunähern. Ungeachtet der politisch-ideologischen Gegensätze sollte eine europäische Friedensordnung angestrebt werden. Die KSZE-Folgekonferenzen, MBFR-Verhandlungen und das KVAE-Projekt gehörten zu den institutionalisierten Dialogetappen, die insbesondere über den vertrauensbildenden Charakter der Maßnahmen die Bundesrepublik dem spezifisch deutschen Ziel der Entspannungspolitik, der Überwindung der *Folgen* der Teilung Deutschlands, näherbringen sollten.[7] Die innerdeutsche Grenze sollte durchlässiger werden, um das Auseinanderleben der geteilten Nation zu verhindern. Ein »zweites Afghanistan« in Gestalt einer sowjetischen Intervention in Polen wegen der Gefährdung der kommunistischen Herrschaft in Warschau hätte die Entspannungspolitik nicht überlebt. Was wäre dann mit den deutsch-deutschen Beziehungen geschehen?

Diese spezifische deutsche Komponente westlicher Ostpolitik mit der DDR-Bevölkerung als Geisel im Détente-Poker war den Bonner Akteuren bewußt. Was aber erst durch den zeitlichen Abstand und den Zusammenbruch des »sozialistischen Lagers« sehr viel deutlicher wird, ist der innere Widerspruch der Entspannungspolitik, der von den Protagonisten seinerzeit kaum gesehen werden wollte. »Westdeutsche Politiker waren derart mit ihrem eigenen ›konstitutiven Doppelkonflikt‹ mit dem Osten beschäftigt – dem allgemein westlichen und dem spezifisch nationalen –, daß sie kaum Zeit hatten, sich um den konstitutiven Doppelkonflikt der Osteuropäer zu kümmern – von Staaten mit einem imperialen Zentrum, aber auch von der jeweiligen Gesellschaft mit dem (Partei)Staat. Tatsächlich wurde dieser Konflikt von der sozialliberalen Ostpolitik kaum wahrgenommen.«[8] Garton Ash bezeichnete das Konzept der Ostpolitik mit Blick auf den politisch-gesellschaftlichen Doppelkonflikt als eine »verhaltenspsychologi-

---

7 Siehe Link, Außen- und Deutschlandpolitik in der Ära Schmidt 1974-1982, in: Jäger/Link (Hrsg.).
8 Garton Ash, Im Namen Europas, S. 412. Weiter heißt es bei ihm: »Insofern die westdeutsche Politik Spannungen zwischen Parteistaat und Gesellschaft erkannte, behauptete sie, daß Verbesserungen nur mit den Machthabern erreicht werden könnten und nicht gegen sie. Sogar die Einhaltung der ›Menschenrechte‹ könnte nur mit und nicht gegen die jeweiligen Mächte durchgesetzt werden. Die Einsicht folgerte aus einem Triumph der sowjetgestützten Macht (dem Bau der Berliner Mauer) und sah sich durch einen weiteren (dem Einmarsch in der Tschechoslowakei) nur noch bestärkt. Wo die westdeutsche Ostpolitik überhaupt die Absicht hatte, den inneren gesellschaftlichen Wandel in Ostmitteleuropa zu fördern (das heißt, den innenpolitischen Aspekt der Teilung Europas in Angriff zu nehmen), da konzentrierte sie sich auf eine Veränderung innerhalb des Parteistaats.« (S. 413)

sche Geheimrezeptur«, die Egon Bahr zuerst mit dem Slogan »Wandel durch Annäherung« umschrieben habe, Josef Joffe später »Entspannung durch Besänftigung« und Garton Ash wiederum »Liberalisierung durch Stabilisierung« nannte.[9]

Tatsächlich hatte aber diese ostpolitische »Langzeitstrategie von bewußter Indirektheit«[10] ihre Wirkung erzielt. Helsinki hatte zur Stärkung der demokratischen Bewegung in Osteuropa beigetragen. Und wenn sich in den Memoiren der Solidarność-Hauptakteure nur flüchtige Hinweise auf internationale Einflüsse überhaupt und insbesondere auf den Einfluß des KSZE-Prozesses finden, dann ist das kein Beweis gegen diese Einflüsse, sondern auch eine Frage der subjektiven Wahrnehmung und des politischen Horizonts.[11] Allerdings zwangen die Akteure des Demokratisierungsprozesses in Polen mit ihrer Priorität Freiheit vor Stabilität die Repräsentanten von Liberalisierung durch Stabilisierung dazu, die Ambivalenz ihres Politikverständnisses offenzulegen.

Noch im August 1980 hatte Bundeskanzler Schmidt vorgehabt, Polen mit neuen Krediten zu versorgen. Der für den 19. August geplante Besuch von Parteichef Edward Gierek beim Bundeskanzler in Hamburg kam schließlich nicht zustande, da Gierek zwei Wochen später nicht mehr Parteichef war. Immerhin hatte die Bundesregierung bereits die Bürgschaft für einen Teil des in Bankenkreisen damals schon umstrittenen Kredits (1,2 Mrd. DM, davon 800 Mio. DM ungebunden) für die Warschauer Regierung übernommen.

Über das freundschaftliche Verhältnis von Bundeskanzler Helmut Schmidt zu dem polnischen Parteichef Gierek ist nach dessen Sturz noch lange spekuliert worden, zumal Schmidt den zurückgezogen in Oberschlesien lebenden Pensionär Gierek noch in der zweiten Hälfte der achtziger Jahre während einer Privatreise nach Polen aufsuchte. Die »Männerfreundschaft« Schmidt – Gierek belegte jedenfalls den Einfluß der »Chemie« zwischen Politikern auf die Entwicklung von politischen Beziehungen. Schmidt war jedenfalls von Gierek seit dem Zusammentreffen in Helsinki im August 1975 äußerst angetan gewesen: »Er war ein Typus des zuverlässigen, selbst- und machtbewußten, instinktreichen und charismatischen Arbeiterführers.«[12]

So war es nicht weiter verwunderlich, daß die erste Reaktion Bonns auf die Vorgänge in Polen sich in Zurückhaltung äußerte. Die Bundesregierung verstand dies als Strategie, eine Verschärfung der Lage durch alles zu vermeiden, was als Einmischung in innere Angelegenheiten Polens hätte mißdeutet werden können, wie Regierungssprecher Grünewald am 19. August

---

9 Ebenda.
10 Ebenda, S. 417.
11 Entgegen der These von Garton Ash, Im Namen Europas, S. 421.
12 Schmidt, Die Deutschen und ihre Nachbarn, S. 481.

1980 verlauten ließ.[13] Die Bundesregierung kommentierte die innere Situation in Polen mit keinem Wort.

Die Regierungsparteien SPD und FDP und die oppositionelle CDU/CSU setzten unterschiedliche Akzente. Der stellvertretende SPD-Bundestagsfraktionsvorsitzende Horst Ehmke äußerte seine Hoffnung auf eine gewaltfreie Beilegung des Konflikts zwischen den »reformerischen Kräften und der politischen Führung« in Polen sowie seine Zuversicht, »daß die Reformer, vor allem aber auch die polnische Führung, ihre Lektion aus dem Prager Frühling gelernt haben«.[14] Der SPD-Fraktionvorsitzende Herbert Wehner brachte die sozialdemokratischen Sorgen auf den Punkt: »Krisenhafte Entwicklungen in diesem Land könnten die europäische und die Weltpolitik in Mitleidenschaft ziehen. Dies muß Grund genug für jeden besonnenen Politiker sein, sich mit voreiligen Urteilen zurückzuhalten, um die Probleme nicht durch verbale Kraftmeierei auch von außen her zu verschärfen.«[15] Scharfmacherische Einmischung in die inneren Angelegenheiten Polens könne genau die Geister auf den Plan rufen, vor denen angeblich nur gewarnt werden soll.

Während Sozialdemokraten in Regierung und Fraktion sich mit politischen Stellungnahmen zur Konfrontation zwischen streikenden Arbeitern und Parteimacht in Polen zurückhielten, kamen aus der Koalitionspartei FDP offene Sympathien für die Forderungen der Arbeiter. Nach der Gründung der Solidarność bekundeten die Freien Demokraten der demokratischen Bewegung demonstrativ ihre politische Unterstützung, nicht wegen des sozialökonomischen Programms der Gewerkschaft, sondern wegen der politischen Zielsetzung der Bewegung.[16]

Für beide Regierungsparteien galt gleichermaßen, daß durch die politische Eruption in Polen die Entspannungspolitik nicht zunichte gemacht werden sollte. Politischer Wandel mußte kontrollierbar bleiben und mit Zustimmung der Sowjetunion erfolgen. Auf der KSZE-Folgekonferenz in Madrid warnte Außenminister Genscher am 13. November 1980 erstmals die sowjetische Führung mit Blick auf Polen. Unter Berufung auf die deutsch-französische Erklärung vom 5. Februar 1980, daß die Entspannung nach der Afghanistan-Invasion einem weiteren Schlag nicht standhalten könnte, stellte Genscher in der Erklärung der Bundesregierung fest: »Jeder muß wissen: das gilt für die Mißachtung der Souveränität jedes Landes außerhalb Europas und in Europa, es gilt für jedes Land unabhängig davon,

---

13 FAZ, 21.8.1980.
14 SZ, 21.8.1980.
15 Augsburger Allgemeine, 21.8.1980.
16 Siehe Węc, FDP wobec polityki wschodniej RFN, S. 234.

welche Staats- und Gesellschaftsordnung es hat, unabhängig davon, ob es einem Paktsystem angehört oder nicht.«[17]

Die parlamentarische Opposition mußte keine diplomatischen Rücksichten nehmen. Das CDU-Präsidium und der CSU-Landesverband befaßten sich Ende August bzw. am 1. September 1980 mit der Lage in Polen und gaben öffentlich Erklärungen zugunsten der Streikkomitees ab. Für den CDU-Vorsitzenden Helmut Kohl war abermals ein kommunistisches System an seine Grenzen gestoßen: »CDU/CSU hegen große Bewunderung für den Mut, aber auch für die Besonnenheit der polnischen Arbeiter.«[18]

Die Christdemokraten profilierten sich in der Polen-Krise zwar verbal mehr als die Bundesregierung, waren sich aber wie die sozialliberale Koalition im klaren darüber, daß die politische Entwicklung in Polen von Faktoren abhing, die sich ihrer Beeinflussung entzogen. Alle politischen Kräfte in der Bundesrepublik waren sich dessen bewußt, daß mit der Entwicklung in Polen und der Reaktion der Sowjetunion, der DDR und der anderen Warschauer-Pakt-Staaten auf die Infragestellung des systemaren Status quo die Fortsetzung der bisherigen Deutschlandpolitik auf dem Spiel stand. Und diese hatte eindeutig Priorität für die Bundesregierung. Der friedliche Fortgang der politisch-sozialen Reformen in Polen ohne gewaltsame Lösung im Inneren oder Intervention von außen lag demnach im vitalen Interesse der Bundesrepublik, wegen des deutsch-deutschen Sonderkonflikts mehr noch als bei den westlichen Verbündeten. Der Vorstellung des Bundeskanzlers und seiner Regierung von »friedenspolitischer Klugheit« entsprach es, dem Verdacht »lautstarker« Einmischung in die Vorgänge in Polen zu entgehen. Gegenüber Präsident Mitterrand belegte Schmidt seine Politik mit dem Hinweis, daß er auf den DGB-Vorsitzenden Heinz Oskar Vetter eingewirkt habe, eine Einladung an Lech Wałęsa noch zurückzuhalten.[19] Des Kanzlers Hauptsorge war, daß er nach einem »Eingreifen« der UdSSR und der DDR in Polen handlungsunfähig und danach keine Ostpolitik mehr möglich sein würde.[20]

17 Hermann Volle/Wolfgang Wagner, Das Madrider KSZE-Folgetreffen. Der Fortgang des KSZE-Prozesses in Europa. Beiträge und Dokumente aus dem Europa-Archiv, Bonn 1984, S. 148.
18 FAZ, 21.8.1980.
19 Schmidt, Die Deutschen und ihre Nachbarn, S. 259. Die soeben erschienene Monographie von Rolf Gawrich, Deutscher Gewerkschaftsbund und polnische Gewerkschaftsbewegung: Der DGB als transnationaler Akteur und seine Beziehungen zur »offiziellen« und »oppositionellen« Gewerkschaftsbewegung in der Volksrepublik Polen (1970-1989), Bonn 1996, konnte nicht mehr in die Analyse einbezogen werden.
20 Über die Haltung Schmidts in der Polen-Krise ist in Deutschland eine heftige Kontroverse zwischen den Herausgebern der SED-Dokumente zur Polen-Krise und dem ehemaligen Bundeskanzler entbrannt. Literaturhinweise und Quellenbelege dazu in: Michael Kubina/Manfred Wilke (Hrsg.), »Hart und kompromißlos durchgreifen«. Die SED contra Polen 1980/81. Geheimakten der SED-Führung über die Unterdrückung der polnischen Demokratiebewegung, Berlin 1995, S. 11f., Anm. 10 und 11.

Mit dem Ziel, so viel »Normalität« (im Sinne von status-quo-orientierter Einhaltung von Regeln durch Regierungen) wie möglich in einer »unnormalen« Situation (im Sinne von den inneren Status quo in Frage stellender Regelverletzung) aufrechtzuerhalten, setzte Bonn den intensiven Meinungsaustausch mit der Warschauer Regierung fort. Um die sozioökonomische Situation in Polen zu beruhigen, bemühte sich die Bundesregierung um verstärkte wirtschaftliche Zusammenarbeit mit der polnischen Führung[21] und förderte die Gewährung humanitärer Hilfe an die Bevölkerung. Die politische Überlegung des Bundeskanzlers war, daß die Bundesrepublik ein Interesse daran haben müsse, daß es der polnischen Volkswirtschaft gutgeht, denn je besser es den Polen ginge, desto geringer war nach dieser Überlegung die Gefahr einer außenpolitischen Zuspitzung.

Als Außenminister Genscher auf dem Höhepunkt der »Bromberger Krise«[22] am 19./20. März 1981 Polen besuchte, rief er zu einer Politik der Nichteinmischung in die inneren Angelegenheiten anderer Staaten auf. Diese Aussage richtete sich an die anderen Warschauer-Pakt-Staaten, deren Intervention – so Genscher zu Jaruzelski – »eine andere Reaktion hervorrufen würde, als das noch in den vierziger, fünfziger und sechziger Jahren bei solchen Aktionen der Fall gewesen war«.[23] Zur Stabilisierung der Situation versprach Genscher Warschau Kreditgarantien in Höhe von 150 Mio. DM für den Kauf von Rohstoffen, Halbfertigprodukten und Nahrungsmitteln.[24] Unter den Verbündeten drängte insbesondere die Bundesregierung darauf, daß der Westen in einer konzertierten Aktion die wirtschaftliche Hilfe für Polen erweiterte. Bonn versuchte dem Eindruck vorzubeugen, daß die Bundesrepublik dabei federführend sein wollte. Fraglos war sie jedoch schon hinsichtlich des finanziellen Ausmaßes ihrer Polen-Hilfe führend. Die gesamten Kredite westdeutscher Banken an Polen (einschließlich der nicht staatlich verbürgten) beliefen sich im Frühjahr 1981 auf rund 15 Mrd. DM. Damit war die Bundesrepublik der größte Gläubiger Polens. Die deutschen Kreditinstitute wurden von der Bundesregierung gebeten, bei den laufenden Umschuldungsgesprächen mit den westlichen Gläubigerländern

---

21 Siehe AdG, 1980, S. 23857. Zum Ausgleich der Zahlungsbilanz zwischen Polen und der Bundesrepublik hatte schon 1980 ein Konsortium von 25 deutschen Banken Polen 1,2 Mrd. DM zur Verfügung gestellt.
22 In Bromberg (Bydgoszcz) war es nach der Besetzung des Nationalratsgebäudes zu einer Konfrontation zwischen der Solidarność der Bauern und der Staatsmacht, zu Ultimaten, der Drohung mit dem Ausnahmezustand und Hinweisen auf eine unmittelbar bevorstehende sowjetische Intervention gekommen.
23 Genscher, Erinnerungen, S. 267; vgl. Bernt Conrad, Genschers Balanceakt in Polen: Nicht einmischen, dennoch deutlich werden, in: Die Welt, 21.3.1981; Angela Nakken, Der Westen verlangt einen Stabilisierungsplan. Präzise Gespräche des Bundesaußenministers in Polen während eines dramatischen Wochenendes, in: FAZ, 23.3.1981.
24 Siehe FAZ, 18.3.1981; SZ, 20.3.1981.

Polen soweit wie möglich finanziell entgegenzukommen. Die »Frankfurter Allgemeine« schrieb seinerzeit: »Bonn übt dabei auf die Banken keinen Druck aus, ermuntert sie jedoch aus politischer Rücksichtnahme an zusätzlichen Finanzhilfen für Polen mitzuwirken.«[25]

Den herausgehobenen Stellenwert Polens in seiner Politik belegte Bundeskanzler Schmidt in jenem Frühjahr 1981 mit dem bemerkenswerten Hinweis im Kabinett, daß die Bundesregierung die Hilfe für Polen »im Geiste der Bergpredigt« fortsetzen würde. Diese Hilfe der Bundesregierung sei jedoch nicht nur eine Frage des moralischen Impulses, sondern liege auch im eigenen Interesse. Die deutsche Bevölkerung müsse sich dessen bewußt sein, daß eine Katastrophe in Polen erhebliche negative Folgen, auch wirtschaftliche, für die Bundesrepublik haben würde.[26]

Natürlich konnte die Bonner Bereitschaft, Polen finanziell unter die Arme zu greifen, die fundamentalen politischen Konflikte in Polen nicht lösen. Die Oppositionsparteien forderten, daß die Gewährung von Krediten von politisch-strukturellen Reformen im Lande abhängig gemacht werden sollte. Die Bundesregierung lehnte jedoch strikt ab, die Bonner Hilfeleistung an Warschau mit politischen Auflagen zu verknüpfen.

In der Frage der humanitären Hilfe gab es dagegen eine bemerkenswerte Einigkeit zwischen allen bedeutenden Kräften in der Bundesrepublik. Da die Versorgungslage bei Grundnahrungsmitteln sich von Tag zu Tag zuspitzte, rief die Bundesregierung die westdeutsche Bevölkerung dazu auf, den Polen individuelle humanitäre Hilfe zuteil werden zu lassen. Die Antwort auf den Appell an die menschliche Solidarität war beispiellos. Allein bis Ende 1981 wurden 2 Millionen Paketsendungen nach Polen geschickt.[27] Das DRK, das Diakonische Hilfswerk und der Deutsche Caritasverband schickten 1981 Hilfsgüter für 35 Mio. DM nach Polen.[28] Die Bundesregierung selbst konnte bereits im April 1981 darauf hinweisen, daß die Bürgschaften für deutsche Lebensmittellieferungen ein Ausmaß von 131 Mio. DM erreicht hätten. Zwischen Januar bis März 1981 hatte die Bundesrepublik 16.000 t Butter und 20.000 t Schweinefleisch geliefert. Unmittelbar vor der Auslieferung standen 10.000 t Getreide und 5.000 t Zucker. Weitere 4.000 t Butter und 8.000 t Schweinefleisch sollte Polen in Kürze erhalten. Der Bundeskanzler hob im Kabinett hervor, daß die Bundesrepublik mit diesen Nahrungsmittellieferungen an der Spitze aller westlichen Länder stehe.[29] Dazu kamen die Millionen von privaten Paketsendungen. Der Friedenspreisträger des deutschen Buchhandels 1986 und spätere Außenminister, Władysław Bartoszewski, sprach von den vielen Men-

---

25 »Bonn dringt auf schnelle Polen-Hilfe«, in: FAZ, 1.4.1981.
26 FAZ, 2.4.1981.
27 FAZ, 18.2.1982; siehe auch Schmidt, Die Deutschen und ihre Nachbarn, S. 503.
28 FAZ, 18.2.1982.
29 FAZ, 2.4.1981.

schen in Deutschland,»die im Geiste der Nächstenliebe und der Solidarität mit dem polnischen Volk Hilfe geleistet haben. Die volle psychologische Bedeutung dieser Tatsache wird sich vielleicht in der Zukunft als noch wichtiger erweisen als ihre unzweifelhafte materielle Bedeutung.«[30]
Trotz der im Verlauf des Jahres 1981 fortexistierenden Gefahr eines sowjetischen Eingreifens in Polen blieb die Bundesregierung bei ihrer Haltung, sich zu den Vorgängen in diesem Land öffentlich nicht zu äußern, um Moskau keinen Anlaß für den Vorwurf zu liefern, daß sich die Bundesrepublik in polnische Angelegenheiten einmische. Die sowjetische Führung wurde zwar vor einer Intervention in Polen gewarnt, allerdings in einer indirekten und gemäßigten Form. Man wies darauf hin, daß die Polen ihre Probleme intern ohne jegliche gewaltsame Einmischung von außen lösen müßten.[31] Wegen der Polenpolitik Bonns, die von der französischen Regierung Rückendeckung erhielt,[32] kam es zu einer Verstimmung in den Beziehungen zu Washington. Die Meinungsverschiedenheiten mit der US-Administration, die von der Bundesregierung in Kauf genommen wurden, bezogen sich generell auf die Hilfe, die der Westen Polen gewähren sollte. Die amerikanische Regierung hatte den Deutschen und Franzosen deutlich zu verstehen gegeben, daß Washington auf keinen Fall bereit sei, Polen neue Kredite zu gewähren.[33]
Die Haltung der Bundesregierung, aber auch der CDU/CSU-Opposition zur Krise in Polen war nur vor dem Hintergrund des deutsch-deutschen Sonderkonflikts verständlich. Ungeachtet der großen Sympathiebekundungen für den Freiheitskampf der polnischen Arbeiter war die Osteuropapolitik zuallererst Deutschlandpolitik, deren Schlüssel weiterhin in Moskau gesehen wurde. Das Verhältnis zu Polen hatte zwar unter allen Ostbeziehungen das größte historisch-politische und moralische Gewicht, aber unter dem Gesichtspunkt der »Realpolitik« hatten die Beziehungen zu Moskau unter allen Bundesregierungen seit Adenauer Vorrang. Daß fatalerweise das polnische kommunistische Regime in seiner Auseinandersetzung mit einer basisdemokratischen Bewegung von dieser Politik profitierte, war zwar unerwünscht, wurde aber in Kauf genommen.

---

30 Władysław Bartoszewski, Friedenspreis des Deutschen Buchhandels 1986, Frankfurt/Main 1986, S. 62; ebenso im »Welt«-Gespräch, in: Die Welt, 27.9.1986.
31 Siehe auch die Gemeinsame Erklärung vom 37. deutsch-französischen Konsultationstreffen am 6.2.1981, in: EA, F7/1981, S. D203ff.
32 Siehe Schmidt, Die Deutschen und ihre Nachbarn, S. 259f.
33 Siehe FAZ, 21.4.1981.

*8.2 Polenpolitik nach Verhängung des Kriegsrechts*

Die Einstellung der Bundesregierung zum polnischen Drama änderte sich auch Ende 1981, nach der gewaltsamen Beendigung des polnischen Experiments, nicht wesentlich. Am Tag der tragischen Ereignisse in Polen sah sich der Kanzler des demokratischen Teils Deutschlands zu einer öffentlichen Kritik an der Einführung des Kriegszustandes in Polen nicht imstande, ganz zu schweigen von einem Abbruch seines Besuchs in der DDR, dem deutschen Teilstaat, der über 15 Monate lang nicht nur eine Hetzkampagne mit nationalistischen Zügen gegen Polen geführt hatte,[34] sondern sich außerdem bis zuletzt auf eine bewaffnete Intervention mit seiner Beteiligung vorbereitet hatte – was erst in den neunziger Jahre nach Sichtung der entsprechenden Akten in Berlin bekannt wurde.[35] Die ursprünglich innovative bundesdeutsche Ostpolitik war endgültig an die Grenzen ihrer inneren Logik gestoßen. Auf Wandel von unten fand sie keine Antwort, es sei denn eine Metternichsche.

Polnische und deutsche Interessen lagen im Konflikt. Das war kaum etwas Neues und Besonderes, gab es doch in Europa Interessenkonflikte, seit es Staatsgebilde und Nationen gab. Und das Verhältnis zwischen Deutschen und Polen schien in den letzten zweihundert Jahren eigentlich nur aus Konflikt zu bestehen. Das Besondere an der Krise im Verhältnis zwischen der Bundesrepublik und Polen war 1981/82 demnach nicht die Kollision der nationalen Interessen, sondern die Unwilligkeit *zuzugeben*, daß es sich hier um eine Interessenkollision handelte. Bundesdeutsche Politik versuchte die Polen davon zu überzeugen, daß die Bonner Politik der Stabilisierung im ureigensten polnischen Interesse liege.

Während der Pressekonferenz zum Abschluß der Gespräche am Werbellin-See sprach Bundeskanzler Schmidt in eigenem wie auch Honeckers Namen die Hoffnung aus, daß »es den Polen gelingt, die sich im Konflikt miteinander bewegenden Kräfte des polnischen Volkes zu Einigungen zu führen«. Weiter führte er aus: »Wir halten an dem Grundsatz strikte fest, uns nicht einzumischen.«[36] Die gewaltsame Auseinandersetzung der kommunistischen Regierung in Polen mit der Solidarność-Bewegung sollte die innerdeutschen Kontakte möglichst wenig tangieren. In der Bundesregierung herrschte die Befürchtung, daß es durch die polnischen Ereignisse zu einer krisenhaften Entwicklung um und in Berlin als Folge eines bewaffneten Konflikts in Polen kommen könnte. Allerdings geht die kritische Poin-

---

34 Vgl. auch Ludwig Mehlhorn, Die Polenpolitik der DDR. Zwangsfreundschaft oder Partnerschaft, in: Pflüger/Lipscher (Hrsg.), S. 223-229.
35 Siehe auch »Niemiecki świadek naszej historii« [Deutscher Zeuge unserer Geschichte. Gespräch mit Prof. Manfred Wilke], in: Rzeczpospolita, 15.-17.4.1995.
36 Texte zur Deutschlandpolitik, Reihe II, Bd. 8: 20. März 1980 - 1. Oktober 1982, Bonn 1983, S. 408-412, hier S. 410.

tierung zu weit, wenn behauptet wird, »daß gerade die sozialliberale Koalition ... die Einführung des Kriegszustandes in Polen mit einer kaum verhohlenen Erleichterung aufnahm«.[37]

Im Auswärtigen Amt wurde ein »Arbeitsstab Polen« eingerichtet, der sich in Permanenz Klarheit über die Entwicklung der Situation zu schaffen suchte. Die Bonner Reaktionen blieben in den ersten Tagen nach Verhängung des Kriegszustands in Polen äußerst vorsichtig und zurückhaltend. Nach einem Koalitionsgespräch zwischen der SPD und FDP am 14. Dezember hielt es Schmidt für wichtig, daß die Krise in Polen unter Kontrolle bliebe. Es sei zu wünschen, daß Warschau den Reformkurs beibehalte. Die Bundesregierung hoffe, daß »Polen seine Probleme ohne Anwendung von Gewalt und ohne Einmischung von außen löst«. Dies sollte auf der Grundlage von Kompromissen geschehen. Die Bundesregierung werde sich an den Grundsatz strikter Nichteinmischung halten.[38]

Der Bundeskanzler warnte unter Berufung auf die Helsinki-Schlußakte die anderen Warschauer-Pakt-Staaten vor einer Einmischung in Polen. Aber auch diesmal nannte der Bundeskanzler die Sowjetunion, deren Druck auf die polnische Partei- und Militärführung als ausschlaggebend für die Aktion vom 13. Dezember angesehen wurde, nicht beim Namen. Erst am 17. Dezember forderte das SPD-Präsidium in einer Erklärung vom Warschauer Militärrat, festgenommene Personen freizulassen und die Gewerkschaftsrechte wiederherzustellen. Die wirtschaftliche Zusammenarbeit und die Hilfe für Polen sollten nach dem Beschluß der Sozialdemokraten aber

---

37 Artur Hajnicz, Polens Wende und Deutschlands Vereinigung. Die Öffnung zur Normalität 1989-1992, Paderborn u.a. 1995, S. 26; vgl. die freilich - wenn wahr - bedenklich vertrauliche Stellungnahme Schmidts gegenüber Honecker am Morgen des 13. Dezember nach der Niederschrift über ein Telefongespräch zwischen Honecker und Jaruzelski am 16.12.1981, in: Kubina/Wilke, Dok. 95, S. 392f.: »... Ich möchte Dir sagen, daß ich am Sonntag unmittelbar nach Deiner Rede den Bundeskanzler Schmidt, der seinen letzten Besuchstag bei uns begann, über die Lage in der Volksrepublik Polen informiert habe und ihm dabei klar machte, daß Eure Maßnahmen die einzige reale Alternative darstellen, um großes Unglück zu vermeiden. Schmidt hat dazu erklärt, es wird höchste Zeit, daß man begonnen hat, in Polen Ordnung zu machen. Ich möchte Dir das vertraulich mitteilen, weil in dieser Art Schmidt natürlich nicht auftreten will, obwohl er auf der anschließenden Pressekonferenz erklärt hat, daß Euer Vorgehen eine polnische Angelegenheit ist, in die man sich nicht einmischen soll. Er hat mir auch zugesagt, in diesem Sinne auf seine westlichen Partner einzuwirken und dafür zu sorgen, daß die EWG ihre Unterstützung gegenüber der VR Polen nicht einstellt. Natürlich wissen wir ja um die schwankende Haltung dieser Leute und müssen immer damit rechnen, daß sie morgen schon eine andere Position beziehen. Zunächst jedoch, für die erste Phase Eures Kampfes, war diese Haltung nützlich.«
38 »Bonn will sich an den Grundsatz der Nichteinmischung halten«, in: FAZ, 15.12.1981.

fortgesetzt werden.[39] Es war auffällig, daß der liberale Koalitionspartner auf die Einführung des Kriegsrechts in Polen schneller und entschiedener reagierte als die SPD-Parteispitze.[40] Schon einen Tag nach der Militär- und Milizaktion in Polen, am 14. Dezember, legte das FDP-Präsidium eine offizielle Resolution zu den polnischen Ereignissen vor. Darin wurde die Erwartung geäußert, daß der Kurs der Erneuerung fortgesetzt werde, wozu auch die Aufhebung des Ausnahmezustands gehören müsse.[41] Als sich Außenminister Genscher mit dem Geschäftsträger der polnischen Botschaft, Wojtkowski, zu einem Gespräch traf, erklärte er ihm den offiziellen Standpunkt der Regierung.[42]

Aus den Reihen der CDU/CSU-Opposition kam eine deutlich härtere Reaktion auf die Einführung des Kriegsrechts in Polen und scharfe Kritik am Verhalten der Bundesregierung und insbesondere des Bundeskanzlers. Oppositionsführer Helmut Kohl wünschte dem polnischen Volk in ähnlichen Worten wie die Koalitionsparteien, die jetzige Krise aus eigener Kraft, ohne Einmischung von außen, zu meistern und daß der Reformwille sich friedlich durchsetzen werde.[43] Die Union wies auf »versteckte Formen massiver sowjetischer Einmischung« in die inneren Angelegenheiten Polens hin.[44] Der außenpolitische Sprecher der CDU/CSU-Fraktion, Alois Mertes, bezeichnete es als einen der deprimierendsten Vorgänge der jüngsten deutsch-polnischen Geschichte, daß Bundeskanzler Schmidt sich zu Polen in den gleichen Begriffen wie der DDR-Staats- und Parteichef Honecker geäußert habe.[45] Die Christdemokraten forderten von der Bundesregierung, eine nüchterne Bilanz der Ost-West-Beziehungen und ein neues Konzept für die künftige Politik gegenüber dem Osten auf dieser Grundlage.[46]

Die moralische Empörung und die Sympathiebekundungen für Polen, die in der westdeutschen Bevölkerung spontan zum Ausdruck kamen, waren authentischer Ausdruck von Solidarität mit den Schicksalen im (indirekten) Nachbarland Polen. Insbesondere die millionenfachen privaten Paketsendungen und die großen Hilfstransporte aus der Bundesrepublik in den Jahren 1981 bis 1983 bildeten nach übereinstimmenden Aussagen von den Betroffenen bis zu Vertretern des Kriegsrechtsregimes (z.B. Jerzy Urban *ex post*) die Grundlage einer langfristig wirkenden Revision des

---

39 FAZ, 18.12.1981.
40 Siehe auch erste Erklärungen Genschers nach dem 13.12.1981, in: Genscher, Erinnerungen, S. 268.
41 Ausführlicher dazu Węc, FDP wobec polityki wschodniej RFN 1969-1982, S. 235ff.
42 »Bonn will sich an den Grundsatz der Nichteinmischung halten«, in: FAZ, 15.12.1981.
43 FAZ, 14.12.1981.
44 »Legitimitätskrise des Systems in Polen«, in: FAZ, 16.12.1981.
45 Ebenda.
46 SZ, 15.12.1981.

Deutschenbilds in Polen.[47] Weihnachten 1981 und 1982 wurden Paketspenden nach Polen von den Regierungen Schmidt und Kohl vom Porto befreit. In knapp drei Jahren sammelten Bundesbürger über 300 Mio. DM für Polen.

Dagegen fielen die politischen Proteste und symbolischen Handlungen an die Adresse der Machthaber in Warschau im Vergleich zu den öffentlichen Reaktionen beispielsweise in Frankreich oder in den USA sehr viel bescheidener aus. Symbolische Politik war nicht der Deutschen Stärke, ihre politische Bedeutung wurde gerade in der polnischen Krise und gegenüber den Polen unterschätzt.[48]

Die Konsequenz und Unbeirrtheit der Bundesregierung war anderer Art. Bundeskanzler und Außenminister hielten an der deutschlandpolitischen Konzeption, die äußeren Störfaktoren zu minimalisieren, fest, deren Realisierung bei einer Ausweitung der polnischen Krise hätte behindert werden können, jedoch auf keinen Fall gestoppt werden durfte. In der ersten offiziellen Erklärung der Bundesregierung zur Entwicklung in Polen (und zum deutsch-deutschen Treffen) vom 18. Dezember wurden frühere, allgemein formulierte Äußerungen der Koalition wiederholt.[49] Einen Tag zuvor hatte das Europäische Parlament eine Entschließung zur Lage in Polen verabschiedet, in der unter anderem die Wiederherstellung der bürgerlichen und gewerkschaftlichen Rechte gefordert wurde und die Verhängung des Kriegszustands in Polen verurteilt wurde.[50] Die Bundesregierung formulierte zurückhaltender. Polen sollte die eigenen Probleme ohne weitere Anwendung von Gewalt lösen. Die Unterzeichnerstaaten der Schlußakte von Helsinki sollten sich jeder Einmischung in die inneren Angelegenheiten Polens enthalten. Mit einem Hinweis auf die Fortsetzung des unterbrochenen Reform- und Erneuerungsprozesses sollte im Rahmen der Europäischen Gemeinschaft die Nahrungsmittelhilfe an Polen fortgesetzt werden. Eine Eskalation der inneren Entwicklung in Polen konnte nach Auffassung

---

47 Vgl. Czesław Domin, Nachbarliche Hilfe in der Not des Kriegsrechts, in: Pflüger/Lipscher (Hrsg.), S. 280-285.
48 Siehe die Kritik Schmidts an der »an Hysterie« grenzenden Emotion in der amerikanischen Medienberichterstattung über das Kriegsrecht in Polen und vor allem an den inkonsequenten Sanktionen der US-Administration »von so beschränkter Reichweite, daß sie lediglich pseudopolitischen, symbolischen Charakter hätten«. Gleichzeitig hätten die Medien aber das Gegenbild einer »demoralisierten Führerschaft« Schmidts produziert, »deren optimale Vorstellung von der Zukunft Westdeutschlands diejenige eines finnlandisierten Vasallen eines totalitären Reiches ist« (Wall Street Journal, 4.1.1982), so Helmut Schmidt, Menschen und Mächte, Berlin 1987, S. 302ff.
49 Texte zur Deutschlandpolitik, Reihe II, Bd. 8, S. 441-450.
50 Wortlaut in: Hermann Volle/Wolfgang Wagner (Hrsg.), Krise in Polen. Vom Sommer 80 zum Winter 81. In Beiträgen und Dokumenten aus dem Europa-Archiv, Bonn 1982, S. 312.

des Bundeskanzlers auf die deutsch-deutschen Gespräche und Beziehungen lange Schatten werfen.

Schmidts Unverständnis für die politische Wirksamkeit von symbolischer Politik im polnischen Fall wird in der Replik auf den Vorwurf der Union, daß er die Gespräche mit Honecker hätte abbrechen müssen, deutlich:

> Ich frage mich, was sie eigentlich erreichen wollten, die mir solches angeraten haben. Welchen Menschen wollten Sie damit eigentlich helfen? Welche Menschen hätten davon einen Nutzen haben sollen? – Wenn Sie mir »Polen« dazwischenrufen, antworte ich Ihnen: Eine vorwegnehmende Dramatisierung (sic!) der Ereignisse in Polen, ausgerechnet durch uns Deutsche, hätte tatsächlich weder den Polen noch den Deutschen genützt. Deutsche dürfen sich noch immer nicht zum Richter über Polen aufwerfen, noch immer nicht! Es war umgekehrt vielmehr richtig und hat umgekehrt vielmehr der internationalen Lage und der DDR geholfen, daß ich am Sonntag morgen auf dem Boden der DDR öffentlich und für alle Bewohner der DDR hörbar, der Hoffnung Ausdruck geben konnte, daß es den Polen gelingen möge, ihre inneren Konflikte allein und selbst zu lösen.[51]

Noch am gleichen Tag wurde eine Entschließung des Deutschen Bundestags zur Entwicklung in Polen nach der Verhängung des Kriegsrechts formuliert und von allen Parlamentsfraktionen verabschiedet.[52] Die sieben Leitsätze umfassende Entschließung forderte die Wiederherstellung der durch den Reform- und Erneuerungskurs in Polen erreichten Freiheiten sowie die Wiederaufnahme des Dialogs mit den reformwilligen und patriotischen Kräften des polnischen Volkes und eine Freilassung aller Inhaftierten. Es ist bezeichnend, daß der Deutsche Bundestag nicht explizit die Aufhebung des Kriegszustands vom polnischen Militär verlangte. Der »realpolitische« Ansatz in der Erklärung besagte indirekt, nichts von General Jaruzelski zu verlangen, was er angesichts des langen Schattens Moskaus nicht erfüllen konnte.

Der Bundestag forderte die Bundesregierung auf, die Frage der staatlichen Wirtschaftshilfe an Polen so lange offenzulassen, wie die Unterdrückungsmaßnahmen des derzeitigen Regimes gegen das polnische Volk anhielten. Andererseits dachte man nicht daran, direkte Wirtschaftssanktionen, die als ökonomischer Druck auf die Warschauer Führung hätten eingesetzt werden können, zu verhängen. Diese Frage führte zu Meinungsverschiedenheiten mit der amerikanischen Administration, die für einen härteren Kurs gegenüber der polnischen Militärregierung eintrat. Während der Unterredung des Bonner Außenministers mit Lawrence Eagleburger, dem für Europa-Fragen zuständigen stellvertretenden US-Außenminister, beharrte Genscher auf der bisherigen Position der Bundesregierung zur Polenfrage und widersetzte sich dem Drängen der Amerikaner nach Wirt-

---

51 Texte zur Deutschlandpolitik, Reihe II, Bd. 8, S. 448f.
52 Stenogr. Berichte, Plenarprotokoll 9/74 vom 18.12.1981; siehe auch Das Parlament, 52, 26.12.1981.

schaftssanktionen gegen Warschau. Die Bundesregierung hielt nichts von »deklamatorischen Pressionen«, die nach ihrer Überzeugung nur zur Anheizung des Konflikts beitragen würden. Jeder Versuch, das polnische Volk zu »benutzen«, um den Sowjets die Kontrolle über Polen streitig zu machen, wurde von ihr als friedensgefährdend angesehen.[53] Bonn ging noch weiter und setzte die bereits zugesagte und vereinbarte Hilfe für Polen fort. Von einer Koordinierung der westlichen Reaktionen auf die polnischen Geschehnisse konnte keine Rede sein. Zwischenzeitlich hatte US-Präsident Ronald Reagan in einer Rundfunk- und Fernsehansprache am 23. Dezember 1981 die Verkündung von Wirtschaftssanktionen gegen Polen bekanntgegeben.[54]

In Bonn blieben die vom amerikanischen Präsidenten verhängten Maßnahmen gegen die neuen Machthaber in Polen ohne Echo. Für ihre abwartende Haltung erhielt die Bundesregierung Rückendeckung von den EG-Mitgliedstaaten, die nach dem informellen Treffen der Außenminister in Brüssel am 4. Januar 1982 im Schlußkommuniqué zwar die Entwicklung der Lage in Polen »völlig« mißbilligten, aber über reine Absichtserklärungen und eine Kenntnisnahme der wirtschaftlichen Maßnahmen der Amerikaner gegenüber Warschau und der Sowjetunion nicht hinausgingen. Immerhin verständigten sich alle EG-Mitgliedstaaten auf drei Hauptforderungen, die von Warschau unverzüglich erfüllt werden sollten und die von nun an von der EG und der Bundesregierung als Eckpfeiler der gemeinsamen Vorgehensweise im Fall Polen angesehen wurden: »schnellstens das Kriegsrecht aufzuheben, die Verhafteten auf freien Fuß zu setzen und eine wirklichen Dialog mit der Kirche und Solidarität wiederherzustellen«.[55]

Als einen Tag vor Heiligabend 1981 der stellvertretende Ministerpräsident Mieczysław Rakowski Bonn besuchte, um dort um Verständnis für die Kriegsrechtsentscheidung zu werben, wurde ihm zu verstehen gegeben, daß die Ernsthaftigkeit der bisherigen Erklärungen Warschaus an der Erfüllung der Kernforderungen des Bundestags gemessen würde. Gleichzeitig hatte Rakowski den Eindruck, daß er wegen seiner freundschaftlichen Beziehungen bei den deutschen Sozialdemokraten erfolgreich für die Politik Jaruzelskis werben konnte. Jedenfalls zitierte er später Egon Bahr: »Wenn unser Freund Rakowski, zu dem wir Vertrauen haben, uns sagte, daß es keinen anderen Ausweg gab, dann hatten wir keine Gründe, ihm nicht zu glauben.«[56]

---

53 »Bonn hält nichts von Sanktionen«, in: Die Welt, 23.12.1981; »Washingtons Überlegungen zur Polen-Hilfe bringen Bonn in eine schwierige Lage«, in: FAZ, 23.12.1981.
54 Siehe Volle/Wagner (Hrsg.), Krise in Polen, S. 313ff.
55 Bulletin, 2, 8.1.1982, S. 7.
56 Mieczysław F. Rakowski, Jak to się stało [Wie es geschah], Warszawa 1991, S. 60.

Rakowski suchte auch den Vorsitzenden des Ostausschusses der deutschen Wirtschaft, Otto Wolff von Amerongen, auf, um ihm die Lage Polens in den düstersten Farben zu schildern und die deutsche Wirtschaft von Sanktionen oder Kappung der Wirtschaftsbeziehungen abzuhalten.[57] Das wäre aber gar nicht nötig gewesen. Wenn Bonn den amerikanischen Vorgaben mit Blick auf Polen und auf die Sowjetunion Folge geleistet hätte, wären negative Folgen für die Bundesrepublik in einigen Industriezweigen und Energieunternehmen spürbar geworden. Die Bundesrepublik war mit dem Osten Europas wirtschaftlich enger verflochten als alle westeuropäischen Verbündeten, ganz zu schweigen von dem marginalen amerikanischen wirtschaftlichen Engagement in dieser Region, das außer im Bereich der Getreidelieferung ohne Belang war. Und gerade hier zeigte sich dann später auch die Inkonsequenz der amerikanischen Sanktionspolitik. Nicht nur aus politischen, sondern auch aus wirtschaftlichen Überlegungen heraus ließ sich demnach die reservierte Reaktion Bonns auf die Polenpolitik des amerikanischen Präsidenten erklären.

Auch der Besuch Schmidts in den USA Anfang 1982 konnte die unterschiedlichen Auffassungen Bonns und Washingtons über die angemessene Polenpolitik nicht zur Deckung bringen. Erstmals ließ sich der Bundeskanzler aber in dem gemeinsamen Kommuniqué mit Präsident Reagan dazu bewegen, die Sowjetunion öffentlich der »Mittäterschaft« zu beschuldigen. Darüber hinaus wurden die Brüsseler Beschlüsse vom 4. Januar ins Kommuniqué aufgenommen.[58] Offensichtlich hatte die Antwort Jaruzelskis auf den Brief des Bundeskanzlers vom 26. Dezember Bonn nicht zufriedengestellt. Jaruzelski hatte der Bundesregierung versichert, es bleibe seine Absicht, zu der 1980 begonnenen Politik der Reformen zurückzukehren. Einen Termin für die Aufhebung des Kriegzustands nannte er nicht.[59] In der Sanktionsfrage blieb Schmidt freilich hart gegenüber Reagan.[60]

Die Reaktion der sozialliberalen Bundesregierung auf die Verhängung des Kriegzustands in Polen und ihre Ablehnung von Wirtschaftssanktionen stießen nicht nur in den Vereinigten Staaten auf heftige Kritik, sondern wurden auch in Westeuropa als unmoralisch, doppelzüngig und unglaubwürdig kommentiert. Unabhängig von der Kritik hinter vorgehaltener Hand oder der moralischen Entrüstung, die über die Verhaltensweise Bonns in den westeuropäischen Massenmedien angesichts der praktischen Hilflosigkeit der europäischen Regierungen laut wurde, veranlaßte der massive Druck auf der Sondersitzung des Nordatlantikrats am 11. Januar 1982 die

---

57 Siehe Otto Wolff von Amerongen, Der Weg nach Osten. Vierzig Jahre Brückenbau für die deutsche Wirtschaft, München 1992, S. 55f.
58 Bulletin, 2, 8.1.1982, S. 5-6, hier S. 5.
59 SZ, 5.1.1982.
60 »Schmidt und Reagan sprechen von Übereinstimmung und schweigen über Trennendes«, in: FAZ, 6.1.1982.

Bundesrepublik, auf die verbale Position der Bündnispartner bzw. deren Beurteilung der Ereignisse in Polen einzuschwenken. Diese NATO-Erklärung umfaßte 16 Punkte und beschäftigte sich mit allen Aspekten der Krise in und um Polen.[61] Alle Mitglieder der NATO stellten sich vorbehaltlos hinter die wirtschaftlichen Sanktionen des US-Präsidenten. Aber auch die Haltung der Bundesrepublik wurde indirekt respektiert, da es in der Erklärung jedem Bündnispartner überlassen wurde, entsprechend seiner Lage und seinen Rechtsvorschriften die beschlossenen Maßnahmen durchzuführen.[62]

Die Bundesregierung mußte bald erkennen, daß die militärische Führung in Warschau nicht geneigt war, auf die Kernforderungen des Bundestags vom 18. Dezember 1981 einzugehen. Um sich nicht nur von den Verbündeten, sondern auch zu Hause wegen vermeintlich blauäugiger Bewertung der Lage in Polen nicht weiter bedrängen zu lassen, demonstrierte Bonn mehr Ungeduld gegenüber Warschau. Eine gute Gelegenheit dazu bot die Polen-Debatte des Deutschen Bundestags am 14. Januar 1982. In seiner Erklärung forderte der Bundeskanzler den Militärrat dazu auf, seine eigenen Zusagen wahrzumachen und auf den Weg der Erneuerung und der Reformen zurückzukehren.[63] Die Bundestagsdebatte zeigte aber unmißverständlich, daß die Haltung der Bundesregierung zu Polen sich in der praktischen Politik kaum ändern würde. Weiterhin galt es, die Erfüllung der drei Forderungen vom Dezember zu verlangen und Zurückhaltung bei den Wirtschaftssanktionen zu üben. In ihrem Entschließungsantrag sprachen sich die Regierungsparteien für verstärkte Wirtschafts- und Finanzhilfe an Polen aus, »sobald die Voraussetzungen dafür gegeben sind«.[64]

Die CDU/CSU-Opposition hatte angesichts der Verschlechterung der politischen Lage und der wachsenden Repression in Polen eine eigene Entschließung vorbereitet, die in ihren Feststellungen und Forderungen die amerikanischen und westeuropäischen Grundpositionen aufgriff.[65] Die CDU/CSU-Entschließung zur Lage in Polen wurde von den Koalitionsparteien abgelehnt, woraufhin sich die Opposition weigerte, die Polenpolitik der Bundesregierung mitzutragen, die der Fraktionsvorsitzende Kohl als »schwach« und »opportunistisch« bezeichnete.[66]

Mitte Februar 1982 verabschiedete die Bundesregierung zum Beweis der eigenen Bündnistreue einen Katalog von protokollarisch-diplomatischen Maßnahmen gegen die Sowjetunion und Polen, die zuvor innerhalb der NATO beraten und ausgearbeitet worden waren. Schon die Form der Prä-

---

61 Wortlaut in: EA, F6/1982, S. D157-169.
62 Siehe die Leitlinien 11 und 12 der Erklärung.
63 EA, F6/1982, S. D172-174.
64 Ebenda.
65 Siehe SZ, 13.1.1982.
66 Das Parlament, 4, 30.1.1982.

sentation ließ kaum einen Zweifel daran, daß sich die Regierung nur widerstrebend und ohne innere Überzeugung zu dem Maßnahmenbündel (strikte Anwendung von bestehenden Beschränkungen für sowjetische Vertretungen, Verminderung von Reisen hochgestellter deutscher Amtspersonen in die Sowjetunion, kein weiteres sowjetisches Generalkonsulat, Aussetzung von Verhandlungen über ein wissenschaftlich-technologisches Abkommen mit Moskau, striktere Handhabung des wirtschaftlichen Kooperationsabkommens mit der Sowjetunion, Zurückhaltung bei repräsentativen Veranstaltungen mit der Sowjetunion und Polen) durchgerungen hatte.[67]

Der erste prominente Gast aus dem Westen, der seit Machtergreifung des polnischen Militärs Polen besuchen sollte, war der SPD-Fraktionsvorsitzende Wehner (19.-22.2.1982). Wehner wollte sich vor Ort so weit wie möglich über die Lage in Polen informieren. Er gehörte wiederum zu den ersten Politikern des Westens, die die Einführung des Kriegsrechts in Polen als das »kleinere Übel« bezeichnet hatten. Der als »privat« eingestufte Besuch brachte keine konkreten Ergebnisse, bedeutete aber zweifelsohne einen Prestigegewinn für die Militärführung in Polen, die den gutwilligen, aber desorientierten und gealterten Politiker auf entwürdigende Weise manipulierte und zensierte.[68] Von der Abschlußerklärung, die nach der Beendigung des Besuchs ohne vorherige Konsultation mit Wehner von der Polnischen Presseagentur verbreitet wurde, mußte sich Wehner schnellstens distanzieren, da dort die Kritik des Gastes am Kriegszustand und sein Eintreten für die Internierten mit keinem Wort erwähnt wurden und der Eindruck entstand, er würde sich mit der Haltung des Warschauer Regimes identifizieren.[69]

Bis zum Herbst 1982, dem Niedergang und Ende der sozialliberalen Koalition, wurde die bisherige Polenpolitik konsequent fortgesetzt. Sie hatte sich seit dem offenen Ausbruch der gesellschaftlich-politischen Krise in der Volksrepublik Polen Mitte 1980 an den Anfang der siebziger Jahre formulierten Grundlagen der Deutschland- und Osteuropapolitik der Bonner Regierung orientiert. Mit Bezug auf Polen hat Helmut Schmidt die Ratio dieser Politik in der Polen-Krise in seinen Memoiren treffend formuliert:

> Wer als Deutscher mit Polen zu einer Verständigung kommen wollte, mußte mit der tatsächlichen Regierung in Warschau Verträge schließen - ob mit Gomulka, Gierek, Kania oder Jaruzelski. Jeder westdeutsche Versuch, zwischen das polnische Volk und seine Regierung Keile zu treiben, dem ersteren freundliche Worte zu sagen, dem letzteren aber Hilfe zu verweigern, mußte scheitern; er mußte den kommunistischen Propagandisten in Warschau auch Argumente gegen den angeblichen deutschen Revanchismus liefern. Für Genscher und mich kam es deshalb überhaupt

---

67 Siehe NZZ, 19.2.1982; FAZ, 18.2.1982.
68 Siehe Reiff, S. 302ff.
69 Siehe AdG, 1982, S. 25413; FAZ, 23.2.1982; Reiff, S. 306.

nicht in Betracht, die Bundesrepublik durch Washington in eine gegen Warschau gerichtete provozierende Rolle drängen zu lassen.[70]

Die Aufrechterhaltung der Philosophie der Ostpolitik der siebziger Jahre nach dem Entstehen der Solidarność und nach der Verhängung des Kriegsrechts hatte unmittelbare Folgen für das Verhältnis einer etatistischen SPD zur demokratischen Bewegung über den Regierungswechsel vom Oktober 1982 hinaus. An der spezifischen Polenpolitik unter Schmidts Leitmotiv »einer Aussöhnung zwischen Polen und Deutschen«[71] läßt sich das moralische und politische Dilemma einer ganzen Politikergeneration von Sozialdemokraten aufzeigen. Aus der gewünschten Aussöhnung zwischen Deutschen und Polen wurde eine Art Aussöhnung mit der polnischen Parteiführung (zuerst Gierek,[72] später Jaruzelski), die ihrerseits überhaupt keine Aussöhnung mit den (West)Deutschen wünschte. Die konjunkturelle Belebung des westdeutschen Feindbilds sowohl unter Gierek als auch unter Jaruzelski sprach für sich.

Die Haltung der meisten SPD-Politiker zum Kriegszustand belastete dann das Verhältnis zwischen deutschen Sozialdemokraten und polnischer demokratischer Opposition über die gesamten achtziger Jahre[73] und erschwerte den Zugang der SPD zu der nunmehr an die Regierung gekommenen demokratischen Bewegung nach 1989. Sozialdemokraten gaben sich gehemmt, da sie das Gefühl hatten, einer historischen Umbruchsituation nicht gewachsen gewesen zu sein, irgendwie den Überblick verloren zu haben. Und die neue politische Elite erinnerte sich bis weit in die neunziger Jahre an den politischen Eiertanz sozialdemokratischer Politiker im Jaruzelski-Polen. Artur Hajnicz drückte es so aus: »Es wäre wohl nicht angebracht und kleinlich, heute die vielen Ereignisse und Fakten, diese ›Reibungen‹ in den Beziehungen zwischen der polnischen Opposition und der SPD aufzuzählen. Man kann Fälle anführen, in denen die SPD-Politiker während ihres Besuches in Warschau die Treffen mit der Opposition ablehnten oder

---

70 Schmidt, Menschen und Mächte, S. 306f.
71 Ebenda, S. 306.
72 Vgl. auch Schmidts eigenes Gefühl von Fairneß und Loyalität gegenüber Gierek, das sich in dem Privatbesuch bei Gierek in Kattowitz am 31.10.1986 äußerte: »Jaruzelski hat meinen Besuch bei Gierek zwar nicht gern gesehen, aber er hat ihn nicht verhindert. Er gehört nicht zu jenem opportunistischen Pack, das bei einem Wechsel der Personen an der Spitze auch gleich seine Meinung über diese Personen wechselt.« (Schmidt, Die Deutschen und ihre Nachbarn, S. 503) Dieses Selbstbewußtsein des angesehenen Staatsmanns äußerte sich freilich nicht in einer vergleichbar mutigen Geste gegenüber der demokratischen Opposition Polens. Siehe zum Gierek-Besuch Schmidts auch Reiff, S. 187ff.
73 Vgl. auch den Vermerk über das Gespräch Schmidt - Honecker am 5.9.1983 im Staatsratsgebäude in Ost-Berlin aus dem Privatarchiv H. Schmidts, in: Heinrich Potthoff (Hrsg.), Die »Koalition der Vernunft«. Deutschlandpolitik in den achtziger Jahren, München 1995, S. 171, 175f.

in letzter Minute die schon vereinbarten Termine absagten. Aber auch wenn es zu Gesprächen kam, fiel es schwer, uns zu verständigen.«[74]

Andererseits muß Hajnicz aber zur Ehrenrettung der SPD eingestehen, daß der Standpunkt der deutschen Sozialdemokraten nicht einheitlich war. Er stellte bei Politikern wie dem damaligen Bremer Bürgermeister Hans Koschnick, Karsten Voigt und Erwin Kristoffersen vom DGB[75] viel Sympathie und Unterstützung für die in den Untergrund gedrängte Solidarność fest, mußte aber gerade bei den Gewerkschaften insgesamt eine nicht so eindeutig positive Einstellung zur Solidarność registrieren, deren Verbundenheit mit der katholischen Kirche und Antikommunismus beispielsweise bei Vertretern der IG Metall in Frankfurt und München auf wenig Verständnis stieß. Die SPD-Führung traf damals eine eindeutige Wahl. Um der Entspannung willen wurden weiterhin enge, sogar herzliche Beziehungen zu den kommunistischen Behörden unterhalten, sie wurden sogar in den Rang zwischenparteilicher Beziehungen erhoben.

Die PVAP-Führung wußte das polenpolitische Dilemma und den sozialdemokratischen Ehrgeiz einer Nebenaußenpolitik aus der Opposition heraus bis zum Ende des PVAP-Regimes zu nutzen. Es kam zu zahlreichen Begegnungen und Arbeitskontakten zwischen SPD- und PVAP-Delegationen, die in der gemeinsamen Erklärung über Sicherheit und Zusammenarbeit in Europa gipfelten,[76] wobei gerade deutsche Sozialdemokraten von polnischen Kommunisten benutzt und hintergangen wurden und es nicht merkten.[77]

Die Berührungsangst der SPD kam sinnbildlich in der Weigerung des Friedensnobelpreisträgers Willy Brandt zum Ausdruck, sich mit dem Friedensnobelpreisträger Lech Wałęsa zu treffen, als jener anläßlich des 15. Jahrestags der Unterzeichnung des Warschauer Vertrags im Dezember 1985 nach Warschau reiste. Dort traf er mit Tadeusz Mazowiecki in dessen Eigenschaft als Präsidiumsmitglied des »Klubs der katholischen Intelligenz« (KIK) und nicht als Vertreter der politischen Opposition zusammen.[78] Jahre später formulierte Brandt in seinen »Erinnerungen« die besonderen Schwierigkeiten der Sozialdemokraten mit der demokratischen Opposition recht hilflos: »Für einen deutschen Sozialdemokraten war es,

---

74 Hajnicz, Polens Wende, S. 29.
75 Siehe auch Reiff, S. 221ff.
76 Gemeinsame Erklärung von SPD und PVAP zur Sicherheit und Zusammenarbeit in Europa durch Maßnahmen der gegenseitigen Vertrauensbildung, veröffentlicht am 25. November 1985, in: Jacobsen/Tomala (Hrsg.), S. 406-409.
77 Ein klassisches Beispiel ist der ehemalige Botschafter Wacław Piątkowski, der anschließend Leiter der Abteilung für internationale Beziehungen war, in seinen Erinnerungen über Willy Brandt, Helmut Schmidt, Hans Wischnewski u.a.: Wacław Piątkowski, Moja misja nad Renem [Meine Mission am Rhein], Kraków 1984; vgl. auch Reiff, S. 80, 104f.
78 Hajnicz, Polens Wende, S. 31.

und dies gilt nicht nur für Polen, oftmals schwer, mit den Regierenden angemessen umzugehen und doch dem Mißverständnis zu entgehen, man halte das Ringen demokratischer Oppositionen für politische Folklore.«[79] Horst Ehmke stellte die Position der SPD in einem Beitrag für »Die Neue Gesellschaft« ausführlich dar. Er betonte, daß durch eine Politik von unten, also durch Kontakte mit Oppositionellen, die Entspannung direkt bedroht würde.[80]

Hajnicz sieht die SPD-Politik gegenüber Polen wie Garton Ash als einen historischen Prozeß der Entstehung, des Erfolgs und dann des Scheiterns der von ihr verwirklichten Konzeption der Ostpolitik.[81] Auch Garton Ash sah in der polnischen Revolution von 1980-1981 die Theorie der Ostpolitik in Frage gestellt und deren praktische Umsetzung bedroht: »Solidarność stellte Freiheit vor Stabilität: analytisch, politisch und moralisch. Anstelle von Liberalisierung durch Stabilisierung schlug sie Stabilisierung durch Liberalisierung vor ... war Solidarność alles andere als dialektisch. Sie sagte: Wenn du den Status quo ändern willst, mußt du den Status quo ändern ...«[82]

Dem gestörten Verhältnis der deutschen Sozialdemokratie zu der Demokratiebewegung in Polen stand in der ersten Hälfte der achtziger Jahre ein Nichtverhältnis der zweiten großen deutschen Volkspartei, der CDU/CSU, sowohl zu den in Polen Regierenden als auch zu der Oppositionsbewegung gegenüber. Aus der demonstrativen Partnerschaftspolitik mit Polen unter dem Unionskanzler Helmut Kohl im Kontext des historischen Umbruchs Ende der achtziger Jahre kann nicht der Schluß gezogen werden, daß intensive Kontakte mit der Solidarność-Bewegung bestanden. Die Kontakte wurden freilich in den ersten Amtsjahren von Kanzler Kohl allmählich aufgebaut. Die ersten Gespräche mit Repräsentanten der Solidarność-Opposition legten den Grundstock für den Wandel der Polenpolitik der CDU/CSU, die ihr Verhältnis sowohl zu den politischen Konsequenzen der völkerrechtlichen Bestimmungen des Warschauer Vertrags von 1970 als auch zu

---

79 Brandt, Erinnerungen, S. 473. Brandt weiter:»Ich habe 1985 den ›offiziellen‹ Besuch in Warschau nicht mit einem Abstecher nach Danzig verbinden können, wohin mich Lech Walesa eingeladen hatte, doch mit einer Reihe seiner Mitarbeiter ausführlich beraten. Mit Jaruzelski sprach ich lange über die Reisemöglichkeiten jenes Professors Bronislaw Geremek, der 1989 Fraktionsvorsitzender der ›Solidarnosc‹ im Sejm werden sollte; der General kam noch kurz vor meiner Abreise ins Gästehaus, um mich mit abstrusen Einwänden seines Sicherheitsapparats vertraut zu machen.« (Ebenda, S. 474f.)
80 Horst Ehmke, Friede und Freiheit als Ziele der Entspannungspolitik, in: Die neue Gesellschaft/Frankfurter Hefte, 11, 1985, S. 1003-1010; siehe auch die Replik von *** [= Artur Hajnicz], Entspannungspolitik – in einer anderen Sicht. Eine Antwort, in: Die neue Gesellschaft/Frankfurter Hefte, 6, 1986, S. 548-556.
81 Hajnicz, Polens Wende, S. 31.
82 Garton Ash, Im Namen Europas, S. 418f.

der historisch-politischen Dimension der deutsch-polnischen Beziehungen im europäischen Kontext erst noch finden mußte und durch die Übernahme der Regierungsgeschäfte im Herbst 1982 gezwungen wurde, zu den Schlüsselfragen der deutsch-polnischen Beziehungen eine außenpolitisch vertretbare Position zu beziehen.

# 9. Status-quo-Politik in der Aporie: Einsichten und Inkonsequenzen (1982-1989)

*9.1 Grenzen der Normalisierungspolitik unter veränderten Rahmenbedingungen (1982-1985)*

Nach dem Regierungswechsel im Oktober 1982 kam es trotz des ostpolitischen Nachholbedarfs der Union zu keiner grundlegenden Korrektur der Bonner Osteuropa- und Deutschlandpolitik. Die Koalition von CDU/CSU und FDP unter Bundeskanzler Kohl hatte in dem alten und neuen Außenminister Genscher einen Garanten für die Kontinuität der deutschen Außenpolitik, allerdings änderten sich durch die Regierungsübernahme einige Akzente.[1]

Die Regierung Kohl verpflichtete sich wieder mehr auf die zentrale Bedeutung des Verhältnisses zu den USA und des NATO-Bündnisses – die Erfüllung des NATO-Doppelbeschlusses vom 12. Dezember 1979[2] stand an –, sie unterstrich als zweite Priorität die Schaffung der Europäischen Union und bestätigte schließlich wieder demonstrativ als Verpflichtung der Bundesrepublik die deutsche Einheit. Wie das aktive Eintreten für das »deutsche Recht auf Einheit und Freiheit« aussehen sollte, war eine andere Frage.[3]

Die Akzentverschiebungen nach dem Regierungswechsel sollten sich besonders in den ersten beiden Jahren auch in der Polenpolitik nachzeichnen lassen, die im übrigen nach wie vor entsprechend der bundesdeutschen Staatsräson von der Priorität der Beziehungen zur Sowjetunion ausging, wie es der damalige außenpolitische Berater Kohls, Horst Teltschik, in bemerkenswerter Offenheit formulierte: »Deutsche Ostpolitik ist in dem Augenblick zum Scheitern verurteilt, wenn sie den Versuch unternehmen würde, Politik an Moskau vorbei zu betreiben oder einzelne Mitglieder des Warschauer Paktes gegenüber Moskau oder untereinander auszuspielen

---

1 Siehe auch Jens Hacker, Die Ostpolitik der konservativ-liberalen Bundesregierung seit dem Regierungsantritt 1982, in: APuZ, B14/94, 8.4.1994, S. 16-26.
2 Bis Ende 1983 sollte die Sowjetunion in Verhandlungen veranlaßt werden, ihr eurostrategisches Übergewicht in Europa drastisch abzubauen. Sollte sie dazu nicht bereit sein, wollte die NATO ab Ende 1983 insgesamt 572 nukleare Mittelstreckensysteme (Pershing II und Cruise Missile) in Westeuropa stationieren. Da Moskau das westliche Angebot ignorierte, begann die NATO im Herbst 1983 mit der Aufstellung der Raketensysteme.
3 Garton Ash, Im Namen Europas, S. 151.

und sogenannte Sonderverhältnisse entwickeln zu wollen.«[4] In den Beziehungen mit Polen ging es nicht um eine Korrektur der operativen Politik, sondern vielmehr um die verbal hervorgehobene Verknüpfung mit den langfristigen deutschlandpolitischen Zielen der Bundesrepublik. Die Offenheit der deutschen Frage erhielt unter christlich-demokratischen und christlich-sozialen Ministern einen zumindest theoretisch-völkerrechtlich »revisionistischen« Akzent, den die sozialliberalen Regierungen seit Anfang der siebziger Jahre peinlich vermieden hatten. Bemerkenswert bleibt, daß mit Helmut Kohl schließlich einem archetypischen »Westler« der entscheidende Durchbruch im Verhältnis zu Polen und zum Osten im allgemeinen gelingen sollte, just demjenigen Bundeskanzler, der verglichem mit seinen beiden unmittelbaren Amtsvorgängern die geringsten Erfahrungen und wenigsten persönlichen Beziehungen zum Osten hatte.

Die Regierung Kohl/Genscher war von Anfang an realistisch genug, sich die Irritation und den Widerspruch nicht nur bei den östlichen Partnern, sondern auch bei den westlichen Verbündeten, insbesondere den Drei Mächten, für den Fall vorzustellen, daß von einer Bundesregierung zehn Jahre nach der Ratifikation der Ostverträge der ostvertragliche Modus vivendi in Frage gestellt worden wäre. Der Modus-vivendi-Charakter der Verträge wurde auch von der neuen Bundesregierung zu keiner Zeit als Provisorium auf Abruf verstanden. Die auch vom rechten Flügel der Union respektierte Formel »*Pacta sunt servanda*« bedeutete in bezug auf Polen, daß der Warschauer Vertrag mit seiner Grenzklausel zwischen beiden Partnern nur einvernehmlich hätte aufgelöst werden können.[5] Diese Einstellung zu den Ostverträgen aufzukündigen hätte die grundsätzliche Vertragstreue Bonns in Frage gestellt, die internationale Position der Bundesrepublik auf Dauer untergraben und in kürzester Zeit ihre politische Isolierung zur Folge gehabt.

Die Regierungserklärung von Bundeskanzler Kohl am 13. Oktober 1982 bestätigte sowohl im Hinblick auf die innenpolitische Standortbestimmung als auch das interessierte Ausland, daß die neue Bundesregierung für eine generelle Fortsetzung der Ost- und Deutschlandpolitik der alten SPD-FDP-Koalition eintrat. Die Verständigungspolitik mit dem Osten Europas sollte unter Respektierung der geschlossenen Verträge und auf der Grundlage der Schlußakte von Helsinki fortgeführt werden.[6]

Der Warschauer Vertrag vom Dezember 1970, der von der damaligen CDU/CSU-Opposition so vehement mit allen politischen Mitteln bekämpft worden war, sollte im Rahmen der Möglichkeiten der neuen Regierungs-

---

4 Horst Teltschik, Aspekte der deutschen Außen- und Sicherheitspolitik im Rahmen der Ost-West-Beziehungen, in: APuZ, B7-8/85, 16.2.1985, S. 3-13, hier S. 11.
5 Siehe Texte zur Deutschlandpolitik, Reihe III, Bd. 1: 13. Oktober 1982 - 30. Dezember 1983, Bonn 1985, S. 56.
6 Siehe Bulletin, 93, 14.10.1982, S. 862.

koalition »mit Leben« erfüllt werden. In seinem Exposé machte Kohl im Unterschied zu den Sozialdemokraten die Sowjetunion für das Scheitern des Entspannungsprozesses direkt verantwortlich und scheute sich nicht, die entscheidende Rolle Moskaus in der polnischen Krise zu benennen. Der neue Regierungschef bestand ausdrücklich darauf, daß die polnische Führung den von allen Bundestagsfraktionen beschlossenen Forderungskatalog vom 18. Dezember 1981 erfüllte. Das offizielle Bonn erwartete von General Jaruzelski weiterhin die Aufhebung des Kriegsrechts, die Freilassung aller Verhafteten, die Fortführung des Dialogs mit der katholischen Kirche und die erneute Legalisierung der Solidarność.[7] Kohl bezeichnete das Verbot der Solidarność nicht nur als einen Bruch des Versprechens der polnischen Regierung und als einen Verstoß gegen die Schlußakte von Helsinki, sondern auch als einen kalten Handstreich gegen das polnische Volk.

Die symbolische Solidarisierung mit der gesellschaftlichen Bewegung in Polen fiel bei dem neuen Bundeskanzler weitaus eindeutiger aus als bei Bundeskanzler Schmidt. Nach den Bundestagswahlen vom März 1983, die das christlich-liberale Regierungsbündnis bestätigten, entwickelten auch die nunmehr im Bundestag vertretenen »Grünen« eine »Polenpolitik«, die ihren Bezugspunkt in der Solidarność-Oppositionsbewegung sah. Nach der Absage einer offiziellen Delegationsreise der Grünen im Mai 1985, als die polnische Seite von vornherein jeden Kontakt außerhalb der offiziellen Begegnungen verboten hatte, »schlief der Kontakt zu den offiziellen Vertretern mehr oder weniger ein. So waren die Grünen in den 80er Jahren die einzige politische Kraft in der BRD, deren polnische Gesprächspartner im wesentlichen Aktivisten der Untergrund-Solidarność waren«,[8] wie eine Mitarbeiterin von Bündnis 90/Die Grünen schrieb. Freilich ist dabei anzumerken, daß die Grünen damals in einer »privilegierten« Lage waren – ohne Regierungsverantwortung im Bund und in den Ländern und somit ohne die Zwänge der offiziellen Politik.[9]

Da die neue Bundesregierung wieder starke deutschlandpolitische Akzente gesetzt hatte, die potentiell als gegen die territoriale Integrität Polens gerichtet und generell als Degradierung Polens in der außenpolitischen Prioritätenliste Bonns mißverstanden werden konnten, versuchte der Bundeskanzler dem entgegenzuwirken, indem er eine klare Trennungslinie zwischen dem Militärregime in Polen und dem polnischen Volk zog und der

---

7 Ebenda.
8 Elisabeth Weber, Die Grünen und die polnische Opposition im Dialog, in: Ewa Kobylińska/Andreas Lawaty/Rüdiger Stephan (Hrsg.), Deutsche und Polen. 100 Schlüsselbegriffe, München – Zürich 1992, S. 374-380, hier S. 375.
9 Vgl. auch das unveröffentlichte Grundsatzdokument der Grünen: »Die Grünen und der deutsch-polnische Dialog« von September 1987, in: Jacobsen/Tomala (Hrsg.), S. 418-423.

polnischen Bevölkerung die volle Unterstützung und menschliche Anteilnahme zusicherte.[10]

Die karitative Hilfe aus der Bundesrepublik in den ersten Monaten des Kriegszustands darf als psychologischer Faktor, der auf längere Sicht das Verständnis des polnischen Nachbarn für die »offene deutsche Frage« fördern konnte, nicht unterschätzt werden, wobei unbeantwortet bleiben muß, ob Anfang der achtziger Jahre bei den damaligen Bonner Entscheidungsträgern ein solcher strategischer Gedanke im Vordergrund der Polenpolitik stand.[11] Jedenfalls erwies sich die Forderung der CDU/CSU-FDP-Regierung nach Freilassung des Gewerkschaftsführers Wałęsa als langfristig wirksames symbolisches Handeln, das die Kontaktaufnahme mit den Vertretern der demokratischen Oppositionsbewegung erleichterte, während die Sozialdemokraten bei ihrer Forderung, die Internierten freizulassen, den Namen des Gewerkschaftsführers sorgsam vermieden hatten.

Bundeskanzler Kohl erwähnte in der außenpolitischen Debatte des Bundestags am 25./26. November 1982 nur einmal das polnische Regime, sonst sprach er vom »polnischen Nachbarn«. In dem Polen gewidmeten Abschnitt seiner Erklärung äußerte er seine Überzeugung:

- daß die Polen ihre schweren politischen und gesellschaftlichen Probleme auf der Basis der inneren Verständigung und ohne Einmischung von außen lösen müssen;
- die Hilfsbereitschaft der Westdeutschen sichtbarster Ausdruck für die Aussöhnung zwischen den Deutschen und Polen ist;
- daß anstelle von Kriegsrecht und Internierung ein wirklicher Dialog zwischen Regierung, Kirche und berufenen Vertretern aller gesellschaftlichen Gruppen treten sollte. Auch seien alle Gefangenen freizulassen.[12]

Die differenzierten Stellungnahmen des Bundeskanzlers zum Verhältnis zu Polen hinderten andere Regierungsmitglieder nicht an Äußerungen, die juristisch nicht angreifbar waren, aber einen politischen Kontext konstruierten, der von der Generallinie des Bundeskanzlers und mehr noch des Auswärtigen Amts abwich. Am 29. Januar 1983 hatte Innenminister Friedrich Zimmermann auf einer BdV-Veranstaltung in München geäußert, daß die deutsche Frage völkerrechtlich auch die Gebiete östlich von Oder und Neiße in den Grenzen Deutschlands von 1937 umfasse.[13] An der Stellungnahme Zimmermanns und später auch anderer CDU/CSU-Politiker zum

---

10 Siehe Erklärung des Bundeskanzlers zur Außenpolitik der Bundesregierung am 25.11.1982, in: Bulletin, 118, 26.11.1982, S. 1073f.
11 Siehe Artur Hajnicz, Polen in seinem geopolitischen Dreieck, in: Außenpolitik, 1, 1989, S. 31-43, hier S. 36.
12 Bulletin, 118, 26.11.1982, S. 1074.
13 »Streit über Ost- und Deutschlandpolitik«, in: FAZ, 2.2.1983.

Deutschlandproblem war inhaltlich nichts Neues zu entdecken. Die sozialliberale Koalition hatte die deutschen Rechtspositionen zu keiner Zeit aufgegeben. Ein unbefangener Beobachter konnte aber bemerken, daß in Zeiten der SPD-FDP-Koalition und auch aus dem Munde von Kanzler Kohl und des weiterhin amtierenden Außenministers Genscher eher das betont wurde, was später einmal als »politische Bindewirkung« des Warschauer Vertrags bezeichnet werden sollte, während sich nach der »Wende« Politiker im konservativen und rechten Spektrum der CDU/CSU zunehmend ermutigt sahen, die Vorläufigkeit der Vereinbarungen mit Polen zu betonen – mag dabei einigen von ihnen auch »nur« an der Integration der deutschnationalen Klientel der christlichen Volksparteien gelegen haben.

Es war der Staatsminister im Auswärtigen Amt, Alois Mertes, dem es in seiner Antwort auf eine parlamentarische Anfrage des Abgeordneten Carl Otto Lenz vom 14. Dezember 1983 (»Mertes-Brief«) gelang, einerseits die Offenheit der deutschen Frage mit ihren Implikationen für die staats- und völkerrechtliche Lage in den polnischen Westgebieten und andererseits das gemeinsame deutsche und polnische Interesse an der Überwindung des Status quo in Mitteleuropa ohne Schaden für Polens Staatsräson zu formulieren. In einem Vortrag an der Universität Zürich hatte Mertes entsprechende Gedanken bereits formuliert:

> ... wäre es auch eine verhängnisvolle Kurzsichtigkeit des Westens zu übersehen, daß die ethischen Grundlagen unserer Westbindung in sich selbst die Unaufgebbarkeit der Forderung nach Recht und Freiheit für die Deutschen enthalten, denen Macht und Willkür sie versagen. Natürlich nicht als eng nationales Anliegen, sondern als Teil des Strebens nach einer dauerhaften Friedensordnung in Europa, die auch unseren östlichen Nachbarvölkern persönliche, gewerkschaftliche und politische Menschenrechte zurückgibt, die ihnen heute vorenthalten sind.[14]

Die elementare Verflechtung der deutschen und der polnischen Frage war für Mertes unverkennbar. Diese Ausführungen deckten sich weitgehend mit Vorschlägen von außenpolitischen Vordenkern der polnischen Opposition, die der Perspektive der Wiedervereinigung Deutschlands, die Anerkennung der Oder-Neiße-Grenze als Ostgrenze eines vereinigten Deutschland vorausgesetzt, positiv gegenüberstanden. Bedingung für eine befriedigende Lösung deutsch-polnischer Beziehungen in freiheitlichem Rahmen war demnach ein Übergang von der Rechtszustandsformel in der Polenpolitik der CDU/CSU zu einer ethischen Formel in bezug auf das Selbstbestimmungsrecht der Völker in den jetzt existierenden Grenzen.[15]

Erste Schritte zu einer Öffnung breiterer Kreise der CDU/CSU gegenüber der polnischen Problematik waren dadurch getan worden, daß sie sich nicht von den Berührungsängsten der Sozialdemokratie in bezug auf politische Opposition in Polen leiten ließen. Im Jahr 1983 nahmen Vertreter der

---

14 Texte zur Deutschlandpolitik, Reihe III, Bd. 1, S. 95.
15 Siehe Hajnicz, Polen in seinem geopolitischen Dreieck, S. 35.

Solidarność vertrauliche Gespräche mit der Bundesregierung auf. Unter dem Vorwand einer Bildungsreise fuhr Artur Hajnicz, ein enger Vertrauter von Tadeusz Mazowiecki, in die Bundesrepublik, um der neuen Bundesregierung die Deutschlandpolitik der polnischen Opposition zu erläutern. Erst nach genauer Überprüfung der Identität von Hajnicz über einen Geleitbrief von Vertretern der Solidarność kam es zum Gespräch. Am 30. Juni 1983 führte Hajnicz eine vertrauliche Unterredung mit Staatsminister Mertes. Mertes wurde mit einer vollkommen neuen Deutschlandpolitik von polnischer Seite konfrontiert. Nach einem ausführlichen Gedankenaustausch hinsichtlich der innenpolitischen Situation in Polen, von Mertes sachlich und mit Distanz geführt, kam er auf ein Thema zu sprechen, das ihm besonders wichtig war. Er wollte wissen, welche Auffassung die polnische Opposition zur deutschen Frage vertrete. Hajnicz brachte seine Antwort auf die Kurzformel: Die Wiedervereinigungsfrage sei für die Solidarność offen, nicht jedoch die Oder-Neiße-Grenze. Die Opposition unterstütze das Ziel der Einheit Deutschlands – innerhalb der Grenzen der beiden deutschen Staaten.[16]

Hajniczs Gesprächspartner wollte darüber hinaus die Haltung der Opposition zu den Wirtschaftssanktionen gegen Polen erfahren. Eine eventuelle Aufhebung dieser Sanktionen durch die Bundesrepublik sollte mit der Opposition abgesprochen werden. Hajnicz gab der Bundesregierung insofern einen von der polnischen Opposition legitimierten Handlungsspielraum, als er betonte, daß Solidarność die Sanktionen »nicht initiiert« habe.[17]

Es ist davon auszugehen, daß Mertes Bundeskanzler Kohl vom Gespräch mit Hajnicz genauestens Bericht erstattete. Denn gleich darauf kam es zu einer direkten Begegnung des Bundeskanzlers mit dem Deutschlandexperten der Solidarność. Kohl machte sich ein genaues Bild über den deutschlandpolitischem Standpunkt mit einer unmittelbaren Konsequenz für seine operative Deutschlandpolitik gegenüber dem Osten. Beim Besuch des Bundeskanzlers Anfang Juli in der Sowjetunion nahm die Begegnung mit Hajnicz offenbar Einfluß auf den Text der Tischansprache Kohls in Moskau, die sich mit Deutschlandpolitik befaßte. Die entsprechende Passage der Rede Kohls lautete:

> Wir wollen eine realistische Politik. Ihr Kern ist der Gewaltverzicht. Sie ist geprägt vom Geist guter Nachbarschaft in den gegenseitigen Beziehungen. Sie versucht, den vereinbarten Modus vivendi zu nutzen und auszufüllen. Wir gehen davon aus, daß eine solche Politik langfristig auch zur Lösung der ungeklärten Probleme beitragen wird, die ganz Deutschland betreffen. Wir halten am Selbstbestimmungsrecht unseres Volkes und an der Einheit unserer Nation fest. Wir resignieren nicht. Uns ist durch unsere Verfassung aufgetragen, auf einen Zustand des Friedens in Eu-

---

16 Hajnicz, Polens Wende, S. 33.
17 Miszczak, S. 246.

ropa hinzuwirken, in dem das deutsche Volk in freier Selbstbestimmung seine Einheit vollendet.[18]

In diesem Zusammenhang muß besonders hervorgehoben werden, daß für Kohl wie für Mertes die Ostverträge zwar einen vorübergehenden Charakter hatten, aber keiner von beiden hatte jemals in offiziellen Stellungnahmen über Deutschland in den Grenzen von 1937 gesprochen. Beide wiesen immer wieder auf die Grundlagen hin, die die Deutschlandpolitik Bonns bestimmten: das Grundgesetz der Bundesrepublik Deutschland, den Deutschlandvertrag, die Ostverträge, die Briefe zur deutschen Einheit sowie die Entschließung des Deutschen Bundestags vom 17. Mai 1972, den Grundlagenvertrag und die Entscheidungen des Bundesverfassungsgerichts vom Juli 1973 und vom Juli 1975.

Das oberste Ziel der bundesdeutschen Außenpolitik war demnach politisch eindeutig, wenn auch die völkerrechtliche Lage weiterhin kompliziert und widersprüchlich blieb. Die Vereinigung Deutschlands sollte territorial die Bundesrepublik, die DDR und Berlin umfassen, nichts mehr.

In diesem Sinne war auch die besagte Antwort von Mertes auf die Anfrage des Abgeordneten Lenz vom Dezember 1983 zu verstehen, in der der Staatsminister feststellte, daß es im heutigen Polen noch 1,1 Millionen Deutsche gebe. Zugleich stellte er aber auch fest, daß die Deutschen auf dem »Hoheitsgebiet der Volksrepublik Polen« nach dem polnischen Recht die polnische Staatsangehörigkeit besitzen. Die Bundesrepublik habe gegenüber diesen Deutschen eine Schutzpflicht. Sie dränge auf die Verwirklichung der Volksgruppenrechte dieser Menschen, vor allem auf die Achtung und den Gebrauch der Muttersprache, besonders in Kirche und Schule. Gleichzeitig sollte damit der Ausreisedrang in die Bundesrepublik vermindert werden.[19] Der Mertes-Brief an Lenz war in verklausulierter Form verfaßt und wurde von offiziellen Stellen in Warschau entweder nicht verstanden oder absichtlich anders ausgelegt. Es besteht kein Zweifel daran, daß die Antwort des CDU-Politikers ein Versuch war, »von der Rechtszustandsformel abzuweichen und zu einer ethischen Formel überzugehen, sowie zugleich auch den Rechtszustand zugunsten Polens auszulegen«.[20] Die lange Unterredung zwischen Hajnicz und Mertes hatte offensichtlich ihre Wirkung getan.[21] Der außenpolitische Experte der Solidarność kam nach der Wende zu dem Urteil, daß im Mertes-Brief »auch der Versuch ent-

---

18 Bulletin, 76, 12.7.1983, S. 707.
19 Pressemitteilung des Auswärtigen Amts, 1103 B/83, 14.12.1983.
20 Hajnicz, Polen in seinem geopolitischen Dreieck, S. 36f.; siehe auch die Würdigung der polenfreundlichen Orientierung von Mertes bei Władysław Bartoszewski, Ein Freund Polens, in: Philipp Jenninger (Hrsg.), Alois Mertes zur Erinnerung. Ansprachen und Nachrufe, Kevelaer 1986, S. 61-64.
21 Hajnicz, Polens Wende, S. 35.

halten war, gewisse Grundlagen für eine neue Politik gegenüber Polen zu finden«.[22]

Mertes vergaß zwar nicht, die bekannten Rechtspositionen der Bundesrepublik (Deutsche im Sinne von Art. 116 GG) aufzuzählen, aber in den territorialen Optionen einer Wiedervereinigung Deutschlands folgte er den Ausführungen der Professoren Willi Geiger und Wilhelm Grewe. Der ehemalige AA-Staatssekretär und Völkerrechtler, Wilhelm Grewe, hatte in einem Aufsatz für die »Frankfurter Allgemeine« vom 22. Mai 1982 einige Wahrheiten verkündet, die für die Anhänger der gescheiterten Nichtanerkennungspolitik der fünfziger und sechziger Jahre nur schwer zu ertragen sein mußten:

> Heute nach Ablauf von 30 Jahren ist die Frage eines Friedensvertrags praktisch gegenstandslos geworden; es wird aller Voraussicht nach zu einem solchen nicht mehr kommen. Soweit der Deutschland-Vertrag noch Fragen offengelassen hatte, sind sie weitgehend durch die Ostverträge, den Grundlagenvertrag mit der DDR, das Vier-Mächte-Abkommen über Berlin und die Schlußakte von Helsinki ihrer politischen Bedeutung entkleidet worden. Zwar hat die Bundesregierung auch beim Abschluß dieser Verträge den Friedensvertragsvorbehalt des Deutschland-Vertrages aufrechterhalten, und das Bundesverfassungsgericht hat die Rechtswirksamkeit dieses Vorbehalts bestätigt, aber niemand kann sich noch der Illusion hingeben, daß die Grenzfrage dadurch noch offengehalten werde.[23]

In einem Vortrag vor dem »Kuratorium Unteilbares Deutschland« sprach Grewe über eine mögliche Verpflichtung der Westmächte auf ein Gesamtdeutschland in den Grenzen von 1937. An dieser Stelle wurde er präzise:

> In den frühen fünfziger Jahren, als die Frage der Wiedervereinigung durch freie Wahlen noch Gegenstand innerdeutscher und internationaler Diskussion war, hat man darunter immer nur die Zusammenführung von Bundesrepublik, DDR und Berlin verstanden ... Man stößt häufig auch auf die Ansicht, die im Artikel 7, II des Deutschland-Vertrages verankerte Verpflichtung der Westmächte auf das Ziel der Wiedervereinigung beziehe sich ebenfalls auf ein Staatsgebilde in den Grenzen von 1937 ... Zur Unterstützung dieser Ansicht wird meist auf Artikel 7, I des Vertrages verwiesen, in dem die Vertragschließenden ihr Einverständnis darüber erklären, daß die endgültige Festlegung der Grenzen Deutschlands bis zu einer friedensvertraglichen Regelung für ganz Deutschland aufgeschoben werden müsse. Aber dieses Zitat beweist nicht das, was manche gern aus ihm herauslesen möchten: es beweist keine Verpflichtung der vier Mächte auf das Ziel eines gesamtdeutschen Staats in den Grenzen von 1937. Bei den Verhandlungen des Deutschland-Vertrages (ich habe diese Verhandlung auf der Arbeitsebene selbst geführt) haben wir auf der deutschen Seite nie annehmen können (und haben auch nicht angenommen), daß die Westmächte bereit seien, eine deutsche Forderung auf Rückgabe der Ostgebiete jenseits von Oder und Neiße zu unterstützen.[24]

---

22 Ebenda, S. 37.
23 Wilhelm G. Grewe, Die deutsche Frage in der Ost-West-Spannung. Zeitgeschichtliche Kontroversen in den achtziger Jahren, Herford 1986, S. 65.
24 Ebenda, S. 70f.

Die Offenhaltung der Grenzfrage sei nur ein Entgegenkommen der Alliierten gewesen, um Bonn nicht »einen endgültigen formellen Verzicht auf die Ostgebiete« aufzuzwingen.[25]

30 Jahre nach dem Ereignis gab mit Wilhelm Grewe einer der diplomatischen Hauptakteure der fünfziger Jahre zu erkennen, daß die Bundesregierung mit Konrad Adenauer an der Spitze in der Öffentlichkeit wider besseres Wissen von der Unterstützung des Bonner Standpunkts in der Oder-Neiße-Grenzfrage durch die Westalliierten gesprochen hatte. Der Staatsminister und Kanzlerberater Mertes bestätigte im Dezember 1983, daß die Bundesregierung die Ansicht der Alliierten akzeptierte.[26]

Die Regierung Kohl/Genscher gab sich trotz der somit bestehenden Berechenbarkeit der deutschen Polenpolitik in bezug auf die Oder-Neiße-Grenze in den Jahren 1983 bis 1985 Blößen, die sie zur Zielscheibe polnischer und sowjetischer Revanchismusvorwürfe machten. Insbesondere die Äußerung des damaligen Innenministers Zimmermann, daß es »Tendenzen, die deutsche Frage auf die Bundesrepublik Deutschland und die DDR zu beschränken und die ostdeutschen Gebiete jenseits von Oder und Neiße nicht einzubeziehen, ... bei der neuen Bundesregierung nicht geben« werde,[27] hatte in Polen zu nachhaltiger Verstimmung geführt. Dasselbe galt auch für die so differenzierte Bemerkung des Staatsministers Mertes. Warschau hatte einen Vorwand gesucht und gefunden, eine breit angelegte Propagandakampagne zu initiieren, die 1984 im Vorwurf des »Pangermanismus« gipfelte.

Die seit 1983 festzustellende Akzentuierung von Rechtspositionen durch Regierungsmitglieder veränderte jedoch zu keiner Zeit die operative Politik gegenüber Polen. Sie war rein innenpolitisch motiviert und klientelorientiert. Der konservative und deutschnationale Flügel der CDU/CSU bemühte sich um die Konsolidierung des rechten Rands der Unionsparteien und um Integration rechts von der CDU/CSU. Dieser politische Spagat zwang dazu, zu den Revisionismusvorwürfen Stellung zu beziehen, weil die deutsche Außenpolitik andernfalls auf Dauer Schaden erlitten hätte. Der vom damaligen italienischen Außenminister, Giulio Andreotti, auf dem Pressefest der kommunistischen Tageszeitung »Unità« geprägte und von polnischen Politikern nur übernommene Vorwurf des »Pangermanismus« ließ die Gefahr außenpolitischen Flurschadens bereits erkennen.

In zahlreichen Reden betonten Bundeskanzler Kohl und Außenminister Genscher in den Jahren 1984 und 1985 die Vertragstreue der Bundesrepublik.[28] Der Bundeskanzler hielt den Revanchismusvorwurf an sich für aus

---

25 Wilhelm Grewe, Wenn der Wille zur Einheit erlahmt, in: FAZ, 24.10.1983.
26 Siehe Korger, S. 59.
27 Zit. n. FAZ, 2.2.1983.
28 Siehe Dettmar Cramer, Eine überflüssige Diskussion. Über den angeblichen Bonner Revisionismus, in: DA, 12, 1984, S. 1272-1274.

der Luft gegriffen, wogegen der Außenminister mahnte, die Verläßlichkeit der deutschen Außenpolitik nicht durch unbedachte Äußerungen in Frage zu stellen.[29] Dabei dachte Genscher offensichtlich an Äußerungen Zimmermanns (CSU) und eine Aussage des stellvertretenden CDU/CSU-Fraktionsvorsitzenden, Volker Rühe (CDU), bei einem Vortrag im Warschauer Institut für Internationale Angelegenheiten am 29. Mai 1984, wonach der Warschauer Vertrag lediglich eine gewaltsame Veränderung der polnischen Westgrenze ausschloß.[30]

Die Deutschland-, Osteuropa- und Polenpolitik der Regierung Kohl/ Genscher in der ersten Hälfte der achtziger Jahre läßt sich unter dem Leitmotiv »Schadenbegrenzung« subsumieren. Der Bundesregierung ging es darum, die Sowjetunion und Polen von der Unrichtigkeit eines Feindbilds zu überzeugen, das zwar in Moskau und Warschau so künstlich wie eh und je erzeugt wurde, jedoch nichtsdestoweniger politisch wirksam blieb, solange in der Bundesrepublik erfolgreich revisionistische Tendenzen gesucht werden konnten. Bonn mußte die offene Flanke schließen, um langfristige Ziele der Deutschland- und Osteuropapolitik nicht zu gefährden.

Das Scheitern des Besuchs von Außenminister Genscher in Warschau im Herbst 1984 war ein deutliches Warnsignal.[31] Genscher sah sich gezwungen, die Visite abzusagen, weil die polnische Führung bestimmten protokollarischen Wünschen des Auswärtigen Amts nicht nachkommen wollte. Das Auswärtige Amt nannte drei Gründe, die zur Absage des Besuchs führten: Erstens war dem »Welt«-Journalisten Carl Gustav Ströhm trotz wiederholter Bitten Genschers kein Visum erteilt worden. Zweitens hatte Warschau Einspruch gegen die Absicht Genschers eingelegt, am Grab eines deutschen Soldaten einen Kranz niederzulegen. Schon während des offiziellen Genscher-Besuchs im März 1981 war die vorbereitete Kranzniederlegung an einem deutschen Soldatengrab auf dem Warschauer Nordfriedhof an einer diplomatischen Finesse der polnischen Gastgeber gescheitert.[32] Mit Rücksicht auf die Gefühle der Polen hatten Vertreter der Bundesregierung bis Anfang der achtziger Jahre davon Abstand genommen, in Polen dem ansonsten üblichen Brauch nachzukommen. Drittens hatte Regierungssprecher Urban den deutschen Außenminister in aller Öffentlichkeit davor gewarnt, das Grab des vom polnischen Sicherheitsdienst ermordeten Priesters Popiełuszko zu besuchen.[33] Außerdem wollte die deutsche Bot-

---

29 Siehe Dettmar Cramer, Ostpolitik auf der Waage, in: APuZ, B7-8/85, 16.2.1985, S. 14-22, hier S. 16.
30 Siehe Die Welt, 4.6.1984; siehe auch Wolfgang Wiemer, Rechtspositionen sind kein Politikersatz, in: DA, 9, 1984, S. 939-943.
31 Genscher, Erinnerungen, S. 272ff.
32 Reiff, S. 56.
33 AdG, 1984, S. 28255.

schaft die Oppositionellen Lech Wałęsa, Bronisław Geremek und Janusz Onyszkiewicz zum Empfang anläßlich des Genscher-Besuchs einladen, wogegen »sich Jaruzelski entschieden widersetzte«.[34]

Schließlich mußte die Bundesregierung bei der Überprüfung der kommunizierenden Röhren im deutschland- und ostpolitischen Regelwerk feststellen, daß nicht nur der Druck aus Moskau, sondern auch wachsender Einfluß Warschaus angesichts der Ost-Berliner Sonderbeziehungen zu Bonn bewirkt hatte, daß Staats- und Parteichef Honecker im Jahr 1984 seinen Besuch in der Bundesrepublik Deutschland hatte absagen müssen.[35]

Aus diesen Gründen sorgte der Bundeskanzler 1985 für eine spürbare Disziplinierung der Mitglieder der Bundesregierung bezüglich unautorisierter Kommentare zur offenen deutschen Frage.[36] Die Diskussion um das Motto des Treffens der Schlesischen Landsmannschaft, das im Sommer 1985 in Hannover stattfand, machte deutlich, wohin die Verselbständigung einer monothematisch in den Kategorien von deutschen Rechtsansprüchen verirrten Polenpolitik zwangsläufig führen mußte: Das ursprüngliche Motto (»40 Jahre Vertreibung – Schlesien bleibt unser«) wurde in Polen und in weiten Teilen der deutschen und internationalen Öffentlichkeit als revisionistisch kritisiert. Der Bundestag debattierte in einer aktuellen Stunde ausgiebig über den politischen Skandal.[37] Da Bundeskanzler Kohl dem Vorsitzenden der Landsmannschaft, Herbert Hupka (CDU), zugesagt hatte, auf der Kundgebung als Gastredner aufzutreten, und unmöglich unter dem ursprünglichen Motto seine Rede halten konnte, setzte er in einem öffentlichen Brief Hupka indirekt unter politischen Druck. Bedeutend war hierbei der Satz: »Es sollten ... alle Seiten vermeiden, durch öffentliche Erklärungen Zweifel an diesen Positionen (das sind die deutschlandpolitischen Rechtspositionen und die Bindewirkung des Warschauer Vertrags – D.B.) zu wecken oder Anlaß für Mißverständnisse zu geben.«[38] Der Bundesminister für innerdeutsche Beziehungen, Heinrich Windelen, selber Schlesier mit viel Verständnis für die Befindlichkeiten der Vertriebenen, der Vorsitzende der CDU/CSU-Bundestagsfraktion, Alfred Dregger, ein konservativer Flügelmann der Union, dem man mangelndes Verständnis für die Vertriebenenanliegen wahrhaftig nicht vorwerfen konnte, der sich aber realistisch auf den Standpunkt »*Pacta sunt servanda*« stellte, und der niedersächsische Ministerpräsident Albrecht, der sich um die Ratifizierung der Polen-Vereinbarungen 1976 so verdient gemacht hatte, bemühten sich gleichzeitig um die Änderung des Leitspruchs. Das modifizierte Motto hieß

---

34 Rakowski, Jak to się stało, S. 62.
35 Siehe Bingen, Bonn – Warschau 1949-1988, S. 37f.
36 Siehe ebenda, S. 38.
37 Siehe Stenogr. Berichte, 119. Sitzung, S. 8797ff.
38 »Ein verärgerter Kanzler schreibt an Hupka: Es hat an Sorgfalt gefehlt«, in: FAZ, 24.1.1985.

nunmehr: »40 Jahre Vertreibung. Schlesien bleibt unsere Zukunft – im Europa freier Völker«.[39]

## 9.2 Wandel vor der Wende (1985-1989)

Seit dem Regierungswechsel im Herbst 1982 gehörte zweifelsohne die Rede von Bundeskanzler Kohl in der aktuellen Stunde des Bundestags am 6. Februar 1985 zu den kleineren Wendemarken innerhalb der Polenpolitik der CDU/CSU-FDP-Regierung. Kohl bekräftigte abermals die Haltung der Regierung in der Deutschlandpolitik und gegenüber den Staaten Mittel- und Osteuropas. In seiner Ansprache, die sich überwiegend mit dem Verhältnis zu Polen beschäftigte, unterstrich er mit aller Deutlichkeit, daß seine Regierung die Bestimmungen des Warschauer Vertrags von 1970 voll tragen werde. Eine grundlegende Bedingung für den Frieden, sagte Kohl, sei die Unverletzbarkeit der Grenzen und die Achtung der territorialen Integrität und der Souveränität aller Staaten in Europa in ihren gegenwärtigen Grenzen. »Gerade deshalb stehen wir zu den in diesem Vertrag getroffenen Vereinbarungen, und zwar in vollem Umfang.«[40]

Der CDU-Vorsitzende hatte vorher den stellvertretenden CDU/CSU-Fraktionsvorsitzenden Volker Rühe ins parlamentarische Feld geschickt. Und später sollte immer dann, wenn von der »Wende« in der Polenpolitik der CDU/CSU der achtziger Jahre die Rede sein sollte, Rühes Bundestagsrede vom Februar 1985 zitiert werden, nicht die Rede des Bundeskanzlers. Denn Rühes Ausführungen vor dem Parlament enthielten Interpretationen des Warschauer Vertrags, wie sie von keinem Unionspolitiker in den letzten 15 Jahren in dieser Form und vor diesem Forum zu hören gewesen waren. Der CDU-Politiker unterschied zwischen der rechtlichen und der politischen Lage, die durch den Warschauer Vertrag geschaffen worden war. In dem Vertrag habe die Bundesrepublik dem Interesse des polnischen Volkes Rechnung getragen, in gesicherten Grenzen und in einem territorial lebensfähigen Staat zu leben. Sie habe dabei rechtlich nur in eigenem Namen handeln und einem Friedensvertrag nicht vorgreifen können. Wer nüchtern und illusionslos nachdenke, der wisse, »daß der Warschauer Vertrag mit Polen eine politische Bindungswirkung hat, die auch von einem wiedervereinigten Deutschland nicht ignoriert werden könnte. Wer sich zum Gewaltverzicht bekennt, der muß sich darüber im klaren sein, daß etwaige territoriale Veränderungen in Mitteleuropa nur mit dem Einverständnis aller Beteiligten möglich wären – und dazu gehört natürlich auch

---

39 Siehe die Einordnung der Diskussion um das Schlesier-Motto in den Kontext mangelnder politischer Klarheit des Bundeskanzlers bei Cramer, Ostpolitik auf der Waage, S. 16.
40 Bulletin, 15, 8.2.1985, S. 122.

Polen.« Wer eine europäische Friedensordnung wolle, in der Grenzen ihre Bedeutung verlören, der müsse wissen, daß nur politisch unumstrittene Grenzen bedeutungslos werden könnten. »Wer die Versöhnung mit dem polnischen Volk will, der darf nicht den Eindruck erwecken, daß er dessen Lebensraum in Frage stellt.«[41]

Rühes Quasigrundsatzrede erhielt noch zusätzliches politisches Gewicht durch eine demonstrative Versicherung Kohls im Bundestag, daß der Bundesminister Windelen und gerade Rühe »in ihren kurzen Beiträgen meine Position noch einmal aus der Sicht der Union sehr klar unterstrichen haben«.[42]

Kohl machte die Vertriebenen ferner darauf aufmerksam, »daß neben der rechtlichen Situation und den rechtlichen Grundlagen das Leben natürlich 40 Jahre lang – das sind Generationen – weitergegangen ist und daß wir alle das zur Kenntnis nehmen, übrigens auch die Kollegen Hupka, Czaja und die Vertriebenen«.[43] Er nahm sie aber zugleich vor Angriffen der Opposition in Schutz. Taktisch durchdacht und für die demokratische Stabilität der Bundesrepublik überaus wichtig, ging es Kohl darum, als Kanzler einer konservativ-liberalen Regierung die Annäherung an die Realitäten in der Polenpolitik schrittweise und ohne Bruch mit dem nationalen Flügel in der eigenen Partei und in der Klientel durchzuführen: Die deutschen Rechtspositionen sollten weiterhin gelten, gute Beziehungen zu Polen entwickelt werden und das Vertrauen der Vertriebenen in die CDU/CSU nicht verspielt werden.

Früher oder später würde der Bundeskanzler gezwungen sein, eine klare Position zu beziehen, die auf Kosten der einen oder der anderen Seite gehen mußte. Zeit gewinnen für die schmerzliche Auseinandersetzung mit dem endgültigen Verlust des deutschen Ostens, den die deutsche demokratische Rechte bis in die achtziger Jahre hinein meinte verdrängen zu können, weil die Sozialliberalen 13 Jahre lang für die Polenpolitik verantwortlich gezeichnet hatten – das war die Taktik des Kanzlers. Immerhin wagte es die Bundesregierung, an Tabus der Mehrheit in der CDU/CSU zu rütteln. Der Regierungssprecher Vogel erklärte, daß »die Oder-Neiße-Gebiete für die Bundesrepublik nach Abschluß des Warschauer Vertrages Ausland sind«.[44]

Kohl wiederholte seine Aussagen zu Polen nochmals in seinem »Bericht zur Lage der Nation im geteilten Deutschland« am 27. Februar 1985 und fügte hinzu, daß »in Gebieten jenseits der polnischen Westgrenze heute polnische Familien leben, denen diese Landschaften in zwei Generationen zur Heimat geworden sind. Wir werden dies achten und nicht in Frage stel-

---

41 Zit. n. FAZ, 7.2.1985.
42 Bulletin, 15, 8.2.1985, S. 122.
43 Ebenda.
44 FAZ, 7.2.1985.

len.«[45] Er bestätigte somit das Heimatrecht der dort lebenden Polen und stellte es auf die gleiche Stufe mit dem »Recht auf Heimat«, das die Vertriebenenverbände für die Deutschen in Polen so vehement einforderten.

Eine Schlüsselrolle bei der Beendigung der internationalen Isolierungspolitik gegenüber Polen und bei der Formulierung des spezifisch deutschen Interesses an einer Intensivierung der Beziehungen zu Polen übernahmen jedoch nicht Spitzenpolitiker aus den Reihen der Union. Es waren Außenminister Genscher und Wirtschaftsminister Martin Bangemann, beide FDP, die mit ihren Polen-Besuchen treibende Kräfte waren. Beide Minister wurden überaus freundlich empfangen, obwohl Genscher am 6. März 1985 nur einen sechsstündigen »Arbeitsbesuch« in Warschau absolvierte. Auf einem Flug von Helsinki nach Sofia machte Genscher einen kurzen Zwischenstop in Warschau, wo er von Ministerpräsident Jaruzelski zu einem Abendessen gemeinsam mit Außenminister Olszowski, dem stellvertretenden Premier Rakowski sowie dem Vorsitzenden der Demokratischen Partei (SD) und Vizepremier, Edward Kowalczyk, eingeladen wurde. Bei dieser Gelegenheit ließ Genscher keinen Zweifel daran aufkommen, daß an einen offiziellen Besuch in Warschau erst zu denken sein wird, wenn die drei Hinderungsgründe für den im Spätherbst abgesagten Besuch entfallen wären.[46] Bei einem Gespräch mit Primas Glemp, den Genscher gleichfalls aufsuchte, zeigte das polnische Kirchenoberhaupt wenig Verständnis für das von Genscher angesprochene Problem deutschsprachiger Messen für die Deutschen in Polen.[47]

Der Bundeswirtschaftsminister nahm sich anläßlich der fünften Tagung der gemischten Regierungskommission für wirtschaftliche, industrielle und technische Zusammenarbeit weniger als einen ganzen Tag (22.3.) Zeit für den Besuch in Warschau. Bangemann machte unmißverständlich klar, daß die polnischen Vorstellungen bezüglich deutscher Kredithilfen über das hinausgingen, was »wir für sinnvoll und notwendig halten«. Bonn wollte sich darauf beschränken, noch bestehende Kontingentierungen abzubauen, um Polens Möglichkeiten auf dem westdeutschen Markt zu erweitern. Überdies erklärte sich die bundesdeutsche Seite damit einverstanden, neue Kreditlinien zu eröffnen, wenn Polen sich bereit erklären würde, sich gegenüber den Gläubigern zu verpflichten. Bangemann wies darauf hin, daß die Kreditbeträge in einem Zusammenhang mit der Erweiterung des Handels stehen müßten.[48]

Die Mehrgleisigkeit der Polenpolitik des Bundeskanzlers wurde in der Anpassungsperiode Mitte der achtziger Jahre von der polnischen Führung

---

45 Texte zur Deutschlandpolitik, Reihe III, Bd. 3: 1. Januar 1985 – 30. Dezember 1985, Bonn 1986, S. 63.
46 Genscher, Erinnerungen, S. 275.
47 Ebenda, S. 277.
48 AdG, 1985, S. 28877.

kaum verstanden, oder sie wollte diese auf längere Sicht harmonisierende Taktik nicht nachvollziehen. Dies wurde anläßlich des Kohl-Auftritts auf dem durch den Mottostreit bereits zusätzlich politisierten Schlesiertreffen am 16. Juni 1985 in Hannover deutlich. In seiner Ansprache distanzierte sich Kohl zuerst von den »wenigen Außenseitern, die frevelhaft mit dem Gedanken gewaltsamer Veränderungen in Europa spielen«, und wiederholte im übrigen im wesentlichen die Grundsätze, die er im Februar im Bundestag formuliert hatte.[49] Die gewollte Interpretationsfähigkeit der Aussagen des Bundeskanzlers zu Schlüsselproblemen in den bundesdeutsch-polnischen Beziehungen erhielt ihre besondere politische Note natürlich durch den Ort und Anlaß der Rede und durch das Rahmenprogramm der Veranstalter, insbesondere aber durch die Rede des Vizepräsidenten des Bundes der Vertriebenen und CDU-Bundestagsabgeordneten Hupka, der erklärte, Deutschland sei selbstverständlich größer als die Bundesrepublik, und auch Schlesien sei ein Teil Deutschlands. Wer von Deutschland spreche, müsse grundsätzlich von Deutschland in den Grenzen von 1937 ausgehen. Den Warschauer Vertrag, nach dem die Bundesrepublik die Oder-Neiße-Grenze für sich als endgültig hingenommen hatte, erwähnte Hupka nicht.[50]

Die absichtsvolle Verwechslung von bundesdeutschen Rechtspositionen mit der operativen Außenpolitik der Bundesrepublik, die sich in einem für Polen günstigen internationalen Kontext von territorialer Status-quo-Orientierung der Mächte vollzog und keine Zweifel an der Vertragstreue der Bundesrepublik aufkommen ließ, verhinderte jegliche realistische Beurteilung der Wandlungsprozesse in Westdeutschland, die ja zugunsten der polnischen Interpretation der faktischen territorialen Folgen von Potsdam tendierten.[51] Freilich wurde von konservativen Teilen der bundesdeutschen politischen Elite die tatsächlich existierende Empfindlichkeit und das Kriegstrauma unter der polnischen Bevölkerung oft unterschätzt. Das, was für Bonn als harmlose Äußerung von Regierungsmitgliedern und Vertriebenenfunktionären galt, wurde in Polen mit großer Intensität empfunden und registriert.[52]

Andererseits konnte die Bundesregierung nicht mit einem Mehr an Verständnis Warschaus für deutsche Empfindlichkeiten mit Blick auf die Deutschen in Polen zählen. Es kam zu keiner Annäherung in der Frage der Ausreisegenehmigungen für polnische Staatsbürger deutscher Abstammung in die Bundesrepublik, die für die deutsche Seite immer noch zu schleppend

---

49 Texte zur Deutschlandpolitik, Reihe III, Bd. 3, S. 310-324.
50 NZZ, 18.6.1985.
51 Siehe auch die Gedenkrede von Bundespräsident Richard von Weizsäcker anläßlich des 40. Jahrestags der Beendigung des Zweiten Weltkriegs, in der er betonte, daß das Verständigungsgebot den Rechtspositionen übergeordnet werden müsse. (Bulletin, 52, 9.5.1985, S. 441-446, hier S. 444)
52 Siehe Erik-Michael Bader, Wählerische Empfindlichkeit, in: FAZ, 8.10.1985.

abgewickelt wurden, während Warschau weiterhin die Meinung vertrat, daß die bilateralen Vereinbarungen von 1975 erfüllt worden seien. Noch viel weniger konnte die Bundesregierung mit ihrem Wunsch nach kulturellen und sprachlichen Rechten für die Deutschen in Polen durchdringen. Außenminister Genschers Gespräch mit seinem Kollegen Orzechowski während dessen Bonn-Besuchs (6.-8.4.1986) verlief diesbezüglich erfolglos.[53] Orzechowski stritt die Existenz einer deutschen Minderheit in Polen rundweg ab. Diejenigen, die Polen verließen, würden sich fälschlicherweise auf eine deutsche Herkunft berufen. Das bedeute nicht, daß sie deutscher Abstammung seien.[54]

Orzechowski lehnte auch den Vorschlag der Bundesrepublik ab, in beiden Ländern Kulturinstitute zu errichten. Die von Kohl vorgeschlagene Idee eines deutsch-polnischen Jugendwerks wurde von polnischer Seite mit Zurückhaltung aufgenommen. Die Bundesregierung bemühte sich aber ungeachtet der Warschauer Blockadepolitik darum, den Dialog mit der polnischen Staats- und Parteiführung nicht abbrechen zu lassen. Der Vorsitzende des Auswärtigen Bundestagsausschusses und Präsident der Interparlamentarischen Union, der CDU-Abgeordnete Hans Stercken, besuchte Anfang Juli Polen und wurde von General Jaruzelski empfangen.

Der Polenpolitik der Bundesrepublik kam nicht nur die oppositionelle polnische Diskussion über Polens Platz in Europa und die Brückenfunktion eines freiheitlichen Deutschland entgegen. Nach 1985 begünstigte auch der junge KPdSU-Generalsekretär Michail Gorbatschow indirekt und ungewollt langfristige politische Ziele der Bundesrepublik. Gorbatschows Idee von einem »gemeinsamen Haus Europa« duldete eigentlich nicht, die Teilung Europas und Deutschlands aufrechtzuerhalten. Der Jaruzelski-Führung mußte schon bald nach der Wende in Moskau bewußt geworden sein, daß Gorbatschows Europa-Offensive den Status quo gefährden, d.h. die Deutschlandpolitik der polnischen Kommunisten recht bald in eine Sackgasse führen könnte. Das operativ kaum bestimmbare bundesrepublikanische Konzept einer europäischen Friedensordnung ließ sich eher mit der wolkigen Idee Gorbatschows von einem gemeinsamen europäischen Haus harmonisieren als mit der defensiven polnischen Status-quo-Orientierung.

Was für das kommunistische Regime mit Blick auf Deutschland längst als ein abgeschlossenes Kapitel galt, war für die oppositionellen Gruppierungen in Polen ein offenes Problem, das es im polnischen Nationalinteresse noch zu lösen galt. In ihrer Kombination von kühnem Denken und Realismus befürworteten die führenden Köpfe der Opposition durchaus die bundesdeutschen Überlegungen zum Einigungsprozeß Europas und sahen darin keine Gefahr für den polnischen Staat. Im Gegenteil, die deutsche

---

53 Siehe Bulletin, 34, 10.4.1986, S. 265.
54 Vgl. »Bonn beunruhigt wegen erschwerter Ausreise für Deutsche aus Polen«, in: FAZ, 9.4.1986.

Frage sollte positiv im Kontext einer Auflösung des geopolitischen Dilemmas der polnischen Außenpolitik beantwortet werden, das sie nach Auffassung oppositioneller Vordenker zu einem strategischen Gefangenen zwischen Deutschland und der Sowjetunion gemacht hatte. Bundeskanzler Kohl bot mit seinen Äußerungen zur deutschen Einheit im Rahmen einer europäischen Friedensordnung für jeden Polen eine äußerst wichtige Perspektive an, nämlich ein demokratisches Umfeld und eine direkte Verknüpfung mit Westeuropa an der westlichen Flanke des polnischen Staats.

Die Jaruzelski-Führung steckte in deutschlandpolitischen Nöten. Unter dem Druck der Bereitschaft Bonns, die Beziehungen zu Warschau wieder in Schwung zu bringen, konnte sie sich angesichts der desolaten wirtschaftspolitischen Lage des Landes und der anhaltenden Ablehnung seitens der polnischen Gesellschaft einer Verständigungspolitik mit der Bundesrepublik nicht entziehen. Der Mannschaft Jaruzelskis mußte es unheimlich erscheinen, daß parallel dazu auch die DDR, offenbar mit dem Segen Moskaus, Verständigungspolitik mit der Bundesrepublik vorzuexerzieren anfing. Der Staatsratsvorsitzende Honecker beteuerte unverändert seine 1984 von Moskau und Warschau durchkreuzte Absicht, der Bundesrepublik einen offiziellen Besuch abzustatten, der dann, von der polnischen Führung mißtrauisch beäugt, im September 1987 zustande kam.

Die deutsch-deutsche Annäherungspolitik, die Preußen-Renaissance in der DDR, die Ausdehnung der DDR-Hoheitsgewässer auf 12 Seemeilen mit ihren Folgen für die Schiffahrt in der Pommerschen Bucht – das alles konnten nur Anhänger einer Verschwörungstheorie als abgekartetes deutsch-deutsches Zusammenspiel einer gegen Polen bzw. gegen die polnische Staatsräson gerichteten Politik interpretieren. Aber ungeachtet der zufälligen Koinzidenzen innenpolitischer Entwicklung in den beiden deutschen Staaten und des gemeinsamen Interesses an Entspannung in Bonn und Ost-Berlin mußte die Warschauer Führung registrieren, daß da etwas in Bewegung kam, was für die kommunistische Führung Polens und ihre außenpolitische Staus-quo-Orientierung unabsehbare Konsequenzen haben konnte. Die positive Bonner Reaktion auf Jaruzelskis Vorschlag, den sogenannten Jaruzelski-Plan, eine Zone erhöhter Sicherheit in Europa zu schaffen, war sicher auch mit dem Wunsch der Bundesregierung zu erklären, der polnischen Führung politische Entlastung zu gewähren und den Warschauer Einkreisungskomplex wegen eines eingebildeten europapolitischen Dreiecks Bonn – Ost-Berlin – Moskau abzubauen. Die Bundesregierung betrachtete den polnischen Vorschlag als »sehr wichtigen Beitrag zur Sicherung des Friedens in Europa«.[55]

Bonn ließ sich in dieser beginnenden Tauwetterphase auch nochmals auf die Ende 1986 von polnischer Seite erneut aufgenommene Diskussion über

---

55 Bulletin, 85, 11.9.1987, S. 735.

Wiedergutmachungsansprüche ein,[56] obwohl die Bundesregierung eine entsprechende Warschauer Note am 20. Oktober 1987 unter Hinweis auf das Londoner Schuldenabkommen von 1953 offiziell als unbegründet abwies.[57] Die Regierungsfraktionen trafen trotzdem am 3. Dezember 1987 eine für sie nunmehr endgültige Regelung für die Entschädigung von polnischen Opfern nationalsozialistischer Verfolgung (Widerstandskämpfer, Zwangsarbeiter, Opfer von Repressalien, KZ-Häftlinge und Hinterbliebene von NS-Verfolgten). Der polnischen Seite wurde zur Abwicklung der Ansprüche polnischer Bürger pauschal die Summe von 300 Mio. DM zur Verfügung gestellt. Von nun an wurden Entschädigungsforderungen aus Warschau an die Adresse der Bundesregierung konsequent abgelehnt. Andere offiziell nicht staatliche Formen der Entschädigung wie die Einsetzung von Stiftungen blieben in der Folgezeit möglich und wurden nach 1991 genutzt.[58]

Die Bonner Osteuropa- und Polenpolitik konnte sich psychologisch durch die neue sowjetische Osteuropa- und Westpolitik bestätigt sehen. Diese gab ihr Rückendeckung auch gegenüber dem polnischen Partner. Die polnische Führung sah sich im bilateralen Verhältnis zur Bundesrepublik genötigt, auf den entspannungspolitischen Druck, den die Gorbatschow-Initiativen entfalteten, flexibler zu reagieren. Die polnisch-sowjetische »weiße Flecken«-Diskussion im Zusammenhang mit der stalinistischen Polenpolitik (vierte Teilung Polens 1939, Katyń u.a.) und die innerpolnische Debatte über historisch-politische Tabus der vergangenen 40 Jahre im Verhältnis zu den Nachbarvölkern, darunter den Deutschen, und zu den Minderheiten im eigenen Land trugen ebenfalls dazu bei, daß bestimmte historisch-politische und moralische Fragen, die die Bundesrepublik in der offiziellen Politik Warschaus und in der Publizistik bisher nicht gewürdigt sah, zur Sprache kamen. Dies wurde anläßlich des um mehr als drei Jahre aufgeschobenen Besuchs von Außenminister Genscher in Warschau vom 10. bis 13. Januar 1988 ganz deutlich.[59]

Genscher räumte jeden Zweifel an der Vertragstreue der Bundesrepublik aus, die in Warschau ja immer wieder in Frage gestellt wurde. Den Vertrag von 1970 bezeichnete er als das rechtliche und politische Fundament für eine Neugestaltung der Beziehungen zwischen beiden Ländern. Der Warschauer Vertrag drückte nach Genscher aus, was Regierungen und Menschen in beiden Ländern anstrebten: einen Neuanfang für eine bessere

---

56 Staats- und Parteichef Jaruzelski lt. dpa vom 1.12.1986; und Außenminister M. Orzechowski im Sejm am 7.5.1987 lt. pap vom 7.5.1987.
57 AdG, 1987, S. 31641.
58 Die Stiftung »Deutsch-Polnische Versöhnung«.
59 Siehe ausführlicher: Dieter Bingen, Historische und moralische Dimensionen in den deutsch-polnischen Beziehungen, Köln 1988 (Aktuelle Analysen des BIOst, 7/1988).

Zukunft.[60] Der polnische Außenminister revanchierte sich für die Ansprache Genschers in bemerkenswerter Weise. Er griff dessen Wort von der »moralischen Dimension« der bilateralen Beziehungen auf und würdigte das Schicksal der Deutschen, die ihre Heimat verloren hatten.[61] Damit erkannte die polnische Seite erstmals in einer offiziellen Begegnung zwischen einem deutschen und polnischen Regierungsvertreter indirekt ein historisch-politisches Problem für Polen an, ohne allerdings ein Heimatrecht für die Vertriebenen in Polen zu akzeptieren.[62]

In konkreten Fragen der Beziehungen zwischen der Bundesrepublik und Polen kam Genscher während seines Warschau-Besuchs aber immer noch nicht weiter.[63] Die bilateralen Gespräche über ein Investitionsschutzabkommen stagnierten, weil man sich nicht auf eine gemeinsame Formulierung hinsichtlich der deutschen Staatsbürgerschaft einigen konnte; die wissenschaftlich-technische Zusammenarbeit scheiterte an der Einbeziehung von West-Berliner Institutionen; die Errichtung eines Generalkonsulats blieb unmöglich, weil die deutsche Seite bei der Definition des Zuständigkeitsbereichs auch deutsche Namen für heute polnische Orte in die Dokumente aufgenommen wissen wollte. Die Errichtung eines Kulturinstituts in Warschau scheiterte immer noch an dem Alleinvertretungsanspruch der DDR als offizielle Repräsentantin deutscher Kultur in Polen. Auf der Ebene des praktischen Kulturaustauschs dagegen geschah zwischen der Bundesrepublik und Polen viel mehr als zwischen Polen und der DDR. Auch bei der Frage der Errichtung eines deutsch-polnischen Jugendwerks kam man während des Genscher-Besuchs zu keinem positiven Ergebnis.

Immerhin wurden auf polnischen Vorschlag drei Arbeitsgruppen eingerichtet. Eine Arbeitsgruppe sollte Möglichkeiten erkunden, wie die Zusammenarbeit in der europäischen Politik weiterentwickelt werden könne; es ging vor allem um abrüstungspolitische Vorschläge. Der Jaruzelski-Plan sollte dabei eine hilfreiche Rolle spielen. Die zweite Gruppe sollte sich mit der Lösung von finanziellen und wirtschaftlichen Schwierigkeiten befassen. Die letzte Gruppe war dazu ausersehen, sich noch einmal eine Reihe bilateraler Abkommen (Investitionsschutz, wirtschaftliche und technische Zusammenarbeit, Umweltschutz u. a.) vorzunehmen, die seit Anfang der achtziger Jahre noch »auf Eis« lagen. Die Verhandlungen in diesen drei Arbeitsgruppen brachten jedoch keine konkreten Ergebnisse. Polen machte Fortschritte bei der Lösung politischer Fragen von dem Ausmaß des Entgegenkommens der Bundesrepublik in wirtschaftlichem Bereich abhängig,

---

60 Bulletin, 6, 14.1.1988, S. 40.
61 Rzeczpospolita, 12.1.1988; vgl. auch AdG, 1988, S. 31807.
62 Parteichef Jaruzelski hatte erstmals am 7.5.1985 in einer innerpolnischen Veranstaltung den Heimatverlust der Deutschen bedauert; siehe Bingen, Bonn - Warschau 1949-1988, S. 43f.
63 Genscher, Erinnerungen, S. 277.

insbesondere aber von der Frage der Kreditvergabe. Für die Bundesrepublik war es genau umgekehrt.

Die deutsche Seite rückte auch die heikle Frage einer deutschen Minderheit am Ende der achtziger Jahre stärker in den Vordergrund als in den Jahren zuvor. Dies stand im Zusammenhang mit den vermehrten Tabuverletzungen (»weiße Flecken«) im politischen Diskurs einer imaginären europäischen Öffentlichkeit. Freilich wurde diese Frage vom offiziellen Warschau aber weiterhin als »Provokation« empfunden.

Als Genscher im Januar 1988 in Polen war, traf er sich mit 12 Mitgliedern der seit Mitte der achtziger Jahre gegründeten »Deutschen Freundschaftskreise« (DFK). Diese überwiegend in Oberschlesien ansässigen Deutschen übergaben dem Minister eine Petition, in der auf eine starke Diskriminierung dieser Gruppe in Polen hingewiesen wurde. Genscher drängte in einem Gespräch mit seinem polnischen Amtskollegen auf die freie Entfaltung der kulturellen und sprachlichen Traditionen der Deutschen, die in Polen bleiben wollten.[64]

Genscher legte großen Wert darauf, während des Warschau-Besuchs im Januar 1988 außerhalb des offiziellen Programms einen Kranz am Grab des ermordeten Priesters Popiełuszko niederzulegen und sich in der bundesdeutschen Botschaft mit dem Vorsitzenden der verbotenen Gewerkschaft Solidarność, Lech Wałęsa, mit Tadeusz Mazowiecki, Bronisław Geremek und Janusz Onyszkiewicz zu treffen. In diesem Gespräch forderte Wałęsa wirtschaftliche Hilfe für Polen, die jedoch von Fortschritten bei den angekündigten Wirtschaftsreformen, im öffentlichen Leben und bei der Achtung der Menschenrechte in Polen abhängig gemacht werden sollte.[65] Mit diesem Gespräch führte ein Vertreter der Bundesregierung erstmals in dem immer noch von Kommunisten regierten Polen einen Brauch ein, der bei Besuchen in demokratischen Staaten üblich ist, nämlich das Gespräch mit den wichtigsten Oppositionsparteien. Damit setzte die Bundesregierung demonstrativ ein Zeichen für die Unterstützung eines konsequenten Demokratisierungsprozesses in Polen.[66]

Die von beiden Regierungen eingesetzten Arbeitsgruppen kamen zu keinem Ergebnis. Der Kern des Problems bestand offensichtlich darin, daß die Bundesregierung, von den politischen Wandlungen in und um Polen beflügelt, mit mehr Zugeständnissen Warschaus gerechnet hatte, die aber ausgeblieben waren. Die deutschen Wünsche, die ohne Resonanz blieben, umfaßten hauptsächlich vier Komplexe:

- die Klärung der Frage der Ortsbezeichnungen entsprechend internationalen Gepflogenheiten;

---

64 Bulletin, 6, 14.1.1988, S. 41.
65 FAZ, 12.1.1988.
66 Siehe Genscher, Erinnerungen, S. 280.

- Möglichkeiten der Unterstützung deutscher Volksangehöriger in Polen;
- die Einbeziehung West-Berlins in alle Abkommen Warschaus mit Bonn;
- die Aufnahme eines deutsch-polnischen Jugendaustauschs nach dem Vorbild des deutsch-französischen Jugendwerks.

Das Bonner Insistieren auf einer Änderung der bisherigen Praxis der Ortsbezeichnungen in den polnischen West- und Nordgebieten hatte zur Folge, daß die Errichtung eines bundesdeutschen Generalkonsulats in Krakau nicht zustande kam. Da Teile Schlesiens in dessen Zuständigkeitsbereich gefallen wären, die polnische Seite aber beispielsweise im Behördenverkehr des Krakauer Generalkonsulats in einem deutschsprachigen Schriftstück zwar für das polnische »Kraków« die deutsche Bezeichnung »Krakau« akzeptiert hätte, nicht aber für das polnische »Wrocław« das deutsche »Breslau«, weil die Stadt bis 1945 auf deutschem Gebiet lag, mußte das Projekt vorläufig aufgegeben werden.

Es fiel auf, daß die Frage der Familienzusammenführung und Ausreise der Deutschstämmigen aus Polen in diesem Katalog unerwähnt blieb. Warschau handhabte die Ausreisen seit einigen Jahren großzügig. Seit 1986 wuchs die Zahl der Aussiedler kontinuierlich an und erreichte 1989 die Rekordhöhe von 250.340 Personen.[67] Zum anderen konnte Bonn nicht über Rechte und Entfaltungsmöglichkeiten für die deutsche Minderheit in Polen sprechen und diese Personen gleichzeitig ermuntern, in die Bundesrepublik umzusiedeln.

Der geplante offizielle Besuch von Bundeskanzler Kohl in Polen sollte von der Erfüllung dieser obenerwähnten Punkte abhängig gemacht werden. Wenn ein tatsächlicher »Durchbruch« zwischen Warschau und Bonn erzielt werden sollte, mußte die polnische Regierung mehr Flexibilität an den Tag legen. Ohne dies zuzugeben, wurde in Bonn ein Junktim zwischen der Erfüllung der finanziellen Wünsche Polens und mehr Verständnis für die Interessen der Bundesregierung hergestellt.

Trotz der desolaten Lage der polnischen Volkswirtschaft in der zweiten Hälfte der achtziger Jahre war bis zum Regierungsantritt von Mieczysław Rakowski im Oktober 1988 die Attraktivität der wirtschaftlich starken und finanzpolitisch dringend benötigten Bundesrepublik nicht verlockend genug, um polnischerseits substantielle Zugeständnisse in den für Bonn wichtigen politischen Fragen zu machen. Zudem gab es das durch frühere Erfahrungen entstandene psychologische Problem, daß die meisten deutschen Unternehmen sich weigerten, in die polnische Wirtschaft zu investieren, die praktisch am Boden lag. Bei den beträchtlichen wirtschaftlichen Problemen mußte die Vergabe von neuen Krediten an ein so hoch verschuldetes Land wie Polen rein politische Züge tragen. Warschau konnte ja schon früheren Finanzverpflichtungen nicht mehr nachkommen. Dies war

---

67 Info-Dienst. Deutsche Aussiedler, 22, März 1991, S. 6.

beiden Seiten bekannt. Die Warschauer Regierung unter Rakowski, dem letzten Premier aus den Reihen der PVAP, bemühte sich zwar erstmalig, ernsthaft an das Problem systempolitisch riskanter Wirtschaftsreformen heranzugehen. Die deutsche Industrie, die der polnischen Wirtschaft in den siebziger Jahren unter die Arme gegriffen hatte, zeigte jetzt aber kein Interesse daran, polnische Importe aus der Bundesrepublik mit Hilfe deutscher Kredite zu stimulieren, die gerade jetzt nötig gewesen wären, um die Wirtschaft in Polen anzukurbeln.

Andererseits signalisierte der neue Premier Rakowski auf der politischen Ebene eine strategische Wende gegenüber der Bundesrepublik, die den allseitigen Ausbau der bilateralen Beziehungen praktisch auf Kosten der DDR und ohne die bis Mitte der achtziger Jahre gängige traditionelle kommunistische Instrumentalisierung des Feindbilds Westdeutschland zum Ziel hatte.[68]

In dieser Situation versuchte Bundespräsident Richard von Weizsäcker, Bewegung in das Verhältnis zu Polen zu bringen. Er lud den polnischen Ministerpräsidenten zu dem Essen für den SPD-Ehrenvorsitzenden Willy Brandt anläßlich dessen 75. Geburtstags in die Villa Hammerschmidt ein, an dem nur eine kleine Anzahl von ausländischen Freunden Brandts teilnahm.[69] Rakowski hielt sich vom 20. bis 23. Januar 1989 in der Bundesrepublik auf.[70]

Ein Resultat des Gesprächs mit Bundeskanzler Kohl war die Auflösung der ein Jahr zuvor eingesetzten Arbeitsgruppen und die Ernennung des Leiters der außenpolitischen Abteilung im Bundeskanzleramt, Teltschik, zum persönlichen Beauftragten für die Ausarbeitung der deutsch-polnischen Vereinbarungen. Rakowski übertrug dem Leiter der Auslandabteilung des ZK der PVAP und Deutschland-Spezialisten, Ernest Kucza, die gleiche Funktion. Das Auswärtige Amt blieb also ausgespart. Man konnte sich an eine vergleichbare Interpretation der Richtlinienkompetenz des Bundeskanzlers durch Willy Brandt während der ersten Phase der Warschauer Ver-

---

68 Siehe Bingen, Deutsche und Polen – Paradigmenwechsel in Warschau (1985-1989), Köln 1989 (Berichte des BIOst, 31/1989); auch Dieter Bingen, Warschaus Signal nach Bonn: Aussöhnung und Freundschaft sind möglich, Köln 1989 (Aktuelle Analysen des BIOst, 11/1989). Vgl. auch polnische Stellungnahmen zum Aspekt von Kontinuität und Wandel in der Deutschlandpolitik der Regierungen Rakowski und Mazowiecki bei Mieczysław Pszon, Wspomnienia, in: Polacy i Niemcy pół wieku później. Księga pamiątkowa dla Mieczysława Pszona [Polen und Deutsche ein halbes Jahrhundert später. Erinnerungsbuch für Mieczysław Pszon], Kraków 1996, S. 540; Tadeusz Mazowiecki in: Rozmowa o Europie [Gespräch über Europa], in: Polityka, 51, 17.12.1994, S. 9.
69 Siehe Friedbert Pflüger, Richard von Weizsäcker. Ein Portrait aus der Nähe, Stuttgart 1990, S. 320f.
70 Vgl. auch Rakowskis Darstellung der Begegnungen in Bonn: Mieczysław F. Rakowski, Es begann in Polen. Der Anfang vom Ende des Ostblocks, Hamburg 1995, S. 253ff. (Poln. Ausgabe: Jak to się stało, Warszawa 1991)

tragsverhandlungen 1970 erinnert fühlen. Die Beauftragten nahmen ihre Arbeit schon im Januar auf. Nach einer positiven Lösung der Probleme sollte der Bundeskanzler schließlich offiziell nach Polen reisen. Auch in den deutschen und polnischen Medien wurde erwartet, daß der Bundeskanzler nach einem erfolgreichen Abschluß der Verhandlungen seinen offiziellen Polen-Besuch noch vor der Sommerpause würde antreten können und somit dem Bundespräsidenten den Weg für einen Staatsbesuch in Polen – möglicherweise aus Anlaß des 50. Jahrestags des deutschen Überfalls auf Polen um den 1. September 1989 herum – freimachen würde.

Beide Seiten hatten sich darauf geeinigt, die zu klärenden Fragen (Minderheitenrechte für Deutsche, finanzielle Unterstützung Polens, Jugendaustausch, kulturelle und wissenschaftliche Kontakte) zusammen zu behandeln.[71] Der polnischen Seite ging es um die Rückzahlung des sogenannten Jumbo-Kredits in Milliardenhöhe, der mit 2,5 Prozent verzinst war und dessen Rückzahlung anstand, und die allgemeine Lösung des polnischen Schuldenproblems. Neue Bürgschaften konnte die deutsche Seite angesichts des Risikos im Polengeschäft nicht mehr anbieten. Die schon bei dieser Gelegenheit von Warschau ins Spiel gebrachte »Złotisierung« der Rückzahlung von Jumbo-Kredit und Zinsen sollte in einer späteren Verhandlungsrunde nach dem Machtwechsel in Polen wieder auf den Tisch kommen. Als Gegenleistung bot die Regierung Rakowski ein bisher nicht gekanntes Entgegenkommen im Hinblick auf die deutsche Minderheit und die Intensivierung des Jugend- und Kulturaustauschs an.[72]

Durch die Verklammerung und Parallelisierung der Verhandlungsthemen standen beide Seiten unter Erfolgsdruck. Entweder würden die Verhandlungen zu einem Erfolg in allen Punkten, also zu einem Interessenausgleich führen, oder sie würden vollständig scheitern. Die Forderungen der Bundesregierung nach Anerkennung der Deutschstämmigen als Minderheit und nach Gewährung entsprechender Rechte wurden im Laufe der Verhandlungen konkretisiert. Basis der zu treffenden Vereinbarungen sollten die Bestimmungen über den Minderheitenschutz im »Abschließenden Dokument« des Wiener KSZE-Folgetreffens vom Januar 1989 sein: Die Signatarstaaten – zu denen auch Polen gehörte – waren übereingekommen, daß sie sich jeder Diskriminierung enthalten und die sprachliche und kulturelle Identität von Minderheiten auf ihrem Territorium nicht nur schützen, sondern auch fördern wollen.[73]

---

71 Siehe Horst Teltschik, Die Bundesrepublik Deutschland und Polen – eine schwierige Nachbarschaft im Herzen Europas, in: Außenpolitik, 1, 1990, S. 3-14, hier S. 7.
72 Siehe AdG, 1989, S. 33145.
73 »Abschließendes Dokument« des III. KSZE-Folgetreffens in Wien vom 15.1.1989, in: 20 Jahre KSZE. 1973-1993. Eine Dokumentation, hrsg. vom Auswärtigen Amt, 2. Aufl., Bonn 1993, S. 106-143, hier S. 114.

Der Bundesregierung ging es vor allem darum, für die Deutschstämmigen das Recht auf Gebrauch und Förderung der deutschen Sprache zu erwirken. Ihr lag an der Zulassung von deutschen Kulturvereinen in Oppeln und anderswo, wo die »Deutschen Freundschaftskreise« entstanden. Obgleich die Regierung Rakowski sich schon im Januar 1989 grundsätzlich zu einer im Endeffekt rechtsstaatlichen Handhabung bereit erklärt hatte, kam ein Durchbruch in der Minderheitenfrage erst im Oktober des gleichen Jahres mit dem neuen Unterhändler des ersten nichtkommunistischen Ministerpräsidenten Mazowiecki, Mieczysław Pszon, zustande. Dessen Vorgänger Kucza hatte in seinen Gesprächen mit Teltschik eine schriftliche Fixierung mündlicher Vereinbarungen abgelehnt, weil die Bundesregierung nicht den Wunsch Polens nach einer festgelegten Obergrenze für Hermes-Bürgschaften nachkommen wollte.[74]

Die Verhandlungen am »runden Tisch« und die unklaren Zukunftsaussichten der Regierung Rakowski bzw. die Beteiligung der bisherigen Systemopposition an der Regierungsmacht veranlaßten auf der anderen Seite die Bundesregierung, das Tempo in den Verhandlungen mit Polen nicht zu forcieren. Dazu geriet die Bundesregierung durch das Erstarken der rechtsextremen »Republikaner« bei den Berliner Senatswahlen unter Druck, was sich auch auf die Kompromißbereitschaft im Verhältnis zu Polen auswirkte, da insbesondere die CSU die »Republikaner« durch Besetzung von klassischen national-populistischen Themenfeldern zu bekämpfen suchte. So erklärte beispielsweise CSU-Chef Theo Waigel kategorisch, daß der Bundespräsident am 1. September nicht nach Polen reisen werde.[75] Die Kabinettsumbildung in Bonn im April 1989, bei der Waigel das Finanzministerium übernahm, das beim Aushandeln der Modalitäten für die »Hermes«-Kredite mitentscheidend beteiligt war, kam der Intention der Verzögerung entgegen.

Der Kanzler ließ noch einmal kurzzeitig durchblicken, vor der Sommerpause nach Warschau fahren zu wollen. In einer Aktuellen Stunde am 19. April 1989 erklärten sich Vertreter aller Parteien einig in dem Ziel, Polen bei seinem Reformprozeß wirtschaftlich und finanziell unter die Arme zu greifen. Teltschik unterbreitete am 6. Juni ein konkretes Finanzangebot, das den Polen jedoch nicht genügte. Nach ihrer Auffassung waren ihre Zugeständnisse in Sachen Kulturinstitut, Konsulate, Jugendaustausch, Ortsnamen, deutschsprachiger Unterricht und deutsche Gottesdienste, Kriegsgräberpflege und Widerstandsgedenkstätten mehr wert. Polen wollte ungebundene Kredite in Milliardenhöhe, nicht projektgebundene Hermes-Bürgschaften in Millionenhöhe.

---

74 Siehe Korger, S. 72.
75 Siehe Wojciech Pomianowski, Trójka bez sternika [Troika ohne Steuermann], in: Życie Warszawy, 30.3.1989.

Nicht nur die als überzogen empfundenen polnischen Forderungen und die im rechten Spektrum wahrnehmbaren antipolnischen Gefühle, die noch durch den Ansturm von polnischen Asylbewerbern und Aussiedlern aus Polen geschürt wurden, trugen dann zu einer längeren Unterbrechung der deutsch-polnischen Gespräche bei. Dazu kam, daß die Bundesregierung sich nicht in letzter Minute mit einer Macht einigen wollte, die möglicherweise vor der Abdankung stand. Es wäre fatal für die Perspektiven deutscher Polenpolitik gewesen, den Neuanfang im bilateralen Verhältnis mit den Vertretern der Arbeiterpartei zu suchen, die für die Deutschlandpolitik der vergangenen 45 Jahre verantwortlich gewesen war. Sollte diese den »historischen Durchbruch« in die Scheuern fahren, der im Sinne einer politischen Morgengabe eher einer demokratischen Opposition zustand, die nicht mit letzter Kraft gegen die eigene Denktradition verstoßen mußte, wenn sie sich freundschaftlich-partnerschaftlich mit der Bundesrepublik einließ, sondern in ihrer Selbstbefreiungsstrategie einem freundschaftlichen Verhältnis zu dem westlich-demokratischen Deutschland seit Jahren das Wort geredet hatte? Und wäre mit einer neuen Regierung in Polen nicht vielleicht noch mehr Einverständnis bei der Verwirklichung von Menschen- und Bürgerrechten für Deutsche in Polen und bei der Erweiterung und Vertiefung von bilateralen Beziehungen insgesamt zu erreichen als mit einer Regierung, die immer noch von - wenn auch gewendeten - Kommunisten geführt wurde? Die Unwägbarkeiten der polnischen Innenpolitik waren jedenfalls nicht dazu angetan, die Gespräche mit Polen zu beschleunigen. Die Gespräche Teltschik - Kucza wurden im Juni unterbrochen und unter der Regierung Rakowski nicht wieder aufgenommen.

Die Oder-Neiße-Grenzproblematik mußte aber auf jeden Fall innenpolitisch noch einmal durchdiskutiert werden, wenn es zu einem historischen Durchbruch unter christdemokratischer Ägide kommen sollte, unabhängig davon, ob in Warschau eine spätkommunistische oder eine demokratische Regierung am Ruder war. Schließlich hatte die CDU/CSU immer noch einiges an Realpolitik in bezug auf die Grenzfrage nachzuholen. So wurde die Bundesregierung ab Juli 1989 innenpolitisch kontinuierlich zu Stellungnahmen bezüglich der Endgültigkeit der Oder-Neiße-Grenze gedrängt. Zunächst reaktivierte Bundesfinanzminister Waigel die Grenzthematik auf einem Schlesiertreffen im Sommer 1989: Er erklärte, daß für ihn - er sprach also nicht im Namen der Bonner Regierung - die deutsche Frage auch die Gebiete östlich von Oder und Neiße - umfasse.

Es folgte dann eine politische Auseinandersetzung über die Offenheit der Grenzfrage zwischen dem liberalen Koalitionspartner und der CSU.[76] Bundeskanzler Kohl kam angesichts des - wenn auch vorläufig auf Eis gelegten - deutsch-polnischen Dialogs eine Fortführung dieser Diskussion ungelegen. Sie untergrub die auf Interessenausgleich gerichteten Verhandlungen

---

76 Siehe Korger, S. 61f.

mit Warschau und belastete das Klima in der Koalition. Der innenpolitische Streit veranlaßte Kohl, wie schon vier Jahre zuvor bei der Kontroverse um das Schlesier-Motto, die Koalitionspartner in einer schriftlichen Erklärung dazu aufzurufen, zwischen praktischer Politik und Rechtspositionen zu unterscheiden.[77] Wer bereits die Betonung von Rechtsstandpunkten für praktische Politik im Interesse des Zusammenhalts der Nation und der Einheit Deutschlands halte, der lenke ungewollt von der Tatsache ab, daß Freiheit, Menschenrechte und Selbstbestimmung Kern der deutschen Frage seien: »Die Freiheitsinteressen des polnischen und des deutschen Volkes lassen sich nicht auseinanderdividieren.« Kohl nannte es »unsere Pflicht«, zwischen dem deutschen und dem polnischen Volk eine Verständigung herbeizuführen, wie sie mit Frankreich und Israel bereits erreicht sei. Die Zeit sei reif für eine dauerhafte Aussöhnung, was auch der Sehnsucht der beiden Völker entspreche.[78]

Ausgerechnet in den Tagen und Wochen der bundesdeutschen Grenzdebatte kam es zu den ersten offiziellen Kontakten der Bundesregierung mit Vertretern der Solidarność. Die Bundesregierung konnte bei dieser Gelegenheit aus den Stellungnahmen des Vorsitzenden der Fraktion des Bürgerkomitees (OKP) im Sejm, Geremek, entnehmen, daß auch die demokratische Opposition selbstverständlich die Grenze zwischen Polen und der damaligen DDR als unverrückbar betrachtete. Andererseits wurde der Bundesregierung deutlich gemacht, daß sich die Opposition in Polen nicht zu der propagandistischen Aufbauschung der Grenzproblematik verleiten ließ, die man von der bisherigen polnischen Führung und der offiziellen Medienpolitik kannte. Die Bundesrepublik konnte sich für den Fall einer Regierungsübernahme der früheren Systemopposition auf eine andere Gewichtung von Prioritäten in deutsch-polnischen Verhandlungen einstellen.[79] Aber wegen der innenpolitischen Funktion der Grenzdebatte ließ es sich nicht vermeiden, daß dies im Sommer 1989 die Position der demokratischen Opposition in Polen komplizierte. Die noch regierende und schon entscheidend geschwächte PVAP wollte sich zu diesem Zeitpunkt als die wahre Hüterin der polnischen Staatsräson und der territorialen Integrität Polens gegenüber einer scheinbar zu weichen Opposition profilieren, die darüber hinaus, ebenso wie die amtierende Regierung, auf wirtschaftliche Hilfe aus dem Westen hoffte. Die Solidarność-Opposition pflichtete aber im Unterschied zur Warschauer Führung der Linie der Bundesregierung bei, an Polen nur projektgebundene Kredite zu vergeben. Es wäre ein »unverzeihlicher Fehler«, wie in den siebziger Jahren Kredite ungebunden

---

77 Siehe FAZ, 12.7.1989; »Kohl: Wir haben die Grenze anerkannt«, in: Der Spiegel, 29, 17.7.1989.
78 Zit. n. FR, 12.7.1989.
79 Siehe Miszczak, S. 310f.

zu vergeben. Es sei auch richtig, wenn die Bundesregierung keinen festen Kreditrahmen vereinbare und über Projekte einzeln entschieden würde.[80]

In seiner Ablehnung, die deutschen Rechtspositionen zur Grenzfrage zu betonen, befand sich der liberale Koalitionspartner seit jeher im Konsens mit den oppositionellen Sozialdemokraten, mit denen die neue Ostpolitik 1969 begonnen hatte. Wenn der Dissens für viele CDU/CSU-Politiker auch »nur« verhandlungstaktische Bedeutung hatte und keine tatsächliche Änderung der gegenwärtigen deutsch-polnischen Grenze im Hintergrund stand, so führte er doch im Spätsommer und Herbst 1989 zu Streit zwischen der SPD und der Bundesregierung sowie zwischen der FDP und den Unionsparteien.[81]

Die SPD schlug vor, Teile der Botschaft von Bundespräsident von Weizsäcker an den Staatspräsidenten Jaruzelski in eine Bundestagsresolution anläßlich des 50. Jahrestags des Ausbruchs des Zweiten Weltkriegs einzubeziehen. In der Botschaft vom 28. August 1989 hatte der Bundespräsident Gebietsansprüchen indirekt deutlich eine Absage erteilt, als er die Formulierung benutzte: »Mein Land hat verbindlich zugesagt, jetzt und in Zukunft keinerlei Gebietsansprüche gegen Polen zu erheben. Unsere Achtung vor dem Recht erfüllt sich im menschlichen Grundgebot der Verständigung.«[82] Da die deutsche Einheit im Sommer 1989 noch kein Thema der aktuellen Politik war, bezog sich der ausgesprochene Verzicht auf Gebietsansprüche gegenüber Polen zwar vornehmlich auf die Bundesrepublik, aber Weizsäcker sprach in diesem Zusammenhang auch ganz allgemein von den »allermeisten Deutschen«, die das so sähen und den Wunsch des polnischen Volks nach gesicherten Grenzen »verstehen und respektieren«.[83] Da der Friedensvertragsvorbehalt in dem Schreiben nicht erwähnt wurde, war der Bundeskanzler nicht bereit, die Bundesregierung auf diese Aussage zu verpflichten. Für sie bildeten ja die geschlossenen Verträge und die in allen Aspekten offen zu haltende deutsche Frage die handlungsbestimmende Maxime, wie der Bundeskanzler auch in seiner Regierungserklärung in der Feierstunde des Bundestags am 1. September 1989 betonte.[84] Die Unionsparteien und Liberale konnten sich für die Ablehnung der SPD-Resolution zum 1. September 1989 nur auf die rein formale Begründung einigen, »daß es nicht Sache eines Verfassungsorgans (des Parlaments) sein könne, zu der Stellungnahme eines anderen Verfassungsorgans (des Bundespräsidenten) Stellung zu nehmen«.[85]

---

80 Życie Warszawy, 8./9.7.1989.
81 Siehe auch Klaus Dreher, Der überflüssige, notwendige Streit, in: SZ, 2.9.1989.
82 Bulletin, 81, 30.8.1989, S. 713-714.
83 Ebenda.
84 Bulletin, 84, 2.9.1989, S. 733-740, hier S. 736.
85 »Unionsparteien gegen Abstimmung über Weizsäckers Botschaft an die Polen«, in: SZ, 1.9.1989.

Der 50. Jahrestag des Ausbruchs des Zweiten Weltkriegs war auch Anlaß für deutsche und polnische Katholiken, eine Gemeinsame Erklärung zu verfassen, die weit mehr als die verengte Diskussion über den territorialen Status quo die Zukunftsperspektive im deutsch-polnischen Verhältnis ins Auge faßte und mit ihrer christlich-humanistischen Botschaft vorwegnahm, was zwei Monate später die beiden Regierungen in 78 Punkten als Aufgaben operativer Politik formulierten. Die Erklärung verwies auf die leidvolle Geschichte von Deutschen und Polen und bekräftigte den Willen der Unterzeichner, die Entwicklung der deutsch-polnischen Beziehungen auf dem philosophischen Personalismus aufzubauen, der die Würde der Person unabhängig von der Nationalität achte. Die Unterzeichner sprachen sich für die Anerkennung der Westgrenze Polens, für das Recht von Bevölkerungsgruppen mit anderer sprachlicher und kultureller Prägung, einschließlich der in Polen lebenden Deutschen und der in der Bundesrepublik lebenden Polen, zur Wahrung der eigenen Identität und für das Selbstbestimmungsrecht der Völker, auch des deutschen Volkes, aus.[86]

Die Unterschriften von prominenten Katholiken aus den Reihen der CDU/CSU und aus dem akademischen Milieu gaben das Signal, daß in der Bundesrepublik das politisch-intellektuelle Spektrum, das in der ersten Phase der neuen Bonner Osteuropa- und Polenpolitik abwartend oder ablehnend am Rande stand, nunmehr an der Spitze des Verständigungsprozesses mit dem neuen demokratischen Polen stehen wollte. Und auf polnischer Seite fand man beinahe alle die Namen jener unter der Erklärung, die in Zukunft die Deutschlandpolitik entscheidend mitgestalten sollten.[87]

Nicht von Erfolg gekrönt war das diskrete und zähe Bemühen des Bundespräsidenten, die politischen Voraussetzungen dafür zu schaffen, am 1. September 1989 mit einer symbolischen Geste auf der Westerplatte bei Danzig gemeinsam mit dem polnischen Präsidenten des Jahrestags des Kriegsbeginns zu gedenken und ein Zeichen der Versöhnung zu setzen. Bereits in seiner vielbeachteten Ansprache in der Gedenkstunde zum 8. Mai 1985 hatte von Weizsäcker den deutschen Angriff auf Polen und die nationalsozialistische Polenpolitik besonders hervorgehoben.[88] Innenpolitisch

---

86 Wortlaut in: Rheinischer Merkur – Christ und Welt, 32, 11.8.1989.
87 Die Unterzeichner: Walter Bayerlein, Paul Bechel, Albrecht Becker, Elisabeth Erb, Wolfgang Grycz, Wilfried Hagemann, Ursula Hansen, Thomas Maximilian Jansen, Friedrich Kronenberg, Vincens Lissek, Hans Maier, Jürgen Meyer-Wilmes, Karl Nothof, Felix Raabe, Werner Remmers, Heinz Theo Risse, Bernhard Sutor, Bernhard Vogel, Rita Waschbüsch, Georg Ziegler, Władysław Bartoszewski, Józef Bogusz, Andrzej Drawicz, Kazimierz Dziewanowski, Stefan Frankiewicz, Stanisława Grabska, Józefa Hennelowa, Krzysztof Kozłowski, Marcin Król, Tadeusz Mazowiecki, Mieczysław Pszon, Janusz Reiter, Jan Józef Szczepański, Andrzej Szczypiorski, Józef Tischner, Jan Turnau, Jerzy Turowicz, Wojciech Wieczorek, Andrzej Wielowieyski, Stefan Wilkanowicz, Jacek Woźniakowski, Kazimierz Wóycicki.
88 Auszüge in: Jacobsen/Tomala (Hrsg.), S. 378-382.

wurde das Thema »Versöhnungsgeste« und »1. September« - mit den beunruhigenden Wahlerfolgen der »Republikaner« im Nacken - von seiten national-konservativer Kreise der CSU und CDU so zerredet und in Frage gestellt, daß Weizsäcker Abstand von der Idee nehmen mußte, die ursprünglich von dem CDU/CSU-Fraktionsvorsitzenden Alfred Dregger (Juli 1985) stammte. Dregger dachte damals aber an einen Besuch Kohls auf der Westerplatte. Und nicht nur »ungelöste Regierungsaufgaben« verhinderten offensichtlich das Vorhaben Weizsäckers, sondern auch die stille Rivalität zwischen Weizsäcker und Kohl um die Kompetenz für das Symbolische. Nie zuvor in seiner Präsidentschaft hatte der Bundespräsident seine Machtlosigkeit angesichts der »Richtlinienkompetenz« des Bundeskanzler »schmerzlicher empfunden«.[89]

Von Weizsäcker hatte sich seit Anfang der sechziger Jahre immer wieder für ein besseres Verhältnis zu Polen eingesetzt und war entschlossen, als Bundespräsident die deutsch-polnischen Beziehungen in Bewegung zu bringen.[90] Allerdings erlag er trotz seines kaum verhohlenen Wunsches, Polen einen Staatsbesuch abzustatten, nicht der Versuchung, ohne daß die Grundfragen im westdeutsch-polnischen Verhältnis geklärt waren, an der Bundesregierung vorbei Polenpolitik zu betreiben, obwohl es ihn reizte.[91] Im Herbst 1988 war die atmosphärische Verbesserung in den bundesdeutsch-polnischen Beziehungen dann soweit gereift, daß sich der Bundespräsident direkt in die Gestaltung der bundesdeutsch-polnischen Beziehungen »einmischte« und Ministerpräsident Rakowski zu dem Mittagessen anläßlich des 75. Geburtstags von Willy Brandt einlud, nicht ohne Kohl und Genscher konsultiert zu haben. Weizsäcker ging es darum, eine historische Wende in den deutsch-polnischen Beziehungen zu einer freundschaftlichen Nachbarschaft zu beschleunigen. Als Krönung seines stillen Bemühens hatte der Bundespräsident sich vorgestellt, daß das politische Umfeld in der Bundesrepublik soweit geklärt sein würde, daß eine Begegnung mit dem damaligen Staatspräsidenten Jaruzelski am 1. September 1989 auf der Westerplatte bei Danzig hätte stattfinden können.

Die deutschlandpolitischen Überlegungen des designierten polnischen Außenministers Krzysztof Skubiszewski während der Anhörung im Auswärtigen Ausschuß des Sejm,[92] mit denen er sich sozusagen öffentlich

---

89 Siehe ausführlicher: Pflüger, S. 319-327.
90 Hierzu sein politischer Porträtist und damaliger Pressesprecher Friedbert Pflüger, ebenda, S. 316f.: »Zunächst aber mußte er erkennen, daß seine Einflußmöglichkeiten begrenzt waren. In den ersten Jahren seiner Amtszeit beschränkten sie sich auf kleine, symbolische Gesten, die man allenfalls als Wahrnehmung von Klimaverantwortung bezeichnen kann.«
91 Ebenda, S. 319.
92 Siehe Janusz Józef Węc, Die polnische Haltung zum deutschen Einigungsprozeß. Eine Bilanz, in: DA, 5, 1991, S. 519-529, hier S. 525; siehe auch Miszczak, S. 320; Życie Warszawy, 9./10.9.1989.

bereits konkreter über mögliche Schritte zur Verwirklichung der deutschen Einheit äußerte, als - von Ausnahmen abgesehen - die regierenden und oppositionellen Politiker in der Bundesrepublik überhaupt zu denken wagten, geschweige denn sprachen, und die generelle deutschlandpolitische Umorientierung der neuen Regierung erforderten eine entsprechende deutsche Reaktion.

Außenminister Genscher sprach in einer Rede vor der UN-Generalversammlung Ende September 1989 in New York mit folgenden Worten direkt seinen neuen polnischen Amtskollegen Skubiszewski an: »Ich wende mich an Sie, Herr Außenminister Skubiszewski, als den Außenminister des neuen Polens. Ihr Volk soll wissen, daß sein Recht, in sicheren Grenzen zu leben, von uns Deutschen weder jetzt noch in Zukunft durch Gebietsansprüche in Frage gestellt wird. Das Rad der Geschichte wird nicht zurückgedreht. Wir wollen mit Polen für ein besseres Europa der Zukunft arbeiten. Die Unverletzlichkeit der Grenzen ist Grundlage des friedlichen Zusammenlebens in Europa.«[93] Diese Passage, wenige Minuten vor der Rede handschriftlich in das Manuskript eingefügt,[94] sollte nach dem Willen der oppositionellen Sozialdemokraten, da sie ebensowenig wie die Äußerung des Bundespräsidenten mit einem ausdrücklichen Friedensvertragsvorbehalt verknüpft war, in einer gemeinsamen Resolution des Bundestags bestätigt werden. Die CDU/CSU-Fraktion war dagegen, da sie aus verfassungsrechtlichen, innenpolitischen und innerparteilichen Gründen weiterhin die Bindung eines gesamtdeutschen Souveräns vermeiden wollte.

Da die FDP-Fraktion keinesfalls gegen die Worte des aus ihren Reihen stammenden Außenministers hätte stimmen können, hätte sie zum ersten Mal seit Beginn der christlich-liberalen Regierung im Jahr 1982 gegen ihre Koalitionspartner votieren müssen. Eine Destabilisierung der Bundesregierung wäre die Folge gewesen. Vor diesem Hintergrund muß der von CDU, CSU und FDP gefundene Kompromiß gesehen werden, der am 8. November 1989, einen Tag vor der Polen-Reise des Bundeskanzlers, auch die Stimmenmehrheit der SPD fand. Die Koalitonsparteien brachten einen Entschließungsantrag ein, indem sowohl die bekannten Rechtspositionen der Regierung enthalten waren als auch die Passage der UN-Rede Genschers. Darin wurden die Worte des Außenministers allerdings verwässert, denn nun waren sie mit dem Friedensvertragsvorbehalt verknüpft. Der Antrag wurde mit 400 Ja-Stimmen bei 4 Gegenstimmen und 33 Enthaltungen angenommen. 26 Unionsabgeordnete verwiesen in einer schriftlichen Erklärung auf die Rechtsprechung des Bundesverfassungsgerichts von 1973 und 1975.[95]

---

93 Bulletin, 98, 28.9.1989, S. 849.
94 Richard Kiessler/Frank Elbe, Ein runder Tisch mit scharfen Ecken. Der diplomatische Weg zur deutschen Einheit, Baden-Baden 1993, S. 27.
95 Siehe EA, F23/1989, S. D672; AdG, 1989, S. 33968.

Ungeachtet des Entschließungsantrags blieben die Akzentunterschiede zwischen Kohl und Genscher bestehen. Während der Kanzler in seiner Bundestagsrede am 8. November den Rechtsvorbehalt bestätigte, zitierte der Außenminister seine eigene UNO-Rede mit der Passage, daß die Bundesrepublik auch in Zukunft keinerlei Gebietsansprüche gegenüber Polen erheben werde.[96] Generell gilt aber, daß für die Regierungskoalition als Ganzes im Herbst 1989 das Gelingen des Kanzlerbesuchs in Polen im Vordergrund stand; demgemäß hatte sie kein Interesse daran, ihre Politik, die auf europäische Einbettung deutsch-polnischer Beziehungen, die menschliche Dimension (Minderheitenrechte) und neue Perspektiven wirtschaftlicher Zusammenarbeit gerichtet war, durch die Grenzfrage zu belasten, die sie ja materiell ebenso wie die SPD durch den Warschauer Vertrag als geregelt betrachtete.[97]

Die Bundesregierung blieb mit ihrem Friedensvertragsvorbehalt in bezug auf die Oder-Neiße-Grenze bis zuletzt unerschütterlich allein unter dem rein völkerrechtlichen Gesichtspunkt, keinerlei Präjudiz im Zusammenhang mit der Vier-Mächte-Verantwortung für Deutschland als Ganzes und mit einer endgültigen Friedensregelung für Deutschland zu schaffen, ein Präjudiz, das sich auch auf andere Regelungen zuungunsten Deutschlands hätte auswirken können. So wurde in der am 14. November 1989 unterzeichneten Gemeinsamen Erklärung anläßlich des Kanzlerbesuchs in Polen auch nur die gegenseitige Verpflichtung zur Unverletzlichkeit der Grenzen und zum Gewaltverzicht wiederholt – Formeln, die ja bereits im Warschauer Vertrag enthalten waren. Die neue polnische Regierung hatte aber ihrerseits versucht, in die Erklärung einen Passus über die Endgültigkeit der Grenze aufzunehmen, der die Worte Genschers vor der UN-Vollversammlung wiedergeben sollte. Auch um den Preis, damit der neuen polnischen Regierung ihre westorientierte Deutschlandpolitik zu erschweren, war die Bundesregierung nicht bereit, sich politisch weiter zu binden, als es das Völkerrecht in diesem Fall – in seiner deutschen Auslegung – tat.[98]

Im Frühherbst 1989 ging es in den westdeutsch-polnischen Beziehungen und in der Politik Bonns gegenüber Warschau aber weniger um die endgültige Regelung von völkerrechtlichen Fragen als um die Lösung von konkreten Problemen, die als Folge des inneren Zusammenbruchs der alten Ordnung in Mitteleuropa entstanden waren. Im August 1989 spitzte sich die Flüchtlingsbewegung aus der DDR dramatisch zu. Hunderte DDR-Bürger flohen über die Oder-Neiße-Grenze nach Polen, in die Freiheit. Anfänglich waren sie von Truppen des polnischen Grenzschutzes noch festgenommen

---

96 Ebenda.
97 Siehe Teltschik, Die Bundesrepublik Deutschland und Polen, S. 7.
98 Siehe Dieter Bingen, Auswirkungen auf Polen, in: Heinrich Vogel (Hrsg.), Umbruch in Osteuropa. Interdependenzen und Konsequenzen. Köln 1990 (Sonderveröffentlichung des BIOst), S. 19-26, hier S. 23.

und an die DDR-Behörden ausgeliefert worden. Am 24. August wurde Tadeusz Mazowiecki zum ersten nichtkommunistischen Ministerpräsidenten Polens und des gesamten sowjetischen Hegemonialbereichs gewählt. Der Bundesregierung lag an einer raschen Kontaktaufnahme mit dem neuen polnischen Regierungschef. Arbeitsminister Norbert Blüm konnte bereits am 25. August als erster Politiker des Westens Mazowiecki in Warschau persönlich gratulieren.[99]

Die am 13. September vereidigte nichtkommunistische Regierung in Warschau, überrascht von dem Ausmaß der Fluchtbewegung aus der DDR und eingezwängt in vertragliche Auslieferungsverpflichtungen gegenüber der DDR, konnte sich in den ersten Wochen zu keiner klaren Stellungnahme durchringen. Das Innenministerium wurde weiterhin von einem PVAP-Mann, General Kiszczak, geleitet, das Außenministerium von dem unabhängigen, der Solidarność nahestehenden Völkerrechtler Skubiszewski. Der Politische Direktor des Auswärtigen Amts, Dieter Kastrup, konferierte mit Außenminister Skubiszewski über die Lösung des Flüchtlingsproblems und bat die polnische Seite, auf das Beispiel Ungarns verweisend, um eine humanitäre Lösung. Am 18. September 1989 rief Genscher Skubiszewski an und erhielt eine Antwort, die ihn zuversichtlich stimmte, daß die DDR-Flüchtlinge nicht an die ostdeutschen Behörden ausgeliefert würden.[100] Das Bürgerkomitee der Solidarność entschloß sich, den Ostdeutschen, die nach Polen flüchteten, jede denkbare Hilfe zu gewähren, ohne Rücksicht auf die Konsequenzen für die Beziehungen zur DDR und die Destabilisierung des ungeliebten deutschen Arbeiter- und Bauernstaats. Schließlich wurden über 1.700 DDR-Deutsche mit Sondermaschinen der LOT aus Warschau in die Bundesrepublik ausgeflogen.[101]

Schon aus den praktischen Erwägungen im Zusammenhang mit der Flüchtlingsproblematik war die Bundesregierung daran interessiert, politisch-diplomatische Zeichen zu setzen und unverzüglich Verhandlungen mit der neuen polnischen Regierung unter Ministerpräsident Mazowiecki aufzunehmen. Bereits am 31. August führte Kohl ein ausführliches Telefonat mit Mazowiecki, in dessen Verlauf die Fortführung der Gespräche der Beauftragten für Mitte September vereinbart wurde. Der Bundeskanzler äußerte gegenüber seinem Gesprächspartner, daß er 50 Jahre nach dem Ausbruch des Zweiten Weltkriegs die Zeit für »eine dauerhafte Aussöhnung« für gekommen halte.[102] In seiner Erklärung während der Haushaltsdebatte am 5. September 1989 befaßte sich Kohl mit der historischen Wende in Polen und ihren möglichen Konsequenzen für die deutsch-polnischen Beziehungen. Er sagte u.a.: »Die Nachrichten, die jetzt aus Warschau zu

---

99 Das Parlament, 37-38, 8./15.9.1989, S. 7.
100 Genscher, Erinnerungen, S. 645, 648.
101 Miszczak, S. 315, Anm. 1054.
102 Bulletin, 84, 2.9.1989, S. 740.

uns kommen, hätte vor zwölf Monaten niemand für möglich gehalten. Mit der Wahl eines Ministerpräsidenten aus den Reihen der Opposition hat das Parlament deutlich gemacht, daß es den Weg zur Demokratie konsequent weitergehen will.« Von zwei Richtlinien wollte der Bundeskanzler sich daraufhin in der Polenpolitik leiten lassen: Zum einen gehe es darum, »zwischen Deutschen und Polen den überfälligen Schritt zu einer dauerhaften Aussöhnung zu machen«, zum anderen sah er eine zusätzliche Verantwortung der Bundesrepublik, die Demokratie in Polen zu stärken. Die Bundesregierung sollte »alles daran setzen, um zu verhindern, daß es einen Rückschlag gibt ... Die Polen brauchen jetzt nicht gute Worte, sondern schlicht handfeste Unterstützung.«[103] Die sagte der Bundeskanzler auch in einem Gespräch am 7. September dem in der Bundesrepublik (5.-8.9.) weilenden Solidarność-Vorsitzenden Wałęsa zu.

Als erstes wurden die unterbrochenen Verhandlungen mit Warschau wiederaufgenommen. Mazowiecki ernannte noch vor Bildung der neuen Regierung den katholischen Deutschlandexperten aus der Redaktion des »Tygodnik Powszechny«, Mieczysław Pszon, zum neuen polnischen Bevollmächtigten für die Gespräche mit Teltschik. Pszon und Teltschik konnten schon im September einen Durchbruch in den Verhandlungen über eine gemeinsame Erklärung erzielen. Nach neun Gesprächsrunden waren am 3. Oktober alle strittigen Fragen gelöst. Zu den erzielten Vereinbarungen zählte die Bereitschaft der Bundesregierung, eine Kreditbürgschaft einzugehen, wobei allerdings die Höhe entgegen polnischen Wünschen offenblieb. Erstmals konnte die Bundesregierung in Anlehnung an die Erklärung deutscher und polnischer Katholiken zum 1. September in einem mit Polen unterzeichneten Dokument die Existenz und bestimmte Rechte der deutschen Minderheit fixieren. Polen konnte auch dafür gewonnen werden, sich an der Errichtung von Gedenkstätten an Orten, die für Deutsche auf heutigem polnischem Boden von Bedeutung sind (z.B. Kreisau/Krzyżowa), zu beteiligen.[104]

Die Bevollmächtigten vereinbarten bereits nach der zweiten Gesprächsrunde, daß der Bundeskanzler am 9. November seinen langerwarteten Besuch in Polen antreten sollte. Allerdings verliefen die Vorbereitungen nicht ohne Unstimmigkeiten, die sich durch einen Programmpunkt ergaben, der vom Bundeskanzler gewünscht wurde. Es ging um einen geeigneten Ort für eine Geste der Versöhnung zwischen Deutschen und Polen. Kohl hatte aufgrund einer gutgemeinten Einladung des Bischofs von Oppeln (Opole), Alfons Nossol, einen Versöhnungsgottesdienst auf dem Annaberg (Góra Świętej Anny) vorgeschlagen. Der Annaberg war Symbol der blutigen Auseinandersetzungen zwischen Deutschen und Polen im Nationalitätenkampf

---

103 Bulletin, 87, 6.9.1989, S. 757-764, hier S. 759.
104 Siehe dazu auch die Fragmente der Erinnerungen von Pszon, in: Polacy i Niemcy pół wieku później, S. 471-549, hier S. 541ff.

um Oberschlesien. Hier wehrten deutsche Freikorps 1921 einen polnischen Angriff ab. Für Polen und Deutsche war es ein Ort nationaler Exklusivität in einer Region »schwebender« Identität. Vor dem Hintergrund der gegenseitigen Tabuisierungen und der historischen Mythenbildung war es angesichts des bisherigen Mangels an gegenseitigem Verständnis offensichtlich verfrüht, eine Versöhnungsgeste gerade hier zu inszenieren. Von der polnischen Bevölkerung insgesamt, insbesondere von den heutigen Bewohnern der Region, wäre sie wegen der jahrzehntelangen Geschichtsmanipulationen kommunistischer, nationalistischer und polnisch-katholischer Erziehungspolitik kaum verstanden worden. Sowohl Außenminister Skubiszewski als auch Ministerpräsident Mazowiecki ließen den Bundeskanzler wissen, daß ein Besuch auf dem Annaberg nicht willkommen sei. Der Druck der »öffentlichen Meinung«, die von der in den Massenmedien immer noch einflußreichen PVAP manipuliert wurde, war zu groß. Deshalb entschloß sich der Bundeskanzler nach mehreren Telefongesprächen mit Mazowiecki und der mehr oder weniger erzwungenen Rücknahme der Einladung durch Bischof Nossol, auf den Besuch dort zu verzichten.[105] Auf Kohls Einlenken reagierte die Landsmannschaft der Schlesier mit »Bestürzung und Trauer«. Deren Vorsitzender Hupka ließ verlauten, die Deutschen hätten sich vom Nationalismus befreit, während er in Polen Kommunisten und Katholiken verbinde.[106]

Als Ersatz für den Annaberg wurde die Teilnahme Kohls und Mazowieckis an einer Messe auf dem Gelände des ehemaligen Moltke-Guts im niederschlesischen Kreisau in das Besuchsprogramm aufgenommen.[107] Kreisau war für Deutsche ein Symbol für den Widerstand gegen Hitler. In Polen hingegen waren die unterschiedlichen deutschen Widerstandsbewegungen gegen Hitler, insbesondere der »Kreisauer Kreis«, und das Attentat vom 20. Juli 1944 unbekannte Begriffe oder Daten, über sie wurde in kommunistischer Zeit nicht berichtet, da der sogenannte bürgerliche antinationalsozialistische Widerstand in Deutschland tabuisiert war. Darüber hinaus hatten »die Kreisauer« nach der damals auch in der Solidarność-Elite vorherrschenden Meinung für das Schicksal Polens kaum eine Bedeutung.

Der Besuch des Bundeskanzlers in Polen sollte aber gerade die Verständigung und Versöhnung – um den politisch inflationär gebrauchten Begriff zu benutzen – zwischen Deutschen und Polen entscheidend voranbringen. Kohl sah sich auch auf diesem Gebiet in der Nachfolge Konrad Adenau-

---

105 Helmut Kohl, »Ich wollte Deutschlands Einheit«. Dargestellt von Kai Diekmann und Ralf Georg Reuth, 3. Aufl., Berlin 1996, S. 121ff.
106 AdG, 1989, S. 33967.
107 Die Lancierung der Kreisau-Idee über Mazowiecki, Pszon und Teltschik an Kohl, der sie wiederum Mazowiecki vorstellte, beschrieb Pszon in seinen Erinnerungen, in: Polacy i Niemcy pół wieku później, S. 542f.

ers.[108] Aber schon am ersten Tag seines Aufenthalts in Warschau wurde der historische Besuch durch die spektakuläre Maueröffnung in Berlin in einen nicht vorhersehbaren epochalen Zusammenhang gestellt. Daraufhin unterbrach der Gast mit dem zögerlichen Einverständnis der Gastgeber am 10. November seinen Polen-Besuch bis zum 12. November.[109] Der Bundesminister für besondere Aufgaben und Chef des Bundeskanzleramts, Rudolf Seiters, gab nach der Rückkehr aus Warschau am 10. November im Bundestag eine Erklärung zur Unterbrechung des Besuchs des Bundeskanzlers in Polen ab.[110]

Die Beschleunigung der Geschichte mit der damit verbundenen Verunsicherung des polnischen Nachbarn veranlaßte Außenminister Genscher bei der Rückkehr nach Berlin und Bonn zu betonen: »Von uns Deutschen wird niemals mehr die Grenze zwischen Deutschen und Polen in Frage gestellt.«[111] Neu entstehende Befürchtungen und Ängste in Polen konnte er damit jedoch nicht abbauen.

Als der Bundeskanzler nach den auch in Polen mit Sympathie und Freude aufgenommenen Szenen in Berlin am 12. November seinen Staatsbesuch fortsetzte, kam er aus einem veränderten Deutschland zurück. An diesem Tag nahmen die beiden Regierungschefs an der in deutscher und polnischer Sprache gehaltenen Messe in Kreisau teil. Es kam zu der Umarmung Kohls und Mazowieckis bei dem liturgischen Friedensgruß, der den Willen zur Versöhnung zwischen den beiden Nationen zum Ausdruck bringen sollte. Die Beobachter der Szene wurden Zeugen einer Geste, die für beide Politiker mit einer großen psychischen Belastung verbunden war. Der Bundeskanzler, ganz eingenommen von der Symbolik des Ortes, mag übersehen haben, daß Mazowiecki fast wie ein genötigter Gast auf nicht heimischem Territorium wirkte, wo Deutsche aus Schlesien Kohl als »unseren Bundeskanzler« begrüßten. Dem Kanzler und der Bundesregierung mußte also daran gelegen sein, den Polen einerseits, den Deutschen in Polen und den Vertriebenenpolitikern in Deutschland andererseits mit dem notwendigen Fin-

---

108 Siehe das persönliche Bekenntnis Kohls zum Ausgleich und zur Freundschaft mit Polen, in: Kohl, S. 118ff; auch Horst Teltschik, 329 Tage. Innenansichten der Einigung, Berlin 1991, S. 13.
109 Kohl stellte die Situation so dar: »Meine Entscheidung führte zu einem veritablen Streit. Der polnische Ministerpräsident wollte um jeden Preis verhindern, daß ich nach Berlin fahre. Es wäre ein Affront gegen Staatspräsident Jaruzelski, wenn ich das für den folgenden Tag vorgesehene Treffen mit diesem absagen würde, sagte Mazowiecki, der dann in meiner Gegenwart mit dem General telefonierte. Schließlich ging ich selbst an den Apparat und erläuterte meine Gründe ... Der General zeigte sich schließlich mit einer Verschiebung des Termins einverstanden ...« (S. 129)
110 Bulletin, 124, 10.11.1989, S. 1.
111 Hans-Dietrich Genscher, Unterwegs zur Einheit: Reden und Dokumente aus bewegter Zeit, Berlin 1991, S. 230.

gerspitzengefühl zu verstehen zu geben, daß es der Bundesregierung in der Zeit eine rasanten Beschleunigung der Geschichte zwar um die Realisierung des deutschen Rechts auf Selbstbestimmung ging, nicht jedoch um die Änderung der bestehenden deutsch-polnischen Grenze.

Am letzten Besuchstag des Bundeskanzlers in Polen unterschrieben Kohl und Mazowiecki eine Gemeinsame Erklärung. Das Dokument umfaßte 78 Punkte in neun Kapiteln, die alle Fragen und Bereiche einer umfassenden Zusammenarbeit zwischen der Bundesrepublik und Polen ansprachen. Es war die umfangreichste Erklärung in der Geschichte der bilateralen Beziehungen seit 1970. Ursprünglich sollte die Erklärung bereits am 10. November unterschrieben werden. Die Zeremonie mußte jedoch verschoben werden, da sich Deutsche und Polen nicht über Punkt 4 (Grenzfrage) einigen konnten. Kohl lehnte im Gespräch mit Mazowiecki am 9. November die von polnischer Seite gewünschte Übernahme der Grenzformulierung aus der Bundestagsentschließung vom 8. November ab. Der Kanzler wollte nicht über die Formulierungen des Vertrags vom Dezember 1970 hinausgehen, um sich verfassungsrechtlich und innenpolitisch gegenüber den Vertriebenen und den Grenzgegnern in seiner eigenen Partei den ihm notwendig erscheinenden Handlungsspielraum zu erhalten.

Der außenpolitische Abteilungsleiter im Kanzleramt und Polen-Beauftragte Teltschik konnte später glaubwürdig versichern, daß der Bundeskanzler damals, als Verhandlungen über die Vereinigung Deutschlands binnen Jahresfrist noch niemandem in den Kopf kamen, verhindern wollte, daß die Frage der Oder-Neiße-Grenze zum »innenpolitischen Kampfthema der Rechten würde. Mehr noch, er wollte sich von Anfang an für seine Politik gegenüber Polen eine breite Mehrheit sichern. Dazu brauchte er auch die Unterstützung der Vertriebenen.«[112] Zudem unterschrieb der Bundeskanzler in Punkt 61 der Erklärung, daß beide Seiten »die Unverletzlichkeit der Grenzen und die Achtung der territorialen Integrität und Souveränität aller Staaten in Europa in ihren gegenwärtigen Grenzen« als grundlegende Bedingung für den Frieden bezeichneten.[113] Immerhin räumte Teltschik ein: »Die Grenzfrage bleibt ein entscheidendes Thema. Sie begleitete uns in Polen auf Schritt und Tritt. Aussöhnung zwischen Deutschen und Polen wird so lange nicht möglich sein, wie dieses erdrückende Problem den Weg zueinander versperrt. Der ständige Verweis auf die Rechtslage reicht nicht aus, auch nicht der unermüdliche Versuch des Bundeskanzlers, um persönliches Vertrauen zu werben. Die Polen fühlen, daß er es ehrlich meint. Aber warum sagt er nicht das für sie erlösende Wort?«[114]

Der Bundesregierung lag aus aktuellen innenpolitischen Gründen und aus grundsätzlichen kulturellen, historischen und moralischen Erwägungen

---

112 Teltschik, 329 Tage, S. 14.
113 Wortlaut in: EA F23/1989, S. D679-686, hier S. D685.
114 Teltschik, 329 Tage, S. 30.

besonders daran, daß in der 78-Punkte-Erklärung die Gewährung von sozial-kulturellen Rechten für die in Polen lebenden Deutschen erstmals in einem gemeinsamen deutsch-polnischen Dokument Erwähnung fand.[115] In Punkt 45 der Gemeinsamen Erklärung hieß es: »Beide Seiten ermöglichen es Personen und Bevölkerungsgruppen, die deutscher bzw. polnischer Abstammung sind oder die sich zur Sprache, Kultur oder Tradition der anderen Seite bekennen, ihre kulturelle Identität zu wahren und zu entfalten.«[116] Zu der ausdrücklichen Erwähnung des Begriffs der Minderheit konnte sich Mazowiecki zwar noch nicht durchringen, aber verglichen mit der Haltung seines Vorgängers Rakowski, der als Bundesrepublik-Freund galt, war hier ein erster Durchbruch erzielt worden. Noch am 24. Juli 1989 hatte das Bezirksgericht in Oppeln den Antrag des »Deutschen Freundeskreises« in Oppeln auf Zulassung als sozial-kultureller Verband unter anderem mit der Begründung abgelehnt, die Organisation sei kein Kulturverein, sondern wolle die rechtliche Anerkennung einer deutschen Minderheit in Polen erreichen.[117]

Im Punkt 45 bekräftigten beide Seiten zugleich, worauf Polen besonderen Wert legte, daß die Loyalität gegenüber dem betreffenden Staat eine unabdingbare Voraussetzung bei der Ausübung der genannten Rechte darstellte: »Die Wahrnehmung dieser Rechte muß mit dem Völkerrecht und dem Recht des betreffenden Staats übereinstimmen ...« Als »Soll«-Bestimmung wird im zweiten Halbsatz die Funktion der Minderheiten als eine »Brücke« zwischen Deutschen und Polen angedeutet: »... und soll das friedliche Zusammenleben und die gute Nachbarschaft der Völker verstärken und zu ihrer Verständigung und Versöhnung beitragen«.

Die polnische Regierung kam der Bundesregierung in einem weiteren Punkt entgegen, als sie erstmals die Pflege deutscher Kriegsgräber in Polen möglich machte (Punkt 60). Die Bundesregierung entsprach wiederum bestimmten wirtschaftlichen und finanziellen Wünschen Polens, obwohl sich die polnische Seite noch mehr Großzügigkeit gewünscht hätte. Bei der grundsätzlich schwierigen Abwägung von *do ut des* war jedoch zu bedenken, daß die materielle Belastung eher auf der deutschen Seite lag, während die polnische Seite sich nunmehr dazu bereit fand, bestimmte Usancen anzuerkennen, die im Umgang zwischen demokratisch regierten Staaten Europas seit Jahrzehnten unbestritten waren.

Die Bundesregierung sah von Anfang an die politische Tragweite der Reformpolitik weit über Polen hinaus, sollte ihr Erfolg beschieden sein. Wirtschaftliche und finanzielle Hilfe, die die Bundesrepublik jetzt zu lei-

---

115 Ausführlicher über die Bemühungen der Deutschen in Polen um rechtliche Anerkennung in den achtziger Jahren: Thomas Urban, Deutsche in Polen. Geschichte und Gegenwart einer Minderheit, München 1993.
116 EA F23/1989, S. D679-686, hier S. D683.
117 Siehe Miszczak, S. 341.

sten bereit war, sollte nicht mehr an die Praxis der siebziger Jahre erinnern und ausschließlich den Umbau der polnischen Volkswirtschaft zur sozialen Marktwirtschaft unterstützen. Die Kreditvergabe sollte an konkrete Projekte gebunden werden. In der Erklärung verpflichtete sich die Bundesrepublik, Polen unabhängig von den Verhandlungen Warschaus mit dem Internationalen Währungsfonds über ein Anpassungsprogramm (Punkt 24) oder den Umschuldungsgesprächen mit dem Pariser Club (Punkt 26) Soforthilfe zu leisten. Hermes-Bürgschaften galten ab sofort wieder für gemeinsam ausgewählte und geprüfte Projekte (Punkt 33). Die Bundesregierung war bereit, im Rahmen dieser Garantien den polnischen Reformkurs mit einer Finanzhilfe von 3 Mrd. DM zu unterstützen. Davon sollten 500 Mio. DM für die Stabilisierung der polnischen Währung verwendet werden. Zugleich verzichtete die Bundesregierung auf den größten Teil der Rückzahlung des Milliardenkredits aus dem Jahre 1975 (sog. Jumbo-Kredit). 760 Mio. DM Kredit- und Zinsverpflichtungen wurden ganz erlassen. 570 Mio. DM sollten in Złoty in einen Fonds eingezahlt werden, aus dem gemeinsame Projekte in Polen finanziert werden sollten.[118] Die Forderung des polnischen Ministerpräsidenten nach Entschädigung für polnische Zwangsarbeiter wies der Bundeskanzler formal mit Hinweis auf den ausstehenden Friedensvertrag und materiell mit Blick auf die wirtschaftlichen und finanziellen Hilfeleistungen der Bundesrepublik zurück.[119]

Die zahlreichen Abkommen, Vereinbarungen und Protokolle, die während des Kohl-Besuchs in Polen unterschrieben wurden, spiegelten den Beginn einer Wende wider, nach der die bundesdeutsche Politik intensiver Kooperation, die 40 Jahre mit den westlichen Nachbarn so erfolgreich betrieben wurde, auch im Verhältnis mit Polen die Grundlage für eine Partnerschaft in einem nicht mehr geteilten Europa schaffen sollte. Das qualitativ Neue an dieser Beziehung Bonns zu Warschau war die grundsätzliche Übereinstimmung mit den neuen Prinzipien der Politik des demokratischen

---

118 Insgesamt elf Abkommen und andere Vereinbarungen wurden während des Kanzlerbesuchs unterzeichnet: Abkommen über Jugendaustausch; Abkommen über Zusammenarbeit auf den Gebieten der Wissenschaft und Technik; Abkommen über Zusammenarbeit auf dem Gebiet des Gesundheitswesens und der medizinischen Wissenschaften; Vertrag über die Förderung und den gegenseitigen Schutz von Kapitalanlagen; Abkommen über Zusammenarbeit auf dem Gebiet des Umweltschutzes; Abkommen über die Förderung der Zusammenarbeit von Unternehmen im Bereich von Land-, Forst- und Ernährungswirtschaft; Abkommen über die gegenseitige Errichtung und Tätigkeit von Instituten für Kultur und wissenschaftlich-technologische Information; Protokoll über Konsultationen der Außenminister und -ministerien; Übereinkunft zur Wiederaufnahme des Rechtshilfeverkehrs in Zivil- und Strafsachen; Protokoll über den Abschluß der Verhandlungen über Fragen im Zusammenhang mit der Errichtung von Generalkonsulaten der Bundesrepublik Deutschland in Krakau und der Volksrepublik Polen in Hamburg; Notenwechsel über den gegenseitigen Austausch von Verteidigungsattachés.
119 Siehe BPA-Ostinformationen, 10.11.1989, S. 5.

Polen, die es vor der Wende in Polen ungeachtet der Fortschritte in den Beziehungen Bonn – Warschau seit 1970 nicht hatte geben können.

Die Anerkennung gemeinsamer Werte ermöglichte nunmehr in dieser Gemeinsamen Erklärung die Durchsetzung von Verhaltensregeln, für die die Bonner Politik im offiziellen Polen bis dahin nie ein offenes Ohr gefunden hatte. Da beide Seiten, Deutsche und Polen, die Chancen der beschleunigten Entwicklung in Europa wahrnahmen, war es verständlich, daß die Gemeinsame Erklärung von 1989 bald von den Ereignissen in dem Sinne überholt wurde, daß in späteren Verträgen zwischen Deutschland und Polen die neuen Prinzipien der Zusammenarbeit sehr viel konkreter und verpflichtender für beide Seiten festgeschrieben werden konnten, angefangen mit dem Grenzvertrag und dem Nachbarschaftsvertrag, auf die weitere Abkommen und Vereinbarungen der neuen Nachbarn und Partner folgen sollten.

## 10. Deutsche Einheit und endgültige deutsch-polnische Grenzregelung (1989/90)

*10.1 Vom Mauerfall zur Nachbarschaft an Oder und Neiße*

Mit dem Umbruch in Ostmitteleuropa und der unerwarteten Bewegung in der deutschen Frage infolge der anschwellenden Flüchtlingsströme und mehr noch durch den »Fall« der Berliner Mauer im November 1989 beschleunigte sich auch im bundesdeutsch-polnischen Verhältnis der Fermentierungsprozeß in den Problembereichen, in denen in der gesamten Nachkriegszeit trotz Normalisierungsverträgen mit dem Osten keine abschließende bzw. für Bonn befriedigende Lösung hatte gefunden werden können, da sie die 1945 geschaffene bzw. vorgezeichnete Nachkriegsordnung betrafen. Eine endgültige Regelung des deutsch-polnischen Grenzproblems sowie des damit direkt verbundenen Status und der Zukunft der in Polen verbliebenen Deutschen wurde – für alle Akteure in West und Ost überraschend – innerhalb weniger Wochen und Monate auf die Tagesordnung bilateraler und multilateraler europäischer Politik katapultiert. Wenn diese Probleme gelöst waren, eröffnete sich die Perspektive für eine deutsche Europapolitik, in der Polen eine Schlüsselrolle im Rahmen einer erweiterten europäischen Integration zugewiesen werden würde.

Allerdings ging in den hektischen Monaten zwischen Maueröffnung und deutscher Einheit, bei der zeitweisen Fixierung auf die notwendigen Details der Harmonisierung von deutschem Einheitsbestreben und europäischen Interessen, bisweilen der Blick dafür verloren, daß die Bundesrepublik Deutschland nach der politischen Wende in Polen einen neuen Verbündeten in politischen Grundsatzfragen hatte, die für die Bundesregierung im »Zwei-plus-Vier«-Verhandlungsprozeß von strategischer Bedeutung waren. Die polnische Regierung sprach sich vom Anfang des Vereinigungsprozesses im Spätherbst 1989 an gegen ein neutrales vereinigtes Deutschland aus und wünschte sich dieses weiterhin als Mitglied der NATO. Ebenso war Warschau nicht an einem klassischen Friedensvertrag interessiert. Teltschik äußerte in einem Gespräch mit Hajnicz im Jahre 1992, daß gerade der Standpunkt Polens als Nachbar Deutschlands und Schlüsselmitglied des Warschauer Pakts in der Frage der Neutralität Deutschlands auf der Prager Konferenz der Außenminister der Warschauer-Pakt-Staaten im April 1990 ausschlaggebend war.[1] Erstmals hatte die Bundesrepublik in Polen einen wirklichen Verbündeten, der aus wohlver-

---

1 Hajnicz, Polens Wende, S. 67.

standenem strategischem Eigeninteresse, ohne es in dieser konkreten Situation so zu bezeichnen, eine »deutsch-polnische Interessengemeinschaft in Europa« begründete.

Bedauerlicherweise, aber auch verständlicherweise drohte allerdings sowohl in Bonn als auch in Warschau bei der letzten großen Debatte über die Fragen, die das deutsch-polnische Verhältnis in den letzten 40 Jahren belastet hatten, immer wieder das Gefühl für den historischen Wandel verlorenzugehen, schienen sich die regierenden Politiker zu verzetteln und von den Geistern der Vergangenheit eingeholt zu werden.

Bundeskanzler Kohl hatte auf die neue innerdeutsche Situation nach der Öffnung der deutsch-deutschen Grenze mit einem Zehn-Punkte-Plan reagiert, in dem ein möglicher Weg zu konföderativen Strukturen zwischen beiden deutschen Staaten skizziert wurde, an dessen Ende eine bundesstaatliche Ordnung Deutschlands stehen konnte.[2] Weil in dem Programm keinerlei Aussage über die Endgültigkeit der polnischen Westgrenze enthalten war, reagierte die polnische Regierung mit Kritik.[3] Möglicherweise bewog dies FDP und SPD, von ihrer zunächst gegebenen Zustimmung zum Zehn-Punkte-Plan Abstand zu nehmen und das Fehlen eines elften Punkts zur Oder-Neiße-Grenze zu bemängeln.

Am 30. November 1989 stellte die SPD-Fraktion einen Antrag auf Ergänzung des Zehn-Punkte-Programms um zwei Elemente: Verzicht auf die Modernisierung der Mittelstreckenraketen und endgültige Anerkennung der Oder-Neiße-Grenze. Wenn auch die Reaktion seitens der Liberalen und der Sozialdemokraten und insbesondere seitens der Polen als ein »Mißverständnis« der Intentionen des Bundeskanzlers abgetan werden konnte, da Kohls Plan im Titel ausdrücklich die Perspektive, die Teilung Deutschlands zu überwinden, enthielt und in dem Dokument selbst nur auf die beiden Staaten in Deutschland Bezug genommen wurde, so blieb doch festzuhalten, daß die damit automatisch aktuell werdende Grenzproblematik zumindest in diesem Augenblick vom Bundeskanzler tabuisiert wurde. Auf die polnische Empfindlichkeit wurde keine Rücksicht genommen.

Für den Kanzler und die Bundesregierung mag es selbstverständlich gewesen sein, daß ein sich staats- und völkerrechtlich vereinigendes Deutschland die Grenze mit Polen nicht zu verrücken gedachte. Teltschik erklärte dazu gegenüber Hajnicz im Juni 1992: »Wir haben darüber überhaupt nicht gesprochen. Wir hielten die Grenzfrage in der Tat für politisch entschieden und sahen keinen Grund dafür, diese Angelegenheit in die 3-4 Punkte über internationale Aspekte hineinzustecken. Außerdem sollte die Vereinigung die beiden deutschen Staaten und Berlin umfassen. Und nichts

---

2 »Zehn-Punkte-Programm zur Überwindung der Teilung Deutschlands und Europas«, gekürzt in: EA, F24/1989, S. D728-734.
3 Siehe Michael Ludwig, Polen und die deutsche Frage, Bonn 1991, S. 39ff.

mehr.«⁴ Aber ein politisch klärendes Wort hätte der neuen polnischen Regierung bei ihrer grundsätzlich deutschlandfreundlichen Politik das Leben sehr erleichtern können. Die in der Polenpolitik der deutschen Bundesregierungen nach 1949 in allen Phasen ersichtliche Verknüpfung mit der Deutschlandpolitik, ja die Unterordnung unter die »deutsche Frage« ließ sich auch an dem Grad der Sensibilität für deutsch-polnische Schlüsselfragen im historischen Herbst 1989 überprüfen. Es waren nicht nur die FDP und die SPD, die eine weitergehende Erklärung zur Grenze forderten, auch innerhalb der Unionsfraktion nahm die Bereitschaft in dieser Richtung zu. Der stellvertretende Vorsitzende der CDU/CSU-Bundestagsfraktion, Karl-Heinz Hornhues, suchte in dieser Angelegenheit Teltschik auf, der seinerseits eine »weiterführende Erklärung« befürwortete, »weil es uns in der deutschen und internationalen Öffentlichkeit entlasten würde«.[5]

Einen über das Wiederholen von Rechtspositionen hinausgehenden Handlungsbedarf bezüglich der Oder-Neiße-Grenze sah der Bundeskanzler im Gegensatz zu Außenminister Genscher zunächst jedoch nicht. Vielmehr bemühte sich Kohl darum, das Thema nicht anzuschneiden. Dies zeigte sich z. B. an der Umgehung eines von der SPD-Fraktion Mitte Januar 1990 eingebrachten Antrags im Bundestag, der auf einem Vorschlag von Bundestagspräsidentin Süssmuth (CDU) basierte: Die DDR-Volkskammer und der Deutsche Bundestag sollten in einer gemeinsamen Resolution die Endgültigkeit der bestehenden Grenze garantieren. Weil die SPD plante, den Süssmuth-Vorschlag als Initiativantrag zu einer von Kohl vorgesehenen Regierungserklärung zu stellen, hätte laut Geschäftsordnung des Parlaments darüber abgestimmt werden müssen. Offenbar um dies zu verhindern, änderte Kohl den amtlichen Titel seiner Rede – was ebenfalls von der Geschäftsordnung des Bundestags gestattet wird – in einen »Bericht der Bundesregierung über die Verhandlungen mit der DDR«, wodurch der SPD-Antrag in die Ausschüsse verwiesen werden konnte. Damit wollte der Bundeskanzler eine Abstimmungsniederlage für seine Position verhindern.[6]

In der Bundesrepublik vermied der Kanzler jede politische Grenzfestlegung im Hinblick auf ein vereinigtes Deutschland. Da er sich des Unverständnisses der Verbündeten für sein Lavieren in dieser Frage bewußt war, betonte Kohl am 17. Januar 1990 in einer Rede in Paris einen Tag vor der Bundestagssitzung: »Niemand will ... die Frage der Einheit der Nation verbinden mit der Verschiebung bestehender Grenzen.«[7] Da er aber auch an den Friedensvertragsvorbehalt erinnerte, entstand aus der Verknüpfung

---

4 Hajnicz, Polens Wende, S. 72.
5 Teltschik, 329 Tage, S. 79.
6 Korger, S. 64.
7 Bulletin, 9, 19.1.1990, S. 65.

von politischem Willen und rechtlichen Vorbehalten erneut ein Widerspruch.

Die Bonner Strategie ging bei ihrem äußerst komplizierten Versuch, innere und internationale Aspekte des deutschen Einigungsprozesses in der ersten Jahreshälfte 1990 miteinander zu vernetzen, politisch-juristischen Präzedenzfällen aus dem Wege, die die Vier-Mächte-Verantwortung für Deutschland hätten untergraben können, indem beispielsweise dritte Mächte – und mochte es das besonders betroffene Polen sein – in die Verhandlungen mit London, Paris, Washington und Moskau hätten einbezogen werden müssen und die Gefahr einer internationalen Friedenskonferenz, verbunden mit unabsehbaren Ansprüchen ehemaliger Kriegsgegner, heraufgezogen wäre. Zudem hatten weder die DDR noch die Bundesrepublik territoriale Forderungen an Polen. In diesem Kontext war zu verstehen, warum Bonn Warschau den Wunsch ausschlug, an den am 13. Februar 1990 in Ottawa zwischen den vier Siegermächten des Zweiten Weltkriegs, der DDR und der Bundesrepublik vereinbarten »Zwei-plus-Vier«-Gesprächen teilzunehmen, obgleich die polnische Regierung nicht auf eine gleichberechtigte Teilnahme, sondern nur auf Präsenz drängte.[8] Frankreich setzte sich besonders stark dafür ein, daß gleichsam als Ersatz für die von Warschau gewünschte ständige Teilnahme Polen die Einladung zur dritten Runde der »Zwei-plus-Vier«-Gespräche in Paris zugesagt wurde, in der die äußeren Aspekte der Herstellung der deutschen Einheit behandelt werden sollten.[9]

Angesichts der Interessendivergenzen zwischen Bonn und Warschau über Verhandlungsstrategien lag besonders Außenminister Genscher daran, zumindest atmosphärisch zusätzliche Belastungen zu vermeiden und der polnischen Seite Verständnis zu signalisieren. So traf Genscher am 6. Februar 1990 in Brüssel Skubiszewski; eine Begegnung, die Genscher, wie er in seinen »Erinnerungen« betonte, »besonders wichtig« war: »Polen mußte in jeder Phase der Entwicklung zur deutschen Vereinigung sicher sein, daß nichts hinter seinem Rücken oder auf seine Kosten geschah.« Genscher war noch in Erinnerung, daß Lech Wałęsa sich während des Kanzlerbesuchs in Warschau »über den Fall der Mauer mehr erschrocken als erfreut gezeigt hatte«.[10]

Als eine weitere Geste Genschers gegenüber Polen sollte vier Monate später der vorsorgliche Anruf bei Außenminister Skubiszewski bewertet werden, in dem Genscher seinen Kollegen über ein am 11. Juni 1990 bevor-

---

8 Siehe Ludwig, S. 53, 62.
9 Ausführlich dazu: Jan Barcz, Udział Polski w konferencji »2+4«. Aspekty prawne i proceduralne [Die Beteiligung Polens an der »2+4«-Konferenz. Rechtliche und prozedurale Aspekte], Warszawa 1994.
10 Genscher, Erinnerungen, S. 720; siehe auch Teltschik, 329 Tage, S. 13; und Kiessler/Elbe, S. 46.

stehendes Treffen mit dem sowjetischen Außenminister Eduard Schewardnadse in Brest informierte. Schewardnadse hatte den Ort bewußt ausgewählt, weil dort im Juni 1941 sein Bruder beim deutschen Angriff gefallen und beigesetzt worden war. Seine Bedenken wegen polnischer Empfindlichkeiten stellte Genscher zurück, »da Schewardnadse wegen ganz persönlichen Erinnerungen an diesem Ort mit mir zusammentreffen wollte. Allein das zählte jetzt.« Dem polnischen Außenminister versuchte Genscher das deutsche Einverständnis mit der Begegnung in Brest damit nahezubringen, daß er Skubiszewski telefonisch erklärte, daß »wir ja wohl alle daran interessiert sind, daß die Entwicklung, das heißt der Abbau west-östlicher Gegensätze, auch in der Sowjetunion eine breite Unterstützung erfährt«.[11] In Brest ging es nicht zuletzt um ein grundsätzliches Einverständnis Moskaus mit der NATO-Mitgliedschaft eines vereinigten Deutschland, die auch im ureigenen und ausformulierten Interesse Polens lag.

Abgesehen von den internationalen Motiven für die Haltung der Bundesregierung zu einer möglichen Präsenz Polens bei der Regelung der äußeren Aspekte der deutschen Einheit war ein taktisches Motiv in der bundesdeutschen Innenpolitik zu suchen. Angesichts der Stimmengewinne der »Republikaner« bei den Berliner Senatswahlen und bei der Wahl zum Europäischen Parlament im Jahr 1989, die mit Stimmenverlusten vor allem für die Unionsparteien einhergegangen waren, hätte ein Nachgeben in der Grenzfrage vor den 1990 anstehenden Landtagswahlen in den bevölkerungsreichen Bundesländern Nordrhein-Westfalen, Bayern, Niedersachsen und im Saarland, vor der ersten demokratischen Volkskammerwahl in der DDR (18.3.1990) und vor der im Frühherbst vorgesehenen Bundestagswahl womöglich zu weiteren Einbußen von Wählerstimmen bei der CDU/CSU geführt. Es ging aber auch um die Einheit des christlich-demokratischen Lagers und die Zusammenarbeit zwischen CDU und CSU. »Außerdem hätte sich der Bundeskanzler, wenn er frühzeitig Verpflichtungen für das ganze vereinigte Deutschland auf sich genommen hätte, dem Vorwurf aussetzen können, seine Kompetenzen überschritten zu haben. Ein Versuch, in dieser Frage ein Verfahren vor dem Verfassungsgericht in die Wege zu leiten, hätte der künftigen Regelung der Grenzfrage sicher geschadet«, so verständnisvoll und sicher richtig Artur Hajnicz.[12]

Der unvermeidliche endgültige Verzicht auf die ehemaligen Ostgebiete in einem Grenzvertrag mit Polen sollte so weit wie möglich hinausgeschoben werden. Daß die Bonner Regierung mit ihrer breit angelegten binnenorientierten Integrationspolitik der Polenpolitik schließlich einen Dienst erwies, haben auch die meisten grundsätzlich deutschlandfreundlichen Kreise in der neuen demokratischen Elite Polens seinerzeit kaum verstanden. In der deutschen innenpolitischen Auseinandersetzung war dieses

---

11 Genscher, Erinnerungen, S. 806.
12 Hajnicz, Polens Wende, S. 74.

Zögern für die große Mehrheit der realistisch denkenden Politiker nur schwer erträglich.

So wie Bonns Haltung zu der Grenzfrage im Vereinigungsprozeß stark innenpolitisch motiviert war, galt dies spiegelbildlich auch für die polnische Seite. Seit Februar 1990 bemühte sich die polnische Regierung auf diplomatischer Ebene nicht nur bei den Vier Mächten um eine Grenzregelung, sondern sie schlug darüber hinaus Bonn einen dreistufigen, als Mazowiecki-Plan bekanntgewordenen Verhandlungsweg vor:[13] Zwischen Polen und den beiden deutschen Staaten sollte ein Grenzvertrag ausgearbeitet und anschließend paraphiert werden. Die Ratifizierung sollte dann durch den gesamtdeutschen Souverän erfolgen. Bezüglich der Terminologie des abzuschließenden dreiseitigen Vertrags blieben Mazowieckis Vorstellungen durchaus zweideutig (»Friedensvertrag«, »friedensvertragliche Regelung«).[14]

Das Antichambrieren der Regierung Mazowiecki bei den Westmächten und der Sowjetunion wurde zum einen durch die nach wie vor einflußreiche Nachfolgepartei der PVAP, die »Sozialdemokratie« (SdRP), beflügelt, die der Regierung Erfolglosigkeit in der Deutschlandpolitik vorwarf und mit der noch offen Grenzfrage politischen Boden gewinnen wollte. Präsident Jaruzelski und der postkommunistische Präsidialapparat mit Józef Czyrek an der Spitze, der sich schon seit seiner Berliner Zeit in den fünfziger Jahren mit Deutschland befaßte, wachten ebenfalls über das konservative, heißt: kommunistische, Verständnis polnischer »Staatsräson«. Dazu kamen die alten deutschlandpolitischen Ängste und Entente-Reminiszenzen (Paris – London – Warschau) in der neuen Warschauer Regierung, zumal bei Premier Mazowiecki.[15] In Bonn wurde kaum darauf geachtet, daß Polen offenbar befürchtete, innerhalb des geopolitischen Dreiecks mit Deutschland und der UdSSR erneut in größere Abhängigkeit von Moskau zu geraten und so die angestrebte »Doktrin der zwei Freunde« aufgeben zu müssen.[16]

Indessen wuchs der Druck auf die Bundesregierung, in der Grenzfrage ein Zeichen zu setzen. Der Bundeskanzler sprach von einer »internationalen Druckkulisse«, zeigte sich intern verärgert über das polnische Mißtrauen und bemerkte nicht den psychologischen Druck, dem sich Mazowiecki

---

13 Siehe Ludwig, S. 51ff.
14 Ebenda, S. 59.
15 Dazu Kohl (S. 324): »Es schien mir in diesem Augenblick, als lebe die kleine Entente wieder auf. Als der spätere polnische Ministerpräsident Jan Bielecki Bonn besuchte und ich ihn fragte, ob Warschau und Paris wieder so ein Spiel machen wollten, da hat er mir erzählt, daß Mazowiecki ihm gesagt habe, man müsse zwischen Warschau und Paris Ping-Pong spielen – über das deutsche Netz hinweg. Das alte Spiel! Ich lachte ihn damals an und sagte zu ihm: ›Das könnt ihr natürlich tun. Überhaupt können wir alle wieder dieselben Dummheiten wie damals machen.‹«
16 Siehe Bingen, Auswirkungen auf Polen, S. 24.

ausgesetzt fühlte.[17] Obgleich die Bundesregierung den Mazowiecki-Plan gegen die Bedenken Genschers schließlich ablehnte, zeigte sich Kohl Ende Februar 1990 bereit, Polen in der Grenzfrage entgegenzukommen. Er schloß sich dem zuvor von Bundestagspräsidentin Süssmuth und Außenminister Genscher angeregten Plan an, nach den Volkskammerwahlen (18.3.1990) eine gemeinsame Erklärung von Volkskammer und Bundestag herbeizuführen, in der die polnische Westgrenze garantiert und ein Grenzvertrag mit einer gesamtdeutschen Regierung in Aussicht gestellt würde.[18] Es gab mehrere Erklärungen für dieses Vorgehen des Kanzlers. US-Präsident Bush hatte Kohl bei dessen Besuch Ende Februar 1990 in Camp David dargelegt, daß die Vereinigten Staaten der deutschen Einheit nur auf der Grundlage einer formellen Anerkennung der Oder-Neiße-Grenze zustimmen würden.[19] Neben dem außenpolitischen Druck seitens des Hauptverbündeten im »Zwei-plus-Vier«-Prozeß gab es auch Kritik aus der FDP und aus den Reihen der CDU an der vermeintlichen polenpolitischen Gefühllosigkeit des Kanzlers. Kohls Kritiker in den Regierungsparteien beanstandeten zudem die vom Kanzler am 2. März geäußerte Auffassung, daß die gemeinsame Resolution die Aufforderung an Polen enthalten sollte, die Rechte der deutschen Minderheit festzuschreiben und auf Reparationszahlungen endgültig zu verzichten. Gerade die offensichtlich zur innenpolitischen Entlastung aufgestellte letzte Forderung[20] war dazu angetan, in Warschau schlafende Hunde zu wecken, da die polnische Regierung sich zu der Reparationsfrage überhaupt nicht geäußert hatte und deren innenpolitische Gegner nunmehr ermuntert werden konnten, ebendiese wieder auf den Verhandlungstisch zu bringen.[21]

In einem vom Bundestag mehrheitlich angenommenen Entschließungsantrag der Koalitionsparteien vom 8. März 1990, in dem die gemeinsame Resolution zu einem frühestmöglichen Zeitpunkt nach der DDR-Volkskammerwahl vorgeschlagen wurde, tauchten denn auch diese Aufforderungen nicht auf. In dem Text wurde lediglich darauf hingewiesen, daß die Gemeinsame Erklärung (auch bezüglich der Rechte »Deutschstämmiger«) und der polnische Verzicht auf Reparationen aus dem Jahr 1953 weiterhin für gültig erachtet werden.[22] Die SPD und die Grünen lehnten den Koalitionsantrag ab, da ihnen die Entschließung der Koalitionsparteien in der Grenzfrage nicht weit genug ging. Auch die FDP wäre gern weitergegan-

---

17 Siehe Teltschik, 329 Tage, S. 174; vgl. auch Kohl, S. 313.
18 »Kohl für eine Erklärung des Bundestages und der Volkskammer zur polnischen Westgrenze«, in: FAZ, 1.3.1990.
19 Leo Wieland, Bush zieht in den Sturm und Drang der deutschen Einigung Zwischenböden und Querbalken ein. Ein Garantiewort des Präsidenten für die deutsch-polnische Grenze, in: FAZ, 27.2.1990.
20 Siehe Teltschik, 329 Tage, S. 165.
21 Siehe auch Ludwig, S. 79.
22 Bulletin, 34, 9.3.1990, S. 268.

gen, beugte sich aber der Koalitionsräson. So hatten die Liberalen im Unterschied zu Kohl den Vorschlag von Premier Mazowiecki begrüßt, ein Grenzabkommen mit Polen schon jetzt zu paraphieren und es später durch ein gesamtdeutsches Parlament zu ratifizieren.[23]

Mit der März-Entschließung wurde immerhin eine Korrektur in der Polenpolitik des Bundeskanzlers sichtbar, der nunmehr die leidige Grenzfrage zu einer prioritären Angelegenheit der gewählten Repräsentanten des deutschen Volkes, nämlich des Bundestags und der Volkskammer, machte und sich zudem verpflichtete, sich dafür einzusetzen, daß die demokratisch legitimierte Regierung der DDR und die Bundesregierung eine entsprechende Willenserklärung abgeben würden. Damit gab der Kanzler seinen bisherigen Grundsatz auf, daß die Bundesregierung oder der Kanzler eine solche, die Haltung der Regierung eines vereinigten Deutschland präjudizierende Absichtserklärung nicht abgeben könne.[24] Eine entsprechende Erklärung gab die Volkskammer am 12. April 1990 ab.[25] Der Weg zu einer gemeinsamen Entschließung von Bundestag und Volkskammer war offen. Schon in einem Telefongespräch am 20. März hatte der Bundeskanzler dem amerikanischen Präsidenten versichert, er sei bereit, den Text der Formulierungen bezüglich der deutsch-polnischen Grenze, also praktisch die Formel für den Kern eines Grenzvertrags, mit dem polnischen Ministerpräsidenten vertraulich abzustimmen.[26] Damit gewannen die deutschen Aussagen zur Oder-Neiße-Grenze politisch sogar eine höhere Legitimation und breitere Wirkung als durch eine Person, und sei es der Regierungschef.

Heute gilt als gesichert, daß das Hin und Her in der christlich-liberalen Koalition über die richtige Formulierung der Anerkennung der Oder-Neiße-Grenze vor der Etablierung eines gesamtdeutschen Souveräns ein Sprengsatz für das Regierungsbündnis war: »Aus dem engsten Beraterkreis des Kanzlers ist überliefert, daß Helmut Kohl im Frühjahr 1990 Züge tiefer Resignation wegen der Widerstände in der eigenen Partei zeigte. Damals habe er im kleinen Kreis laut darüber nachgedacht, sein Amt aufzugeben.«[27]

Die Warschauer Regierung, mit der Bundestagsresolution nicht zufrieden, konnte nach der regierungsinternen Klärung nicht mehr mit dem Verständnis der FDP für den Mazowiecki-Plan rechnen. Die weitere Zielrich-

---

23 »Genscher rückt deutlich von Kohl ab. Dregger nennt Kritik am Kanzler bestürzend«, in: FAZ, 5.3.1990.
24 Ludwig, S. 67.
25 EA, F10/1990, S. D242f.
26 Siehe Kohl, S. 338; und Ulrich Albrecht, Die internationale Regelung der Wiedervereinigung. Von einer »No-win«-Situation zum raschen Erfolg, in: APuZ, B40/96, 27.9.1996, S. 3-11, hier S. 8, der die Idee der amerikanischen Vermittlung zuschreibt.
27 Kiessler/Elbe, S. 117; vgl. auch Wolfgang Schäuble, Der Vertrag. Wie ich über die deutsche Einheit verhandelte, Stuttgart 1991, S. 58ff.

tung der Bundesregierung im Dialog mit Polen bestimmte nunmehr die Frage, wie ein Grenzvertrag formuliert werden könnte: Wichtig für Bonn und Ost-Berlin erschien es, daß der Vertrag mit Polen nicht den Anstrich, geschweige denn die Formel einer friedensvertraglichen Regelung erhielt, da hierdurch nicht zuletzt polnische Reparationsansprüche hätten provoziert werden können.

In einer weiteren zentralen Forderung Warschaus signalisierte die Regierung Kohl/Genscher deutliches Entgegenkommen, als sie Mitte März ihr Einverständnis erklärte, Polen in die Pariser »Zwei-plus-Vier«-Gesprächsrunde über die äußeren Aspekte der deutschen Einheit einzubeziehen, soweit die Grenzfrage zur Debatte stand,[28] ohne dem Land den Status eines offiziellen Verhandlungspartners der Sechs einräumen zu wollen. Unmittelbar vor seiner Reise zu Präsident Bush hatte Kohl am 23. Februar mit Mazowiecki telefoniert und versucht, dessen Sorgen hinsichtlich der Grenzfrage zu zerstreuen.[29] Am 24. Februar kamen der Bundeskanzler und Präsident Bush in Camp David überein, daß Polen nicht förmlich an den »Zwei-plus-Vier«-Verhandlungen beteiligt werden sollte.[30] In dieser formalen Frage konnte sich die Bundesregierung auch der Unterstützung des französischen Verbündeten sicher sein, der damit seine polnischen Gesprächspartner enttäuschte. Anläßlich des Besuchs von Präsident Jaruzelski, Ministerpräsident Mazowiecki und Außenminister Skubiszewski am 9. März in Paris bestand François Mitterrand auf der Wahrung der exklusiven Rechte der Vier Mächte. Er ließ sich nicht dazu bewegen, Polen den Status eines Teilnehmers an den »Zwei-plus-Vier«-Gesprächen einzuräumen, nicht einmal in der Grenzfrage, ganz zu schweigen von der Forderung, allgemein bei der Behandlung von Sicherheitsfragen mitzureden. Zugleich kündigte Mitterrand an, Frankreich werde auf der ersten Sitzung der »Zwei-plus-Vier«-Konferenz am 14. März in Bonn die Frage einer möglichen Teilnahme Polens auf die Tagesordnung setzen, damit die Modalitäten geklärt würden. Der französische Präsident befürwortete freilich entgegen der Bonner Position parallel zu den »Zwei-plus-Vier«-Konferenzen Verhandlungen zwischen Deutschen und Polen über einen Grenzvertrag, die jedenfalls vor der möglichen Vereinigung der beiden deutschen Staaten abgeschlossen sein sollten.[31] Frankreich nahm angesichts der unterschiedlichen Positionen Bonns und Warschaus am Vorabend des ersten »Zwei-plus-Vier«-Treffens die Position eines *go between* ein. Mit

---

28 Siehe Korger, S. 66.
29 Die Botschaft an Mazowiecki zitiert Kohl (S. 312) mit folgendem Wortlaut: »Sie haben eine schwierige innenpolitische Situation und ich auch. Und eigentlich gehört ja zu freundschaftlichen Beziehungen, daß man versucht, den anderen zu verstehen und sich gegenseitig zu helfen.«
30 Philip Zelikow/Condoleezza Rice, Germany Unified and Europe Transformed. A Study in Statecraft, Cambridge, Mass. - London 1995, S. 213.
31 Kohl, S. 324.

dieser kurzfristigen Konstellation konnte die Bundesregierung jedoch angesichts des prioritären französischen Interesses an einer langfristigen Aufrechterhaltung des deutsch-französischen Sonderverhältnisses und der vorbehaltlosen Unterstützung seitens der US-Administration recht gut leben.[32] Entsprechenden französischen und britischen Aufforderungen kam die Bundesregierung insoweit entgegen, als sich der Bundeskanzler Ende März und im April 1990 mehrfach unzweideutig in dem Sinne äußerte, daß das vereinigte Deutschland die Unverletzlichkeit der gegenwärtigen deutsch-polnischen Grenze vertraglich bestätigen werde.[33]

Die Koalitionsvereinbarung der neuen demokratischen DDR-Regierung und das Selbstverständnis der außenpolitischen Berater des neuen DDR-Außenministers Markus Meckel, vor allem des neuen Planungsstabschefs, des West-Berliner Friedensforschers Ulrich Albrecht, verursachten Irritationen bezüglich einer einheitlichen deutsch-deutschen Position in der Grenzfrage, da das Ost-Berliner Regierungsbündnis den Mazowiecki-Plan akzeptierte. Ministerpräsident Lothar de Maizière bekräftigte in seiner Regierungserklärung vom 19. April 1990 die Unverzichtbarkeit einer völkerrechtlich verbindlichen Anerkennung der polnischen Westgrenze.[34]

Bei dem Besuch von Außenminister Meckel am 24. April im Auswärtigen Amt kam es zu einer kurzen denkwürdigen Konkurrenzsituation der nunmehr zwei demokratisch legitimierten deutschen Außenminister. Als Meckel die besondere Gestaltungsaufgabe der DDR-Außenpolitik angesichts einer baldigen Vereinigung am Beispiel Polen darstellte (»Wir können engste Beziehungen mit Polen einbringen«), da erklärte ihm Genscher, daß gerade Polen bereits in kommunistischen Zeiten besonderen Wert auf

---

32 Ludwig, S. 67ff. Dazu Ulrich Albrecht, hier S. 8f.: »Für Politologen nicht überraschend entpuppt sich die Auseinandersetzung um die verbindliche Anerkennung der Grenze zwischen Deutschland und Polen im Prozeß der deutschen Vereinigung vor allem als Austrag von Machtpositionen. Zwar gab es substantiell auf deutscher Seite keinen Widerspruch gegen den polnischen Wunsch, die bestehende Grenze zwischen beiden Ländern möglichst international hochrangig abzusichern, aber die polnische Politik war mit keinem ihrer Versuche zum Ziel gelangt, diese Übereinstimmung vorab international vertraglich festzuschreiben. Auch die französische Politik, welche sich dem polnischen Begehren gegenüber als aufgeschlossensten zeigte, mußte wiederholt unter Druck zurückstecken, gar unter Preisgabe von öffentlichen Festlegungen des Staatspräsidenten.« (Die der Grenzfrage gewidmeten Teile des Artikels in polnisch: Ulrich Albrecht, Problem granicy z Polską w procesie »Dwa plus Cztery« w polityce Republiki Federalnej Niemiec, in: Polska. Niemcy. Przyszłość, S. 47-60)
33 Das geschah u.a. auf der Bundestagung des Evangelischen Arbeitskreises der CDU und der CSU (24./25.3.1990); in einer Rede in Cambridge (29.3.1990); auf einer Pressekonferenz während des deutsch-französischen Gipfels am 26. April 1990. (Zit. n. Ludwig, S. 72f.)
34 Ludwig, S. 77.

seine Kontakte mit der Bundesrepublik gelegt habe.[35] Freilich räumt Genscher in seinen Erinnerungen ein, daß die Grenzanerkennung von 1950 im Bewußtsein der Polen der DDR immer die Rolle eines Garanten zugewiesen hatte. Dem wäre allerdings wiederum hinzuzufügen, daß die DDR-Grenzgarantie für die Polen nicht mehr Wert besaß als die sowjetische Bestandsgarantie für die DDR. Während sich Genscher in seinem Buch über die deutsch-deutschen Positionsdifferenzen auf den »Zwei-plus-Vier«-Konferenzen und insbesondere den erfolglosen Versuch Ost Berlins, sich als Fürsprecher polnischer Interessen in der Grenzfrage zu profilieren, dezent zurückhält, berichten Kiessler und Elbe darüber ohne diplomatische Rücksichtnahme. Während die polnische Diplomatie für den Einsatz Mekkels zugunsten der Warschauer Haltung in der Grenzfrage dankbar war, mußte die neue DDR-Diplomatie ihre Außenseiterposition in den Sicherheitsfragen (zur NATO-Mitgliedschaft des vereinigten Deutschland, Stationierung westalliierter Truppen und Denuklearisierung) nicht nur bei den Westalliierten, sondern gerade auch bei dem polnischen Außenminister Skubiszewski feststellen.[36]

Auf bundesdeutscher Seite war Bundespräsident von Weizsäcker darum bemüht, anläßlich seines Staatsbesuchs in Polen vom 2. bis 5. Mai 1990 nicht nur prinzipiell eine neue Qualität der deutsch-polnischen Beziehungen sichtbar zu machen, sondern angesichts polnischer Aufgeregtheit wegen einer endgültigen deutschen Grenzanerkennung beruhigend nach Polen hineinzuwirken.[37] Die Berechenbarkeit einer Bundesrepublik Deutschland sollte unter Beweis gestellt werden, die den territorialen Status quo auch unter nicht vorhersehbaren Bedingungen unangetastet ließ. Der erste Besuch eines deutschen Staatsoberhaupts in Polen nach 990 Jahren (nach Otto III. im Jahre 1000 in Gnesen),[38] der auf polnische Einladung erfolgte – nimmt man die Besuche von DDR-Staatsratsvorsitzenden aus der Zählung aus –, konnte wegen des noch nicht abgeschlossenen »Zwei-plus-Vier«-Prozesses und der Schwebephase der deutsch-polnischen Beziehungen vor Abschluß eines Grenzvertrags und eines neuen Grundlagenvertrags freilich nur begrenzte Ausstrahlung haben. Jedenfalls wurde er ungeachtet der Bemühungen des Bundespräsidenten von dem deutsch-polnischen Dis-

---

35 Genscher, Erinnerungen, S. 761.
36 Siehe Kiessler/Elbe, S. 189-201; und aus der Position des Akteurs und Betroffenen: Ulrich Albrecht, Die Abwicklung der DDR. Die »2+4«-Verhandlungen. Ein Insider-Bericht, Opladen 1992.
37 Siehe Helga Hirsch, Durchbruch zu neuem Verständnis? Richard von Weizsäcker versuchte durch Zurückhaltung zu überzeugen, in: Die Zeit, 20, 11.5.1990; Uwe Bergdoll, Ein später Besuch zur rechten Zeit, in: SZ, 4.5.1990; Dieter Bingen, Nach dem Präsidentenbesuch in Polen: Deutsch-polnische Beziehungen auf dem Prüfstand, Köln 1990 (Aktuelle Analysen des BIOst, 34/1990).
38 Stefan Dietrich, Eine Nachbarschaftsvisite nach 1000 Jahren, in: FAZ, 27.4.1990.

sens über das Prozedere bei der Harmonisierung von Vereinigungspolitik und der endgültigen Grenzregelung mit Polen überschattet.[39]

Im Anschluß an das erste »Zwei-plus-Vier«-Treffen am 5. Mai 1990 in Bonn sandten die beiden deutschen Außenminister auf einer Pressekonferenz ein weiteres politisches Signal nach Warschau: »Die beiden deutschen Regierungen haben heute ihre Entschlossenheit zum Ausdruck gebracht, daß die polnische Westgrenze, so wie sie in den Verträgen von Görlitz und Warschau und in den dazugehörigen Dokumenten beschrieben ist, die endgültige Grenze zwischen Polen und Deutschland sein soll und daß diese Feststellung Gegenstand eines völkerrechtlichen Vertrages sein wird, den das vereinigte Deutschland mit der Republik Polen schließen wird.«[40]

In dreiseitigen Gesprächen zwischen den politischen Direktoren aus Bonn, Ost-Berlin und Warschau, die sich im Mai 1990 insgesamt dreimal (3. Mai in Warschau, 18. Mai in Bonn, 29. Mai in Ost-Berlin) parallel zu den »Zwei-plus-Vier«-Verhandlungen mit den Auswirkungen auf die deutsch-polnische Vertragsagenda beschäftigten, insbesondere mit der Verknüpfung zwischen deutscher Einheit und deutsch-polnischer Grenzbestätigung, boten die beiden deutschen Delegationen statt der von Polen gewünschten Paraphierung des Grenzvertrags vor der Vereinigung durch die beiden deutschen Regierungen die bereits im März im Bundestag angekündigte gleichlautende Erklärung von Bundestag und Volkskammer an.[41] Es wurde keine allseits befriedigende Formel gefunden. Schließlich wurden die Verhandlungen im Vorfeld der für den 21. Juni 1990 erwarteten gemeinsamen Erklärung der beiden deutschen Parlamente ausgesetzt.[42]

Die beharrliche Weigerung des Bundeskanzlers, sich auf eine vorläufige Lösung wie die rechtlich nicht verbindliche Paraphierung eines Grenzvertrags durch zwei deutsche Staaten einzulassen, fand mit zeitlichem Abstand sogar das Verständnis polnischer Kenner der Materie. Der Deutschland-Kenner Hajnicz führte dazu aus:

> Vor allem konnte ein vor der Vereinigung paraphierter Vertrag später in manchen Punkten in Frage gestellt werden. Wenn es nach der Vereinigung statt zur Unterzeichnung des fertigen Textes zu erneuten Verhandlungen gekommen wäre, wäre die Ausgangssituation der beiden Seiten eher schlechter als besser gewesen. Das Vakuum konnte sich dann noch mehr in die Länge ziehen. Das zweite Argument lautete: Ein vor der Vereinigung verhandelter und paraphierter Vertrag konnte

---

39 Vgl. auch Adam Krzemiński, Wzorzec sąsiedztwa. Prezydent von Weizsaecker w Polsce: szansa nie wykorzystana do końca [Muster der Nachbarschaft. Präsident von Weizsäcker in Polen: eine nicht vollständig genutzte Chance], in: Polityka, 19, 12.5.1990.
40 Zit. n. Genscher, Erinnerungen, S. 782.
41 Siehe auch Barcz, Udział Polski w konferencji »2+4«, S. 43ff.
42 Siehe auch Hans Misselwitz, Problem granic jako główny przedmiot rokowań »Dwa plus Cztery« [Das Grenzproblem als Hauptgegenstand der Zwei-plus-Vier«-Verhandlungen], in: Polska. Niemcy. Przyszłość, S. 61-72, hier S. 69.

leichter vor dem Bundesverfasssungsgericht angegangen werden. Die Gegner des Vertrages hätten dann einen rechtlichen Anhaltspunkt gewonnen. Einen solchen Anhaltspunkt hatten die Vertreter des Bundes der Vertriebenen nicht, als sie später gegen den Vertrag vom 14. November 1990 klagten, was dann abgewiesen wurde. Und schließlich die Frage der Ratifizierung. Die Vorbereitung und Paraphierung eines Vertrages vor der Vereinigung konnte in rechtlicher Hinsicht als fraglich und unzulässig bewertet werden. Dies konnte später bei der Ratifizierung ernsthafte Schwierigkeiten hervorrufen.[43]

Die gemeinsame Entschließung von Bundestag und Volkskammer am 21. Juni 1990[44] war als die entscheidende und verbindliche Verpflichtung zur Grenzfrage gegenüber der polnischen Regierung *vor* der Herstellung der deutschen Einheit zu werten: In den Resolutionen beider Parlamente, die inhaltlich deckungsgleich waren, wurde darauf hingewiesen, daß eine Grenzbekräftigung erst von einem gesamtdeutschen Souverän vorgenommen werden konnte. Die Teilstaaten dieses noch nicht existierenden Souveräns gaben jedoch durch ihre gleichlautenden Willenserklärungen eindeutig zu verstehen, daß sich eine gesamtdeutsche Volksvertretung nicht anders entscheiden würde. Den Beginn einer gesamtdeutschen Argumentation in der Grenzfrage konnte man bereits in der Resolution selbst finden: Sowohl die Bundesrepublik Deutschland als auch die DDR beschrieben den Verlauf der deutsch-polnischen Grenze und bekräftigten die Verbindlichkeit der Grenzregelung durch Aufzählung aller Verträge, die Polen je mit den Regierungen der beiden deutschen Staaten diesbezüglich geschlossen hatte. Die Resolution bezog sich auf den Görlitzer Vertrag vom 6. Juli 1950 und ergänzende Vereinbarungen, den Vertrag über die Abgrenzung der Seegebiete in der Oder-Bucht vom 22. Mai 1989, den Akt über die Markierung der Staatsgrenze vom 27. Januar 1951 zwischen der DDR und Polen und den Warschauer Vertrag vom 7. Dezember 1970 zwischen der Bundesrepublik und Polen.[45] Der Text der Entschließung wurde zusammen mit einem Begleitschreiben, das die definitive Zusage zum Abschluß eines Grenzvertrags mit Polen enthielt, von beiden deutschen Regierungen an Warschau übermittelt. Bundeskanzler Kohl fügte im Hinblick auf die ausstehende Entscheidung des vereinten Deutschlands in seiner am gleichen Tag gehaltenen Regierungserklärung hinzu: »Am Willen des deutschen Volkes – bekundet durch den Deutschen Bundestag und die Volkskammer der DDR – kann nicht gezweifelt werden.«[46]

---

43 Hajnicz, Polens Wende, S. 80.
44 Bulletin, 79, 22.6.1990, S. 684. Im Bundestag war das Abstimmungsergebnis 487:15:3, in der Volkskammer 379:6:0.
45 Ebenda.
46 Ebenda, S. 677-684; vgl. auch Teltschik, 329 Tage, S. 282, der die verhaltene Reaktion in Warschau registriert: »Man handelt dort nach dem Grundsatz des Alles oder Nichts. Das gilt vor allem für Mazowiecki: Er besteht auf einem förmlichen Abschluß von Vertragsverhandlungen vor der Vereinigung.«

Die Übereinkunft zwischen Kohl und Gorbatschow im Kaukasus (16.7.1990) enthielt ein Signal an Polen. Im ersten Punkt der Vereinbarung hieß es nämlich, daß die Einigung Deutschlands die Territorien der Bundesrepublik, der DDR und Berlins umfassen werde.[47] Damit war eine weitere Garantie für die Westgrenze Polens gegeben. Und die Zustimmung Moskaus zur Bündniszugehörigkeit des vereinigten Deutschland kam auch Polens Sicherheitsbedürfnis entgegen. Schließlich hatte sich Polen gemeinsam mit seinen Nachbarn innerhalb der Warschauer-Pakt-Organisation gegen Gorbatschows ursprüngliche Neutralitätsvorstellungen bezüglich des vereinigten Deutschland ausgesprochen. Kohl ließ Gorbatschow auch wissen, »daß er ›aus Gründen der tragischen Geschichte Polens‹ zuerst lieber einen umfassenden deutsch-polnischen Vertrag vorgezogen hätte. Auf diesen Vorschlag aber war die Regierung in Warschau nicht eingegangen.«[48]

Noch am Vorabend seiner Moskau-Reise hatte Kohl einen Brief an Mazowiecki gerichtet, in dem er seine tiefe Enttäuschung über die kurzfristige – und kurzsichtige – Taktik der polnischen Regierung zum Ausdruck brachte, unmittelbar vor den bevorstehenden »Zwei-plus-Vier-plus-Eins«-Verhandlungen in Paris (17.7.1990) ein Junktim zwischen dem Abschluß eines deutsch-polnischen Grenzvertrags und der Entlassung Deutschlands in die volle Souveränität vorzuschlagen.[49] Erst am Vorabend der Pariser Verhandlungen konnten in einem Gespräch zwischen Genscher und Skubiszewski die »Mißverständnisse« ausgeräumt werden, mit denen die polnische Regierung in die diplomatische Isolation zu geraten drohte. Außerdem waren in Deutschland Unverständnis und Enttäuschung über den tiefen polnischen Argwohn gerade bei den Polen besonders freundlich gesinnten Politikern und in der Presse groß. Das polnische Mißtrauen war unbegründet und hatte wohl damit zu tun, daß sich die Politik von Skubiszewski »zu einseitig auf ein wichtiges, aber beschränktes Ziel – die Grenze« – konzen-

---

47 Siehe »Zum Zeitpunkt der Vereinigung wird Deutschland souverän. Die acht Punkte der Übereinkunft Kohls mit Gorbatschow«, in: FAZ, 17.7.1990.
48 Kiessler/Elbe, S. 172. Kohl gegenüber Gorbatschow am 15. Juli gemäß Gorbatschows Wortprotokoll: »Die Polen verstehe ich nicht ganz; ich habe Mazowiecki vorgeschlagen, nach der Vereinigung innerhalb von drei Monaten einen Vertrag über die deutsch-polnischen Grenzen auszuarbeiten und zu unterzeichnen. Darüber hinaus habe ich vorgeschlagen, Verhandlungen über den Abschluß eines umfassenden politischen Vertrages aufzunehmen. Zwei Schritte – zuerst die Grenzen und dann der große Vertrag. Die Polen zögern, weichen einer endgültigen Antwort aus. Aber wenn dann Deutschland seinen Vertrag mit der Sowjetunion abschließt, werden sie sofort die Nase rümpfen, ein großes Geschrei anheben und an die Geschichte erinnern. Es gilt zu überlegen, wie das zu vermeiden ist, wie man die Polen zur Vernunft bringt.« (Kiessler/Elbe, S. 114)
49 Siehe Hajnicz, Polens Wende, S. 86; Ludwig, S. 85ff.; Kiessler/Elbe, S. 199; vgl. dazu die abweichende Darstellung zur polnischen Position: Barcz, Udział Polski w konferencji »2+4«, S. 57ff.

trierte⁵⁰ und die implizite wie explizite Verknüpfung aller mit dem deutschen Einigungsprozeß verbundenen Fragen verkannte. Jedem verantwortlichen Politiker im »Zwei-plus-Vier«-Prozeß – ob Deutscher, Brite, Franzose, Amerikaner oder Russe – war im Sommer 1990 bewußt, daß mit der kurz bevorstehenden »abschließenden Regelung« der »deutschen Frage« die Grenzfrage ebenfalls abschließend zu behandeln war. Selbst wenn deutsche Politiker gewollt hätten, sie hätten aus der internationalen Einbindung nicht ausbrechen können.

Auf der »Zwei-plus-Vier«-Konferenz in Paris, einen Tag nach dem Treffen Kohl – Gorbatschow im Kaukasus, hielten die beiden deutschen Staaten und die Vier Mächte in Anwesenheit des polnischen Außenministers die Einigung über die endgültige Regelung zur Festlegung der Grenze zwischen Deutschland und Polen in fünf Prinzipien fest: 1) Die Außenminister der Vier Mächte und der beiden deutschen Staaten stimmten darin überein, daß das vereinte Deutschland nur die gegenwärtigen Gebiete der Bundesrepublik Deutschland, der Deutschen Demokratischen Republik und Berlins umfassen sollte. 2) Die beiden deutschen Staaten verpflichteten sich, das Grundgesetz so zu ändern, daß eine territoriale Ausdehnung Deutschlands ausgeschlossen blieb. 3) Die beiden deutschen Staaten erklärten, gegenüber keinem anderen Land Gebietsansprüche zu erheben. 4) Die beiden deutschen Regierungen verpflichteten das vereinigte Deutschland, mit Polen in einem bilateralen völkerrechtlich verbindlichen Vertrag die zwischen Deutschland und Polen bestehende Grenze zu bestätigen. 5) Die Vier Mächte nahmen die Verpflichtung der beiden deutschen Regierungen zur Kenntnis und bestätigten, daß mit deren Realisierung die deutschen Grenzen endgültig seien.⁵¹

## 10.2 Die »Konfrontation« mit den Vertriebenenvertretern

Nach den Ergebnissen der Pariser »Zwei-plus-Vier-plus-Eins«-Verhandlungen war ein offenes Wort an die Heimatvertriebenen bzw. die Verbandsfunktionäre unaufschiebbar geworden. Monatelang hatte der Bundeskanzler es mit dem Hinweis auf Nichtzuständigkeit vermieden, politisch klar und unmißverständlich zu sagen, daß es über den Verlauf der deutschen Ostgrenze nichts mehr zu verhandeln gab und es keine »letzte Gelegenheit« mehr auszunutzen galt. Willy Brandt hatte 20 Jahre zuvor in seiner berühmten Fernsehansprache aus Warschau am 7. Dezember 1970 sinngemäß ebendies zum Ausdruck gebracht. Der Friedensvertragsvorbehalt blieb aber in der Zwischenzeit der rein formal-juristische Strohhalm, an den sich klammern konnte, wer dem offenen Wort gegenüber den Vertriebenen oder

---

50 Ludwig, Polen und die deutsche Frage, S. 87.
51 Siehe Węc, in: Bingen/Węc, S. 98.

ihren Politikern aus dem Weg gehen wollte. Spätestens seit Juli 1990 hatte der Kanzler keine Wahl mehr. Bereits anläßlich der Entschließung vom 21. Juni hatte Kohl im Bundestag unmißverständlich erklärt: »Entweder wir bestätigen die bestehende Grenze, oder wir verspielen heute und jetzt unsere Chance zur deutschen Einheit.«[52] Der Parlamentarische Geschäftsführer der CDU/CSU-Bundestagsfraktion, Bohl, ergänzte in der Debatte: »Die deutsche Einheit wäre bei einer Ablehnung gefährdet. Niemandem wäre damit geholfen, am allerwenigsten den Deutschen in Polen und ihrer kulturellen und nationalen Identität.«[53]

Einerseits konstatierte Kohl noch am 11. Juni 1990 vor dem CDU-Bundesvorstand, daß die Mehrheit der Bevölkerung die Grenze längst akzeptiert habe;[54] andererseits versuchte er auch noch den letzten »Revisionisten« davon zu überzeugen, daß die Oder-Neiße-Grenzanerkennung der im Jahre 1990 zu entrichtende »Preis« für die Wiedervereinigung sei – als ob der Preis politisch nicht schon längst bezahlt worden wäre und es nicht den vom Bundeskanzler festgestellten Bewußtseinswandel in der bundesdeutschen Bevölkerung mit Blick auf die deutsche Ostgrenze gegeben hätte. Dabei ist jedoch einzuräumen, daß es eine taktische und menschliche Meisterleistung war, wie der Kanzler durch Vorabinformation und durch demonstrative Einbindung die Vertriebenenpolitiker zu einer maßvollen Haltung bewegen konnte, wenn er sie auch von ihrer Ablehnung des Grenzvertrags nicht abzubringen vermochte.[55]

In seiner Ansprache am 5. August 1990 in Stuttgart-Bad Cannstatt zum 40. Jahrestag der Verkündung der »Charta der deutschen Heimatvertriebenen« kam der Bundeskanzler nach einigen freundlichen Worten über die hervorragende Rolle der Vertriebenen auf den Punkt:

> Das polnische Volk soll wissen: Ein freies und vereintes Deutschland will Polen ein guter Nachbar und ein zuverlässiger Partner auf dem Weg nach Europa sein – einer Gemeinschaft freier Völker, die nicht an Oder und Neiße enden darf.
>
> Dazu gehört, meine Damen und Herren – und ich weiß, dies ist bitter für viele –, daß Grenzen nicht in Zweifel gezogen und nicht verschoben werden. Nur wenn sie unumstritten sind, verlieren sie ihren trennenden Charakter ...
>
> Der Deutsche Bundestag hat das im Juni dieses Jahres – gemeinsam mit der Volkskammer der DDR – in einer unmißverständlichen Botschaft an Polen gesagt: Die Grenze Polens zu Deutschland, wie sie heute verläuft, ist endgültig. Sie wird durch Gebietsansprüche von uns Deutschen weder heute noch in Zukunft in Frage gestellt.[56]

---

52 Bulletin, 79, 22.6.1990, S. 684.
53 »Die Grenze Polens zu Deutschland ist endgültig«, in: FAZ, 22.6.1990.
54 Teltschik, 329 Tage, S. 264.
55 Siehe ebenda, S. 270.
56 Bulletin, 99, 17.8.1990, S. 841-846, hier S. 845.

Die letzten Illusionen über ein »Pfand«, die schon Ende der fünfziger Jahre in der internationalen Politik, bei Westdeutschlands besten Verbündeten, nichts mehr gegolten hatten und die von führenden BdV-Repräsentanten bis zuletzt gegen besseres Wissen ins Feld geführt wurden, waren mit einem Mal zerstoben. So hatte BdV-Präsident Czaja noch im Zusammenhang mit der bevorstehenden Verabschiedung der Bundestagsentschließung vom 8. März in selbstbewußter Realitätsverweigerung geäußert: »Ich sehe nichts darin, was absolut abzulehnen wäre. Es ist ja von einer sicheren Grenze Polens die Rede. Es ist aber nicht die Rede von der Grenze an Oder und Neiße.«[57] Und auch der junge Generalsekretär des BdV, Hartmut Koschyk, entwickelte im Frühjahr 1990 weltfremde Vorstellungen über »eine freie Abstimmung über die Zukunft der Gebiete östlich von Oder und Neiße«[58] bzw. eine »Europäisierung« der polnischen Westgebiete.[59] Nach der Unterzeichnung des Partnerschaftsvertrags kam es dann auf dem Deutschland-Treffen der Schlesier am 30. Juni 1991 in Berlin wegen des neuen Realismus Koschyks und seiner Position in der Grenzfrage zu einer politischen Entfremdung zwischen ihm und Czaja und seinem Rücktritt als BdV-Generalsekretär.[60]

Die gleiche Definition des zu vereinigenden Territoriums wie in der Kohl-Gorbatschow-Übereinkunft, verknüpft mit der Zusage, daß Deutschland nach dem Vollzug der Einheit mit Polen einen völkerrechtlich verbindlichen Vertrag zur Bestätigung der zwischen ihnen bestehenden Grenze schließen werde, fand sich im »Vertrag über die abschließende Regelung in bezug auf Deutschland« vom 12. September 1990, dem »Zwei-plus-Vier«-Vertrag, wieder.[61] Diese Regelung war das Ergebnis der Pariser Konferenz zwischen den sechs Verhandlungspartnern, an der der polnische Außenminister Skubiszewski teilgenommen hatte. Obgleich die Grenzfrage mit dem »Zwei-plus-Vier«-Vertrag nicht konstitutiv geklärt worden war, war für Deutschland und Polen das Ziel ihrer Vertragsverhandlungen (Grenzbestätigung) bereits vorgegeben. Darüber hinaus legte Artikel 1 Absatz 5 des »Zwei-plus-Vier«-Vertrags sogar nahe, daß sich der Inhalt des auszuarbeitenden Grenzvertrags an den wörtlich übereinstimmenden Resolutionen der beiden deutschen Parlamente vom Juni des gleichen Jahres orientieren würde: Die Vier Mächte erklärten in diesem Artikel, daß mit der Verwirklichung der von der Bundesrepublik Deutschland und der DDR eingegangenen Verpflichtungen – die sich aus den zwei Resolutionen ergeben – »der endgültige Charakter der Grenzen des vereinten Deutschland bestä-

---

57 Czaja in der Sendung »Tagesthemen« vom 6.3.1990, zit. n. Miszczak, S. 387.
58 Deutscher Ostdienst, 10, 9.3.1990.
59 In einem Interview für Trybuna, 9.4.1990.
60 FAZ, 3.7.1991.
61 Vertragstext in: Bundeszentrale für politische Bildung (Hrsg.), Verträge zur deutschen Einheit, Bonn 1990, S. 83ff.

tigt wird«.⁶² Die Unumstößlichkeit des Grenzvertrags wurde darüber hinaus auch durch Artikel 1 Absatz 3 außenpolitisch abgesichert: Darin heißt es, daß das vereinte Deutschland auf Gebietsansprüche gegenüber anderen Staaten für immer verzichtet. Artikel 1 Absatz 4 stellte zudem sicher, daß die gesamtdeutsche Verfassung keinerlei Bestimmungen enthalten würde, die mit dem »Zwei-plus-Vier«-Vertrag unvereinbar waren. Diesem Aspekt wurde im Einigungsvertrag Rechnung getragen: Artikel 4 dieses Abkommens regelt die Abänderung der Präambel des Grundgesetzes, wodurch die Einheit Deutschlands für vollendet (Ziff. 1) sowie die Aufhebung von Artikel 23 (Ziff. 2), der den Beitritt weiterer Gebiete des Deutschen Reiches zur Verfassung der Bundesrepublik ermöglicht hatte, erklärt wird.

Außenminister Genscher bekräftigte anläßlich der Vertragsunterzeichnung in Moskau, daß nach der Vereinigung innerhalb kürzester Zeit die bestehende deutsch-polnische Grenze in einem völkerrechtlich verbindlichen Vertrag bestätigt werde. Zugleich bekundete er die feste Absicht der deutschen Seite, einen umfassenden deutsch-polnischen Grundlagenvertrag abzuschließen.⁶³

Die endgültige Bestätigung der Unverletzlichkeit der Oder-Neiße-Grenze durch den gesamtdeutschen Souverän stand also kurz bevor. Ein letztes Mal versuchten der BdV und acht Abgeordnete der CDU/CSU-Fraktion im September 1990, den abzuschließenden Grenzbestätigungsvertrag zu verhindern. Die CDU/CSU-Parlamentarier reichten eine Klage beim Bundesverfassungsgericht gegen den Einigungsvertrag vom 31. August 1990 ein, da die darin festgelegten beitrittsbedingten Verfassungsänderungen (Art. 4 des Einigungsvertrags) ihrer Ansicht nach ihre Mitwirkungsrechte als Bundestagsabgeordnete verletzten. Da die Änderungen des Grundgesetzes in einem völkerrechtlichen Vertrag eingebettet waren, sahen die Kläger sich ihres bei Gesetzesentwürfen üblichen Rechts auf Änderungsanträge beraubt. Zudem vertraten die acht Abgeordneten die Meinung, das Grundgesetz könne nur durch ein verfassungsänderndes Gesetz, nicht aber durch einen Vertrag zwischen der Bundesrepublik und der DDR geändert werden. Der inhaltliche Schwerpunkt der Klage bestand darin, daß mit der in Artikel 4 des Einigungsvertrags vorgesehenen Streichung des Artikel 23 GG die Oder-Neiße-Grenze als polnische Westgrenze festgeschrieben wurde.

Das Bundesverfassungsgericht lehnte die Klage am 18. September 1990 als »offensichtlich unbegründet« ab.⁶⁴ Die Verfassungsrichter argumentierten in der Urteilsbegründung, daß die Bundesregierung die Kompetenz besitze, den genannten Artikel 4 in den Einigungsvertrag einzubeziehen. Grundlage dafür seien die Präambel und Artikel 23 GG (Wiedervereinigungsgebot). Zudem verwies das Gericht auf den weiten politischen

---

62 Ebenda, S. 85.
63 Bulletin, 109, 14.9.1990, S. 1157-1159.
64 Bundesverfassungsgerichtsentscheid, Bd. 82, Nr. 19, Tübingen 1991, S. 321.

Gestaltungsspielraum, der den Verfassungsorganen »zur Wahrung der historischen Chance der Einheit Deutschlands« zustehe. Dementsprechend wurde der Antrag der Kläger auf Erlaß einer einstweiligen Anordnung, die zu einer Verzögerung der abschließenden Beratungen über den Einigungsvertrag geführt hätte, abgewiesen.[65]

Der unausweichliche, politisch seit 20 Jahren durch den Warschauer Vertrag präjudizierte, rational von allen entscheidenden politischen Kräften in Regierung und Opposition getragene Gebietsverzicht war für die Bundesregierung auch aus dem Grunde tragbar, weil er die Chance für den Abschluß eines allumfassenden Nachbarschaftsvertrags mit Polen eröffnete. Bonn schlug bereits nach der Bundestagsresolution vom Juni 1990 den Abschluß eines Vertrags über freundschaftliche und gutnachbarschaftliche Beziehungen vor. Während Bonn ein Abkommen anstrebte, in dem die Grenzgarantie integraler Bestandteil sein sollte, bestand Warschau auf einer getrennten Behandlung, um möglichst rasch zu einer endgültigen Regelung in der Grenzfrage zu gelangen. Die bundesdeutsche Sicht resultierte aus der Überlegung, daß die Ratifizierung eines Gesamtvertrags eine breitere Zustimmung im Bundestag finden würde als eine getrennte Behandlung von Grenz- und Nachbarschaftvertrag. Da aber die im Oktober 1990 aufgenommenen Gespräche über den Nachbarschaftsvertrag nicht zügig vorankamen, wäre das von der Bundesregierung anvisierte Ziel, die Grenzregelung mit Polen bis zur KSZE-Konferenz in Paris (Mitte November 1990), verfehlt worden. Aus diesem Grund wurde der Kompromiß gefunden, die Verträge getrennt zu verhandeln und zu unterschreiben, aber gemeinsam zu ratifizieren.[66]

Am 30. und 31. Oktober 1990 fand die erste Runde der offiziellen Verhandlungen über die deutsch-polnischen Verträge statt. Schon nach wenigen Stunden war der Text des Grenzvertrags vorbereitet, Themenbereiche und Umfang des Nachbarschaftvertrags wurden abgesteckt. Bereits am 6. September 1990 hatte Kohl in einem inhaltlich mit Genscher abgestimmten Brief dem polnischen Ministerpräsidenten ein Treffen am 8. November nahe der deutsch-polnischen Grenze vorgeschlagen.[67] Mazowiecki stimmte dem Vorschlag Kohls zu. Am 8. November sagte ihm Kohl beim Zusammentreffen in Frankfurt/Oder die Unterzeichnung des Grenzvertrags in Wochenfrist zu. Der Bundesregierung ging es nicht zuletzt darum, der endgültigen Anerkennung der deutsch-polnischen Grenze die Öffnung der Grenze durch Kooperation und durch Gewährung von Rechten für die Deutschen in Polen gegenüberzustellen und damit der Kritik der Vertriebenenverbände Wind aus den Segeln zu nehmen. Im Herbst 1990 gingen bei-

---

65 Gottfried Zieger/Jens Hacker, Bundesverfassungsgericht, in: Weidenfeld/Korte (Hrsg.), S. 79-90, hier S. 85.
66 Siehe auch Korger, S. 67f.
67 Teltschik, 329 Tage, S. 359.

de Seiten noch davon aus, daß der Grenzvertrag und der umfassende Vertrag bis Ende Februar 1991 den Parlamenten beider Länder zur Ratifizierung vorgelegt würden.

Am 14. November 1990, auf den Tag genau ein Jahr nach der Gemeinsamen Erklärung, unterschrieben Genscher und Skubiszewski in Warschau den Grenzvertrag. Deutschland hatte eine weitere Hürde auf dem Weg zur vollen Souveränität genommen, denn mit dem Vollzug der deutschen Einheit hatten die Vier Mächte entsprechend einer Erklärung vom 1. Oktober 1990 nur die *Wirksamkeit* ihrer Rechte und Verantwortlichkeiten in bezug auf Berlin und Deutschland als Ganzes bis zur Hinterlegung der Ratifizierungsurkunden des deutsch-polnischen Grenzbestätigungsvertrags ausgesetzt.[68]

Kurz nach der Unterzeichnung des Grenzvertrags einigten sich Bonn und Warschau über visafreien Reise- und Besucherverkehr. Dieser Vertrag trat am 8. April 1991 in Kraft. Mit der Abschaffung der Visumspflicht erhielt das seit zwei Jahrzehnten von den Anhängern der Ostvertragspolitik verwendete Schlagwort von der Überwindung der Grenzen durch deren Anerkennung seinen sinnfälligsten Ausdruck. Für die Politiker des demokratischen Polen versinnbildlichte die Öffnung Westeuropas für polnische Bürger mehr als alles andere die vielbeschworene »Rückkehr nach Europa«, und Deutschland bildete das Eingangstor nach Westen. Die Bundesregierung war sich ihrer politischen Einflußmöglichkeiten im Kreis ihrer EG-Partner und der Schlüsselbedeutung Deutschlands für den Erfolg der polnischen Integrationsbestrebungen bewußt. Sie demonstrierte mit der Einführung des visafreien Reiseverkehrs dem polnischen Partner ihr Interesse an der Heranführung Polens an Westeuropa.

*10.3 Die politische Bedeutung des Grenzvertrags für Deutschland*

Die Bestätigung der deutsch-polnischen Grenze in einem bilateralen Abkommen war nach den Vorgaben des »Zwei-plus-Vier«-Vertrags nur noch von »ausführend technischer Bedeutung«.[69] Da die öffentliche Meinung in der Bundesrepublik Deutschland zudem den Verlust der Oder-Neiße-Gebiete bereits seit den siebziger Jahren akzeptiert hatte,[70] weckte die Unterzeichnung des Grenzvertrags in der deutschen Bevölkerung keine

---

68 Bundesgesetzblatt, Teil II, Jg. 1990, 38, 13.10.1990, S. 1331-1334.
69 Christoph Royen, Außenpolitik, in: Wilhelm Wöhlke (Hrsg.), Länderbericht Polen, Bonn 1991, S. 217-239, hier S. 237.
70 Siehe Hubert Feger, Einstellungen von Deutschen zu Polen, in: Jacobsen/Schweitzer/Sułek/Trzeciakowski (Hrsg.), S. 241-261, hier S. 252; weitere Hinweise bei Korger, S. 39, Anm. 142-145.

spürbaren Emotionen mehr.[71] Das Unterzeichnungsprozedere am 14. November 1990 in Warschau hatte somit einen rein geschäftsmäßigen Charakter. Die Bundesregierung lehnte jede gesellschaftliche Umrahmung des Genscher-Besuchs ab.[72]

Während des »Zwei-plus-Vier«-Verhandlungsprozesses war von konservativen Politikern der CDU/CSU wiederholt behauptet worden, daß die endgültige Anerkennung der Oder-Neiße-Grenze der Preis sei, den die Deutschen für die Einheit zu zahlen hätten. Um nun dem Eindruck in der Öffentlichkeit entgegenzuwirken, Bonn habe unter innenpolitischem oder internationalem Druck gestanden, legten Bundeskanzler Kohl und Außenminister Genscher Wert auf die Feststellung, daß die deutsche Unterschrift unter dem Vertrag freiwillig und aus moralischer Einsicht und Friedensverantwortung geleistet, also nicht aufgezwungen worden war.[73] In einer bewegenden Rede zur Unterzeichnung des Grenzvertrags sagte Genscher in Warschau:

> Die Anerkennung der Grenze an Oder und Neiße entspringt dem Gebot des Friedens … Die Bestätigung der Grenze ist die freie Entscheidung der Deutschen. Sie ist uns von niemandem aufgezwungen worden … Die Entscheidung … ist für uns Deutsche keine leichte Entscheidung … Der Verlust der Heimat ist ein schweres Opfer … Wir erleben das kulturelle Erbe der Deutschen in Ost- und Westpreußen, in Danzig und Pommern, in Brandenburg und in Schlesien, als den deutschen Beitrag zur europäischen Kultur in Polen … Wir sind uns einig, daß dieser Grenzvertrag nicht der wechselseitigen Abgrenzung dient, sondern der beiderseitigen Öffnung hin zu europäischen Gemeinsamkeiten. Die völkerrechtlich verbindliche Bestätigung dieser Grenze ist ein entscheidender Beitrag zur Perspektive eines grenzenlosen Europas.[74]

Der »Vertrag zwischen der Bundesrepublik Deutschland und der Republik Polen über die Bestätigung der zwischen ihnen bestehenden Grenze« vom 14. November 1990 besteht aus einer Präambel und vier Artikeln.[75] In der Präambel betonen beide Vertragsparteien, daß die getroffene Übereinkunft einen Beitrag zur Stabilisierung der Friedensordnung in Europa leistet. Die Einordnung in diesen supranationalen Rahmen verdeutlicht, daß nicht der Wunsch nach einer friedensvertraglichen Grenzregelung die Triebfeder für den Abschluß des Vertrags war, was Bonn ja verhindern wollte, sondern das Bestreben, einen deutsch-polnischen Beitrag zur friedlichen und kooperativen Neuordnung des Kontinents zu leisten. Außerdem sollte der

---

71 Siehe Marlies Jansen, Der Grenzvertrag mit Polen, in: DA, 12, 1990, S. 1820f., hier S. 1821.
72 Siehe Genscher, Erinnerungen, S. 890f.
73 »Der Grenzvertrag zwischen Deutschland und Polen in Warschau unterzeichnet«, in: FAZ, 15.11.1990.
74 Rede des Bundesministers des Auswärtigen, Genscher, zur Unterzeichnung des Vertrages, in Warschau am 14. November 1990, in: Außenpolitik der Bundesrepublik Deutschland, S. 745ff.
75 Wortlaut in: Bulletin, 134, 16.11.1990, S. 1394. Text siehe Anhang.

Vertrag ausdrücklich der Verständigung und Versöhnung beider Völker dienen. Hierbei ist erwähnenswert, daß zum ersten Mal in einem Vertragswerk zwischen Polen und der Bundesrepublik das Leid der Vertreibung genannt wurde.[76]

Artikel 1 bestätigt den bisherigen Grenzverlauf durch die Aufzählung der bisherigen Grenzverträge zwischen Polen und der Bundesrepublik Deutschland bzw. der DDR, wobei der Wortlaut deckungsgleich mit dem der Entschließungen von Bundestag und Volkskammer vom 21. Juni 1990 ist. Das Potsdamer Abkommen findet im Vertrag keine Erwähnung, weil es durch den »Zwei-plus-Vier«-Vertrag, der die Souveränität Deutschlands bestätigte, obsolet geworden war. Es ist eine kleine Fußnote der Geschichte, daß die Bundesrepublik in diesem Grenzvertrag dem Görlitzer Vertrag erstmals eine politische und völkerrechtliche Bedeutung zugestand, die sie ihm 40 Jahre lang – zu Zeiten der DDR – verweigert hatte.[77]

Artikel 2, der die Unverletzlichkeit der Grenze für Gegenwart und Zukunft garantiert und durch den die Vertragsparteien sich gegenseitig zur Achtung ihrer Souveränität und territorialer Integrität verpflichten, unterscheidet sich nur insofern vom Warschauer Vertrag, als dort in Artikel 1 Absatz 2 der Begriff »Souveränität« fehlt. Da die Oder-Neiße-Gebiete endgültig an Polen übertragen worden waren, konnte dieser Terminus im Grenzvertrag aufgenommen werden. Daß in Artikel 2 die Unverletzlichkeit der Grenze »erklärt« und nicht »bekräftigt« wird, bedeutete ein Zugeständnis der deutschen Verhandlungsseite an Polen: Der nur eine Wiederholung von bereits Gesagtem andeutende Begriff »bekräftigen« wurde durch das Wort »erklären« ersetzt.

Artikel 3 ergibt sich aus der Vorgabe in Artikel 1 Absatz 3 des »Zwei-plus-Vier«-Vertrags: Deutschland verzichtet ebenso wie Polen auf Gebietsansprüche. Dieser Passus ist inhaltlich gleich mit Artikel 1 Absatz 3 des Warschauer Vertrags.

Die Ratifizierung (mit Hinterlegung der Ratifizierungsurkunden) verzögerte sich um einige Monate, da das Verfahren erst nach Abschluß des Nachbarschaftsvertrags in den Parlamenten beider Länder eingeleitet werden konnte. Die Ratifizierung erfolgte am 17. Oktober 1991 im Bundestag und am 18. Oktober 1991 im Sejm. Der Dissens über den Zeitpunkt der

---

76 Hierzu und zu folgendem siehe auch Dieter Blumenwitz, Oder-Neiße-Linie, in: Weidenfeld/Korte (Hrsg.), S. 503-511, mit weiterführenden juristischen Literaturhinweisen; Otto Kimminich, Die abschließende Regelung mit Polen, in: Zeitschrift für Politik, 4, 1991, S. 361-391.

77 So der Staats- und Völkerrechtler Jochen Abr. Frowein auf der 26. Deutsch-Polnischen Schulbuchkonferenz der Historiker in Bautzen am 26.5.1994. (Nach persönlichen Unterlagen des Verfassers)

Gebietsübertragung blieb zwischen Deutschland und Polen bestehen.[78] Polen betrachtete die Oder-Neiße-Grenze seit 1945 als polnisches Staatsgebiet, für Deutschland dagegen wurde sie erst mit dem Inkrafttreten des Grenzvertrags des »gesamtdeutschen Souveräns« mit Polen endgültig wirksam.[79]

Der fortdauernde Dissens über die Rechtsgrundlage der Oder-Neiße-Grenze hätte zu Problemen bei der Bewältigung praktischer politischer Fragen in den deutsch-polnischen Beziehungen führen können. Aus diesem Grunde war es für die Bundesregierung außerordentlich wichtig, in einem »umfassenden Vertrag« mögliche neue Konfliktherde einzugrenzen – zum Beispiel im wichtigen Bereich der Schutzpflichten Deutschlands gegenüber der deutschen Minderheit in Polen.[80]

---

78 Siehe auch die Klarstellung der 3. Kammer des Zweiten Senats des Bundesverfassungsgerichts in der Entscheidung vom 5. Juni 1992 über mehrere Verfassungsbeschwerden gegen den Grenzvertrag, in der bestätigt wird, daß der Vertrag selbst keinerlei Regelung in bezug auf das Eigentum von aus den ehemaligen deutschen Ostgebieten vertriebenen oder geflohenen Personen und ihren Erben trifft, in: Zieger/Hacker, in: Weidenfeld/Korte (Hrsg.), S. 79-90, hier S. 88.
79 Siehe Blumenwitz, Oder-Neiße-Linie, in: Weidenfeld/Korte (Hrsg.), S. 509.
80 Siehe ebenda.

## 11. Bonner Polenpolitik als Europapolitik (1991)

*11.1 Erbe der Vergangenheit – europäische Zukunft: die deutsche Minderheit in Polen*

Wiederholt hatte die sozialliberale Bundesregierung und verstärkt nach 1982 die christlich-liberale Bundesregierung Warschau den Wunsch vorgetragen, daß der deutschen Minderheit in Polen die durch die KSZE und den UN-Menschenrechtspakt verbrieften Rechte zugestanden werden. Aber auch die ergänzende Option, Deutschstämmige in die Bundesrepublik ausreisen zu lassen, wurde bei Gesprächen mit polnischen Politikern wiederholt akzentuiert. Die Petita zu Minderheitenrechten mußten angesichts der grundsätzlichen Leugnung einer deutschen Minderheit einen überwiegend appellativen und demonstrativen Charakter haben und ein wirkungsloses Instrument bleiben.[1] Um ihrem Anliegen Nachdruck zu verleihen, bediente sich die Regierung Kohl/Genscher jedoch nicht der Druckausübung.

Daher ging die Bundesregierung im Jahr 1985 – ebenso wie im Falle der Grenzfrage – dazu über, öffentliche Äußerungen in bezug auf die deutsche Minderheit zu vermeiden. Charakteristisch hierfür war eine Aussage des stellvertretenden Vorsitzenden der CDU/CSU-Fraktion im Bundestag, Volker Rühe: »Es gibt Fragen, die man nicht so spektakulär in der Öffentlichkeit diskutieren sollte, z.B. ..., daß man den Deutschstämmigen, Deutschsprachigen, die in Polen bleiben wollen, mehr Freiraum einräumen sollte zur Pflege der deutschen Sprache und Kultur. Das ist so ein Thema, wenn man das politisch spektakulär mit dem Holzhammer behandelt, dann verstummt jedes Gespräch mit den Polen.«[2]

Eine Veränderung der Situation für die in Polen verbliebenen Deutschen zeichnete sich ab 1987 zuerst bei der Behandlung von Ausreisegesuchen ab. Nach einer vierjährigen Phase restriktiver Emigrationspolitik, die Schmidt-Gierek-Vereinbarung von 1975 seit 1983 galt als erfüllt, ging Warschau zu einer großzügigeren Bearbeitung der Anträge über: Polen, die nach bundesdeutschem Recht als Deutschstämmige galten, erhielten nunmehr ohne größere bürokratische Formalitäten und Schikanen Papiere, mittels derer bis

---

1 Siehe u.v.a. Mieczysław Tomala, Die deutsch-polnischen Beziehungen seit Abschluß des Warschauer Vertrages, in: Karl-Dietrich Bracher/Manfred Funke/Hans-Peter Schwarz (Hrsg.), Deutschland zwischen Krieg und Frieden. Beiträge zur Politik und Kultur im 20. Jahrhundert, Bonn 1990, S. 146-159, hier S. 154.
2 Zit. n. Korger, S. 70.

einschließlich 1989 über 430.000 Menschen dauerhaft in die Bundesrepublik übersiedelten.[3]

Die 1988 begonnenen deutsch-polnischen Gespräche, die auf eine Vereinbarung zwischen den Außenministern Genscher und Orzechowski vom Januar des gleichen Jahres zurückgingen, erbrachten in der Frage der deutschen Minderheit jedoch keine Fortschritte, und der neue Anlauf, einen »Durchbruch« in den deutsch-polnischen Beziehungen, vor allem auch in der Minderheitenfrage, mit der Regierung Rakowski (1988/89) zu erreichen, scheiterte.

Erst ein grundsätzlicher Konsens über den Stellenwert der Minderheiten im deutsch-polnischen Verhältnis mit dem neuen Unterhändler Mieczysław Pszon, der von dem ersten demokratisch legitimierten Ministerpräsidenten der Nachkriegszeit, Tadeusz Mazowiecki, eingesetzt worden war, brachte die Bundesregierung in dieser für sie zentralen Frage einen entscheidenden Schritt weiter. Die der Bürgerbewegung Solidarność entstammende neue Regierung in Warschau, die seit September 1989 im Amt war, war einem Paradigmenwechsel bei der Bewertung der Problematik um die deutsche Minderheit gefolgt: Während die Deutschen in Polen der polnischen Seite zuletzt noch als »Faustpfand« zur Erringung möglichst guter Kreditkonditionen gedient hatten, stand nunmehr die Gewährung von Minderheitenrechten als noch ungewohnte Selbstverständlichkeit eines demokratisch regierten Staats im Vordergrund. Der Wandel in Polen kam den deutschen Unterhändlern folglich sehr entgegen, da jetzt von einem potentiellen gemeinsamen Interesse in dieser Frage ausgegangen werden konnte. Bundeskanzler Kohl sah in dem Entgegenkommen Warschaus die Chance, mit Hilfe der in Polen lebenden Deutschen »neue Brücken der Verständigung und Aussöhnung« zwischen beiden Völkern zu schlagen. Aus der bislang tabuisierten Volksgruppe sollte also nach Einschätzung der Bundesregierung in Zukunft ein zusätzlicher Stützpfeiler im angestrebten gutnachbarschaftlichen Verhältnis werden.

Eine Klärung aller Sachfragen zur deutschstämmigen Minderheit konnte indes in der kurzen Zeit vor dem eilig anberaumten Kanzlerbesuch in den vier Verhandlungsrunden der Beauftragten Teltschik und Pszon nicht erzielt werden. Zudem wurde das erste Zusammentreffen thematisch von der Lage der DDR-Flüchtlinge in der Bonner Botschaft in Warschau dominiert. Es war nicht möglich, den Wunsch Bonns nach deutschsprachigen Gottesdiensten in der vorbereiteten Gemeinsamen Erklärung zu berücksichtigen.[4] Noch zur Zeit der Regierung Rakowski war mit dem Unterhändler Kucza vereinbart worden, daß die polnische Regierung an die Kirche »appelliert«, Messen in deutscher Sprache zu lesen. Kuczas Nachfolger

---

3 Siehe Hans-Werner Rautenberg, Deutsche und Deutschstämmige in Polen – eine nicht anerkannte Volksgruppe, in: APuZ, B50/88, 9.12.1988, S. 14-27, hier S. 23ff.
4 Siehe Teltschik, Die Bundesrepublik Deutschland und Polen, S. 14.

Pszon hatte, so sein Verhandlungspartner Teltschik, »mit Bedenken« zugestimmt. Da nun aber Polens katholische Kirche sich dagegen wandte, daß Regierungen die Kirche betreffende Vereinbarungen abschließen, konnte die Bundesregierung in dieser Frage keinen Druck auf Warschau ausüben. Daraufhin mußte der in dem Erklärungsentwurf enthaltene Passus über die Abhaltung deutschsprachiger Messen wieder gestrichen werden.[5] In ihrem Einsatz für Menschenreche wurde die Bundesregierung nun erstmals nicht von der polnischen – nunmehr nichtkommunistischen – Regierungsspitze torpediert, sondern ausgerechnet von einer Institution, die sich gerade im polnischen Systemwandel für Menschen- und Bürgerrechte eingesetzt hatte. Dies war nicht das erste und letzte und auch nicht das extremste Beispiel für die inkonsequente und intolerante Haltung der katholischen Kirche Polens in den Bereichen, in denen sie sich selbst als Verteidigerin nationaler Identität (Polentum = Katholizismus = polnischer Katholizismus) versteht oder als autoritäre Machtinstitution in Frage gestellt sieht. Die Bonner Regierung mußte feststellen, daß sie die Verhandlungsspielraum Mazowieckis in diesem Fall offenbar überschätzt hatte.

Der dem Ministerpräsidenten Mazowiecki von Bundeskanzler Kohl am 13. Juli 1990 unterbreitete Vorschlag, mit Polen nach der Herstellung der deutschen Einheit nicht nur einen Grenzvertrag zu schließen, sondern unmittelbar nach der Vereinigung gleichzeitig Gespräche über einen Freundschaftsvertrag aufzunehmen, entsprach dem grundsätzlichen Wunsch, das Verhältnis mit Polen auf eine neue Grundlage zu stellen. Überdies stand die Bundesregierung unter dem Eindruck von Forderungen der Heimatvertriebenenverbände und der CSU nach einem umfassenden Vertrag, der die Rechte der deutschen Minderheit in Polen festschreiben sollte. Dieses Ansinnen stieß in Warschau zunächst auf Ablehnung. Die polnische Führung sah ihre Minderheitenpolitik im Einklang mit den Prinzipien der KSZE und der UNO. Allerdings kam die Durchführung des deutschsprachigen Unterrichts in Oberschlesien nur schleppend voran, da es dort sowohl an Lehrern als auch an entsprechendem Unterrichtsmaterial mangelte. Es bestanden also primär Umsetzungsschwierigkeiten. Eine böswillige Vernachlässigung von in der Gemeinsamen Erklärung eingegangenen Verpflichtungen lag in der Regel nicht vor.

Der Bundesregierung bot sich mit dem großen Nachbarschaftsvertrag die Möglichkeit, das in der Gemeinsamen Erklärung über die deutsche Minderheit Vereinbarte auf eine verbindliche Grundlage zu stellen. Eine engere Zusammenarbeit mit Polen in der Minderheitenfrage eröffnete Bonn aber auch die Möglichkeit, seine Glaubwürdigkeit unter den Deutschen in den Oder-Neiße-Gebieten wiederzugewinnen, die mit der Grenzanerkennung erschüttert worden war. Die Situation in Oberschlesien machte außerdem deutlich, daß die dort lebenden Deutschen und Polen von Verständigung

---

5 »Einige Punkte der gemeinsamen Erklärung noch offen«, in: FAZ, 8.11.1989.

und Versöhnung zum Teil noch weit entfernt waren: Die 1990 entstandenen legalen Organisationen der deutschen Minderheit forderten mehrheitlich einen Autonomiestatus und die doppelte Staatsangehörigkeit. Sie verstanden sich primär als Deutsche und nicht als polnische Staatsbürger. Die Ansprüche dieser Gruppen und deren Nationalbewußtsein tendierten demnach zu einer kollektiven Distanzierung von Staat und Gesellschaft in Polen, denen sie sich nicht zugehörig fühlten.

Der BdV forcierte durch seinen Protest gegen die endgültige deutsch-polnische Grenzregelung mit der Verwendung von Begriffen wie »polnischer Machtbereich« (als Synonym für die ehemaligen deutschen Ostgebiete jenseits von Oder und Neiße) unter den Deutschen in Polen das Bewußtsein, in einem von Polen besetzten, völkerrechtlich nicht zu Polen gehörenden Territorium zu leben.[6] Der BdV beharrte im Vorfeld des Nachbarschaftsvertrags zudem auf dem Recht auf Rückkehr in die Heimat und der Sicherung der doppelten Staatsangehörigkeit. In diesen Punkten fand er die Unterstützung der CSU, die sich außerdem für die Aufstellung doppelsprachiger Ortsschilder in den von der deutschen Minderheit bewohnten Gebieten als Verhandlungsthema mit Polen einsetzte.[7]

Die Bundesregierung verfolgte in den Verhandlungen mit Polen das Ziel, die Bestimmungen der KSZE-Menschenrechtskonferenz vom 29. Juni 1990 in Kopenhagen und der »Charta für ein neues Europa«, die im November 1990 von den Mitgliedstaaten der KSZE in Paris unterzeichnet worden war, im Nachbarschaftsvertrag zu verankern, wobei auch von polnischer Seite zugegeben wird, daß der internationale Standard für Minderheiten »recht bescheiden« ist.[8] In beiden Dokumenten sind erneut das Diskriminierungsverbot und das Recht nationaler Minderheiten auf Wahrung und Förderung der Identität aufgeführt. Ein Dissens grundsätzlicher Art mit der polnischen Regierung stand in diesen Punkten nicht zu erwarten, da Warschau entsprechende Zusagen schon in der Gemeinsamen Erklärung gemacht hatte.

*11.2 Der Vertrag vom 17. Juni 1991*

Mit dem deutsch-polnischen Grenzvertrag vom 14. November 1990 beabsichtigten die deutsche und die polnische Regierung, die Grenzfrage zwi-

---

6 Siehe auch »Wir wollen Anschluß«, in: Der Spiegel, 24, 10.6.1991; »Der schleichende Anschluß. Oberschlesien ist deutscher als die Politik erlaubt«, in: Die Zeit, 41, 5.10.1990.
7 »Die CSU gegen ausschließlichen Grenzvertrag mit Polen«, in: FAZ, 25.10.1990.
8 Jan Barcz, Der polnisch-deutsche Vertrag vom 17. Juni 1991 und der Schutz der Minderheiten, in: Hans van der Meulen (Hrsg.), Anerkannt als Minderheit. Vergangenheit und Zukunft der Deutschen in Polen, Baden-Baden 1994, S. 87-97, hier S. 89.

schen Deutschen und Polen und damit zugleich das politisch-psychologisch belastendste Kapitel der Nachkriegsnachbarschaft *ad acta* zu legen. Ein großer Entwurf zukünftiger deutsch-polnischer Beziehungen war dem Vertrag über gute Nachbarschaft und freundschaftliche Zusammenarbeit vorbehalten. Es waren genug große Worte über historische Wende und Anbruch eines neuen Zeitalters in Europa gemacht worden. Jetzt ging es um die Ausgestaltung des Alltags. Die neue Zeit sollte ihre Niederschlag in einem Vertrag finden, der den denkbaren Aktivitäten freier Gesellschaften einen Rahmen gab.

Eine Vorlage für diesen Vertrag hatten die bundesdeutsche und die polnische Regierung bereits mit der 78-Punkte-Erklärung vom 14. November 1989 erstellt. Im Herbst 1989 befand sich die deutsche Einheit aber noch nicht auf der Tagesordnung der europäischen Politik, und der Zusammenbruch der spätstalinistischen Regime in Europa stand noch bevor. Polen war noch das einzige Warschauer-Pakt-Land mit einem nichtkommunistischen Regierungschef. Europa war noch geteilt. Mit der atemberaubenden Entwicklung seit dem Herbst 1989, dem Ende der politischen Teilung Europas und Deutschlands, konnte ein neuer deutsch-polnischer Vertrag weit über das hinausgehen, was im November 1989 von Kanzler Kohl und Premier Mazowiecki in Warschau unterschrieben worden war.

Die Philosophie des deutsch-polnischen Nachbarschaftsvertrags mußte die historische Chance für eine wirkliche Verständigung, wenn möglich »politische Freundschaft«, zwischen Deutschland und Polen in einer revolutionär veränderten europäischen Situation reflektieren und solche Felder der Zusammenarbeit vorbildlich für Europa erschließen, die vor dem »Völkerfrühling« des Jahres 1989 unvorstellbar gewesen waren. Der Vertrag[9] mußte aber ebenso deutlich die neuen Risiken und Gefahren ansprechen, die mit dem Zusammenbruch der alten Ordnung und der neuen direkten Nachbarschaft des wohlhabenden, politisch stabilen und modernen Deutschland mit dem zwar demokratischen, ökonomisch aber in einer äußerst kritischen Übergangssituation befindlichen und technologisch um Jahrzehnte zurückliegenden Polen auftauchten. Eine europäische Präventionsstrategie war gefordert, um zu verhindern, daß Polen und andere neue Demokratien Mittel- und Südosteuropas – auf sich allein gestellt – in neue ökonomische Desaster mit unvorhersehbaren politischen Folgen gerieten und die technisch-zivilisatorische Mauer in Europa höher würde, als der politische Eiserne Vorhang jemals war.

Tatsächlich spiegelte der Vertragstext die weit über das Bilaterale hinausgehende europäische Dimension der deutsch-polnischen Beziehungen und die europäische Stellvertreteraufgabe der Bundesrepublik Deutsch-

---

9 Bulletin, 68, 18.6.1991, S. 541-546. Text im Anhang.

land.¹⁰ Einer der Hauptarchitekten der Bonner Außenpolitik der achtziger Jahre, der langjährige Außenminister Hans-Dietrich Genscher, bezeichnete die Partnerschaftsverträge mit den Staaten Mittel- und Osteuropas als »eine zusätzliche Abstützung der multilateralen, kooperativen und zum Teil integrativen Vertragsbemühungen, die die Bundesregierung auf gesamteuropäischer Ebene unternahm. Europa mit diesen zweiseitigen Vereinbarungen und Abmachungen über den EG-Rahmen hinaus zu bauen hieß, eine neue Gemeinschaft aller Völker und Nationen des Kontinents zu schaffen. Niemand war aber, bedingt durch die Last der Vergangenheit, so ausdrücklich dazu aufgefordert wie Deutsche und Polen.«¹¹

Zwischen der deutschen und der polnischen Seite gab es freilich trotz eines relativ hohen Grades an Verständigung über Inhalt und Geist des abzuschließenden Vertragswerks mehr innenpolitischen und bilateralen Klärungsbedarf, als im Herbst 1990 abzusehen war. Dies zeigte sich daran, daß der Vertragsentwurf erst nach sechs Verhandlungsrunden im April 1991 Bundeskanzler Kohl und dem neuen polnischen Ministerpräsidenten Jan Krzysztof Bielecki zugeleitet werden konnte.¹²

Die CSU fühlte sich vom Auswärtigen Amt, das die Verhandlungen geleitet hatte, übergangen. Der CSU-Landesgruppenvorsitzende im Bundestag, Wolfgang Bötsch, beschwerte sich, daß die CSU über den Inhalt des Vertragsentwurfs nicht informiert worden sei. Er forderte im Namen seiner Partei Nachbesserungen des Vertrags in bezug auf die Staatsangehörigkeitsfrage, das Niederlassungsrecht bzw. das Recht der Vertriebenen auf Rückkehr in ihre Heimat sowie in der Frage doppelsprachiger Ortsschilder.¹³ Da Bundeskanzler Kohl an dem Unterschriftstermin vor den Sommerferien (17.6.1991) festhalten wollte, geriet die Bundesregierung unter Zeitdruck. Eine weitere Verzögerung der Unterzeichnung wollte Bonn auf jeden Fall verhindern. Vor diesem Hintergrund ist der Kompromiß der Regierungsparteien zu sehen, der nach einem von Kohl anberaumten Koalitionsgespräch zustande kam: Es wurde vereinbart, den Vertrag und die Begleitbriefe unverändert zu belassen und bei der Verabschiedung von Grenz- und Nachbarschaftsvertrag im Bundestag einen interfraktionellen Entschließungsantrag einzubringen, in den die erwähnten Erwartungen der CSU aufgenommen werden sollten.¹⁴ Weil von einer Parlamentsresolution keine völkerrechtliche Bindung ausgeht, mußte sich Polen jedoch nicht zu einer entsprechenden Handlungsweise verpflichtet fühlen.

---

10 Siehe Renata Fritsch-Bournazel, Europa und die deutsche Einheit, 2. erw. Aufl., München 1991, S. 315.
11 Genscher, Erinnerungen, S. 971.
12 »Warschau und Bonn sind sich einig«, in: FAZ, 26.4.1991.
13 »CSU-Kritik am Außenminister«, in: FAZ, 29.4.1991.
14 »Koalition einig über Vertrag mit Polen«, in: FAZ, 29.5.1991.

Außer dem Problem einer befriedigenden Minderheitenregelung sah sich die Bundesregierung mit dem polnischen Verlangen nach einer »würdigen Lösung« (K. Skubiszewski) des Problems der Entschädigung von polnischen Zwangsarbeitern konfrontiert.

Anfang 1991 wurden dann in Bonn Vorwürfe laut, Polen behindere den Abzug sowjetischer Truppen aus Deutschland, was wiederum den Warschauer Vorwurf an Bonn und Moskau evozierte, der Transit durch das polnische Territorium sei ohne polnische Beteiligung geregelt worden. Dagegen vertrat die Bundesregierung die Ansicht, der Transit der sowjetischen Armee sei eine polnisch-sowjetische Angelegenheit. Schließlich bereinigte Ministerpräsident Bielecki während seines Antrittsbesuchs in Bonn (5./6.3.1991), seiner ersten Auslandsreise als Premier, die Frage mit der Feststellung, daß ein schneller Abzug der Sowjettruppen für beide Staaten, Deutschland und Polen, wichtig sei. Für die polnische Regierung existiere kein Junktim zwischen dem (noch nicht geregelten) Rückzug der sowjetischen Soldaten aus Polen und dem Transit der aus Deutschland abziehenden sowjetischen Streitkräfte.[15] Gleiches ließ Außenminister Skubiszewski gegenüber der vom 4. bis 7. März 1991 in Polen weilenden Bundestagspräsidentin Süssmuth verlauten.[16] Rita Süssmuth besuchte als erste ranghohe Vertreterin der Bundesrepublik Deutschland die deutsche Minderheit im Oppelner Schlesien.[17] Ihr Besuch in Oppeln (Opole), Gogolin und Oberglogau (Głogówek) diente dem Kennenlernen der praktischen Probleme der Deutschen in Polen und sicher auch als flankierende Maßnahme zur psychologischen Vorbereitung der Minderheit in Polen und der Vertriebenenverbände in Deutschland auf die deutsch-polnische Minderheitenregelung im Partnerschaftsvertrag.

Trotz neuer Belastungen und Verzögerungen der Vertragsverhandlungen lag schließlich auch der polnischen Regierung daran, bald zu einem Vertragsabschluß zu gelangen. Der pragmatische Ministerpräsident Bielecki erwartete nämlich eine aktive Unterstützung der Bundesregierung bei Polens Bemühungen, in den Europarat aufgenommen zu werden, und bei den Verhandlungen über ein Assoziierungsabkommen mit der Europäischen Gemeinschaft. Die Bedeutung der Bonner Polenpolitik für die Westintegration und die finanz- und wirtschaftspolitische Stabilisierung Polens wurde auch in der Erwartung deutlich, daß Bonn einen großzügigen Schul-

---

15 »Deutsch-polnische Verträge noch vor dem Sommer«, in: FAZ, 6.3.1991; »Ein neuer Impetus für Bonn und Warschau. Antrittsbesuch Bieleckis bei Kohl«, in: NZZ, 7.3.1991; »Deutsch-polnischer Freundschaftsvertrag soll im März fertig sein«, in: FR, 7.3.1991.
16 Ebenda.
17 »Gespräche mit der deutschen Minderheit«, in: FAZ, 8.3.1991.

denerlaß seitens der im Pariser Klub zusammengeschlossenen Gläubigerstaaten unterstützen würde.[18]

Der Durchbruch in den Vertragsverhandlungen wurde nach der sechsten Verhandlungsrunde (22.-24.4.1991) bei einem Treffen zwischen den Außenministern Genscher und Skubiszewski in Weimar am 26./27. April 1991 erreicht. Der von den Verhandlungsführern Höynck und Sułek vereinbarte Briefwechsel über die nicht im Vertrag geregelten Fragen (Staatsangehörigkeits- und Vermögensfragen) wurde von den Außenministern als fester Bestandteil des Vertragskomplexes abgesegnet.[19]

Am 28. Mai kam schließlich die Einigung innerhalb der Regierungskoalition zustande. Kanzler und Außenminister hatten jede Veränderung am Vertrag und begleitenden Briefwechsel abgelehnt. Der CSU wurde als »goldene Brücke« eine Entschließung angeboten, die den Erwartungen der von ihr protegierten Vertriebenenverbände entgegenkommen sollte.[20]

Schon in der Präambel des am 17. Juni 1991, dem ehemaligen »Tag der deutschen Einheit«, von Bundeskanzler Kohl und Ministerpräsident Bielecki in Bonn unterzeichneten Partnerschaftsvertrags wird Bezug auf wirtschaftliche Zusammenarbeit als notwendiges Element beim »Abbau des Entwicklungsgefälles« genommen ebenso wie auf die »Bedeutung, welche die Mitgliedschaft der Bundesrepublik Deutschland in der Europäischen Gemeinschaft und die politische und wirtschaftliche Heranführung der Republik Polen an die Europäische Gemeinschaft für die künftigen Beziehungen der beiden Staaten haben«. Schließlich war eine vertraglich fixierte Selbstverpflichtung der deutschen Seite, sich für eine künftige Mitgliedschaft Polens in den EG-Gremien aktiv einzusetzen, eine der wesentlichen Verhandlungspositionen der polnischen Vertragspartner gewesen.

In Artikel 1 Absatz 1 des Vertrags, der deklarativ den in den folgenden Artikeln materialisierten Wunsch beider Völker »nach dauerhafter Verständigung und Versöhnung« niederlegt, wird in Absatz 2 nochmals im Zusammenhang mit dem Streben nach einem Europa, in dem die Grenzen ihren trennenden Charakter verlieren sollen, als eine Bedingung dafür die Überwindung der wirtschaftlichen und sozialen Unterschiede genannt. Damit werden in der Präambel und in Artikel 1 des deutsch-polnischen Vertrags weit über das bilaterale Verhältnis hinausgehende Kernprobleme der Schaffung eines *einigen* Europa nach dem Ende des Kalten Kriegs angesprochen.

Ein weiteres Novum in der europäischen Vertragspolitik über die ehemalige Ost-West-Grenze hinweg ist ein Passus in Artikel 2: Deutsche und Polen verurteilen hier »klar und unmißverständlich Totalitarismus, Rassen-

---

18 Udo Bergdoll, Wieder viele kleine Schritte, in: SZ, 5.3.1991; NZZ, 7.3.1991.
19 Miszczak, S. 433.
20 Vgl. auch Wolfgang Bötsch, Die deutsch-polnischen Beziehungen nach Unterzeichnung des Nachbarschaftsvertrages, in: Politische Studien, 319, 1991, S. 469-777, hier S. 475f.

haß und Haß zwischen Volksgruppen, Antisemitismus, Fremdenhaß«. Die gemeinsame Verurteilung des Totalitarismus konnte es erst nach dem Ende des realen Sozialismus geben. Bemerkenswert ist angesichts der jeweiligen Schuld die Verurteilung des Antisemitismus durch Deutsche und Polen und des Hasses zwischen Volksgruppen – eine angesichts der bisher schwierigen Lage der Deutschen in Polen und der antipolnischen Vorurteile in Deutschland aktuelle Forderung.

Die Vertragspartner sehen in Artikel 2 Absatz 8 »Minderheiten und gleichgestellte Gruppen als natürliche Brücken zwischen dem deutschen und dem polnischen Volk« – in der deutsch-polnischen Beziehungsgeschichte der vergangenen zweihundert Jahre eine undenkbare Vorstellung – und sind »zuversichtlich, daß diese Minderheiten und Gruppen einen wertvollen Beitrag zum Leben ihrer Gesellschaften leisten«. Respektierung und Integration heißt die Devise. In der Vergangenheit lauteten die entsprechenden Stichworte »Fünfte Kolonne« oder »Assimilierung«. Daß mit diesen Umschreibungen ein politischer Wille und nicht eine politische Wirklichkeit gemeint war, darüber waren sich beide Vertragsparteien einig. Erste Ansätze für eine Implementierung dieser neuen politischen Philosophie wurden recht bald sichtbar – sogar und gerade in den Siedlungsgebieten der deutschen Minderheit, insbesondere im Oppelner Schlesien.

Besonders hervorzuheben ist der im Vertragswerk vereinbarte regelmäßige politische Konsultationsmechanismus (Art. 3). In Anlehnung an den deutsch-französischen Freundschaftsvertrag vom 22. Januar 1963,[21] aber auch an den deutsch-sowjetischen Partnerschaftsvertrag vom 9. November 1990[22] sollten Konsultationen zwischen den Regierungschefs und den Außenministern mindestens einmal im Jahr stattfinden. Die Minister anderer Ressorts werden zu regelmäßigen Kontakten angehalten. Beachtenswert ist, daß die Verteidigungsminister als einzige »andere« eigens erwähnt wurden. Auch an dieser Kleinigkeit wurde die neue sicherheitspolitische Situation nach dem Ende des Warschauer Pakts und der militärischen Konfrontation in Mitteleuropa spürbar.

Der Aspekt *gemeinsamer* Sicherheit wird in Artikel 6 des Vertrags gesondert behandelt. Es ist die Rede von dem *gemeinsamen* Ziel, auf eine Stärkung der Stabilität und Erhöhung der Sicherheit hinzuwirken. Deutsche und Polen wollen »zusammenarbeiten, um die sich ergebenden neuen Möglichkeiten gemeinsamer Anstrengungen im Bereich der Sicherheit zu nutzen« (Art. 6 Abs. 1).

---

21 »Vertrag zwischen der Französischen Republik und der Bundesrepublik Deutschland über die deutsch-französische Zusammenarbeit«, in: EA, F4/1963, S. D83-D86, hier S. D84.
22 »Vertrag über gute Nachbarschaft, Partnerschaft und Zusammenarbeit zwischen der Bundesrepublik Deutschland und der Union der Sozialistischen Sowjetrepubliken«, in: Außenpolitik der Bundesrepublik Deutschland, S. 738-744.

Polen und die anderen ehemaligen Warschauer-Pakt-Staaten wurden in ein sicherheitspolitisches Vakuum entlassen und gezwungen, eine neue Sicherheits- und Verteidigungsdoktrin zu entwickeln, die eine besondere Sicherheitspartnerschaft mit dem NATO-Bündnis miteinschließt. Die politische Hemmschwelle, die bisher formelle Beitrittsgesuche als nicht opportun erscheinen ließ, wurde niedriger. Der polnische Ministerpräsident Bielecki forderte denn auch erstmals in einer Rede vor dem Nordatlantikrat in Washington am 10. September 1991, die Länder Mittel- und Osteuropas in die NATO aufzunehmen, da das westliche Bündnis für die Werte Demokratie und Freiheit stehe und nun alle Länder Europas die gleichen Werte teilten.[23] Auf bilateraler Ebene ist es seit der Vertragsunterzeichnung 1991 zu einer seinerzeit unvorstellbaren Ausweitung und Intensivierung der militärischen Zusammenarbeit zwischen Bundeswehr und polnischen Streitkräften gekommen.[24]

Die Ankündigung, in einer Situation, »die nach Meinung einer Vertragspartei eine Bedrohung für den Frieden oder eine Verletzung des Friedens darstellt«, unverzüglich miteinander Verbindung aufzunehmen und sich zu bemühen, »Positionen abzustimmen und Einverständnis über Maßnahmen zu erzielen« (Art. 7), gehört zur Philosophie der »deutsch-polnischen Interessengemeinschaft«.

Der politisch möglicherweise wichtigste Teil des gesamten Vertragswerks war für die polnische Seite der Artikel 8, in dem sich die Bundesrepublik Deutschland, wie in der Präambel angedeutet, dazu verpflichtet, die politische und wirtschaftliche Heranführung der Republik Polen an die Europäische Gemeinschaft »im Rahmen ihrer Möglichkeiten nach Kräften« zu fördern (Abs. 2). Der Schlüsselsatz lautet: »Die Bundesrepublik Deutschland steht positiv zur Perspektive eines Beitritts der Republik Polen zur Europäischen Gemeinschaft, sobald die Voraussetzungen dafür gegeben sind.« (Abs. 3) Eine entsprechende Passage des am 9. April 1991 in Paris unterzeichneten polnisch-französischen Freundschafts- und Solidaritätsvertrags stand bei der Formulierung Pate.

Die Bundesrepublik Deutschland handelt europäisch verantwortlich, wenn sie für einen Ausgleich der großen wirtschaftlichen und sozialen Asymmetrie entlang der ehemaligen Systemgrenze und zugleich im Interesse einer Stabilisierung der bilateralen Beziehungen sich bereit erklärt,

---

23 Jacek Kalabiński, Pod parasol NATO [Unter den Schirm der NATO], in: Gazeta Wyborcza, 12.9.1991; »Bielecki fordert Aufnahme Polens in EG und Nato«, in: FAZ, 12.9.1991.

24 Siehe Hans-Adolf Jacobsen, Deutsch-polnische militärische Partnerschaft im Geiste der Charta von Paris (1990), in: Pflüger/Lipscher (Hrsg.), S. 311-319; siehe auch Jarosław Drozd, RFN - pierwszoplanowym partnerem polityki bezpieczeństwa RP [BRD als erstrangiger Partner der Sicherheitspolitik der Republik Polen], in: Bezpieczeństwo Polski w zmieniającej się Europie [Sicherheit Polens in einem sich wandelnden Europa], Warszawa - Toruń 1994, S. 75-90.

»sowohl bilateral wie auch multilateral auf die Unterstützung der wirtschaftlichen Entwicklung Polens im Rahmen einer voll entwickelten sozialen Marktwirtschaft hinzuwirken« (Art. 9 Abs. 2), »der Republik Polen bei der Umgestaltung der Systeme der sozialen Sicherung, der Arbeitsförderung und der Arbeitsbeziehungen beratende Hilfestellung (zu) leisten« (Art. 14 Abs. 2) und »Hilfestellung bei der Umstellung des staatlichen Gesundheitssystems auf ein Krankenversicherungssystem (zu) leisten« (Art. 34 Abs. 2).

Wirklich europäischen Geist atmet der deutsch-polnische Partnerschaftsvertrag auch in den Artikeln 12 und 13, in denen beide Seiten »der partnerschaftlichen Zusammenarbeit zwischen Regionen, Städten, Gemeinden und anderen Gebietskörperschaften, insbesondere im grenznahen Bereich, hohe Bedeutung« beimessen (Art. 12 Abs. 1) und in diesem Zusammenhang die Notwendigkeit einer grenzüberschreitenden Raumordnungspolitik unterstreichen (Art. 13). Eine spezielle Regierungskommission für regionale und grenznahe Zusammenarbeit soll die Zusammenarbeit »auf allen Gebieten erleichtern und fördern« (Art. 12 Abs. 2). Ein entsprechender »Notenwechsel über die Einrichtung der Deutsch-Polnischen Regierungskommission für regionale und grenznahe Zusammenarbeit« wurde dem Vertrag am 17. Juni 1991 beigefügt. Der Zusammenarbeit auf dem Gebiet des Umweltschutzes und der Beseitigung von Umweltbelastungen, vor allem auch in der Grenzregion, ist der Artikel 16 gewidmet. Eine Vereinbarung über die Bildung des Deutsch-Polnischen Umweltrats unterstreicht die Bedeutung, die beide Seiten der Ökologie zumessen.

Wenn »gute Nachbarschaft und freundschaftliche Zusammenarbeit« eine Bedeutung gewinnen sollen, dann in den grenznahen Regionen beiderseits von Oder und Neiße. Politiker in Deutschland und Polen wiesen immer wieder mit Blick auf die Annäherung der Völker Westeuropas darauf hin, daß es darauf ankomme, die Zusammenarbeit *von unten* aufzubauen. Nur wenn die Menschen, die beiderseits der Grenzen leben, aufeinander zugehen und gemeinsame Interessen entdecken und entwickeln, kann eine wirkliche Annäherung zwischen Völkern stattfinden. Seit 30 Jahren war dies entlang der Grenzen innerhalb der EG geschehen. Die Euroregio-Konzepte gelten als beispielhaft und regen nun auch polnische (Kommunal)Politiker, Privatunternehmer, Künstler und Intellektuelle, die in den Gemeinden entlang der Grenze zu Deutschland tätig sind, zu eigenen Ideen grenzüberschreitender Zusammenarbeit an.

Der größte Nachholbedarf an gegenseitiger Verständigung und am Willen, aufeinander zuzugehen, besteht als Erbschaft der DDR-Abgrenzungspolitik nach Osten in den grenznahen Regionen zu Polen. In den 40 Jahren kommunistischer Herrschaft gab es weder in der DDR noch in Polen eine Infrastrukturpolitik, die über die Staatsgrenzen hinausreichte. Nationale Abschottung war Gesetz im sozialistischen Lager. Daran konnte auch ein in archaischen Bahnen verlaufender, zeitweise visafreier Grenzverkehr grundsätzlich nichts ändern. Im Gegenteil bewiesen die Folgen der Grenzöffnung Anfang der siebziger Jahre die völlige Unausgewogenheit der Wirtschaftsstrukturen beiderseits der deutsch-polnischen Grenze. Desto dringlicher ist ein Gegensteuern, gerade auch in den deutschen Regionen entlang der Grenze zu Polen, das in den Köpfen beginnen muß. Bisher blickten die Ostdeutschen nur fasziniert nach Westen und wendeten Polen den Rücken zu, ohne zu sehen, daß die Vernachlässigung des östlichen Nachbarn die eigenen Entwicklungschancen hemmt und die fehlende Attraktivität des ostdeutschen Grenzraums weiter vergrößert.[25]

Die teilweise fatale Ausgangslage und der dementsprechende Handlungsbedarf geben den Artikeln 12 und 13 des deutsch-polnischen Vertrags ein besonderes politisches Gewicht. Erfreulich ist, daß Politiker auf beiden Seiten der Grenze die Notwendigkeit einer grenzüberschreitenden Zusammenarbeit erkannt haben. Besonders rührig waren hier als erste die Städte und Landkreise im südöstlichen Sachsen/Lausitz, in Zittau, Löbau und Görlitz, die das Euroregio-Konzept schon 1990/91 aufgriffen und im Mai 1991, also noch vor Unterzeichnung des Nachbarschaftsvertrags, in Zittau eine Euroregio-Konferenz mit Regionalpolitikern und engagierten verständigungsbereiten Gruppen und Einzelpersonen aus dem östlichen Sachsen, Niederschlesien (Hirschberg/Jelenia Góra, Grünberg/Zielona Góra, Reichenbach/Bogatynia u.a.) und Nordböhmen (Reichenberg/Liberec u.a.) veranstalteten.[26] Für die Zittauer Region, aber auch für Niederschlesien und Nordböhmen ist die regionale Zusammenarbeit, die Entwicklung einer gemeinsamen Infrastrukturpolitik, Wirtschaftsaustausch, Verkehrspolitik und die Anbindung an die Wirtschaftszentren Mittel- und Westeuropas eine Frage des Überlebens oder der Entvölkerung.

Eine Vielzahl von Initiativen für grenzüberschreitende Projekte wurde in den Ländern Mecklenburg-Vorpommern, Brandenburg und Sachsen entwickelt, von gemeinsamen Projekten (Verkehrsverbindungen, kommunale Infrastruktur, Tourismus) auf der geteilten Insel Usedom[27] im Norden über die Gründung einer europäischen Universität in Frankfurt an der Oder (mit dem Traditionsnamen »Viadrina« der alten Frankfurter Universität und polnischen Mitgliedern im Gründungssenat)[28] bis zu einer Kooperation der Stadtverwaltungen von Görlitz und Zgorzelec im Süden.[29]

---

25 Siehe auch Ekkehard Buchhofer/Bronisław Kortus (Hrsg.), Deutschland und Polen. Geographie einer Nachbarschaft im neuen Europa, Frankfurt/M. 1994.

26 Frank Grubitzsch, Modellfall »Dreiländereck«, in: Sächsische Zeitung, 25./26.5.1991; Michael Groth, Hoffnung im Schwarzen Eck, in: Rheinischer Merkur – Christ und Welt, 23, 7.6.1991.

27 Johannes Leithäuser, Schwieriger Anfang einer Freundschaft? Deutsche und polnische Verwaltungsfachleute verhandeln, in: FAZ, 13.3.1991.

28 »Frankfurt/Oder und Słubice rücken zusammen«, in: Der Tagesspiegel, 11.4.1991; »Europa-Universität in Frankfurt/Oder eröffnet«, in: Der Tagesspiegel, 7.9.1991.

Ungezählte Schwierigkeiten erschweren noch eine effektive Zusammenarbeit. Desto wichtiger ist in diesem Bereich die personelle und finanzielle Unterstützung aus den westlichen Bundesländern und von der Europäischen Gemeinschaft und ihrem Regionalfonds.

Über die regionale Begrenzung geht die in Artikel 18 erstrebte Erweiterung der Verkehrs- und Kommunikationsverbindungen hinaus. Wenn Grenzen nicht mehr teilen, sondern Brücken sein sollen, dann muß die Grenz- und Zollabfertigung den westeuropäischen Standards entsprechen. Dazu passen nicht kilometerlange Autoschlangen vor den Grenzen und Paßkontrollen, die an vergangene Zeiten erinnern. Der Umstand, daß die deutsch-polnische Grenze zugleich die EU-Außengrenze nach Osten darstellt, kompliziert eine vernünftige Regelung des Grenzregimes zusätzlich. Die polnische Seite hatte befürchtet, daß mit dem Inkrafttreten des Schengener Abkommens[30] die Situation an der deutsch-polnischen Grenze weiter erschwert würde. Andererseits galt die Einführung von Visafreiheit zwischen Deutschland und Polen im April 1991 als ein großer symbolischer Schritt Polens »nach Europa«. Bisweilen erreicht die Grenzabfertigung von Personen und PKW an kleineren Übergängen ohne Transitverkehr schon den Standard und die Unauffälligkeit westeuropäischen Zuschnitts, ein ganz neues Gefühl an der deutsch-polnischen Grenze. Aber eine Modernisierung und Vervielfachung der Grenzübergänge ist dringend erforderlich, damit der in den letzten Jahren sprunghaft gestiegene Warenverkehr zwischen Deutschland und Polen bewältigt werden kann.

Wenn für die polnische Seite wahrscheinlich die vertragliche Verankerung der EG-Perspektive der Kernpunkt im Vertragswerk war, dann war es für die deutsche Seite die ausführliche Beschreibung der Rechte der deutschen Minderheit in Polen. Die Rechte der »Angehörigen der deutschen Minderheit in der Republik Polen, das heißt Personen polnischer Staatsangehörigkeit, die deutscher Abstammung sind oder sich zur deutschen Sprache, Kultur oder Tradition bekennen« (Art. 20 Abs. 1), werden in den Artikeln 20 bis 22 ausführlich beschrieben. Dies gilt *vice versa* für »Personen deutscher Staatsangehörigkeit in der Bundesrepublik Deutschland, die pol-

---

29 »Deutsch-polnisches Rahmenprogramm vereinbart«, in: Der Tagesspiegel, 24.4.1991.
30 Am 26.3.1995 trat das 1985 in Schengen (Luxemburg) abgeschlossene sogenannte Schengener Abkommen zwischen sieben EU-Staaten – Frankreich, Deutschland, Belgien, Niederlande, Luxemburg, Portugal und Spanien – in Kraft, womit die Personenkontrollen an den Binnengrenzen dieser Länder aufgehoben wurden. Als Kompensationsmaßnahme wurde u.a. eine einheitliche intensive Außengrenzkontrolle beschlossen, durch die sich die in die EU strebenden Ostmitteleuropäer, insbesondere die Polen, als Europäer zweiter Klasse diskriminiert fühlen. Siehe Weidenfeld/Wessels (Hrsg.), Europa von A – Z. Taschenbuch der europäischen Integration, Bonn 1995, S. 383; Brockhaus Enzyklopädie Jahrbuch 1995, Leipzig – Mannheim 1996, S. 287.

nischer Abstammung sind oder sich zur polnischen Sprache, Kultur oder Tradition bekennen«. Für diese Gruppe wird in dem Vertrag allerdings nicht der Begriff der Minderheit angewendet.

Bei der deutschen Minderheit in Polen handelt es sich heute nicht um eine homogene Gruppe. In der neueren deutschen Literatur, die sich mit dem Thema befaßt, werden bis zu vier Gruppen unterschieden.[31] Bei der ersten handelt es sich um die in den ehemaligen deutschen Ostprovinzen verbliebenen Angehörigen der alteingesessenen deutschen Wohnbevölkerung und deren Nachkommen. Die zweite Gruppe umfaßt die aus dem Gebiet Vorkriegspolens nicht vertriebenen Deutschen. Die dritte stellt das sogenannte »schwebende Volkstum« dar, »also Personen mit nicht ausgeprägtem Nationalgefühl, besonders in Oberschlesien beiderseits der deutsch-polnischen Grenze der Zwischenkriegszeit, aber auch in Pommerellen und zu einem geringeren Teil in Masuren und dem Ermland«.[32] Die vierte Gruppe bilden deutsche Staatsangehörige, die während des Zweiten Weltkriegs in die sogenannte »Deutsche Volksliste« der Gruppen III und IV aufgenommen wurden. Es handelte sich dabei um polonisierte Deutsche und um Polen, die von den Nazibehörden als »eindeutschungsfähig« angesehen wurden. Gerade die dritte und vierte Gruppe machen paradoxerweise heute das Gros der deutschen Minderheit in Polen aus. Zwar ist die oberschlesische Perspektive nicht repräsentativ für die Gesamtheit der deutschen Minderheit in Polen, aber sie prägt rein zahlenmäßig die Problematik.

Bei der oberschlesischen Bevölkerung gab es vor 1945 neben Bevölkerungsteilen mit ausgeprägtem deutschen oder polnischen Nationalbewußtsein eine Landbevölkerung ohne ausgeprägtes nationales Selbstverständnis. Ein großer Teil der deutsch orientierten Oberschlesier, vor allem die Angehörigen der Mittel- und Oberschicht, war nach 1945 vertrieben worden, während die polnisch geprägten Oberschlesier ebenso wie die »schwebenden« Bevölkerungsteile und sogar ein Teil der als Arbeitskräfte benötigten deutschen Oberschlesier von der Aussiedlung ausgenommen wurden.

Aufgrund der kulturellen Verflechtungen im deutsch-polnischen Grenzland Oberschlesiens hatte die einheimische Bevölkerung nach 1945 potentiell die deutsche und die polnische Option, wobei die repressive Politik der von Warschau gesteuerten lokalen Behörden, die sich gegen oberschlesische Besonderheiten richtete, nicht nur das vordem deutsch orientierte »schwebende Volkstum« abschreckte, sondern auch bis dahin polnisch votierende Autochthone in Distanz zum polnischen Staat brachte. Als Ergebnis ist heute ein überwiegender Teil der alteingesessenen Bevölke-

---

31 Siehe auf polnischer Seite neuerdings Zbigniew Kurcz, Mniejszość niemiecka w Polsce [Deutsche Minderheit in Polen], Wrocław 1995.
32 Joachim Rogall, Vom Stolperstein zur Brücke – der Weg in eine sichere Zukunft für die deutsche Minderheit in Polen, in: van der Meulen (Hrsg.), S. 127-140, hier S. 127f.

rung im Oppelner Schlesien teilweise entgegen der Familientradition ausdrücklich deutsch orientiert oder betont seinen Regionalismus. Es ist ein Paradoxon der Geschichte, daß sich gerade in den Kreisen der Wojewodschaft Oppeln, die nach der Volkszählung 1910 im Regierungsbezirk Oppeln mehrheitlich als polnischsprachig gegolten hatten, ein hoher Prozentsatz zur deutschen Minderheit bekennt.[33]

Grundlage der Zugehörigkeit zur Minderheit bildet für die Vertragsparteien, wie erwähnt, die subjektive Bestimmung des nationalen Selbstverständnisses der einzelnen Person. Zwar stellt der Begriff »deutsche« bzw. »polnische Abstammung« auf ein objektives Merkmal ab, jedoch ist das Bekenntnis als »zweites, selbständiges Konstruktionsmerkmal des geschützten Personenkreises«[34] aufgeführt. Seine Ernsthaftigkeit unterliegt keiner oder allenfalls der Mißbrauchskontrolle.

Im Nachbarschaftsvertrag wird weder das Konzept der Gruppenrechte noch der Territorial- bzw. Personalautonomie aufgegriffen. Die Vertragsparteien übernehmen auch keine konkreten einklagbaren Pflichten, die Minderheiten zu fördern. In Artikel 21 haben sich beide Seiten lediglich verpflichtet, Bedingungen zur Förderung der Eigenart der betreffenden Bevölkerungsgruppen zu schaffen und eine Förderung im Rahmen der Gesetze zu ermöglichen. Die individuellen Rechte, die den Minderheitsangehörigen einen kulturellen, sprachlichen und religiösen Freiheitsraum gewähren sollen, bilden den Kern des vertraglichen Minderheitenschutzes.

Im Einklang mit den neuesten Tendenzen des bilateralen Minderheitenschutzes wird im Vertrag auf die internationalen Standards der Minderheitenrechte sowie auf internationale Akte Bezug genommen. Die internationalen Standards bieten jedoch bis auf das Verbot der Zwangsassimilierung keine positive Handreichung. Die »Europäische Konvention zum Schutze der Menschenrechte und Grundfreiheiten«, die »Allgemeine Erklärung der

---

33 Zur soziokulturellen und demographischen Situation der Minderheit im Oppelner Schlesien siehe auch Danuta Berlińska, Die deutsche Minderheit im Oppelner Gebiet und die Probleme des Alltags, in: van der Meulen (Hrsg.), S. 171-178; Krystian Heffner, Die regionale Entwicklung des Oppelner Schlesiens, in: van der Meulen (Hrsg.), S. 179-200; Robert Rauziński/Kazimierz Szczygielski, Społeczna i gospodarcza rola mniejszości niemieckiej na Śląsku Opolskim [Die gesellschaftliche und wirtschaftliche Rolle der deutschen Minderheit im Oppelner Schlesien], in: Mniejszości na Górnym Śląsku. Pomost czy przeszkoda w stosunkach polsko-niemieckich? Materiały polsko-niemieckiego sympozjum odbytego w Mülheim/R. w dniach 2-4 grudnia 1993 r. pod kierownictwem Dietera Bacha i Krystiana Heffnera. Pod red. nauk. Wiesława Lesiuka [Minderheiten in Oberschlesien. Brücke oder Hindernis in den polnisch-deutschen Beziehungen? Materialien eines polnisch-deutschen Symposiums in Mülheim/R. vom 2.-4.12.1994 unter der Leitung von D.B. und K.H.], Opole 1994, S. 79-94.
34 Hierzu und zu folgendem: Peter Mohlek, Der deutsch-polnische Nachbarschaftsvertrag und die deutsche Minderheit, in: van der Meulen (Hrsg.), S. 99-112, hier S. 103.

Menschenrechte« sowie das »Internationale Übereinkommen zur Beseitigung jeder Form der Rassendiskriminierung« enthalten keinen besonderen Minderheitenschutz, und der Internationale Pakt über bürgerliche und politische Rechte (IPBPR, Art. 27) bleibt sogar hinter konkreten Verpflichtungen im deutsch-polnischen Vertrag zurück. Dagegen wurden die Minderheitenschutzbestimmungen, teils wörtlich, aus der Kopenhagener KSZE-Erklärung zur menschlichen Dimension übernommen, so daß auch dieser Verweis keine praktische Verbesserung der Lage der deutschen Minderheit bewirken muß, zumal die Dokumente selbst, anders als bei den Verträgen Deutschlands mit der Tschechoslowakei, Rumänien und Ungarn, nicht ausdrücklich als bilateral geltendes Völkerrecht vereinbart wurden.[35]

Die in Inhalt und Formulierungen an Ziffer 32 des Kopenhagener Dokuments orientierten Verpflichtungen (Art. 20 Abs. 3) zugunsten der Minderheit sind so formuliert, daß sie direkt durch Behörden und Gerichte angewendet werden können bzw. als völkerrechtliche Verpflichtungen (Art. 21 Abs. 2) zwischen den Vertragsparteien gelten. Im einzelnen sind folgende Rechtspositionen zu nennen: die freie Verbreitung von und der ungestörte Zugang zu Informationen in deutscher Sprache; die Vereinigungsfreiheit; das Recht auf Gründung von Bildungs-, Kultur- und Religionseinrichtungen; das Recht auf Religionsunterricht in der Muttersprache, Kontaktpflege mit Deutschen innerhalb und außerhalb Polens; das Recht, Vor- und Familiennamen in der Form der Muttersprache zu führen; die Zusicherung, Vertreter der Minderheit bei Entscheidungen, die ihren Schutz betreffen, einzubeziehen; die Zusicherung, im Rahmen des innerstaatlichen Rechts Möglichkeiten für den muttersprachlichen Unterricht zu schaffen.

Die Umsetzung der völkerrechtlichen Vertragsnormen in das polnische Landesrecht wurde durch den Umstand gekennzeichnet, daß der Begriff der nationalen Minderheit in dem bis Oktober 1997 gültigen Verfassungsprovisorium, das auf der sozialistischen Verfassung von 1952 beruhte, nicht vorkam.[36] Hinsichtlich der nationalen Minderheiten wurde in der seit 1989 mehrfach vom sozialistischen Staatsverständnis gesäuberten Verfassung der überkommene national-polnische Konsens bezüglich der Homogenität des polnischen Staatsvolks aufrechterhalten. Lediglich in den Diskriminierungsverboten in Artikel 67 Absatz 2 und Artikel 81 Absatz 1 waren Fragen der Nationalität angesprochen. Mit Bezug auf Artikel 33 Absatz 2 des Verfassungsgesetzes vom 17. Oktober 1992 wurde in der polnischen Fachdis-

---

35 Ebenda, S. 104.
36 Vgl. auch Andrzej Sakson, Zapis o mniejszościach narodowych w polskich ustawach konstytucyjnych [Aufnahme von nationalen Minderheiten in polnische Verfassungsgesetze], in: Polska - Niemcy - mniejszość niemiecka w Wielkopolsce. Przeszłość i teraźniejszość [Polen - Deutschland - deutsche Minderheit in Großpolen. Vergangenheit und Gegenwart], prac. zbior. pod red. Andrzeja Saksona, Poznań 1994, S. 181-188.

kussion allerdings ungeachtet der noch nicht endgültig geregelten Beziehung zwischen Völkerrecht und Landesrecht darauf verwiesen, daß beispielsweise die *self-executing*-Bestimmungen des deutsch-polnischen Vertrags durch das Zustimmungsgesetz des polnischen Parlaments »innerstaatlich den Rang eines Gesetzes erhalten«.[37]

Die Frage positiver Diskriminierung von Minderheiten wurde im deutsch-polnischen Nachbarschaftsvertrag nicht angesprochen. In Wirklichkeit fand sie aber ihre Fixierung in einer entsprechenden Wahlgesetzgebung in Polen. Sowohl die Wahlordnung vom 28. Juni 1991 als auch das Wahlgesetz vom 28. Mai 1993 sah für die Minderheiten Privilegien vor. 1991 wurde die Anmeldung von Kandidatenlisten erleichtert, und bei der Verteilung der Mandate auf der Landesebene wurden die Minderheiten von der Sperrklausel befreit. Das Wahlgesetz von 1993 befreite die Wahlkomitees der nationalen Minderheiten auf Wunsch von der Fünf-Prozent-Klausel auf der Ebene der Wahlkreise und von der Sieben-Prozent-Barriere für die Landesliste.[38]

Der Nachbarschaftsvertrag zwischen Deutschland und Polen eröffnet auch die Möglichkeit, den in Polen verbliebenen Deutschen konkrete Hilfen der Bundesregierung zukommen zu lassen. Dabei wurde darauf geachtet, daß dadurch keine Kluft zwischen den Deutschen und ihren polnischen Nachbarn entsteht.[39]

Der deutsch-polnische Nachbarschaftsvertrag hat der deutschen Minderheit in Polen, die größtenteils in Oberschlesien siedelt (ebenso den polnischen Gruppen in Deutschland), in dem rein deklarativen Artikel 2 die Funktion einer »natürlichen Brücke« zwischen Deutschen und Polen zugesprochen. Darüber hinaus wird in Absatz 8 festgestellt, daß die Minderheiten und Gruppen »einen wertvollen Beitrag zum Leben ihrer Gesellschaften leisten«. Die Minderheit wird also nicht nur als eine zu respektierende, die polnische Gesellschaft bereichernde Gruppe definiert, ihr kommt auch eine positiv besetzte bilaterale Instrumentalisierung zu. Die erwünschte Brückenfunktion erfordert von der Minderheit selbst, von der polnischen Mehrheit und von der in dieser Frage weitgehend indifferenten oder desinteressierten Öffentlichkeit in Deutschland eine grundlegende Umorientierung.[40]

---

37 Barcz, Der polnisch-deutsche Vertrag, S. 95; siehe auch Heinrich Kroll, Der Minderheitenschutz in der Republik Polen. Gesetzgebung und Praxis, in: van der Meulen (Hrsg.), S. 149-152.
38 Siehe Dieter Bingen, Die deutsche Minderheit in Polen, in: Magarditsch A. Hatschikjan/Peter R. Weilemann (Hrsg.), Nationalismen im Umbruch. Ethnizität, Staat und Politik im neuen Osteuropa, Köln 1995, S. 61-74, hier S. 67f; siehe auch Gerhard Bartodziej, Die Lage der deutschen Minderheit aus politischer Sicht, in: van der Meulen (Hrsg.), S. 141-147.
39 Ausführlicher dazu Bingen, Die deutsche Minderheit, S. 71f.
40 Siehe Markus Meckel, Die deutsche Minderheit in Oberschlesien. Eine deutsche Perspektive, in: van der Meulen (Hrsg.), S. 153-160; Hartmut Koschyk, Oberschle-

Die vom BdV und von der CSU erhobene Forderung nach einem Recht der Vertriebenen auf Rückkehr in ihre Heimat ist im Vertragstext nicht enthalten. Ziffer 2 des Briefwechsels enthält aber eine Erklärung der polnischen Regierung, gemäß der »die Perspektive eines Beitritts der Republik Polen zur Europäischen Gemeinschaft zunehmend Möglichkeiten schaffen wird, auch deutschen Bürgern eine Niederlassung in der Republik Polen zu erleichtern«. Diese Aussage ist zum einen im Kontext des polnischen Beitrittswunsches zur EU zu sehen, den die Bundesrepublik begrüßt und unterstützt, zum anderen im Zusammenhang mit dem von der Gemeinschaft angestrebten Abbau der Beschränkungen des freien Niederlassungsrechts im Hoheitsgebiet seiner Mitgliedstaaten.

Die deutsche und die polnische Regierung hatten sich in ihren Verhandlungen von vornherein darüber verständigt, daß Fragen der Staatsangehörigkeit nicht Gegenstand des Nachbarschaftsvertrags sein würden. Angesichts der Tatsache, daß die Deutschstämmigen seit dem Ende der sozialistischen Herrschaft in Polen ohne die Befürchtung von Repressalien ihre Ausreise in die Bundesrepublik Deutschland beantragen konnten und bei Erfolg einen deutschen Reisepaß erhielten, wobei keinerlei Zwang zur Ausreise bestand, war die doppelte Staatsangehörigkeit de facto schon längst gegeben. Bonn und Warschau wollten mit ihrer Vereinbarung offensichtlich vermeiden, diesen Status quo offiziell anzuerkennen. In Polen war die doppelte Staatsangehörigkeit nicht rechtlich verankert, und auch in der Bundesrepublik galt nach wie vor der Grundsatz, daß Aussiedler (auch mit einem deutschen Paß) solange als »Deutsche ohne deutsche Staatsangehörigkeit« gelten, bis sie ihre zuvor erworbene Staatsangehörigkeit freiwillig aufgeben.[41] Die Nichtberührung dieses Themas in den Vertragsverhandlungen bedeutete allerdings, daß eine Lösung dieses Problems aufgeschoben wurde.

Im Zusammenhang mit den Entfaltungsmöglichkeiten der deutschen Minderheit in Polen ist auch Artikel 31 Absatz 2 zu sehen, in dem beide Vertragsparteien darin übereinkommen, »daß Publikationen sowie Beilagen zu Tages- und Wochenzeitungen in der Sprache des anderen Landes frei hergestellt, vertrieben und gelesen werden können. Publikationen des anderen Landes können in Übereinstimmung mit den Artikeln 19 und 20 des Internationalen Paktes über bürgerliche und politische Rechte ungehindert eingeführt und vertrieben werden. Dies gilt auch für Geschenkabonne-

---

sien als Brücke zwischen Deutschen und Polen, in: van der Meulen (Hrsg.), S. 161-169; Dietmar Brehmer, Mniejszość niemiecka na Górnym Śląsku. Pomost między Polakami i Niemcami? [Deutsche Minderheit in Oberschlesien. Brücke zwischen Polen und Deutschen?], in: Mniejszości na Górnym Śląsku, S. 62-67.

41 Siehe Karl-Heinz Seifert/Dieter Hömig (Hrsg.), Grundgesetz für die Bundesrepublik Deutschland. Erläutert von Karl-Heinz Seifert, Dieter Hömig, Peter Füßlein u.a., 3. Aufl., Baden-Baden 1988, S. 572f.

ments und für Veröffentlichungen, die über ihre Auslandsvertretungen verteilt werden.« Die Übereinkunft gilt zwar in beide Richtungen, angesichts der erst sehr jungen Pressefreiheit in Polen und der Angst der Polen vor einer »fünften Kolonne« im Lande bedeuteten die Vereinbarungen aber einen großen Fortschritt für die Lebensbedingungen der Deutschen in Polen.

In Artikel 28 verpflichten sich die Vertragsparteien dazu, »sich der auf ihrem Gebiet befindlichen Orte und Kulturgüter, die von geschichtlichen Ereignissen sowie kulturellen und wissenschaftlichen Leistungen und Traditionen der anderen Seite zeugen, besonders an(zu)nehmen«. Gemeinsame Initiativen in diesem Bereich sollen »im Geiste der Verständigung und Versöhnung« verwirklicht werden.

Der Wiederaufbau des Gutes und des Berghauses in Kreisau/Niederschlesien und sein Ausbau zu einer internationalen, insbesondere der deutsch-polnischen Verständigung dienenden Begegnungsstätte auf Initiative des »Klubs der katholischen Intelligenz« in Breslau war ein erstes Vorhaben in diesem Sinne, das schon vor der Verhandlung des deutsch-polnischen Vertrags begonnen wurde.

Die Errichtung eines Deutsch-Polnischen Jugendwerks in Anlehnung an das seit drei Jahrzehnten bestehende Deutsch-Französische Jugendwerk, eine seit Jahren von Bundeskanzler Kohl verfochtene Idee, wird im Vertragswerk ebenfalls (Art. 30 Abs. 2) erwähnt im Zusammenhang mit der grundlegenden Bedeutung, die dem gegenseitigen Kennenlernen und Verstehen der jungen Generation für die Dauerhaftigkeit »der Verständigung und der Versöhnung zwischen dem deutschen und polnischen Volk« beigemessen wird (Art. 30 Abs. 1). Ein Abkommen über das Deutsch-Polnische Jugendwerk wurde gleichzeitig mit dem Partnerschaftsvertrag unterzeichnet.[42]

Der deutsch-polnische Vertrag vom 17. Juni 1991 war das umfangreichste Vertragswerk mit den konkretesten Beschreibungen von Kooperationsfeldern in der Reihe der seit dem Ende der kommunistischen Herrschaft in Europa abgeschlossenen Freundschaftsverträge zwischen einem EG-Mitgliedstaat und einem Transformationsstaat Ostmitteleuropas.

Um der in Polen zu erwartenden Kritik an der deutschen Weigerung, die Entschädigungsproblematik in das Vertragswerk aufzunehmen, entgegentreten zu können und ein mögliches Scheitern der Ratifizierung des Nachbarschaftsvertrags im polnischen Parlament zu verhindern, einigten sich die beiden Regierungen auf die Einrichtung einer »Stiftung Deutsch-Polnische Versöhnung«, die außerstaatliche Hilfeleistungen für polnische NS-Opfer erbringen sollte. Die einmaligen Beihilfen sollten ehemaligen Häftlingen, ehemaligen Zwangsarbeitern, deren Zwangsarbeit mindestens sechs Monate gedauert hat, und Personen, die als Kinder Opfer der NS-Verfol-

---

[42] Bulletin, 68, 18.6.1991, S. 546-549.

gung wurden, gewährt werden. Eine entsprechende Vereinbarung wurde am 16. Oktober 1991 getroffen. Am gleichen Tag stimmte die Bundesregierung der Finanzierung der Stiftung zu. Ein von der polnischen Seite gegründeter Fonds wurde von der Bundesregierung mit 500 Mio. DM ausgestattet. Für die Bundesregierung war in diesem Zusammenhang die Verständigung über die sogenannte Erledigungsklausel (klauzula koncowa) von entscheidender Bedeutung, nach der von nun an weitere polnische Ansprüche an die Bundesregierung ausgeschlossen wurden. Der Staatsminister im Auswärtigen Amt, Hans Schäfer, rief aber in seiner Rede im Bundestag am 17. Oktober 1991 die Firmen, die den wirtschaftlichen Nutzen aus der Rekrutierung von Zwangsarbeitern gezogen hatten, ausdrücklich auf, sich an dem Fonds zu beteiligen.[43] Die SPD wollte den Druck auf die Unternehmen erhöhen. In einem von der Regierungsmehrheit abgelehnten Entschließungsantrag verlangte sie, die deutschen Firmen, die aus der Zwangsarbeit in der NS-Zeit wirtschaftliche Vorteile gezogen hätten, müßten sich »in angemessener Weise« an der Stiftung beteiligen.

Die »Stiftung Deutsch-Polnische Versöhnung« wurde im November 1991 von der polnischen Regierung eingerichtet. Die gerichtliche Eintragung erfolgte im Februar 1992. Die Bundesregierung hatte bis Mitte 1992 die erste Rate in Höhe von 250 Mio. DM eingezahlt; die beiden übrigen Raten folgten plangemäß im Laufe der nächsten Monate. Wie erwartet machte die deutsche Industrie von der Möglichkeit, ebenfalls Entschädigungsgelder in die Stiftung einzuzahlen, keinen Gebrauch.[44]

In der Ratifikationsdebatte des deutschen Bundestags ist die europäische Bedeutung des deutsch-polnischen Vertrags und die Vorbildlichkeit der darin angesprochenen Ansätze zu einer endgültigen Lösung von bisherigen Konfliktfeldern sowohl von den Vertretern der Bundesregierung wie von Abgeordneten aller Bundestagsparteien unterstrichen worden. Grenzvertrag und Nachbarschaftsvertrag wurden am 17. Oktober 1991 mit großer Mehrheit im Bundestag, am 8. November einstimmig im Bundesrat ratifiziert. 13 Abgeordnete der CDU/CSU-Bundestagsfraktion lehnten den Grenzvertrag ab, zehn enthielten sich der Stimme. Weitere vier Unionsabgeordnete verweigerten beiden Verträgen die Zustimmung. Die 23 Mitglieder der Vertriebenengruppe der Union, die den Grenzvertrag ablehnten, dem Nachbarschaftsvertrag aber zustimmten, begründeten ihr Verhalten in einer schriftlichen Erklärung. Darin wandten sie sich gegen eine »isolierte deutsch-polnische Grenzregelung«, weil noch nicht sämtliche offenen bilateralen Fragen gelöst seien. Mit ihrer Zustimmung zum Nachbarschaftsvertrag, dessen zweiter Artikel auf die Grenzbestätigung Bezug nimmt, gaben sie jedoch zu verstehen, daß sie den Mehrheitsbeschluß des Bundestags

---

43 Das Parlament, 44, 25.10.1991, S. 4.
44 Herbert Küpper, Die Wiedergutmachung nationalsozialistischen Unrechts in den Staaten Osteuropas, in: Osteuropa, 8, 1996, S. 758-768, hier S. 762ff.

»auch im Hinblick auf die Grenze für ihr eigenes zukünftiges Verhalten als bindend betrachten«.[45]

Ein Entschließungsantrag, der zuvor vom Vorsitzenden der CSU-Landesgruppe, Bötsch, dem stellvertretenden Fraktionsvorsitzenden Hornhues und dem außenpolitischen Sprecher der FDP-Fraktion, Irmer, formuliert worden war, wurde mit der Mehrheit der Koalitionsfraktionen angenommen. Darin wurde unter anderem die Erwartung formuliert, daß schon vor einer EG-Mitgliedschaft Polens den Deutschen Gelegenheit gegeben wird, sich in Polen niederzulassen und auf diese Weise zur wirtschaftlichen Entwicklung des Landes beizutragen, und daß »in nicht allzu ferner Zukunft« offizielle topographische Bezeichnungen in traditionellen Siedlungsgebieten der deutschen Minderheit auch in deutscher Sprache zugelassen werden.[46]

Mit der Ratifizierung der beiden deutsch-polnischen Verträge war das Ende der Nachkriegszeit im deutsch-polnischen Verhältnis völkerrechtlich endgültig besiegelt. Das Fundament für eine deutsch-polnische Nachbarschaft und Partnerschaft in einem sich neu integrierenden Europa war geschaffen.

---

45 Zit. n. Claus Gennrich, Deutschland und Polen besiegeln die Neugestaltung der Beziehungen, in: FAZ, 18.10.1991.
46 Ebenda; »Ratifizierung der Polenverträge in Bonn«, in: NZZ, 19.10.1991.

## 12. Schlußbetrachtung

Was sich im nachhinein wie eine in die Wiege gelegte Erfolgsgeschichte und Erfüllung eines Auftrags darstellen läßt, der historische und politische Ausgleich mit Polen, war von der Bundesrepublik Deutschland in den ersten Jahren nach ihrer Gründung nur unter dem Aspekt zu erwarten gewesen, daß sie als ein Gegenmodell des Dritten Reichs auch in den Beziehungen mit Polen einen Neuanfang wagen mußte. Blickt man vom Ende (1991) auf den Anfang der Republik zurück, auf ihre Erbschaft, ihr Selbstverständnis und ihre Aufgaben, dann waren in der konkreten Politik am Anfang der fünfziger Jahre nur wenige Ansätze für eine neue Politik gegenüber Polen zu erkennen.

### ... zum Leitmotiv Bonner Polenpolitik

Das Gegenmodell zum Begriff des Politischen im Nationalsozialismus, aber auch zum Verständnis der Weimarer Realpolitik in den nicht gelösten deutsch-polnischen Grundsatzkonflikten nach 1919 (Grenzfrage, Minderheitenpolitik) kristallisierte sich allerdings ungeachtet der weitgehenden Sprachlosigkeit und mangelnden außenpolitischen Kompetenz der jungen Bundesrepublik im Verhältnis zu Polen recht bald heraus. Leitmotivisch galt das Friedensgebot gegenüber dem polnischen Staat und das Verständigungs- und Versöhnungsangebot an das polnische Volk von Anfang an. Der Hinweis auf eine erstrebenswerte gemeinsame europäische Friedensordnung war gewiß wolkig und vage, bedeutete aber ohne Zweifel den entscheidenden Bruch mit der deutschen Außenpolitik, Osteuropapolitik und Polenpolitik der zurückliegenden Jahrzehnte. Diese Haltung der neuen Bundesregierung war nicht der außenpolitischen Alternativlosigkeit eines Drei-Mächte-Protektorats oder schierem Opportunismus zuzuschreiben, sondern eine Schlußfolgerung aus den verheerenden Konsequenzen der Politik vorhergehender Epochen. Gerade die vielgescholtene Charta der Heimatvertriebenen von 1950, war – wenn auch kein Regierungsdokument – doch ein Beweisstück für ein neues Leitmotiv der Politik des demokratischen Deutschland gegenüber seinen östlichen Nachbarn.

Zugegeben, Außenpolitik erschöpfte sich weitgehend in der Entwicklung eines neuen Verhältnisses zu den Besatzungsmächten. Natürlich trat der Umstand hinzu, daß Polen in den fünfziger Jahren ein stalinistisch beherrschter und nur eingeschränkt souveräner Satellitenstaat der Sowjetunion war; ein Land, das schließlich fast ein Viertel des deutschen Staatsgebiets (in den Grenzen von 1937) verwaltete und Millionen von Deutschen vertrieben hatte. Insbesondere der Territorialverlust sowie Flucht und Vertreibung übten einen erheblichen Einfluß auf das Polenbild der Regierenden und der Regierten in der Bundesrepublik aus. Dagegen hatten die ungeheuren Verbrechen der Deutschen während der Okkupation in Polen kaum einen nachhaltigen Einfluß, der in der Gründerzeit der Bundesrepublik zu bestimmten politischen Schritten gegenüber Polen hätte verpflichten können. Das mag unter dem moralischen Gesichtspunkt als bedenklich bewertet werden, war aber unter dem psychologischen Verdrängungsaspekt nachvollziehbar.

Die neue Richtschnur polenpolitischen Handelns hatte so eher im verborgenen gewirkt und anfangs kaum Früchte getragen, wenn man beispielsweise an das von dem CDU-Nachwuchspolitiker Ernst Majonica mitorganisierte erste Treffen deutscher und (exil)polnischer Christdemokraten in Paris im Jahre 1951 denkt. Die Bundesregierung ließ zudem im Verhältnis zu Polen in dem Sinne Realismus walten, als sie sich gegenüber Kontaktbemühungen seitens des polnischen Exils äußerst reserviert verhielt. Sowohl die innere Uneinigkeit der polnischen Emigration als auch deren Irrelevanz für die Gestaltung der realen Verhältnisse zwischen der Bundesrepublik und dem kommunistischen Polen, insbesondere für das von Bonn seinerzeit als prioritär angesehene Schicksal der Deutschen (einheimische Bevölkerung, Kriegsgefangene und Inhaftierte), sprachen für Zurückhaltung. Der Versuchung, die Emigration gegen die Führung in Warschau auszuspielen, widerstand das offizielle Bonn, obwohl im Londoner Exil auch deutschen Vorstellungen entgegenkommende Meinungen zur deutsch-polnische Grenze Gewicht hatten.

Partieller Realismus in der Einstellung zu dem problembeladenen Gesamtkomplex des deutsch-polnischen Verhältnisses sollte vor dem Hintergrund der vorherrschenden Tendenzen im regierungsnahen außenpolitischen Denken jedoch nicht zur Idealisierung der Durchsetzungsfähigkeit des neuen Leitmotivs deutscher Polenpolitik nach 1949 verleiten. Zwar waren seit der Gründungsphase in der Bonner Republik *reeducation* und *westernization* vorgegeben, die Gefahren eines Grenzrevisionismus und eines fortgesetzten deutsch-polnischen Antagonismus aber noch nicht gebannt. Einer Politik der Rechtsvorbehalte, des Alleinvertretungsanspruchs, der jede Aktivität gegenüber Warschau lähmte, und des »Niemals« mit Blick auf die Oder-Neiße-Grenze gegenübergestellt, konnte das neue Leitmotiv fast eineinhalb Jahrzehnte lang kaum etwas ausrichten. Die alles überlagernde Deutschlandpolitik beeinflußte das Verhältnis zu Polen in den ersten beiden Jahrzehnten vornehmlich negativ. Die Bonner Polenpolitik war nie eine »Politik der Stärke« gewesen, in den ersten beiden Jahrzehnten der Republik sogar eine »Politik der Schwäche«, die gelegentlich durch offensive Rhetorik und juristischen Dogmatismus kaschiert wurde. Erst der visionäre Realismus eines Willy Brandt und eines Egon Bahr, der sich in den sechziger Jahren, auf Berliner Erfahrungen beruhend, Bahn brach, schuf auch in der Polenpolitik neue Chancen.

Vor allem aber war es eine Bewegung von unten, die allmählich Veränderung in die festgefahrenen Minimalbeziehungen zwischen Bonn und Warschau brachte. Die beiden christlichen Kirchen, Schriftsteller und Publizisten, Einzelpersönlichkeiten in den großen Parteien und Initiativen von Bürgern verhalfen der zähen und nur langfristig wirkenden Implementierung der neuen Polenpolitik zum Durchbruch. Die Ablösung des statischen, rein juristischen Denkens in den Bonner Amtsstuben, aber auch die Überwindung der Fixierung auf die eigenen Verluste und auf das den Deutschen zugefügte Leid und an ihnen begangene Verbrechen haben der neuen Ostpolitik auf den Weg geholfen. Recht spät, eigentlich erst in der ersten Hälfte der sechziger Jahre begann das öffentliche Nachdenken über die Verluste der Polen, die Verbrechen, die von den Deutschen in und an Polen begangen worden waren. Die moralische und menschenrechtliche Perspektive wurde entnationalisiert und als universell gültig erkannt, was sie an und für sich war, was aber von vielen Deutschen in der Trauerarbeit oft verdrängt worden war. Es war der Außenminister Gerhard Schröder, der in aller Zurückhaltung diesen Perspektivenwechsel als wichtige Hilfe für eine neue Politik gegenüber den ostmitteleuropäischen Staaten und insbesondere gegenüber Polen gewürdigt hatte. Das neue Leitmotiv deutscher Polenpolitik konnte endlich von der rhetorischen in die praktische Phase übergeleitet werden.

In jeder Generaldiskussion über das neue Leitmotiv (bundes)deutscher Außenpolitik wird der Dreiklang Frankreich – das jüdische Volk/Israel – Polen zitiert und gerne zum Vermächtnis Konrad Adenauers an seine Nachfolger im Amt erklärt. Schlägt man jedoch in den zahlreichen Adenauer-Biographien und Quellenstudien das Stichwort Polen auf, erscheint dies als eine im nachhinein in die zweite Hälfte der fünfziger Jahre projizierte politische Aufforderung, die Konrad Adenauer mehr zutraute, als er aufgrund seiner Persönlichkeitsstruktur und seines Europabilds praktisch bewerkstelligen konnte. Öffentlich hatte er sich seit 1956 mehrfach im Sinne einer deutsch-polnischen Verständigung geäußert. Nie aber hatte er in seiner Regierungszeit eine Geste getan, die das polnische Volk als ein Entgegenkommen *in concreto* hätte verstehen können. Er bekundete auch zum 1. September 1959 den Wunsch nach Verständigung mit dem polnischen Volk in demonstrativer Weise. Für die Einschätzung der Politik bleibt freilich der operative Bereich, nicht die Rhetorik, der Maßstab. Und Politik mit der Regierung in Warschau – mit wem sonst? – hatte Adenauer bis zu seinem Regierungsende nicht zu seiner Sache gemacht. Er hat die Einrichtung einer Handelsmission nicht verhindert, sogar begrüßt. Das war aber nur eine verzögerte Reaktion auf unhaltbar gewordene Bonner deutschland- und ostpolitische Positionen im westlichen Bündnis und nicht eine Herzensangelegenheit der Politik Adenauers mit dem östlichen Nachbarn. Man wird dem ersten Bundeskanzler eher gerecht, wenn man das Urteil von Hans-Peter Schwarz über Adenauer akzeptiert, daß er bis in die letzte Faser westorientiert war und kein Sensorium für »den Osten« hatte. Das bekamen schließlich nicht allein die Polen zu spüren, sondern schon seine Landsleute östlich von Braunschweig.

Allerdings wurden in der Bonner Republik in ihrer Anfangsphase unter dem maßgeblichen Einfluß ihres Kanzlers indirekt unabdingbare Grundlagen für eine neue Polenpolitik gelegt, die Adenauers Nachfolger im Amt in die Wege leiteten. Es ist die bleibende Leistung der westlichen Besatzungsmächte sowie der zuerst anpassungswilligen, später überzeugten westdeutschen Eliten, die politisch-kulturelle und zivilisatorische Verwestlichung des westlichen Deutschland nach dem Ende aller Träume von politischer und kultureller Mittellage und einem besonderen »deutschen Wesen«, an dem die Welt genesen sollte, bewerkstelligt zu haben.

Das bedeutete im Zweifelsfall die Wahl der Freiheit *vor* der Einheit. Wer wollte aber 1950 oder 1952 wirklich glauben, daß das westdeutsche Experiment eineinhalb Generationen später Einheit *in* Freiheit bringen würde? Adenauers Gegenspieler Kurt Schumacher und Berliner Parteifreunde des Bundeskanzlers zweifelten jedenfalls daran. Aber – Ironie der Geschichte – es war Adenauers sozialdemokratischer Amtsnachfolger, der Berliner Willy Brandt, der sich als »Westler« innerhalb der SPD durchsetzte und die Erfolgsbilanz der Bonner Republik in der Westpolitik mit der auf ihr aufbauenden Ost- und Polenpolitik ergänzte.

Der Sieg der »westlichen Konzeption« von Politik und Gesellschaft hat demnach sehr viel mit Polen zu tun. Dabei ging es um langfristige Bewußtseinsprozesse in den westdeutschen Eliten.

Die reaktionären Eliten der Wilhelminischen Epoche und die antidemokratischen Eliten der Zwischenkriegszeit waren immer antipolnisch und zumeist prorussisch eingestellt, zumindest suchten sie demonstrativ den Ausgleich mit dem großen Rußland, später mit der Sowjetunion. Der Ausbruch des »Großen Kriegs« 1914 und die Konfrontation von Deutschland und Rußland waren für Kaiser und Zar ein persönliches Drama. Die Zusammenarbeit zwischen Reichswehr, deren Chef Seeckt Polen abschätzig zum »Saisonstaat« deklarierte, und der Roten Armee Tuchatschewskijs, die Polen mit der Bolschewisierung drohte, erklärt vieles. Nur an linksliberalen, sozialdemokratischen und katholischen Rändern der Weimarer Parteienlandschaft war auf Verständnis für die Notwendigkeit eines Ausgleichs mit Polen zu hoffen.

Erst die neue Staatsräson der westdeutschen Republik und der demokratische Grundkonsens der überwältigenden Mehrheit der Parteien und Gruppen der Bundesrepublik schuf die Voraussetzungen für die dauerhafte

Umorientierung der Außenpolitik. Der westdeutsche »Verfassungspatriotismus«, die Orientierung an den unveränderlichen Grundrechten des Grundgesetzes und die neue Staatsräson der Bundesrepublik bauten lange vor der ausdrücklichen Formulierung einer neuen Polenpolitik leitmotivisch deren Fundamente. In der Außenpolitik waren Kooperation und Integration angesagt. Sie gehören zur Erfolgsstory der Bonner Republik. Durch Integration (EGKS, NATO, EWG) und Kooperation mit ehemaligen Kriegsgegnern und »Erbfeinden« wurde Westdeutschland international hoffähig. Das Modell kooperativer und integrationistischer Politik wurde in Politik und Gesellschaft zu einem Konsensmodell ohne Alternative und stark verinnerlicht. Es war potentiell auf Polen ausweitbar, sollten die psychisch-mentale Umorientierung fortgeschrittener und die internationalen Konstellationen günstiger sein. Das trat 1990 ein.

*... zur Kontinuität des Rangs der Polenpolitik und zum Wandel von Einstellungen*

Wenn es ein großes Leitmotiv Bonner Polenpolitik (Verständigung/Versöhnung in einer europäischen Friedensordnung auf der Grundlage des Selbstbestimmungsrechts der Völker) über 40 Jahre hinweg gab, dann läßt sich die Frage nach Kontinuität und Bruchlinien der Politik der Bundesregierungen gegenüber Polen nur auf der Ebene höchster Abstraktion beantworten. Tatsächlich gab es Kontinuitätslinien, die sich von 1949/50 bis 1991 nachzeichnen lassen, und Wenden, um angesichts der eher graduellen Ablösung einer Konzeption der Beziehungen zu Polen durch eine neue einen weniger dramatischen Begriff zu verwenden.

Selbst in den Zeiten der intensivsten westdeutsch-polnischen Kontakte, wie 1970-1972 (Vertragsverhandlungen und Ratifizierungsdebatte), 1975-1976 (Helsinki-Vereinbarungen und Ratifizierungsdebatte) und 1989-1990 (Systemwechsel, deutsch-polnische Erklärung und Grenzvertragsverhandlungen) blieben die Beziehungen zu Polen auf der Prioritätenskala der Bonner Außenpolitik unverändert dort plaziert, wo sie sich in den fünfziger Jahren befunden hatten. Das sagt nichts über die Dichte der Beziehungen aus, nur über ihren Rang. Die Intensität und Qualität der bundesdeutsch-polnischen Verhältnisse war 1989 bereits unvergleichbar höher als 1970. Aber 1989/90 wie 1970-1972 war die Bonner Politik gegenüber Polen der Deutschlandpolitik untergeordnet, die im »Zwei-plus-Vier«-Prozeß als operative Vereinigungspolitik realisiert werden konnte, während es knapp 20 Jahre zuvor »nur« um ein geregeltes Nebeneinander der beiden deutschen Staaten ging, das zugleich das Verhältnis zu den osteuropäischen Staaten entkrampfen, ja erst die Möglichkeit, eine Botschaft der Bundesrepublik in Warschau zu eröffnen, schaffen sollte.

Eine über 40 Jahre währende Kontinuität kann zudem die Unterordnung der Beziehungen zu Polen unter das Verhältnis zur Sowjetunion für sich in Anspruch nehmen. Die Sowjetunion hielt als eine der vier Siegermächte des Zweiten Weltkriegs mit Verantwortung »für Deutschland als Ganzes« den Schlüssel zur deutschen Einheit in der Hand. Schließlich war die UdSSR die von allen herrschenden osteuropäischen Regimen, einschließlich des polnischen, anerkannte Hegemonialmacht. Auf Moskau war Rücksicht zu nehmen. Alle Kanzler der Bundesrepublik Deutschland von Konrad Adenauer bis Helmut Kohl haben das Gebot »*Moskau zuerst*« akzeptiert.

Dabei blieb es nicht aus, daß sie bisweilen Spielräume nicht wahrnahmen, die ihnen ungeachtet der unzweifelhaften Prioritäten zur Verfügung gestanden hätten. Adenauer wich einem Dialog mit Polen in den ersten Monaten nach dem »polnischen Oktober« 1956 unter dem Vorwand aus, er wolle Gomułka in Moskau nicht in Schwierigkeiten bringen. Dabei umschiffte er nur durch Nichtstun die deutschlandpolitischen Schwierigkeiten, die mit einer frühzeitigen Durchlöcherung der »Hallstein-Doktrin« und einer Art Burgfrieden bezüglich der Oder-Neiße-Grenzfrage verbunden gewesen wären.

In der Kanzlerschaft Ludwig Erhards wehrte sich Außenminister Schröder gegen den Vorwurf, »Randstaatenpolitik« an Moskau vorbei betreiben zu wollen. Unter Kanzler Kiesinger wurde der Dialog mit dem Osten nach der Warschauer-Pakt-Intervention in der Tschechoslowakei über Sondierungsgespräche mit dem sowjetischen Botschafter in Bonn wiederaufgenommen.

Willy Brandt hätte nach eigenem Bekunden lieber zuerst einen Vertrag mit Polen und dann mit der Sowjetunion unterschrieben. Aber der Primat der Realpolitik gebot, zuerst mit Moskau zu verhandeln, sogar über eine Formulierung zur Oder-Neiße-Grenze, und die weitere Implementierung des Prinzips des Gewaltverzichts und der Grenzbestätigung den deutschen und polnischen Unterhändlern des Warschauer Vertrags zu überlassen. Das demonstrative Beleidigtsein der damaligen polnischen Führung darüber, daß die Hackordnung im östlichen Bündnis von der Bundesregierung eingehalten worden war, erschien da etwas künstlich. Die Naivität war Cyrankiewicz und Gomułka nicht abzunehmen, daß sie tatsächlich damit gerechnet haben sollten, noch vor Moskau zu einem Akkord mit Bonn zu gelangen. Die demonstrative Verschnupftheit sollte eher als moralisches Druckmittel bei nachfolgenden westdeutsch-polnischen Gesprächen präsentiert werden. Der »Brief zur deutschen Einheit« wurde mit dem sowjetischen Botschafter in Bonn verhandelt. Und Warschau hatte nur in den sauren Apfel zu beißen, der ihm in Gestalt des Artikels 29 Absatz 1 der Wiener Konvention von Bonn und Moskau gereicht wurde.

Helmut Schmidts Haltung zur Solidarność-Bewegung und zur Verhängung des Kriegsrechts wurde von der Sorge über eine befürchtete Intervention der Sowjetunion und den Zusammenbruch des deutsch-deutschen Dialogs diktiert. Willy Brandts Weigerung, sich im Dezember 1985 mit Lech Wałęsa zu treffen, kann nur so gewertet werden, daß der weltweit respektierte deutsche Friedensnobelpreisträger seine Bedeutung für die Legitimierung des Jaruzelski-Regimes unterschätzte. Es war Jaruzelski, der sich keinen Eklat leisten konnte, nicht Brandt. Aber die Rücksicht auf die von der Sowjetunion garantierte Ordnung in Osteuropa war den Politikern, die den Ost-West-Gegensatz in seinen kritischsten Zeiten und an seinen dramatischsten Plätzen (Berlin) erlebt hatten, in Fleisch und Blut übergegangen.

Helmut Kohls außenpolitischer Berater bestätigte noch Mitte der achtziger Jahre die vorrangige Bedeutung des Verhältnisses zur Sowjetunion für die Bonner Außenpolitik in Osteuropa. Freilich war es in der Kanzlerschaft Kohls der bundesdeutschen Politik seit der zweiten Hälfte der achtziger Jahre erstmals vergönnt, durch ein vorsichtiges zweigleisiges Vorgehen, durch eine Eröffnung von Kanälen zur Solidarność-Opposition, das Signal nach Polen zu senden, daß ein Ausweg aus dem Dilemma der Bonner Polenpolitik nicht außerhalb jeder Vorstellungskraft Bonns lag. Aber gerade die bundesdeutsche Position in den »Zwei-plus-Vier«-Verhandlungen bestätigte 1990 ein letztes Mal, daß nach Bonner Auffassung Polen erst ins Spiel kommen sollte, wenn die grundsätzlichen Fragen zur internationalen Einbettung der deutschen Vereinigung geklärt waren.

*... zur Bedeutung der Entscheidungsträger in polenpolitischen Fragen*

Die Richtlinienkompetenz des *Bundeskanzlers* in der Außenpolitik hatte Helmut Kohl gerade im »Zwei-plus-Vier«-Prozeß wahrgenommen. Außenminister Genscher, der sich anfangs gegenüber dem Mazowiecki-Plan vom 21. Februar 1990, einer vertraglichen Bindung in der Grenzfrage *vor* der deutschen Vereinigung, aufgeschlossen gezeigt hatte, konnte sich nicht gegen den Bundeskanzler durchsetzen, ebensowenig wie bei der Formulierung der Bundestagsentschließung zur Oder-Neiße-Grenze vom 8. November 1989, in der Genschers Grenzzusicherung vor der UNO-Generalversammlung durch den Friedensvertragsvorbehalt verwässert wurde.

Mit der Ausschöpfung seiner Amtskompetenz trat Helmut Kohl in die Fußstapfen seiner Vorgänger. Zwar waren Durchsetzungsfähigkeit, Führungsstil und Geschick der sechs Kanzler der Bundesrepublik unterschiedlich, ebenso ihr persönliches Interesse an den Beziehungen zu Osteuropa und zu Polen insbesondere. Aber am Kanzler kam letztendlich kein Außenminister vorbei. Mag Brentano auch zeitweise abweichende Vorstellungen über westdeutsche Handlungsspielräume gegenüber Polen gehegt haben, durchsetzen konnte er sie gegenüber Adenauer nicht. Bei alledem ist zu bedenken, daß sich die Meinungsunterschiede im wesentlichen auf Nuancen und mentalitätsmäßige Differenzen beschränkten, Brentano damals, Ende der fünfziger Jahre, keine alternative, keine aktive Osteuropa- und Polenpolitik anzustoßen gedachte und, wie er selber gegenüber einem polnischen Gesprächspartner zugab, nicht über den eigenen Schatten springen konnte. Brentanos Amtsnachfolger Gerhard Schröder wies zwar mit seiner Handelsmissionspolitik schon über Adenauer hinaus, aber sowohl unter Adenauer als auch Erhard gelang es Schröder nur, die Länge der Schatten von Doktrinen auszumessen, ohne aus ihnen herauszutreten.

Adenauers Nachfolger Ludwig Erhard zeigte ungeachtet der in seine Amtszeit fallenden »Friedensnote« das geringste polenpolitische Profil von allen deutschen Bundeskanzlern. Das bedeutete aber nicht freie Hand für seinen Außenminister, sondern Gebundenheit an die immer anachronistischer anmutenden und störender wirkenden deutschland- und ostpolitischen Dogmen der Bonner Außenpolitik. Man kann Gerhard Schröder zugute halten, daß er den durch Alleinvertretungsanspruch und Grenzrevisionismus vorgegebenen Handlungsspielraum voll ausnutzte und in seinem Amt über eine unausweichliche Aushöhlung der bisherigen Dogmen nachdenken ließ, die einer Modus-vivendi-Regelung in der Grenzfrage nahekamen.

Die ersten Erklärungen des Kanzlers der Großen Koalition, Kurt Georg Kiesinger, versprachen eine mutigere Infragestellung der deutschland- und ostpolitischen Doktrinen, ohne jedoch im Verlauf der Jahre eine neue Substanz zu entwickeln, auf deren Basis die Hauptprobleme in den Beziehungen zu Warschau hätten gelöst werden können. Bei der Suche nach einer neuen, für Polen möglicherweise akzeptableren Umgehung der Grenzfrage zeigte der Kanzler zwar Erfindungsgeist, blieb aber im Nebulösen und Spekulativen. Schließlich erwies sich in seiner Amtszeit die östliche Antwort (»Ulbricht-Doktrin«) auf Bonns Alleinvertretungsanspruch als das Haupthindernis, sein Entgegenkommen in der Grenzfrage auszuloten.

Die weitergehenden Vorstellungen der Sozialdemokraten in der Großen Koalition, die Evolution in der Haltung zur Oder-Neiße-Grenze fanden keinen Niederschlag in einer gemeinsamen Regierungspolitik. Der sozialdemokratische Außenminister Willy Brandt konnte als Juniorpartner die sogenannte »Nürnberger Formel« zur deutsch-polnischen Grenze nicht in Regierungspolitik überführen. Die sich in den drei Jahren der Großen Koalition ständig verschärfende Kontroverse über eine neue deutsche Ostpolitik bewies an ihrem empfindlichsten Punkt, der Grenzfrage mit Polen, daß ein noch so dynamischer und noch so überzeugende Konzepte vertretender Außenminister mit seinen Vorstellungen an der Richtlinienkompetenz des Bundeskanzlers auf seine Handlungsgrenzen stieß.

Unter Kiesingers Nachfolgern Willy Brandt, Helmut Schmidt und Helmut Kohl erschöpften sich die gelegentlich auftretenden Konflikte mit »ihren« Außenministern Walter Scheel und Hans-Dietrich Genscher im wesentlichen in stillen Kämpfen um Macht und Einfluß, aber nicht in konzeptionellen Divergenzen über die Polenpolitik. Dazu gehörten »Mißverständnisse« über die Federführung bei den Vertragsverhandlungen 1970 und einen Brief von Bundeskanzler Brandt an Gomułka, über den Außenminister Scheel nicht informiert war, oder kurzzeitige Meinungsverschiedenheiten zur richtigen Verhandlungstaktik gegenüber Polen bei Schmidt/ Genscher und Kohl/Genscher. So gab es beispielsweise zwischen Bundeskanzler Schmidt und Außenminister Genscher unterschiedliche Vorstellungen über den finanziellen Umfang des Entgegenkommens in den deutsch-polnischen Paketverhandlungen (Kredite, Entschädigung, Ausreise) und zwischen Bundeskanzler Kohl und Außenminister Genscher über die Einbeziehung Polens in den »Zwei-plus-Vier«-Prozeß sowie über eine Grenzregelung mit Polen vor der Vereinigung. Unter Schmidt und Kohl, die ein ausgeprägtes außenpolitisches und polenpolitisches Profil entwickelt hatten, hatte der ebenso profilierte und professionelle Außenminister Genscher zwar keinen leichten Stand, vermochte aber gerade in seiner zweiten Amtszeit unter Kohl zusätzliches Vertrauen in Polen zu gewinnen, indem er öffentlich Positionen, z.B. in der Grenzfrage, bezog, die zwar nicht vollständig vom Kanzler mitgetragen wurden, aber die Glaubwürdigkeit deutscher Status-quo-Politik in Territorialfragen bei den polnischen Partnern sowie international absichern halfen.

Seine Richtlinienkompetenz in der Polenpolitik hat Bundeskanzler Kohl auch gegenüber dem *Bundespräsidenten* wahrgenommen, als er sich im Frühjahr/Sommer 1989 – nicht zuletzt unter dem Druck der CSU und des konservativen Flügels der CDU sowie aus dem BdV, aber auch aus persönlichen Gründen – dem Wunsch Richard von Weizsäckers widersetzte, anläßlich des 50. Jahrestags des deutschen Überfalls am 1. September 1989 nach Polen (Danzig-Westerplatte) zu reisen und gemeinsam mit dem am 19. Juli 1989 von der Nationalversammlung gewählten Präsidenten Wojciech Jaruzelski ein Zeichen der Versöhnung zu setzen.

Die Bundespräsidenten haben in der vierzigjährigen Geschichte der Bonner Republik angesichts ihrer vorwiegend repräsentativen Funktionen nur in Ausnahmefällen auf die Beziehungen zu Polen eingewirkt. Das war der Fall, als Bundespräsident Heinemann in seiner Ansprache zum 30. Jahrestag des Beginns des Zweiten Weltkriegs am 1. September 1969, vier Wochen vor den Bundestagswahlen, »die entscheidenden Voraussetzungen« einforderte, um zwischen Deutschen und Polen »die alten Gräben endlich zuzuschütten«. Bundespräsident von Weizsäckers Rede zum 8. Mai 1985 wurde auch in Polen wohlwollend registriert. Direkten Einfluß auf den Gang der Dinge versuchte von Weizsäcker dann Ende 1988 mit seiner

»Geburtstagsdiplomatie« zur Feier des 75. Geburtstags von Willy Brandt, zu der er den eben ernannten polnischen Ministerpräsidenten Mieczysław Rakowski einlud. Damit gab er Kohl und Rakowski die außerordentliche Gelegenheit, die festgefahrenen Gespräche zwischen Bonn und Warschau wieder in Gang zu bringen. Und durch seinen Staatsbesuch in Polen im Mai 1990 trug der Bundespräsident zur Vertrauensbildung mitten in den »Zwei-plus-Vier«-Verhandlungen bei. Die denkwürdige Ansprache des Bundespräsidenten Roman Herzog am 1. August 1994 anläßlich des 50. Jahrestags des Warschauer Aufstands in Warschau liegt bereits außerhalb des Beobachtungszeitraums dieser Studie.

*... zur Kontinuität des Friedensvertragsvorbehalts und zum Wandel des Verhältnisses zwischen rechtlichem Dogma und politischer Wirklichkeit*

Der Friedensvertragsvorbehalt in bezug auf die Bestätigung der Oder-Neiße-Grenze erhielt im deutschen Einigungsprozeß 1990 eine ungeahnte Aktualität, die nach 20 Jahren der »neuen deutschen Ostpolitik« vielen Realpolitikern befremdlich erschien, aber in der rechtlichen Logik der Ostpolitik Brandts begründet war. Nur hatte fast 20 Jahre lang die politische Logik der Ostvertragspolitik das komplizierte rechtliche Netzwerk mit den Rückversicherungen zugunsten der Vier Mächte nahezu vergessen lassen. So ist denn ungeachtet aller realpolitischen Wenden seit den fünfziger Jahren in der Grenzfrage, die vor allem, aber nicht nur Polen betraf, der Rechtsstandpunkt der Bundesrepublik Deutschland und ihrer Verfassungsorgane bis zum erfolgreichen Abschluß des »Zwei-plus-Vier«-Prozesses aufrechterhalten worden, daß eine endgültige völkerrechtlich wirksame Regelung der deutsch-polnischen Grenzfrage allein von einem gesamtdeutschen Souverän vorgenommen werden konnte.

Im Kontext der Diskussion über *Kontinuität* und *Wandel* mußte aber gerade in der Oder-Neiße-Grenzfrage neben dem rechtsdogmatischen Aspekt, der die Kontinuität westdeutscher Essentials der Polenpolitik belegte, der Wandel bei der politischen Einschätzung des rechtlichen Pfands in den bundesdeutschen politischen Entscheidungseliten untersucht werden.

Schon in den fünfziger Jahren tauchte in internen Erwägungen des Auswärtigen Amts die »Pfandtheorie« auf, die ein letztes Mal im Jahre 1991 reaktiviert wurde, obwohl sie substantiell spätestens seit dem Warschauer Vertrag von der Realität eingeholt worden war. Bereits in der Amtszeit Adenauers wurden Überlegungen angestellt, Polen territorialpolitisch entgegenzukommen, wenn es sich zugunsten der deutschen Einheit einsetzen oder wenn die Staatengemeinschaft einer deutschen Wiedervereinigung nähertreten würde. So kam der Globke-Plan von 1959 einer impliziten Respektierung des Gebietsverlusts im Osten nahe. Staatssekretär Carstens entwickelte unter Kanzler Erhard im Auswärtigen Amt Vorstellungen, wie ein Entgegenkommen in der Grenzfrage mit einer Herauslösung Polens aus der Solidarität mit der DDR und der Sowjetunion verbunden werden könnte. Der seinerzeit für bundesdeutsche Verhältnisse revolutionäre und unter realpolitischen Gesichtspunkten illusionäre Gedanke, die Respektierung oder gar endgültige Anerkennung der Oder-Neiße-Grenze durch die Bundesrepublik als Pfand für polnische Zustimmung zur deutschen Einheit einzusetzen, wurde in der Ostpolitik Brandts wegen des Wertverfalls des vermeintlichen Pfands aufgegeben. Die Vorstellung feierte aber 1990/91 nochmals kurzfristig zur Besänftigung der Gruppen, die sich mit dem endgültigen Gebietsverlust immer noch nicht abfinden wollten, Auferstehung, als Politiker der CDU/CSU die endgültige Anerkennung der Oder-Neiße-Grenze durch Deutschland als den »Preis« für die Wiedervereinigung bezeichneten.

In der Bonner Haltung zur deutschen Ostgrenze stoßen demnach die Faktoren der *Kontinuität* (rechtsdogmatische Positionen) und des Wandels, ja des *Bruchs* (mit dem traditionellen Grenzrevisionismus) in geradezu faszinierender Weise aufeinander. Hier wurde die Diskontinuität mit der traditionellen deutschen Ost- und Polenpolitik, wie sie zuletzt Außenminister Stresemann repräsentiert hatte, evident, wobei zur Entlastung der Weimarer Republik natürlich die ungleich schwierigere außen- und innenpolitische Lage Deutschlands berücksichtigt werden muß. Das internationale System nach 1945 und der Ost-West-Konflikt erleichterten dem westdeutschen Teilstaat die innere und äußere Saturierung, die der ersten deutschen Republik bis zu ihrem Untergang versagt blieb. Diese Stabilität der Bundesrepublik, die es ihr auf längere Sicht erlaubte, die territoriale Problematik in einem europäischen Friedensprozeß zu entschärfen, war – und das blieb der Stachel über 40 Jahre hinweg – mit der Teilung Deutschlands und einem kommunistischen Regime auf einem Drittel des bei Deutschland verbliebenen Territoriums erkauft.

In der Komplexität von juristischen, politischen, historischen und psychologischen Deduktionen ging allerdings vielen deutschen, vor allem aber ausländischen Zeitgenossen und dem polnischen Nachbarn der Blick für die politische und historische Gewichtung, das politisch Erwünschte und juristisch Erforderliche verloren. Die deutsche Haltung in dieser Frage gab sogar noch in den siebziger Jahren, als die Wiedervereinigungsperspektive bereits bis weit ins konservative Spektrum hinein als eine mathematische Formel von der Annäherung im Unendlichen gehandelt wurde, Rätsel auf. Dem Bonner Versuch der Trennung von rechtlichen und politischen Positionen wurde eine schizophrene Tendenz unterstellt, die zu Mißverständnissen Anlaß geben *mußte*.

Der Umfang des Verständnisses für die Bonner Haltung zur »deutschen Frage« inklusive Grenzfrage hing wesentlich von dem Maß des Vertrauens in die grundsätzliche Abkehr von außenpolitischen Mustern der Vergangenheit und in den Wandel außenpolitischer Leitmotive der Bonner Republik ab. Außenpolitische Partner, die dem Paradigmenwechsel deutscher Außenpolitik nach 1945 grundsätzlich Vertrauen entgegenbrachten, befürchteten wenig. Politiker, die eher traditionellen Interpretationsmustern des Verhaltens der europäischen Mächte anhingen, konnten oder wollten die bundesdeutschen Rechtskonstruktionen nicht verstehen oder/ und wollten nicht das komplizierte Rechtsgebäude begreifen, das das Potsdamer Protokoll allen Beteiligten, also vor allem den Drei, später Vier Mächten hinterließ.

Erschwert wurde das Verständnis für die Bonner Position in der Grenzfrage in den fünfziger Jahren bis weit in die sechziger Jahre hinein dadurch, daß die *völkerrechtliche Ausgangslage* für die deutschen Außengrenzen, der territoriale Umfang Deutschlands in den Grenzen vom 31. Dezember 1937, von den Vertretern der Bundesregierung in der Öffentlichkeit mit einer *territorialpolitischen Zielbestimmung* gleichgesetzt wurde. Noch in den achtziger Jahren sorgte ein Vertriebenentreffen mit der Losung »Schlesien bleibt unser«, aber auch öffentliche Äußerungen von Bundesministern, wie des Innenministers Zimmermann im Januar 1983 über die Grenzen von 1937, für Aufregung. Erst im Spätwinter 1985 kamen die erlösenden Grundsatzerklärungen des Bundeskanzlers und des damaligen stellvertretenden CDU/CSU-Fraktionsvorsitzenden von der politischen Bindungswirkung der Grenzbestätigung des Warschauer Vertrags, die Brandts und Scheels Unterscheidung zwischen völkerrechtlichen und historisch-politischen Positionen der Bundesrepublik in der Oder-Neiße-Grenzfrage für die große konservative Regierungspartei übernahmen.

Im Prozeß der deutschen Einigung sollte die Unterscheidung zwischen politischer Aussage und völkerrechtlichen Maßgaben zum letzten großen deutsch-polnischen Mißverständnis über die gemeinsame Grenze führen, als Bundeskanzler Kohl im Winter 1989/90 nicht dazu zu bewegen war, mit Fingerspitzengefühl die notwendige Gratwanderung zwischen innen-, parteipolitischen und verfassungsrechtlichen Rücksichten und politischen Willensbekundungen zugunsten der bestehenden deutsch-polnischen Grenze zu wagen, die sowohl die Gefahr einer einstweiligen Anordnung des Karlsruher Verfassungsgerichts vermieden, andererseits aber eindeutige öffentliche Signale nach Polen zugelassen hätte. Die Selbstfestlegung des Bundeskanzlers auf einer Konferenz in Paris am 17. Januar 1990 war kein Ersatz. Allerdings war die neue demokratische Regierung in Warschau in den atmosphärisch kritischen ersten Monaten des Jahres 1990 in ihren diplomatischen Aktivitäten und Interventionen auch nicht sonderlich hilfreich. Ihr Rückfall in alte deutschland- und außenpolitische Reflexe, ihre

Fixierung auf Rechte und Verträge und ihr fehlendes Gespür für das von Anfang an Selbstverständliche, daß nämlich das vereinigte Deutschland die polnische Westgrenze bestätigen wollte und mußte, nährte auch bei vielen »Polenfreunden« in der Bundeshauptstadt die Zweifel, ob die neue politische Elite in Warschau wirklich für das einstehen würde, was ihre Repräsentanten (Geremek, Wałęsa) im Sommer 1989 in Bonn und in der Gemeinsamen Erklärung vom November 1989 versprochen hatten. Das Urteil über die polnischen diplomatischen Irrwege und Sackgassen des Jahres 1990 muß freilich recht nachsichtig ausfallen, wenn man es mit der sehr viel enttäuschenderen Verzögerungsstrategie und dem offensichtlichen Mißtrauen Frankreichs und Großbritanniens, der wichtigsten Verbündeten Deutschlands, im Einigungsprozeß vergleicht.

*. . . zum Verhältnis zwischen Innen- und Außenpolitik in der »Polenfrage«*

Die Weigerung Helmut Kohls im Frühjahr 1990, einer das vereinigte Deutschland rechtlich bindenden Grenzbestätigung zuzustimmen, war stark von innenpolitischen und innerparteilichen Rücksichten geprägt. Ihm ging es offensichtlich darum, einen womöglich einflußreichen und außenpolitischen Schaden stiftenden innenpolitischen Widerstand von Teilen des BdV bis zu den »Republikanern« zu verhindern. Da war die kurzfristige außenpolitische Unbill durch Zögerlichkeit zu ertragen. Schließlich mußte der Bundeskanzler aber auch die innere Kohärenz der CDU/CSU in einer Kernfrage der Deutschlandpolitik und die Regierungsfähigkeit seiner Partei erhalten. So wurde ein polenpolitischer *issue* notgedrungen zu einem innenpolitischen Instrument.

Von allen außenpolitischen Themen der Bonner Republik eigneten sich die Beziehungen zu Polen am ehesten für eine *innenpolitische Instrumentalisierung* und Profilierung. Historische Stereotypen und Vorurteile gegenüber Polen, die politische Interessenlage im Ost-West-Konflikt, das unterschiedliche Gewicht und die unterschiedliche politische Legitimation der Bundesrepublik einerseits und des kommunistischen Polen andererseits, die Erfahrungen von Flucht und Vertreibung und der Verlust von alten deutschen Provinzen an Polen, ein uneingestandenes Schuldgefühl derer, die sich von »diesen Polen« eben nicht an den Pranger stellen lassen wollten, diese unheilige Melange von Gefühlen, Haltungen und Erwartungen hob Polen von allen außenpolitischen Partnern, Freunden und Gegnern der »alten Bundesrepublik« ab.

Läßt man die historisch besonders stark belasteten Verhältnisse Revue passieren, dann wird einiges klar: Eine innenpolitische Instrumentalisierung des Verhältnisses zum *jüdischen Volk* und zum Staat Israel verbot sich von selbst. Mit *Frankreich* war die Bundesrepublik nunmehr verbündet. Die Überwindung der sogenannten »Erbfeindschaft« versprach beschleunigte Integration in die Gemeinschaft der westlichen Demokratien. Der französischen Geschichte, ihren kulturellen und zivilisatorischen Leistungen wurde immer Ebenbürtigkeit, ja teilweise sogar Überlegenheit gegenüber vergleichbaren deutschen Errungenschaften zugestanden. Wenn zwischen Deutschen und Franzosen eine Konfrontation bestand, dann war es in der gegenseitigen Wahrnehmung die Konfrontation von grundsätzlich Gleichgestellten. Mit Rußland und der *Sowjetunion* verband man in Deutschland nach dem Zweiten Weltkrieg die Vorstellung von Grausamkeit, Verbrechen und Rückständigkeit sowie die Erfahrung mit der Besatzungsmacht auf einem Drittel des deutschen Territoriums in den Grenzen von 1945. Zugleich gab es aber auch die sonderbare Affinität zur »russischen Seele«, ja die Vorstellung einer gewissen Seelenverwandtschaft, den Respekt vor der schieren Größe des Landes und die Anerkennung der Verantwortung Moskaus als einer der Vier Mächte, die für »Deutschland als Ganzes« zuständig war.

Dies alles galt mit Blick auf Polen nicht – sieht man von dem erst später größer werdenden Kreis der »Polenfreunde« ab: keine Bewunderung für die polnische Geschichte und Kultur, keine Anerkennung Polens als eines den westlichen Mächten ebenbürtigen Staatsgebildes, keine Größe, keine Seele. Zugleich gab es aber ein Paradox, das die deutschen Beziehungen zu Polen aus allen Beziehungen heraushob und sie zugleich so verletzlich, so disponibel für innenpolitische Instrumentalisierung machte: Es war und ist das Paradox der Nähe und Intensität. Mit keinem anderen Nachbarland waren die Beziehungen der Deutschen nach 1945 so komplex wie mit Polen. Es war eine Enge und Nähe, die ungeachtet des Keils in Gestalt des künstlichen ostdeutschen Staatsgebildes die Beziehungen zu Polen auf sehr gegensätzliche Weise beflügeln konnte: im Sinne von demonstrativer Distanz, wie dies zwischen 1949/50 und dem Ende der Ära Adenauer der Fall war, oder im Sinne von demonstrativer Verständigungs- und Versöhnungspolitik seitdem – von Gerhard Schröders »Randstaatenpolitik« bis zu Helmut Kohls Versöhnungsgeste in Kreisau.

Es war die jahrhundertelange Nachbarschaft von Deutschen und Polen in Oberschlesien und in anderen deutsch-polnischen Grenzgebieten, die »schwebende Identität« der Bevölkerung dort, es waren die furchtbaren »Begegnungen« während der deutschen NS-Herrschaft in Polen und die bisher weitgehend unbekannten, noch zu dokumentierenden Zeugnisse deutsch-polnischer Solidarität in jener Zeit, es war die physische Nachbarschaft von Vertreibern und Vertriebenen, es war die spezifische Nähe der Polen zu den Deutschen durch Inbesitznahme von deutschen Provinzen, deutscher Erde, von deutschen Domen und deutscher Kulturlandschaft, die eine besondere Fixierung »der Deutschen« auf »die Polen« konstruierte, die sich in keiner anderen deutschen Außenbeziehung wiederfindet. Das Fehlen des dem deutsch-polnischen Verhältnis innewohnenden Mobilisierungspotentials wurde jüngst wieder im Verhältnis zwischen Deutschen und *Tschechen* beklagt. Hier sind fast alle Nachbarschaftsphänomene konstatierbar, die zwischen Deutschen und Polen wirksam sind, nur alles in allem weniger intensiv, weniger konstant und weniger leidenschaftlich.

Die nicht nur tragische, sondern über weite Etappen der Beziehungsgeschichte als fruchtbar empfundene, in der alteingesessenen westdeutschen Bevölkerung kaum bewußt wahrgenommene Nähe hat zugleich auch die Verletzlichkeit des deutsch-polnischen Beziehungssystems nach der Gründung der Bundesrepublik verursacht. Die Emotionalisierung der deutschen Bevölkerung für die »polnischen Fragen« (Flucht, Vertreibung, Grenzfrage) war viel stärker vorgegeben als für die Beziehungen zu den anderen Nachbarn. Allein schon durch die völkerrechtlich unklare Zugehörigkeit der alten deutschen Ostprovinzen ließen sich Innen- und Außenpolitik nicht voneinander trennen. Demgemäß eignete sich das Verhältnis zu Polen mehr als alle anderen 40 Jahre lang für ein bisweilen rein innenpolitisches Machtkalkül und Auseinandersetzungen.

Da das innenpolitische Motiv durchgängig in allen Phasen der Polenpolitik der Bonner Republik bis 1990/91 auftrat, sei nur an einige besonders exemplarische »Fälle« erinnert. Die Rücksicht auf die Vertriebenenlobby wurde von der Bundesregierung zumindest als Vorwand genutzt, um nach 1956 eine ernsthafte Erörterung der »Pfandtheorie« (Wiedervereinigung gegen Gebietsverzicht) und weitere Überlegungen über einen vertraglichen Gewaltverzicht zu verhindern. Die Quellenlage und die Bewußtseinslage der damaligen Entscheidungsträger und ihrer Zuarbeiter läßt es freilich zweifelhaft erscheinen, daß die Haltung der Vertriebenenfunktionäre entscheidend für die Bonner Politik gegenüber Polen war. Den Ausschlag haben ganz offensichtlich die rechtsdogmatischen Überlegungen und die Angst vor dem Zusammenbruch des gesamten deutschlandpolitischen Gebäudes gegeben. Allerdings verdarb am 1. September 1959 die Angst vor Krach mit dem BdV Adenauer die große Versöhnungsgeste in Richtung Polen.

Im positiven Sinne wirkte das innenpolitische Motiv zweifellos in der Phase der Entwicklung und Durchführung der Ostpolitik der sozialliberalen Koalition. SPD und FDP wurden von einer breiten Zustimmung in den meinungsbildenden gesellschaftlichen Kreisen getragen und von einer Zustimmung in der Bevölkerung, die von Monat zu Monat wuchs, bis sie in den plebiszitären Bundestagswahlen vom November 1972 ihre demonstrative Bestätigung fand und die Regierungsfähigkeit der SPD-FDP-Koalition wie nie davor und danach festigte.

Als machtpolitisches Poker zwischen Regierung und Opposition stellten sich die Ratifizierungsdebatten zum Warschauer Vertrag 1971/72 und zu den sogenannten Polen-Vereinbarungen von Helsinki 1975/76 dar. Die damalige CDU/CSU-Opposition nutzte die Polenpolitik der sozialliberalen Koalition als Vehikel, um Kanzler Brandt und seine Regierung zu stürzen. Und niemals ist die rein innenpolitische Motivierung einer polenpolitischen Entscheidung deutlicher zum Ausdruck gekommen als in dem Bekenntnis von Franz-Josef Strauß in seinen Erinnerungen: Es ging ihm um den Kopf von Helmut Schmidt. Das Zögern von Bundeskanzler Kohl, sich in der Grenzfrage politisch eindeutig zu erklären (bis zur Bundestagsrede vom 6.2.1985), und sein Zögern, sich rechtlich zu binden (bis zum »Zwei-plus-Vier«-Vertrag vom 12.9.1990), war wie erwähnt vor allem innen- und parteipolitisch bedingt.

Da der Hinweis auf die innenpolitische Instrumentalisierung der Beziehungen zu Polen zumeist als Vorwurf formuliert wird, sei eine Überlegung hinzugefügt: Mit keinem anderen Land war die Regelung eines bilateralen Verhältnisses mit einem so hohen Maß an Selbstkritik, an Überwindung überkommener Stereotypen und Haltungen und an konkreten Verzichtsleistungen verbunden wie mit Polen. Es erscheint im Rückblick geradezu als eine List der Geschichte, daß die Zögerer und Verursacher innenpolitischer Fehden in polnischen Angelegenheiten dazu beigetragen haben, daß das Verhältnis zu Polen über 40 Jahre so abgearbeitet wurde, daß in der deutschen politischen Elite und in der deutschen Bevölkerung, soweit sie sich für die polnische Thematik einnehmen läßt, die Grundlagen der Beziehungen zu Polen so unstrittig sind wie nie zuvor in der Geschichte des 19. und 20. Jahrhunderts.

*... zum Primat der Politik im Verhältnis zu Polen*

Die bisherigen Überlegungen belegen eindrucksvoll den Stellenwert des Politischen in den Beziehungen zu Polen. Gesichtspunkte des *wirtschaftlichen Interesses* der Bundesrepublik Deutschland am östlichen Nachbarn wurden bisher ausgeblendet.

Tatsächlich ist es kaum bekannt, daß bereits zwischen den drei Westzonen und Polen Handelsbeziehungen bestanden. In den ersten Jahren der Bonner Republik gab es deutsches Interesse an geregelten Wirtschaftsbeziehungen zu Polen, während politische Beziehungen zu Polen lange Zeit Tabu blieben. In diesem Sinne ging der Handel der Politik voraus. Indessen bestätigte die verzögerte Entwicklung offizieller Beziehungen zu Polen den Primat der Politik vor Ökonomie. Ein handelspolitisches Interesse an Polen konnte zu keiner Zeit den Vorrang des Politischen ernsthaft in Frage stellen, dazu war der Stellenwert Polens in der Bonner Außenhandelsstatistik doch zu marginal.

Freilich wurde umgekehrt ein Schuh daraus. Bonn bemühte sich schon 1954/55 darum, über wirtschafts- und finanzpolitische *incentives* Lösungen für vordringliche politische Fragen vorzubereiten. Wie ein roter Faden zieht sich durch die beiderseitige Beziehungsgeschichte zwischen 1949 und 1991 das wirtschaftliche und finanzielle Interesse Polens als, um es unfreundlich zu sagen, politischer Hebel der Bundesregierung. Die von Jahrzehnt zu Jahrzehnt zunehmende systemische Unterlegenheit und die Fehlentscheidungen der vor allem wirtschaftspolitisch gescheiterten PVAP-Führungsriegen boten den aufeinanderfolgenden Bundesregierungen immer stärker werdende Ausgangspositionen in den komplexen Verhandlungsmarathons, insbesondere in den siebziger und achtziger Jahren.

Zu den Korrekturen und Wenden in der Bonner Polenpolitik hat das wirtschaftliche Interesse am polnischen Markt dagegen zu keiner Zeit wesentlich beigetragen. Die Errichtung einer Handelsmission war vornehmlich ein politisch motivierter Schritt, die Vertragspolitik von 1970-1972 entsprang einer politischen Neubewertung deutscher Interessenlage. In den Verhandlungen, die zur Übereinkunft von Helsinki (1975) führten, und in den Gesprächen, die in der zweiten Hälfte der achtziger Jahre zwischen Bonn und Warschau wiederaufgenommen wurden, gab es auf polnischer Seite ein vordringliches wirtschafts- und finanzpolitisches Motiv und auf deutscher Seite einen starken Wunsch nach Lösung politischer und humanitärer Probleme. Noch in den Verhandlungen über den deutsch-polnischen Partnerschaftsvertrag waren auf deutscher Seite politische Fragen (deutsche Minderheit, europäische Öffnung, umfassende Infrastruktur einer europäischen Nachbarschaft) prioritär, auf polnischer Seite die vertragliche Einbindung des neuen freundschaftlich verbundenen deutschen Nachbarn in den Aufbau einer sozial abgefederten Marktwirtschaft (EU-Integration, Systeme der sozialen Sicherheit), die das neue System der parlamentarischen Demokratie dauerhaft stabilisieren sollte.

*... zur DDR als ständigem Mitspieler und Spielverderber*

Zu dem Primat des Politischen über das Ökonomische in der Bonner Polenpolitik trug essentiell bei, daß bis 1990 die *Deutsche Demokratische Republik* in jedem westdeutsch-polnischen Kontakt, bei jeder Verhandlung zwischen Bonn und Warschau als unsichtbarer, aber *ständig präsenter Dritter* ihren Einfluß geltend machte. Polenpolitik war für die Bonner Republik – das wurde schon gesagt – von Anfang bis Ende immer *auch* Deutschlandpolitik und gegen den kommunistischen deutschen Staat gerichtete Politik. Das geschah mit der Berechtigung, die eine demokratisch legitimierte deutsche Regierung für sich und die deutsche Bevölkerung in Anspruch nehmen konnte. Polnische Kommunisten teilten ihr Verständnis für diese Position ihren bundesdeutschen Gesprächspartnern hinter vorgehaltener Hand seit 1956 mit. Adenauers Emissär Skibowski berichtete 1957 darüber. Die rein instrumentelle Betrachtung der DDR in weiten Kreisen der kommunistischen Elite Polens zog sich wie ein roter Faden nicht nur durch interne Bewertungen, sondern auch Publikationen und sogar öffentliche Äußerungen. Die frühe Anerkennung der Oder-Neiße-Grenze durch die DDR im Görlitzer Vertrag von 1950 wurde im kommunistischen Polen unter diesem Aspekt gewürdigt. Die DDR-Opposition hatte noch 1989/90 an dem DDR-Image in Polen zu tragen. Sie wurde seinerzeit von der neuen demokratisch legitimierten Regierung Polens kaum wahrgenommen. Zuletzt bemühte sich die Bundesregierung dann noch im »Zwei-plus-Vier«-Prozeß um die Integration der polenpolitischen Vorstellungen der Regierung de Maizière/Meckel in das Bonner Verhandlungskonzept.

In den fünfziger Jahren verhinderte die DDR durch ihre schiere Existenz und die Bonner »Hallstein-Doktrin« den politischen Kontakt mit Polen. Beim polnischen Verbündeten intervenierte sie vor, während und nach jeder bundesdeutsch-polnischen Verhandlung, um diese entweder zu verhindern, wie es beispielsweise zwischen 1967 und 1969 mit der »Ulbricht-Doktrin« der Fall war, oder mit eigenen Forderungen gegenüber Warschau zu belasten, wie seitdem geschehen. Die sogenannte »Berlin-Klausel« war in den sechziger Jahren – siehe die Schütz-Intervention in Bonn (1963) – und in den siebziger Jahren Streitpunkt in den Vertragsverhandlungen mit Warschau. Rücksichtnahme auf die deutsch-deutschen Beziehungen beeinflußte wesentlich die Haltung von Bundeskanzler Schmidt zur Solidarność-Bewegung und zum Kriegsrecht in Polen. Im Herbst 1989 war die Fluchtbewegung aus der DDR nach Polen Anlaß für die ersten Kontakte der Bundesregierung mit der neuen Mazowiecki-Regierung.

*. . . zum Verhältnis zwischen Politik und Moral in der Polenpolitik*

Trotz der nachgeordneten Priorität Polens in der Bonner Außenpolitik und der Neigung zur Instrumentalisierung der »polnischen Frage« in der bundesdeutschen Innenpolitik ist die Polenpolitik der Bonner Republik offenkundig *cum grano salis* der Gefahr nicht erlegen, das *Eigengewicht* und den Eigenwert des Verhältnisses zu Polen zu entwerten. Das bewirkten moralische und historische Einsichten, später eher die realpolitischen Gegebenheiten und seit 1991 das spezifische Gewicht Polens als Stabilitätsgarant für die östliche Grenze Deutschlands und als wichtigster Bewerber Ostmitteleuropas um eine Mitgliedschaft in allen euro-atlantischen Institutionen. Schon in der Ära Adenauer war die Aufmerksamkeit für Polen im Vergleich zu den anderen osteuropäischen Staaten am größten. Es wurde in den Bonner »Amtsstuben« intern stets als wichtigster Warschauer-Pakt-Staat nach der Sowjetunion behandelt, als Schlüssel zu den kleineren osteuropäischen Staaten, abgesehen vom Sonderfall Rumänien (1967). Nach 1969 gelang die Entblockierung der Beziehungen zu Osteuropa über die Verträge mit Moskau und Warschau.

Insbesondere in der Polenpolitik stieß man bis 1990 auf ein komplexes Verhältnis zwischen *Moral*politik und *Interessen*politik. In allen Phasen der Bonner Beziehungen zu Polen wurde von den deutschen Entscheidungsträgern diese kritische Größe anerkannt. Freilich konnten die Schlußfolgerungen ganz unterschiedlich ausfallen. Gerade in jenen ersten Jahren des geringen Abstands von den deutschen Verbrechen war die moralische Sensibilität im Verhältnis zu Polen bei den Regierenden in der Bundesrepublik – scheinbar paradox – relativ gering. Sie wuchs mit dem zeitlichen Abstand vom Nationalsozialismus.

Für Konrad Adenauer bestand die Moralität darin, der kommunistischen Regierung das Gespräch zu verweigern und einem freien polnischen Volk die Verständigung anzubieten. Für Willy Brandt und Walter Scheel bestand sie in der Einsicht, daß das Recht der Polen, die nunmehr in dritter Generation in den ehemaligen deutschen Ostgebieten lebten, nicht nur das von der Regierung Kiesingers eingestandene Lebensrecht dort, sondern eine klare Grenzgarantie der Bundesrepublik, die *conditio sine qua non* für ein Arrangement mit der polnischen Staatsführung *und* für die Verständigung mit dem polnischen Volk, umfassen mußte. Für Helmut Schmidt, der während seiner Kanzlerschaft ein besonders nachhaltiges polenpolitisches Engagement an den Tag legte, bestand Moral darin, die Frage nach der Legitimität der polnischen Machthaber nicht zuzulassen und sich angesichts deutscher Schuld eines Werturteils über die Vorgänge in Polen zwischen 1980 und 1982 weitgehend zu enthalten. Sein Verständnis von Verantwortung verbot jedes Schüren des Konflikts zwischen Macht und Freiheitsbegehren, solange ein Untergang des Realsozialismus nicht abzusehen war.

Als sich in der zweiten Hälfte der fünfziger Jahre erstmals zumindest die Möglichkeit einer positiven Wendung in den Beziehungen zu Polen andeutete, sollte eine Regelung des Verhältnisses zu dem (indirekten) Nachbarn im Osten nicht nur einer historischen und moralischen Pflicht Genüge tun, sondern sich darüber hinaus auch günstig auf die westdeutsche außen- und sicherheitspolitische Verankerung im Westen auswirken. Das war zumindest ein Hintergedanke Heinrich von Brentanos.

Der Rückblick auf 40 Jahre Bonner Polenpolitik vergegenwärtigt nicht nur einen bisweilen frappierenden Mangel an Realitätssinn und Phantasie, sondern auch die heilende Wirkung, die der Faktor Zeit im (west)deutschpolnischen Verhältnis zeitigte. Die Verdrängungsleistung der westdeutschen Politik und Gesellschaft in den fünfziger Jahren, die Konzentration auf das zugefügte Vertreibungsleid und den eigenen Territorialverlust, waren offensichtlich Voraussetzungen für die in den sechziger Jahren einsetzende bundesrepublikanische Debatte über eine neue Grundlage für das Verhältnis zum Nachbarn im Osten.

Es sollte jedoch noch bis zum Jahr 1970 dauern, bis ein neuer Realismus, gepaart mit moralischer Verantwortung und visionärem Denken, getragen von Kirchen, Gewerkschaften, Intellektuellen und anderen gesellschaftlichen Gruppen, in einem sogenannten »Normalisierungsvertrag«, dem Warschauer Vertrag, und in einer großen symbolischen Geste bekräftigt werden sollte, dem Kniefall des deutschen Kanzlers Willy Brandt vor dem Warschauer Ghettodenkmal.

Nochmals 20 Jahre sollten vergehen, bis eine unerwartete und plötzliche Wendung in der europäischen Nachkriegsgeschichte, der Zusammenbruch von Kommunismus und »Ostblock«, den deutsch-polnischen Beziehungen zum historischen Durchbruch verhalf. Es war kein Zufall, daß die entscheidenden Signale für die große europäische Wende gerade von Polen und von der DDR ausgingen. Das Gefühl für die Unerträglichkeit des Status quo und die Verletzung grundlegender Menschen- und Bürgerrechte war hier am größten. Ebensowenig war es freilich ein Zufall, daß weiten Kreisen des politischen Establishments der Bundesrepublik Deutschland in seiner Fixierung auf die Konzeption von der »Liberalisierung durch Stabilisierung« das Gespür für eine zunehmend unhaltbare Situation – zuerst in Polen, dann in der DDR – abhanden gekommen war. Solidarność und das Kriegsrecht in Polen wurden so zur schwierigsten Prüfung für eine »realistische« und »moralische« Polenpolitik, die sich die regierenden Politiker in Bonn, unabhängig von dem Ergebnis ihrer Erwägungen, nicht leicht gemacht haben. Helmut Schmidt am 13. Dezember 1981 am Werbellin und Herbert Wehner im Februar 1982 in Warschau – das waren fast Symbole für Tragik.

Hier sollte auch der Stellenwert der Symbolik in der Bonner Polenpolitik erörtert werden. Politische Symbolik kann in der Demokratie wie eine Verdichtung dessen wirken, was konzeptionell intendiert und gesellschaftlich konsensfähig ist. Denn der Abstand zwischen dem Symbol und dem gesellschaftlichen Bewußtsein darf aus der inneren Logik des demokratischen Kontrollmechanismus (das Wählervolk) heraus nicht zu groß sein. Somit war das politisch wirksame Symbol zugleich ein Gradmesser für die gesellschaftliche Befindlichkeit. Symbolische Gesten gegenüber Polen wie die von Willy Brandt über Richard von Weizsäcker und Helmut Kohl bis zu Roman Herzog gaben einen Hinweis darauf, was von der Mehrheit der (west)deutschen Bevölkerung in dem historischen Augenblick zumindest akzeptiert, wenn nicht sogar begrüßt wurde – trotz der haftenden und sich nur langsam verändernden negativen Polenbilder in der deutschen Bevölkerung.

Das Novum epochalen Ausmaßes im Denken und Handeln der deutschen *classe politique* war der Umstand, daß nach der Wende der Generalausgleich mit Polen, insbesondere eine deutsch-polnische Grenzregelung, von *allen* politischen Kräften im Parlament getragen wurde. Der Warschauer Völkerrechtler und heutige Botschafter in Österreich, Jan Barcz, der an den deutsch-polnischen Vertragsverhandlungen teilgenommen hatte, drückte es so aus: »Unter strategischem Gesichtspunkt hat das für die Beziehungen zwischen Polen und Deutschland fundamentale Bedeutung. Die Sicherheit und Stabilität in dieser grundlegenden Frage schafft völlig neue Möglichkeiten bei der Suche nach pragmatischen Lösungen da, wo noch Probleme existieren.«[1]

Insofern hat der europäische Paradigmenwechsel von 1989/90 die deutsche Polen- und Osteuropapolitik grundsätzlich von Dilemmas erlöst, vor die sie sich in der Kanzlerschaft Adenauers über Erhard, Kiesinger, Brandt und Schmidt bis in die ersten Jahre der Kanzlerschaft Kohls gestellt sah:

1. Die latente Spannung zwischen *politischem Realismus* und *moralischem Anspruch* in der Osteuropa- und insbesondere in der Polenpolitik war während des Kalten Kriegs und des Systemantagonismus nicht aufzulösen. In manchen Augenblicken trat sie nicht so offen zutage, in anderen Situation war sie schmerzlich. Wie konnte Versöhnung mit dem Volk gefunden werden, wenn man mit Machthabern verhandeln mußte, die nicht vom Volk legitimiert waren? Für Adenauer war die Herrschaft der Kommunisten in Warschau *ein* Vorwand für Nichtstun. Brandt hatte das Glück, daß es zu Zeiten seiner Ostpolitik noch keine demokratische Opposition gab und er mit dem Grenzrespektierungs- bzw. Normalisierungsvertrag sowohl den Regierenden wie den Regierten entgegenkam. Schmidt war am stärksten mit dem Dilemma konfrontiert. Kohl hatte am Ende Fortüne.

2. Die außergewöhnliche moralische und historische Komponente im Verhältnis zu Polen wurde zudem von der *Machtfrage* in dem Sinne überlagert, daß die Bundesrepublik Deutschland den Schlüssel zur Wiedervereinigung, dem prioritären langfristigen Hauptziel der Bonner Republik, zu Recht in Moskau liegen sah. Besondere Rücksichtnahme auf die Vormachtrolle der Sowjetunion schien somit vom Anfang der Republik an geboten. Die Insellage West-Berlins machte Bonn in der Ära der deutschen Teilung zusätzlich erpreßbar.

---

1 Jan Barcz, Niemcy - Polska: między szansą a wyzwaniem [Deutschland - Polen: zwischen Chance und Herausforderung], in: Roman Kuźniar (Hrsg.), Krajobraz po transformacji. Środowisko międzynarodowe Polski lat dziewięćdziesiątych [Landschaft nach der Transformation: Das internationale Umfeld Polens in den neunziger Jahren], Warszawa 1992, S. 62-73, hier S. 69.

### ... zum Machtgefälle in den deutsch-polnischen Beziehungen

Die *Asymmetrie* der Potentiale und der Beziehungen bildet eine Konstante in dem Verhältnis zwischen Bonn und Warschau, die bis zum Zeitpunkt der Erreichung der äußeren Souveränität im Jahre 1989 durch die Blockzugehörigkeit Polens überlagert wurde. Bis zur außenpolitischen Emanzipation gegenüber der Sowjetunion bestand ein asymmetrisches Garantieverhältnis innerhalb des sowjetischen Blocksystems. Die Sowjetunion garantierte die polnische Westgrenze, dafür garantierte die PVAP die sozialistische Ordnung in Polen, die wiederum von der Sowjetunion garantiert wurde. Ersteres war über die Jahrzehnte eigentlich nicht mehr notwendig, da keine Macht sie noch in Frage stellte, auch und gerade die Bundesdeutschen nicht. Und zweiteres stellte sich über längere Sicht als unmöglich heraus, weil die Garantiemacht keine Bestandsgarantie (die sog. »Breschnew-Doktrin«) mehr gewährte.

Wenn Bonn also mit Warschau verhandelte, standen zugleich verbindliche *issues* des Warschauer Pakts auf der Tagesordnung. So war das bis 1989 und galt zumindest für die deutsch-polnischen Grundkonflikte, die zwischen 1949 und 1989 das Verhältnis zwischen Bonn und Warschau prägten und durch die offene deutsche Frage einschließlich der Grenzfrage vorgegeben waren.

In nachrangigen Fragen war das Machtgefälle zwischen Bonn und Warschau nicht so eindeutig vorbestimmt. »*Do ut des*«-Situationen waren in den westdeutsch-polnischen Verhandlungen der siebziger Jahre gang und gäbe. Die Unzufriedenheit darüber, Maximalziele verfehlt zu haben, war auf beiden Seiten ungefähr ausgeglichen. Erst in den achtziger Jahren, als das Maximalziel der Deutschen vom Anfang der fünfziger Jahre – die Wiedervereinigung in den Grenzen von 1937 – politisch endgültig abgeschrieben war, entstand eine Situation, in der die polnische Seite unter der letzten PVAP-Regierung (Rakowski 1988/89) in die Lage eines Petenten geriet, der sich selbst durch die Anerkennung von menschen- und bürgerrechtlichen Standards in Fragen, die für die Bundesregierung von Wichtigkeit waren, unter Zugzwang setzte und aufgrund der Erwartung von westdeutscher Wirtschafts- und Finanzhilfe in eine relativ schwache Verhandlungsposition begab.

Durch die Aufgabe des sowjetischen Interventionsanspruchs und die Erringung der außenpolitischen Handlungsfreiheit war Polen 1989 frei und auf sich allein gestellt. Ein langes und zähes Unabhängigkeitsstreben wurde von Erfolg gekrönt, gleichzeitig war die neue Lage aber ungewohnt und unkomfortabel. Warschau nahm ohne neue feste Verbündete und Allianzen an dem Machtpoker im deutschen Einigungsprozeß teil. Und tatsächlich ist das Machtgefälle zwischen der Bundesrepublik Deutschland und Polen kaum jemals so deutlich sichtbar geworden wie im ersten Halbjahr 1990.

Die Bundesregierung setzte die Reihenfolge im Einigungsprozeß gegen den entschiedenen polnischen Willen durch. Bonn hatte Washington von Anfang an auf seiner Seite und Polen mit Paris und London die schwächeren Verbündeten. Dem Poker wurde freilich die Dramatik ganz entscheidend dadurch genommen, daß das Ziel der Bundesregierung und der polnischen Regierung identisch war (vereinigtes Deutschland in den Grenzen von 1945 im NATO-Bündnis) und der Streit »nur« über das Prozedere geführt wurde. Die Bundesregierung mit dem Bundeskanzler an der Spitze war, wenn man so formulieren will, entschieden propolnisch eingestellt.

## ... zur großen Wende in Europa und zum Ende von Normalisierungspolitik

Die große Wende in Europa am Ende der achtziger Jahre, Glasnost und Perestroika in der Sowjetunion, der qualitative Wechsel der Akteure in Polen und im zweiten deutschen Staat, dem unsichtbaren Dritten jedes westdeutsch-polnischen Dialogs, der Sieg von Solidarność in Polen, der Fall der Berliner Mauer und der Sieg der Bürgerbewegung der DDR haben einer neuen Qualität der Beziehungen Deutschlands zu Polen den Weg geebnet. Der »europäische Völkerfrühling« schuf die Voraussetzungen für den größte Einschnitt in der deutschen Polenpolitik und in den deutsch-polnischen Beziehungen nach 1945 überhaupt.

Mit dem Neubeginn nach 1990 und nach der Vorbereitungsphase in den achtziger Jahren, die wesentlich von der anfangs unterdrückten Demokratiebewegung in Polen geformt worden war, war die Politik der *Normalisierung* der Beziehungen zwischen der Bundesrepublik und Polen inaktuell geworden. »Normalisierung« war das Stichwort für den Warschauer Vertrag 1970. Die Helsinki-Vereinbarungen von 1975 galten als weiterer wichtiger Schritt auf dem Wege der Normalisierung von Beziehungen zweier Staaten unterschiedlicher Gesellschaftsordnung und Blockzugehörigkeit. Noch Mitte der achtziger Jahre, nach Aufhebung des Kriegszustands in Polen und Beendigung der vom Westen verhängten und von Bonn nur zögernd und inkonsequent durchgehaltenen politisch-diplomatischen Quarantäne über Polen, schien es eine Zeitlang möglich und im Bereich der Bonner Vorstellungen, an das Ende der siebziger Jahre Erreichte wieder anzuknüpfen. Allerdings machte das Auftreten einer politikrelevanten Demokratiebewegung in Polen in den achtziger Jahren *business as usual* zunehmend schwieriger.

Die historische Überraschung, das nicht geplante Ergebnis des ursprünglich in der westlichen Entspannungspolitik enthaltenen Status-quo-Überwindungspotentials, machte Deutsche und Polen am Ende der achtziger Jahre zu Urhebern und Betroffenen des historischen Prozesses. Plötzlich konnte das Leitmotiv der Bonner Außenpolitik mit Blick auf Polen in operative Politik umgesetzt werden. Erstmals entstand die Chance einer politischen Allianz zwischen einem vereinigten demokratischen Deutschland und einem freien und demokratischen Polen.

### ... zur Relativierung von Asymmetrie und Machtgefälle nach der großen Wende durch Interessenausgleich in einer europäischen Integrationspolitik

Seit 1990 gibt es keine Deutschlandpolitik mehr, der Polenpolitik unterzuordnen wäre. Die Friedensregelung wurde im »Zwei-plus-Vier«-Verhandlungsprozeß unter Einbeziehung Polens und mit einem deutsch-polnischen Grenzvertrag gefunden. Polenpolitik ist seit 1990 grundsätzlich von der Politik mit der Sowjetunion/Rußland nicht mehr abhängig. Die Sowjetunion hatte 1990 den Schlüssel zur deutschen Frage abgegeben. Rußland behält zweifellos als große europäische Macht ihr Eigengewicht, denn ohne seine Teilnahme bleibt eine europäische Friedens- und Sicherheitsordnung unvollständig und gefährdet. Aber es gibt für die Europapolitik der Bundesrepublik Deutschland kein Entweder-Oder: entweder »Moskau zuerst« und »Abschreibung« Polens als Glacis russischer Neohegemonialpolitik oder »Warschau zuerst« und Mißachtung der sogenannten »legitimen« Sicherheitsinteressen Rußlands. Im nationalen deutschen Interesse liegt seit der großen Wende eine Abrundung der ursprünglich auf Westeuropa beschränkten Integrationspolitik in Richtung Ostmitteleuropa, insbesondere in bezug auf den strategisch wichtigsten ostmitteleuropäischen Staat, nämlich Polen, und eine institutionalisierte Kooperation und Partnerschaft mit Rußland.

Die verblüffend einfach und nach dem Ende des Jalta-Komplexes logisch klingende Vorstellung der politischen Klasse in Deutschland von sehr guten Beziehungen zu Polen *und* zu Rußland ist ohne Präzedenz in der Geschichte der deutschen Außenpolitik des 20. Jahrhunderts; wobei hinzuzufügen wäre, daß »sehr gute« deutsch-polnische Beziehungen eine Dichte und Nähe implizieren, die »sehr gute« deutsch-russische Beziehungen aus verschiedenen Gründen in historisch absehbaren Zeiträumen nicht erreichen werden: Deutschland und Rußland haben keine gemeinsame Grenze. Deutschland und Rußland sind in ihrer geographischen und kulturräumlichen Dimension unvergleichbar. Ein mittlerer europäischer Flächenstaat Deutschland sieht sich einem eurasischen Halbkontinent gegenüber. Historisch, politisch-kulturell und technisch-zivilisatorisch sind sich Deutschland und Polen viel näher als Deutschland und Rußland: Dies gilt vom verbindenden westlichen Christentum bis zum Vergleich des Pro-Kopf-Bruttosozialprodukts.

Nach alledem, was sich vor 1945 ereignet hat, nach den Erfahrungen der Jahre der Spaltung Europas und nach dem europäischen »Völkerfrühling« eignet sich das Thema »Polen« einfach nicht mehr zur innenpolitischen Instrumentalisierung. Wenn denn der Begriff der Instrumentalisierung im deutsch-polnischen Verhältnis nach 1990 noch einen Sinn hat, dann in der positiven Wendung des Begriffs, die heißt, daß es ein gesteigertes deutsches Interesse an der weiteren Stabilisierung des demokratischen Rechtsstaats, an der Entwicklung einer offenen Gesellschaft sowie an dem Erfolg der marktwirtschaftlichen Reformen in Polen gibt. Schließlich sucht Deutschland in seinem polnischen Nachbarn einen Anker der Stabilität an seiner Ostgrenze, einen Partner, der Mitglied in denselben Bündnissen ist und so verhindert, daß die Grenze an Oder und Neiße die östliche Grenze eines durch Integration gefestigten Stabilitätsraums bleibt. Dabei stellt es sich als historisches Glück für Deutschland heraus, daß Polens Westdrift Deutschlands Verankerung im Westen zusätzlich stärkt.

Deutsche Polenpolitik nach der großen Wende stellt sich auch insofern als interessengeleitet dar, als sie einen Grundstein zur Stabilisierung und Integration Ostmitteleuropas legt, um so den deutschen und europäischen Handlungsspielraum im herannahenden Zeitalter der Globalisierung der Außen- und Wirtschaftspolitik zu erhalten. In den globalen Prozessen, die sich nach dem Ende der Ost-West-Konfrontation und des Kommunismus als eines Weltsystems in den neunziger Jahren weiter beschleunigen, bleibt die spezifische deutsch-polnische Asymmetrie der Potentiale, Rollen und Einflüsse im bilateralen Verhältnis sowie in den europäischen Beziehungen und in der Weltpolitik vorläufig erhalten. Von deutschen und polnischen Zweiflern werden das wirtschaftliche Ungleichgewicht, die ungleiche gegenseitige Wahrnehmung und Beachtung oder die Fürsprecherrolle Deutschlands im europäischen Integrationsprozeß ständig als Argumente gegen einen Vergleich mit dem deutsch-französischen Versöhnungsprozeß herangezogen. Selbstverständlich lassen sich objektive Zahlen und Daten und unterschiedliche politische Gewichte nicht hinwegdiskutieren und schönreden.

Es darf freilich darauf hingewiesen werden, daß das deutsche Interesse an Polen trotz des deutsch-polnischen Machtgefälles ebenfalls eine objektive Tatsache darstellt. Dieses Bemühen der Bundesrepublik Deutschland sollte als Beleg für eine Polen grundsätzlich wohlgesonnene Politik gelten, die sich nicht durch exklusiven Bilateralismus erklären läßt, sondern die Polenpolitik in die Multilateralität europäischer Friedenspolitik eingewoben sieht, die allein es den verantwortlichen Politikern in Deutschland zukünftig erlauben wird, äußeren und inneren Frieden, Stabilität und den Erhalt der in 50 Jahren erreichten Wohlfahrt zu versprechen. Dem »Primat der verflochtenen Interessen«[2] des im Inneren und nach außen saturierten Deutschland ließe sich demnach nur in einem freundschaftlich-partnerschaftlichen Verhältnis mit Polen - wie mit allen anderen Nachbarn Deutschlands - dienen.

Die Gemeinsame Erklärung der Außenminister von Deutschland, Frankreich und Polen anläßlich ihres Treffens in Weimar am 28. und 29. August 1991 formulierte die Grundidee der deutschen Nachbarschaftspolitik nach dem Ende des geteilten Europas, die in der Zeit des Kalten Kriegs im westdeutsch-französischen Verhältnis erprobt worden war und sich nunmehr nach Osten ausweitet.[3] Die seitdem stattfindenden, nicht formalisierten Konsultationen im Rahmen des »Weimarer Dreiecks« bzw. der trilateralen Kooperation sollen nach deutschen Vorstellungen Polen den Beitritt in die europäischen Institutionen erleichtern. So kann aus der deutsch-französisch-polnischen Zusammenarbeit ein neuer Nukleus einer erweiterten europäischen Einigungspolitik entstehen.

Es gehört zu den Volten der europäischen Geschichte am Ende des 20. Jahrhunderts, daß das demokratische Polen in dem vereinigten Deutschland seinen wichtigsten politischen, wirtschaftlichen und gesellschaftlichen Partner in Europa gefunden hat. Darin liegt die Chance, eine nicht wegzudiskutierende Dominanz Deutschlands zu nutzen. Bisher trägt der Versuch der Vertrauensbildung des vereinigten Deutschland in Polen Früchte.[4] Offensichtlich nutzt Deutschland seine herausragende Rolle unter den europäischen Partnern für Integrationspolitik und Interessenausgleich, sieht darin seine Bestimmung als europäischer Staat in zentraler Lage mit mehr Nachbarn als alle anderen europäischen Länder, sowie als Zivilmacht und Handelsstaat, zu dem sich die Bundesrepublik nach 1945 entwickelt hat.

Die deutsch-französische Aussöhnung wurde seit den fünfziger Jahren von kühlen Kalkulationen gefördert, die nichts von der historisch-moralischen Dimension entwerteten. Die prodeutsche Orientierung in Polen

---

2 Siehe Christian Hacke, Die neue Bedeutung des nationalen Interesses für die Außenpolitik der Bundesrepublik Deutschland, in: APuZ, B1-2/97, 3.1.1997, S. 3-14, hier S. 9.
3 Deklaration von Weimar vom 29. August 1991 (Auszug), in: Außenpolitik der Bundesrepublik Deutschland, S. 816f.; dazu auch Fritsch-Bournazel, Europa und die deutsche Einheit, S. 317. Vgl. auch Stanisław Parzymies, Przyjaźń z rozsądku. Francja i Niemcy w nowej Europie [Freundschaft aus Vernuft. Frankreich und Deutschland im neuen Europa], Warszawa 1994.
4 Nach einer repräsentativen Umfrage des CBOS-Instituts in Warschau vom September 1996 wurde Deutschland von den Befragten auf Rang eins unter den Staaten gesetzt, mit denen Polen die engsten Beziehungen in Wirtschaft, Politik und Sicherheitspolitik (Militär) knüpfen sollte. In der Umfrage rangierte Deutschland vor den USA, Rußland, Frankreich, Großbritannien usw. Siehe Public Opinion Research Center CBOS, Polish Public Opinion, September 1996, S. 2.

erhält ihren Schub ebenfalls durch nationale Interessenabwägung. Polen aus nationalem Interesse als strategischen Partner gewonnen zu haben und die Partnerschaft und politische Freundschaft zu pflegen ist das Vermächtnis der Bonner an die Berliner Republik.

# Anhang

*Vertrag zwischen der Bundesrepublik Deutschland und der Volksrepublik Polen über die Grundlagen der Normalisierung ihrer gegenseitigen Beziehungen*

Die Bundesrepublik Deutschland und die Volksrepublik Polen

IN DER ERWÄGUNG, daß mehr als 25 Jahre seit dem Ende des Zweiten Weltkrieges vergangen sind, dessen erstes Opfer Polen wurde und der über die Völker Europas schweres Leid gebracht hat,

EINGEDENK DESSEN, daß in beiden Ländern inzwischen eine neue Generation herangewachsen ist, der eine friedliche Zukunft gesichert werden soll,

IN DEM WUNSCHE, dauerhafte Grundlagen für ein friedliches Zusammenleben und die Entwicklung normaler und guter Beziehungen zwischen ihnen zu schaffen,

IN DEM BESTREBEN, den Frieden und die Sicherheit in Europa zu festigen,

IN DEM BEWUSSTSEIN, daß die Unverletzlichkeit der Grenzen und die Achtung der territorialen Integrität und der Souveränität aller Staaten in Europa in ihren gegenwärtigen Grenzen eine grundlegende Bedingung für den Frieden sind,

SIND wie folgt übereingekommen:

*Artikel I*

(1) Die Bundesrepublik Deutschland und die Volksrepublik Polen stellen übereinstimmend fest, daß die bestehende Grenzlinie, deren Verlauf im Kapitel IX der Beschlüsse der Potsdamer Konferenz vom 2. August 1945 von der Ostsee unmittelbar westlich von Swinemünde und von dort die Oder entlang bis zur Einmündung der Lausitzer Neiße und die Lausitzer Neiße entlang bis zur Grenze mit der Tschechoslowakei festgelegt worden ist, die westliche Staatsgrenze der Volksrepublik Polen bildet.

(2) Sie bekräftigen die Unverletzlichkeit ihrer bestehenden Grenzen jetzt und in der Zukunft und verpflichten sich gegenseitig zur uneingeschränkten Achtung ihrer territorialen Integrität.

(3) Sie erklären, daß sie gegeneinander keinerlei Gebietsansprüche haben und solche auch in Zukunft nicht erheben werden.

*Artikel II*

(1) Die Bundesrepublik Deutschland und die Volksrepublik Polen werden sich in ihren gegenseitigen Beziehungen sowie in Fragen der Gewährleistung der Sicherheit in Europa und in der Welt von den Zielen und Grundsätzen, die in der Charta der Vereinten Nationen niedergelegt sind, leiten lassen.

(2) Demgemäß werden sie entsprechend den Artikeln 1 und 2 der Charta der Vereinten Nationen alle ihre Streitfragen ausschließlich mit friedlichen Mitteln lösen und sich in Fragen, die die europäische und internationale Sicherheit berühren, sowie in ihren gegenseitigen Beziehungen der Drohung mit Gewalt oder der Anwendung von Gewalt enthalten.

*Artikel III*

(1) Die Bundesrepublik Deutschland und die Volksrepublik Polen werden weitere Schritte zur vollen Normalisierung und umfassenden Entwicklung ihrer gegenseitigen Beziehungen unternehmen, deren feste Grundlage dieser Vertrag bildet.

(2) Sie stimmen darin überein, daß eine Erweiterung ihrer Zusammenarbeit im Bereich der wirtschaftlichen, wissenschaftlichen, wissenschaftlich-technischen, kulturellen und sonstigen Beziehungen in ihrem beiderseitigen Interesse liegt.

*Artikel IV*

Dieser Vertrag berührt nicht die von den Parteien früher geschlossenen oder sie betreffenden zweiseitigen oder mehrseitigen internationalen Vereinbarungen.

*Artikel V*

Dieser Vertrag bedarf der Ratifikation und tritt am Tage des Austausches der Ratifikationsurkunden in Kraft, der in Bonn stattfinden soll.

ZU URKUND DESSEN haben die Bevollmächtigten der Vertragspartien diesen Vertrag unterschrieben.

GESCHEHEN zu Warschau am 7. Dezember 1970
in zwei Urschriften, jede in deutscher und polnischer Sprache, wobei jeder Wortlaut gleichermaßen verbindlich ist.

| Für die | Für die |
|---|---|
| Bundesrepublik Deutschland | Volksrepublik Polen |
| Willy Brandt | Józef Cyrankiewicz |
| Walter Scheel | Stefan Jedrychowski |

*Quelle*: Bulletin, 171, 8.12.1970, S. 1815.

*Vertrag zwischen der Bundesrepublik Deutschland und der Republik Polen über die Bestätigung der zwischen ihnen bestehenden Grenze*

Die Bundesrepublik Deutschland und die Republik Polen –

IN DEM BESTREBEN, ihre gegenseitigen Beziehungen in Übereinstimmung mit dem Völkerrecht, insbesondere der Charta der Vereinten Nationen, und mit der in Helsinki unterzeichneten Schlußakte der Konferenz über Sicherheit und Zusammenarbeit in Europa sowie den Dokumenten der Folgekonferenzen zukunftsgewandt zu gestalten,

ENTSCHLOSSEN, gemeinsam einen Beitrag zum Aufbau einer europäischen Friedensordnung zu leisten, in der Grenzen nicht mehr trennen und die allen europäischen Völkern ein vertrauensvolles Zusammenleben und umfassende Zusammenarbeit zum Wohle aller sowie dauerhaften Frieden, Freiheit und Stabilität gewährleistet,

IN DER TIEFEN ÜBERZEUGUNG, daß die Vereinigung Deutschlands als Staat mit endgültigen Grenzen ein bedeutsamer Beitrag zu der Friedensordnung in Europa ist,

UNTER BERÜCKSICHTIGUNG des am 12. September 1990 unterzeichneten Vertrags über die abschließende Regelung in bezug auf Deutschland,

EINGEDENK dessen, daß seit Ende des Zweiten Weltkriegs 45 Jahre vergangen sind, und im Bewußtsein, daß das schwere Leid, das dieser Krieg mit sich gebracht hat, insbesondere auch der von zahlreichen Deutschen und Polen erlittene Verlust ihrer Heimat durch Vertreibung oder Aussiedlung, eine Mahnung und Herausforderung zur Gestaltung friedlicher Beziehungen zwischen den beiden Völkern und Staaten darstellt,

IN DEM WUNSCH, durch die Entwicklung ihrer Beziehungen feste Grundlagen für ein freundschaftliches Zusammenleben zu schaffen und die Politik der dauerhaften Verständigung und Versöhnung zwischen Deutschen und Polen fortzusetzen –

SIND wie folgt ÜBEREINGEKOMMEN:

*Artikel 1*

Die Vertragsparteien bestätigen die zwischen ihnen bestehende Grenze, deren Verlauf sich nach dem Abkommen vom 6. Juli 1950 zwischen der Deutschen Demokratischen Republik und der Republik Polen über die Markierung der festgelegten und bestehenden deutsch-polnischen Staatsgrenze und den zu seiner Durchführung und Ergänzung geschlossenen Vereinbarungen (Akt vom 27. Januar 1951 über die Ausführung der Markierung der Staatsgrenze zwischen Deutschland und Polen; Vertrag vom 22. Mai 1989 zwischen der Deutschen Demokratischen Republik und der Volksrepublik Polen über die Abgrenzung der Seegebiete in der Oderbucht) sowie dem Vertrag vom 7. Dezember 1970 zwischen der Bundesrepublik Deutschland und der Volksrepublik Polen über die Grundlagen der Normalisierung ihrer gegenseitigen Beziehungen bestimmt.

*Artikel 2*

Die Vertragsparteien erklären, daß die zwischen ihnen bestehende Grenze jetzt und in Zukunft unverletzlich ist und verpflichten sich gegenseitig zur uneingeschränkten Achtung ihrer Souveränität und territorialen Integrität.

*Artikel 3*

Die Vertragsparteien erklären, daß sie gegeneinander keinerlei Gebietsansprüche haben und solche auch in Zukunft nicht erheben werden.

*Artikel 4*

(1) Dieser Vertrag bedarf der Ratifikation; die Ratifikationsurkunden werden so bald wie möglich in Bonn ausgetauscht.

(2) Dieser Vertrag tritt am Tage des Austausches der Ratifikationsurkunden in Kraft.

ZU URKUND DESSEN haben die Vertreter der Vertragsparteien diesen Vertrag unterzeichnet und mit Siegeln versehen.

GESCHEHEN zu Warschau am 14. November 1990

in zwei Urschriften, jede in deutscher und polnischer Sprache, wobei jeder Wortlaut gleichermaßen verbindlich ist.

|  |  |
|---|---|
| Für die<br>Bundesrepublik Deutschland<br>Hans-Dietrich Genscher | Für die<br>Republik Polen<br>Krzysztof Skubiszewski |

*Quelle*: Bulletin, 134, 16.11.1990, S. 1394

*Vertrag zwischen der Bundesrepublik Deutschland und der Republik Polen über gute Nachbarschaft und freundschaftliche Zusammenarbeit*

Die Bundesrepublik Deutschland und die Republik Polen -

IN DEM BESTREBEN, die leidvollen Kapitel der Vergangenheit abzuschließen und entschlossen, an die guten Traditionen und das freundschaftliche Zusammenleben in der jahrhundertelangen Geschichte Deutschlands und Polens anzuknüpfen,

ANGESICHTS der historischen Veränderungen in Europa, insbesondere der Herstellung der Einheit Deutschlands und des tiefgreifenden politischen, wirtschaftlichen und sozialen Wandels in Polen,

ÜBERZEUGT von der Notwendigkeit, die Trennung Europas endgültig zu überwinden und eine gerechte und dauerhafte europäische Friedensordnung zu schaffen,

IM BEWUSSTSEIN ihrer gemeinsamen Interessen und ihrer gemeinsamen Verantwortung für den Aufbau eines neuen, durch Menschenrechte, Demokratie und Rechtsstaatlichkeit vereinten und freien Europas,

IN DER FESTEN ÜBERZEUGUNG, daß sie durch die Verwirklichung des lang gehegten Wunsches ihrer beiden Völker nach Verständigung und Versöhnung einen gewichtigen Beitrag für die Erhaltung des Friedens in Europa leisten,

IN DER ERKENNTNIS, daß die wirtschaftliche Zusammenarbeit ein notwendiges Element der Entwicklung umfassender beiderseitiger Beziehungen auf einer stabilen und festen Grundlage sowie beim Abbau des Entwicklungsgefälles und bei der Stärkung des Vertrauens zwischen beiden Ländern und ihren Völkern ist, sowie in dem Wunsch, diese Zusammenarbeit in der Zukunft wesentlich auszubauen und zu vertiefen,

IM BEWUSSTSEIN der Bedeutung, welche die Mitgliedschaft der Bundesrepublik Deutschland in der Europäischen Gemeinschaft und die politische und wirtschaftliche Heranführung der Republik Polen an die Europäische Gemeinschaft für die künftigen Beziehungen der beiden Staaten haben,

EINGEDENK des unverwechselbaren Beitrags des deutschen und des polnischen Volkes zum gemeinsamen kulturellen Erbe Europas und der jahrhundertelangen gegenseitigen Bereicherung der Kulturen beider Völker sowie der Bedeutung des Kulturaustauschs für das gegenseitige Verständnis und für die Aussöhnung der Völker,

ÜBERZEUGT, daß der jungen Generation bei der Neugestaltung des Verhältnisses beider Länder und Völker und der Vertrauensbildung zwischen ihnen eine besondere Rolle zukommt,

IN WÜRDIGUNG des Vertrags vom 14. November 1990 zwischen der Bundesrepublik Deutschland und der Republik Polen über die Bestätigung der zwischen ihnen bestehenden Grenze -

SIND wie folgt ÜBEREINGEKOMMEN:

*Artikel 1*

(1) Die Vertragsparteien werden ihre Beziehungen im Geiste guter Nachbarschaft und Freundschaft gestalten. Sie streben eine enge friedliche und partnerschaftliche Zusammenarbeit auf allen Gebieten an. In europäischer Verantwortung werden sie ihre Kräfte dafür einsetzen, den Wunsch ihrer beiden Völker nach dauerhafter Verständigung und Versöhnung in die Tat umzusetzen.

(2) Die Vertragsparteien streben die Schaffung eines Europa an, in dem die Menschenrechte und Grundfreiheiten geachtet werden und die Grenzen ihren trennenden Charakter auch dadurch verlieren, daß wirtschaftliche und soziale Unterschiede überwunden werden.

*Artikel 2*

Die Vertragsparteien bekennen sich bei der Gestaltung ihrer Beziehungen und in Fragen des Friedens, der Sicherheit und Zusammenarbeit in Europa und in der Welt insbesondere zu folgenden Grundsätzen:

Oberstes Ziel ihrer Politik ist es, den Frieden zu wahren und zu festigen und jede Art von Krieg zuverlässig zu verhindern.

Sie handeln in Übereinstimmung mit dem Völkerrecht, insbesondere der Charta der Vereinigten Nationen, sowie mit der Schlußakte von Helsinki vom 1. August 1975, der Charta von Paris für ein neues Europa vom 21. November 1990 sowie der Dokumente der KSZE-Folgetreffen.

Sie achten gegenseitig ihre souveräne Gleichheit, ihre territoriale Integrität, die Unantastbarkeit ihrer Grenzen, ihre politische Unabhängigkeit sowie den Grundsatz des Verbots der Drohung mit oder Anwendung von Gewalt.

Sie bekräftigen das Recht aller Völker und Staaten, ihr Schicksal frei und ohne äußere Einmischung zu bestimmen und ihre politische, wirtschaftliche, soziale und kulturelle Entwicklung nach eigenen Wünschen zu gestalten.

Sie stellen den Menschen mit seiner Würde und mit seinen Rechten, die Sorge für das Überleben der Menschheit und die Erhaltung der natürlichen Umwelt in den Mittelpunkt ihrer Politik.

Sie verurteilen klar und unmißverständlich Totalitarismus, Rassenhaß und Haß zwischen Volksgruppen, Antisemitismus, Fremdenhaß und Diskriminierung irgendeines Menschen sowie die Verfolgung aus religiösen und ideologischen Gründen.

Sie betrachten Minderheiten und gleichgestellte Gruppen als natürliche Brücken zwischen dem deutschen und dem polnischen Volk und sind zuversichtlich, daß diese Minderheiten und Gruppen einen wertvollen Beitrag zum Leben ihrer Gesellschaften leisten.

Sie bekräftigen die unmittelbare Geltung der allgemeinen Regeln des Völkerrechts im innerstaatlichen Recht und in den internationalen Beziehungen und sind entschlossen, ihre vertraglichen Verpflichtungen gewissenhaft zu erfüllen. Sie werden die Schlußakte von

Helsinki, die Charta von Paris für ein neues Europa und die anderen KSZE-Dokumente in allen Bereichen verwirklichen.

*Artikel 3*

(1) Die Vertragsparteien werden regelmäßige Konsultationen abhalten, um eine Weiterentwicklung und Vertiefung der bilateralen Beziehungen sicherzustellen und ihre Haltung zu internationalen Fragen abzustimmen.

(2) Konsultationen auf der Ebene der Regierungschefs finden so oft wie erforderlich, mindestens einmal jährlich statt.

(3) Die Außenminister tragen für die Durchführung dieses Vertrags in seiner Gesamtheit Sorge. Sie werden mindestens einmal jährlich zu Konsultationen zusammentreffen. Leitende Beamte der beiden Außenministerien, denen politische, wirtschaftliche und kulturelle Angelegenheiten obliegen, treffen regelmäßig, mindestens einmal jährlich, zu Konsultationen zusammen.

(4) Die Minister anderer Ressorts, darunter die Verteidigungsminister, werden regelmäßig in Kontakt treten. Das gleiche gilt für die leitenden Beamten dieser Ressorts.

(5) Die bereits bestehenden gemeinsamen Kommissionen werden ihre Arbeit nach Möglichkeit intensivieren. Neue gemischte Kommissionen werden bei Bedarf nach gegenseitiger Absprache gebildet.

*Artikel 4*

Die Vertragsparteien unterstützen die Kontakte und den Erfahrungsaustausch zwischen den Parlamenten zur Förderung der bilateralen Beziehungen und im Hinblick auf die internationale parlamentarische Zusammenarbeit.

*Artikel 5*

(1) Die Vertragsparteien bekräftigen, daß sie sich der Drohung mit oder Anwendung von Gewalt enthalten werden, die gegen die territoriale Integrität oder die politische Unabhängigkeit der jeweils anderen Vertragspartei gerichtet oder auf irgendeine andere Art und Weise mit den Zielen und Prinzipien der Charta der Vereinten Nationen oder mit der Schlußakte von Helsinki unvereinbar ist.

(2) Die Vertragsparteien werden ihre Streitigkeiten ausschließlich mit friedlichen Mitteln lösen und keine ihrer Waffen jemals anwenden, es sei denn zur individuellen oder kollektiven Selbstverteidigung. Sie werden niemals und unter keinen Umständen als erste Streitkräfte gegeneinander einsetzen.

(3) Die Vertragsparteien werden den Frieden durch den Aufbau kooperativer Strukturen der Sicherheit für ganz Europa festigen. Sie werden dementsprechend in voller Verwirklichung der Schlußakte von Helsinki, der Charta von Paris für ein neues Europa sowie der anderen KSZE-Dokumente den Prozeß der Sicherheit und Zusammenarbeit in Europa

nach Kräften unterstützen und unter Mitwirkung aller Teilnehmerstaaten der KSZE weiter stärken und entwickeln.

*Artikel 6*

(1) Die Vertragsparteien haben in einem sich wandelnden politischen und militärischen Umfeld in Europa das gemeinsame Ziel, auf eine Stärkung der Stabilität und Erhöhung der Sicherheit hinzuwirken. Sie werden insbesondere zusammenarbeiten, um die sich ergebenden neuen Möglichkeiten gemeinsamer Anstrengungen im Bereich der Sicherheit zu nutzen.

(2) Die Vertragsparteien treten dafür ein, daß Streitkräfte und Rüstungen durch verbindliche und wirksam überprüfbare Vereinbarungen auf ein möglichst niedriges Niveau reduziert werden, das zur Verteidigung ausreicht, aber nicht zum Angriff befähigt.

(3) Die Vertragsparteien werden sich, auch gemeinsam, für den multilateralen und bilateralen Ausbau vertrauensbildender und stabilisierender sowie anderer rüstungskontrollpolitischer Maßnahmen einsetzen, die Stabilität und Vertrauen stärken und zu größerer Offenheit führen.

*Artikel 7*

Falls eine Situation entsteht, die nach Meinung einer Vertragspartei eine Bedrohung für den Frieden oder eine Verletzung des Friedens darstellt oder gefährliche internationale Verwicklungen hervorrufen kann, so werden beide Vertragsparteien unverzüglich miteinander Verbindung aufnehmen und bemüht sein, ihre Positionen abzustimmen und Einverständnis über Maßnahmen zu erzielen, die geeignet sind, die Lage zu verbessern oder zu bewältigen.

*Artikel 8*

(1) Die Vertragsparteien messen dem Ziel der Europäischen Einheit auf der Grundlage der Menschenrechte, Demokratie und Rechtsstaatlichkeit höchste Bedeutung bei und werden sich für die Erreichung dieser Einheit einsetzen.

(2) Mit dem Abschluß eines Assoziierungsabkommens zwischen den Europäischen Gemeinschaften und der Republik Polen legen die Europäischen Gemeinschaften, ihre Mitgliedstaaten und die Republik Polen die Grundlage für eine politische und wirtschaftliche Heranführung der Republik Polen an die Europäische Gemeinschaft. Die Heranführung wird von der Bundesrepublik Deutschland im Rahmen ihrer Möglichkeiten nach Kräften gefördert.

(3) Die Bundesrepublik Deutschland steht positiv zur Perspektive eines Beitritts der Republik Polen zur Europäischen Gemeinschaft, sobald die Voraussetzungen dafür gegeben sind.

*Artikel 9*

(1) Die Vertragsparteien werden sich für die Ausweitung und Diversifizierung ihrer wirtschaftlichen Beziehungen in allen Bereichen einsetzen. Sie werden im Rahmen ihrer innerstaatlichen Gesetzgebung und ihrer Verpflichtungen aus internationalen Verträgen, darunter den Verpflichtungen der Bundesrepublik Deutschland aus der Mitgliedschaft in der Europäischen Gemeinschaft, die günstigsten Rahmenbedingungen, insbesondere auf wirtschaftlichem, rechtlichem und organisatorischem Gebiet, für natürliche und juristische Personen für wirtschaftliche, darunter unternehmerische Tätigkeiten schaffen.

(2) Die Vertragsparteien sind sich einig darüber, daß der in der Republik Polen eingeleitete wirtschaftliche Umgestaltungsprozeß durch internationale Zusammenarbeit gefördert werden soll. Die Bundesrepublik Deutschland ist bereit, sowohl bilateral wie auch multilateral auf die Unterstützung der wirtschaftlichen Entwicklung Polens im Rahmen einer voll entwickelten sozialen Marktwirtschaft hinzuwirken. Damit sollen auch die Bedingungen für eine wesentliche Verringerung der Entwicklungsunterschiede geschaffen werden.

(3) Die Vertragsparteien werden insbesondere die Entwicklung der Zusammenarbeit in den Bereichen Investitionen und Kapitalanlagen sowie industrieller Kooperationen zwischen deutschen und polnischen Unternehmen unter voller Ausnutzung aller verfügbaren Förderungsinstrumente unterstützen. Dabei wird der Zusammenarbeit zwischen kleinen und mittleren Firmen und Betrieben besondere Aufmerksamkeit gelten.

(4) Die Vertragsparteien messen der Zusammenarbeit in der Aus- und Weiterbildung von Fach- und Führungskräften der Wirtschaft eine wichtige Bedeutung für die Ausgestaltung der bilateralen Beziehungen bei und sind bereit, sie wesentlich auszubauen und zu vertiefen.

*Artikel 10*

(1) Die Vertragsparteien erkennen die Bedeutung normaler Finanz- und Kreditbeziehungen als einen Faktor für den Prozeß der wirtschaftlichen Umgestaltung in der Republik Polen sowie für die Festigung und Belebung ihrer Gesamtbeziehungen an. Sie werden im Rahmen ihrer Verpflichtungen aus internationalen Übereinkünften und im Rahmen ihrer innerstaatlichen Regeln ihre Anstrengungen fortsetzen, um günstige Voraussetzungen für die weitere Entwicklung ihrer finanziellen Zusammenarbeit zu schaffen. In diesem Zusammenhang sind sie sich der Bedeutung bewußt, die den Exportkreditgewährleistungen für die Stärkung ihrer Wirtschaftsbeziehungen zukommt.

(2) Die Vertragsparteien bestätigen ihre Bereitschaft, unter Berücksichtigung der beiderseitigen Interessen und der beiderseits bestehenden Zusammenarbeit mit anderen Ländern, im Rahmen der Europäischen Bank für Wiederaufbau und Entwicklung sowie anderer multilateraler Finanzinstitutionen, insbesondere des Internationalen Währungsfonds und der Weltbank, zusammenzuarbeiten.

(3) Die Vertragsparteien sind der Auffassung, daß die Lösung des Problems der polnischen Verschuldung eine wichtige Voraussetzung für den Erfolg der in der Republik Polen eingeleiteten Wirtschaftsreformen ist. Dementsprechend werden sie in diesem Bereich weiter zusammenarbeiten.

*Artikel 11*

Die Vertragsparteien sind sich einig über die besondere Bedeutung ihrer Zusammenarbeit bei der Produktion landwirtschaftlicher Erzeugnisse, bei deren Verarbeitung, Transport und Lagerung sowie der Schaffung und Förderung moderner, hochleistungsfähiger landwirtschaftlicher Betriebe, die Kooperationsbeziehungen mit der Nahrungsmittel- und Verarbeitungsindustrie sowie dem Handel unterhalten.

*Artikel 12*

(1) Die Vertragsparteien messen der partnerschaftlichen Zusammenarbeit zwischen Regionen, Städten, Gemeinden und anderen Gebietskörperschaften, insbesondere im grenznahen Bereich, hohe Bedeutung bei.

(2) Die Vertragsparteien werden diese Zusammenarbeit, insbesondere die Tätigkeit der Regierungskommission für regionale und grenznahe Zusammenarbeit, auf allen Gebieten erleichtern und fördern.

(3) Die Vertragsparteien lassen sich in der regionalen und grenznahen Zusammenarbeit insbesondere von den entsprechenden Konventionen des Europarats leiten. Sie streben die Einbeziehung dieser Zusammenarbeit in die Tätigkeit der entsprechenden europäischen Gremien an.

*Artikel 13*

Die Vertragsparteien stimmen darin überein, daß in einem zusammenwachsenden Europa die Abstimmung der Raumordnungspolitik der einzelnen Staaten, insbesondere zwischen unmittelbaren Nachbarstaaten, notwendig ist. Sie werden deshalb in der Raumordnung und der räumlichen Planung auf allen Ebenen grenzüberschreitend zusammenarbeiten.

*Artikel 14*

(1) Die Vertragsparteien werden auf der Grundlage ihrer Übereinkünfte im Bereich der sozialen Sicherung und der arbeits- und sozialpolitischen Zusammenarbeit ihre Beziehungen ausbauen und vertiefen.

(2) Die Bundesrepublik Deutschland wird der Republik Polen bei der Umgestaltung der Systeme der sozialen Sicherung, der Arbeitsförderung und der Arbeitsbeziehungen beratende Hilfestellung leisten.

*Artikel 15*

(1) Die Vertragsparteien werden die wissenschaftliche und technische Zusammenarbeit zwischen den beiden Staaten nach den Prinzipien der Gleichberechtigung und des gegenseitigen Nutzens unter Berücksichtigung der Möglichkeiten moderner Wissenschaft und Technologie zum Wohl der Menschen, zu friedlichen Zwecken und zur Mehrung des Wohlstands entwickeln und erleichtern.

(2) Die Vertragsparteien werden auf der Grundlage bestehender Übereinkünfte die Zusammenarbeit auf diesen Gebieten erweitern und ihre Ergebnisse in gemeinsamen Vorhaben umsetzen.

(3) Die Vertragsparteien werden Initiativen von Wissenschaftlern und Forschungseinrichtungen unterstützen, die auf eine dynamische, harmonische und umfassende Entwicklung dieser Zusammenarbeit gerichtet sind.

(4) Die Vertragsparteien werden den intensiven Austausch von Informationen und wissenschaftlich-technischer Dokumentation unterstützen und den Zugang zu wissenschaftlichen Forschungsinstituten, Archiven, Bibliotheken und ähnlichen Einrichtungen erleichtern.

*Artikel 16*

(1) Die Vertragsparteien messen der Abwehr drohender Gefahren für die Umwelt und der Erhaltung der natürlichen Lebensgrundlagen auch im Interesse künftiger Generationen große Bedeutung bei. Sie bekräftigen ihre Entschlossenheit, die Zusammenarbeit auf dem Gebiet des Umweltschutzes auf der Grundlage bestehender Übereinkünfte fortzusetzen und auch vertraglich weiter auszubauen.

(2) Im Vordergrund der Zusammenarbeit soll die Erfassung und Beseitigung von Umweltbelastungen in der Grenzregion, insbesondere im Einzugsgebiet der Oder, stehen.

(3) Die Vertragsparteien werden sich darüber hinaus für die Entwicklung abgestimmter Strategien für eine regionale und internationale Umweltpolitik einsetzen, mit dem Ziel einer dauerhaften und umweltverträglichen Entwicklung in Europa.

*Artikel 17*

Die Vertragsparteien werden zusammenwirken, um sich gegenseitig bei Katastrophen und schweren Unglücksfällen Hilfe zu leisten.

*Artikel 18*

(1) Die Vertragsparteien streben eine Erweiterung der Transportverbindungen im Luft-, Eisenbahn- und Straßenverkehr sowie in der See- und Binnenschiffahrt unter Nutzung modernster Technologien an.

(2) Die Vertragspartner bemühen sich, günstige Rahmenbedingungen für die Nutzung ihrer Verkehrswege bei Beförderungen zwischen ihren Hoheitsgebieten und im Durchgangsverkehr zu schaffen.

(3) Die Vertragsparteien streben eine Erweiterung, Verbesserung und Harmonisierung der Kommunikationsverbindungen unter Berücksichtigung der europäischen und internationalen Entwicklung in Normung und Technologie an. Das gilt insbesondere für Telefon-, Telex- und Datenverbindungen.

*Artikel 19*

(1) Die Vertragsparteien werden alle geeigneten Maßnahmen treffen, um den Reise- und Fremdenverkehr zu fördern und zu erleichtern.

(2) Die Vertragsparteien werden sich bemühen, die Zoll- und Grenzabfertigung auf der Grundlage der Gegenseitigkeit zu verbessern und zu beschleunigen sowie die Zusammenarbeit der jeweiligen Verwaltungen weiter zu entwickeln.

(3) Die Vertragsparteien beabsichtigen, bestehende Grenzübergänge entsprechend dem Verkehrsaufkommen auszubauen und zu modernisieren sowie neue erforderliche Grenzübergänge einzurichten.

*Artikel 20*

(1) Die Angehörigen der deutschen Minderheit in der Republik Polen, das heißt Personen polnischer Staatsangehörigkeit, die deutscher Abstammung sind oder die sich zur deutschen Sprache, Kultur oder Tradition bekennen, sowie Personen deutscher Staatsangehörigkeit in der Bundesrepublik Deutschland, die polnischer Abstammung sind oder die sich zur polnischen Sprache, Kultur oder Tradition bekennen, haben das Recht, einzeln oder in Gemeinschaft mit anderen Mitgliedern ihrer Gruppe ihre ethnische, kulturelle, sprachliche und religiöse Identität frei zum Ausdruck zu bringen, zu bewahren und weiterzuentwickeln; frei von jeglichen Versuchen, gegen ihren Willen assimiliert zu werden. Sie haben das Recht, ihre Menschenrechte und Grundfreiheiten ohne jegliche Diskriminierung und in voller Gleichheit vor dem Gesetz voll und wirksam auszuüben.

(2) Die Vertragsparteien verwirklichen die Rechte und Verpflichtungen des internationalen Standards für Minderheiten, insbesondere gemäß der allgemeinen Erklärung der Menschenrechte der Vereinten Nationen vom 10. Dezember 1948, der Europäischen Konvention vom 4. November 1950 zum Schutz der Menschenrechte und Grundfreiheiten, des Internationalen Übereinkommens vom 7. März 1966 zur Beseitigung jeder Form von Rassendiskriminierung, des Internationalen Pakts vom 16. Dezember 1966 über bürgerliche und politische Rechte, der Schlußakte von Helsinki vom 1. August 1975, des Dokuments des Kopenhagener Treffens über die menschliche Dimension der KSZE vom 29. Juni 1990 sowie der Charta von Paris für ein neues Europa vom 21. November 1990.

(3) Die Vertragsparteien erklären, daß die in Absatz 1 genannten Personen in besondere das Recht haben, einzeln oder in Gemeinschaft mit anderen Mitgliedern ihrer Gruppe
- sich privat und in der Öffentlichkeit ihrer Muttersprache frei zu bedienen, in ihr Informationen zu verbreiten und auszutauschen und dazu Zugang zu haben,
- ihre eigenen Bildungs-, Kultur- und Religionseinrichtungen, -organisationen oder -vereinigungen zu gründen und zu unterhalten, die um freiwillige Beiträge finanzieller oder anderer Art sowie öffentliche Unterstützung im Einklang mit den nationalen Rechtsvorschriften ersuchen können und gleichberechtigten Zugang zu den Medien ihrer Region haben,
- sich zu ihrer Religion zu bekennen und diese auszuüben, einschließlich des Erwerbs und Besitzes sowie der Verwendung religiösen Materials, und den Religionsunterricht in ihrer Muttersprache abzuhalten,
- untereinander ungehinderte Kontakte innerhalb des Landes sowie Kontakte über Grenzen hinweg mit Bürgern anderer Staaten herzustellen und zu pflegen, mit denen sie eine

gemeinsame ethnische oder nationale Herkunft, ein gemeinsames kulturelles Erbe oder religiöses Bekenntnis teilen,
- ihre Vor- und Familiennamen in der Form der Muttersprache zu führen,
- Organisationen oder Vereinigungen in ihrem Land einzurichten und zu unterhalten und in internationalen nichtstaatlichen Organisationen mitzuarbeiten,
- sich wie jedermann wirksamer Rechtsmittel zur Verwirklichung ihrer Rechte im Einklang mit den nationalen Rechtsvorschriften zu bedienen.

(4) Die Vertragsparteien bekräftigen, daß die Zugehörigkeit zu den in Absatz 1 genannten Gruppen Angelegenheit der persönlichen Entscheidung eines Menschen ist, die für ihn keinen Nachteil mit sich bringen darf.

*Artikel 21*

(1) Die Vertragsparteien werden die ethnische, kulturelle, sprachliche und religiöse Identität der in Artikel 20 Absatz 1 genannten Gruppen auf ihrem Hoheitsgebiet schützen und Bedingungen für die Förderung dieser Identität schaffen. Sie erkennen die besondere Bedeutung einer verstärkten konstruktiven Zusammenarbeit in diesem Bereich an. Diese soll das friedliche Zusammenleben und die gute Nachbarschaft des deutschen und des polnischen Volkes verstärken und zur Verständigung und Versöhnung zwischen ihnen beitragen.

(2) Die Vertragsparteien werden insbesondere
- ihm Rahmen der geltenden Gesetze einander Förderungsmaßnahmen zugunsten der Angehörigen der in Artikel 20 Absatz 1 genannten Gruppen oder ihrer Organisationen ermöglichen und erleichtern,
- sich bemühen, den Angehörigen der in Artikel 20 Absatz 1 genannten Gruppen, ungeachtet der Notwendigkeit, die offizielle Sprache des betreffenden Staates zu erlernen, in Einklang mit den anwendbaren nationalen Rechtsvorschriften entsprechende Möglichkeiten für den Unterricht ihrer Muttersprache oder in ihrer Muttersprache in öffentlichen Bildungseinrichtungen sowie, wo immer dies möglich und notwendig ist, für deren Gebrauch bei Behörden zu gewährleisten,
- im Zusammenhang mit dem Unterricht von Geschichte und Kultur in Bildungseinrichtungen die Geschichte und Kultur der in Artikel 20 Absatz 1 genannten Gruppen berücksichtigen,
- das Recht der Angehörigen der in Artikel 20 Absatz 1 genannten Gruppen achten, wirksam an öffentlichen Angelegenheiten teilzunehmen, einschließlich der Mitwirkung in Angelegenheiten betreffend den Schutz und die Förderung ihrer Identität,
- diesbezüglich die notwendigen Maßnahmen ergreifen, und zwar nach entsprechenden Konsultationen im Einklang mit den Entscheidungsverfahren des jeweiligen Staates, wobei diese Konsultationen Kontakte mit Organisationen oder Vereinigungen der in Artikel 20 Absatz 1 genannten Gruppen einschließen.

(3) Die Vertragsparteien werden im Hinblick auf die in diesem Artikel und in den Artikeln 20 und 22 angesprochenen Fragen die Bestimmungen von Artikel 3 anwenden.

*Artikel 22*

(1) Keine der Verpflichtungen aus den Artikeln 20 und 21 darf so ausgelegt werden, daß sie das Recht begründet, eine Tätigkeit auszuüben oder eine Handlung zu begehen, die in Widerspruch zu den Zielen und Prinzipien der Charta der Vereinten Nationen, anderen völkerrechtlichen Verpflichtungen oder den Bestimmungen der Schlußakte von Helsinki einschließlich des Prinzips der territorialen Integrität der Staaten steht.

(2) Jeder Angehörige der in Artikel 20 Absatz 1 genannten Gruppen in der Republik Polen beziehungsweise in der Bundesrepublik Deutschland ist nach Maßgabe vorstehender Bestimmungen gehalten, sich wie jeder Staatsbürger loyal gegenüber dem jeweiligen Staat zu verhalten, indem er sich nach den Verpflichtungen richtet, die sich auf Grund der Gesetze dieses Staates ergeben.

*Artikel 23*

(1) Die Vertragsparteien werden auf der Grundlage der zwischen ihnen bestehenden Abkommen und Programme den Kulturaustausch in allen Bereichen und auf allen Ebenen intensivieren und ausbauen und damit zur europäischen kulturellen Identität beitragen. Sie werden insbesondere die Zusammenarbeit zwischen Vereinigungen von Künstlern, kulturellen Institutionen und Organisationen unterstützen sowie die direkten Kontakte zwischen deutschen und polnischen Künstlern fördern.

(2) Die bestehende Gemischte Kommission wird mindestens einmal jährlich zusammentreten, um den Stand des Kulturaustauschs in allen Bereichen zu prüfen und Vereinbarungen über die nächsten Vorhaben zu treffen.

*Artikel 24*

Die Vertragsparteien werden das Abkommen über die Errichtung und die Tätigkeit von Kulturinstituten mit Leben erfüllen und voll ausschöpfen.

*Artikel 25*

(1) Die Vertragsparteien bekräftigen ihre Bereitschaft, allen interessierten Personen umfassenden Zugang zur Sprache und Kultur des anderen Landes zu ermöglichen, und sie unterstützen entsprechende staatliche und private Initiativen und Institutionen.

(2) Die Vertragsparteien werden die Verbreitung von klassischer und zeitgenössischer Literatur des anderen Landes in Originalsprache und Übersetzung verstärkt fördern.

(3) Die Vertragsparteien setzen sich nachdrücklich dafür ein, die Möglichkeiten auszubauen, in Schulen, Hochschulen und anderen Bildungseinrichtungen die Sprache des anderen Landes zu erlernen. Dabei wird auch die Gründung von Schulen angestrebt, in denen in beiden Sprachen unterrichtet wird. Weiterhin werden sie sich bemühen, die Möglichkeiten des Studiums der Germanistik und Polonistik an den Hochschulen des anderen Landes auszuweiten.

(4) Die Vertragsparteien werden bei der Entsendung von Lehrern, der Aus- und Fortbildung von Lehrkräften sowie der Entwicklung und Bereitstellung von Lehrmaterial, einschließlich des Einsatzes von Fernsehen, Hörfunk, Audio-, Video- und Computertechnik zusammenarbeiten.

(5) Die Arbeit der unabhängigen deutsch-polnischen Schulbuchkommission wird weiterhin gefördert.

*Artikel 26*

(1) Die Vertragsparteien unterstreichen die Notwendigkeit einer erheblichen Erweiterung der wissenschaftlichen und schulischen Zusammenarbeit. Sie werden insbesondere die direkte Zusammenarbeit und den Austausch zwischen Schulen, Hochschulen und wissenschaftlichen Forschungseinrichtungen fördern und weiter ausbauen, und zwar sowohl durch den Austausch von Schülern, Studenten, Lehrern und wissenschaftlichen Lehrkräften als auch durch gemeinsame Vorhaben.

(2) Die Vertragsparteien bekräftigen ihre Absicht, die Möglichkeiten gegenseitiger Anerkennung von Studienzeiten und Hochschulabschlüssen zu prüfen.

*Artikel 27*

Die Vertragsparteien messen der Zusammenarbeit in der beruflichen Bildung große Bedeutung bei und werden sie durch entsprechende Vereinbarungen wesentlich ausbauen und vertiefen.

*Artikel 28*

(1) Die Vertragsparteien werden bei der Erhaltung und Pflege des europäischen kulturellen Erbes zusammenarbeiten. Sie werden sich für die Denkmalpflege einsetzen.

(2) Die Vertragsparteien werden sich der auf ihrem Gebiet befindlichen Orte und Kulturgüter, die von geschichtlichen Ereignissen sowie kulturellen und wissenschaftlichen Leistungen und Traditionen der anderen Seite zeugen, besonders annehmen und zu ihnen freien und ungehinderten Zugang gewährleisten beziehungsweise sich für einen solchen Zugang einsetzen, soweit dieser nicht in staatlicher Zuständigkeit geregelt werden kann. Die genannten Orte und Kulturgüter stehen unter dem Schutz der Gesetze der jeweiligen Vertragspartei. Die Vertragsparteien werden gemeinsame Initiativen in diesem Bereich im Geister der Verständigung und der Versöhnung verwirklichen.

(3) Im gleichen Geiste sind die Vertragsparteien bestrebt, die Probleme im Zusammenhang mit Kulturgütern und Archivalien, beginnend mit Einzelfällen, zu lösen.

*Artikel 29*

(1) Die Vertragsparteien werden in der Überzeugung, daß die Entwicklung zwischenmenschlicher Kontakte eine unerläßliche Voraussetzung für die Verständigung und Ver-

söhnung beider Völker ist, umfassende persönliche Begegnungen zwischen ihren Bürgern fördern.

(2) Die Vertragsparteien unterstützen eine engere Zusammenarbeit zwischen den Parteien, Gewerkschaften, Kirchen und Glaubensgemeinschaften, Sportorganisationen, Stiftungen sowie anderen gesellschaftlichen Organisationen und Verbänden.

(3) Die Vertragsparteien unterstützen die Tätigkeit des Deutsch-Polnischen Forums. Sie begrüßen seine Bemühungen, unter Einbeziehung aller repräsentativen politischen und gesellschaftlichen Kräfte in der Bundesrepublik Deutschland und der Republik Polen, Konzeptionen für die Weiterentwicklung der deutsch-polnischen Beziehungen zu entwerfen und entsprechende Initiativen zu ergreifen.

*Artikel 30*

(1) Die Vertragsparteien sind davon überzeugt, daß das gegenseitige Kennenlernen und das gegenseitige Verstehen der jungen Generation von grundlegender Bedeutung ist, um der Verständigung und der Versöhnung zwischen dem deutschen und polnischen Volk einen dauerhaften Charakter zu verleihen. Sie legen deshalb besonders großes Gewicht auf möglichst umfassende Kontakte und ein enges Zusammenwirken der deutschen und der polnischen Jugend. Die Vertragsparteien werden deshalb im Rahmen ihrer finanziellen Möglichkeiten die Begegnung und den Austausch von Jugendlichen in jeder Weise fördern. Allen Jugendlichen und Jugendorganisationen in beiden Ländern steht die Teilnahme an Begegnungen und gemeinsamen Vorhaben offen.

(2) Die Vertragsparteien errichten ein Deutsch-Polnisches Jugendwerk. Über seine Rechtsform, Aufgaben und Finanzierung schließen sie ein gesondertes Abkommen.

*Artikel 31*

(1) Die Vertragsparteien setzen sich für die Zusammenarbeit der Medien, insbesondere von Fernsehen, Hörfunk und gedruckten Medien, ein. Diese Zusammenarbeit soll vor allem der Verständigung und der Versöhnung zwischen Deutschen und Polen dienen.

(2) Die Vertragsparteien kommen überein, daß Publikationen sowie Beilagen zu Tages- und Wochenzeitungen in der Sprache des anderen Landes frei hergestellt, vertrieben und gelesen werden können. Publikationen des anderen Landes können in Übereinstimmung mit den Artikeln 19 und 20 des Internationalen Paktes über bürgerliche und politische Rechte ungehindert eingeführt und vertrieben werden. Dies gilt auch für Geschenkabonnements und für Veröffentlichungen, die über ihre Auslandsvertretung verteilt werden.

*Artikel 32*

(1) Die Bundesrepublik Deutschland erklärt, daß polnische Gräber in der Bundesrepublik Deutschland geachtet werden und ihre Pflege ermöglicht wird. Die Gräber polnischer Opfer der Kriege und der Gewaltherrschaft, die sich in der Bundesrepublik Deutschland befinden, stehen unter dem Schutz der deutschen Gesetze und werden erhalten und gepflegt.

(2) Die Republik Polen erklärt, daß deutsche Gräber in der Republik Polen geachtet werden und ihre Pflege ermöglicht wird. Die Gräber deutscher Opfer der Kriege und der Gewaltherrschaft, die sich in der Republik Polen befinden, stehen unter dem Schutz der polnischen Gesetze und werden erhalten und gepflegt.

(3) Die Vertragsparteien unterstützen die Zusammenarbeit der Organisationen und Institutionen, die auf beiden Seiten für die Gräber von Opfern der Kriege und der Gewaltherrschaft zuständig sind. Sie ermöglichen insbesondere diesen Organisationen und Institutionen die Erfassung, Instandsetzung und Pflege solcher Gräber.

*Artikel 33*

(1) Die Vertragsparteien werden die konsularischen und Rechtsbeziehungen, darunter den Rechtshilfeverkehr in Zivilsachen, Strafsachen sowie in Sozial- und Verwaltungsangelegenheiten unter Berücksichtigung ihrer Rechtsordnungen sowie bestehender multilateraler und bilateraler Übereinkünfte, insbesondere der Konventionen des Europarats, weiterentwickeln, intensivieren und zum Nutzen ihrer Bürger vereinfachen.

(2) Die Vertragsparteien werden zusammenwirken bei der Bekämpfung des organisierten Verbrechens, des Terrorismus, der Wirtschaftskriminalität, der Rauschgiftkriminalität, des strafbaren Handels mit Kunstwerken, der rechtswidrigen Eingriffe in die Zivilluftfahrt und in die Seeschiffahrt sowie der Herstellung und Verbreitung von Falschgeld. Verfahren und Bedingungen für diese Zusammenarbeit werden gesondert vereinbart.

*Artikel 34*

(1) Die Vertragsparteien fördern eine umfassende Zusammenarbeit auf bestimmten Gebieten der Gesundheitsvorsorge und bei der gemeinsamen Bekämpfung von Seuchen sowie Krankheiten, wie zum Beispiel Herz-, Kreislauf- und Krebserkrankungen und Aids.

(2) Die Bundesrepublik Deutschland wird der Republik Polen Hilfestellung bei der Umstellung des staatlichen Gesundheitssystems auf ein Krankenversicherungssystem leisten.

*Artikel 35*

Die Vertragsparteien stiften einen gemeinsamen Preis für besondere Verdienste um die Entwicklung der deutsch-polnischen Beziehungen. Der Preis wir alljährlich von einem Komitee verliehen, über dessen Statut eine gesonderte Vereinbarung geschlossen wird.

*Artikel 36*

Die Vertragsparteien werden ihre Zusammenarbeit im Rahmen internationaler Organisationen, insbesondere europäischer Organisationen, verstärken. Sie werden einander behilflich sein, die Zusammenarbeit mit internationalen, insbesondere europäischen Organisationen und Institutionen, denen eine Vertragspartei als Mitglied angehört, zu entwickeln, falls die andere Vertragspartei ein entsprechendes Interesse bekundet.

*Artikel 37*

Dieser Vertrag richtet sich gegen niemanden. Er berührt nicht die Rechte und Verpflichtungen aus geltenden zweiseitigen und mehrseitigen Übereinkünften, die von den Vertragsparteien mit anderen Staaten geschlossen wurden.

*Artikel 38*

(1) Dieser Vertrag bedarf der Ratifikation; die Ratifikationsurkunden werden so bald wie möglich in Warschau ausgetauscht.

(2) Dieser Vertrag tritt am Tage des Austauschs der Ratifikationsurkunden in Kraft.

(3) Dieser Vertrag gilt für die Dauer von zehn Jahren. Danach verlängert er sich stillschweigend um jeweils weitere fünf Jahre, sofern nicht eine der Vertragsparteien den Vertrag unter Einhaltung einer Frist von einem Jahr vor Ablauf der jeweiligen Geltungsdauer schriftlich kündigt.

ZU URKUND DESSEN haben die Vertreter der Vertragsparteien diesen Vertrag unterzeichnet und mit Siegeln versehen.

GESCHEHEN zu Bonn am 17. Juni 1991

in zwei Urschriften, jede in deutscher und polnischer Sprache, wobei jeder Wortlaut gleichermaßen verbindlich ist.

|  |  |
|---|---|
| Für die<br>Bundesrepublik Deutschland<br>Helmut Kohl<br>Hans-Dietrich Genscher | Für die<br>Republik Polen<br>Jan Krzysztof Bielecki<br>Krzysztof Skubiszewski |

*Quelle*: Bulletin, 68, 18.6.1991, S. 541-546

# Literaturverzeichnis

## *Periodika*

Aktuelle Analysen des BIOst
Archiv der Gegenwart
Aus Politik und Zeitgeschichte. Beilage zur Zeitung »Das Parlament«
Außenpolitik
Berichte des BIOst
Berliner Jahrbuch für osteuropäische Geschichte
BPA-Ostinformationen
Bulletin des Presse- und Informationsamts der Bundesregierung
Bundesgesetzblatt
Das Parlament
Der Spiegel
Deutsche Studien
Deutscher Ostdienst
Deutschland-Archiv
Die neue Gesellschaft/Frankfurter Hefte
Dzieje Najnowsze
Foreign Affairs
Frankfurter Allgemeine Zeitung
Frankfurter Rundschau
Gazeta Wyborcza
Kontinent
Kultura (Paris)
Liberal
Nachrichten für Außenhandel
Neue Zürcher Zeitung
Nordost-Archiv
Osteuropa
Ost-West-Informationsdienst für zeitgeschichtliche Fragen
Państwo i Prawo
Polish Public Opinion
Polish Quarterly of International Relations
Polish Western Affairs
Politische Studien
Polityka

Pressemitteilung des Auswärtigen Amts
Przegląd Zachodni
Rheinischer Merkur – Christ und Welt
Rocznik Polsko-Niemiecki
Rzeczpospolita
Sächsische Zeitung
Statistisches Jahrbuch für die Bundesrepublik Deutschland, Jahrgänge 1975-1980, Statistisches Bundesamt Wiesbaden 1976-1981
Süddeutsche Zeitung
Der Tagesspiegel
Trybuna
Trybuna Ludu
Tygodnik Powszechny
Verhandlungen des Deutschen Bundestages. Stenographische Berichte
Vierteljahrshefte für Zeitgeschichte
Die Zeit
Zeitschrift für ausländisches öffentliches Recht und Völkerrecht
Zeitschrift für Parlamentsfragen
Zeitschrift für Politik
Zeszyty Niemcoznawcze
Życie Warszawy

*Ungedruckte Quellen*

Politisches Archiv des Auswärtigen Amts
   Bestand Abteilung 2 (Politische Abteilung)
   Bestand Abteilung 3 (Länderabteilung)
   Bestand Abteilung 4 (Handelspolitische Abteilung)
   Bestand Abteilung 7 (Ostabteilung)

*Gedruckte Quellen und Literatur*

*Adenauer, Konrad*: Erinnerungen 1955-1959, Stuttgart 1967.
*Adenauer, Konrad*: Teegespräche, Bd. 2: 1955-1958, bearb. von Hanns Jürgen Küsters, Berlin 1986 (Adenauer Rhöndorfer Ausgabe, hrsg. von Rudolf Morsey und Hans-Peter Schwarz).
*Adenauer, Konrad*: Teegespräche, Bd. 3: 1959-1961, bearb. von Hanns Jürgen Küsters, Berlin 1988.
Akten zur Auswärtigen Politik der Bundesrepublik Deutschland, Bd. 1, Adenauer und die Hohen Kommissare 1949-1951, hrsg. von Hans-Peter Schwarz in Verbindung mit

Reiner Pommerin, bearb. von Frank-Lothar Kroll und Manfred Nebelin, München 1989.

Akten zur Auswärtigen Politik der Bundesrepublik Deutschland, hrsg. im Auftrag des Auswärtigen Amtes vom Institut für Zeitgeschichte.

1963: 3 Bde., bearb. von Mechthild Lindemann und Ilse Dorothee Pautsch, München 1994;

1964: 2 Bde., bearb. von Wolfgang Hölscher und Daniel Kosthorst, München 1995;

1965: 3 Bde., bearb. von Mechthild Lindemann und Ilse Dorothee Pautsch, München 1996.

*Albrecht, Ulrich*: Die Abwicklung der DDR. Die »2+4«-Verhandlungen. Ein Insider-Bericht, Opladen 1992.

*Albrecht, Ulrich*: Die internationale Regelung der Wiedervereinigung. Von einer »No-win«-Situation zum raschen Erfolg, in: APuZ, B40/96, 27.9.1996, S. 3-11.

*Albrecht, Ulrich*: Problem granicy z Polską w procesie »Dwa plus Cztery« w polityce Republiki Federalnej Niemiec [Das Problem der Grenze mit Polen im »Zwei-plus-Vier«-Prozeß in der Politik der Bundesrepublik Deutschland], in: Polska. Niemcy. Przyszłość, S. 47-60.

*Anderson, Sheldon*: The Rupture in East German – Polish Relations in 1956, Vortragsmanuskript, 28th National Convention of the American Association for the Advancement of Slavic Studies, 14-17 November 1996.

*Arndt, Claus*: Die Verträge von Moskau und Warschau. Politische, verfassungsrechtliche und völkerrechtliche Aspekte, Bonn 1982.

*Arnold, Udo*: Schulbuchgespräche zwischen der Bundesrepublik Deutschland und der Volksrepublik Polen. Entwicklung – Probleme – Perspektiven, in: Jacobsen/Schweitzer/Sułek/Trzeciakowski (Hrsg.), S. 328-364.

*Auerbach, Hellmuth*: Literatur zum Thema. Ein kritischer Überblick, in: Benz (Hrsg.), S. 277-294.

Außenpolitik der Bundesrepublik Deutschland. Dokumente von 1949-1994. Herausgegeben aus Anlaß des 125. Jubiläums des Auswärtigen Amtes, Köln 1995.

*Bärenbrinker, Frank*: Der verkannte Außenminister, in: DA, 11, 1994, S. 1211-1214.

*Bahr, Egon*: Zu meiner Zeit, München 1996.

*Barcz, Jan*: Niemcy – Polska: między szansą a wyzwaniem [Deutschland – Polen: zwischen Chance und Herausforderung], in: Kuźniar (Hrsg.), S. 62-73.

*Barcz, Jan*: Der polnisch-deutsche Vertrag vom 17. Juni 1991 und der Schutz der Minderheiten, in: van der Meulen (Hrsg.), S. 87-97.

*Barcz, Jan*: Roszczenia cywilno-prawne obywateli polskich z tytułu zbrodniczej polityki III Rzeszy podczas Drugiej Wojny Światowej [Zivilrechtliche Ansprüche polnischer Bürger aufgrund der verbrecherischen Politik des III. Reiches während des Zweiten Weltkriegs], in: Zeszyty Niemcoznawcze, 3, 1988, S. 18ff.

*Barcz, Jan*: Udział Polski w konferencji »2+4«. Aspekty prawne i proceduralne [Die Beteiligung Polens an der »2+4«-Konferenz. Rechtliche und prozedurale Aspekte], Warszawa 1994.

*Barcz, Jan* (Hrsg.): Prawno-polityczne aspekty tezy o rzekomej niemieckiej mniejszości narodowej w Polsce [Rechtspolitische Aspekte der These von der angeblichen deutschen nationalen Minderheit in Polen], Warszawa 1986.

*Baring, Arnulf*: Machtwechsel. Die Ära Brandt - Scheel. In Zusammenarbeit mit Manfred Görtemaker, München 1984.

*Baring, Arnulf*: Sehr verehrter Herr Bundeskanzler! Heinrich von Brentano im Briefwechsel mit Konrad Adenauer 1949-1964, Hamburg 1974.

*Bartodziej, Gerhard*: Die Lage der deutschen Minderheit aus politischer Sicht, in: van der Meulen (Hrsg.), S. 141-147.

*Bartoszewski, Władysław*: Ein Freund Polens, in: Jenninger (Hrsg.), S. 61-64.

*Bartoszewski, Władysław*: Friedenspreis des Deutschen Buchhandels 1986, Frankfurt/ Main 1986.

*Barzel, Rainer*: Im Streit und umstritten. Anmerkungen zu Konrad Adenauer, Ludwig Erhard und den Ostverträgen, Frankfurt/M. - Berlin 1986.

*Bender, Peter*: Ende der Nachkriegszeit. Zum Besuch Edward Giereks in der Bundesrepublik, in: DA, 7, 1976, S. 707-711.

*Bender, Peter*: Der goldene Angelhaken: Entspannungspolitik und Systemwandel, in: APuZ, B14/94, 8.4.1994, S. 11-15.

*Bender, Peter*: Die neue Ostpolitik. Vom Mauerbau bis zum Moskauer Vertrag, München 1986.

*Benz, Wolfgang* (Hrsg.): Vertreibung der Deutschen aus dem Osten. Ursachen, Ereignisse, Folgen, aktual. Neuaufl., Frankfurt am Main 1995.

*Berlińska, Danuta*: Die deutsche Minderheit im Oppelner Gebiet und die Probleme des Alltags, in: van der Meulen (Hrsg.), S. 171-178.

*Besson, Waldemar*: Die Außenpolitik der Bundesrepublik. Erfahrungen und Maßstäbe, München 1970.

Die Beziehungen zwischen der Bundesrepublik Deutschland und der Volksrepublik Polen bis zur Konferenz über Sicherheit und Zusammenarbeit in Europa (Helsinki 1975). XIX. deutsch-polnische Schulbuchkonferenz der Historiker vom 20. bis 25. Mai 1986 in Saarbrücken, Redaktion: Wolfgang Jacobmeyer, Braunschweig 1987.

Bezpieczeństwo Polski w zmieniającej się Europie [Sicherheit Polens in einem sich wandelnden Europa], Warszawa - Toruń 1994.

*Bingen, Dieter*: Auswirkungen auf Polen, in: Vogel (Hrsg.), S. 19-26.

*Bingen, Dieter*: Bonn - Warschau 1949-1988: Von der kontroversen Grenzfrage zur gemeinsamen europäischen Perspektive? Köln 1988 (Berichte des BIOst, 13/1988).

*Bingen, Dieter*: Die Bonner Deutschlandpolitik 1969-1979 in der polnischen Publizistik, Frankfurt/M. 1982.

*Bingen, Dieter*: Deutsche und Polen - Paradigmenwechsel in Warschau (1985-1989), Köln 1989 (Berichte des BIOst, 31/1989).

*Bingen, Dieter*: Die deutsche Minderheit in Polen, in: Hatschikjan/Weilemann (Hrsg.), S. 61-74.

*Bingen, Dieter*: Historische und moralische Dimensionen in den deutsch-polnischen Beziehungen, Köln 1988 (Aktuelle Analysen des BIOst, 7/1988).

*Bingen, Dieter*: Nach dem Präsidentenbesuch in Polen: Deutsch-polnische Beziehungen auf dem Prüfstand, Köln 1990 (Aktuelle Analysen des BIOst, 34/1990).

*Bingen, Dieter*: Die Stellung der Bundesrepublik Deutschland in der internationalen Politik aus polnischer Sicht, Königstein/Ts. 1980.

*Bingen, Dieter*: Warschauer Sorgen – Die Bonner Deutschlandpolitik 1969-1979, in: DA, 2, 1980, S. 180-191.

*Bingen, Dieter*: Warschaus Signal nach Bonn: Aussöhnung und Freundschaft sind möglich, Köln 1989 (Aktuelle Analysen des BIOst, 11/1989).

*Bingen, Dieter*: Zehn Jahre Vertrag mit Polen. Möglichkeiten und Hindernisse auf dem Wege der Verständigung, in: Osteuropa, 3, 1981, S. 187-199.

*Bingen, Dieter/Węc, Janusz Józef*: Die Deutschlandpolitik Polens 1945-1991. Von der Status-quo-Orientierung bis zum Paradigmenwechsel, Kraków 1993.

*Blasius, Rainer A.*: Erwin Wickert und die Friedensnote der Bundesregierung vom 25. März 1966, in: VfZ, 43 (1995) 3, S. 539-553.

*Blasius, Rainer A.* (Hrsg.): Von Adenauer zu Erhard. Studien zur Auswärtigen Politik der Bundesrepublik Deutschland 1963, München 1994.

*Bluhm, Georg*: Die Oder-Neiße-Linie in der deutschen Außenpolitik, Freiburg im Breisgau 1963.

*Blumenwitz, Dieter*: Oder-Neiße-Linie, in: Weidenfeld/Korte (Hrsg.), Handbuch (1993), S. 503-511.

*Blumenwitz, Dieter* [u.a] (Hrsg.).: Partnerschaft mit dem Osten. 10 Beiträge zur Lage Deutschlands nach den Verträgen, München 1976.

*Błażyński, Zbigniew*: Towarzysze zeznają. Z tajnych archiwów Komitetu Centralnego: Dekada Gierka 1970-1980 w tzw. Komisji Grabskiego [Die Genossen bekennen. Aus den Geheimarchiven des Zentralkomitees: Die Dekade Gierek 1970-1980 in der sog. Grabski-Kommission], Londyn 1987.

*Bötsch, Wolfgang*: Die deutsch-polnischen Beziehungen nach Unterzeichnung des Nachbarschaftsvertrages, in: Politische Studien, 319, 1991, S. 469-777.

*Bontschek, Frank*: Die Volksrepublik Polen und die DDR. Ihre Beziehungen und ihre Probleme, Köln 1975 (Berichte des BIOst, 10/1975).

*Bracher, Karl-Dietrich/Funke, Manfred/Schwarz, Hans-Peter* (Hrsg.): Deutschland zwischen Krieg und Frieden. Beiträge zur Politik und Kultur im 20. Jahrhundert, Bonn 1990.

*Bracher, Karl Dietrich/Jäger, Wolfgang/Link, Werner* (Hrsg.): Republik im Wandel 1969-1974. Die Ära Brandt, Stuttgart 1986 (Geschichte der Bundesrepublik Deutschland, Bd. 5, I).

*Brandt, Willy*: Begegnungen und Einsichten. Die Jahre 1960-1975, Hamburg 1976.

*Brandt, Willy*: Erinnerungen, 4. Aufl., Frankfurt/M. – Berlin 1992.

*Brandt, Willy*: Über den Tag hinaus, Hamburg 1974.

*Brehmer, Dietmar*: Mniejszość niemiecka na Górnym Śląsku. Pomost między Polakami i Niemcami? [Deutsche Minderheit in Oberschlesien. Brücke zwischen Polen und Deutschen?], in: Mniejszości na Górnym Śląsku, S. 62-67.

*Broszat, Martin*: Nationalsozialistische Polenpolitik, Stuttgart 1961.

*Broszat, Martin*: Zweihundert Jahre deutsche Polenpolitik, Frankfurt/M. 1971.

*Brzezinski, Zbigniew*: Alternative zur Teilung. Neue Möglichkeiten für eine gesamteuropäische Politik, Köln – Berlin 1966.

*Buchhofer, Ekkehard/Kortus, Bronisław* (Hrsg.): Deutschland und Polen. Geographie einer Nachbarschaft im neuen Europa, Frankfurt/M. 1994.

*Cecuda, Dariusz*: Leksykon opozycji politycznej 1976-1989 [Lexikon der politischen Opposition], Warszawa 1989.

*Cornides, Wilhelm*: Der Übergang zur zweiten Stufe des Gemeinsamen Marktes, in: Cornides/Mende (Hrsg.), S. 228-229.

*Cornides, Wilhelm/Mende, Dietrich* (Hrsg.): Die Internationale Politik 1961, München - Wien 1964.

*Cornides, Wilhelm/Mende, Dietrich/Wagner, Wolfgang* (Hrsg.): Die Internationale Politik 1958-1960, München - Wien 1971.

*Cramer, Dettmar*: Nachbar Polen, in: DA, 2, 1978, S. 122-124.

*Cramer, Dettmar*: Ostpolitik auf der Waage, in: APuZ, B7-8/85, 16.2.1985, S. 14-22

*Cramer, Dettmar*: Polnische Sorgen, in: DA, 5, 1979, S. 459-461.

*Cramer, Dettmar*: Eine überflüssige Diskussion. Über den angeblichen Bonner Revisionismus, in: DA, 12, 1984, S. 1272-1274.

*Czapliński, Władysław*: Regulacja pokojowa z Niemcami po II wojnie światowej [Die Friedensregelung mit Deutschland nach dem 2. Weltkrieg], in: Państwo i Prawo, 2, 1991, S. 35-46.

*Cziomer, Erhard*: Die Wirtschaftsbeziehungen zwischen der Volksrepublik Polen und der Bundesrepublik Deutschland 1949-1975, in: Die Beziehungen zwischen der Bundesrepublik Deutschland und der Volksrepublik Polen bis zur Konferenz über Sicherheit und Zusammenarbeit in Europa (KSZE), S. 135-149.

Deutsch-polnische Verständigung. Bundeskanzler Helmut Schmidt in Polen, Bonn 1978.

*Dönhoff, Marion* Gräfin: Versöhnung: ja - Verzicht: nein. Die Oder-Neiße-Gebiete: ein innen- und außenpolitisches Problem. Hamburg im September 1964, in: Dönhoff, S. 125-129.

*Dönhoff, Marion* Gräfin: Weit ist der Weg nach Osten. Berichte und Betrachtungen aus fünf Jahrzehnten, Stuttgart 1985.

Dokumentation zur Deutschlandfrage in Verbindung mit der Ostpolitik. Hauptband X: September 1973 bis März 1976., zusammengest. von Heinrich von Siegler, Bonn u.a. 1977.

Dokumentation zur Entspannungspolitik der Bundesregierung, hrsg. vom Presse- und Informationsamt der Bundesregierung, 6. Aufl., Bonn 1978.

Dokumentation der Vertreibung der Deutschen aus Ost-Mitteleuropa, hrsg. vom Bundesministerium für Vertriebene, Flüchtlinge und Kriegsgeschädigte, bearb. von Theodor Schieder in Verbindung mit Adolf Diestelkamp u.a., 5 Bde., Bonn 1953-1961.

Dokumente zur Deutschlandpolitik, hrsg. vom Bundesministerium für gesamtdeutsche Fragen, IV. Reihe, Bd. 9, Frankfurt/M. 1964.

*Domin, Czesław*: Nachbarliche Hilfe in der Not des Kriegsrechts, in: Pflüger/Lipscher (Hrsg.), S. 280-285.

*Drozd, Jarosław*: RFN - pierwszoplanowym partnerem polityki bezpieczeństwa RP [BRD - erstranginger Partner der Sicherheitspolitik der Republik Polen], in: Bezpieczeństwo Polski w zmieniającej się Europie, S. 75-90.

*Dülffer, Jost*: Geborgte Stärke, in: Die Zeit, 11, 11.3.1994.

*Eckardt, Felix von*: Ein unordentliches Leben. Erinnerungen, Düsseldorf - Wien 1967.

*Ehmke, Horst*: Friede und Freiheit als Ziele der Entspannungspolitik, in: Die neue Gesellschaft/Frankfurter Hefte, 11, 1985, S. 1003-1010.

*Elsing, Ludwig*: Polenpolitik der SPD 1960 bis 1970, in: Plum (Hrsg.), S. 55-65.

*Elsing, Ludwig*: Sozialdemokratie und Polen. Die Polenpolitik der SPD bis zum Warschauer Vertrag, Bonn 1981.

Empfehlungen für Schulbücher der Geschichte und Geographie in der Bundesrepublik Deutschland und in der Volksrepublik Polen, Sonderdruck aus: Internationales Jahrbuch für Geschichts- und Geographieunterricht, Bd. XVII, Braunschweig 1977.

Entscheidungen des Bundesverfassungsgerichts, Bd. 36, Tübingen 1974.

*Erb, Gottfried*: Das Memorandum des Bensberger Kreises zur Polenpolitik, in: Plum (Hrsg.), S. 179-187.

Erklärungen zur Deutschlandpolitik. Eine Dokumentation von Stellungnahmen, Reden und Entschließungen des Bundes der Vertriebenen, Vereinigte Landsmannschaften und Landesverbände. Teil II: 1973-1978, Bonn 1986.

FDP-Bundesvorstand. Die Liberalen unter dem Vorsitz von Erich Mende. Sitzungsprotokolle 1960-1967. Bearb. von Reinhard Schiffers, Düsseldorf 1993.

*Feger, Hubert*: Einstellungen von Deutschen zu Polen, in: Jacobsen/Schweitzer/Sułek/Trzeciakowski (Hrsg.), S. 241-261.

*Feindt, Hendrik* (Hrsg.): Studien zur Kulturgeschichte des deutschen Polenbildes 1848-1939, Wiesbaden 1995 (Veröffentlichungen des Deutschen Polen-Instituts Darmstadt, Bd. 9).

*Foschepoth, Josef* (Hrsg.): Adenauer und die Deutsche Frage. Zwölf Beiträge, Göttingen 1988.

*Foschepoth, Josef*: Einleitung: Adenauer und die Deutsche Frage, in: Foschepoth (Hrsg.), S. 7-28.

*Frank, Paul*: Entschlüsselte Botschaft. Ein Diplomat macht Inventur, Stuttgart 1985.

*Fritsch-Bournazel, Renata*: Europa und die deutsche Einheit, 2. erw. Aufl., München 1991.

*Fritsch-Bournazel, Renata*: Das Land in der Mitte. Die Deutschen im europäischen Kräftefeld, München 1986.

*Frohn, Axel*: Adenauer und die deutschen Ostgebiete in den fünfziger Jahren, in: VfZ, 44 (1996) 4, S. 485-525.

*Füssl, Karl-Heinz*: Restauration und Neubeginn. Gesellschaftliche, kulturelle und reformpädagogische Ziele der amerikanischen »Reeducation«-Politik nach 1945, in: APuZ, B6/97, 31.1.1997, S. 3-14.

*Garton Ash, Timothy*: Im Namen Europas. Deutschland und der geteilte Kontinent, München – Wien 1993.

*Garton Ash, Timothy*: Rückblick auf die Entspannung, in: APuZ, B14/94, 8.4.1994, S. 3-10.

*Gawrich, Rolf*: Deutscher Gewerkschaftsbund und polnische Gewerkschaftsbewegung: Der DGB als transnationaler Akteur und seine Beziehungen zur »offiziellen« und »oppositionellen« Gewerkschaftsbewegung in der Volksrepublik Polen (1970-1989), Bonn 1996.

*Gebhardt, Manfred/Küttner, Joachim*: Deutsche in Polen nach 1945. Gefangene und Fremde. Bearb. von Dieter Bingen. München 1997.

*Genscher, Hans-Dietrich*: Erinnerungen, Berlin 1995.

*Genscher, Hans-Dietrich*: Unterwegs zur Einheit: Reden und Dokumente aus bewegter Zeit, Berlin 1991.

Geschichte Deutschlands, Polens und der deutsch-polnischen Beziehungen – Stand und Aufgaben der Forschung. Versuch einer Bilanz. Eine Konferenz in Posen am 10. und 11. Oktober 1994, in: Nordost-Archiv, NF, 4 (1995) 1, S. 292-296.

*Geyr, Heinz*: Auf dem Wege zur Aussöhnung. Bonn, Warschau und die humanitären Fragen, Stuttgart 1978.

*Gimbel, John*: Amerikanische Besatzungspolitik in Deutschland 1945-1949, Frankfurt/M. 1971.

*Glatzeder, Sebastian J.*: Die Deutschlandpolitik der FDP in der Ära Adenauer. Konzeptionen in Entstehung und Praxis, Baden-Baden 1980.

*Gödde-Baumanns, Beate*: Die Deutsche Frage in der französischen Historiographie des 19. und 20. Jahrhunderts, in: Timmermann (Hrsg.), Geschichtsschreibung zwischen Wissenschaft und Politik, S. 61-93.

*Gomułka, Władysław*: O problemie niemieckim [Über die deutsche Frage], Warszawa 1968.

*Gotto, Klaus*: Adenauers Deutschland- und Ostpolitik 1954-1963, in: Morsey/Repgen (Hrsg.), Adenauer-Studien III, S. 3-91.

*Gradl, Johann Baptist*: Im Interesse der Einheit. Zeugnisse eines Engagements, hrsg. und eingel. von Karl Willy Beer, Stuttgart 1971.

*Grewe, Wilhelm G.*: Die deutsche Frage in der Ost-West-Spannung. Zeitgeschichtliche Kontroversen in den achtziger Jahren, Herford 1986.

*Grewe, Wilhelm G.*: Deutschlandvertrag, in: Weidenfeld/Korte (Hrsg.), Handbuch (1993), S. 234-241.

*Grewe, Wilhelm G.*: Rückblenden 1976-1951, Frankfurt/Main u.a. 1979.

*Griffith, William E.*: Die Ostpolitik der Bundesrepublik Deutschland, Stuttgart 1981.

*Groth, Michael*: Hoffnung im Schwarzen Eck, in: Rheinischer Merkur – Christ und Welt, 23, 7.6.1991.

*Grycz, Wolfgang*: Geheime Dokumente geben Aufschluß: Die Versöhnungsbotschaft der polnischen Bischöfe – und die Quittung des Staats, in: Ost-West-Informationsdienst für zeitgeschichtliche Fragen, 187/1995, S. 58-71.

*Habel, Fritz Peter/Kistler, Helmut*: Die Grenze zwischen Deutschen und Polen, Bonn 1972.

*Hacke, Christian*: Von Adenauer zu Kohl: Zur Ost- und Deutschlandpolitik der Bundesrepublik 1949-1985, in: APuZ, B51-52/85, 21.12.1985, S. 3-22.

*Hacke, Christian*: Die neue Bedeutung des nationalen Interesses für die Außenpolitik der Bundesrepublik Deutschland, in: APuZ, B1-2/97, 3.1.1997, S. 3-14.

*Hacke, Christian*: Die Ost- und Deutschlandpolitik der CDU/CSU. Wege und Irrwege der Opposition seit 1969, Köln 1975.

*Hacke, Christian*: Weltmacht wider Willen. Die Außenpolitik der Bundesrepublik Deutschland, Stuttgart 1988.

*Hacker, Jens*: Integration und Verantwortung. Deutschland als europäischer Sicherheitspartner, Bonn 1995.

*Hacker, Jens*: Die Ostpolitik der konservativ-liberalen Bundesregierung seit dem Regierungsantritt 1982, in: APuZ, B14/94, 8.4.1994, S. 16-26.

*Haftendorn, Helga*: Sicherheit und Entspannung. Zur Außenpolitik der Bundesrepublik Deutschland 1955-1982, Baden-Baden 1983.

[*Hajnicz, Artur*:] Entspannungspolitik - in einer anderen Sicht. Eine Antwort, in: Die neue Gesellschaft/Frankfurter Hefte, 6, 1986, S. 548-556 (veröffentlicht unter ***).

*Hajnicz, Artur*: Polen in seinem geopolitischen Dreieck, in: Außenpolitik, 1, 1989, S. 31-43.

*Hajnicz, Artur*: Polens Wende und Deutschlands Vereinigung. Die Öffnung zur Normalität 1989-1992, Paderborn u.a. 1995.

*Hartmann, Karl*: Vier Jahre deutsch-polnischer Vertrag, in: Osteuropa, 4, 1975, S. 246-256.

*Hatschikjan, Magarditsch A./Weilemann, Peter R.* (Hrsg.): Nationalismen im Umbruch. Ethnizität, Staat und Politik im neuen Osteuropa, Köln 1995.

*Heffner, Krystian*: Die regionale Entwicklung des Oppelner Schlesiens, in: van der Meulen (Hrsg.), S. 179-200.

*Heitmann, Clemens*: FDP und neue Ostpolitik. Zur Bedeutung der deutschlandpolitischen Vorstellungen der FDP von 1966 bis 1972, Sankt Augustin 1989.

*Heller, Edith*: Macht Kirche Politik. Der Briefwechsel zwischen den polnischen und deutschen Bischöfen im Jahre 1965, Köln 1992.

*Henke, Josef*: Flucht und Vertreibung der Deutschen aus dem Osten. Zur Quellenlage und Historiographie, in: Deutsche Studien, 32 (Juni/September 1995) 126/127, S. 137-149.

*Hentschel, Volker*: Ludwig Erhard. Ein Politikerleben, München - Landsberg am Lech 1996.

*Herbert, Ulrich*: Als die Nazis wieder gesellschaftsfähig wurden. Vom raschen Wiederaufstieg der NS-Eliten und von der Frage: Wie konnte aus der Bundesrepublik dennoch eine stabile Demokratie werden?, in: Die Zeit, 3, 10.1.1997.

*Hildebrand, Klaus*: Von Erhard zur Großen Koalition 1963-1969, Stuttgart 1984.

*Hirsch, Helga*: Das Deutschlandbild in der unabhängigen Presse Polens, in: Osteuropa, 9, 1987, S. A475-AA491.

*Hoensch, Jörg K.*: Initiativen gesellschaftlicher Gruppierungen in der Bundesrepublik Deutschland bei der Ausgestaltung der deutsch-polnischen Beziehungen, in: Die Beziehungen zwischen der Bundesrepublik Deutschland und der Volksrepublik Polen, S. 55-71.

*Holzer, Jerzy*: »Solidarität«. Die Geschichte einer freien Gewerkschaft in Polen. Hrsg. von Hans Henning Hahn, München 1985 [Poln.: »Solidarność« 1980-1981. Geneza i historia, Paryż 1984].

*Huyn, Hans* Graf: Die Sackgasse. Deutschlands Weg in die Isolierung, Stuttgart 1966.

*Jacobsen, Hans-Adolf*: Die Beziehungen zwischen der Bundesrepublik Deutschland und der Volksrepublik Polen 1949-1975: Aspekte aus deutscher Sicht, in: Die Beziehungen zwischen der Bundesrepublik Deutschland und der Volksrepublik Polen, S. 39-54.

*Jacobsen, Hans-Adolf*: Bundesrepublik Deutschland - Polen. Aspekte ihrer Beziehungen, in: Jacobsen/Tomala (Hrsg.), Bonn - Warschau 1945-1991, S. 24-50.

*Jacobsen, Hans-Adolf*: Deutsch-polnische militärische Partnerschaft im Geiste der Charta von Paris (1990), in: Pflüger/Lipscher (Hrsg.), S. 311-319.

*Jacobsen, Hans-Adolf*: Polen und Deutsche. Kontinuität und Wandel gegenseitiger Bilder im 20. Jahrhundert, in: Süssmuth (Hrsg.), S. 151-163.

*Jacobsen, Hans-Adolf/Leptin, Gert/Scheuner, Ulrich/Schulz, Eberhard* (Hrsg.): Drei Jahrzehnte Außenpolitik der DDR. Bestimmungsfaktoren, Instrumente, Aktionsfelder, München - Wien 1979.

*Jacobsen, Hans-Adolf/Schweitzer, Carl Christoph/Sułek, Jerzy/Trzeciakowski, Lech* (Hrsg.): Bundesrepublik Deutschland. Volksrepublik Polen. Bilanz der Beziehungen. Probleme und Perspektiven ihrer Normalisierung, Frankfurt am Main 1979.

*Jacobsen, Hans-Adolf/Tomala, Mieczysław* (Hrsg.): Bonn - Warschau 1945-1991. Die deutsch-polnischen Beziehungen. Analyse und Dokumentation, Köln 1993.

*Jäger, Wolfgang/Link, Werner* (Hrsg.): Republik im Wandel 1974-1982. Die Ära Schmidt, Stuttgart - Mannheim 1987 (Geschichte der Bundesrepublik Deutschland, Bd. 5, 2).

*Jahn, Egbert/Rittberger, Volker* (Hrsg.): Die Ostpolitik der BRD. Triebkräfte, Widerstände, Konsequenzen, Opladen 1974.

Jahresbibliographie. Bibliothek für Zeitgeschichte. Weltkriegsbücherei, Stuttgart, Jg. 38, 1966.

*Janicki, Lech*: Zu einigen rechtlichen Aspekten des Normalisierungsprozesses, in: Jacobsen/Schweitzer/Sułek/Trzeciakowski (Hrsg.), S. 161-184.

*Jansen, Marlies*: Der Grenzvertrag mit Polen, in: DA, 12, 1990, S. 1820-1821.

*Jenninger, Philipp* (Hrsg.): Alois Mertes zur Erinnerung. Ansprachen und Nachrufe, Kevelaer 1986.

*Joffe, Josef*: Westverträge, Ostverträge und die Kontinuität der deutschen Außenpolitik, in: EA, F4/1973, S. 111-124.

*Juling, Peter*: Für eine realistische Vertragspolitik, in: Rubin (Hrsg.), S. 129-146.

*Kaiser, Karl*: Die Bundesregierung stellt keine Ansprüche ... Konrad Adenauer und die Oder-Neiße-Linie: Frühe Einsichten in die Grenzen deutscher Politik, in: Die Zeit, 40, 29.9.1989, S. 49-50.

*Kellermann, Volkmar*: Brücken nach Polen. Die deutsch-polnischen Beziehungen und die Weltmächte 1939-1973, Stuttgart 1973.

*Kellermann, Volkmar*: Schwarzer Adler - Weißer Adler. Die Polenpolitik der Weimarer Republik, Köln 1970.

*Kiessler, Richard/Elbe, Frank*: Ein runder Tisch mit scharfen Ecken. Der diplomatische Weg zur deutschen Einheit, Baden-Baden 1993.

*Kimminich, Otto*: Die abschließende Regelung mit Polen, in: Zeitschrift für Politik, 4, 1991, S. 361-391.

*Kissinger, Henry*: Die Vernunft der Nationen. Über das Wesen der Außenpolitik, Berlin 1994.

*Kissinger, Henry*: Years of Upheaval, London 1982.

*Klein, Eckart*: Bundesverfassungsgericht und Ostverträge, Bonn 1985.

*Kleßmann, Christoph*: Adenauers Deutschland- und Ostpolitik 1955-1963, in: Foschepoth (Hrsg.), S. 61-79.

*Kleßmann, Christoph*: Die Selbstbehauptung einer Nation. Nationalsozialistische Kulturpolitik und polnische Widerstandsbewegung im Generalgouvernement 1939-1945, Düsseldorf 1971.

*Kobylińska, Ewa/Lawaty, Andreas/Stephan, Rüdiger* (Hrsg.): Deutsche und Polen. 100 Schlüsselbegriffe, München – Zürich 1992.

*Körner, Klaus*: Die Frage der Ostgebiete, in: Schwarz (Hrsg.), Handbuch der deutschen Außenpolitik, S. 646-657.

*Körner, Klaus*: Die Wiedervereinigungspolitik, in: Schwarz (Hrsg.), Handbuch der deutschen Außenpolitik, S. 587-616.

*Kohl, Helmut*: »Ich wollte Deutschlands Einheit«. Dargestellt von Kai Diekmann und Ralf Georg Reuth, 3. Aufl., Berlin 1996.

*Korbel, Jan*: Bevölkerungsprobleme in den Beziehungen zwischen der Volksrepublik Polen und der Bundesrepublik Deutschland (1952-1975), in: Die Beziehungen zwischen der Bundesrepublik Deutschland und der Volksrepublik Polen, S. 87-108.

*Korger, Dieter*: Die Polenpolitik der deutschen Bundesregierung von 1982-1991, Bonn 1993.

*Koschyk, Hartmut*: Oberschlesien als Brücke zwischen Deutschen und Polen, in: van der Meulen (Hrsg.), S. 161-169.

*Kosthorst, Daniel*: Brentano und die deutsche Einheit. Die Deutschland- und Ostpolitik des Außenministers im Kabinett Adenauer 1955-1961, Düsseldorf 1993.

*Krause, Joachim*: Außenpolitische Opposition im und über den Bundesrat. Eine Fallstudie am Beispiel der Auseinandersetzungen um die Ratifizierung der deutsch-polnischen Vereinbarungen vom Oktober 1975, in: Zeitschrift für Parlamentsfragen, 3, 1980, S. 423-440.

*Kroegel, Dirk*: Einen Anfang finden! Kurt Georg Kiesinger in der Außen- und Deutschlandpolitik der Großen Koalition, München 1997.

*Kroll, Heinrich*: Der Minderheitenschutz in der Republik Polen. Gesetzgebung und Praxis, in: van der Meulen (Hrsg.), S. 149-152.

*Krone, Heinrich*: Aufzeichnungen zur Deutschland- und Ostpolitik 1954-1969, bearb. und eingel. von Klaus Gotto, in: Morsey/Repgen (Hrsg.), Adenauer-Studien III, S. 129-201.

*Kubina, Michael/Wilke, Manfred* (Hrsg.): »Hart und kompromißlos durchgreifen«. Die SED contra Polen 1980/81. Geheimakten der SED-Führung über die Unterdrückung der polnischen Demokratiebewegung, Berlin 1995.

*Küpper, Herbert*: Die Wiedergutmachung nationalsozialistischen Unrechts in den Staaten Osteuropas, in: Osteuropa, 8, 1996, S. 758-768.

*Küsters, Hanns Jürgen*: Kanzler in der Krise. Journalistenberichte über Adenauers Hintergrundgespräche zwischen Berlin-Ultimatum und Bundespräsidentenwahl 1959, in: VfZ, 36 (1988) 4, S. 733-768.

*Küsters, Hanns Jürgen*: Konrad Adenauer und Willy Brandt in der Berlin-Krise 1958-1963, in: VfZ, 40 (1992) 4, S. 483-542.

*Kuppe, Johannes*: Phasen, in: Jacobsen/Leptin/Scheuner/Schulz (Hrsg.), S. 173-200.

*Kupper, Siegfried*: Politische Beziehungen zur Bundesrepublik Deutschland 1955-1977, in: Jacobsen/Leptin/Scheuner/Schulz (Hrsg.), S. 403-452.

*Kurcz, Zbigniew*: Mniejszość niemiecka w Polsce [Deutsche Minderheit in Polen], Wrocław 1995.

*Kuwaczka, Waldemar*: Entspannung von unten. Möglichkeiten und Grenzen des deutschpolnischen Dialogs, Stuttgart – Bonn 1988.

*Kuźniar, Roman* (Hrsg.): Krajobraz po transformacji. Środowisko międzynarodowe Polski lat dziewięćdziesiątych [Landschaft nach der Transformation: Das internationale Umfeld Polens in den neunziger Jahren], Warszawa 1992.

*Lawaty, Andreas*: Die kulturellen Beziehungen zwischen der Bundesrepublik Deutschland und der Volksrepublik Polen bis 1975, in: Die Beziehungen zwischen der Bundesrepublik Deutschland und der Volksrepublik Polen, S. 179-189.

*Lehmann, Hans-Georg*: Der Oder-Neiße-Konflikt, München 1979.

*Lehmann, Hans-Georg*: Öffnung nach Osten. Die Ostreisen Helmut Schmidts und die Entstehung der Ost- und Entspannungspolitik, Bonn 1984.

*Lemke, Michael*: Die Sowjetisierung der SBZ/DDR im ost-westlichen Spannungsfeld, in: APuZ, B6/97, 31.1.1997, S. 41-53.

*Lindemann, Mechthild*: Anfänge einer neuen Ostpolitik? Handelsvertragsverhandlungen und die Errichtung von Handelsvertretungen in den Ostblock-Staaten, in: Blasius (Hrsg.), S. 45-96.

*Link, Werner*: Die Außen- und Deutschlandpolitik in der Ära Brandt 1969-1974, in: Bracher/Jäger/Link (Hrsg.), S. 163-282.

*Link, Werner*: Außen- und Deutschlandpolitik in der Ära Schmidt 1974-1982, in: Jäger/ Link (Hrsg.), S. 275-432.

*Lipski, Jan Józef*: Dwie ojczyzny – dwa patriotyzmy (uwagi o megalomanii narodowej i ksenofobii Polaków), in: Kultura (Paris), 10, 1981 [Deutsch: Zwei Vaterländer – zwei Patriotismen (Bemerkungen über nationale Megalomanie und Xenophobie der Polen), in: Kontinent, 22, 1982].

*Löwenthal, Richard*: Vom kalten Krieg zur Ostpolitik, in: Löwenthal/Schwarz (Hrsg.), S. 604-699.

*Löwenthal, Richard/Schwarz, Hans-Peter* (Hrsg.), Die zweite Republik. 25 Jahre Bundesrepublik Deutschland – eine Bilanz, 2. Aufl., Stuttgart 1974.

*Loth, Wilfried*: Ost-West-Konflikt und deutsche Frage. Historische Ortsbestimmungen, München 1989.

*Ludwig, Michael*: Polen und die deutsche Frage. Mit einer Dokumentation, Bonn 1991.

*Łoś-Nowak, Teresa*: Polskie inicjatywy w sprawie broni nuklearnej w Europie Środkowej 1957-1964 [Polnische Initiativen in bezug auf Kernwaffen in Mitteleuropa], Wrocław 1989.

*Maass, Johannes*: Dokumentation der deutsch-polnischen Beziehungen 1945-1959, Bonn u.a. 1960.

*Maćków, Jerzy*: Die Entspannungspolitik der Bundesrepublik Deutschland gegenüber der Entwicklung in Polen in den siebziger und achtziger Jahren, in: Zeitschrift für Politik, 4, 1993, S. 372-392.

*Madajczyk, Czesław* (Hrsg.): Vom Generalplan Ost zum Generalsiedlungsplan, München u.a. 1994.

*Madajczyk, Piotr*: Na drodze do pojednania: Wokół orędzia biskupów polskich do biskupów niemieckich z 1965 roku [Auf dem Wege zur Versöhnung. Um das Schreiben der polnischen Bischöfe an die deutschen Bischöfe aus dem Jahre 1965], Warszawa 1994.

*Madajczyk, Piotr*: Straty ludności niemieckiej podczas transferu z Polski i w wyniku represji [Deutsche Bevölkerungsverluste während des Transfers aus Polen und als Folge der Repression], in: Dzieje Najnowsze, 2, 1994, S. 67-70.

*Markiewicz, Władysław*: Die Tätigkeit der UNESCO-Schulbuchkommission der VR Polen und der Bundesrepublik Deutschland (1972-1976), in: Jacobsen/Schweitzer/Sułek/Trzeciakowski (Hrsg.), S. 365-379.

*Marzian, Herbert*: Zeittafel und Dokumente zur Oder-Neiße-Linie, Teil III, Würzburg 1959.

*Meckel, Markus*: Die deutsche Minderheit in Oberschlesien. Eine deutsche Perspektive, in: van der Meulen (Hrsg.), S. 153-160.

*Mehlhorn, Ludwig*: Die Polenpolitik der DDR. Zwangsfreundschaft oder Partnerschaft, in: Pflüger/Lipscher (Hrsg.), S. 223-229.

*Meissner, Boris* (Hrsg.): Die deutsche Ostpolitik 1961-1970. Kontinuität und Wandel, Köln 1970.

Ein Memorandum deutscher Katholiken zu den polnisch-deutschen Fragen, Mainz 1968.

*Menzel, Josef Joachim/Stribrny, Wolfgang/Völker, Eberhard*: Alternativ-Empfehlungen zur Behandlung der deutsch-polnischen Geschichte in Schulbüchern, o.O. und o.J.

*Meulen, Hans van der* (Hrsg.): Anerkannt als Minderheit. Vergangenheit und Zukunft der Deutschen in Polen, Baden-Baden 1994.

*Misselwitz, Hans*: Problem granic jako główny przedmiot rokowań »Dwa plus Cztery« [Das Grenzproblem als Hauptgegenstand der »Zwei-plus-Vier«-Verhandlungen], in: Polska. Niemcy. Przyszłość, S. 61-72.

*Miszczak, Krzysztof*: Deklarationen und Realitäten. Die Beziehungen zwischen der Bundesrepublik Deutschland und der (Volks-)Republik Polen von der Unterzeichnung des Warschauer Vertrages bis zum Abkommen über gute Nachbarschaft und freundschaftliche Zusammenarbeit (1970-91), München 1993.

Mniejszości na Górnym Śląsku. Pomost czy przeszkoda w stosunkach polsko-niemieckich? Materiały polsko-niemieckiego sympozjum odbytego w Mülheim/R. w dniach 2-4 grudnia 1993 r. pod kierownictwem Dietera Bacha i Krystiana Heffnera. Pod red. nauk. Wiesława Lesiuka [Minderheiten in Oberschlesien. Brücke oder Hindernis in den polnisch-deutschen Beziehungen? Materialien eines polnisch-deutschen Symposiums in Mülheim/R. vom 2.-4.12.1994 unter der Leitung von D.B. und K.H.], Opole 1994.

*Mohlek, Peter*: Der deutsch-polnische Nachbarschaftsvertrag und die deutsche Minderheit, in: van der Meulen (Hrsg.), S. 99-112.

*Morsey, Rudolf/Repgen, Konrad* (Hrsg.): Adenauer-Studien I, Mainz 1971.

*Morsey, Rudolf/Repgen, Konrad* (Hrsg.): Adenauer-Studien III: Untersuchungen und Dokumente zur Ostpolitik und Biographie, Mainz 1974.

*Motschmann, Jens*: Die Denkschrift der Evangelischen Kirche in Deutschland. Literaturbericht und Bibliographie (Stand 15.3.1967), in: Jahresbibliographie. Bibliothek für Zeitgeschichte. Weltkriegsbücherei, Stuttgart, Jg. 38, 1966, S. 485-547.

*Mühlen, P. von zur /Müller, B./Schmitz, K.*: Vertriebenenverbände und deutsch-polnische Beziehungen nach 1945, in: Schweitzer/Feger (Hrsg.), S. 96-161.

*Münch, Ingo von*: Abnormitäten der Normalisierung. Gedanken zum deutsch-polnischen Verhältnis, in: liberal, 7-8, 1978, S. 590-593.

*Nasarski, Gerlind*: Kulturkontakte zwischen der Bundesrepublik Deutschland und der Volksrepublik Polen 1970-1976. Ein Überblick, in: Jacobsen/Schweitzer/Sułek/Trzeciakowski (Hrsg.), S. 307-313.

*Neumaier, Eduard*: Deutsch-polnisches Verhältnis. Ein altes Trauma lebt wieder auf. Herbert Wehner wurde in Warschau nicht immer verstanden, in: Die Zeit, 16, 13.4.1979.

*Noack, Paul*: Deutsche Außenpolitik seit 1945, Stuttgart u.a. 1972.

*Nowak, Edmund*: Cień Łambinowic. Próba rekonstrukcji dziejów Obozu Pracy w Łambinowicach 1945-1946 [Schatten von Lamsdorf. Versuch einer Rekonstruktion des Arbeitslagers Lamsdorf 1945-1946], Opole 1991.

*Osadczuk-Korab, Bohdan Alexander*: Die ost- und südosteuropäischen Staaten, in: Cornides/Mende/Wagner (Hrsg.), S. 702-734.

*Osterheld, Horst*: Außenpolitik unter Bundeskanzler Ludwig Erhard 1963-1966. Ein dokumentarischer Bericht aus dem Kanzleramt, Düsseldorf 1992.

Osteuropa-Handbuch Sowjetunion, Bd. 2: Außenpolitik, Köln 1977.

*Overmans, Rüdiger*: Personelle Verluste der deutschen Bevölkerung durch Flucht und Vertreibung, in: Dzieje Najnowsze, 2, 1994, S. 51-63.

*Pailer, Wolfgang*: Stanisław Stomma. Nestor der deutsch-polnischen Verständigung, Bonn 1995.

*Parzymies, Stanisław*: Przyjaźń z rozsądku. Francja i Niemcy w nowej Europie [Freundschaft aus Vernunft. Frankreich und Deutschland im neuen Europa], Warszawa 1994.

*Pflüger, Friedbert*: Richard von Weizsäcker. Ein Portrait aus der Nähe, Stuttgart 1990.

*Pflüger, Friedbert/Lipscher, Winfried* (Hrsg.): Feinde werden Freunde. Von den Schwierigkeiten der deutsch-polnischen Nachbarschaft, Bonn 1993.

*Piątkowski, Wacław*: Moja misja nad Renem [Meine Mission am Rhein], Kraków 1984.

*Piskorski, Jan M.*: »Deutsche Ostforschung« und »polnische Westforschung«, in: Berliner Jahrbuch für osteuropäische Geschichte, Bd. 1996/1: Osteuropäische Geschichte in vergleichender Sicht, S. 379-389.

*Plum, Werner* (Hrsg.): Ungewöhnliche Normalisierung. Beziehungen der Bundesrepublik Deutschland zu Polen, Bonn 1984.

Polacy i Niemcy pół wieku później. Księga pamiątkowa dla Mieczysława Pszona [Polen und Deutsche ein halbes Jahrhundert später. Erinnerungsbuch für M.P.], Kraków 1996.

Polen und Deutschland. Gedanken polnischer Oppositioneller zur deutschen Wiedervereinigung, in: Osteuropa, 2, 1979, S. A1101-A1105.

Polish - GDR Relations (Minutes of Meeting of PZPR and SED Delegations, Moscow, December 2, 1969), in: Polish Quarterly of International Affairs, Vol. 3, No. 1, Winter 1994, S. 111-129.

Polska - Niemcy - mniejszość niemiecka w Wielkopolsce. Przeszłość i teraźniejszość [Polen - Deutschland - deutsche Minderheit in Großpolen. Vergangenheit und Gegenwart], prac. zbior. pod red. Andrzeja Saksona, Poznań 1994.

Polska. Niemcy. Przyszłość [Polen. Deutschland. Zukunft], pod red. Barbary Mikulskiej-Góralskiej i Witolda M. Góralskiego, Warszawa 1996.

*Potthoff, Heinrich* (Hrsg.): Die »Koalition der Vernunft«. Deutschlandpolitik in den achtziger Jahren, München 1995.

Protokoły tzw. komisji Grabskiego. Tajne dokumenty PZPR. Do druku przygotowała i wstępem opatrzyła Grażyna Pomian [Protokolle der sog. Grabski-Kommission. Geheimdokumente der PVAP. Zum Druck vorbereitet und mit einer Einleitung versehen von G.P.], Paryż 1986.

*Pszon, Mieczysław*: Wspomnienia [Erinnerungen], in: Polacy i Niemcy pół wieku później, S. 471-549.

*Rakowski, Mieczysław F.*: Es begann in Polen. Der Anfang vom Ende des Ostblocks, Hamburg 1995 [Poln. Ausgabe: Jak to się stało, Warszawa 1991].

*Rakowski, Mieczysław F.*: Jak to się stało [Wie es geschah], Warszawa 1991.

*Rakowski, Mieczysław F.*: Journalist und politischer Emissär zwischen Warschau und Bonn, in: Pflüger/Lipscher (Hrsg.), S. 145-159.

*Rautenberg, Hans-Werner*: Deutsche und Deutschstämmige in Polen – eine nicht anerkannte Volksgruppe, in: APuZ, B50/88, 9.12.1988, S. 14-27.

*Rauziński, Robert/Szczygielski, Kazimierz*: Społeczna i gospodarcza rola mniejszości niemieckiej na Śląsku Opolskim [Die gesellschaftliche und wirtschaftliche Rolle der deutschen Minderheit im Oppelner Schlesien], in: Mniejszości na Górnym Śląsku, S. 79-94.

*Reichel, Peter*: Die Vertriebenenverbände als außenpolitische »pressure group«, in: Schwarz (Hrsg.): Handbuch der deutschen Außenpolitik, S. 233-238.

*Reiff, Klaus*: Als deutscher Diplomat an der Weichsel, Bonn 1990.

*Rhode, Gotthold*: Die deutsch-polnischen Beziehungen von 1945 bis in die achtziger Jahre, in: APuZ, B11/88, 1.3.1988, S. 3-20.

*Rhode, Gotthold*: Evakuierung, Flucht, Verschleppung, Diskriminierung, Zwangsaussiedlung und Ausweisung der Deutschen aus Polen und den ostdeutschen Provinzen 1944-47, in: Die Beziehungen zwischen der Bundesrepublik Deutschland und der Volksrepublik Polen, S. 109-134.

*Rogall, Joachim*: Vom Stolperstein zur Brücke – der Weg in eine sichere Zukunft für die deutsche Minderheit in Polen, in: van der Meulen (Hrsg.), S. 127-140.

*Roth, Reinhold*: Außenpolitische Innovation und politische Herrschaftssicherung. Eine Analyse von Struktur und Systemfunktion des außenpolitischen Entscheidungsprozesses am Beispiel der sozialliberalen Koalition 1969-1973, Meisenheim am Glan 1976.

*Royen, Christoph*: Außenpolitik, in: Wöhlke (Hrsg.), S. 217-239.

*Rubin, Hans Wolfgang*: Die Stunde der Wahrheit, in: liberal, 12.3.1967.

*Rubin, Hans Wolfgang* (Hrsg.): Freiheit, Recht und Einigkeit. Zur Entspannungs- und Deutschlandpolitik der Liberalen, Baden-Baden 1980.

*Ruehl, Lothar*: Die Ostverträge – Ein Beitrag zur Konfliktbewältigung in Mitteleuropa, in: Blumenwitz u.a. (Hrsg.), S. 107-153.

*Rumpf, Helmut*: Die deutsche Frage und die Reparationen, in: Zeitschrift für ausländisches öffentliches Recht und Völkerrecht, Bd. 33, 1973, S. 344-371.

*Ruszczewski, J.*: Ziemia tragiczna. Obóz w Łambinowicach. [Tragische Erde. Das Lager Lamsdorf] 1945-1947, in: Tygodnik Powszechny, 13.5.1990.

*Sakson, Andrzej*: Zapis o mniejszościach narodowych w polskich ustawach konstytucyjnych [Aufnahme von nationalen Minderheiten in polnischen Verfassungsgesetzen], in: Polska – Niemcy – mniejszość niemiecka w Wielkopolsce, S. 181-188.

*Schäuble, Wolfgang*: Der Vertrag. Wie ich über die deutsche Einheit verhandelte, Stuttgart 1991.

*Scheel, Walter*: Der deutsch-polnische Vertrag, in: Bulletin, 171, 8.12.1970, S. 1820-1822.

*Schmid, Carlo*: Erinnerungen, Bern u.a. 1979.

*Schmid, Günther*: Entscheidung in Bonn. Die Entstehung der Ost- und Deutschlandpolitik 1969/1970, 2. Aufl., Köln 1980.

*Schmidt, Helmut*: Die Deutschen und ihre Nachbarn. Menschen und Mächte II, Berlin 1990.

*Schmidt, Helmut*: Menschen und Mächte, Berlin 1987.

*Schmidt, Helmut*: Schwieriger Besuch in Warschau 1966, in: Pflüger/Lipscher(Hrsg.), S. 40-50.

*Schmückle, Gerd*: Ohne Pauken und Trompeten. Erinnerungen an Krieg und Frieden, Stuttgart 1982.

*Schollwer, Wolfgang*: FDP im Wandel. Aufzeichnungen 1961-1966, München 1994 (Biographische Quellen zur deutschen Geschichte nach 1945, Bd. 15).

*Schollwer, Wolfgang*: Liberale Opposition gegen Adenauer. Aufzeichnungen 1957-1961, hrsg. von Monika Faßbender, 2. Aufl., München 1991.

*Schröder, Gerhard*: Germany Looks at Eastern Europe, in: Foreign Affairs, Vol. 44, No. 1, October 1965, S. 15-25.

*Schulz, Eberhard*: Handel zwischen Politik und Profit, in: Jacobsen/Schweitzer/Sułek/ Trzeciakowski (Hrsg.), S. 185-207.

*Schulz, Eberhard*: Die sowjetische Deutschlandpolitik, in: Osteuropa-Handbuch Sowjetunion, S. 229-291.

*Schwarz, Hans-Peter*: Adenauer. Der Aufstieg: 1876-1952, Stuttgart 1986.

*Schwarz, Hans-Peter*: Adenauer. Der Staatsmann: 1952-1967, Stuttgart 1991.

*Schwarz, Hans-Peter*: Die Ära Adenauer. Epochenwechsel 1957-1963, Stuttgart 1983 (Geschichte der Bundesrepublik Deutschland, Bd. 3).

*Schwarz, Hans-Peter*: Die außenpolitischen Grundlagen des westdeutschen Staates, in: Löwenthal/Schwarz (Hrsg.), S. 27-63.

*Schwarz, Hans-Peter*: Das außenpolitische Konzept Konrad Adenauers, in: Morsey/Repgen (Hrsg.), Adenauer-Studien I, S. 71-108.

*Schwarz, Hans-Peter*: Die Bundesregierung und die auswärtigen Beziehungen, in: Schwarz (Hrsg.), Handbuch der deutschen Außenpolitik, S. 43-112.

*Schwarz, Hans-Peter*: Vortasten nach Warschau, in: Die politische Meinung, 326, Januar 1997, S. 87-95.

*Schwarz, Hans-Peter* (Hrsg.): Handbuch der deutschen Außenpolitik, 2. Aufl., München – Zürich 1976.

*Schweitzer, Carl-Christoph*: Konflikt und Kooperation zwischen der Bundesrepublik Deutschland und der Volksrepublik Polen seit dem Warschauer Vertrag von 1970, in: Jacobsen/Schweitzer/Sułek/Trzeciakowski (Hrsg.), S. 103-130.

*Schweitzer, Carl-Christoph/Feger, Hubert* (Hrsg.): Das deutsch-polnische Konfliktverhältnis seit dem Zweiten Weltkrieg. Multidisziplinäre Studien über konfliktfördernde und konfliktmindernde Faktoren in den internationalen Beziehungen, Boppard am Rhein 1975.

*Seifert, Karl-Heinz/Hömig, Dieter* (Hrsg.): Grundgesetz für die Bundesrepublik Deutschland, 3. Aufl., Baden-Baden 1988.

*Sikora, Franz*: Sozialistische Solidarität und nationale Interessen. Polen, Tschechoslowakei, DDR, Köln 1977.

*Skodlarski, Janusz*: Stosunki handlowe Polski z okupacyjnymi strefami Niemiec (1945-1949) [Handelsbeziehungen Polens mit den Besatzungszonen Deutschlands], in: Dzieje Najnowsze, 4, 1993, S. 95-106.

*Stehle, Hansjakob*: Adenauer, Polen und die Deutsche Frage, in: Foschepoth (Hrsg.), S. 80-98.

*Stehle Hansjakob*: Geheimdiplomatie im Vatikan. Die Päpste und die Kommunisten, Zürich 1993.

*Stehle, Hansjakob*: Seit 1960: Der mühsame katholische Dialog über die Grenze, in: Plum (Hrsg.), S. 155-178.

*Stehle, Hansjakob*: Nachbar Polen, erw. Neuausg., Frankfurt/Main 1968.

*Stehle, Hansjakob*: Nachbarn im Osten. Herausforderung zu einer neuen Politik, Frankfurt/M. 1971.

*Stehle, Hansjakob*: Die Ostpolitik des Vatikan, Bergisch-Gladbach 1983.

*Stehle, Hansjakob*: »Versuchen wir zu vergessen«. Warum deutsche Bischöfe nicht gleich in die Hand der Polen einschlugen, in: Pflüger/Lipscher (Hrsg.), S. 74-89.

*Stehle, Hansjakob*: Eine vertrackte Vorgeschichte. Zum Warschauer Vertrag: Wie ein Schlüsseldokument verschwand und wieder auftauchte, in: Die Zeit, 50, 7.12.1990, S. 41-42.

*Stehle, Hansjakob*: Zufälle auf dem Weg zur neuen Ostpolitik. Aufzeichnungen über ein geheimes Treffen Egon Bahrs mit einem polnischen Diplomaten 1968, in: VfZ, 43 (1995) 1, S. 159-171.

Stettin/Szczecin 1945-1946. Dokumente - Erinnerungen. Dokumenty - Wspomnienia. Hrsg. von der Ostsee-Akademie Lübeck-Travemünde und dem Institut für Zeitgeschichte der Universität Stettin, Rostock 1994.

*Strauß, Franz-Josef*: Die Erinnerungen, Berlin 1989.

*Strobel, Georg W.*: Deutschland - Polen. Wunsch und Wirklichkeit, Bonn u.a. 1969.

*Strobel, Georg W.*: Die polnisch-bundesdeutschen Wirtschaftsbeziehungen und deren politische Aspekte, in: Die Beziehungen zwischen der Bundesrepublik Deutschland und der Volksrepublik Polen, S. 151-170.

*Stubbe, Heinrich*: Die geteilte Nation schied die Geister, in: Rheinischer Merkur - Christ und Welt, 39, 29.9.1995.

*Süssmuth, Hans* (Hrsg.): Deutschlandbilder in Polen und Rußland, in der Tschechoslowakei und Ungarn, Baden-Baden 1993.

*Sułek, Jerzy*: Stanowisko rządu NRF wobec granicy na Odrze i Nysie Łużyckiej 1949-1966 [Der Standpunkt der Regierung der DBR zur Grenze an der Oder und der Lausitzer Neiße 1949-1966], Poznań 1969.

*Tejchma, Józef*: Kulisy dymisji. Z dziennika ministra kultury 1974-1977 [Kulissen einer Demission. Aus dem Tagebuch des Kulturministers], Kraków 1991.

*Teltschik, Horst*: Aspekte der deutschen Außen- und Sicherheitspolitik im Rahmen der Ost-West-Beziehungen, in: APuZ, B7-8/85, 16.2.1985, S. 3-13.

*Teltschik, Horst*: Die Bundesrepublik Deutschland und Polen – eine schwierige Nachbarschaft im Herzen Europas, in: Außenpolitik, 1, 1990, S. 3-14.

*Teltschik, Horst*: 329 Tage. Innenansichten der Einigung, Berlin 1991.

*Terfloth, Klaus*: Bonn – Warschau – ein Schritt zur Aussöhnung, in: Außenpolitik, 2, 1976, S. 123-132.

Texte zur Deutschlandpolitik, 13. Dezember 1966 – 29. September 1967, hrsg. vom Bundesministerium für gesamtdeutsche Fragen, Bonn – Berlin 1967.

Texte zur Deutschlandpolitik, Bd. 1, hrsg. vom Bundesministerium für gesamtdeutsche Fragen, Bonn – Berlin 1968.

Texte zur Deutschlandpolitik, Bd. 2, hrsg. vom Bundesministerium für gesamtdeutsche Fragen, Bonn – Berlin 1968.

Texte zur Deutschlandpolitik, Bd. 3, hrsg. vom Bundesministerium für innerdeutsche Beziehungen, o.O. 1970.

Texte zur Deutschlandpolitik, Bd. 4: 28. Oktober 1969 – 23. März 1970, hrsg. vom Bundesministerium für innerdeutsche Beziehungen, Bonn 1970.

Texte zur Deutschlandpolitik, Bd. 9: 4. September 1971 – 8. Februar 1972, Bonn 1972.

Texte zur Deutschlandpolitik, Bd. 12: 18. Januar 1973 – 20. Juni 1973, Bonn 1973.

Texte zur Deutschlandpolitik, Reihe II, Bd. 1: 22. Juni 1973 – 18. Februar 1974, Bonn 1975.

Texte zur Deutschlandpolitik, Reihe II, Bd. 3: 30. Januar 1975 – 19. Dezember 1975, Bonn 1976.

Texte zur Deutschlandpolitik, Reihe II, Bd. 7: 21. Juni 1978 – 12. März 1980, Bonn 1981.

Texte zur Deutschlandpolitik, Reihe II, Bd. 8: 20. März 1980 – 1. Oktober 1982, Bonn 1983.

Texte zur Deutschlandpolitik, Reihe III, Bd. 1: 13. Oktober 1982 – 30. Dezember 1983, Bonn 1985.

Texte zur Deutschlandpolitik, Reihe III, Bd. 3: 1. Januar 1985 – 30. Dezember 1985, Bonn 1986.

*Theisen, Alfred*: Die Vertreibung der Deutschen – Ein unbewältigtes Kapitel europäischer Zeitgeschichte, in: APuZ, B7-8/95, 10.2.1995, S. 20-33.

*Timmermann, Heiner*: Die deutsche Grenze zu Polen, in: Das Parlament, 22.6.1990.

*Timmermann, Heiner* (Hrsg.): Deutschland – Frankreich – Polen. Ihre Beziehungen zueinander nach 1945, Saarbrücken-Scheidt 1986.

*Timmermann, Heiner* (Hrsg.): Geschichtsschreibung zwischen Wissenschaft und Politik. Deutschland – Frankreich – Polen im 19. und 20. Jahrhundert, Saarbrücken-Scheidt 1987.

*Tomala, Mieczysław*: Die deutsch-polnischen Beziehungen seit Abschluß des Warschauer Vertrages, in: Bracher/Funke/Schwarz (Hrsg.), S. 146-159.

*Tomala, Mieczysław*: Droga do Układu PRL – RFN z 7 grudnia 1970 r. [Der Weg zum Vertrag VRP – BRD vom 7. Dezember 1970], in: Polska. Niemcy. Przyszłość, S. 23-46.

*Tomala, Mieczysław*: »Przyjaźń« z Niemiecką Republiką Demokratyczną, ale za jaką cenę? [»Freundschaft« mit der DDR, aber um welchen Preis?], in: Rocznik Polsko-Niemiecki 1994, Warszawa 1995, S. 59-75.

*Urban, Thomas*: Deutsche in Polen. Geschichte und Gegenwart einer Minderheit, München 1993.

Verträge, Abkommen und Vereinbarungen mit den osteuropäischen Staaten, hrsg. vom Presse- und Informationsamt der Bundesregierung, Bonn 1983.

Verträge zur deutschen Einheit, hrsg. von der Bundeszentrale für politische Bildung, Bonn 1990.

Die Vertreibung der deutschen Bevölkerung aus den Gebieten östlich der Oder-Neiße, Bde. 1-3, München 1984.

Vertreibung und Vertreibungsverbrechen 1945-1948. Bericht des Bundesarchivs vom 28. Mai 1974. Archivalien und ausgewählte Erlebnisberichte, Bonn 1989.

*Vogel, Heinrich* (Hrsg.): Umbruch in Osteuropa. Interdependenzen und Konsequenzen, Köln 1990 (Sonderveröffentlichung des BIOst).

*Volle, Hermann/Wagner, Wolfgang* (Hrsg.): Krise in Polen. Vom Sommer 80 zum Winter 81. In Beiträgen und Dokumenten aus dem Europa-Archiv, Bonn 1982.

*Volle, Hermann/Wagner, Wolfgang* (Hrsg.): KSZE – Konferenz für Sicherheit und Zusammenarbeit in Europa in Beiträgen und Dokumenten aus dem Europa-Archiv, Bonn 1976.

*Volle, Hermann/Wagner, Wolfgang*: Das Madrider KSZE-Folgetreffen. Der Fortgang des KSZE-Prozesses in Europa. Beiträge und Dokumente aus dem Europa-Archiv, Bonn 1984.

*Wahl, Jürgen*: »Sagen Sie Adenauer, er soll nur ja hart bleiben.« Die Geheimkontakte des ersten deutschen Bundeskanzlers nach Polen, in: Rheinischer Merkur – Christ und Welt, 37, 15.9.1995.

*Walsdorff, Martin*: Westorientierung und Ostpolitik. Stresemanns Rußlandpolitik in der Locarno-Ära, Bremen 1971.

*Weber, Elisabeth*: Die Grünen und die polnische Opposition im Dialog, in: Kobylińska/Lawaty/Stephan (Hrsg.), S. 374-380.

*Weidenfeld, Werner/Korte, Karl-Rudolf* (Hrsg.): Handbuch zur deutschen Einheit, Bonn 1993.

*Weidenfeld, Werner/Wessels Wolfgang* (Hrsg.): Europa von A – Z. Taschenbuch der europäischen Integration, 5. Aufl., Bonn 1995.

*Weisenfeld, Ernst*: Welches Deutschland soll es sein? Frankreich und die deutsche Einheit seit 1945, München 1986.

*Wengst, Udo*: Staatsaufbau und Regierungspraxis 1948-1953. Zur Geschichte der Verfassungsorgane der Bundesrepublik Deutschland, Düsseldorf 1984.

*Węc, Janusz Józef*: FDP wobec polityki wschodniej RFN 1969-1982 [Die FDP zur Ostpolitik der BRD 1969-1982], Poznań 1990.

*Węc, Janusz Józef*: Die polnische Haltung zum deutschen Einigungsprozeß. Eine Bilanz, in: DA, 5, 1991, S. 519-529.

*Wiemer, Wolfgang*: Rechtspositionen sind kein Politikersatz, in: DA, 9, 1984, S. 939-943.

*Winiewicz, Józef*: Co pamiętam z długiej drogi życia [Woran ich mich nach einem langen Lebensweg erinnere], Poznań 1985.

*Wöhlke, Wilhelm* (Hrsg.): Länderbericht Polen, Bonn 1991.

*Wolff von Amerongen, Otto*: Der Weg nach Osten. Vierzig Jahre Brückenbau für die deutsche Wirtschaft, München 1992.

*Zelikow, Philip/Rice, Condoleezza*: Germany Unified and Europe Transformed. A Study in Statecraft, Cambridge, Mass. – London 1995.

*Zernack, Klaus*: Preußen – Deutschland – Polen. Aufsätze zur Geschichte der deutsch-polnischen Beziehungen, hrsg. von Wolfram Fischer und Michael G. Müller, Berlin 1991.

*Zieger, Gottfried/Hacker, Jens*: Bundesverfassungsgericht, in: Weidenfeld/Korte (Hrsg.), Handbuch, S. 79-90.

*Zündorf, Benno*: Die Verträge von Moskau, Warschau, Prag, das Berlin-Abkommen und die Verträge mit der DDR, München 1979.

20 [Zwanzig] Jahre KSZE. 1973-1993. Eine Dokumentation, hrsg. vom Auswärtigen Amt, 2. Aufl., Bonn 1993.

*Żakowski, Jacek*: Pół wieku pod włos, in: Magazyn Gazety Wyborczej, 21.4.1995.

# Personenregister

Achenbach, Ernst 132

Acheson, Dean 29, 31

Adenauer, Konrad 3, 6, 14, 19, 20, 21, 22, 23, 24, 25, 26, 27, 28, 29, 30, 31, 32, 34, 35, 36, 37, 41, 42, 43, 44, 45, 46, 47, 49, 50, 52, 53, 55, 56, 57, 58, 60, 62, 64, 65, 67, 68, 69, 70, 71, 72, 73, 74, 76, 79, 81, 84, 113, 141, 175, 207, 229, 254, 309, 310, 312, 314, 316, 320, 321, 324, 325, 327

Ahlers, Conrad 119, 137

Albertz, Heinrich 95

Albrecht, Ernst 174, 182, 231

Albrecht, Ulrich 270

Allardt, Helmut 82, 83

Alten, Jürgen von 131

Aretin, Karl Otmar von

Arndt, Klaus D. 125

Babiuch, Edward 168

Bahr, Egon 15, 95, 102, 104, 105, 109, 115, 117, 121, 126, 129, 130, 132, 153, 157, 158, 200, 202, 213, 309

Bangemann, Martin 234

Barcz, Jan 327

Bartoszewski, Władysław 206, 248

Barzel, Rainer 118, 126, 129, 150, 151, 152, 153, 174, 179, 192

Bayerlein, Walter 248

Bechel, Paul 248

Becker, Albrecht 248

Beitz, Berthold 71, 72, 73, 74, 84

Bergson, Henri 18

Besson, Waldemar 83, 84, 85

Bielecki, Jan Krzysztof 266, 290, 291, 292, 294

Bismarck, Klaus von 192

Bismarck, Otto von 15, 21, 22

Bismarck, Philipp von 130, 164, 192

Blankenhorn, Herbert 19, 20, 48, 50, 64, 65

Blüm, Norbert 174, 179, 252

Blumenfeld, Erik 84

Böckenförde, Ernst-Wolfgang 88

Bötsch, Wolfgang 290

Böx, Heinrich 96, 103, 118, 127, 129, 130

Bogusz, Józef 248

Bohl, Friedrich 276

Bohlen, Elisabeth 36

Boldt, Hans 131

Brandt, Willy 3, 14, 15, 52, 94, 95, 96, 99, 101, 102, 103, 104, 105, 106, 108, 109, 113, 114, 115, 116, 117, 118, 119, 120, 121, 122, 123, 124, 125, 126, 127, 128, 131, 132, 134, 135, 136, 137, 138, 141, 144, 145, 147, 148, 151, 152, 164, 165, 167, 168, 192, 200, 218, 242, 249, 275, 309, 310, 312, 313, 314, 315, 316, 317, 318, 322, 325, 326, 327

Brentano, Heinrich von 3, 14, 15, 42, 43, 44, 45, 46, 47, 49, 50, 51, 52, 53, 54, 55, 56, 57, 58, 59, 60,

62, 63, 64, 65, 66, 67, 68, 69, 72, 74, 77, 79, 84, 136, 313, 314, 325
Breschnew, Leonid   328
Bringmann, Karl   59
Brüning, Heinrich   21
Brzezinski, Zbigniew   81
Bulganin, Nikolaj   54
Buschmann, Karl   125
Bush, George   267, 269

Carstens, Karl   72, 87, 90, 91, 92, 93, 97, 174, 317
Chruschtschow, Nikita   59
Churchill, Winston   45
Cyrankiewicz, Józef   43, 53, 71, 73, 74, 125, 134, 141, 312
Czaja, Herbert   59, 164, 174, 185, 186, 233, 277
Czempiel, Ernst-Otto   88
Czyrek, Józef   104, 157, 182, 196, 266

Dahrendorf, Ralf   121, 123
Dehler, Thomas   47
Dertinger, Georg   19
Dichgans, Hans   129
Dirks, Walter   88
Dittmann, Herbert   64
Dönhoff, Marion   61
Dohnanyi, Klaus von   197
Drawicz, Andrzej   248
Dregger, Alfred   231, 249, 268
Duckwitz, Georg Ferdinand   64, 65, 67, 69, 86, 94, 121, 122, 123, 124, 126, 127, 128, 131, 136, 141

Dulles, John Foster   46
Dziewanowski, Kazimierz   248

Eagleburger, Lawrence   212
Eckardt, Felix von   47, 48, 66, 68, 74, 76
Eden, Anthony   61
Ehmke, Horst   119, 123, 152, 203, 219
Eisenhower, Dwight D.   32, 64, 65
Elbe, Frank   271
Emmel, Egon   125, 131
Erb, Alfons   88
Erb, Elisabeth   248
Erhard, Ludwig   3, 14, 79, 80, 84, 86, 89, 90, 91, 92, 93, 94, 96, 97, 141, 312, 314, 317, 327
Erler, Fritz   64, 95, 96

Falin, Valentin   153, 188
Finke-Osiander, Renate   121
Foschepoth, Josef   24, 25
Frank, Paul   117, 122, 132, 141, 188
Frankiewicz, Stefan   248
Frelek, Ryszard   164
Friedrichs, Hans   158
Frohn, Axel   29, 20, 44
Frowein, Jochen Abr.   282

Gaitskell, Hugh   61
Garton Ash, Timothy   17, 18, 113, 200, 201, 202, 219
Gaulle, Charles de   58, 65, 73, 74, 94
Gebert, Bolesław   92, 93

Geiger, Willi   228

Genscher, Hans-Dietrich   15, 85, 107, 115, 123, 152, 165, 166, 169, 170, 172, 173, 177, 178, 179, 180, 182, 196, 201, 203, 205, 210, 212, 216, 221, 222, 225, 229, 230, 231, 234, 236, 238, 239, 240, 249, 250, 251, 252, 255, 263, 264, 265, 267, 269, 270, 271, 274, 278, 279, 280, 281, 285, 286, 290, 292, 313, 315

Geremek, Bronisław   219, 231, 240, 246, 319

Gerstenmaier, Eugen   75

Gierek, Edward   114, 134, 147, 148, 156, 159, 164, 165, 166, 167, 168, 170, 179, 181, 183, 184, 185, 186, 187, 188, 189, 192, 193, 194, 196, 198, 202, 216, 217, 285

Glemp, Józef   234

Globke, Hans   55, 60, 69, 70, 317

Gomułka, Władysław   47, 56, 58, 62, 63, 73, 74, 86, 93, 108, 109, 114, 119, 127, 128, 134, 145, 147, 186, 187, 312, 315

Gorbatschow, Michail   236, 238, 274, 275, 277

Gotto, Klaus   70

Grabska, Stanisława   248

Grabski, Tadeusz   147

Gradl, Johann Baptist   80, 91, 101

Greinacher, Norbert   88

Grewe, Wilhelm   30, 50, 51, 52, 54, 67, 70, 228, 229

Gromyko, Andrej   121

Grünewald, Arnim   202

Grycz, Wolfgang   248

Guttenberg, Theodor von und zu   59

Günzel, Walter   49, 50

Hacke, Christian   2, 24

Hagemann, Wilfried   248

Hajnicz, Artur   217, 218, 219, 226, 227, 261, 262, 265, 272

Hallstein, Walter   20, 24, 38, 43, 49, 50, 51, 57, 72, 73, 82, 83, 84, 85, 86, 122, 312, 324

Hansen, Ursula   248

Harmel, Pierre   100

Hase, Karl-Günther von   66

Hassel, Kai-Uwe von   102

Heigert, Hans   88

Heine, Klaus C.   48

Heinemann, Gustav   110, 111, 315

Hennelowa, Józefa   248

Herling-Grudziński, Gustaw   190

Herzog, Roman   316, 326

Heusinger, Adolf   48

Heuss, Theodor   62

Hildebrand, Klaus   94

Hilzinger, Caspar (Pseudonym) s. Frank, Paul   118

Hitler, Adolf   2, 21, 110, 111, 254

Höcherl, Hermann   130

Höynck, Wilhelm   292

Honecker, Erich   208, 209, 210, 212, 231, 237

Hornhues, Karl-Heinz   263, 305

Hupka, Herbert   96, 119, 164, 174, 231, 233, 235, 254

Huyn, Hans   84

Irmer, Ulrich   305

375

Jabłoński, Henryk 168
Jacobsen, Hans-Adolf 75, 95, 96
Jaksch, Wenzel 75, 95, 96
Jansen, Thomas Maximilian 248
Jaroszewicz, Piotr 148, 168, 196
Jaruzelski, Wojciech 175, 205, 209, 212, 213, 214, 216, 217, 219, 223, 231, 234, 236, 237, 239, 247, 249, 255, 266, 269, 313, 315
Jędrychowski, Stefan 117, 131, 132
Joffe, Josef 202
Johannes XXIII. <Papst> 66
Johnson, Lyndon B. 94

Kaiser, Jakob 26
Kaiser, Karl 29
Kania, Stanisław 216
Kappler, Johanna 35
Kastrup, Dieter 252
Kather, Linus 45, 46
Katzer, Hans 174, 179
Kennan, George F. 61
Kennedy, John F. 65, 69, 71, 76, 77, 95
Kessel, Albrecht von 48, 50, 57, 122, 136
Kiep, Walter Leisler 174, 179
Kiesinger, Kurt Georg 3, 14, 99, 100, 104, 105, 107, 108, 109, 312, 314, 315, 325, 327
Kiessler, Richard 271
Kissinger, Henry 123, 124
Kiszczak, Czesław 252
Kleßmann, Christoph 24
Köppler, Heinrich 192

Körner, Klaus 69
Kogon, Eugen 88
Kohl, Helmut 6, 9, 15, 111, 113, 138, 165, 174, 176, 177, 180, 182, 192, 204, 210, 211, 215, 219, 221, 222, 223, 224, 225, 226, 227, 229, 230, 231, 232, 233, 235, 236, 237, 241, 242, 245, 246, 249, 251, 252, 253, 254, 255, 256, 258, 262, 263, 267, 268, 269, 273, 274, 275, 276, 277, 279, 281, 285, 286, 287, 289, 290, 292, 303, 312, 313, 315, 316, 318, 319, 320, 322, 326, 327
Kołakowski, Leszek 190
Koperski, Bolesław 109
Koschnick, Hans 218
Koschyk, Hartmut 277
Kosthorst, Daniel 3, 42, 59, 63, 74
Kowalczyk, Edward 234
Kozłowski, Krzysztof 248
Kraft, Waldemar 33
Kristoffersen, Erwin 218
Krone, Heinrich 15, 91
Kronenberg, Friedrich 248
Król, Marcin 248
Krüger, Hans 67
Kucza, Ernest 242, 244, 245, 286

Lahn, Lothar 131
Lemmer, Ernst 70
Lenz, Carl Otto 225, 227
Leverenz, Bernhard 53
Link, Werner 130
Lissek, Vincens 248
Loth, Wilfried 31
Löwenstein, Karl zu 34

McCloy, John  77
McGhee, George C.  88
Macmillan, Harold  65
Maier, Hans  248
Maizière, Lothar de  270, 234
Majonica, Ernst  28, 59, 69, 308
Mann, Golo  153
Marx, Werner  152
Mazowiecki, Tadeusz  218, 226, 240, 242, 244, 248, 252, 253, 254, 255, 256, 257, 266, 267, 268, 269, 270, 273, 274, 279, 286, 287, 289, 313, 324
Meckel, Markus  270, 324
Mende, Erich  84, 85, 107, 185
Menzel, Eberhard  54, 88
Mertes, Alois  210, 225, 226, 227, 228, 229
Metz, Johann Baptist  88
Meyer-Wilmes, Jürgen  248
Mikat, Paul  174
Mischnick, Wolfgang  115, 197
Mitterrand, François  204, 269
Müller-Hermann, Ernst  130
Mumm von Schwarzenstein, Bernd  83, 84

Najder, Zdzisław  190
Nellen, Peter  88, 101
Nixon, Richard  123, 126
Nossol, Alfons  253, 254
Nothof, Karl  248
Nottbeck, Berend von  48

Oberländer, Theodor  33, 67

Ollenhauer, Erich  44
Olszewski, Jan  169, 190
Olszowski, Stefan  154, 156, 159, 168, 172, 178, 179, 180, 184, 234
Onyszkiewicz, Janusz  231, 240
Orzechowski, Marian  236, 286
Otto III. <Kaiser>  271

Pailer, Wolfgang  60
Paul VI. <Papst>  131, 154
Petersen, Peter  129
Pfleiderer, Karl Georg  32, 56, 57, 136
Pflüger, Friedbert  249
Piątkowski, Wacław  218
Popiełuszko, Jerzy  230, 240
Pruchniewicz, Henryk  185
Pszon, Mieczysław  242, 244, 248, 253, 254, 286, 287

Raabe, Felix  248
Raczkowski, Jerzy  104, 105, 109
Rahner, Karl  88
Rakowski, Mieczysław F.  11, 213, 214, 234, 241, 242, 243, 244, 245, 249, 257, 286, 316, 328
Rapacki, Adam  56, 61, 62, 63, 64, 71, 86, 93, 103
Ratzinger, Joseph  88
Reagan, Ronald  213, 214
Rehs, Reinhold  96, 123
Reiff, Klaus  146
Reimann, Max  27
Reiter, Janusz  248
Remmers, Werner  248

377

Risse, Heinz Theo 248
Röder, Franz-Josef 182
Rubin, Wolfgang 106, 107
Rühe, Volker 230, 232, 233, 285

Sahm, Ulrich 119
Schäfer, Hans 304
Scheel, Walter 15, 107, 115, 117, 119, 120, 122, 123, 124, 125, 126, 127, 128, 131, 132, 137, 140, 141, 142, 144, 153, 156, 158, 159, 165, 315, 318, 325
Scherpenberg, Albert Hilger van 64
Schewardnadse, Eduard 265
Schiller, Karl 125, 130
Schmid, Carlo 53, 136
Schmid, Günther 3, 120, 121, 123
Schmidt, Helmut 15, 96, 102, 105, 113, 114, 115, 138, 148, 156, 159, 165, 166, 167, 169, 170, 179, 180, 181, 189, 192, 193, 196, 200, 201, 202, 204, 206, 208, 209, 210, 211, 212, 214, 216, 217, 223, 285, 313, 315, 322, 324, 325, 326, 327
Schollwer, Wolfgang 85, 107
Schröder, Gerhard 3, 15, 42, 79, 80, 81, 83, 84, 85, 87, 88, 89, 90, 92, 94, 96, 100, 122, 141, 151, 174, 183, 192, 309, 312, 314, 320
Schütz, Klaus 82, 324
Schumacher, Kurt 27, 310
Schuman, Robert 31
Schwan, Alexander 88
Schwarz, Hans-Peter 8, 19, 20, 29, 30, 53, 310
Schwarz, Werner 76
Seebohm, Hans-Christoph 26

Seeckt, Hans von 310
Seiters, Rudolf 255
Skibowski, Klaus Otto 48, 55, 59, 324
Skubiszewski, Krzysztof 249, 250, 252, 254, 264, 265, 269, 271, 274, 277, 291, 292
Slotta, Günther 130
Smirnow, Andrej 69
Sonnemann, Theodor 39
Springer, Axel 68, 129
Stabreit, Immo 129
Staden, Bernd von 157
Stalin, Josef 10, 11, 90
Stalmann, Otto 71, 75
Stanek, Adam 73
Stehle, Hansjakob 22, 55, 104
Stercken, Hans 236
Sthamer, Friedrich 136
Stoessel, Walter 127
Stolper, Toni 62
Stomma, Stanisław 55, 59, 60, 111
Stoph, Willi 126
Strauß, Franz-Josef 63, 152, 174, 175, 176, 179, 180, 181, 182, 192, 322
Stresemann, Gustav 135, 136, 317
Strobel, Georg W. 134
Ströhm, Carl Gustav 230
Stroynowski, Juliusz 51
Süssmuth, Rita 263, 267, 291
Sulzberger, Cyrus L. 32
Sułek, Jerzy 292
Sutor, Bernhard 248

Szczepański, Jan Józef  190, 248
Szczypiorski, Andrzej  248
Szlachcic, Franciszek  147, 157, 158

Teltschik, Horst  15, 221, 242, 244, 245, 253, 254, 256, 261, 262, 263, 286, 287
Thedieck, Franz  70
Tischner, Józef  248
Tito, Josip Broz  55, 56, 57
Trąmpczyński, Witold  71, 97
Tuchatschewskij, Michail  310
Turnau, Jan  248
Turowicz, Jerzy  248

Ulbricht, Walter  102, 108, 120, 122, 314, 324
Urban, Jerzy  210, 230

Vetter, Heinz Oskar  204
Vogel, Bernhard  233, 248
Vogel, Dieter  233
Voigt, Karsten  218

Waigel, Theo  244, 245
Walther, Gebhardt von  92
Wałęsa, Lech  136, 199, 200, 204, 218, 224, 231, 240, 253, 264, 313, 319
Waschbüsch, Rita  248
Wehner, Herbert  95, 101, 110, 131, 197, 203, 216, 326
Weizsäcker, Ernst von  48

Weizsäcker, Richard von  113, 151, 165, 179, 192, 235, 242, 247, 248, 249, 271, 326, 315
Węc, Janusz Józef  54
Wickert, Erwin  91
Wieczorek, Wojciech  248
Wielowieyski, Andrzej  248
Wilkanowicz, Stefan  248
Windelen, Heinrich  125, 164, 168, 231, 233
Winiewicz, Józef  83, 84, 103, 118, 131, 132
Wischnewski, Hans-Jürgen  130, 157
Wojtkowski, Andrzej  210
Wolff von Amerongen, Otto  214
Woźniakowski, Jacek  248
Wóycicki, Kazimierz  248
Wrasmann, Wilhelm  49
Wrzaszczyk, Tadeusz  196
Wyszyński, Stefan  34, 55

Zarapkin, Semjon  103
Ziebura, Gilbert  88
Ziegler, Georg  248
Zimmermann, Friedrich  224, 229, 230, 318

# Schriftenreihe des Bundesinstituts für ostwissenschaftliche und internationale Studien, Köln

Jürgen Gerber  Band 32
**Georgien: Nationale Opposition und kommunistische Herrschaft seit 1956**
*1997, XIV, 314 S., brosch., 74,– DM, 540,– öS, 67,50 sFr, ISBN 3-7890-4763-5*

Klaus Fritsche (Hrsg.)  Band 31
**Rußland und die Dritte Welt**
Auf der Suche nach dem verlorenen Imperium?
*1996, XI, 314 S., geb., 78,– DM, 569,– öS, 71,– sFr, ISBN 3-7890-4575-6*

Assen Ignatow  Band 30
**Selbstauflösung des Humanismus**
Die philosophisch-anthropologischen Voraussetzungen für den Zusammenbruch des Kommunismus
*1996, 156 S., geb., 42,– DM, 307,– öS, 39,– sFr, ISBN 3-7890-4496-2*

János Kornai  Band 29
**Das sozialistische System**
Die politische Ökonomie des Kommunismus
*1995, XXXIII, 718 S., geb., 148,– DM, 1080,– öS, 131,50 sFr, ISBN 3-7890-4086-X*

Machmut Achmetowitsch Garejew  Band 28
**Konturen des bewaffneten Kampfes der Zukunft**
Ein Ausblick auf das Militärwesen in den nächsten 10 bis 15 Jahren
*1996, 217 S., geb., 68,– DM, 496,– öS, 62,– sFr, ISBN 3-7890-3938-1*

Carsten Herrmann-Pillath (Hrsg.)  Band 27
**Wirtschaftliche Entwicklung in Chinas Provinzen und Regionen, 1978 – 1992**
Ein statistisches Handbuch
*1995, CXVI, 367 S., geb., 72,– DM, 526,– öS, 65,50 sFr, ISBN 3-7890-3923-3*

Barbara Pietzonka  Band 26
**Ethnisch-territoriale Konflikte in Kaukasien**
Eine politisch-geographische Systematisierung
*1995, 187 S., geb., 64,– DM, 467,– öS, 58,– sFr, ISBN 3-7890-3720-6*

Hans-Henning Schröder  Band 25
**Sowjetische Rüstungs- und Sicherheitspolitik zwischen »Stagnation« und »Perestrojka«**
Eine Untersuchung der Wechselbeziehung von auswärtiger Politik und innerem Wandel in der UdSSR (1979–1991)
*1995, 647 S., geb., 76,– DM, 555,– öS, 69,– sFr, ISBN 3-7890-3610-2*

Marlis Sieburger  Band 24
**Die Finanzautonomie der Unternehmen im Kontext der sowjetischen Wirtschaftsreformen**
Auswirkungen des >Gesetzes über das staatliche Unternehmen<
*1993, 199 S., geb., 48,– DM, 350,– öS, 44,50 sFr, ISBN 3-7890-2788-X*

**NOMOS Verlagsgesellschaft
76520 Baden-Baden**

# Schriftenreihe des Bundesinstituts für ostwissenschaftliche und internationale Studien, Köln

Oleg Bogomolow/
Heinrich Vogel (Hrsg.)     Band 23
**Rußland und Deutschland – Nachbarn in Europa**
*1992, 238 S., geb., 49,– DM, 358,– öS, 45,50 sFr, ISBN 3-7890-2767-7*

Radko Brach     Band 22
**Die Außenpolitik der Tschechoslowakei zur Zeit der »Regierung der nationalen Verständigung«**
*1992, 177 S., geb., 47,– DM, 343,– öS, 43,50 sFr, ISBN 3-7890-2537-2*

Carsten Herrmann-Pillath     Band 21
**Institutioneller Wandel, Macht und Inflation in China**
Ordnungstheoretische Analysen zur Politischen Ökonomie eines Transformationsprozesses
*1991, 734 S., geb., 80,– DM, 584,– öS, 73,– sFr, ISBN 3-7890-2485-6*

Karin Schmid (Hrsg.)     Band 20
**Gesetzgebung als Mittel der Perestrojka. Wunsch und Wirklichkeit**
*1991, 311 S., geb., 63,– DM, 460,– öS, 57,50 sFr, ISBN 3-7890-2216-0*

Gerhard Wettig (Hrsg.)     Band 19
**Die sowjetische Militärmacht und die Stabilität in Europa**
*1990, 207 S., geb., 78,– DM, 569,– öS, 71,– sFr, ISBN 3-7890-1931-3*

Joachim Glaubitz/
Dieter Heinzig (Hrsg.)     Band 18
**Die Sowjetunion und Asien in den 80er Jahren**
Ziele und Grenzen sowjetischer Politik zwischen Indischem Ozean und Pazifik
*1988, 370 S., 48,– DM, 350,– öS, 44,50 sFr, ISBN 3-7890-1553-9*

Benjamin Pinkus/
Ingeborg Fleischhauer     Band 17
**Die Deutschen in der Sowjetunion**
Geschichte einer nationalen Minderheit im 20. Jahrhundert
Bearbeitet und herausgegeben von Karl-Heinz Ruffmann
*1987, 599 S., geb., 78,– DM, 569,– öS, 71,– sFr, ISBN 3-7890-1334-X*

Gerhard Simon     Band 16
**Nationalismus und Nationalitätenpolitik in der Sowjetunion**
Von der totalitären Diktatur zur nachstalinschen Gesellschaft
*1986, 486 S., 78,– DM, 569,– öS, 71,– sFr, ISBN 3-7890-1249-1*

Dieter Bingen (Hrsg.)     Band 15
**Polen 1980-1984 – Dauerkrise oder Stabilisierung?**
Strukturen und Ereignisse in Politik, Gesellschaft und Wirtschaft
*1985, 403 S., 48,– DM, 350,– öS, 44,50 sFr, ISBN 3-7890-1106-1*

 **NOMOS Verlagsgesellschaft
76520 Baden-Baden**